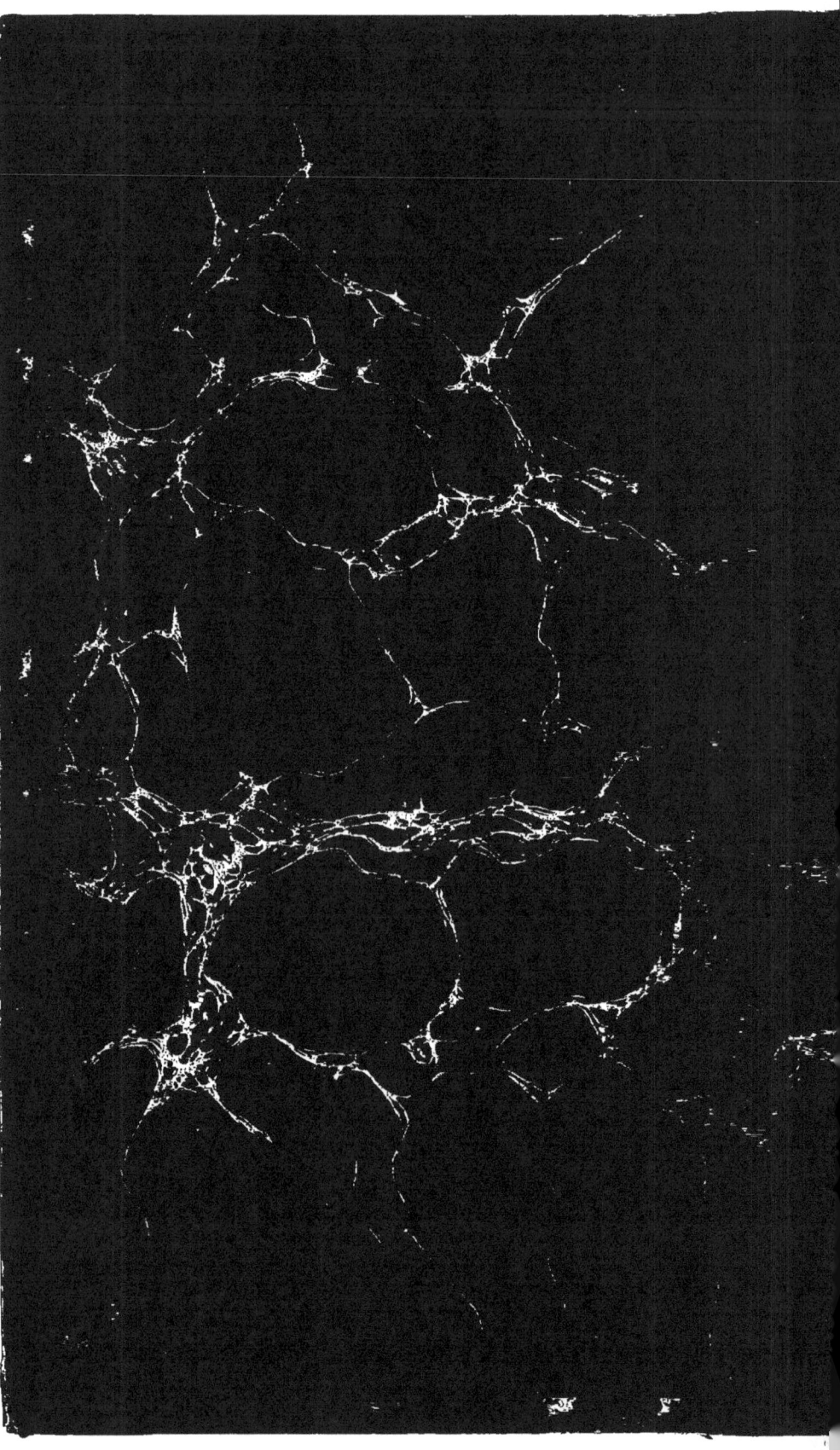

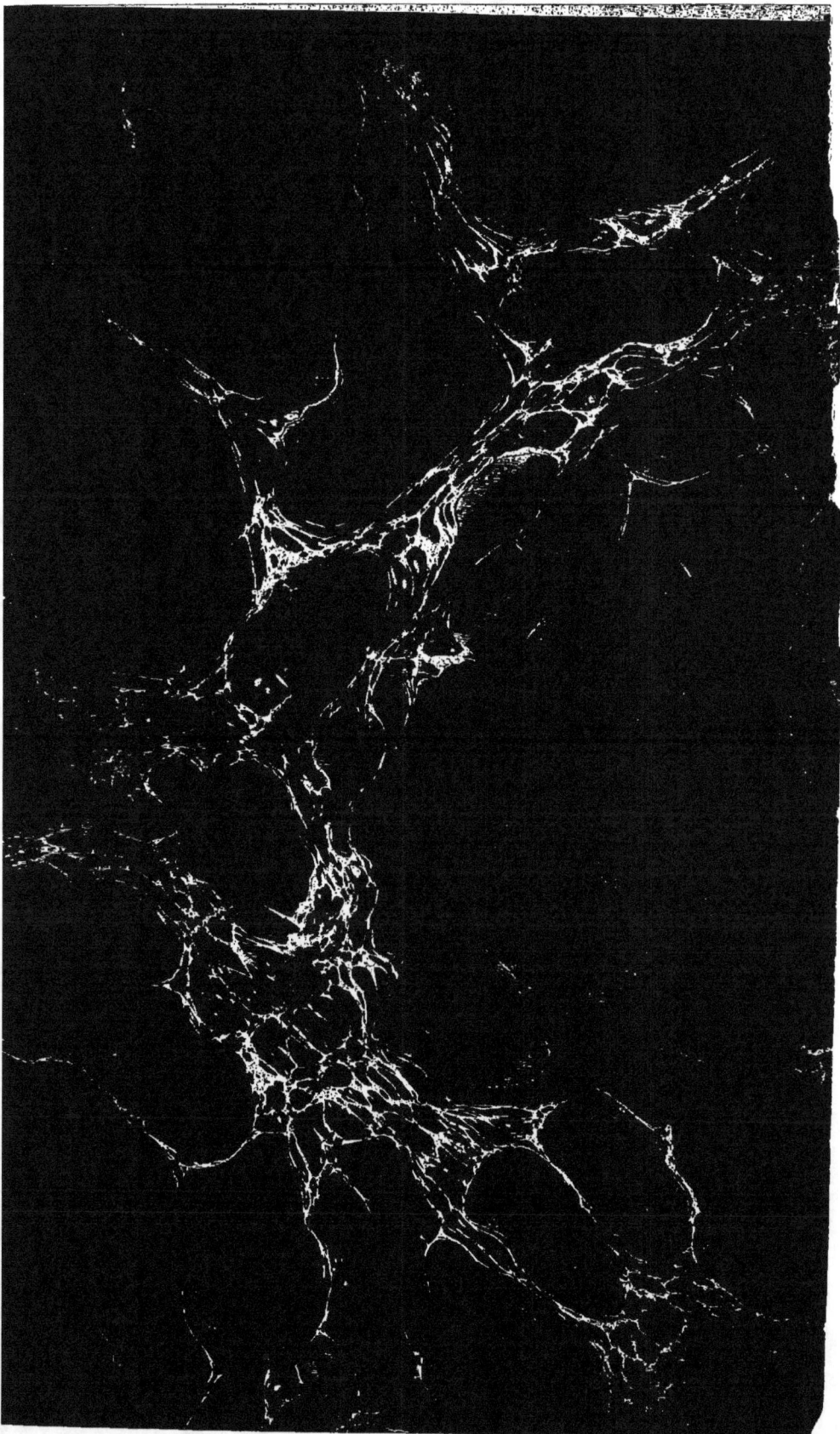

OEUVRES DE RIGORD
ET DE
GUILLAUME LE BRETON
HISTORIENS DE PHILIPPE-AUGUSTE

PUBLIÉES POUR LA SOCIÉTÉ DE L'HISTOIRE DE FRANCE

Par H.-François DELABORDE

TOME SECOND

PHILIPPIDE DE GUILLAUME LE BRETON

A PARIS
LIBRAIRIE RENOUARD
H. LAURENS, SUCCESSEUR
LIBRAIRE DE LA SOCIÉTÉ DE L'HISTOIRE DE FRANCE
RUE DE TOURNON, N° 6
—
M DCCC LXXXV

ŒUVRES DE RIGORD

ET DE

GUILLAUME LE BRETON

IMPRIMERIE DAUPELEY-GOUVERNEUR,

A NOGENT-LE-ROTROU.

OEUVRES
DE RIGORD
ET DE
GUILLAUME LE BRETON
HISTORIENS DE PHILIPPE-AUGUSTE

PUBLIÉES POUR LA SOCIÉTÉ DE L'HISTOIRE DE FRANCE

PAR H.-François DELABORDE

TOME SECOND

PHILIPPIDE DE GUILLAUME LE BRETON

A PARIS
LIBRAIRIE RENOUARD
H. LAURENS, SUCCESSEUR
LIBRAIRE DE LA SOCIÉTÉ DE L'HISTOIRE DE FRANCE
RUE DE TOURNON, N° 6

M DCCC LXXXV

EXTRAIT DU RÈGLEMENT.

Art. 14. — Le Conseil désigne les ouvrages à publier, et choisit les personnes les plus capables d'en préparer et d'en suivre la publication.

Il nomme, pour chaque ouvrage à publier, un Commissaire responsable, chargé d'en surveiller l'exécution.

Le nom de l'éditeur sera placé à la tête de chaque volume.

Aucun volume ne pourra paraître sous le nom de la Société sans l'autorisation du Conseil, et s'il n'est accompagné d'une déclaration du Commissaire responsable, portant que le travail lui a paru mériter d'être publié.

Le Commissaire responsable soussigné déclare que l'édition des OEuvres de Rigord et de Guillaume le Breton, *préparée par M. H.-François* Delaborde, *lui a paru digne d'être publiée par la* Société de l'Histoire de France.

Fait à Paris, le 25 décembre 1885.

Signé : L. DELISLE.

Certifié :

Le Secrétaire de la Société de l'Histoire de France,

A. DE BOISLISLE.

GUILLELMI ARMORICI

PHILIPPIDOS LIBRI XII.

Ludovico primogenito Philippi magnanimi A-Deo-dati, Francorum regis filio, Guillelmus Brito, Armoricus, salutem.

    Ad laudes, Ludovice, tuas magnique Philippi[1],
    Quo genitore tibi, sibi principe[2], Francia gaudet,
    Pocula Castaliis mihi Musa liquoribus offert,
    Instimulatque meum Phebeo pectus oestro[3],
    Rursus ut aggrediar prolixius edere theuma[4] ;
    Cui licet ingenium se nostrum judicet impar,
    Non tamen inde animum studeo[5] revocare ; sed
    Excusare meos tali presumo colore.   [ausus
    Gesta ducis Macedum celebri describere versu[6]
10 Si licuit, Galtere[7], tibi, que sola relatu
    Multivago docuit te vociferatio fame ;
    Si sua gentili mendacia cuique poete

---

1. *magnique parentis* V.
2. *principio* V.
3. *œstrum* n'a que deux syllabes dans la bonne latinité.
4. *Rursus ut..... opus impar viribus audex* (sic) V.
5. *studui* corrigé en *studeo* P.
6. Les vers 6 à 9 manquent dans V.
7. Gautier de Châtillon, né à Ronchin, près de Lille, auteur de

Grandisonante fuit licitum pompare boatu[1];
Si tibi, Petre Riga[2], vitium non esse putavi
Ubere de legis occultos suggere sensus,
Quos facis ut levibus verbis elegia[3] cantet,
Fortia facta virum numero breviore coarctans,
Que potius pede Meonio referenda fuerunt[4];
Cur ego que novi, proprio que lumine vidi,
20 Non ausim magni magnalia scribere regis,
Qui nec Alexandro minor est virtute, nec illo[5]
Urbi Romulee totum qui subdidit orbem.
Quod probat ecclesie favor, et defensio cleri
Qui ridens illo sub principe, pacis amica
Libertate fruens, subicit sibi quoslibet hostes[6].

---

l'*Alexandréide*, poème héroïque publié entre 1176 et 1179. Voy. Peiper, *Walter von Chatillon*. Breslau, 1869, in-4°. M. Thurot a fait un compte-rendu de cette dissertation dans la *Revue critique*, 1870, 1er sem., p. 121.

1. Cum sua gentiles studeant figmenta poetæ
Grandisonis pompare modis tragicoque boatu.
(Sedulius, *Carm. paschale*, v. 1.)

2. Pierre Riga est, comme on le sait, l'auteur de l'*Aurora*, paraphrase de la Bible en 15,000 vers élégiaques.

3. La véritable quantité de ce mot est $\breve{e}l\breve{e}g\bar{i}\breve{a}$ ou $\breve{e}l\breve{e}g\bar{i}\breve{a}$ pour $\breve{e}l\breve{e}ge\bar{i}\breve{a}$ et non pas $\bar{e}l\bar{e}g\bar{i}\breve{a}$.

4. Il y a ici une réminiscence d'Ovide :
Fortia Mæonio gaudent pede bella referri.
(Ovid., *Rem. amoris*, v. 373.)

5. Jules César.

6. On va voir à quel point les vers 10 à 25 sont défigurés dans V :
Si licuto, Galtere, tibi que sola relatu
Multivago decuit a te fornatio fame;
Signa gentili mendacia cuique poete
Grandisonite fuit licitum ponpare beato;
Si tibi patri, Riga, vitium non esse putatur
Ulere de logisa clericos suggere sennovo,

NUNCUPATIO.

Bis senos Macedo, bis Julius octo per annos
Promeruit celebres vix continuare triumphos,
Vivida Karolide[1] virtus triginta duobus
Annis continuis habuit quos vinceret hostes,
30 Donec Theutonicos, Othonem vicit et Anglos,
Flandrigenasque uno confecit marte Bovinis[2].
Ergo qui tanto[3] exspectas succedere regi
Ut primogenitus, ut herilis sanguinis heres,
Dignus qui digne digno decoreris honore,
Illius atque tuis assurgere laudibus, et te
Auctorem dominumque velis prestare libello
Ammiranda[4] tui patris et tua facta canenti[5]
Qui sibi prescribit[6] titulum nomenque Philippi[7],
Crescat ut ex titulo major reverentia libro,

    Quos facis in levibus membris elongia.....,
    Francia fitam virum numero breviore coartans,
    Que potius pede Mediva referenda.....,
    Cur ego que novi proprio que lumine.....,
    Non austeri magni magnalia scribere jugis,
    Qui nec Alexandro minor est virtute nec illo
    Urbi Rotulee totum qui subdidit orbem?
    Quod probat tilie favor, et defensio cleri
    Qui ridens si principe pricis agrica
    Libertate fervens subicit sibi quolibet hostes.

1. Cette épithète désigne Philippe-Auguste. On sait combien les Capétiens tenaient à se prétendre issus des Karolingiens.

2. *Boemis* corrigé en *Bovinis* P. — L'auteur se trompe dans son calcul : que l'on fasse commencer le règne de Philippe-Auguste en 1179 ou en 1180, la bataille de Bouvines ne se place que dans la trente-quatrième ou trente-cinquième année.

3. *ludo* V.

4. *An miranda* V et P.

5. *et tua fita* (sic) *caventis* V.

6. *prescripsit* V.

7. *libelli* V.

40 Audeat et tanto sub nomine tutior ire
In medium, ledique minus livore pavescat.

Petro Karloto[1] *Philippi regis Francorum filio salutem*[2].

Tu[3] quoque fautor ades, Karlote, simillima regis
Magnanimi proles, cui te natura creatrix,
Ut regale genus signis probet indubitatis,
Corporis esse dedit similem[4] mentisque vigore,
Cujus jam sequeris vestigia, cujus in evo
Tam tenero[5] mores jam nunc imitaris[6] et actus.

1. Pierre Charlot était le fils d'une « damoisiéle d'Arras » dont les relations avec le roi commencèrent l'année où furent pris le château Gaillard, Poitiers et Chinon, c'est-à-dire en 1204 (Ph. Mouskés, v. 20722 et suiv.), mais il ne vint au monde qu'entre le 14 juillet 1208 et le 14 juillet 1209, puisqu'il avait à peine quinze ans accomplis la première année du règne de Louis VIII (Voy. les derniers vers du livre XII du présent poème). Il commença son éducation sous la direction de Guillaume le Breton (*ibid.*), fut écolier à Paris (Ph. Mouskés, v. 20732) et reçut une prébende à Saint-Martin-de-Tours dont il fut reconnu trésorier en juin 1217 (*Cat.* 1749). Élu évêque de Noyon en 1240 (Aubri de Trois-Fontaines, M. G. *Scr.* XXIII, 948, l. 12), suspendu par Grégoire IX à cause de l'illégitimité de sa naissance (*ibid.*, 949, l. 20), confirmé par Innocent IV en 1243, il prit part à la VIIe croisade et mourut en vue de Chypre le 9 octobre 1249. Son corps fut enterré dans sa cathédrale sous une lame de cuivre portant une épitaphe dont le texte nous a été conservé (*Gall. Christ.* IX, 1010).
2. Ce titre est complètement omis dans V.
3. *quo* (sic) V.
4. Cette ressemblance est aussi rappelée dans Ph. Mouskés :
   Et sembla le roi Felippon.
                          (V. 20726.)
5. Nous avons déjà dit que Pierre Charlot avait à peine quinze ans quand fut publiée la Philippide.
6. *jam non mutaris* V.

Si modo te[1], fratresque tuos, magnumque paren-
Ut potui, dignos celebravi carmine digno ; [tem,
50 Si tibi totius animi virtute dicavi
Exhaustum subito tenui de fonte libellum,
Imposuique tuo, *Karlotida*[2], nomine nomen,
Ut tua lectoris laus perpetuetur in ore,
Et virtus etiam post mortem nescia mortis,
Famaque Karlorum vivat post fata[3] superstes,
Quam soli faciunt urnas evadere vates,
Dum scriptis faciunt veterum meminisse minores[4],
Quorum fama perit[5], pereunt[6] ubi carmina vatum :
Hunc quoque propitio[7] celestis sidere vultus
60 Vel semel illustra, gratumque impende favorem,
Ut per te vigeat, ut, te tutore, magistros
Errorum cynicos[8] facie contemnat aperta.

CATHALOGUS MATERIE LIBRI PRIMI.

Regali primus insignit honore Philippum ;
Judeos abicit, blasphemos lex nova punit ;
Hereticos juges mittit brevis ignis ad ignes ;

1. *re* V.
2. La *Karlotide* ne nous est pas parvenue ; elle avait été composée en même temps que la Philippide. (Voy. l'épilogue du présent poème.)
3. *cum vate* V. — *post facta* P.
4. *modernos* récrit dans V au-dessus de *minores*.
5. *parte* V.
6. *pereat* corr. en *pereunt* dans P.
7. *Hunc propitio quoque* V.
8. *civicos* V.

Campellos mundat et celsis menibus[1] *ornat;*
Hostes ecclesie reprimuntur, et impete primo
Utraque victori cedit Castellio regi,
Et Coterellorum perimuntur[2] *millia septem,*
Judeosque omnes Braie cremat ignea fornax.
Clero Remensi respondens ore diserto[3]
Rex, res pro rebus, pro verbis verba rependit[4]*.*

GUILLELMI PHILIPPIDOS PRIMUS LIBER.

Propositio[5].

PRELIA magnanimi preclaraque gesta Philippi,
Armipotente manu teneris que gessit ab annis[6],
Carmine veridico summatim dicere conor, [unguem[7]
Pauca referre volens de pluribus; et quis ad
Omnia vel dictare queat[8], vel claudere metro,
Vel mandare biblis[9], memori vel corde tenere.
Non indigna foret[10] istis vel musa Maronis

1. *merubus* P.
2. Un bourdon a fait omettre les onze derniers mots (*et impete — perimuntur*) dans V.
3. *deserto* V.
4. Le copiste de V ajoute ici ces mots qu'il prend sans doute pour un dernier vers et qui devaient être une glose sur l'*utraque Castellio* du sixième vers : *Castello super Ligerim et Castello super Sequanam*.
5. *Guillelmi Philippidos primi libri propositio* P.
6. *tenero que gessit ab evo* P.
7. *ungam* V.
8. *queam* V.
9. La première de *biblus* semble avoir été toujours longue.
10. *fores* V.

LIBER I. 7

Theologi[1] cineres Troje qui vexit ad astra ;
Vel qui supposuit Trojam victoribus Argis
10 Erroresque vagi[2] digne celebravit Ulixis[3],
Non his sufficeret fame Lucanus amator,
Aut[4] qui tam sapido Thebaida[5] carmine[6] scripsit[7],
Ut queat ad plenum[8] digno memorare relatu
Tot victos hostes, tot bella, tot obsidiones,
Tot bene gesta domi[9], tot militie probitates.
Non est[10] qui puteum tam latum tamque profundum
Exhaurire queat, nedum qui non habet in quo
Hauriat, aut restem[11], vel vasa capacia tanti
Ponderis : in toto pars quelibet est mihi totum ;
20 Toti dico vale, vix audeo tangere partem.
   Ergo age, Musa, viri tam precellentis[12] honori
Insudare libens studeas, et ab illius anno
Incipe quo primum sceptro radiavit eburno
Rex novus. Iste novi limes tibi[13] carminis esto[14] ;

1. La quantité devrait être *thĕŏlŏgī*. — On sait que la IVe églogue a valu à Virgile l'honneur d'être compté parmi les prophètes du Christ. Voy. Comparetti, *Virgilio nel medio evo*. Livourne, 1872. In-8°, t. I, 133 à 138.
2. *vigi* V.
3. Est-ce bien d'Homère qu'il s'agit, comme le croient Barth et D. Brial ?
4. *vel* V.
5. La véritable quantité est *Thēbăĭdă* et non *Thĕbāĭdā*.
6. *carmina* P.
7. Stace, auteur de la *Thébaide*.
8. *plonum* V.
9. *dari* V.
10. *tibi* corrigé en *est* dans P.
11. *rostem* V.
12. *pretollentis* V.
13. *mihi* V.
14. ..... Limes mihi carminis esto
    Œdipodæ confusa domus.....
                    (Stace, *Thebaid.*, 1, 17.)

Deinde, quibus sub eo meruit pollere triumphis[1]
Francia, prosequere; quo milite colla subegit
Neustria Francigenis, Anglorum rege fugato,
Historiamque sequens, procedas ordine recto,
Littora tuta legens, ne demergare profundo :
30 Sic tamen ut primum memores que gentis origo
Francigene fuerit, quis tanti nominis auctor,
Que regio in partes Francos emiserit istas.
Scis etenim, quis sit, de quolibet esse sciendum,
Antea quam sciri liceat quid fecerit ipse[2].
Fac pelagus me scire probes, quo carbasa laxo,
Ut percurrantur leviore sequentia cursu :
Observandus enim modus est in rebus[3], et ordo.

Invocatio divini auxilii[4].

Xp̄iste, Dei splendor, virtus, sapientia, Verbum,
Qui Patris eterni prodis eternus ab ore,
40 Qui vere es verbum, lumen de lumine vero,
Deque Deo vero verus Deus, unus et idem,
Atque coeternus Patri cum Flamine sacro[5],
Te precor incipiens; adsit tua gratia presens,
Ut mihi subveniat, ut me per confraga silve[6]
Ducat inoffenso pede, ne caliget acumen

---

1. C'est ici que finissent les deux premiers feuillets de V. L'écriture change.
2. Ces deux vers sont presque conçus dans les mêmes termes que la fin du § 1er de la *Chronique*.
3. Horace, *Sat.*, I, 106.
4. Manque dans V.
5. On reconnait les expressions du *Symbole*.
6. Stace, *Thebaid.*, IV, 494.

Mentis, que sine te nescit qua debeat ire.
Te sine nil lucet, sine te via nulla patescit;
Sideris Eoi tu lux, tu dissice[1] mentis
Nubila celesti radio; tu luce superna
50 Da sensus lucere meos; tu scribere dextram,
Tu linguam dictare doce; tu me rege recto
Tramite, tu presta promptas in carmina vires,
Tu via, tu ductor, tu navis, tu Palinurus;
Tu mihi fac tutos saxosa per equora cursus.

De origine Francorum[2].

Postquam judicio Priameia regna latenti
Vindicis ira Dei Grecorum tradidit igni,
Qui per peccantes penam peccantibus addit,
Flagitiis hominum quoniam[3] salubriter utens,
Quos scit adhuc longo dignos sordere reatu;
60 Francio Priamida satus Hectore, patre sepulto,
Grande supercilium Greci victoris abhorrens,
In cineres Asia tota cum Troade versa,
Querere disposuit patriam sibi commodiorem,
Quam sibi fata darent acquirere sorte vel armis.
Cui se lecta manus juvenum conjunxit, ut ejus
Exilii comites fierent, sociique laboris.
Quem, quia per nimiam probitatem illius et actus
Proveniebat[4] eis honor et victoria multa,

---

1. *diffice* V.
2. Manque dans V.
3. *quanquam* V. — Le vers est faux de toute façon, la première syllabe de *salubriter* est brève. Barth propose de le corriger ainsi :
   Flagitiis hominum commissa salubriter utens.
4. *Adveniebat* V.

Prefecere sibi posito diademate regem,
70 Seque vocaverunt communi nomine Francos;
Ut dicti Franci, quibus esset Francio[1] rector,
Nomine sint imitatores rectoris et actu.
Qui cum rege suo ratibus vix nabile[2] flumen
Danubii transnant, et non procul ejus ab amne
Urbs ab eis dicta[3] est fundata Sicambria fundo,
In qua regnavit cum Francis[4] Francio primus,
Et sibi supposuit regnum totaliter illud,
Austria Theutonico quod habens idiomate nomen,
Tempore possedit Francorum natio longo,
80 Undecies centum ter sex et quatuor annis[5]
Antea quam Christum genuisset Virgo beata,
Postque Deum natum sex septuaginta[6] trecentis.
Ut se vitali viduavit Francio flatu,
Crevit in immensum stirps nobilis illa, fuitque
Viribus egregiis numeroque ita multiplicata,
Ut satis una capax regio non esset eorum.
Discedunt igitur ab eis Ibor[7] et numerosa
Copia Francorum, numero tria millia denis
Millibus adjuncta geminatis[8], excipe turbam
90 Feminei sexus, et qui gerere arma nequibant.

1. *Francia* V.
2. *nobile* V.
3. *data* V.
4. *In qua cum Francis regnavit* V.
5. $1100 + (3 \times 6) + 4 = 1122$. Si l'on se réfère au § 4 de la chronique, on voit que les Francs, lorsqu'ils quittèrent Sicambrie en 376 après J.-C., y avaient séjourné 1507 ans, ce qui place leur établissement dans cette région en 1131 et non pas en 1122 avant J.-C.
6. Chron., § 4. — *octoginta* V.
7. *Ibor* omis dans V.
8. *numeratis* V.

LIBER I.

Finibus egressi patriis, per Gallica rura
Sedem querebant ponendis menibus aptam,
Et se Parisios dixerunt nomine Greco,
Quod sonat expositum nostris, *Audacia*, verbis;
Erroris causa vitandi, nomine solo
A quibus exierant Francis distare volentes.
   At[1] jam Sequanio surgebat littore cunctis
Urbibus urbs speciosa magis, bona cujus ad unguem
Commendare mihi sensus brevitate negatur[2],
100 Que[3] caput est regni, que grandia germina regum
Educat, et doctrix existit totius orbis.
Cui, quamvis vere toto preluceat illi[4]
Nullus in orbe locus, quoniam tunc temporis illum
Reddebat palus et terre pinguedo lutosum,
Aptum Parisii posuere Lutetia nomen;
In qua manserunt degentes simplice vita
Temporibus multis, gentili more regentes
Se populosque suos, reddendo tributa quotannis
Debita Romanis, legesque sequendo paternas.
110 At Francos nunquam vis ulla Valentiniano
Post superare fuit, licet illos sepius armis
Romano imperio temptasset subdere; quos cum
Cerneret invictos et nullo marte domandos,
« Hos vere dicam Francos, ait, immo Ferancos,
« Quos facit indomita virtus feritate feroces[5]. »
Tunc preerat Priamus rex Austricus omnibus illis;
Qui cum nature solvisset debita, regnum

---

1. *Et* V.
2. *negatur* omis dans V.
3. *quod* P.
4. *isti* V.
5. Chron., § 4.

Francorum tenuit succedens filius ejus
Marcomirus ei, superans probitate parentem.
120 Tandem scripsit eis hec verba Valentinianus :
« Annis, France, tibi bis quinque remitto tributum,
« Et mihi te facio sub vinclo pacis amicum,
« Si mihi militiam, donec superetur Alanus,
« Prestiteris, qui se Romanis exhibet hostem,
« Presumitque suo juga nostra repellere collo;
« Tantum prestat eis animi consueta rapinis
« Armate plebis rabies, et copia gentis,
« Et prerupta jugis species horrenda locorum,
« Montibus et scopulis nulli penetrabilis hosti. »
130 His Marcomirus gaudens, Francique quirites
Accedunt dictis, et congrediuntur Alanis,
Strageque crudeli sic debacchantur in illos,
Ex toto numero quod nemo remansit eorum
Qui non a Franco sit milite decapitatus,
Aut mortis diversa pati tormenta[1] coactus,
Exceptis natura quibus pugnare negabat;
Quod factum cunctis visum est mirabile, lausque
Francorum toto divulgabatur in orbe.
Annis ergo decem finitis, Roma tributum
140 A Francis repetit; empta sibi sanguine Franci
Libertate suo, dicunt se corde feroci
Malle pati exilium patriaque excedere tota,
Quam Rome subici sub dura lege tributi[2].
Et cum post mortem Romana Valentiniani
Debilitata foret respublica, Francus, ab illis
Finibus egressus, valido sibi marte subegit

---

1. *tormenta pati diversa* V.
2. *tributi sub dura lege subici* V.

LIBER 1.

Germanos cum Theutonicis, necnon Alemannos,
Tungros cum Belgis, Saxones cum Lotoringis,
Et quicumque jacent[1] populi per Gallica rura,
150 Sequanium[2] donec longe veniatur ad amnem;
Vivere nec poterat aliquis dux, aut comes, aut rex,
Qui non virtuti Francorum[3] cederet ultro.
   Parisios igitur postquam cognovit eadem
Stirpe fuisse satos a qua[4] descenderat ipse[5],
Firma pace facit miles sibi Francus amicos,
Francorumque vocat fratres, et federe jugi
Unus fit populus Franci cum Parisianis;
Urbs quoque Parisius meruit tunc primo vocari,
Cui prius indiderat situs[6] ipse Lutetia nomen.
160 A qua Francigene progressi cum Pharamundo
Marcomirigena, quem jam genitor suus illis
In regem dederat, terrarum quicquid habetur
A pelago quod nos hodie distinguit ab Anglis,
Usque sub Hispanos fines portusque remotos,
Qui Karoli mete[7] populari voce vocantur,
Totum militia sibi supposuere potenti.
Et sic terra fuit Francorum nomine dicta
Francia, cujus erat antiquum Gallia nomen,
In qua regali Pharamundus[8] primus honore,
170 Exclusis penitus Romanis, fulsit; eidem

---

1. *forent* corrigé en *jacent* dans la marge V.
2. *Sequanie* V.
3. *Francorum virtute* V.
4. Tous les mss. portent : *eodem Stirpe fuisse satos a quo*.....
5. *ille* V.
6. *locus* V.
7. C'est le point des Pyrénées que l'on connait sous le nom de la Croix-Charlemagne.
8. *Feramundus* V.

Filius ipsius Clodius successit. At ille[1]
Regia decedens Meroveo sceptra reliquit,
Patris jure sibi faciens succedere natum.
Is Childericum genuit, regemque paterno
Et successorem moriens sibi jure creavit.
Ille Clodovei regis pater exstitit, inter
Francorum reges qui primus credere Christo
Et sacro meruit baptismi fonte renasci ;
Quem cum, evangelico conversum dogmate, sanc-
180 Remigius sancto chrismare pararet olivo,   [tus
Ecce dolens Inimicus homo, qui semper honori
Invidet ecclesie[2], fregit fuditque liquorem,
Ut, sua cui natura modos dat mille nocendi,
Hoc faceret facto regem rescindere votum,
Aut saltem differre aliquas baptisma per horas ;
In tanto, si non in toto, offendere gaudens[3],
Ut meritum regis[4] motu quocumque minoret,
Qui magis est animos quam corpora ledere pronus.
Quo viso, commota manus pagana, suorum
190 Hoc virtute Deum conclamant esse patratum,
Nec regem mutare vias debere priores,
Quas usque huc tenuit ejus generatio tota ;
Quod nec velle Deum res tam manifesta doceret,
Qui sanctum est passus oleum[5] cum vase perire,
Ne rex, tactus eo, Christi se lege ligaret.

1. *Clodius ipsius successit filius. At ipse* V.
2. Le maladroit copiste de V a introduit ici dans le texte une glose que les autres mss. portent en marge : *vas quo liquor ille sacratus servabatur.*
3. *querens* V.
4. *Ut regis meritum* V.
5. Dans V, le vers 194 présente une élision pénible :
   Qui sanctum *passus oleum est* cum vase perire.....

LIBER I.

    At sacer antistes, erecto lumine sursum
Cum manibus, meruit sacra per suplicamina sacrum
Celitus emitti cum sacro vase liquorem,
Ipso rege palam cunctisque videntibus ipsum,
200 E celo missus quem detulit angelus illi[1],
Quo rex sacratus fuit idem primus; et omnes
Post ipsum reges Francorum ad sceptra vocati,
Quando coronantur, oleo sacrantur eodem.
Sicque fit ut solum metuens amittere regem,
Dum fraudem struit ecclesie fallaciter hostis,
Se dignum effecerit[2] Francos qui perderet omnes;
Nam cum pagani miracula tanta viderent,
Se faciunt omnes renovari fonte perenni[3].

    Quis vero cui rex regi successerit ex tunc
210 Tempus ad hoc, presens serie tibi, lector, aperta
Scire dat hec oculis subjecta fidelibus arbor,
In qua se primum Pharamundus[4] ponit, eo quod
Francorum primus terra regnavit in ista;
Et tamen affirmat communis opinio primum
Esse Clodoveum, quia regum credere primus
In Christum meruit, gentili errore relicto,
Quo velut a trunco procedens linea monstrat,
Que sit descendens series, que collateralis[5].

. . . .

Dans L et P, il y a un pied de trop :
    Qui sanctum *passus est oleum* cum vase perire.....
Pour le rendre plus correct, nous avons reproduit l'interversion que s'étaient déjà permise les premiers éditeurs.

1. Le vers 200 est omis dans V, ou plutôt il y est placé après le vers 349. Voyez plus bas la note de ce dernier vers.
2. *effecit* L et P.
3. Voyez la Chronique, § 8.
4. *Fearamundus* V.
5. On trouve ici dans V un informe tableau généalogique qui va

Annus millenus centenus septuagenus
220 Nonus erat post Virginei sacra tempora partus,
Tradere quando pius sceptrum regale Philippo
Proposuit genitor, veneranda luce beate
Quam sibi sanctificat Assumptio sancta Marie.
Cumque essent regni primores, quosque decorat
Pontificalis apex, ad gaudia tanta vocati,
Instaretque dies quo rex debebat inungi,
Ipsum cum famulis, comitante etate coeva[1],
In Quisiam traxit venandi gratia silvam.
Hic aprum soli visum sibi forte secutus
230 Ut puer, ut prede laudisque cupidine ductus,
In nemus obscurum, nullo comitante, cucurrit;
Cumque procul positus a venatoribus esset,
Nec jam venantum voces nec cornua posset
Latratusve audire canum; quasi fumus et umbra
Protinus ex ejus oculis evanuit ille
Deceptivus aper, aprum si dicere fas est,
Qui tantam voluit nobis infligere plagam,
Tam subitoque suum[2] Francis auferre Philippum,
Patri erat et regno qui solus et unicus heres.
240 At puer ad socios cum vellet ab inde reverti,
Nec reperire viam potuit, nec tendere quorsum
Debeat, agnovit, nullo consorte, duobus
Continuis errans media cum nocte diebus;
Solo se solius equi solamine solans,
Irrequieta ferens vestigia (proh[3] timor!) ibat

---

seulement de Marcomir à Dagobert. On avait sans doute l'intention de le reproduire dans L, car on y a laissé le bas de la page en blanc. Il n'y a pas de blanc réservé dans P.

1. *coeva etate* V.
2. *Tamque suum subito* V.
3. *Prot* P.

Per salebras partesque ruens, per devia queque,
Quo ducebat eum huc illuc acrisius[1] error.
Tristibus interea multum quesitus amicis,
Vespere sub lucis, post tedia multa[2], secunde
250 Vix tandem inventus, aliquanto tempore lecto
Decubuit, multa ex causa egrotare coactus.
Horror enim et biduana fames compresserat illum,
Continuusque labor, cunctisque inamabilis error[3];
Preteriitque dies illi prefixa sacrando[4].
Hec tamen[5], haud dubium, tentatio contigit illi,
Ut Deus hoc casu[6] meliorem redderet illum,
Attentumque magis curare negotia regni.
Res etenim tanto que presignitur[7] honore,
Quam facit optari propria excellentia dignam,
260 Quanto differtur, quanto pertingere ad illam
Conatu graviore datum est, hoc gratior, hoc fit
Carior, hoc studio majore meretur amari.
Vilet enim quod se nullo conamine prestat,
Diligiturque magis res acquisita labore.
Hoc etiam facto noster confunditur hostis,

---

1. *acusius* V, *aorisius* L P. « Judicii expers, cæcus, dit Barth, « Græcismi ambitione sæpius talia monstra loquitur hic scrip- « tor. *Acrisiam* civitate tum latina donavit Petrus Blesensis, certe « doctus et sapiens homo, Epist. LXXXIV pro caecitate..... »

2. *justa* V.

3. *pejorque hiis omnibus error* V.

4. Il est à remarquer que Guillaume le Breton, dont la chronique ne contient pas la moindre allusion aux faits rapportés dans les vers 219-254, se tait complètement ici sur l'épisode du charbonnier qui ramena le prince à Compiègne, épisode que l'on ne trouve que dans Rigord (§ 3) et dans Robert de Torigny (I, 83).

5. *autem* V.

6. *ut casu Deus hoc* V.

7. *presignatur* V.

Qui bona semper amat corrumpere semina[1], qui,
Non auferre queat, saltem differre laborat [cum
Commoda nostra, bonis semper contrarius actis.
Nec nocet ille[2], nisi quantum permittitur illi
270 A Domino, qui nos probat exercetque per illum,
Ut tandem victo nos tentatore coronet,
Semper et in nobis virtus exercita crescat.
Ergo necesse fuit aliud prefigere tempus,
Quo jam sanatus rex ad diadema veniret.
  Annis ante dies elapsis quatuor illos[3],
Ipsius genitor, peregrini more profectus,
Orandi studio devota mente petivit
Ecclesiam, Thome qua martyris ossa quiescunt,
Cujus virtutes totum redolere per orbem
280 Ille facit cujus pro nomine passus obivit.
  Rex pius ergo[4] sacrum stans martyris ante sepul-
Cum lacrymis fudit has inter cetera voces : [crum,
« Hospes sancte, tuum devotio nostra minori
« Exilium solata fuit quàm vellet honore;
« Tu tamen ecclesie pro libertate fugatus,
« Sanctificare meum te dignans exule regnum,
« Septenos juste[5] atque pie vivendo per annos,
« Corde recepisti placito[6] quod nostra facultas
« Dispensare tibi poterat patribusque sacratis
290 « Quos tecum exilio fidei damnaverat hostis.

1. *semita* V.
2. *Nec videt ipse* V.
3. Ce pèlerinage fut entrepris par Louis VII, non pas quatre ans auparavant, mais en août 1179, afin d'obtenir la guérison de son fils. Voy. Rig., page 12, note 1.
4. *ante* L P.
5. *sancte* V.
6. *placido* V.

LIBER I.

« Tu ficta post hec ad propria pace vocatus,
« Quando relinquebat tua me presentia tristem,
« Tu mihi dixisti, nec mens, qua spiritus hospes
« Sanctus erat, sinet effectu sua verba carere ;
« Tu mihi dixisti : *Compassio, rex pie, qua me*
« *Tanquam concivi, non exule, semper es usus,*
« *Muneribus qua me assiduis solatus alebas,*
« *Exilio qua mille dabas solatia nostro,*
« *Pectore fixa meo stat et omni tempore stabit*[1],
300 « *Meque sui memorem pietas tua semper habebit;*
« *Cui per vota fide me taliter obligo pura,*
« *Ut quecumque voles, quecumque poposceris a me*
« *Pro te prove tuis, nullam patiare repulsam,*
« *Quando mihi a Domino fuerit collata potestas*[2].
« Sic promisisti ; sic te mihi sponte ligasti.
« Nunc verbi memor esto tui ; nunc et locus et res
« Exigit ut facias que te tuus orat amicus,
« Imo uni[3] servus tibi subditus. Ecce potens es,
« Largitur Deus ecce tibi quicquid petis ipsum[4];
310 « Ecce tuis redeunt meritis ad propria sani
« Omnes infirmi tua qui suffragia poscunt.
« Tutele committo[5] tue, pater alme, Philippum ;
« Hunc tu conserves; hujus tu facta secundes,
« Huic, precor[6] esse velis casu protector in omni,

---

1. *et omni stabit in hora* V.
2. L'ordre des vers 303-304 est interverti dans V.
3. Tous les manuscrits présentent des leçons évidemment fautives : *Imo uno famulus tibi* V ou *Imo uno servus* L P, que les précédents éditeurs avaient cru devoir corriger en *Imo vero...*, ce qui faussait le vers.
4. *illum* V.
5. *commendo* V.
6. *Huic tu prior* L P.

« Hunc solum commendo tibi ; tu patris amorem,
« Tu tutoris agas in eum, pater optime curam,
« Quem mihi sanctorum meritis, precibusque[1] vi-
« Atque tuis, jam decrepito senioque labanti[rorum
« Heredem divina[2] dedit clementia solum[3]. »
320 Quod tam sancta patris sint vota a martyre sancto
Exaudita, sequens factum resque ipsa probavit.
Nam patris ejus eum pietas, meritumque beati
Martyris adjuvit, seque ipse per omnia talem
Reddidit, ut donis dignus celestibus esset.
Imo sibi sanctus proprii specialiter illum
Sanguinis ultorem elegit, statuitque per illum,
Perque suos olim natos, radicitus omne
Patricidarum genus exstirpare cruentum[4] ;
Idque viro cuidam sancto divinitus idem
330 Ostendit martyr, et eidem dicere jussit[5],
Certior ut fieret Domino sua bella placere[6];
Distuleritque vir ille licet rem prodere visam,
Omnibus his pene extinctis, bellante Philippo
Res sibimet facit ipsa fidem, factoque probatur
Martyrii vindicta ipsi commissa fuisse.

Jamque dies aderat cunctis optata, novembris
Que caput est mensis, que cunctis sanctificata
Jamdudum sanctis, nunc longe sanctior exstat,
In qua sceptrifero fulsit redimitus honore
340 Magnanimus sacro rex delibutus[7] olivo,

---

1. *precibus meritisque* V.
2. *Heredem divina de divina* P.
3. Chron., § 14.
4. *prophanum* V.
5. *Per visum ostendit et eidem ostendere jussit* V.
6. Cette apparition de Thomas Becket n'est mentionnée nulle part.
7. La véritable quantité de ce mot est *dēlĭbūtŭs*.

Quo Deus, angelicis manibus, virtute parato
Divina, nostris concessit regibus uti,
Ut sacrentur eo soli specialiter illi
Qui successive Francorum sceptra capessunt :
Quo major nostri patet excellentia regni,
Dignior ut vere rex noster rege sit omni,
Quem sacrare suis Remorum metropolites
Cum compresulibus habet illo chrismate sacro,
Hoc ad opus solùm quod celica fudit oliva[1].
350 Hoc, et non alio, perfudit membra liquore
Karolide nostri Guillelmus presul in urbe
Remensi, patrum servato more suorum ;
Imposuitque sacrum capiti diadema verendo,
Connivente[2] simul cleri populique favore.
Tam speciale decus Christi dignatio prestat
Nobis, Francorum qui congaudemus honori.
Sic regem nostrum sibi rex celestis amicat,
Sic superexaltat terre pre regibus illum
Quem facit ut solum sacra consecret unctio celi,
360 Unguine cum reliqui sacrentur materiali[3].

Tunc pater ejus erat annorum septuaginta[4],
Ad Dominum qui mox[5] anno migravit eodem ;
Ipseque quindenum non dimidiaverat annum;

---

1. Dans le ms. du Vatican, on trouve intercalé entre les vers 349 et 350 un autre vers :

Sancto Remigio quem detulit angelus olim,

qui, dans les autres mss., a été transporté avec une légère altération au vers 200.

2. *Conveniente* V. On trouve en marge du même ms. cette glose : *vel connivente, idem est quod consentire.*

3. Voy. Chron., § 16.

4. La véritable quantité de ce mot est *sēptŭāgĭntă*.

5. *post* V.

Tantum primevo pubescens[1] flore, duobus
Mensibus adjectis, septem geminaverat annos.
Qui[2] postquam solus[3] habuit moderamina regni,
Jam liber propria se libertate gubernans,
Protinus arbitrio Domini se mancipat omni
Corporis atque animi virtute, videlicet a quo
370 Ipse datus fuerat specialis gloria mundi.
Primaque facta suo cupiens sacrare datori,
Judeos, quibus est odio Deus, ecclesieque
Lex et sacramenta, suo privavit amore,
Deinde relaxavit illorum debita cunctis
Qui rem debebant illis quamcumque, retenta
Parte sibi quinta pro regni jure tuendo[4],
Nam tenui censu fuerat pater, et nihil illi
A patre collatum fuerat, nisi sola potestas,
Ut quasi legitimus heres succederet illi;
380 Quippe pii prelarga[5] manus genitoris in usus
Membrorum Christi fiscum vacuaverat ere.
Et poterat totum sibi tollere si voluisset,
Nec prejudicium super hoc[6] fecisset eisdem,
Tamquam servorum res et catalla suorum.
Nec mora de regni totius abegit eosdem
Finibus, et nocua regnum putredine solvit,
Indulto miseris tamen apto tempore quo res
Seque suosque parent ad iter[7], prout exigit usus[8].

1. *Tandem primevo pudescens* V.
2. *Qui* manque dans V.
3. *solius* V.
4. *tuenda* L P.
5. *larga* P.
6. *hoc* omis dans V.
7. *aditum* L P.
8. Voy. Chron., fin du § 22 et § 23.

Tunc synagogali cedente superstitione,
390 Ecclesias fecit sacrari pro synagogis,
In quocumque loco schola vel synagoga fuisset,
Divinum cultum per vicos amplificando ;
Neve Dei pereat, egeant si forte ministri,
Servitium, dotat largis [1] loca dotibus illa [2].
Postea [3] constituit et sanxit lege novella
Per totum regnum, ne blasphemare quis esset
Cor cerebrumve Dei vel membrum quodlibet au-
Sic, ut qui legem fuerit transgressus eamdem, [sus;
Quinque quater solidos teneatur solvere Christi
400 Pauperibus, vel flumineas jaciatur in undas ;
Ut sic detraheret [4] homines a prevaricando,
Et revocaretur paulatim pessimus ille
Quo nimium pravo fedatur Gallia ritu,
Pro nihilo causaque levi, quasi dilacerando
Membra beata Jesu, vel turpiter improperando [5]
Illi pro nostra probra quæ tulit ipse salute [6].

Pulsis Judeis, sanctoque rigore fugatis,
Dehinc perscrutari citius facit heresiarchas,
Simplicium falso qui fallunt dogmate corda,
410 Incautas animas occulta fraude necantes ;
Qui bona conjugii reprobant, qui carnibus uti

1. *largis dotat* V.
2. Voy. Chron., § 24.
3. Dans la Chronique de Rigord, comme dans celle de Guillaume lui-même, les prescriptions de Ph. Aug. contre les blasphémateurs sont antérieures à l'expulsion des Juifs.
4. *retraheret* V L.
5. Dans L, le v. 405 omis a été rajouté en marge; le copiste de P, ayant sans doute le ms. L sous les yeux, avait d'abord écrit le v. 405 à la suite du vers 406, mais, s'apercevant de son erreur, il a rétabli l'ordre en inscrivant en marge les lettres B et A.
6. Chron., § 22. Voy. aussi Rigord, § 5.

Esse nefas dicunt, aliasque superstitiones
Inducunt, breviter quas tangit epistola Pauli.
Omnes qui fidei saperent contraria nostre,
Quos Popelicanos[1] vulgari nomine dicunt,
De tenebris latebrisque suis prodire coacti
Producebantur, servatoque ordine juris,
Convincebantur et mittebantur in ignem,
Ad tempus flammam passuri[2] materialem,
420 Deinde gehennales passuri jugiter ignes,
Indulgere tamen Deus ipsa mortis in hora
His potuit, puro si pectore penituerunt,
In cruce qui pendens legitur dixisse latroni
In cruce pendenti : « Jugi donabere[3] vita,
« Et capies hodie paradisi gaudia mecum. »
Hoc illi meritum fidei, contritio cordis,
Et que gratuitos precedit gratia motus,
Contulit extremo suplicanti in limine vite[4].
Sic omnes regni fines purgavit ubique
430 Omnibus hereticis, Judeorumque nefanda
Perfidia, quorum sordescit fenore mundus ;
Nec toto poterat in regno vivere quisquam
Legibus ecclesie qui contradiceret, aut qui

---

1. On sait que cette appellation *Popelicani, Publicani,* réservée d'abord à ceux qui étaient entachés de Manichéisme, avait fini par s'appliquer à tous les hérétiques en général. Ceux dont il est question ici sont sans doute ceux qui se montrèrent en France vers 1175 (R. de Coggeshall, p. 18) et dont Robert d'Auxerre parle sous l'année 1181. Les expressions contenues dans les vers 411-413 et qui sont empruntées à l'*Epist. B. Pauli ad Tim.* (IV, 3) sont les mêmes que celles que Guillaume a employées dans sa chronique pour qualifier les Albigeois, en 1213 (Chron., § 177).

2. *sensuri* V.

3. *donabile* L P.

4. Les vers 421-428 manquent dans V.

Catholice fidei non consentiret in omni
Articulo firmus, aut sacramenta negaret.
   Parisiis locus est, Campellos nomine dicunt.
In quo communi tumulantur corpora jure
Quotquot defungi vita contingit in urbe.
Hic cuivis hominum suibusque patere solebat,
440 Spurcitiis, scopibus sordens et stercore multo,
Et, quod pejus erat, meretricabatur in illo ;
Et sic[1] defunctis injuria magna fiebat
Sacratoque loco[2], quibus est tribuendus ubique,
Precipiente Deo, timor et reverentia[3] semper.
Huic rex, divini zelo succensus amoris,
Indignans fieri polyandro probra sacrato,
Corpora sanctorum quo plura sepulta quiescunt,
Quadratos lapides circumdedit, atque politos
Edificans muros in circuitu satis amplos,
450 Et satis excelsos, castris aut urbibus aptos.
Et sic ille sacer locus est mundatus ab omni
Sorde, datusque fuit honor ex tunc debitus illi[4].
   Dum rex magnanimus eliminat omnibus horis
Francorum scelera, scelerumque potenter amicos,
Catholicamque fidem novus in regni novitate,
Heresibus pulsis, stabilire per omnia gaudet,
Hebo Bituricus, et Guido[5] comes Cabilonis,
Imbertusque ferox, qui castrum Bellijocense
Sub ditione sua castellaque plura tenebat,
460 Ecclesie Christi simul ecclesieque ministris

---

1. *Atque ita* V.
2. *Secretaque loca* V.
3. *Precipiente Deo, major reverentia* V.
4. D'après la Chron. (§ 34), cette construction eut lieu en 1186.
5. Le comte de Châlon était alors Guillaume II et non pas Gui.

Ceperunt inferre modis dispendia multis
In patriis, ubi plus sibi quisque licere putabat [1].
Rex etate puer, animo maturus et armis,
Illos spe brevius bello confecit, et omnes
Ecclesie pedibus submittere colla coegit;
Tamque manu forti predonibus institit illis,
Quòd quicquid tulerant clero clerive colonis,
Precedente prius emenda, restituerunt.
Sic novus ille sua rex [2] in novitate suorum
470 Primitias operum, sic primula prelia Christo,
Ecclesieque sue devota mente sacravit [3]
Sic nova militie gaudens insignia novit
Initiare [4] Deo; sic, tiro novus, Crucifixi
Defensare suis patrimonia [5] maluit armis.
Quam tirociniis se circumducere vanis,
Pomposumve sequi fame labentis honorem;
Sicque merebatur ut adhuc, venientibus annis,
Promoveat Dominus letis [6] successibus illum,
Tironisque sui per prospera dirigat actus,
480 Quod superest, signis invisere talibus illum
Dignatus, facieque illi se ostendere nuda [7].

In castro silvis Aquilina quod undique cingit,
Cui sanctus nomen Leodegarius [8] aptat,
Dum forte audiret misse mysteria, vidit

---

1. L'ordre des vers 461 et 462 est interverti dans V.
2. *rex* omis dans V.
3. Ces deux vers sont presque calqués sur les termes de la chronique : *primitias militie sue Deo et ecclesiis consecrare volens*, § 18.
4. La première syllabe d'*initiare* est brève.
5. *patrocinia* P. Il y avait d'abord *patrocinia* dans L.
6. *lentis* P.
7. Chron., § 18.
8. *nomen apte Leodegarius* V.

Presbyteri in manibus qua sacra levantur in hora,
Miri splendoris puerum, studioque frequenti
Angelicos cives assistere cominus illi.
Quo viso, in faciem lacrymis procumbit obortis,
Et Domino cordis totum se mactat in ara,
490 Qui sua, quando vult, cui vult, secreta revelat.
Sed nec de populo qui circumstabat, idipsum
Promeruit quisquam vidisse, nec ipse sacerdos :
Soli se regi detexit mystica virtus,
Cui soli digne poterat res tanta patere ;
Ut qui promptus erat clerum ecclesiamque tueri,
Promptior et signo longe devotior isto,
Ad virtutis opus reliquo se accingat in evo.
Cui de secretis fidei sic indubitanter
Constitit, ut sciret quanta virtute saluti
500 Consulat humane sua per mysteria Christus,
Quotidie patri qui se veraciter ipsum
Sub panis specie pro peccatoribus offert,
Quando a catholico tractantur sacra [1] ministro,
Servata ecclesie forma quam tradidit ipse [2].

Rex sextum decimum nondum compleverat an-
Ecclesiamque Dei sic tutabatur, ut omnes   [num,
Athletam Christi protestarentur eumdem
Et defensorem fidei clerique. Sed ecce
Plures de regno proceres, comitesque, ducesque,
510 Evi pensantes in eo momenta tenelli,
Non animi vires, nec quo teneatur amore

---

1. *sancta* L P.
2. Robert d'Auxerre, dans un fragment non reproduit par D. Brial, rapporte non pas ce miracle même, mais un miracle analogue advenu à Orléans vers la Saint-Laurent (10 août) 1181, et constaté par le roi qui se trouvait dans le voisinage.

Vassallus domino, vel regi miles, eodem
Proposito conspirantes, communiter ipsum
Infestare parant, belloque lacessere regem.
Precipueque comes Stephanus, qui menia Sacri
Cesaris et ditis pro magna parte tenebat
Predia Biturie, celebrem parientia Bacchum,
Quamvis vassallus et regis avunculus esset,
Utpote cujus erat soror Adela regia mater,
520 Indicit bellum dominoque suoque nepoti.
Sed qui mollis adhuc, tener, inconsultus, eorum
Mente putabatur, nec se defendere posse,
Quam distans a re sit opinio protinùs illis
Conclusit liquido, regem se marte probavit,
Corde senem, facto juvenem, vi mentis adultum ;
Speque sua vacui meritò sensere severum,
Quem sprevere pium ; et quem vincibilem reputa-
Intellexerunt invictum viribus esse ;   [bant,
Et quem censebant evi sub lege teneri [1],
530 Invenere nihil annis debere vel evo [2].

Non procul a fluvio Ligeri Castellio castrum
Fertilibus florebat agris, cui flumen amenum
Hinc latus exornat, reliquum vineta coronant,
Turribus excelsis, muris fossisque superbum,
Nullius ut vires sibi diceret esse timendas ;
Tunc etiam Stephanus comes ipsum muniit armis,
Frumento, validisque viris, et milite multo.
At rapido cursu rex festinavit, et illud
Gnaviter obsedit, cepitque vigore potenti
540 Spe citius, captumque solo prostravit, et ire

1. *Sub legibus esse* corrigé en *sub lege teneri* V.
2. Chron., § 19. — Voy. aussi Rigord, 56. Ces faits se passaient en 1180.

Motibus[1] indulgens radicitus incineravit,
Vicinumque solum, missis cursoribus, omne
Predis, agricolis, rebus spoliavit opimis.
Tunc vero Stephanus, irrecuperabile[2] damnum
Esse videns (intellectum vexatio quippe
Jam dederat), supplex vestigia regis adorat,
Armis depositis, sua reddens[3] omnia secum
Ipsius arbitrio; quem rex, rancore sepulto,
Gratanter recipit, et donat amore priori.
550 Cujus ad exemplum reliqui quicumque negarant
Obsequium regi, misso pro pace rogatu,
Mox ab eo recipi meruerunt corde benigno.
Semper enim primis a componentibus[4] illi
Infuit hic animus et naturalis, amica
Sorte beans animum, dos dote beatior omni,
Quod quanto stantem ruit irrevocatus in hostem,
Tanto mente pia strato revocatur ab hoste,
Ut nunquam veniam supplicanti deneget hosti :
Qualiter irato satis est prostrasse leoni
560 Corpora; pugna suum finem capit, hoste jacente.
His ita compositis et firma pace ligatis,
Transmisso Ligeri, rebus feliciter actis,
Rex redit in patriam, spatiumque per unius anni

---

1. *Montibus* P.
2. La véritable quantité est *irrĕcŭpĕrābĭlĕ*.
3. *dedens* V L.
4. Bien que tous les mss. soient d'accord, on a cru la leçon vicieuse; Barth propose de la corriger ainsi : *Semper enim primis a cunis protinus...*; D. Brial suppose qu'il y avait : *Semper et imprimis...* Il me semble qu'il peut s'expliquer tel qu'il est imprimé : *Car, de tout temps, dès les premiers ennemis qui vinrent à composition avec lui,* ... Telle est d'ailleurs l'opinion de M. Pannenborg (*Zur Kritik der Philipis*, p. 28).

Terra silet, nullos bellorum passa tumultus[1].
Vix bene finito[2] dux Odo[3] Allobrogus anno
Opprimit ecclesias, pacemque monasteriorum
Indignans animo turbat, clerique quietem :
Gente potens, dives opibus, ditissimus armis,
Belligerisque viris quos Divio nobile castrum,
570 Edua quos mittit urbs antiquissima, plena
Divitiis[4], multisque tumens legionibus olim,
Romulidisque fide junctissima, gente superba,
Assiduis bellis plusquam vicina fatigans,
At modo nulla fere raris habitata colonis ;
Nobilibus vicis, ubi gaza domusque fuere[5],
Pro gaza silvas monstrat, pro gente myricas ;
Quam rex Arturus Rome subduxit, eamdem
Postea Norvegus evertens Rollo redegit
In nihilum prorsus, vix ut vestigia restent.
580 Frugifero jucunda solo nihilominus illi
Cum multis suberat aliis vinosa Bealna,
Indicens cerebris vino fera bella rubenti.
Cochia[6], Semuris, Flavignia, Muxis, Avallo

1. Ces faits se rapportent à la seconde révolte des seigneurs, révolte qui eut lieu en 1181 et que Rigord (§ 9) et Guillaume le Breton (§ 19) ont confondue avec la première. Voy. R. de Dicet (II, 9) et Robert d'Auxerre (M. G. Scr. XXVI, 245-246). A la suite de cette campagne dans laquelle il avait été aidé par les fils du roi d'Angleterre, Philippe-Auguste en vint aux mains avec le comte de Flandre vers novembre 1181 (Gilbert de Mons, M. G., XXI, 531-532).
2. La prise de Châtillon-sur-Loire eut lieu en 1181 ; les faits dont le récit va suivre se passèrent en 1186, c'est-à-dire cinq ans plus tard et non pas moins d'un an après.
3. *Odo* lisez *Hugo*. Voy. Chron., § 31.
4. *Divitiis* corr. en *deliciis* dans V.
5. *fuerunt* V.
6. *Chochia* L P.

Terra ferax, et tota fere Burgundia dives,
Et felix si pace sui fruerentur alumni,
Ejus erat patrio ditioni subdita jure,
Sic tamen ut regi super his obnoxius esset;
Insuper et castrum Castellio [1] nomine, vicus
Nobilis, Allobrogum decus, et munitio regni,
590 Quem fluvius medium renitenti [2] perluit unda
Sequana, nobilium pater instructorque virorum,
Nulla quibus toto gens est acceptior orbe
Militia, sensu, doctrinis, philosophia,
Artibus ingenuis, ornatu, veste, nitore.
Unde timens regem dux premuniverat illum
Omnibus ad bellum rebus quibus est opus, armis
Robustisque satellitibus cum milite multo;
Sufficiensque viris frumentum providus heros
Congerit, et farcit castellum rebus abunde.
600 Ne quid desit eis in toto tempore belli.
Hurdari turres et propugnacula, muros
Subtus fulciri facit, aptarique fenestris
Strictis et longis, ut strenuus arte latenti
Emittat [3] lethi prenuncia tela satelles;
Urget et instante, nihilominus amplificari
Atque profundari cingentes menia fossas,
Nullus ut accessus pateat pugnantibus extra,
Ut parte ex omni sit inexpugnabile castrum.
   Rex igitur mittit pacis monitiva benigne
610 Scripta duci, suadetque malis desistere ceptis.
Dux fit ab admonitu pejor, graviusque protervit
Ecclesie damnis, nec se compescit ab ira,

---

1. Châtillon-sur-Seine.
2. *retinenti* L P.
3. *Immittat* L P.

Quin magis et clerum gravet, et patrimonia Christi.
Rex sacros iterans monitus nil proficit, immo
Fortius accendit dum vult revocare furorem ;
Materiamque mali gravioris concipit in se,
Rege malum prohibente, furor. Sic fabula quondam
Ovidiana refert plus concepisse furoris
Penthea dissuasu procerum [1], dum tollere sevit
620 Orgia de medio, dum fata minatur Acestes [2].

In puero sperni, nec se pro rege teneri
Rex puer indignans, volat ocius agmine rapto,
Et Burgundinos festinat inire recessus,
Milite non multo comitatus; nam gravis ira
Non permittebat satis exspectare vocatos.
Et jam post tergum Campana Brienaque rura
Liquerat, et Trecas, nam Barri menia velox
Preterit, et Muxis infert se menibus hospes
Nobilis exspectans tribus agmina noctibus illic ;
630 Quinque sequebantur illum properando manipli.
Quem mora dum triduo Muxea in valle teneret,
Innotuit [3] certis exploratoribus illi
Quam sit munitum Castellio qualiter [4], armis,
Quotque quibusque viris dux Odo [5] repleverit illud.
Sed nec forma loci tantis munita decenter
Presidiis, nec prestantissima corpora tante
Militie, castrum qui tutabantur ab intus,
Illius exterrent animum, quin protinus ipsum
Obsideat, subito circumdans agmine [6] muros.

---

1. Ovid., *Met.* III, v. 513, 582 et suiv.
2. *Aceste* L P.
3. La véritable quantité est *innōtŭĭt*.
4. *vel quibus* V.
5. Lisez *Hugo* comme au vers 565.
6. *subito cui quondam sanguine* P.

640 Tempore quo neque nox neque lux, sed utrumque
[videtur,
Quo piger oppressos aperiri somnus ocellos
Vix permittit adhuc, quando placidissimus implet
Rore papavereo venas, puer impiger illo
Tempore circuitum castri, qui continet in se
Jugera multa soli, signis obcinxit et armis ;
Nec patet egressus prodire volentibus extra,
Qui non militibus foret obsitus atque maniplis.
 Interea solis aurora preambula terras
Exuerat tenebris, et lux est reddita mundo :
650 Cives, e stratis surgentes denique[1], cingi
Undique se cernunt ; ascendunt menia, portas
Agmine[2] confuso festinant obdere, crates
Et pluteos humeris comportant ; menibus altis,
Si qua ruina patet, farcire foramina certant.
Hic labor exercet formicas, quando viator
Aut baculo pastor illas percussit ; at ille
Nunc huc nunc illuc discurrunt ordine nullo ;
Fragmina cellarum studio reparare frequenti
Certantes, caveis simul ebullire videres.
660 Haud secus obsessi mixtim per menia, vicos
Et plateas currunt ; mirantur qualiter omnes
Tam subito potuit rex circumcingere muros,
Unde tot innumeris obtexere millibus agros,
Unde tot armatos, tam parvo tempore, quisquam
Accito potuit uno componere cetu.
 At rex, ut nullum sibi tempus in obsidione
Perdere contingat, instat[3], noctuque dieque

---

1. *denique* corrigé en *undique* V.
2. *Ordine* V.
3. *infans* V.

Ipsemet imprimis animos pugnantibus addit;
Mangonellorum tormentis saxa rotantur,
670 Ictibus assiduis hurdicia fracta recedunt,
Et disjuncta patent per propugnacula rime;
Cratibus intextis et parmis undique junctis,
Jam pede non segni fossarum summa tenentes,
Crebra catervatim jaculantur tela manipli,
Audeat ut nullus summos ascendere muros,
Currere nec solito per propugnacula more,
Ut vel tela ferant, sive auxiliaria saxa
Que defensores murorum mittere possint.
Aggere complentur fosse, murosque sub ipsos
680 Scalis erectis, agili levitate satelles,
Quo rex ipse loco se munit semper[1] in omni,
More cirogrilli[2] velox in menia repit.
Jam Malevicinus mira levitate Manasses,
Jam Barrensis eques[3] festinus in agmine primo,
Scalas ascendunt totis virtutibus usi,
Stantque super muros, victis cedentibus, atque
Agmine condenso summam prendentibus[4] arcem,
Ut salvare queant modico vel tempore vitam;
Omnibus expositis quas tam prepinguis habebat
690 Vicus opes, quas militibus rex donat habendas,
Atque satellitibus virtutis premia digna[5],

1. *loco semper munitur* V.
2. *carogelli* V. — Ce mot signifie certainement ici *écureuil*. Ducange au mot *chirogryllus* ne lui reconnaît que les sens de *hérisson* et de *lapin (connil)*. On trouve cependant au mot *Escurellus* ajouté par les Bénédictins un texte non équivoque : *Canonici deferunt cappas et almutias de griseis... et capellani de cirogulis sive d'escurolz.*
3. Guillaume des Barres. — *equinus eques* P.
4. *pendentibus* P.
5. *digne* L P.

Capta sibi retinens fiscali corpora jure.
Protinus arx ipsa brevius spe fracta resedit,
Incumbensque solo patuit victore recepto,
In qua sunt capti cives, cum milite multo [1],
Innumeri, sed et ipse ducis justissimus heres
Cum reliquis capitur, qui postea dux fuit Odo [2].
    Se dux ergo videns non posse resistere tantis
Viribus, et nato metuens quem vincla tenebant,
700 Projicit ampullas, et mentis amara superbe
Cepta retroponit ; humilis jam denique factus,
Injustamque fovens, ipso se judice, causam,
Sero recognoscit quantum deliquerit in jus,
Inque suum dominum, cui se peccasse fatetur ;
Et, genibus flexis, sese [3] regalibus ultro
Submittit pedibus [4], suplicans ut quicquid eidem
Rex velit, infligat, statuat de seque suisque
Quicquid ei placeat statuendum, vindice pena
Infligi debere reo quam judicet ipse.
710   Rex igitur, cujus pietas excedere vota
Noverat et merita suplicum, cui corde benigno
Est proprie proprium misereri et parcere semper,
Hostem conversum letis complectitur ulnis,
Ac in amicitiam recipit solitumque favorem.
Reddit ei terras, vicos et nobile castrum,
Cuncta sibi retinere licet de jure liceret,
Que justis subducta duci possederat armis.
Sed juri preferre pius rex [5] maluit equum,
Cum quibus et natum, quod vix speravit, inemptum

---

1. *multo cum milite cives* V.
2. Cette fois, il s'agit bien d'Eudes III, fils de Hugues.
3. *frontem* V.
4. *gentibus* V.
5. *Sed non ferre pius rex juri* V.

720 Restituit; sed et ante tamen facit ecclesiarum
   Damna resarciri, quam quicquam reddat eidem;
   Quodque fidelis ei sit in omni tempore vite
   A duce sufficiens fit regi cautio, missis
   Obsidibus, plegiis, juramentoque recepto [1].
   Nec mora Bituricas exercitus ibat in oras
   Ut Scotellorum [2] vim sevitiamque retundat,
   A quibus ecclesiis aut vasis ecclesiarum,
   Personisve sacris, rebusve, locisve sacratis,
   Nullus prestabatur honor, reverentia nulla;
730 Nil juveni virtus, puero nil debilis etas,
   Nil effeta seni, nil nobilitas generoso,
   Nil toga ruricole, nil frocus relligioso,
   Nil fragilis sexus mulieri, nil sacer ordo
   Presbytero prodest, quin decollentur ab ipsis
   In quocumque loco contingat eos reperiri,
   Si modo prevaleant illi vel fraude vel armis.
   Sed tamen ante necem multos cruciatibus idem
   Torquebant variis, aut longa morte necabant,
   Ut nummos ab eis prius extorquere valerent.
740 Quos tamen excepit legio sic regia, quod sunt
   Interfecta die simul uno millia septem;
   Et quicumque fuga necis evasere periclum,
   Dispersim tota regione fuere fugati,
   Postmodo non ausi regi regnove nocere [3].

1. Chron., § 31.
2. « Sic etiam dictos Coterellos existimamus, » dit D. Brial,
« quia cum ex perditis hominibus omnium nationum essent hæ
« colluvies, permixtos quoque habuisse *Scotos* probabile est; vel
« potius quia levi armatura, puta parvis scutis, instructi plerum-
« que erant. » Peut-être aussi n'y a-t-il là qu'une déformation sans
signification.
3. Chron., § 28.

Terra Briensis habet castellum nomine Braiam,
In qua Judeos plures comitissa Brenensis,
More suo nummos dantes ad fenus, habebat.
Contigit ut, fidei nostre confessor, agrestis
Quidam quamplures solidos deberet eisdem;
750 Qui cum non esset solvendo, contulit illis
Arbitrio comitissa suo punire misellum,
Precipue quoniam Judeis probra tulisset,
Christi membra ferox exponens hostibus ejus
Feminea levitate, Dei privata timore.
Taliter expositum nudant, spinisque coronant,
Per vicos, per agros, sic spinea serta gerentem
Fustigant colaphis, feriunt ceduntque flagellis ;
Denique tractatum male tollunt in cruce, cujus
Hasta latus, plantas clavi palmasque cruentant,
760 Ut Domini pene similis sit passio servi.
Quo rex audito, nimia turbatus ab ira,
Et sancto Christi zelo pia corda comestus [1],
In propria veniens persona prepete cursu [2],
Quotquot apud Braiam Judeos repperit, omnes
Igni supposito Domini pugil incineravit
Nonaginta novem, flamma sic vindice, Christi
Dedecus ulciscens ignominiasque suorum [3].

Tempore cujusdam guerre, rex prodigus eris,
Cum res exigeret numerare stipendia multis,
770 Clerum Remensem petiit, scriptoque rogavit,
Ut sibi subsidium fieret, quo gratior illi
Ad tantos vellet sumptus impendere gratis,
Ut solet ecclesia patronos sepe juvare.

1. *perustus* V.
2. *gressu* V.
3. Chron., § 63.

Qui pro rege suo regi suffragia summo
Fundere cum precibus aiunt se jure teneri,
Non solidos dare, vel censum, ne postea forte
Ecclesie pariant ex consuetudine damnum.
Postmodo cum bello fruerentur pace sepulto
Rex proceresque sui, res ardua protinus egit
780 Clerum Remensem versa vice poscere regem;
Restelle, Cocii[1] comites, dominusque Roseti,
Non attendentes regisve Deive timorem,
Certatim ecclesie patrimonia dilapidabant,
Damnosis populum clerumque gravando rapinis[2];
Gaudet, et hoc breve rex responsum reddit eis-
« Vos prece me sola nuper juvistis, eadem [dem :
« Lege relativa[3] vice prelia vestra juvabo. »
Dixerat, et scripto comites rogat, ecclesiarum
Ut spoliis clerique[4] velint desistere damnis.
790 Acrius hoc illi perstant, gravioraque damna
Clero non cessant inferre, locisque sacratis;
Nec magnum reputant comites a rege rogari,
Qui minimo potuit illos compescere jussu.
Denique cognovit clerus (vexatio quippe
Rem docuit) quanto studio quantoque labore
Debeat ecclesia sibi querere[5] regis amorem,
Summopereque ejus sibi procurare favorem,
Quo sine defendi nequeunt patrimonia Christi.

1. Ni Rigord, ni Guillaume dans sa chronique ne mentionnent le sire de Couci comme coupable des mêmes excès que le comte de Rethel et Roger de Rozoi.

2. *Damnosis populum spoliis clerumque gravantes* V. — *gravando* manque dans P.

3. *relatum* L P.

4. *cleroque* L P.

5. *Debeat ecclesia perquerere* V.

Mox regi suplicant et se peccasse fatentur,
800 Atque satisfaciunt plene super hoc, quod ab illis
Nil tulit auxilii contra sua bella petiti[1].
Protinus accingens se rex ad bella, cohortes
In comitum terris effundit; cogit et illos
Plurima damna pati, donec quecumque tulissent
Ecclesie populis, vi compellente coacti,
Precedente prius emenda, restituerunt[2].

Uno dehinc anno belli secura quievit
Terra, nec in toto quis contradicere regi[3]
Audebat regno[4] guerramve movere propinquo.
810 Tam jucunda suo populum pax more beabat;
Sed tam continue[5], tam sancte gaudia pacis
Ferre diu nequiit sors invida; rursus ad arma
Nos Bellona vocat. Majoribus utere velis,
Navita; majus enim pelagus tibi restat arandum.

---

1. D. Brial (p. 134, note *a*) semble croire que ces faits se passèrent en 1207, parce que le chapitre de Reims reconnut en octobre 1207 l'obligation où il se trouvait de servir le roi pour la défense de la couronne ou du royaume (*Cat.* 1054). — Mais, comme d'un autre côté il résulte des actes que nous avons cités dans une note au § 137 de Rigord (I, p. 151, note 2) que Hugues de Rethel et Roger de Rozoi furent contraints de se soumettre en décembre 1201, comme nous trouvons à la même date une pièce dans laquelle Philippe-Auguste déclare prendre le chapitre de Reims sous sa protection (*Cat.* 689), nous n'avons pas à hésiter. L'acte de 1207 prouve seulement que la contestation entre le roi et les chanoines s'était continuée ou renouvelée après l'acte de 1201.

2. Chron., § 109. — Nous nous étions demandé, en publiant le passage correspondant de la chronique en prose (I, p. 206, n. 8), comment Voltaire avait pu connaitre cet épisode qu'il a mis dans *Zadig* sur le compte du roi de Serendib. Nous avons depuis retrouvé cette anecdote dans l'*Histoire de France* du P. Daniel (éd. de 1729, in-4°, III, p. 402). Or on se rappelle combien de fois cet écrivain a été pris à partie par l'auteur de l'*Essai sur les Mœurs*.

3. *regno* V. — 4. *regi* V. — 5. *commune* V.

CATHALOGUS MATERIE SECUNDI LIBRI.

Subjugat **Atrebati comitem**[1] *Flandrosque secun-*
Victus lite comes ciet arma, ruitque cremando [*dus;*
Per patriam; sed rex citus advolat, et fugat illum.
Bobis vi fractis, regi comes omnia reddit.
Gaufridi post fata ducis regisque minoris,
Prima duos inter oritur discordia reges.
Uxsellodunum capiunt, Castrumque Radulfi
Oppugnant Franci; sed, jam pugnare catervis
Dispositis, redeunt ad pacis federa reges.

SECUNDUS LIBER INCIPIT.

Hactenus acta levi cecinisti regia plectro,
Que pubertatis inito vix tempore gessit;
Nunc memorare velis, Polymnia, Flandria quanto
Jam pubescentem motu irritaverit illum,
Qua virtute animi puer[2] illi restiterit rex,
Juraque restitui sua fecerit integra fisco. [hanc,
Nec taceas quibus hec causis, atque Anglia post
Magnanimi offensam meruere incurrere regis;
Scis etenim, tibi nam[3] dedit hoc oblivio nomen[4].
10   Octavus decimus regi virtutibus aucto
Annus agebatur, sensuque vigebat et actu.

---

1. Philippe d'Alsace, comte de Flandre.
2. *puer* omis dans P.
3. *nam* manque dans L P.
4. Le sens de ce vers, fort peu intelligible au premier abord, paraît avoir été déterminé par Barth : « Tu le sais toi qui as reçu de l'oubli [vaincu] le nom de Polymnie (Πολύ-μνεία). »

Flandrensis comes interea, vir magnus et acer
Consilio, generis illustris, nominis alti,
Qui regem puerum sacro de fonte levarat[1],
Unde suum nomen, sicut mos exigit, illi
Indiderat, quo nunc exsultat Francia victrix[2],
Plurima que regis debebant esse, tenebat.
Nam Desiderii Mons, Roia, Nigella, Perona,
Cumque suburbanis urbs Ambia, sub ditione
20 Ejus erant, et, quod plus est, Viromannia tota;
Nullo jure, nisi quod rex ad tempus habenda
Hec eadem senior dederat Ludovicus eidem,
Et puer acta patris rex confirmaverat illi
De facili. Quid enim non impetrasset[3] ab illo,
Cujus erat tutor, didascalus atque patrinus?

Rex super hoc semel ac[4] iterum[5] convenit eum-
Ut sibi restituat ea que spectare sciuntur   [dem[6]
Ad fiscum proprie, nec regni jura minoret,
Que debent magis augeri de jure per illum
30 Qui datus est doctor illi, custosque fidelis.
Et ne deterius ob idem contingere possit,
Flectere tentabat vivis rationibus illum,
Ut que non sua sunt, sine vi, sine lite resignet;
Pacificisque minas verbis regaliter[7] addit;

1. Voy. Chron., § 182, note 6.
2. *Indiderat, felix quo nunc quoque Francia gaudet.* V.
3. *impetraret* L P.
4. *et* V.
5. Il y a sans doute dans cette expression *semel ac iterum* une allusion aux diverses entrevues qui eurent lieu entre le roi et le comte en 1183 et 1184 (Gilbert de Mons, 536 à 538). — Le récit de Guillaume le Breton n'est à partir d'ici qu'un développement du § 29 de sa chronique.
6. *convenerat illum* V.
7. Tous les mss. portent *regalibus*. Mais nous reproduisons la

Nam fore se nulli manifeste clamat amicum,
Quem re velle sua fiscum privare videret.
 At comes hec contra dabat allegamina [1] regi :
« Hec mihi donavit genitor tuus, hec meministi
« Te mihi regali jam confirmasse sigillo.
40 « His vere titulis mihi jus acquiritur in re
« Quam repetis ; regni nolis turbare quietem,
« Ne fiant hostes tibi qui parere tenentur.
« Non decet ut tanti sit frivola pactio [2] regis ;
« Non decet ut regis fiat revocabile verbum [3].
« Esto quod nullum mihi jus sit rebus in istis,
« Ut loquar absque mee prejudicio rationis :
« Possideo tamen hec per teque tuumque paren-
« Jusque mihi defendit in his possessio sola ; [tem,
« Nam possessorem compelli dicere quo rem
50 « Possideat titulo, nimis incivile videtur.
« Nec tamen hec nobis erat allegare necesse,
« Cum res a dominis licite data sit mihi veris.
« Sic bona nempe fides, titulus sic justus ab omni
« Excusat [4] culpa nostri fundamina juris.
« Nec tibi jus nescire licet, quo [5] nemo sibi rem
« Juste collatam sine culpa amittere debet. »

correction de Barth qui se fonde sur ce qu'on trouve au livre VI, v. 150 :

    Scribit item scriptoque minas regaliter addit.

Ce qui est d'ailleurs conforme au vers d'Ovide qui a servi de modèle à Guillaume (*Met.*, II, v. 397) :

    .... *missos quoque Juppiter ignes*
    Excusat, precibusque minas regaliter addit.

1. *allemana* V.
2. *pactio frivola* V.
3. *regis pactum revocabile fiat* V.
4. *Excludit* V.
5. *quod* L P.

LIBER II.

Sic allegabat pro se comes; ocius illi [bis
Rex ita respondet[1] : « Paucis tibi sic quoque[2] ver-
« Moliar auxilio juris concludere multa. [dum
60 « Quod meus ad tempus genitor tibi cessit haben-
« Perpetuare nequit prescriptio tam brevis; et
« Hec tibi me jactas jam confirmasse, vigorem[quod
« Que datur a puero possessio non habet ullum[3].
« Hec mihi sufficiunt; possum tamen addere pauca.
« Quidam nuper erat qui, te censore, paternum[4]
« Restitui sibi justicia mediante petebat.
« Cui reus aiebat : *Tibi competit actio nulla,*
« *Frater, in hoc casu, quia quam tibi nunc petis a*
« *Res, concessa mihi fuit a te dum puer esses.* [me
70 « *Nunc quia crevisti, repetis que sponte dedisti,*
« *Que jam possedi te coram, pluribus annis.*
« *Absit ut effectus tam frivola verba sequatur*[5].
« Te, comes, oblitum nondum reor esse quod illi
« Dixeris, aut tua que fuerit sententia, quando
« Dixisti primum donum nil juris habere,
« Omnibus hoc ipsum[6] pariter dicentibus; et sic
« Ille sua re, te censore, potitus abivit.
« Vis aliis[7] aliud, aliud tibi dicere juris?
« Absit; quam tuleris legem patiaris oportet.
80 « Desine plura loqui, quia, si mihi predia fisci
« Reddere distuleris ultra, quid justa petenti

---

1. *respondit* V.
2. *si queo* P.
3. *illum* P.
4. *Paternum* est pris substantivement dans le sens d'héritage paternel.
5. Les vers 70-72 manquent dans V.
6. *ipsum in hoc* L. — *et primum hoc* P.
7. *aliis* V.

« Vis cum jure queat domino conferre, videbis. »
Verba ferens graviter comes ista, repatriat; inde
Convocat auxilium; ruit agmine multiplicato [quam
Lecta manus juvenum ; nec oportet cogere quem-
Cum sua quemque trahat in regis damna voluntas.
Fervet amor belli; communia Gandaviorum
Turritis domibus, gazis et gente superba,
Instructas armis acies bis millia dena
90 Et plures, propriis expensis, donat eidem
Auxilium bello. Sequitur non impare fastu
Ypra, colorandis gens prudentissima lanis,
Execranda juvans legionibus arma duabus ;
Atrebatumque potens, urbs antiquissima, plena
Divitiis, inhians lucris et fenore gaudens,
Auxilium comiti tanto studiosius addit
Quo caput et princeps Flandrensis et unica regni
Sedes existit, tenuit quam tempore in illo
Comius Atrebates quo Julius intulit arma
100 Gallorum populis[1]. Nec Brugia defuit illi
In strepitu tanto, quin pluribus adjuvet illum
Millibus, in bellum fortissima corpora mittens ;
Brugia, que caligis obnubit[2] crura potentum,
Frugibus et pratis dives, portuque propinquo.
Dan quoque villa nocens, Dan vere nomine, Dan re,
Dan olim nostris damnosa futura carinis[3],
Adjuvit nostros bello pro viribus hostes.
Insula post illos nihilominus exerit arma

1. Cæs. *De bello gallico*, libr. IV, VI, VII et VIII.
2. *obnubat* P.
3. Ces vers ont été écrits après l'incendie de la flotte française devant Dam, c'est-à-dire après le 28 mai 1213. Voy. la Chron., p. 252, note 1.

LIBER II.

Hostica, non paucas armans in bella phalanges;
110 Insula villa placens, gens callida lucra sequendo;
Insula, que, nitidis se mercatoribus ornans,
Regna coloratis illuminat extera pannis,
Unde reportantur solidi quibus illa superbit;
Insula magnanimo malefida futura Philippo
Proditione sua; tamen in sua damna ruerunt,
Dum pro Ferrando sua menia versa recepto,
Turritasque domos viderunt incineratas,
Seque capi perimique simul sub milite Franco[1].
Nec minus et Sancti populus venerator Homeri.
120 In comitis partes juratus millia multa
Mittit ei, juvenes clara virtute coruscos,
Cum quibus Hedinum, Gravelinga, Bapalma, Dua-
Dives et armipotens, et claro cive refertum, [cum
Indignata capi numero, dant agmina bellis.
Sed nec Ysangrinos cum Belgis, et Bloetinos[2]
Rixa vetusta tenet, intestinique furores
Se quibus infestant alternatimque lacessunt,
Quin jurata ruant in prelia; Francigenisque
Dum pugnant, veteres juvat intermittere pugnas.
130 Quid moror hec referens per singula? Flandria tota
Ultro belligeros in prelia trudit alumnos,
Utpote qui Francos odere latenter, et ipsos
Infensos regi comitis nova fecerat ira;
Flandria marte potens, armis exercita crebris[3]
Flandria, gens opibus variis et rebus abundans,

---

1. Lille, ayant ouvert ses portes au comte Ferrand, fut détruite par Philippe-Auguste (Chron., § 170).

2. Voy. tome I, p. 251, note 4.

3. Ce vers, qui manque dans les anciennes éditions, est omis dans L et dans P.

Gens intestinis sibimet damnosa ruinis,
Parca cibis, facilis expensa, sobria potu,
Veste nitens, membris procera, venusta decore,
Splendida cesarie, vultu rubra, candida carne,
140 Innumeris piscosa vadis et flumine multo,
Fossatisque vias ita prepedientibus, ut vix
Introitus pateat venientibus hostibus, extra
Tuta satis, si bella sibi civilia desint;
Frumento quam ditat ager, navalia merce,
Lacte pecus, butyris armentum, piscibus equor;
Arida gleba foco siccis incisa marescis[1].
Raris silva locis facit umbram, vinea nusquam;
Indigenis potus Thetidi miscetur avena,
Ut vice sit vini multo confecta labore.
150   Rebus et ornatu diversicolore refulgent
Agmina, crispantur vexilla moventibus auris,
Arma repercusso duplicant sua lumina Phebo;
Territat horrisonus aures hinnitus equorum,
Pulverulenta terunt pedibus sola, pulvere densant
Aera; vix etiam pressis retinentur habenis,
Quin equites rapiant cursu per inane rotato.
Ordine composito gradientibus undique turmis,
Corde sub angusto vix jam sua gaudia claudens,
Sevit atrox in bella comes, victorque videtur
160 Jam sibi; presumit, tam multis millibus arma
In sua juratis, bellumque volentibus ultro,
Ipsum vel facili regem jam vincere pugna[2],

---

1. Ce vers désigne évidemment la tourbe dont on fait un si grand usage dans le Nord. Le traducteur de la collection Guizot l'a interprété ainsi : « La terre la plus aride est réchauffée par le jonc « marin dont on la couvre après l'avoir haché lorsqu'il est sec. » (!!!)

2. *Ipsum de facili regem vel vincere posse* V.

Vel pro velle suo tali sibi pace ligare,
Quod rebus nihil amittat de litigiosis.
Jamque leonino rictu[1] bacchatur in hostem,
Ardet et absenti jamjam confligere[2] regi,
Impete mox vasto, Corbeie menibus agmen
Applicat, et primo fortuna dante favorem
Impetui, vallum quod erat munitio prima,
170 Vi capit, et fractis muris incendia miscet;
Omnia confundit, ire permittit habenas.
Diffugiunt cives, et se secura receptant
In loca, consilium prudens prudenter adepti :
Cedere nempe[3] docet currenti Naso furori.
Opposuit medium Summe natura fluentum[4],
Qui burgum vallo disterminat exteriori[5].
Hic obstat comiti ne vires transferat ultra,
Tam bona ne pereat sub eodem villa furore,
Cedat et indigno victoria tanta repente.
180   Tunc comitis votum spes intercepta fefellit,
Et fortuna pedem retro dedit, obice parvo.
Civis enim cautus pontes,jam ruperat omnes,
Damnis damna cavens majora minoribus; ut se
Castoreus propriis ementulat unguibus ipse,
Ne perdat totum, malens amittere partem,
Ignoto nobis nature munere doctus
Non instare sibi pro se venabula, nec se
Corpore pro toto venantibus esse petendum,
Sed pro parte sui cui scit medicamen inesse.

1. *cursu* V.
2. *absenti bellum committere* V.
3. *namque* V.
4. *Opposuit Summe natura furantibus amnem* V.
5. Ceci fait comprendre l'expression *extremum ejus vallum fregit* que l'on trouve dans la chronique (§ 29).

190 Continuo fessi metantur castra sub ipso
Vespere per ripas, lateque patentibus arvis,
Oblatisque cibis et somno corpora[1] curant.
Sic obsessa fuit multis Corbeia diebus,
Magnanimoque fit hec res denique nota Philippo.
Dum parat ergo comes acies transferre per amnem,
Ut magnum turmis cingentibus undique burcum
Impiger obsideat, missis a rege maniplis
Ac equitum cuneis, castrum munitur et armis
Et rebus, quibus obsessis audacia crescit.
200 Exsultant cives, comitisque furentibus extra
Agminibus, vires et bella frequentia miscent.
 Nil ita proficiens comes, et non absque pudore
Inde recessurus, equites qui posteriora
Agmina conservent, ne prodeat hostis, et ipsis
Vulnere damnifico tamquam fugientibus instet,
Caute disponit; ac precedentibus ipse
Addit se socium turmis cum milite multo[2],
In medio ponens fretos virtute minori
Cum plaustris et equis, oneratis rebus et escis;
210 Tali quippe volunt distingui castra tenore.
Devastans igitur a dextris atque sinistris
Omnia, trans Isaram pernicibus advolat[3] alis;
Nec cessat populos[4] populari, ducere predas,
Incinerare domos, in vincula trudere captos,
Silvanectensem donec pervenit ad urbem :
Quam quia non potuit subito penetrare sub ictu,
Defensam muris et gentibus, omne quod extra

---

1. *somna corpore* P.
2. *multo cum milite turmis* V.
3. *evolat* V.
4. *Nec populos cessat* V.

Muros inventum est, perimit, capit, abstrahit, urit,
Ut pars non maneat illesa diocesis ulla.
220 Domni-Martini comitem nil tale timentem,
Cujus erat nomen comes Albericus, ab ipsa
Dum prandet mensa levat, ac[1] ita terret ut, arcto
Postico fugiens, vix se subduxerit illi.
Nobile castellum rebus spoliatur opimis,
Totaque planities que castro subjacet illi,
Tam speciosa bonis, tam dives, tam populosa,
Flandrorum libitu ferro vastatur et igne.
« Nil, ait, est actum, nisi Flandro milite portas
« Parisius frango, nisi Parvo ponte dracones,
230 « Aut medio vici vexillum pono Chalauri[2]. »
Dissuadent proceres mentis concepta maligne;
Quippe timent regem, qui jam properabat, et ipsis
Affectabat in his vires opponere planis.
Ergo, ne comiti damnosa superbia forte
Ista foret, lituis clangentibus undique, cogunt
Agmina per patriam passim currentia totam,
Bestisiumque petunt, obiter nihilominus omnes
Predando villas, solitoque furore cremando.
Dum nova Bestisios perterritat undique muros

---

1. *atque* V.
2. *Calaurri* V. — Il ne s'agit pas ici, comme le croit D. Brial, de la rue de la Calandre, mais bien de la rue *Charauri,* en latin *Carrus Aurici,* fréquemment citée dans des actes du chapitre de Notre-Dame (*Cartulaire de Notre-Dame de Paris,* II, 420, 528-529, 539; IV, 22, 141). Elle est nommée entre les rues de la Confrérie Notre-Dame et de la Pomme dans *Les Rues de Paris mises en vers français* (Lebeuf, éd. Cocheris, IV, p. 16).
 ..... et en Charroui
 Bonne taverne achiez ovri.
Appelée plus tard rue Perpignan, elle joignait la rue des Trois-Canettes à la rue des Marmousets lorsqu'elle disparut en 1866.

240 Obsidio, votoque comes suspirat inani
Tempore tam parvo[1] tam forte retundere castrum,
Silvanectensi rex agmina fundit ab urbe,
Ad quam cum multis cursu properarat[2] anhelo,
Nil cupiens nisi quod comes exspectaret, et ipsi
Judice fortuna bellum committere vellet;
At comes infecta festinus ab obsidione,
Pulveris indicio certus de rege propinquo,
Per Quisam fugiens, comitante pudore, recessit.
Jamque fatigatis fugiendo per invia turmis,
250 Cum[3] saltem modice foret indulgere quieti
Utilius, fessosque cibis refovere quirites,
Chosiacas ultor temerarius obsidet arces.
Mox tamen inde fugit adventum regis abhorrens,
Speque sua vacuus Flandras secessit in oras.

Rex dolet ereptum comitem sibi, frendit, et
Occultare nequit tectos sub pectore motus; [ire
Nam rubor in vultu duplicatus prodit aperte
Quam gravis illustrem trahit indignatio mentem.
Qualiter in Libycis spumante leuncio[4] rictu
260 Saltibus, ungue ferox et dentibus asper aduncis,
Fortis et horrisonans[5], anno jam pene secundo,
Cui venatoris venabula forte per armos
Descendere, levi stringentia vulnere corpus,
Colla rigens hirsuta jubis, desevit in hostem
Jam retrocedentem, nec eum tetigisse volentem,

1. *modico* V.
2. Il faut sans doute lire *properarat,* bien que tous les mss. portent *properaret.*
3. *Tam* P.
4. *leunculo* L P.
5. *horrisonos* P.

LIBER II.

Cum nihil ex facto referat nisi dedecus illo ;
Nec mora, nec requies, quin jam deglutiat ipsum,
Ni prudens hostis, pretenta cuspide, scuto
Unguibus objecto, dum dat vestigia retro,
270 In loca se retrahat non irrumpenda leoni.
Sic puer in comitem rex debacchatur, et ipsum
Subsequitur presso relegens vestigia gressu ;
Quem quia sublatum fato sibi vidit iniquo,
Quem tutabatur toliens fuga tutior armis,
Propositum mutans fines subit Ambianenses,
Ut comitis manibus tam claram liberet urbem ;
Quam munire comes contra[1] presumpserat ipsum,
Multaque castra quibus urbs circumcluditur ipsa,
Ne quis de facili vires perducat ad illam,
280 Ni prius illa solo studeat prosternere castra.
Inter que castrum Bobarum nomen habebat
Clarius et titulis et gente situque decoro,
Turribus et muris, fossis, valloque superbum[2],
Cui preerat comitis juratus in arma Radulphus[3]
Hugonis genitor, qui regi postea bellum
Cum reliquis movit, regni patrieque nefandus
Proditor, ut digna premeretur denique morte
Victus et a bello fugiens, quem misit humandum
Neptuno rabie ventorum naufraga puppis[4].
290   Certus erat Bobas regem transire Radulphus[5],

---

1. *Quam contra munire comes* V.

2. Le vers 283 manque dans V.

3. Le sire de Boves s'appelait Robert Ier et non Raoul. Voy. Duchesne, *Hist. de Coucy*, 246.

4. Ce passage a été écrit après le désastre maritime dans lequel périt Hugues de Boves, le samedi 26 septembre 1215 (Matth. Paris, II, 623. — *Hist. des ducs de Normandie*, 155).

5. Voy. plus haut, note 3.

Unde tumens animis et spe sublatus inani,
Castrum militibus multoque satellite tutum
Efficit, atque cibos superaggregat intus [1], et arma;
Ausus ab ingressu primos arcere maniplos,
Atque ipsi portas venienti claudere regi.
Rex ubi Bobarum sibi menia nolle patere [2]
Audiit, exsultat, et se gaudere fatetur
Invenisse viam qua vires exerat, et rem
Preconcepta diu virtus producat in actum,
300 Que nisi se factis exerceat, arida marcet,
Nec se prodit, ubi presentem non habet hostem;
Si vero fuerit exercita, crescit et auget
Fructus ipsa suos, quos donat amantibus ipsam.
Curritur ad vallum, pedites cum milite, quorum
Corpora tuta latent scutis protecta sinistris
A jactu lapidum et [3] mortem preeunte sagitta,
Ascia dum dextris, bisacuta securis, et ensis
Fulgurat, et lorica latus premunit utrumque.
Ac velut in silva lignorum, protinus ipsas
310 Excidere fores, vallum mox ocius omne
Dejecere solo, fossataque summa tenebant,
Que sola impediunt ne muri suffodiantur.
Interea, pluvie vel grandinis instar, ab intus
Infestant lapides et missile quodlibet illos,
Quos incessanter hostes jaculantur ab alto.
Francigenis nostris illis ignota diebus
Res erat omninò, quid balistarius arcus,
Quid balista foret [4]; nec habebat in agmine toto

---

1. *Reddidit, atque cibos congesserat intus* V.
2. *parere* L P.
3. *et* omis dans V.
4. Ceci n'est pas tout à fait exact; sans doute l'arbalète, pro-

LIBER II.

    Rex quemquam sciret armis qui talibus uti
320 Unde magis promptus et ad arma paratior omnis
Miles habebatur, dum pugna fit intus et extra.
Hic se defendit, hic enim oppugnare laborat;
Dedecus hic regis ulciscitur, ille tueri
Contendit patrie famam, dominique, suamque;
Sic neuter dubitat, hic ne vincatur, at[1] ille
Ut vincat pugna, totas effundere vires.

    Cratibus interea, pluteis et robore crudo
Murilegus struitur, sub quo secura lateret,
Dum studet instanter fossas implere, juventus.
330 Fossis jam plenis parmas ad menia miles
Appodiat, sub eisque secare minarius instat
Celtibus et piccis imi fundamina muri;
Et ne forte cadens super illos murus ab alto
Sternat, et indigna concludat morte cavantes,
Fulcitur brevibus truncis lignisque rotundis
Pendula pars muri, que desuper imminet illis.
Sic ultra medium tutus cavat undique murum
Fossor; et ut vidit sibi jam satis esse cavatum,
Ignibus appositis prudens in castra refugit.
340 Sevit, et absumpto penitus fulcimine, murum
Vulcanus prosternit humi; cum pulvere fumus
Eripiunt oculis solem; quo denique viso,
Obsessi fugiunt, sed non indemniter omnes.
Nam juvenum ferrata manus per fragmina muri,

---

hibée dans les guerres entre chrétiens par le concile de Latran en 1139, était peu connue en France ; mais on en trouve des mentions dans des auteurs français antérieurs à Guillaume le Breton, en particulier dans Suger. Voy. Ducange au mot *Balista*, et plus bas page 62, note 1.

1. *et* V.

Per fumum flammamque ruunt, multosque truci-
[dant,
Et multos capiunt; multos fuga salvat in arce,
Quam duplici muro rupes facit ardua tutam.
Machina confestim vario fabricata paratu
Surgit, et innumeris irritat jactibus arcem.
350 Nunc mangonellus, Turcorum more, minora
Saxa rotat[1]; nunc vero minax petraria verso
Vi juvenum multa procliviter axe rotatur
Retrogrado, tractis ad terram funibus acta,
Damnificos funda fundit majore molares
Incircumtusos[2] et magni ponderis, ut vix
Tollatur manibus bis quatuor unus eorum :
Quali dextra Jovis jacit ira fulmen in hostes
Terrigenas, si quando volunt Dis bella movere.
Et jam rima patet per muros plurima, jamque
360 Per loca plura tot ictibus arx illisa fatiscit,
Hoste fatigato dum se defendit, et ultrà
Non nisi rarus erat qui muris staret in altis,
Omnibus ad tutas fugientibus ultro garitas.

Dum rex magnanimus arcem contundere sum-
Taliter accelerat, dum vires viribus addit, [mam
Ecce recollectis comes undique viribus, « Assum,
« Clamat, et oppono tibi me pro cive tuendo.
« Vivere permittas obsessos ; viribus aude
« Te conferre meis. Que gloria vincere paucos ?
370 « Major erit multoque magis speciosa tibi laus
« Tot simul in plano confligere cominus ; uno
« Ictu fortune litem fac terminet ensis.
« Cui fortuna dabit et virtus vincere, vincat ! »

1. *jacit* V.
2. *incircumcisos* V.

Talia vociferans Bobis expellere regem
Posse putans, levium verborum callidus astu,
Non procul a regis castris sua castra locare
Presumit; verum rex indignatus apertis
Emicuit castris, correptis impiger armis,
Quam comes obtulerat avidus committere pugnam.
380 Vespere jam sero, jam sole sub equore merso,
Illico Guillelmus volat archiepiscopus ille
Nobilis, egregia qui clarus origine, clarum
Nobilitate genus animis geminabat, eorum
Unus apostolico quibus est a cardine nomen,
Regine frater et regis avunculus, is se
Objicit ardenti, bellique calore furenti.
At reliqui proceres, et precipue Theobaldus,
Presulis ejusdem frater, cui Belsia [1] tota,
Cui Blesense solum suberat, Dunenseque castrum,
390 Et spatiosa nimis regio, castellaque plura; [sus,
Urbs quoque Carnotum, quam civis tam numero-
Tamque potens clerus et tam predives opimant,
Ecclesieque decus, cui scemate, mole, decore,
Judicio par nulla meo reperitur[2] in orbe :
Quam, quasi postpositis specialiter omnibus, unam
Virgo beata docet Christi se mater amare
Innumerabilibus signis, gratoque favore,
Carnoti dominam se dignans sepe vocare ;
Cujus et interulam cuncti venerantur ibidem,
400 Qua vestita fuit cum partu protulit agnum
Qui mundi peccata tulit, qui sanguine mundo
Mundum mundavit a primi labe parentis ;
Qui thronum mundum sibi sanctificavit eamdem,

1. *Blesia* V.
2. *Splendescit* V.

Sic ut virgo manens matris gauderet honore.
Hi duo pre cunctis, zelo majore, benignis
Corripiunt monitis[1] et amico famine regem :
« Inclyte[2] rex, bellum tempus non exigit istud.
« Non debet rex tam validus confligere cuiquam
« Tempore sub noctis; prius est disponere turmas,
410 « Militibus dare prepositos, aliisque maniplis,
« Ut quem quisque locum teneat, quis quemque
[sequatur,
« Absque errore sciat, castrensis ut exigit ordo.
« Rex bone, ne faxis, ita te ne spreveris, ut qui
« Innumeris solus preferris millibus, optes
« Ordine tam laxo[3] caput objectare periclis.
« Cras potius pugnare decet sub tempore lucis,
« Quo quis ab hoste suum discernere possit ami-
« Non de fortune temere confidere vultu[4], [cum,
« Sed virtutis opus certis presumere signis.
420 « Absit, ut incipiat hosti dare Francia causam
« Letitie, vel se dubiis committere fatis,
« Que semper victrix felicibus extitit actis,
« Colla superborum calcans virtute potenti ! »
Talibus alloquiis vix iram flectere regis,
Vix retinere queunt, et vix in castra reducunt.
Talis Alexander castigabatur ab omni
Milite[5], cum medios muro se versat[6] in hostes,
Unde fuit, paucis vix succurrentibus, hostis
Vi raptus, multo perfusus membra cruore.

1. *dictis* V.
2. *O bone* V.
3. *lapso* L P.
4. *motu* V.
5. *Milite* omis dans V.
6. *injecit* L P.

430 Postquam nota fuit tanta indignatio regis
Atrebate comiti, metuit sibi, castraque velli
Imperat, ut totus exercitus exeat ultra [1]
Amnis aquas. Parent Flandri, tentoria vellunt,
Transque meant flumen, et ibi sua castra locan-
A castris regis procul e regione steterunt. [tes,
Protinus ejusdem noctis sub tempore, scriptis
Et prece sollicitat Guillelmum cum Theobaldo,
Ut prudenter ad hoc studeant inducere regem,
Quorum ductor [2] erat et avunculus ejus uterque,
440 Quod concedat ei treugas saltem octo diebus,
Quas simul obtinuit illis mediantibus. In se
Fastu deposito tandem comes ipse reversus,
Armis projectis [3], regem submissus adorat,
Cunctaque restituit que rex repetebat ab illo,
Utque suo domino fuit extunc subditus illi.

Pace reformata, redeunt ad propria leti :
Ille quod obtinuit fisco sua predia reddi;
Is quia restitui meruit sibi regis amorem,
Amissumque diu placita cum pace favorem,
450 Nec damnum reputat, ubi que non sunt sua per-
Sic regio qua lata patet Viromannica tota, [dit.
Ambianensis humus pariter cum Santeriensis
Ubertate soli, regi cessere Philippo [4].

Tempus erat quo jam falx pratis curva minatur,
Quo seges in culmum prodit, cum flore cadente
Spica parat tenerum de se producere granum;
Tunc damnosa magis fit conculcatio messis.

---

1. *exeat extra vel ultra* V.
2. *doctor* L P.
3. *depositis* V.
4. Chron., § 29.

Sed tamen in campis tenuit quibus obsidionem
Rex circa¹ Bobas, rediviva renascitur omnis
460 Conculcata seges, et multo fertiliore
Quam prius ornat agros specie, granaria fructu.
Ast ubi Flandrorum manserunt agmina castris
Nulla seges viruit totoque² refloruit anno.
Sic scit ab injustis Dominus dignoscere justos;
Sic Deus a falso novit discernere verum;
Sic differre suos ab amicis re docet hostes,
Cultoresque suos signis demonstrat apertis³. [bes,
    Classica per vicos resonant; per castra, per ur-
Regis in occursum clerus cum plebe feruntur;
470 Quanta foret mentis jubilatio, voce canora
Et letabundo plausu, vestisque nitore
Testantes, laudesque Deo gratanter agentes,
Cujus tam facilem pietas immensa triumphum
Contulerat regi, sine vulnere militis ullo,
Et sine conflictu quo corpora clara virorum,
Communi damno regni luctuque parentum,
Ut fieri solet in bello, potuere, sub ictu
Fortune dubio, damnoso funere mergi,
Qui⁴ melius patrie vivunt, et gaudia regno
480 Cognatisque suis claris virtutibus addunt.
    Nos alia ex aliis referenda ad bella vocamur,
Themaque prolixum res gesta propinat et urget,
Ut post bella stylus se Flandrica vertat ad Anglos.
    Jam post bis denos effluxerat unus et alter
Annus Karolide, quem jam regina parentem

---

1. *extra* V L.
2. *totove* V.
3. Chron., § 30.
4. *Quo* V.

LIBER II.

Nobilis Elisabeth Ludovici fecerat ortu.
Rex vero juvenis Henricus, clara propago
Anglorum Regis, dum patri bella moveret,
Germanisque suis, sub eodem tempore [1] solvit
490 Debita nature [2], Margaritamque Philippi [3]
Germanam regis viduam tristemque reliquit,
Postea que Bele fuit uxor [4] tradita regi,
Hungros, Dalmatios, Pannonitasque regenti [5];
Ex qua cum proles primo suscepta marito
Nulla esset, bona que suus illi cesserat olim
Nubenti genitor, Gisortum et predia multa,
Rex ferus Anglorum violenter adeptus, eidem
Regine fratrique suo debere negabat
Restitui, dicens in re sibi jus aliena [6].
500 Nec mora, Gaufridus ejusdem natus, in ipsum
Patrem dira movens reliquis cum fratribus arma,
Campellis moriens viduavit se duce fines
Armoricos Britonum [7] : sic in genus illud aper-
Incipiente Deo vindictam reddere morti   [tam [8]
Martyris egregii Thome, quem dirus eorum
Occidit genitor, constanti mente volentem
Canonicis regem, clerum, ecclesiamque, statutis
. . . . [9]

1. L'expression *sub eodem tempore* est tout à fait inexacte. Louis VIII naquit en 1187 (Chron., § 37), et Henri mourut en 1183 (Chron., § 27).
2. Chron., § 27.
3. *Johanni* V.
4. *Postquam Bele fuit uxor et* P.
5. Chron., § 32.
6. Chron., § 38.
7. Chron., § 35.
8. *aperte* V.
9. Dans tous les mss., le sens se trouve ainsi suspendu, sans doute par l'omission du vers 508.

Pictavusque comes, ejusdem regia proles,
510 Nomine Richardus, titulis vir clarus et actis,
Cui mox defuncto primogenitura parente
Regia sceptra dedit, nullo mediante, Philippo
Esse tenebatur homo ligius atque fidelis,
Et tamquam domino jurando jure ligari,
Reddere servitium quod jus feodale requirit;
Quod pater illius fieri prohibebat, et illum
Subdere se regi nulla ratione sinebat.
Intumuit super his virtus invicta Philippi;
Indigneque[1] ferens sibi debita jura negari,
520 Cum minime deceat tam clare stirpis alumnum
Jure super proprio tot sustinuisse repulsas,
Arma parat, verbisque putat turpe amplius uti.
    Regis ad edictum coeunt in bella quirites, [que,
Cumque satellitibus equites, proceresque, duces-
Sponte ruunt, quos regis amor nativaque virtus
Exacuunt potius; vite in discrimen ituros
Non vis ulla trahit aut jussio; tantus inescat[2]
Bellicus ardor eos ad honorem vincere regis !
    Rex ubi collectas ex omni parte cohortes
530 Unanimi bellum voto presumere vidit,
Et desiderio vehementi cingier armis,
Biturica cursu facili digressus ab urbe,
Radulios penetrat fines, et nobile castrum
Urselloduni sibi subdit in impete primo
Cum patria tota, tam divite tamque potenti,
Ut sibi sufficiat, nec sit mendica bonorum
Multa quibus regio se lamentatur egere;

1. *Indigoneque* (sic) V.
2. *agebat* V.

LIBER II.

Copia quam Cereris ditat, quam Bacchus inundat,
Qui comportari desiderat inde remotas
540 In partes, quantoque magis portatur, eo fit
Fortior, et temere potatus inebriat omnes
Qui dedignantur Thetidem sociare Lyeo.

Postea Crazaïum castellaque plurima frangens,
Villas et vicos populis opibusque repletos [phi [1].
Depopulans, Castrum pervenit ad usque Radul-
Clauduntur porte; juvenes in menia scandunt,
Seque ferunt morti succumbere malle [2], tuenda
Pro patria, quam se sine bello dedere victos.
Rex e converso pugne se accingit, et omnem
550 Conatum impendit, et vires viribus addit,
Possit ut exstructo clausos excludere claustro ;
Vixque moras tolerat quibus instrumenta parentur.

Turribus et muris nimis altis atque profundis
Fossis interior burcus securus ab omni
Hoste videbatur, et inexpugnabilis esse,
Nempe potens armis et multo cive superbus,
Preter eos quos rex Henricus miserat illis
Auxilium, donec properantius afforet ipse.
Rex tamen audet eos galeato milite, fixis
560 Undique vexillis, ex omni claudere parte;
Nec bellatorum numerus quibus interiorem
Summopere cura incumbit defendere burcum,
Nec situs ipse loci, nec turbo missilium qui
Grandinis in verne morem descendit ab alto,
Terret eum, nec rex quem festinare sciebat,
Quin expugnet eos, instans noctuque dieque.

1. Ce vers, omis d'abord dans P, a été ensuite rajouté en marge.
2. *velle* V.

Vinea construitur, testudo texitur, ut sub
Illis tuto latens muri queat ima subire
Fossor, et erectis ipsum succidere parmis.
570 Grandia saxa gravi petraria ducta rotatu
Emittit ; crebris aries compulsibus actus,
Fronte ruit summas ferratas frangere portas;
Cratibus et lignis rudibus belfragia surgunt,
Turribus alta magis et menibus, unde valerent
Agmina missilibus telisque quibuslibet uti,
Devexosque hostes facili prosternere jactu.
Nec tamen interea cessat balista[1] vel arcus ;
Quadrellos hec multiplicat, pluit ille sagittas.
Funda breves fundit lapides, glandesque rotun-
580 Aptantur muris scale, levibusque satelles   [das.
Passibus ascendit ; sed, dum nimis acceleratur,
Multi labuntur, multisque tenentibus unca
Menia summa manu, multa virtute resistit, [alto
Dum sibi, dum patrie pugnans cavet hostis ab
Nunc contus, nunc clava caput, nunc vero bipennis
Excerebrat: sed nec bisacuta, sudisve, vel hasta[2],
Occia[3] vel gladius ducit; furit intus et extra
Irrevocata ruens extrema in fata juventus.

Talia dum dubio sub martis agone geruntur,
Ecce comes Richardus adest, genitorque suus,
Innumerabilibus stipabant agmina signis,   [quos

---

1. Ces arbalètes devaient être aux mains des troupes anglaises dont il est question au v. 557, puisque Guillaume vient de dire (v. 316-318) que l'arbalète était inconnue aux Français et que, selon lui, c'est Richard Cœur de Lion qui en introduisit l'usage dans notre pays (Voy. plus loin, livre V, v. 578).

2. *sudis vel hasta* V.

3. Ce mot, qui manque dans Ducange, semble signifier *hache*.

LIBER II. 63

590 Nec procul a regis figunt tentoria castris.
　　Mox dictata brevi scribunt hec famina regi :
　　« Integra vel nobis patrimonia nostra relinques,
　　« Cumque tuis Francis citus in tua jura recedes;
　　« Vel, que sit virtus in bello nostra, videbis. [est.
　　« Nil medium : pugnare quidem vel abire necesse
　　« Cessent cursores, cesset pequichinus[1] et ignis ;
　　« Terminet una dies longe certamina litis,
　　« Jus a non justo dirimat fortuna manusque. »
　　Hec oblata nimis regi placet optio ; ceptum
600 Intermittit opus ; acies ad prelia certo
　　Ordine disponit, ut subsit queque tribuno
　　Scala suo, turmeque suus sit cuique magister,
　　Ne quisquam dubitare queat quis obediat, aut quis
　　Imperet, aut cujus vexillum quisque sequatur,
　　Vel quot quisque viros habeat sua signa sequen-
　　Unusquisque suas acies dux instruit, ut sint[tes.
　　Ad bellum prompti, nilque illis desit eorum
　　Que pugna exposcit, cum pugne venerit hora.
　　Jam stabant acies modici discrimine campi
610 A se distantes, et mens erat omnibus una
　　Conatu toto totas expendere[2] vires,
　　Vincere vel vinci ; nec erat vox ulla sonusve
　　Inter eos ; exspectabant dum buccina sevum
　　Perstreperet, signum clangens in fata ruendi.
　　Sed Deus, in cujus manibus sunt corda potentum,
　　Semper in articulo positos qui respicit, ut qui,
　　Cum magis iratus fuerit, memor est misereri,
　　Noluit hac tantos involvere clade potentes,

1. Ce mot est en blanc dans V.
2. *effundere* V.

Qua, licet immeriti, poterant occumbere multi.
620 Nam mox Richardus comes et pater ejus ab illo
Tacti, qui mentes convertere novit et actus
In melius pro velle suo, procul arma minasque
Ejiciunt, humilique gradu, cervice repressa,
Accurrunt, manibus protensis, poplite flexo,
Atque suum pacem dominum veniamque precan-
Omnes excessus mox emendare parati. [tur,
Annuit, et gaudet sine bello victor haberi
Rex pius, et veniam dat eis pacemque rogatam,
Urseloduna sibi retinens sola pacis in arrham.
630 Pacis vallantur jurando federa jure [1]
Et pena, quam qui pacem violaverit ausu
Quolibet, incurrat et solvere debeat ultro.
Discedunt leti proceres, patriamque revisunt
Quisque suam, gratesque Deo cum laudibus omnes,
Cum clero populus, cum milite civis agebant [2].

Hic requiem tibi, Musa, velis parare [3] secun-
Fortius ut cursum curras qui tertius instat. [dam.

---

1. Ce n'est pas une paix, mais une trêve de deux ans qui fut conclue le 23 juin 1187. — Voy. Rigord, p. 79, note 1.
2. Chron., § 38.
3. *prestare* L.

CATHALOGUS MATERIE TERTII LIBRI.

Tertius everti Solymam dolet a Saladino.
Se cruce consignant reges; sed, lite suborta
Inter eos, iterum capit oppida multa Philippus.
Gisortum fugit Henricus, qui, pace negata,
Se vinci, cedique suam dolet anxius ulmum.
Ulcisci se deinde parat, juxtaque Medontam
Pictavus [1] *pugna dum Barras* [2] *vincere tentat,*
Victus abit. Qui mox, deserto patre, Philippum
Transvolat ad regem, sibi sponsa a patre negata.
Vi Turonum frangit Cenomanumque Philippus.
Pax fit, et Henrici finit se in fine libellus.

INCIPIT TERTIUS LIBER.

Intellectus hebet, ratio caligat, adheret
Fauci lingua, manu calamus languente stupescit,
Voti non meminit mens carminis immemor, ori
Subtrahit assueti cor flebile neumatis ausum [3],
Dum nequit amisso lamenta negare sepulcro,
Quod nostris Dominus culpis offensus, eodem,
Sicut ei placuit, Idumeis tradidit anno ;
Passus ut Egypti Syrieque tyrannus et urbem
Sanctam destrueret Saladinus, et ipsius ipsum
10 Sacrate lignum crucis asportaret, et, omnes
Christicolas perimens, terram pessumdaret om-
[nem,

---

1. Richard Cœur de Lion, comte de Poitiers.
2. Guillaume des Barres.
3. *usum* V.

Quam Deus almifluo sacravit sanguine nati,
Quando mori voluit pro mundi vita salute [1].
 Compatiens igitur rex miti corde Philippus
Damno communi, male quo loca sancta videbat
Tractari, cultumque Dei decrescere, totis
Visceribus doluit; Domini se velle sepulcrum
Visere proponens, quantoque cor illius igne
Ferveat interius, signo notat exteriori [2].
20 Nec minus Anglorum zelo rex motus eodem,
Richardusque comes, vexillo se crucis armant ;
Exemplo quorum proceres, comitesque, ducesque,
Ordoque militie minor, ecclesieque ministri,
Et multi de plebe viri, non impare voto,
Signo se signare crucis properanter avebant.
Par desiderium cunctos habet, unica mens est
Omnibus, unus amor Sancte succurrere Terre [3].
Non tulit hec inimicus homo, qui, semper amaro
Felle tumens, pacis studet exturbare quietem ;
30 Omni qui studio sacrum corrumpere semen
Gestit, et in Domini zizania seminat agro :
Cujus ab instinctu lis orta repullulat inter
Richardum rursus comitem regemque Philippum.
Nempe ferox urbem Tolosanam invaserat ille [4],
Injusto comitem Raymundum marte lacessens,
Qui Sancti comes Egidii Toloseque vocatur,
Qui regi suberat feodali jure Philippo.
Quem cum non posset monitis compescere, bello
Appetit, et, multo comitatus milite, rursus

1. Chron., § 39.
2. *interiori* V.
3. Chron., § 41.
4. *iste* V.

40 Rex in Bituricas sua dirigit agmina partes,
Atque capit mira Castrum levitate Radulphi,
Et Buzancaium[1] levitate expugnat eadem, [sum,
Argentonque audax simul obsidet, atque Lebro-
Et breve vi summa capit infra tempus utrumque.

Dumque moraretur ibi rex, afflixit aquarum
Agmina penuries; rivos siccaverat omnes
Sol nimius; sed nec virtus divina Philippo
Defuit, immo suo dignum monstravit amore.
Torrens plenus aquis hiemali tempore quidam
50 Esse solebat ibi; sed tunc jam tempore multo
Siccus erat : quem sic plenum ros missus ab alto
Reddidit, ut flueret per valles gurgite vasto
Estivi contra naturam temporis, undas
Eructans nimias, qui lucidus atque profundus
Agminibus potum dedit et jumenta refecit[2].

Se rapit inde gradu propero, Montemque Tri-
Obsidet, et multum consumit temporis ante [cardi
Quam capiat, quia vis nativa locique per arctos
Ducta gradus series, summo murata labore,
60 Municipumque manus fortissima, prepediebat
Quominus ille brevi locus expugnabilis esset.
Quo demum capto rex totam funditus arcem
Evertit, capiens equites quater octo decemque,
Et bellatores alios quasi pene trecentos.

Hinc Montem-Luzonis adit; nec frena retorsit,
Donec tota fuit Alvernia subdita Francis.
A cujus facie rex Anglicus[3] inde refugit,
Inque Neüstrinos abiit fugiendo recessus,

---

1. *Bizangaium* V.
2. Chron., § 43.
3. *angelicus* V.

Quippe sequebatur illum rex prepete cursu ;
70 Quem tamen impediit ne consequeretur eumdem
Vindocinum, quod ei portas aperire negavit,
Castrum forte nimis, populosa gente repletum [1],
Quod Lidericus aqua subterfluit amnis amena [2].
Cui tamen haud prodest quicquam munitio ducta
Circuitu triplici, nec tante copia gentis,
Quin vi cogatur libito se dedere regis [3].
In quo rex equites captos in vincula trusit
Sexaginta duos, arcem murosque tuentes,
Roberti comitis Mollenti signa secutos,
80 Qui tunc Richardi comitis miser arma juvabat;
Tam dulcis patrie desertor, tamque potentis,
Que generat bacchum superis dare pocula dignum.
Justa tamen ducebat eum pro tempore causa,
Cum foret Anglorum feodali jure ligatus
Regibus, atque viros illis deberet et arma,
A quibus et villas et plurima castra tenebat.
Unde nec admiror, cum sic obnoxius illis
Esset, si parti pro posse favebat eorum,
Quamvis a nostro comitatum rege teneret.
90 Bolonium [4] vero comitem, qui, vincla Perone
Expertus, celsa modo squalet [5] in arce Guleti,
Squalebitque diu [6], que causa trahebat ut illo
Tempore Richardum comitem sequeretur et An-
[glos,

1. *refertum* V.
2. Chron., § 44.
3. *regem* V.
4. *Dololium* V.
5. *squalet modo vinctus* V.
6. On sait que Renaud de Dammartin, après avoir été enfermé à Bapaume, puis à Péronne, fut transporté au Goulet, où il mourut en 1227, vers Pâques. (Voy. tome I, p. 292, note 5.)

Ipsis[1] nullius fundi ratione ligatus[2]?
Jam tunc fortuna que postea contigit illi,
Velle videbatur quod ei contingeret olim.
    Vindocino capto regisque in jura recepto,
Gisortum petiit cursu rex prepete, regem
Quo fuga contulerat Anglorum, qui tamen illum
100 Colloquium[3] de pace rogat. Datur ergo dierum
Treuga trium, qua pacis agant de federe partes.
    Haud procul a muris Gisorti, qua via plures
Se secat in partes, pregrandi robore quedam
Ulmus erat visu gratissima, gratior usu
Ramis ad terram redeuntibus, arte juvante
Naturam, foliis uberrima; roboris imi
Tanta mole tumens, quod vix bis quatuor illud
Protensis digitis circumdent brachia totam;
Sola nemus faciens, tot obumbrans jugera terre,
110 Millibus ut multis solatia multa[4] ministret;
Que gremio viridi, vestito gramine, fesso
Grata viatori sessoria prestat, et omnem
Introitum ville spatio specieque decorans,
In bivio porte per quam Mons-Calvus aditur[5],
Tutos a pluvia spatiantes reddit et estu.
    Sirius ardebat solito ferventius, et sol
Altus agebat equos, duplicataque solis ab estu
Findebat siccos jovis intolerantia campos.

---

1. *Illis* V.
2. V ajoute ici le vers suivant, qui a disparu dans L et P :
    Nam vasallus erat nullo mediante Philippi.
3. *Concilium* L P.
4. *mille* L P.
5. L'emplacement de cet orme est facile à reconnaître sur la carte de Cassini, au croisement des routes de Chaumont et de Gournay.

Rex igitur Francus, adstantibus undique Francis,
120 Camporum in medio solem tolerabat et estum ;
Rex vero Anglorum gelida residebat in umbra,
Atque sui patula proceres utrinque[1] sub ulmo.
Dum redit itque frequens ab eis interpres, ad istos
Mutua verba ferens, et ab istis missus ad illos,
Ridebant Angli dum sic ardere viderent
Francigenas, ipsis gaudentibus arboris umbra.
Tertia colloquium lux continuaverat[2], et pax
Nulla valebat adhuc regum componere lites.
(Est ubi sepe gravis movet indignatio mentes
130 Ingenuas meritisque doloribus exacuit se,
Innatis addens stimulos virtutibus, ira.)
Indignata cohors Francorum, motaque justa
Bile super risu quo subsannantur ab Anglis[3],
Quos tutabantur a solibus arbor et umbra,
Ipsi dum nudo patiuntur sub jove solem ;
Acriter arripiunt animis ardentibus arma,
Unanimesque pari levitate feruntur in illos[4].
Ast illi primo conflictu gnaviter illos
Excipiunt, et eis parili virtute resistunt,
140 Inque vicem feriunt simul et feriuntur, et ira
Inflammante animos, subito crudescit utrinque
Pugna ; sed absque mora cessit victoria Francis.
Nam rex Henricus, domino confligere nolens,
Aut[5] potius metuens, elegit tutius esse

1. *utrumque* V.
2. Guillaume est ici d'accord avec Raoul de Dicet, tandis que dans sa chronique il place la destruction de l'orme de Gisors après deux, et non pas trois jours de pourparlers sans résultats (Chron., § 45).
3. *hoste* V.
4. *hostem* V.
5. *vel* V.

Ad tempus fugere, et fortune cedere forti,
Quam belli dubio temere se credere fini ;
Presertim cui de meritis diffidere cause
Conscia mens suadet, tanquam qui justa negabat.
Fit fuga, nec cuneos satis explicat una ruentes
150 Porta; cadunt multi, turbeque supervenientis
Calcantur pedibus, nec adest qui tollere lapsos
Curet, vel dextram morituro tendat amico ;
Urgetur proprio satis unusquisque timore,
Et qui se solum salvat putat esse beatus,
Soliusque sui satis est meminisse salutis ;
Area nec pontis, quamvis satis ampla patescat[1],
Sufficit agminibus simul ire volentibus ultra,
Quin multos utrinque viros effundat in amnem ;
Dumque nimis propere gladios vitare laborant,
160 Haurit eos subito species contraria mortis.
    Interea Franci, solita feritate, suprema
Agmina concidunt, capiunt, et, cede peracta,
Arboris in truncum gladios strictasque secures
Convertunt, quem rex Anglorum cingere ferri
Pondere non modico multoque sategerat ere,
Hancque sibi sortem conclusit[2] in arbore dicens :
« Truncus ut hic scindi nequit, aut a cespite velli,
« Sic nec Francigene poterunt mihi tollere quic-
                          [quam.
« Hunc cum perdidero, simul hanc volo perdere
                          [terram. »
170 Tam stolide ad Francos emissio conditionis
Venerat, unde magis ardenter in ipsius ibant
Roboris exitium ferro turgentis et ere.

1. *Area nec portas, quamvis satis ampla pateret* V.
2. *Inque suam sortem sibi fixerat* V.

Sed que vis aut ars virtutem prepedit, ut non
Consummare queat feliciter omne quod audet?
Nil ferrum, nil es, nil vis humana, decori
Profuit arboreo, quin corruat igne cremanda;
Que modo tot ramis tantoque virebat honore
Ut[1] Vulcassine foret unica gloria vallis,
Nunc (pudor et luctus patrie totius!) ab ipso
180 Funditus est evulsa solo. Sed adhuc locus ipse
Ostentat qualis fuerit dum tota vireret;
Nam nova progenies fruticum succrevit ad instar
A terra sensim steterat qua nobile lignum;
Que numerum vincens, silvam facit ordine pul-
Ne non heredes tam nobilis arbor haberet. [chro.

Victor cum Francis victoribus inde recedens,
Vespere jam sero se Calvo-monte recepit
Karolides. At rex Anglorum tristis et exspes,
Indignans multumque dolens super arbore strata,
190 Immo super damnis fuerat que passus, eodem
Se Vernone die recipit, comitante timore[2];
Nec tamen audet ibi, nisi sola nocte, morari,
Paciaci sibi tuta magis fore menia credens.
Convocat ergo suos et tali voce fideles
Alloquitur; nimiam verbi modus indicat iram :
« Heu! quantus pudor est toties retrocedere!
                               [quantum
« Dedecus a paucis tot millia posse fugari,
« Nec bello conferre manum, nec Francigenarum
« Corda[3] superba semel, non dico vincere, saltem

---

1. *Et* L P.
2. *quo tutior esset* V. — Dans la Chron. (§ 45), Henri ne gagne Vernon que le lendemain.
3. *Colla* V et P.

200 « A fastu revocare parum quo semper abundant,
  « Quo nos, quo cunctos sibi suppeditare laborant!
  « Ille quidem dominus meus est; dominumque
  [vereri
  « Jus jubet et ratio, nec ei confligere tutum est.
  « Sed quid ego? qui me vestrum non juverit ultum
  « Dedecus ire meum, nunquam mihi fiet amicus,
  « Sed meus hostis erit, et me sibi sentiet hostem.
  « Si regi bellum committere jure vetamur,
  « Cui tamquam domino subici ratione jubemur;
  « Tot nobis castella patent, tot rura, tot urbes,
210 « Que leviter cursu confundere possumus uno. »
  Richardo comiti placuerunt verba parentis,
  Addens pauca, quibus sic incipit : « Ecce paratas
  « Mille acies, tua que precepta sequantur, habemus;
  « Sunt etiam nobis equitum tria millia, quorum
  « Unus ego, sed dextra magis gladiusque proba-
  [bunt.
  « Nec Gaufridus abest Lisinanicus, unus in armis
  « Qui satis est contra Francorum corpora centum.
  « Et quid Hirundelle[1], vel eum quem Cestria[2]
  [misit
  « Randulphum, vel quo gaudet Leicestra Johan-
220 « Pretereo comites, et quos Pratellica tellus [nem[3],
  « Nutrivit fratres[4], Halgomaridemque[5] potentem

---

1. Guillaume, comte d'Arundel et de Sussex.
2. *Ceffa* V.
3. Le comte de Leicester s'appelait Robert, et non Jean.
4. Les frères de Préaux, dont les noms se trouvent souvent dans le *Cartulaire normand*, jouèrent, on le sait, un rôle important dans la soumission de la Normandie à Philippe-Auguste.
5. Guillaume de Mandeville, comte d'Essex et comte d'Aumale par sa femme.

« Viribus, armata nulli virtute secundum?
« Quid Paganellos referam, geminosque leones
« Britigenas fratres Herveum cum Guidomarcho,
« Quorum presidio generosa Lionia pollet?
« Hic nuper coram nobis durissima pugno
« Tempora fregit equi, mortemque subire coegit;
« Echonomumque[1] sui patris, nihilominus ictu
« Solius pugni, pregrandi corpore monstrum,
230 « Coram patre suo, morti succumbere fecit.
« Tales nos gerimus, tales in bella venimus,
« Tales, care pater, tales tua castra sequuntur.
« Pretereo[2] reliquos, quorum satis est tibi virtus
« Cognita. Sunt alii, sed nec virtutis egeni,
« Millia dena quater in equis, peditumque caterve
« Innumere. Que nos segnes mora[3] detinet? aut
« Segnities nostros ignava bituminat actus? [que
« Cur alis quasi viscatis herere videmur?
« Imus, an ignavas victi sine vulnere dextras
240 « Tendimus ad libitum nobis dominentur ut ipsi,
« Qui nobis odio semper nostrisque fuerunt?
« Quinimo, dum res vocat et sors, expediamus
« Agmina, curramus propere, subitoque Meduntam
« Obsideamus : erit manibus jam subdita nostris,
« Ni per nos steterit. Solus Garlandicus heros
« Servat eam, et pauci milites cum milite raro.
« Remis Remorum presul se transtulit; at rex
« Solus cum paucis est Calvi-Montis in arce;
« Flandricus Atrebatum dimisso rege recessit;

---

1. Les mss. portent *Ichonomum*. On trouve *prepositum* au liv. VIII, v. 400.
2. *Quia referam* V.
3. *ignavia* V.

250 « Jam comes Henricus Trecas Barrumque revisit,
    « Uldonemque ducem Burgundia leta recepit;
    « Jam Castriduni rediit Theobaldus[1] ad arces;
    « Bituriam Stephanus[2], Simon[3] Sparnonis amena
    « Rura tenet; Bellum-Montem Mattheus adivit;
    « Jam Mons exsultat Clarus veniente Radulpho[4];
    « Pertica Rotroldo gaudet nemorosa recepto,
    « Et reliqui proceres, armorum longa perosi
    « Tedia, jam proprios[5] leti visere penates.
    « Hec mihi cuncta liquent exploratoris ab ore,
260 « Qui non auderet ullo me fallere verbo[6].
    « Dum licet, utamur fortune munere : semper
    « Et nocet et nocuit dilatio longa paratis. »
Consilium comitis procerum manus approbat om-
Nec fuit inventus inter tot millia quisquam [nis;
Qui summo se non offerret ad omnia voto
Que sciret regi damnosa futura Philippo,
Francigenisque suis, quos naturaliter omnes
Oderunt, queis cum nequeant probitate nocere,
Garrulitate nocent solita lingueque veneno.
270 Exacuunt igitur verbis mordacibus iras,
Seque cohortantur in damnum Francigenarum,
Cunctorumque cadunt in idipsum consona vota.
Surgitur, hospitioque suo se quisque receptat,
Letantesque cibis et somno corpora curant.
   Postera vix summos aurora rubescere montes
Fecerat, et valles nondum primordia lucis

1. Thibaut, comte de Blois.
2. Étienne, comte de Sancerre.
3. Simon de Montfort.
4. *Jam Clari Montis comes in sua rura redivit* V.
5. *properos* P.
6. *puncto* V.

Attigerant, interque canem distare lupumque
Nullus adhuc poterat aliquid discernere visu ;
Raucisono[1] lituus clangit per castra boatu,
280 Cujus ad horrificum clangorem corpora stratis
Tollit, et induitur raptim levis arma juventus.
 Exierat portis exercitus omnis, iterque
Rectum quo petitur urbs Parisiana tenebat.
Jamque duobus erat processum millibus, et se
Nondum protulerat toto sol aureus orbe.
Ut pede non fausto terram tetigisse Philippi
Se videt Henricus, cursoribus imperat : « Ite,
« Ite catervatim; nulli jam parcite ville;
« Igne cremate domos; homines occidite qui se
290 « Tradere noluerint vinclis; abducite predas,
« Et patriam Galli dira confundite clade. »
Paret ei ferro munitus et igne satelles,
Seque per hostilem patriam diffundit ubique,
Et domini precepta sui crudeliter implet.
 At rex, militibus ut erat stipatus utrinque,
Passibus incedens lentis, spe ductus inani,
Per medium tendebat iter, facilique putabat
Posse Meduntenum sibi vi pessumdare castrum ;
Et jam Cauforium[2], Buxis, Neufleta, Brevallis,
300 Mondrevilla[3], Jois, Faverilli, Villa Menardi,
Mesnilium, Collis[4], Alnetum, Landula, fumant ;

---

1. *Raucisolio* V.
2. *Caufonium* V.
3. *Mundervilla* V.
4. Bien que tous les mss. fussent d'accord, D. Brial proposait de lire *Follis,* et croyait reconnaitre ici la Folie-Herbaut. Or, *collis,* dans les noms de lieux, se traduit par « tertre, » comme dans Saint-Martin-du-Tertre, qui est appelé indifféremment *Collis* ou *Sanctus Martinus in Colle*. Nous trouvons, dans la région

LIBER III.

Jam Fontanetum, Lomazaia, Blarrulus[1] ardent :
Omnia momento sub eodem corripit ignis.
Abducunt predas, homines in vincla retrudunt,
Se spoliis onerant : intactum nil manet; omnem
Excidio patriam fortuna involvit eodem.
Gaudet et expleri refugit mens impia regis,
Dum per circuitum fumos videt undique volvi,
Ruraque tot subitis simul ignibus incinerari.
310 Et jam constabat nostratibus, indice fumo
Perque relatores, regem Londonis adesse
Millibus innumeris, ut nostros undique muros
Obsidione premat; quos si vi ceperit, omnem
Frugiferi villam speciem convertet in agri,
Civibus ejectis vel turpi morte peremptis.
Talibus ille minis hoc impetrare studebat,
Territus ut civis concedere vellet eidem
Sponte, quod in medio figat vexilla Medunte,
Imperiumque ferat Anglorum Gallicus ultro.
320 Sepe sed a facto verbum distare videmus,
Nec semper ferit ad libitum quicumque minatur.
Non ita sunt Franci faciles terrore moveri
Quos magis audaces vis efficit ipsa minarum,
Quos concepta minis magis indignatio fortes
Et magis attentos proprie invigilare saluti
Reddit, et illatis vindictam reddere probris.
    Armantur cives et progrediuntur apertis
In planum portis, quibus et Garlandicus[2] addit
Se socium, cum quo quinquagenarius[3] hosti

---

dont il s'agit ici, Le Tertre Saint-Denis, qui doit être le *Collis* de
Guillaume le Breton.

1. *Barrulus* P.
2. Guillaume de Garlande.
3. Ce mot paraît avoir embarrassé Barth ; il désigne ici, comme

330 Obvius egreditur, animis instructus et armis.
Quos ubi compositos, se defensare paratos,
Stare procul vidit rex Anglicus ordine pulchro,
Obstupuit, signoque dato clangore tubarum
Agmina contraxit dispersa, gradumque repressit.
Tunc, nimis admirans hec, secum pauca susurrat :
« Quid notat hec France dementia gentis, et unde
« Unius ville populo[1] presumptio tanta
« Nascitur, innumeras ut jam exspectare phalanges
« Audeat[2]? et cum sint numero vix millia quinque,
340 « Omnibus his vires opponere velle videntur,
« Querere qui potius latebras et claudere portas
« Debuerant, non sic gladiis occurrere nudis.
« Et tamen esse potest quod rex sibi providus illis
« Miserit auxilium, vel forsitan ipsemet infra
« Menia cum multo se milite continet, ut, cum
« Ceperimus conferre manum, ruat impiger in nos
« Ex improviso, totumque exterreat agmen. »
Hec dicens, acies paulum retrocedere jussit,
Inque Soendrinis[3] juncto stetit agmine planis[4],
350 Disposuitque acies per scalas, perque cohortes
Ordine compositas recto, vetuitque vagari,
Ne quis et a serie secedere quolibet ausu
Presumat temere, donec secreta Medunte
Plenius agnoscat, et tunc deliberet, ipsi

---

dans Guillaume de Tyr, celui qui commande à cinquante hommes d'armes.

1. *genti* V.
2. *Auderet* L P.
3. « *Quid autem eo sit nomine intelligendum, nos nescimus,* » dit D. Brial. Il s'agit tout simplement de Soindres (Seine-et-Oise, arr. de Mantes).
4. *campis* V.

LIBER III.

Quid magis expediat, an ad Ibram[1] signa reflectat,
Sive Meduntenas tentet suffringere portas.
Nec minus, ut vidit ipsum retrocedere digna
Laude Meduntensis jugi communia, cepit
Agmine non laxo procedere, Pongibovemque
360 Exsuperat clivum. Qua te, communia, dignam
Laude feram? tibi que preconia digna repandam?
Anglorum regem que te virtutis adegit
Gloria velle sequi? Magna est tibi causa triumphi,
Ipsum te propter passu cessisse vel uno,
Et terrore tui vultus abiisse retrorsum.
Si mihi sufficeret dicendi tanta facultas
Quantum velle datur, ut quod mens concipit intus
Dicere lingua queat, tua fama celebrior esset,
Et major; totus dignam te laudibus orbis
370 Diceret efferri[2]. Si quam tamen hec mea, si quam
Carmina sunt habitura fidem, si me patiatur
Livor forte legi, tu posteritatis in ore
Semper eris, vivetque tuum per secula nomen.
Hoc tibi lingua tui munus largitur alumni,
Ingratum tibi ne me nutrivisse queraris,
Undenis tibi quem, cano jam vertice, lustris,
Patria Britigenum duodennem misit alendum,
Jam tunc Castalii sitientem pocula fontis.
 Nuncius interea spirante citatior austro
380 Mittitur ad regem[3]; sed jam prevenerat illum
Certa fides facti, que proveniebat ab igne,
Et fumo Calvi quos Montis ab arce videbat[4].

---

1. *Hibram* V.
2. ... *te diceret orbis Laudibus efferri* V.
3. Philippe-Auguste.
4. *Et fumo quos rex Calvo de Monte videbat* V.

Unde citus laxis sua precedebat habenis
Agmina, dum nimio festinat adire Meduntam
Affectu, tanquam cui damna domestica cordi
Plus inerant, quem visa gravis jactura suorum
Urgebat properare magis, quem millia dena
Pone sequebantur pedites, equitesque trecenti.
 Haud secus Hispanas Karolus properabat in
390 Quando Marsilii corruptus munere regis [oras,
Infelix Ganelo Francorum tradidit alas,
Dum cupit indigne vindictam reddere stragi
Qua dux Rollandus post inclyta bella, ducesque
Bisseni, quorum florebat Francia laude,
Sarracenorum manibus cecidere cruentis,
Sanguine Roncevalum generoso nobilitantes.
 Calcibus assiduis latus indefessus utrumque
Cornipedis fodiens, respersus pulvere vultum,
Impexus crines quos obvia flamina sparsim
400 Turbabant[1], fluvioque genas sudoris inundans,
Jam quasi mutatus facie, nec cognitus ulli[2],
Tendit iter medium portam per utramque Medunte
Pongibovi donec clivo stetit impiger; illic
Exspectando suos, dat ferrea tegmina membris.
Regis ob adventum gaudet communia, seque
Ad virtutis opus magis exhortatur et armat.
Rex quoque letatur, et grates reddit eisdem
Quod sic instructos armis invenerit illos
Egressos portis se defensare paratos.
410 Jam bellatorum, modo quos prevenerat, omnis
Venerat ad regem numerus. Proceditur ergo

1. *Turbabantque* P.
2. *uni* V.

Agminibus junctis et idem facientibus agmen;
Rexque suique simul, studio fervente, fideles
Mente pari sitiunt Anglorum attingere regem
Quem sibi precise confligere velle putabant.
Sed tamen ipse suis dederat jam signa maniplis
Retrocedendi, commitens ultima cure
Agmina Richardi comitis, comitique Licestre.
Et jam solis equi, flexo temone, diurni
420 Non procul antidotum gaudebant esse laboris,
Quos exspectabat gremio refovere tepenti
Thetis ovans, poteratque vie jam meta videri,
Qua sibi nocturnam gaudent sperare quietem.
Et jam transierat exercitus ardua collis,
Septima pars cujus, quam tota caterva Philippi,
Major erat numero; tamen exspectare timebant.
   Karolides igitur vicina crepuscula noctis
Esse videns, hostemque gradus flexisse retrorsum,
Ulterius fugitiva sequi vestigia nolens,
430 In medio plani stetit, unde recesserat hostis.
Haud tulit hec baro, Barrarum nobilis heres,
Armipotentis eques animi, Guillelmus, equestris
Ordinis exemplar, fame decus, inclyta gentis
Gloria Francigene, speciosus corpore, prestans
Viribus, omnimoda morum bonitate repletus;
Quem cum pre cunctis sic extulerit videatur
Nil ut abesse bonis de naturalibus illi
Ipsa suum miratur opus natura, suoque
Applaudens operi speculum sibi fecit in illo,
440 Exemplumque capit quo cetera formet ab ipso.
Is se clam medio furatus ab agmine regis,
Armigeri spoliat clypeo latus et rapit hastam :
« Et quis, ait, mecum veniet? Quasi fixus in illo

« Ecce comes Pictavus agro nos provocat; ecce
« Nos ad bella vocat. Rictus agnosco leonum
« Illius in clypeo[1] : stat ibi quasi ferrea turris,
« Francorum nomen blasphemans ore protervo;
« Oblitusque fuge, nihilominus ecce superbit[2],
« Et nisi reppererit pugnam, malesanus abibit.
450 « Vado videre virum propius. » Sic[3] fatus, aperto
Prosiliit campo. Sequitur Melloticus heros,
Hugoque, quo domino tuus, Alencuria[4], multum
Crevit honor, per quem canitur tua fama per
Et Baldoinus, Fornivalidesque Girardus. [orbem;
Hi paucique alii, stimulante cupidine laudis,
Eminus admissi post Barrica signa feruntur,
Armigerique suis dominis qui deesse nequibant,
Et ribaldorum nihilominus agmen inerme,
Qui nunquam dubitant in quevis ire pericla.
460 Sic olim Jonathas, ignaro patre, suusque
Armiger ascendit repando per ardua montis,
Deque Philisteis bis denos ense trucidans,
Millia mille virum solus dare terga coegit.

Ut comes erecta Guillelmum cominus hasta
Vidit Hirundelle, velocior alite que dat
Hoc agnomen ei, fert cujus in egide signum,
Se rapit agminibus mediis, clypeoque nitenti,
Quem sibi Guillelmus leva pretenderat ulna,
Immergit validam preacute cuspidis hastam;
470 Quem simili levitate volans Cicestricus, hasta
Sternere vibrata momento tentat eodem.

---

1. Allusion aux armoiries de Richard Cœur de Lion.
2. *protervit* V.
3. *Ergo* V.
4. *Aiencuria* L, *Aencuria* V.

Sed neque vis Boree Rhodopen labefactat, et His-
Prevalet undarum violentia nulla movere [mon¹
Quamvis impulsu gemino circumtonet ipsum ;
Nec Barrensis eques geminato cominus ictu
Corruit, aut aliquo flectit sua corpora motu ;
Cujus non caruit successu lancea primum,
Una dum comitem prosternit equumque ruina ;
Nec minus inversa reliquum ferit improbus hasta
480 Precipitemque solo resupinis cruribus urget.
At sonipes ruptis per devia liber habenis
Diffugit, exponens predam se cuilibet hosti.
Fit fragor, et strepitus geminatur colle propinquo,
Dum sonipes simul et comites labuntur, et arma.

Tertius occurrit heros Pictavus, et idem ²
Regis progenies, rex protinus ipse futurus ;
Quem simul agnovit Guillelmus, lancea cujus
Integra restat adhuc, gaudet, nec gaudia celat,
Invenisse parem cum quo par pugna sibi sit.
490 Non tamen³ exspectat illum, sed it obvius illi ;
Fraxineamque viri propensis viribus hastam
Sub medio figit umbone, nec ipse minorem
Ictum Richardi, dextra feriente, recepit.
Utraque per clypeos ad corpora fraxinus ibat,
Gambesumque⁴ audax forat, et thoraca trilicem
Dissilit⁵. Ardenti nimium prorumpere tandem
Vix obstat ferro fabricata patena⁶ recocto,

---

1. L'isthme de Corinthe.
2. *ipse* V.
3. *unde nec* V.
4. *Gaudesumque* V.
5. *Difficit* L. P.
6. Le mot *patena* désigne la cuirasse de fer battu que les che-

Qua bene munierat pectus sibi cautus uterque.
Hic dum ferre nequit impulsus utraque tantos,
500 Frangitur, et clarum dat lancea fracta fragorem.
Nec tamen a manibus trunci cecidere, sed illis
Ingeminant ictus circum cava tempora crebros.
His quoque consumptis, nec dura ferentibus arma,
Acrius insurgunt nudatis ensibus, et se
Ictibus alternis et cedi et cedere certant.
Nec fingunt iras, sed aperte dextera nudat
Corde tumens odium; rimatur et intima vultus,
Si qua mucro viam morti reperire valeret.
Tunc non posse dolens manifesta vincere pugna
510 Guillelmum comes, insidias molitur, equique
Per latus obliquum capulo tenus impulit ensem.
Sensit[1], et ut vidit genibus titubare remissis
Quadrupedem, prudens ab equo descendit, et
[ipsum
Stans pedes et rectus, firmo pede perculit ictu
Tam duro comitem, quod toto corpore stratum
Altior insurgens subjecta stravit arena;
Utque magis noceat, mucrone peremit eodem
Ejus equum, comitemque super provolvit eumdem?
Cur? quia non poterat[3] ipsum vel ducere captum
520 Aut armis spoliare, neci vel tradere victum
Solus, et hostili circumdatus undique turma,
Qui non cessabant jaculis simul atque quadrellis,
Eminus et missis in eum sevire sagittis,

valiers portaient sous le gambeson rembourré et la cotte de mailles nommés deux vers plus haut.
1. Le sujet de *sensit* est Guillaume des Barres.
2. *comitemque super procumbere cogit* V.
3. *Non equidem poterat* V.

Cum non auderent accedere cominus illi,
Vel conferre manum, vel se committere pugne.
Stabat enim firmus ut Barra, repagula firmans
Agminis hostilis medio, facilique rotatu
Se circumducens, nunc hos nunc obruit illos.
Sic aper a canibus circumlatratur, ubi se
530 Continet[1] iratum, cum nec fuga tuta, nec hosti
Appropiare potest in quem sua seviat ira,
Nunc caput in renes obliquat, nunc vice versa
In dextrum levumque latus circumrotat ora,
Et quos consequitur transfindit dente[2] recurvo.
 Concurrunt socii, comitemque in pulvere stra-
Tollere festinant. Jacet ille supinus equino [tum
Lapsu contritus, armorum pondere multo
Moleque corporea pressus; tamen inde levatur
Absque mora, tam precipuis adjutus amicis.
540 Sistitur in pedibus, et equo dat membra recenti[3],
Seque cohortatur ut Barras frangat, et ipsum
Vel ducat vivum, vel ibidem cogat obire.
Ille autem, multo perfusus membra cruore,
Vix pede stat recto; clypeus lacer atque foratus
Mille locis horret jaculis herentibus ipsi[4],
Hiricio similis; tamen illum tangere nemo
Cominus est ausus, quin mox perimatur ab ipso.
Tunc comes exclamat : « Barras (gaudete, quirites)
 « Fregimus; in manibus sunt Barre denique nostris.
550 « Nulla potest nobis jam barrula tollere Barras. »
 Talia jactantem leva ferit hasta sub aure,

1. *Cum nec* L P.
2. *quere* V.
3. *novato* V.
4. Tous les mss. portent *ipso*.

Hugonis dextra nisu vibrata potenti.
Flectitur in dextrum latus ille, nec hasta tenorem
Fracta tulit, nec eum lapsu plagave notavit.
Tunc ait : « Invictum sic vincere posse putasti
« Barrarum dominum ? Tardi licet, ecce venimus
« Auxilium fessis laturi in tempore Barris.
« Cesset ab ore tuo jactantia talis, et unde?
« Novimus et qui te[1], quam sit tua casta memento
560 « Mater, et invictos ne blasphemaveris ultra
« Francigenas, et eis discas non posse resisti. »
Hec dicens, ensem sic circumvolvit, et ipsi
Instantem circum caput omne ferit, quod ab inde
Urget eum nimis attonitum reflectere gressus.

At Droco Mellotides, totis conatibus instans,
Marcellum[2] devolvit equo, comitemque Licestre
Associat lapsis; dumque hos instanter et illos
Sternere festinat, erecto cominus[3] ense
Advolat, et comitum turbatus strage suorum,
570 Petrus fronte ferit media Pratellicus ipsum,
Qua male tectus erat, retro labente galero,
Dum sua virtuti plusquam sibi dextera servit.
Nobilis ingenti signatur vulnere baro,
Cujus adhuc signum gerit, et geret ipse patentem
Fronte cicatricem[4]. Furit ejus filius, et se
Neglecto, ruit in medios Droco junior hostes;

---

1. *Novimus et quis sic* V.
2. Barth et D. Brial proposent avec raison de remplacer *Marcellum* par *Mandevilum*. Nous savons, en effet, que Guillaume de Mandeville assistait à ce combat.
3. *fervidus* V.
4. Ces vers furent composés avant le 3 mars 1218, date de la mort de Dreu IV de Mello (voy. le Père Anselme, III, p. 57-58).

LIBER III.

Dejicit, impellit, cedit, ferit, impetit[1], omnem
Virtuti miscet fortunam, dum juvat omnes
Impendisse patris vindicte vulneris iras.
580 Fornivalus Petrum[2], Baldoinusque[3] Radulphum[4],
Hugoque[5] Fulconem[6], Robertus sternit Hericum.
Sic uno Franci voto grassantur in illos;
Quamvis pauca manus, bello tamen ardua virtus,
Fervida vis, proba strenuitas, vis inscia vinci[7],
Defectum numeri gladio sub vindice[8] supplet.
At Droco, restricto jam vulnere, casside rursus
Induitur; Guillelmus, equum jam nactus, in armis[9]
Se renovat[10], multosque ferit, multisque feritur
Ictibus; effuso pinguescunt sanguine campi.
590 Amissis errant dominis per rura caballi,
Hastis et jaculis dumescunt plana Soendri,
Silvaque fit subito modo quod fuit area nuda.
Armis terra latet contecta; jacere videres
Hic homines, ibi quadrupedes, in limine mortis.
Et jam rarescunt acies; fuga turbida campi
Nudat utrumque latus; fugit irrevocabilis hostis,
Dum nequit ardentem Francorum ferre furorem;
Nec reperire queas in tantis millibus unum
Qui sua mille velit calcaria vendere libris.

---

1. *impedit* V.
2. Pierre de Préaux.
3. Baudouin de Préaux.
4. *Rogerum* V.
5. Hugues de Hamelincourt, déjà nommé au vers 452.
6. Foulques Painel.
7. *proba strenuitas, audacia fortis* V.
8. *judice* V.
9. *hostem* V.
10. *Sevit item* V.

600   Quo fugitis? revocate animos, in bella redite,
   Aut saltem medio vestigia figite campo;
   Non est qui vobis instet, qui vestra sequatur
   Agmina. Pene caret numero generosa juventus
   Propter quam¹ fugitis? Pudeat (proh!) mille qui-
   Atque alios plures quos ornat bellica virtus, [rites,
   Quos genus egregium summo presignit honore,
   A vix terdenis tanta levitate fugari².

   Hesperus interea confinia noctis agebat;
   Duxerat et mundo tenebras absentia solis,
610 Aurea luna vicem cujus supplere parabat,
   Orbe fere medio mundi per climata lucens.
   Victores redeunt, quos rumor ab hostibus omnes
   Aut interfectos aut captos esse ferebat.
   Bis sex adducunt equites, quater octo pedestris
   Ordinis, et plures linquebant semisepultos³.
   Nec minus armigeri, ribaldorumque manipli,
   Ditati spoliis et rebus equisque redibant.
   Buccina rauca sonat reditum jam nocte sub ipsa;
   Nec mora, rex et cetus ovans rediere Meduntam,
620 Et leti somno se curavere, ciboque.
   Anglicus ex illo rex tempore non fuit ausus
   Armato nostros adoriri milite fines.   [omni
     Ast modicum Barrensis eques post tempus ab
   Vulnere sanatus, quasi tiro novellus in arma

---

1. *Pro postquam* P.
2. Cette escarmouche de Soindres n'est pas mentionnée dans la Chronique (voy. § 45); Benoit de Peterborough dit qu'elle eut lieu le 30 août 1188 (II, 46). Selon lui, Guillaume des Barres, fait prisonnier par Richard et libre sur parole, se serait échappé tout aussitôt.
3. *semipultosque* V.

LIBER III.

Se revocat[1], flagratque novo probitatis amore,
Invigilatque bonis sic actibus, ut nisi semper
Preteritis aliquid addat, nihil estimet actum[2];
Et dum nil aliud querit nisi laudis honorem,
Se magis atque magis, oblitus posteriorum[3],
630 Per virtutis opus extendit in anteriora.

    Richardus comes[4] interea petit a patre sponsam
Restitui sibi jure suam, quam turre reclusam
Viliter Henricus rex dira mente tenebat,
Contra jus sponsique sui fratrisque Philippi,
Fratrem germana fraudans, uxore maritum,
Se super incestus suspectum crimine reddens,
Corrupisse nurum fama vulgante notatus.
Quapropter patri merito se subtrahit ille,
Seque reconciliat sub amica pace Philippo[5].
640   Mensis erat cujus Jacobi sacrat atque Philippi
Passio principium[6], tunc cum nascentibus uvis
Mane solet madido damnosior esse pruina;
Agmina Karolides Nongenti congregat, unde
Victrices cuneos ad Bernardi-Feritatem
Applicat, et, castro vi fracto, protinus urbem
Cenomanorum subita premit obsidione,
Quam rex Henricus, equitum peditumque catervis
Innumeris fretus, clausam tunc forte tenebat,
Ad quam Vindocino modo festinaverat ipse,
650 Ut contra Francos et natum clauderet illam.

---

1. *se renovat* V.
2. Dans V, les vers 626 et 627 sont transportés après le vers 630.
3. *posteriorque* V.
4. *Richardus vero* L P.
5. Chron., § 46.
6. Le mois de mai.

Sed, postquam scivit portis instare Philippum,
Dat sua terga fuge, nec lumina flectere retro
Audet; cui subitas dederat timor anxius alas,
Dum fugit oblitus fame et regalis honoris,
Donec Alançonis[1] tuta se clausit in arce[2],
Continuo fugiens viginti millia cursu.
Mox fractis urbem portis exercitus intrat
Expositam prede; spoliis onerantur opimis
Quadrige; jumenta gravat pretiosa supellex :
660 Serica vestis, ebur, argentea vasa, numisma
Ponderis incerti[3], plumisque tumentia ditis
Ornamenta thori, diversorumque colorum
Ridentes panni. Nimio sub fasce gemiscunt
Colla; nihil tamen inde minus mortale cor ardet,
Quamvis sit plenum, quamvis plus tollere prede
Invente nequeat; spoliis nec gaudia tanta
Concipit ablatis, quin plus sit triste relictis.

   Interea patrem sequitur Richardus; et illi
Inde revertenti nimis admiranda recurrit,
670 Immo dolenda magis, urbis spoliatio facta
Tam subito; patrum jus et speciale suorum
Presidium, generosa sue cunabula gentis
Demolita videns, non miror si dolet. At rex
Munificus tanto solamina grata dolori
Donat ei totam cum civibus omnibus urbem,
Cumque suburbanis tot ditia rura colonis.

   Inde iter accelerat Turonis festinus ad urbem,
Quam geminum nitida flumen circumfluit unda,

---

1. C'est à Chinon que s'enfuit Henri II, ainsi que le disent les chroniqueurs anglais et Rigord (§ 66).
2. *tutis se menibus infert* V.
3. *interea* V.

Hinc Liger, hinc Carus; medio sedet inter utrum-
680 Clara situ, speciosa solo, jucunda fluentis, [que :
Fertilis arboribus, uberrima fruge, superba
Cive, potens clero, populis numerosa, referta
Divitiis, lucis et vitibus undique lucens;
Quam sacrosancti presentia corporis ornat
Presulis eximii[1] Martini, gloria cujus
Omnibus ecclesiis summum decus accumulavit.
Que cum sit Britonum caput et metropolis, una
Bis senas sub se cathedras letatur habere.
Civis ut agnovit adventum regis, in undas
690 Precipitat Ligeris pontem, ne transferat ultra
Rex acies, facili subiturus menia cursu.
Sed que virtuti vis aut cautela resistit?
Quis cohibere potest animum virtute calentem?
Rex, quodam duce ribaldo, vada tentat ubique,
Donec inundantis medio se fluminis hasta
Appodians, ripa subito stetit ulteriori;
Inventoque vado quasi per miracula, contra
Spem, contra fluvii naturam, transiit absque
Remigis officio per aquas exercitus omnis.
700 Ut siccum tetigit acies hastata virorum,
Haud procul a muris se protinus obtulit illis
Planities, castris sedes aptissima, cujus
Lambit utrumque latus Ligeris Carique fluentum;
In medio segetes aut prata virentia rident,
Et raris vineta locis, aut fertilis arbor
Tempore pruna[2] suo, pira, cerasa, mala minis-
Aut alneta, quibus muniret castra satelles. [trans,

---

1. *martiris egregii* V.
2. *prima* L P.

His facit in planis sua rex tentoria figi,
Que videt utilia fructu, visuque decora.
710 Et jam nocturnas nova lux ammoverat umbras,
Reddideratque diem solis presentia mundo;
Irrequieta manus peditum, quibus omnis ubique
Est onerosa quies, scalas ad menia, rege
Ignorante, levant, nec adest qui menibus illos
Arceat, aut cui sit audacia velle tueri
Urbis circuitum; tantus tremor occupat omnes!
Vectibus oppositis tantum, portisque seratis,
Omnes municipes, omnis se civis in arce
Clauserat; hanc solam defendere posse putabant.
720 Ergo catervatim pedites in menia scandunt,
Perque gradus subeunt, vicos portasque recludunt
Introrsum, sociosque suos hortantur adesse.
Denique militibus notum regique fit istud.
Mirantur gaudentque simul, gratesque Deo rex
Letabundus agit, ejus qui prosperat actus.
Introeunt quicumque volunt; fit protinus ipsam,
Rege jubente, pari voto concursus ad arcem.
Septuaginta viros equites peditesque trecentos
Gascolides secum Gilebertus habebat in arce,
730 Qui prefectus erat et constabularius illis;
Qui, tantas non posse videns refringere vires,
Maluit intactam post urbem tradere regi
Arcem, re penitus salva sociisque sibique,
Quam post conflictum se denique dedere victum[1].

Anglicus interea pacem rogat, et, licet eger
Febre laboraret calida, Chinone relicta,
Usque Columbare pro pacis amore venire

1. Chron., § 48.

Sustinuit; cum quo rex pacem fecit, et ipsi
Pictavum solida sub pace reconciliavit,
740 Sub tali forma, quod uterque, vel alter eorum,
In Syrie partes ipsum comitetur iturum.
Pacificare tamen nequiit cum patre Johannem,
Cui bellum infelix alia jam parte movebat,
Esse mereretur ut mortis causa paterne,
Addens fraude sua patrio tormenta dolori,
Cor luctu crucians dum febris sevit in[1] artus.

Jamque suprema dies illi Chinona reverso
Post triduum occurrit[2], qui Fonte sepultus Ebrardi,
Per proprios victus natos et obire coactus,
750 Abbreviasse sue lugetur tempora vite.
Felix, si regi regum studuisset haberi
Gratus, et illius metuisset ledere servos[3] !
Felix, si sancti Thome fratrumque suorum
Non interfector, sed amator amasset haberi !
Felix, si proles illi sua cara fuisset,
Ipseque carus eis, genuit quos omine levo,
Ipsius exitii causam mortisque futuros[4] !

Hinc tibi scire licet, homo, quid sit gloria mundi,
Quid luxus, quid opes, quid honor, quid summa
[potestas :
760 Cui nuper dare vix poterant castella vel urbes
Hospitium, nec ei capiendo sufficiebant;
Quem formidabat regni pars maxima nostri,
Nomine quam feodi Francorum a rege tenebat,

---

1. *pascitur* V.
2. Voy. Rigord, p. 96, note 2.
3. Après le vers 752, on trouve dans V cet autre vers :
    Si dominoque suo gratumque tulisset honorem.
4. Chron., § 49.

Neustria, Pictones, Andis, Vasconia, Xanto[1],
Armorici, Bitures, Alvernicus, Anglia tota ;
Multi preterea populi quos equore lato
Circuit Oceanus, cum regibus atque tyrannis
Subjiciebantur, illi servire coacti ;
Nunc satis arcta domus totum concludit, et ex his
770 Quos genuit nullus interfuit ejus honori
Supremo, aut saltem corpus perduxit ad urnam[2].

  Heu! quid anhelamus ad mundi gaudia? quid sic
Infrunita trahit vos ad terrena voluntas?
Sis locuples, sis pauper, idem est ; mors, omnibus
Imperiosa manu fortunam terminat omnem. [equa,
Ergo, dum vivis, caveas, homo, perdere vitam
Nescia que[3] finis post luctus gaudia prestat ;
Ne post letitiam pereuntem flamma gehenne
Te cruciet, ne te mors torqueat inscia mortis,
780 Quam patiens, semper et nunquam vivit in illa.

  Irrequieta solet gravis esse locutio ; vires
Tractatas[4] reparant moderata silentia lingue.
Expedit ergo brevi tibi, Musa, quiescere pausa,
Ut mage facundam requies te tertia reddat.

---

1. *Cento* P.
2. Après le vers 771, V ajoute les vers suivants qui faisaient à peu près double emploi avec les vers 749-750 :
  Qui non est victus per eos et obire coactus
  Abreviare sue lugetur tempora vite.
3. *qui* L P.
4. *Et contra* V.

CATHALOGUS MATERIE QUARTI LIBRI.

Quartus Richardo confert patre sceptra sepulto;
Qui mox Jerusalem properat cum rege Philippo.
Trinacriis hyemant in finibus, unde simultas
Non simul ire sinit[1] *ambos. Cedit Cyprus Anglis;*
Francigenis, Acharon; Gaza, Ascalo, Jopen[2]*, utris-*
Egrotat repetitque solum natale Philippus. [*que.*
Richardus rediens capitur; sed et inde redemptus
Francigenum bellis multa virtute resistit.
Francos obtruncat damnosa fraude Johannes[3].
Galterus renovat[4] *amissa chirographa fisci.*

INCIPIT LIBER QUARTUS.

Lege patrum veteri, Richardum, patre sepulto,
Efficit Anglorum primogenitura monarcham[5];
Qui sublimatus constans in amore Philippi
Mansit, eum tanquam dominum reverenter ha-
Nec fuit inter eos anno discordia pleno, [bendo;
Pace ligante bona gemini commercia regni.
 Anxius interea rex[6] Christo reddere votum,
Proposito nuper sancto quod voverat illi,

---

1. *Non sinit ire simul* L P.
2. *Ascalonopen* P.
3. Les trois vers précédents (*Richardus - Johannes*) manquent dans V.
4. *revocat* V.
5. Chron., § 49.
6. *vix* P.

Preparat[1] et vigili sibi providet omnia cura,
10 Tanti procinctus sibi que desiderat usus[2],
Que sibi deposcit series tam longa viarum[3].
Premunit[4] validis se pugnatoribus[5], et tot
Quot satis esse putat ad tanta negotia, tota
Delectos patria bellis et pace probatos[6].
Fruge, leguminibus, argento, carnibus, auro,
Rebus, equis, armis, biscocto pane, meroque.
Innumeras onerat naves, et, classe parata,
Propulsus zephyri spiramine, movit ab urbe[7]
Italie, clarum posuit cui Janua nomen[8];   [tus,
20 Hebdomadisque tribus[9] Tyrrhena per equora vec-
Levus habens Romam, dexter Carthaginis arces[10]

1. *Properat* P.
2. *Et sibi procinctus tanti desiderat usus* V.
3. *dierum* V.
4. *Preminuit* P.
5. *bellatoribus* T.
6. Les mss. L et P portent ici en marge deux de ces vers mnémotechniques, comme on en trouve souvent jusque dans les chroniques en prose :
Millenus centenus erat deciesque novenus
Annus quo petiit rex regna marina Philippus.
Dans P, il y a *Francus quo petiit.....*
7. *ad urbem* V.
8. Un texte, que nous n'avions pas encore remarqué lorsque nous publiâmes le passage correspondant de Rigord (§ 69), fixe les dates du séjour de Philippe-Auguste à Gênes : il arriva le 1er août et s'embarqua le 24. (*Otoboni annales*, M G. Scr., XVIII, 104.) Sa demeure était située auprès de la cathédrale « in edibus « juxta ecclesiam Sancti Laurentii. » (Variante de Benoît de Peterborough, II, 113, note 2.)
9. Le roi de France, parti le 24 août, n'arriva que le 16 septembre à Messine. (Raoul de Dicet, II, 84. — Benoît de Peterborough, II, 124.) Il serait donc plus exact de dire qu'il passa vingt-trois jours en mer.
10. *urbem* V.

Post tempestates, post multa pericula, multas
Passus jacturas, Trinacribus appulit oris[1].
  Pharita dum classis legeret freta, forte suborta
Tempestate, rates jam rumpebantur et undis
Pene tegebantur, nisi navita cautus in equor
Emisisset equos, fruges jactasset et escas,
Vasaque plena mero; nec contradicitur illi.
Immo suam rem quisque jacit, sua perdere malens,
30 Funere quam nullo vitam finire sub undis,
Reque sua potius quam corpore pascere pisces;
Nec reputat damnum, quo mortis prorogat horam
Tempore vel modico[2]. Sic navibus exoneratis,
Esset cum noctis medio plus temporis actum,
Nec cessaret adhuc vis tempestatis, et ether
Cogeret attonitos jam desperare salutem,
Et tonitru et nimbo, tenebrisque tenentibus astra
Fulgura quas nimio rumpebant crebra stupore;
Rex animo forti stupidos affamine tali
40 Solatur : « Cesset[3] timor omnis, visitat ecce
  « Nos Deus ex alto; tempestas ecce recedit;
  « Jam matutinas Clarevallensis ad horas
  « Concio surrexit; jam sancta oracula sancti,
  « Nostri haud immemores, in Christi laude resol-
  « Quorum pacificat nobis oratio Christum, [vunt,
  « Quorum nos tanto prece liberat ecce periclo. »
Vix bene finierat, et jam fragor omnis et estus,
Ventorumque cadit rabies, pulsisque tenebris,
Splendiflua radiant et luna et sidera luce.
50 Sicque data cunctis ad regis verba salute,

1. Chron., § 51.
2. *Frugi jacturam* V.
3. *cessat* V.

Nox[1] abit, et flatu classem ducente secundo,
Auxiliante Deo, magna non absque suarum
Rerum jactura, leti evasere periclum,
Atque alacri plausu[2] portum subiere salutis.
Tunc rex larga suis gazis effundit apertis
Dona, quibus veniant illis oblivia jactus.
Ne Christi athletis vel equi vel pabula desint[3]. [illo
    Rex quoque Richardus, properans haud segnius
In Crucis obsequium (constrictus ad hoc tamen
60 Jure tenebatur jurando), movit ab urbe [ipsum
Massilia[4], rebus ita premunitus et armis,
Electisque viris, ut non minor ipse Philippo
Viribus, ac aliis que presens postulat usus,
Esse videretur[5]. Hinc Tusca per equora ductu
Velivolo raptus, numerosa classe Sicanos
Ingreditur portus, nil passus in equore damni[6],
Gaudia Francorum renovans regisque Philippi,
Qui tunc Mechina[7] novus hospes in urbe manebat.

1. *Nos* V.
2. *Ereptique vadunt* V.
3. Rigord (§ 72) et la Chronique (§ 53) ne font qu'une brève allusion à cette tempête à propos des largesses faites par le roi à ceux des siens qui en avaient souffert; on en trouve la mention dans les *Annales Aquicinctini* (D. Brial, XVIII, 341) et dans Robert d'Auxerre (ibid., 259).
4. Richard quitta Marseille le 7 août 1190. (Benoît de Peterborough, II, 112.)
5. Chron., § 51.
6. Ceci n'est pas exact; Richard avait rencontré quelques difficultés durant sa traversée, et la dernière partie de son voyage s'était faite par terre, à travers la Calabre. Il avait passé le détroit entre Bagnara Calabra et la pointe du Phare où il coucha sous la tente avant d'entrer à Messine le 23 septembre. (Benoît de Peterborough, II, 112-115 et 124-125.)
7. *Methina* V.

LIBER IV.

Exsultant Siculi, gaudet Trinacria tota
70 Hospitibus tantis, tot habentibus agmina secum;
Quos rex Tancredus magno suscepit honore,
Ditia qui gentis Sicule tunc frena regebat,
Insidiis mixta vi, sceptra potenter adeptus.
    Rex Guillelmus erat nuper defunctus[1], et ejus
Uxor Richardo gaudebat fratre Johanna;
Nec quo se viduam consolaretur habebat,
Nec qui posset erat heres succurrere regi.
At soror ejusdem Constantia, rege sepulto,
Jure volebat ei succedere prole carenti.
80 Tancredus, fuerat qui regis avunculus, illam
Non patiebatur patriis succedere sceptris,
Presumens nullo succedere jure nepoti,
Seque novum regem, spoliata nepte[2], creare.
Illa tamen regis Henrici cum foret uxor,
Qui fuit Imperium Romanum tempore nactus
Post modico, facta est regina, juvante marito;
Que, simul imperii et regni diademate fulgens,
Restitui prorsus meruit sibi jura paterna,
Postea que genuit Fredericum, qui modo regnat,
90 Theutonicos cum Romanis Siculisque gubernans[3].
    Heu! quam mutari levis est affectio mentis
Humane! quam se diversis motibus[4] aptum
Exhibet humanum cor, suggestoris iniqui

---

1. Guillaume le Bon était mort le 16 novembre 1189.
2. Ce titre est inexact; Constance, fille de Roger, était tante de Tancrède. Elle avait épousé l'empereur Henri VI.
3. Les vers 89 et 90 sont ainsi rédigés dans V :
    Ejus facta parens Frederici qui modo totam
    Italiam et Theutonicis (sic) *Siculisque* (sic) *gubernat.*
4. *mentibus* V.

Fraudibus illectum! qui, supplantator amoris,
Semper agens[1] odium, lites serit inter amicos,
Quosque videt junctos aliqua discriminat arte,
Ut sibi subjiciat disjunctos quos[2] superare
Non valet, alterno dum consociantur amore,
Dum stant, dum temere non incurvantur ut hosti
100 Sit via, cui nullos est supplantare potestas,
Preter eos qui se incurvant ut transeat ille[3].
Nosque nimis faciles sumus illi cedere, qui nil
In nos juris habet, nisi quantum cedimus illi;
Immo, si volumus, quantum tentamur ab illo
Unde resistamus satis intra nosmet habemus,
Quod nobis virtus prestat divina; nec ullus
Cogitur esse malus, nisi sponte receperit hostem.
Nam suggestori subicit nos sola voluntas;
Que si defuerit, peccatum nullus habebit.
110   Reges ecce duos amor unus, spiritus idem,
Una fides unit, et sic conglutinat, ut nil
Hic amet aut fugiat, nisi que fugit aut amat ille;
Tantus ad alterutrum ligat ardor amoris utrumque!
Sed durare diu dilectio tanta nequivit
Inter eos. Richardus enim, quod corde tegebat,
Nactus oportunum tempus, detexit, et illum
Talibus alloquitur : « Bone rex cui Francia paret,
« Cujus ego miles, cui sum juratus in arma,
« Cui tanquam domino fateor me jure teneri[4],
120 « Quem tremit Egyptus regioque Palestica, cujus
« Prestolatur opem Domini crux atque sepulcrum,

---

1. *amans* V.
2. *quos* omis dans V.
3. *hostis* V.
4. *ligatum* V.

« Audito cujus Saladinus nomine pallet,
« Jam sua, jam victi tendunt tibi brachia Parthi,
« Inclinatque tuis Acharon sua menia signis.
« Ne, queso, tibi displiceat quod detego verbum :
« Germanam tibi reddo tuam, causamque latentem
« Qua compellor ad hoc, a me, rogo, quererenoli[1].
« Ipsa quidem nupsit mihi per sponsalia tantum,
« Nil ultra ; nec eam novi carnaliter unquam[2].
130 « Et jam juncta thoro est mihi Berengaria, regis
« Filia Navarre ; sacrum jam copula carnis
« Consummavit opus, facti caro jam sumus una.
« Nulla quidem causa est quod eam dimittere pos-
« Amodo cum mihi sit et lege et carne jugata[3]. [sim,
« Sunt comites, sunt barones, quorum soror uni.
« Rex venerande, tua meliori federe nubet. »
Obstupet et nimia rex obmutescit ab ira ;
Post tamen hoc breviter sermone reconvenit illum :
« Si mihi germanam reddis, nihilominus omne
140 « Germane dotalitium mihi reddere debes.
« Que cum germana tibi sunt data[4] nomine dotis,

1. Guillaume le Breton se fait ici, comme au vers 636 du livre III, l'écho du bruit suivant lequel Henri aurait défloré la fiancée de son fils.
2. Le texte et l'ordre des vers 136 à 139 sont un peu différents dans V :
> *Nupsit Aelisis mihi per sponsalia tantum*
> *Vestra soror, nec eam novi carnaliter unquam.*
> *Unde illam nunc reddo tibi, causamque latentem*
> *Qua compellor ad hoc, a me rogo querere noli.*

3. Il est impossible que Richard ait tenu ce langage pendant son séjour à Messino, car il n'épousa Bérengère que le 12 mai 1191 à Limisso, en Chypre. (Benoît, II, 166.) Cette princesse n'arriva même à Messine que le jour du départ de Philippe-Auguste (ibid., 161).
4. *data sunt tibi* V.

« Nunc ad me debent, redeunte sorore, reverti ;
« Sed nihil ad presens queror aut peto ; nolo minari.
« Majus opus superest ; sine lite quod instat agamus,
« Servitioque crucis instemus, et ejus honori
« Qui mundi peccata tulit, pro cujus amore
« Taliter externis peregrini vivimus oris.
« Salvas concedo treugas tibi, dum crucis arma
« Servitio tuleris, dein meque meosque timeto. »
150 Regis verba placent Richardo, nil petit ultra ;
Treugarum talis concessio sufficit illi [1].
Non tamen exhibuit liquido se corde Philippo
Extunc[2] sive suis ; nec vero[3] Philippus eidem
Mente fuit placida. Qui cum jam quinque fuissent
Mensibus hibernis Sicula in regione morati,
Anglorum regem monuit rex noster, ut una
Aggrediatur iter secum, Dominique sepulcro
Succursum prestet, sicut juraverat illi.
Noluit ille tamen ; Siculis sed mansit in oris,
160 Auxilium prestans Tancredo in prelia regi,
Infestabatur quibus undique. Proinde Philippus
Rex cum Francigenis zephyris dat carbasa primis

---

1. Dans le traité de paix conclu en mars 1191, à Messine, il n'est pas question de trêve. Pour ce qui est du mariage du roi d'Angleterre, Philippe permit à Richard d'épouser qui bon lui semblerait, et lui abandonna, moyennant 10,000 marcs d'argent, Gisors, Neaufle, Lyons-la-Forêt et le Vexin normand, à condition que ces terres reviendraient au roi de France si Richard mourait sans hoirs mâles. (*Cat.*, 336.) Si Guillaume le Breton parle ici de trêves, c'est sans doute pour justifier Philippe-Auguste qui, deux ans après, profita de la captivité de Richard pour envahir, au mois d'avril 1193, le territoire qu'il avait abandonné par le traité de Messine (Voy. Rigord, § 89).

2. *Postea* V.

3. *necnon* V.

Vere novo, et, leva Grecos a parte relinquens,
A dextra Pharios, Cretam Cyprumque secundis
Preteriens velis, Acharon illabitur urbi
Pasche nocte sacra[1]; quem sic celestis agebat
Gratia, quo firmis sacre solemne diei
Exigeret plantis, quo jam precesserat ille
Inclytus eximie Jacobus virtutis Avennas[2],
170 Et jam cum paucis audax obsederat urbem,
In Domino solo confidens[3], qui pius illi
Misit oportuno[4] succursum in tempore gratum,
Qui presto semper est confidentibus in se.

    Navibus egressi firma vestigia planta
Figere congaudet exercitus, et sua saltu
Corpora dant sabulo; leti post longa marini
Tedia discursus, grata patiuntur arena,
Intus et exterius aura meliore refecti.
Nec mora, per campos et per convexa locatis
180 Certatim castris, ex omni parte coronant
Urbem, ne quivis evadere possit ab illa,
Aut laturus opem dare deforis·arma vel escas.
Castra solo vigilant, servat navalia classis;
Dein vallo munire student fossisque profundis
Omnem circuitum castrorum, nec minus alte
Per loca bristege castellaque lignea surgunt,
Ne subito Saladinus eos invadere possit;
Qui non cessabat pugnas miscere frequentes

---

1. Guillaume répète ici l'erreur commise par Rigord. (Voy. tome I, p. 108, n. 1.) — Chron., § 54.

2. Jacques d'Avesnes était arrivé à la fin d'août 1189, en même temps que Robert, comte de Dreux, Philippe son frère, évêque de Beauvais, et Érard de Brienne. (Benoît de Peterborough, II, 94.)

3. *confisus* V.

4. *opportunie* V.

Christicolis, et eos incessere nocte dieque,
190 Quamvis confusus et victus semper abiret.
Nec pudet assidue vinci, victumque fugari
Turpiter, et caros conflictu perdere crebro[1],
Dum dolet obsessis nullum dare posse salutis
Consilium, vel eis succurrere qualibet arte.
 Nec mora detinuit Richardum longa Sicanis
Finibus; immo Cypron adiit, totamque duobus
Mensibus expugnans, clara virtute subegit
Ipse sibi, victamque suo cum principe cepit.
Cypris enim regio, quamvis coleretur in illa
200 Christus Grecorum ritu, tamen impediebat
Christicolas cruce signatos, Dominique sepulcro
Ferre negabat opem, Sarracenisque favebat.
Mox Cypro victa, spoliis ditatus et auro,
Festinat Acharon, quam, fractis undique muris,
Obsessi vita tantummodo dedere salva
Orabant, quorum solo pro munere vite
Christicolas omnes, quos vincula dura tenebant
Sarracenorum, Saladinus cum cruce sancta
Reddere pactus erat Francis regique Philippo[2].
210 At rex catholicus[3], donec rex Anglus adesset,
Cui fore se socium promiserat ipse fidelem,
Dum crucis obsequio servire studeret uterque,
Nolebat tanto solus gaudere triumpho
Exspectans socium cui dimidiaret honorem
Quem soli sibi contulerat clementia Christi,

---

1. *et crebro conflictu perdere caros* V.

2. Guillaume se laisse entraîner par le désir de glorifier son héros, car Acre était loin d'être disposée à se rendre avant l'arrivée de Richard. (Chron., § 55.)

3. *magnanimus* V.

Gentis et invicte vis invictissima bello,
Servitio Christi multo conspersa cruore.
  Postea nolebat Syrus vel forte nequibat
Verbo stare suo, pactumve tenere Philippo.
220 Unde quidem justa Richardus bile tumescens,
Presertim sibi non contradicente Philippo,
Magometicolas omnes, quos, urbe reclusa,
Invenit numero quasi bis sex millia, fecit
Verticibus cesis efflare in tartara vitas[1].
  Urbe refirmata positis custodibus, omnes
Vici Christicolis et predia distribuuntur,
Ecclesiasque novas, ubi Christi nomen adorent,
Edificant. Ridet subito mutata locorum
Et rerum facies; jam Magometus ab omni
230 Exulat ore procul; jam per totam regionem
Catholice cultus fidei se pandit ubique.
  Unus et undecies centum deciesque noveni
Transierant anni postquam Deus est homo factus,
Quando cepit Achon gens Gallica, rege Philippo,
Crastina quintiles data cum produceret idus[2].
  Hinc quoque[3] progreditur exercitus, et sibi
Ascalonensis urbis pessumdare gaudent[4], [muros
Qua fuit Herodes natus, qui millia centum
Quadraginta dedit morti cum quatuor, ortu
240 Principis eterni metuens amittere regnum,
Inter tot credens pueros occidere Christum.

---

1. Chron., § 58. — La Chronique parle d'environ 7,000 prisonniers décapités; Rigord (§ 82) dit plus de 5,000; Guillaume de Newbury (liv. IV, chap. xxiii), environ 2,600.

2. Le vers 235 manque dans V.

3. *Postea* V.

4. *pessumdare muros* V.

Hinc, duce Richardo, Joppen Gazamque trium-
Insignes olim factis[1] illustribus urbes.   [phant,
Hanc fama celebrem centurio[2] reddidit olim[3],
Angelico monitu qui Petri dogma secutus,
Purgari meruit et sacro fonte renasci.
Ast illam Samson[4] bellis insignibus, et vi
Antea collata nulli, nec postea, sepe
Contudit, et multis confecta cladibus urbe,
250 Portarum valvas signis atque ere nitentes
In manibus portans, stetit alti vertice montis;
Qui tandem moriens cecatus conjugis astu[5]
Extinxit plures quam vivus straverit hostes.
Que res gesta notat quod Christus, morte sua nos
Vivificans, nostram crucifixerit in cruce mortem;
Proque sua, sibi quam elegit de gentibus ipse,
Ecclesia moriens, vectes et ferrea claustra[6]
Fregerit, et fortis armati fortior arma
Captivans, victor spoliis ascendit in altum.
260 Sed nondum Moysi faciem Judea videre[7],
Dum de lege legit paleas, non grana, meretur.
  Solus cum paucis hec inter agenda Philippus,
Febre gravi tactus, crebroque tremore fatiscens,
Infirmabatur, Acharonque jacebat in urbe;
Tantaque scaturies, tantus calor illius ossa

1. *bellis* V.
2. La véritable quantité est *cēntŭrĭŏ*.
3. *ille* V.
4. *Sampson* P. — *Sanxo* V.
5. *hasta* V.
6. *vectes et claustra baratri* V.
7. V contient un vers de plus :
    Sed tenebris immersa jacens misteria rerum
    Et Moysi faciem nondum Judea videre.

LIBER IV.

Totaque membra fuit ita depopulatus, ut omnes
A digitis ungues caderent, a fronte capilli;
Unde putabatur, et nondum fama quiescit,
Illum mortiferi gustum sensisse veneni.
270 Gratia sed nobis divina pepercit in illo,
Ne mutilata suo lugeret Francia cornu
Tam cito, cujus erat studiosa sedulitate
Postmodo continue pacis fruitura quiete.
Languit ergo diu; sed enim per tempora longa
Paulatim gradibus cepit revalescere lentis[1];
Cumque nequiret ibi sanari prorsus, amico
Hortatu procerum, cum consilio medicorum
In patriam statuit nativaque rura redire.
Sed prius expensas tribus annis sufficientes
280 Militibus numerat quingentis de propria re,
Mille quibus decies pedites adjungere curat,
Qui vigili satagant studio curaque fideli
Illius vice pro Domini pugnare sepulcro,
Allobrogumque Duci causam committit eorum.

His igitur curis vigili ratione peractis,
Rex iter equoreum spirantibus arripit auris[2];
Qui, Romam veniens, celebri donatur honore
A Celestino papa, qui tertius Urbi
Nominis illius preerat, tangebat et ipsum
290 Tertius illustri regali sanguine stirpis[3].

1. Les vers 274-275 étaient remplacés dans V par les quatre vers suivants :
Languit ergo diu; sed enim per plurima cepit
Tempora paulatim reditu gaudere salutis,
Perque gradus lentos rediit vigor in ossa,
Nec tunc omnino poterat languore carere.
2. *curis* V.
3. Chron., § 62. Nous avons déjà dit que nous ignorions le moyen de prouver cette parenté.

Cumque satis digne a patribus sanctoque senatu
Esset honoratus, tandem dimissus abire,
Dorsa per abrupte Radicophonis ardua, clivis
Invia limosis, quo vix aut ire viator
Aut remeare potest, Montis laureta Caprini
Preterit, et Montis Bardonis[1] per juga celo
Proxima, planitiem Ligurum subit; inde Ceneis
Lassatum scalis, Moriana valle, salebras
Preteriendo graves, cepit Burgundia demum[2];
300 Cumque mora modica, post aspera saxa, Catique[3]
Colliculos, Isaramque vado Rhodanumque carentes
Se recreasset ibi, medio jam mense decembri[4],
Sanus et in vultu solito ridente rubore
(Reddimus unde Deo grates) in propria venit.

At rex Anglorum Joppen Gazamque, vel ultro,
Vel vi, perdiderat[5]; mittebat enim Saladino,
Et Saladinus ei varia vice scripta, sibique
Pacificabat eum Saladinus munere crebro[6].

Et jam Blesensis Theobaldus jamque Philippus
310 Flandrensis comites, jam Vindocinensis, et ille

---

1. *Hardonis* L P.
2. *deinde* P.
3. D. Brial propose de lire *Cotique colliculos* et croit que le poète a voulu désigner les Alpes-Cottiennes. Outre que la quantité régulière de *cotti* devrait être alors un spondée, le diminutif *colliculos* serait en ce cas bien déplacé. Il doit s'agir ici du Mont-du-Chat, chaîne située entre le lac du Bourget et la vallée d'Yenne.
4. P et L portent *novembri*; pourtant, dans le dernier, ce mot a été corrigé d'une autre main en *decembri*. (Voy. d'ailleurs Chron., § 62, Rigord, § 82, et Benoît de Peterborough, II, 235.)
5. C'est là une insinuation entièrement dénuée de fondement : Richard rebâtit au contraire ces villes. (Benoît de Peterborough, II, 192.)
6. Chron., § 62.

Quem Giemus, quem Mons Clarus, quem Pertica
Terrea spiritibus viduarant vasa beatis; [misit,
Illustris[1] Stephani contristant funera Sacrum
Cesaris; Uldonis[2] mortem Burgundia plorat.
Sed nec parcendum Jacobo[3] mors impia duxit,
Cujus ob indignam mortem tristantur Avenne.
In toto locus est regno rarissimus in quo
Non habeat causam lacrymandi quilibet, aut ob
Amissum dominum, vel fratrem, sive propinquum :
320 Natos hic queritur amissos, ille parentem ;
Hic ejulatur cognatos, alter amicos ; [tes ;
Hic famulum[4], hic socium[5]; patruos hic, ille nepo-
Tanta peste cadunt proceres in funera nostri[6],
Quos omnes sibi mors Acharon ascivit in urbe[7].
   Tunc rex Richardus, multis infestus, ab illa
Cogitat egressu tacito discedere terra.
Dissimulat regem, paucisque trieribus equor
Sulcat, et Ionie progressum denique ponto
Adria suscepit; a dextro remige littus
330 Misit in Illyricum, quo navibus ille relictis
Imperiale solum cultu Templarius[8] intrat,

---

1. *Egregii* V.
2. Lisez *Hugonis*.
3. Jacques d'Avesnes, tué à la bataille d'Arsouf. (Rog. de Hoveden, III, 129.)
4. *dominum* V.
5. *fratrem* V.
6. Après le vers 823, on trouve dans V le vers suivant qui a disparu dans L et P :
   Tantoque afficiunt carorum pectora luctu.
7. Chron., § 60. Ceci est plus complet.
8. Richard était déguisé en marchand et non pas en Templier; mais il avait quelques Templiers en sa compagnie. (R. de Coggeshale, 54.)

Privato ut tectus habitu securior iret.
Ille quidem multos magnates leserat, unde,
Dum metuit multos, multis se dissimulabat[1].
Dux tamen agnovit illum tuus, Austria, cujus
Partibus in Syrie tentoria ruperat, atque
Indignis nimium probris affecerat illum[2].
Heu! quis fortuitos casus evadere possit,
Prospectumque sibi fato vitare periclum!
340 Sepe fit insidiis pejor vis obvia casus;
Fatorum serie contingit sepe, quod hostis
Plus improvisus solet explorante nocere.
Quid prodest versare dapes, servire culine[3]?
Quid juvat officio dominum vilescere servi?
Quid flexisse viam, vestes mutasse, suoque
Se famulo regem finxisse minore minorem?
Nil Minturnensi Mario latuisse palude
Profuit, aut Thetidi natum sub veste pudenda[4]

1. Bien que ce récit soit beaucoup plus détaillé que celui de la Chronique, ces vers semblent calqués sur la phrase correspondante : « Sed quia multos offenderat, multos metuens, dissimulavit... » Chron., § 66.

2. Voy. dans Rigord (§ 82) le récit de l'outrage infligé par Richard au duc d'Autriche.

3. Ce vers, ainsi que les suivants, fait allusion à ce fait rapporté par plusieurs historiens : Richard, pour mieux se cacher, avait cherché à se faire passer pour un valet de cuisine :

> *Lés le fu s'asist esraumant,*
> *Si prist à torner les capons*
> *Tot ansement com uns garçons.*
>   (Ph. Mouskés, v. 19920 et suiv.)

Sur l'analogie que présente ce passage avec un fragment correspondant de Pierre d'Éboli, voy. Pannenborg, *Zur Kritik der Philipis,* p. 23.

4. *theadi* P, *theadi* corr. en *thetidi* d'une autre main, dans L.

LIBER IV.

Virgineis miscere choris Lycomedis in aula[1].
350 Nec rex celatur, nec mons absconditur : ipsa
Regia majestas nunquam se passa latere,
Quicquid agat, regis persona patebat ubique ;
Quesitasque negans sibi caligare tenebras,
Proditur et mediis latebras[2] non invenit umbris[3],
Dum quocumque specu proprio splendescit ab
Ecce latens capitur, et ab illo quem metuebat [igne.
Ille magis, quem plus vitare volebat, ab illo
Ecce latens capitur, qui non querebat eumdem,
De quo nulla sibi suberat spes inveniendo.
360 Anno preterito, magnus Fredericus, abhorrens
Tedia longa maris[4], Cilicum per plana petebat
Jherusalem, cruce signatus cum Theutonicorum
Millibus innumeris ; qui cum properanter adiret
Niceam, pagis degressus ab Antiochenis,
Sole calens, dum se medii fervore diei
Balneat incaute cujusdam gurgite rivi,
Interceptus aquis fit mortis preda repente ;
Quo subit Imperium defuncto filius ejus
Henricus, patrii juris successor et heres[5].
370 Nec tantum promovit eum successio gentis,
Quam cleri et procerum super hoc electio juvit.
Est etenim talis dynastia Theutonicorum,

---

1. Les vers 348-349 sont ainsi rédigés dans V :
    Profuit, aut Thetidis natum Lycomedis in aula
    Virgineis miscere choris sub veste pudenda.
2. *tenebras* P.
3. Dans V, ces deux vers sont ainsi rédigés :
    Caligansque negans sibi caligore latebras,
    Proditur et mediis tenebras non invenit umbris.
4. *Tedia longa ferens maris* P.
5. Chron., § 56.

Ut nullus regnet super illos, ni prius illum
Eligat unanimis cleri procerumque voluntas.
Tali ergo Henricus successerat ordine patri,
Tuncque moram Maguntina faciebat in urbe,
Cum regem Anglorum dux obtulit[1] Austricus illi[2],
Quem sic alloquitur : « Tu nuper regis amicus
« Usurpativi, contra nos[3] bella movebas,
380 « Impia Tancredi juratus in arma[4], meamque
« Uxorem patris solio privare volebas ;
« Nuper et in Syria Saladini exennia palpans,
« Christicolas Christi crucis hostibus exposuisti,
« Dum Gazam, Joppen, Ascalonemque, sine armis
« Et sine conflictu subverti sponte tulisti ;
« Imperiique mei proceres occidere quosdam,
« Et male tractare plures non erubuisti.
« Immo tuum dominum, nostri genitoris amicum,
« Et fratrem nostrum, voluisti tradere Parthis,
390 « Ut mutilata suo lugeret Francia cornu,
« Ne sua, que retines injuste, jura reclamet[5]. »
Non tulit ulterius, ac si resideret avito
Innixus solio, vel in aula Linconiensi,
Aut medio Cadomi, quasi cultus immemor in quo
Captus habebatur, regaliter, ore diserto[6],
Corde leonino, vocem prorupit in istam :

1. *tradidit* V.
2. C'est le 23 mars 1193 que Richard fut livré à Henri VI (R. de Dicet, II, p. 106) et non pas en décembre, comme le dit Rigord, § 88.
3. *me* V.
4. *sustentans arma* V.
5. Ce discours se rapproche beaucoup de celui que Raoul de Coggeshale met dans la bouche de l'empereur (p. 59).
6. *modesto* V.

LIBER IV.

« Prodeat in medium qui me de proditione
« Arguat; armatus veniat, subeatque duellum
« Me contra, si me super hoc convincere possit.
400 « Non tamen usque adeo virtus mihi deficit, ut me
« Fidentem de jure meo solitoque vigore
« Vincere quis possit; fiat quod jure cavetur[1].
« Lex mihi ni parcat[2], mortem non deprecor ultra;
« Si pro germane pugnavi jure, suumque
« Denique jus per me Tancredus reddidit illi,
« Imperium facto vestrum non lesimus isto.
« Parce, precor, nostris erroribus atque labori;
« Parce, precor, patrie, meus (heu!) quam depo-
 [pulatur[3]
« Frater, Francigenum[4] in me qui movet impius
 [arma.
410 « Dum moror hic captus, mea rex castella Philip-
« Diruit ad libitum, Gisorti menia frangit[5]; [pus
« Jam sibi Paciacum, sibi jam subjecit Hibream;
« Jam Bellum Montem cepit, castrumque Leo-
 [num[6].
« Tu novus es princeps, instant tibi prelia; questu
« Multiplici video, multoque numismate, valde[7]
« Nunc opus esse tibi; si vis superare tot hostes
« Quot modo contendunt tibi se prestare rebelles,

1. *jubetur* V.
2. *imparcat* L.
3. *depredatur* V.
4. *Francorum* V.
5. *fregit* V P.
6. Les châteaux de Gisors et de Neaufle n'ayant été livrés à Philippe-Auguste que le 12 avril 1193 (voy. tome I, p. 123, note 2), Richard ne pouvait pas en déplorer la perte en mars.
7. *magnum* V.

« Mille dabo argenti marcas tibi centuplicatas,
« Meque tibi sceptrumque meum subjecta fatebor[1].
420 « Commoda nulla tibi confert mea captio, nulla
« Laus est armatum palmis[2] affligere regem ;
« Jam nimis afflicto sine me succurrere regno. »
Annuit his princeps dictis, et mitior infit,
Claruit et paucis ejus sententia verbis :
« Sicut dixisti facias, et liber abito. »
Rex igitur dictum re firmat, et inde recedit
Liber, et Albidiam post tempora longa revisit.
Anglia rege suo gaudet veniente[3] ; Johannes
Exulat, et regi Francorum invisus adheret.
430 At jam Rodolie Vallis[4] qua pascua lambit
Sidereis Audura vadis, qua, lapsus in amnem
Fame majoris[5], majus sibi nomen adoptat,
Qua procul hinc in se ridentem suscipit Arvam[6]
Nomen ei donando suum, qua Ridula pratis
Irrigat arridens ridentibus arva Bruonne ; [num[7],
Quicquid abhinc spatii Fontem patet usque Sere-

---

1. Richard se dépouilla de son royaume et en investit Henri VI, qui le lui rendit moyennant un tribut annuel de 5,000 livres sterling. A sa mort, l'empereur affranchit les rois d'Angleterre de ce tribut. (R. de Hoveden, III, 202-203.)
2. Barth et, après lui, D. Brial proposent de lire : *nulla Laus exarmatum* ; il nous semble que, sans aucune correction, le vers présente un sens très satisfaisant : *il n'y a point de gloire à abattre un roi armé de ses seules mains.*
3. *redeunte* V.
4. *Et jam Rodalie Vallis* V.
5. C'est-à-dire lorsque l'Eure se jette dans la Seine.
6. Les précédents éditeurs avaient imprimé à tort *Arnam* que D. Brial avait eu l'idée singulière de traduire par *Orne*. Celle-ci se jetant dans la mer et non dans l'Eure, c'est évidemment de l'Avre qu'il s'agit.
7. D. Brial n'a pas reconnu ici Sérifontaine (Oise).

Unde oriens hortis fluit utilis Epta satisque,
Donec Sequanio procul hinc se perdit in amne,
Karolides validis totum possederat armis[1];
440 Qui prudens munit armis castella virisque,
Et fossata novat, fractasque redintegrat arces,
Firmior ut multo quevis munitio fiat
Quam prius exstiterit, modica ne perdat in hora
Que sibi cum magno sunt acquisita labore[2].
Attamen Ebroicam studio majore refirmans
Armis et rebus et bellatoribus urbem
Pluribus instructam donavit amore[3] Johanni,
Ut sibi servet eam; tamen arcem non dedit illi.
Ille dolo plenus, qui patrem, qui modo fratrem
450 Prodiderat, ne non et regis proditor esset,
Excedens Siculos animi impietate tyrannos,
Francigenas omnes vocat ad convivia quotquot
Ebroicis reperit, equites simul atque clientes,
Paucis[4] exceptis quos sors servavit in arce.
Quos cum, depositis armis, fecisset in una
Discubuisse domo, tanquam prandere putantes,
Evocat e latebris armatos protinus Anglos,
Interimitque viros sub eadem clade trecentos,
Et palis capita ambustis affingit[5], et urbem
460 Circuit affixis (visu mirabile), tali
Regem portento querens[6] magis angere luctu;
Talibus obsequiis, tali mercede rependens

---

1. *Imus* (sic) *Karolides fiscale reduxerat armis* V.
2. Chron., § 70.
3. *habere* V.
4. *c̃ tuos* (sic) V.
5. *affixit* V. — *afflugit* P.
6. *cupiens* V.

Millia marcarum quas rex donaverat illi[1].

Tali quippe modo, circumvenientibus Anglis,
Horsus et Hengistus olim necavere Britannos
Patricios omnes ad prandia falsa vocatos,
E quibus evasit solus Salebericus Eldo,
Qui rigidum[2] nactus fortune munere palum,
Mille viros sternens, indemni corpore fugit,
470 Ac hostes, bello renovato, postea vicit[3].

Tam detestanda pollutus cede Johannes
Ad fratrem properat; sed res tam flagitiosa
Non placuit fratri. Quis enim, nisi demone plenus,
Omninoque Deo vacuus, virtute redemptus
A vitiis nulla, tam dira fraude placere
Appetat, aut tanto venetur crimine pacem?
Sed, quia frater erat, licet illius oderit actus
Omnibus odibiles, fraterne federa pacis
Non negat indigno, nec eum privavit amore
480 Ipsum qui nuper sceptro privare volebat.

Tempore rex illo castellum Vernoliense
Jam tribus hebdomadis obsederat, improba cujus
Gens nimis, et Francos assueta lacessere lingua[4],
In fore castelli regem depinxerat ipsum
Armatum clava[5]; sed nec cessabat amaris

---

1. La Chronique (§ 72) ne contient pas autant de détails sur la trahison de Jean Sans-Terre.

2. *rigidus* V.

3. Voy. Geoffroi de Monmouth, VI, 15 et 16. Dans le § 16, le personnage appelé par Guillaume *Salebericus Eldo* y est nommé *Eldol consul Claudiocestrie*.

4. *linguis* V.

5. Guillaume Guiart (*Branche des royaux lignages*, v. 1820-1853) dit que les gens de Verneuil avaient représenté le roi ainsi armé en dérision de la garde de sergents à masses qu'il s'était donnée

Irritare probris mutam viventis ideam.
Sed[1] jam magniloquos fastus omnino repressit,
Vertice demisso regem veneranter honorans[2]
Francorumque jugum portans[3] cervice coacta;
490 Seque dolet mutilam muris et turre superba,
Quos rex stravit humi, sumpta dispendia passe
Discat ut hoc damno lingue compescere damnum.
Qui, postquam certus de proditione Johannis
Et gentis de nece sue fuit, obsidionem
Solvit, et, irarum stimulis agitatus, ad omne
Excidium partis adverse totus inardens,
Ebroicas primo sic incineravit, ut omnes
Cum domibus simul ecclesias consumpserit ignis.
Inde cremando domos, predando rura[4] Caletum
500 Intrat, et obsessis Richardum submovet Archis,
Quem fuga dum raperet, equites fera bella gerebant
Cum Francis, media se defendendo foresta.
In quo conflictu, Liecestricus ille Johannes[5]
Inclytus, egregiis mundo notissimus actis,
Mattheo totis Marlite viribus hastam
Impingit per utrumque femur; Mattheus et illum
Pectoris in medio ferrata cuspide pulsum[6]
Quamvis[7] unda fluat coxa ex utraque cruoris,

depuis qu'on lui avait écrit que Richard avait dessein de le faire assassiner. (Voy. Chron., § 65.)

1. *At* V.
2. *adhorans* V.
3. *portat* V.
4. *agros spoliando* V.
5. Le comte de Leicester s'appelait *Robert* et non *Jean*, comme Guillaume le Breton le dit à tort ici, ou *Guillaume*, comme il le dit dans sa Chronique (§ 72) d'après Rigord (§ 97).
6. *pulsat* V.
7. *Et licet* V.

Corporis immensi signare charactere terram,
510 Atque ipsum cogit superatum vincla subire.
Sed nec Francigene reliqui sine laude recedunt,
Dum claros actis viginti quinque quirites,
Innumerosque ligant alios, pluresque trucidant.
Haud procul hinc portus fama celeberrimus
Villa potens opibus florebat nomine Deppe[1]. [atque
Hanc primum Franci sub eodem tempore gazis
Omnibus exspoliant, spoliatam denuo totam
In cinerem redigunt; et sic ditatus abivit
Cetus ovans, quod tot villa non esse vel urbe
520 Divitias aut tam pretiosas diceret usquam.
Inde revertentes, posito Richardus in arcto
Cujusdam nemoris egressu milite multo
Cum famulis levibus, loca nactus commoda fraudi,
Damnificavit eos, et multos[2] cepit eorum
Agminis extremi spoliis rebusque gravatos[3].
Dehinc Bellum montem celer in sua jura redu-
Bituriam subiit. Sequitur pernicibus alis [cens,
Karolides ipsum : quem cum sentiret adesse
Anglicus, insidias iterum molitur eidem.
530 Est inter Fractam Vallem Blesenseque castrum
Non multum celebri Belfogia nomine vicus,
Perplexus lucis et vallibus horridus atris.
Quo dum[4] forte suis rex cum baronibus esset,
Mane fere medio prandens, nihilominus ibant

1. *Deppa* V.
2. *plures* V.
3. Guillaume a entremêlé ici des faits qui se passèrent à diverses époques : le siège de Verneuil eut lieu en 1194, ainsi que la prise du comte de Leicester, tandis que le ravage du pays de Caux et l'incendie de Dieppe ne se placent qu'en 1195. (Chron., 72 et 79.)
4. *cum* V.

Agmina cum bigis et equis portantibus arma,
Vasaque, resque alias castrorum quas petit usus.
Emicat e latebris subito rex Anglus; inerme
De facili vulgus oneratum rebus et escis
Dissipat, occidit, abducit, plaustra reducit,
540 Sarcinulas et equos, cophinos et vasa culine
Mensarumque, quibus argenti splendor[1] et auri
Vasis pre reliquis pretium pretiosius[2] addit.
Nec parcit raptor nummis quibus arcta tumebant
Dolia, nec saccis quibus ornamenta latebant,
Scripta tributorum fiscique cyrographa; nec non
Cum reliquis rapitur rebus regale sigillum;
Tantaque passus ibi rex est dispendia, vicum
Ut vere dicas a bello et fraude vocatum[3].

Necdum prima quies epulis[4], clamatur ad arma :
550 Arma viri rapiunt mixtim; non curat an ejus,
An socii, sint arma quibus se quilibet armat;
Arma sibi capiunt que proxima carpere possunt.
Sed jam se spoliis predo predaque potitus
Sparserat in lucos prudens, vallesque remotas,
Qua rex non poterat armatas ducere vires[5].
Qui simul aspexit hostes non esse sequendos,
Ceptum pergit iter, amissaque cuncta novari

1. *fulgor* V.
2. *speciosius* V.
3. Le poète croit trouver dans le nom *Belfogia* les mots *bellum* et *fogia*. Ce dernier, qu'il traduit par *fraus*, semblerait avoir le sens de *tromperie; fouger*, en ancien français, signifiait *tromper, séduire*. (Voy. Du Cange au mot *Fuginare*.)
4. Les anciennes éditions portent à tort *populis*, tandis qu'on trouve *epulis* dans tous les mss., ce qui s'accorde d'ailleurs avec le vers 534.
5. Chron., § 74.

Imperat, et cura majore novata tueri ;
Qui sibi pro rebus amissis vel meliora,
560 Aut eque pretiosa quidem, reparare valebat
De facili ; sed scripta quibus prenosse dabatur
Quid deberetur fisco, que, quanta tributa,
Nomine quid census, que vectigalia, quantum
Quisque teneretur feodali solvere jure,
Qui sint exempti, vel quos angaria damnet,
Qui sint vel glebe servi, vel conditionis[1],
Quove manumissus patrono jure ligetur,
Non nisi cum summo poterit[2] rescire labore.
    Prefuit huic operi Galterus junior[3] ; ille
570 Hoc grave sumpsit onus in se, qui cuncta reduxit
Ingenio naturali sensusque vigore
In solitum rectumque statum, prestructus ab illo
Esdram qui docuit reparare volumina Legis
Atque Prophetarum, Psalmos, itidemque libellos
Et Testamenti simul omnia scripta prioris,
Que cuncta impietas olim Chaldea cremarat,
Urbs quando sancta est a principe capta Cocorum[4],
Rege sub Assyrio, qui regem lumine cassum
Cum captivato populo tulit in Babylonem ;
580 Cui laxativus inter convivia potus
Fraude datus, stomachum laxans[5] ignominiose,

1. Le vers 566 manque dans V.
2. *potuit* V.
3. Nous n'avons plus le registre original de Gautier le Chambrier dit le Jeune ; mais, d'après les savantes conjectures de M. Delisle, une partie du cartulaire de Ph. Aug., aujourd'hui conservée au Vatican (Ottoboni, 2796), doit être probablement empruntée à ce recueil. (Voy. *Cat.*, introduction, p. ix, et le rapport de M. Tuetey inséré dans les *Arch. des Missions,* 3e série, t. VI.)
4. Nabuzardam, *Reg.*, IV, 25, viii.
5. *laxans* manque dans P.

LIBER IV.

Meroris facta est mortisque in carcere causa.
   Domni Martini comes interea Reginaldus,
Boloniam toto comitissam cum comitatu
Cui rex addiderat, et Balduinus, honoris
Jure palatini clarus, proavisque superbus,
Helisabeth frater regine, Hennavius atque
Flandricus archicomes, Francorum rege relicto,
Regis ad Anglorum partes jam transtulerant se[1].
590 Multi preterea barones, ejus amici
Occulte facti, tecta illi mente favebant,
Qui magnos sibi quosque viros in amore ligabat,
Cordaque Francigenum sibi venabatur avara
Muneribus crebris promissorumque lepore,
Argentum dum largus eis dispergit et aurum,
Ornamenta, cibos, exennia, predia, villas[2].
Sed non Barrensem potuit corrumpere donis.
   Contigit haud multo decurso tempore post hec[3],
Virgo Dei mater, que verbo se docet et re
600 Carnoti dominam, laudabiliore paratu
Ecclesiam reparare volens specialiter ipsi
Quam dicat ipsa sibi[4], mirando provida casu

---

1. Chron., § 88.
2. Voy. Rigord, p. 137, note 3.
3. En réalité, l'incendie de Notre-Dame de Chartres eut lieu en 1194, c'est-à-dire trois ans avant les événements précédemment racontés. (Voy. Rigord, § 98.)
4. Guillaume a dû connaître le texte latin des *Miracles de N.-D. de Chartres,* récemment retrouvé à la bibliothèque du Vatican et publié par M. A. Thomas dans la *Bibliothèque de l'École des chartes* (1881, tome XLII). Il suffit pour s'en convaincre de rapprocher des cinq derniers vers les deux passages suivants :
« ..... perpetua virgo Maria, que se urbis et ecclesie dominam
« Carnotensis multis pridem miraculis quibusdam fidelibus visi-
« biliter apparendo et colloquendo fuerat protestata..... » (*Miracles,*

Vulcano furere ad libitum permisit in illam,
Ut medicina foret presens exustio morbi
Quo Domini domus illa situ languebat inerti,
Et causam fabrice daret illa ruina future,
Cui toto par nulla hodie splendescit in orbe;
Que [1], lapide exciso surgens nova, corpore[2] toto
Sub testudineo jam consummata decore,
610 Judicii nihil usque diem timet igne noceri;
Multorumque salus illo provenit ab igne,
Quorum subsidiis operis renovatio facta est[3].
Hostis enim generis humani semper iniquus[4],
Semper amat damnis superaddere damna, nec
　　　　　　　　　　　　　　　　　　　[unquam
Velle bonum vel amare potest[5]; mala non tamen
Irrogat ipse, nisi Domino permissus ab ipso; [ulla
Sicque agit, ut facto semper delinquat in omni.
Et tamen ex ejus Deus actibus utilitates
Prospicit humanas, et vel peccamina punit,
620 Aut hominum reprimit a fastu corda superbo,
Justificetur adhuc presenti ut verbere justus,
Et sordens sordescat adhuc examine justo.
Firmat enim justum morum patientia custos,
Obstinat injustum vitiis implexa voluntas;
Sicque fit, ut facto bonus et malus hostis eodem

p. 509.) — « ..... beata Dei genitrix novam et incomparabilem « ecclesiam sibi volens fabricari ad facienda ibidem miracula... » (*Miracles*, p. 600-601.) Voy. aussi plus bas livre VIII, vers 194, note.

1. *Et* V.
2. *corpora* V.
3. Chron., § 73.
4. *iniqui* V.
5. *potum* V.

Nobis proficiat, sibi dum nocet ipse suisque;
Non quia simpliciter bonus aut velit aut queat esse,
Sed quod sit malus ipse bonis occasio nostris.
Sic mala Judeis, nobis bona passio Christi,
630 In vitam nobis, in mortem transiit illis;
Ejusdem rei que tam fuit utilis orbi
Passio nos salvat, Judeos actio damnat,
Eternoque Patri placet hec, dum displicet illa.

Et quia jam nostrum reddit tam durus anhelum
Callis equum, breviter hic respirare sinatur,
Ut levius requiem post quartam currere possit.

CATHALOGUS MATERIE QUINTI LIBRI.

*Quintus habet strages et particularia bella.
Rodolia de Valle fugat rex obsidionem,
In triduo properanter agens iter octo dierum.
Richardus Britones, capto Virsone, molestat;
Arturum patruo tamen illi reddere nolunt*[1].
*Dangutum vertit, simul Albumarumque, Philippus;
Ipsius unde volens Richardus castra levare,
Vincitur, inque genu telo Gaillone feritur,
Nemurci comitem capiunt; tria millia Franci
Vallorum obtruncant*[2]. *Belvaci presule capto,
Richardus*[3] *voluit subito retinere Philippum,
Milite cum raro Curcellis forte meantem;
Quo nimis indignans filum illius Atropos occat.*

INCIPIT QUINTUS LIBER.

Interea sterili comes obsidione Johannes
Vallem Rodolii sub jura reducere fratris
Tentabat, cum quo David comes, Eboracensis
Presul[4], Hirundelle dominus, verbosa superbe
Rotomagi multitudo, sicereque tumentis

---

1. Ce vers manque dans V.
2. *objurgant* L P.
3. *Richardus presule capto Belvaci* V.
4. Geoffroi, fils naturel de Henri II.

Algia potatrix, Lexovea fontis egena,
Que pro fonte maras gaudet potare lutosas,
In quibus a tergo bufoni bufo coheret,
Cum nevis sparso subicit se rana marito,
10 Frumentique parens Velgis, durique Caletes,
Oximiique sitos sterili se colle gementes;
Isti cum multis aliis communiter omnes
Unanimi voto castrum expugnare volebant[1].

    Sed jam cum populo miles convenerat omnis,
Proxima quot poterant loca mittere[2] Francigena-
Audure ripis metati castra nitentis;   [rum
Ad quos Biturica rex festinavit ab urbe.
In triduo (mirum!) complens iter octo dierum,
Nec descendit equo, nec membra quiete refecit
20 Vel modica; sudore fluens et pulvere sparsus
Sicut erat, transit Audure per vada primus.
Nec mora detinuit Francos, quin protinus ipsi
Contigui solita levitate ferantur in hostem
Jam perturbatum, nec jam sua turpe putantem
Ignave dare terga fuge, nemorisque propinqui
Lustra subire magis quam se defendere pugna[3].
Diffugiunt equites projectis eminus armis,
Ut levius fugiant; pedites capiuntur, ubi se
Victori cursu nequeunt auferre pedestri[4].
30   Bituricis iterum cum rex in finibus esset,
Obsedit simili Bruerollas sorte Johannes,
Turpiter indigene quem soli exinde fugarunt.
    Ad regis cursum redeo, quem more gigantis

---

1. *oppugnare laborant* V.
2. *Mittere quot poterant loca proxima* V.
3. *promptum* V.
4. Chron., § 74.

Octo tribus complere dies potuisse stupesco.
Et quis non stupeat ipsum cum cetibus, armis
Munitum, penna quasi remige, non pede vectum,
Tempore tam modico tot continuasse dietas?
Quis pede pennato cursorius aut peregrinus,
In patriam voto cupiens remeare peracto,
40 Se jactare potest aliquando millia centum
Quadraginta[1], tribus ita perrexisse diebus?
Non tanto post Narbazanem Bessumque refertur
Magnus Alexander olim properasse volatu,
Festinant Dario dum Bactra subire perempto.
Talis Parisios memoratur adisse diei
Unius spatio Senonensi Cesar ab urbe,
Quando, Romanis ejectis, Camulogenum
Parisii regem sibi presumpsere creare,
Illis Rotomago quem Neustria miserat urbe;
50 Quare obsessa fuit et capta Lutetia rursum[2].
Postea rex iterum Richardus, rexque Philippus,
Haud procul a Bituris stabant pugnare parati.
Verum Richardus animum revocavit ab armis,
Solo se monitore fruens, et tactus ab illo
In cujus sunt corda manu, viresque potentum,
Seque sui libito domini submisit, ad omne
Ipsius imperium penitus parere paratus.
Sacramenta novat fidei, dominoque fidelem
Se fore jurat idem sub amica pace[3]. Sed infra
60 Temporis articulum pacem revocavit eamdem;
Quam quoniam facto violare nequibat aperto,

---

1. *Quinquaginta* V.
2. Le vers 50 manque dans V.
3. Chron., § 82.

LIBER V.

Fame garrulium formidans, si manifesta[1]
Existat domino sine causa fronte rebellis,
Occulte fieri procurat quod manifesto
Non audet bello, faciens in canone[2] fraudem;
Et sic bellorum causam movet arte latenti,
Cogatur primus ut bella movere Philippus,
Prestet et[3] imposte quasi jus injuria menti,
Quo sibi sit licitum jam mota repellere bella[4].
70 Flumine Sequanio portus qui Gaudia Portans
Nomen habet, transfert in Velgica rura meantes,
Et qui Rodoliam festinant pergere Vallem.
Insula flumen ibi gemino discriminat alveo,
Fluminis in medio terre communis utrique.
Rex ibi Richardus celsam cum menibus arcem
Edificat contra jurate federa pacis[5] ;   [ille[6]
Cumque Philippus eum super hoc reprehenderet,

1. Les quatre vers précédents (59 à 63) sont remplacés dans V par les cinq vers que voici :

Se fore, nec pacis hanc amicam rumpere formam
Jurat item, redit ad solitos concordia cursus
Paulatimque viget in eis dilectio prima ;
Quamque Ricardus violare nequibat aperte
Formidans fame dispendia, si manifesta........

2. Ce mot, qui a, comme en grec, le sens général de règle, désigne plus particulièrement ici les conventions conclues entre Philippe et Richard.

3. *ut* V.

4. Guillaume de Newbury parle du désir qu'avaient les deux rois de rompre cette paix, et met, comme Guillaume le Breton, la rupture sur le compte de Richard : « Irritandi regis Franco« rum ut pacem infringeret ex ipsa ut dicitur prescripte pacis « formule occasionem artemque invenit. » (D. Brial, XVIII, p. 53 A.)

5. Chron., § 111.

6. *ipse* V.

Excusabat se cauto fallaciter astu,
Dum facit ut lateat injuria juris in umbra,
80 Seque cavillosa deceptio palliet arte[1].
Sed quamvis regi de fraude liqueret aperta,
Non tamen hec animum res ejus movit ad arma.
Perstat, seque alias Richardus vertit ad artes :
Provocat in causam dominum Virsonis eumque,
Ordine perverso judex effectus et actor,
Convenit injusta coram se lite, super re
Ad regis de jure forum[2] spectante Philippi.
Non tulit indignans animi vir fortis, et usque
Parisius veniens regi movet inde querelam.
90 Quam foret ante tamen ad propria rura reversus,
Omne quod ejus erat subito Richardus adorsus,
Virsonum totum spoliat, capit, ipsius[3] omnes
Destruit igne domos, predas abducit opimas[4].
 Proh dolor ! eximii castrum splendoris, abun-
             [dans
Omnibus ad castri faciunt quecumque decorem,
In nihilum redigit dolus improvisus, et hostis
Necdum suspectus, nondum de jure timendus ;
Quo non fertilius, quo non speciosius ullum

---

1. Ici on trouve dans V les six vers suivants qui contiennent les arguments que Richard faisait valoir pour sa défense :
Allegabat vel proprio id sibi jure licere
Cum locus ille foret terre vicinior ejus ;
Et tunc animis erat ambobus et insula limes,
Unde nec alterutri fuit appropriandus eorum
Limes vel neutras in partes cedere debet,
Perscribique nequit quin sit communis utrique.
2. *foro* L P.
3. *in prius* V.
4. Chron., § 86. Ceci est beaucoup plus détaillé.

LIBER V.

Biturigum fines modo perlustrabat apricos.
100 Hinc etenim dextrum Sigalonica plana serenant
Frugifero jocunda solo; latus inde sinistrum
Lene fluens per prata virentia Carus amenat,
Arboribus cultisque placens, patiensque carine,
Piscibus et multis juvat utilitatibus ipsum.

Rex ubi cognovit quam sepius antea fraudem
Expertus fuerat, missis qui Bituricana
Oppida munirent famulis et milite multo,
Richardus simili ne fraude preoccupet illa,
Dangutum multis legionibus obsidet; unde
110 Cum Richardus eum conatus sepe fuisset
Pellere, nec posset, Auduram transit, et ecce
Jam Nonancuram[1] Nicolaus munere captus
Tradit ei, domus Urfinum[2], pauperrima villa
Cui fuerat; qui cum sensisset quam scelerosa
Factio sit fidei commissum sic violare,
Castellumque sui domini sic prodere, Templi
Suscipiens habitum Syrias aufugit in oras.

Sed rex, Danguto capto prius, impiger illuc
Tendit, et in fisci castellum jura reducit[3];
120 Et quos Richardus illic dimiserat, omnes
Clausit compedibus vinctos in turre Medonte,
Quos Gascelinus servabat, vir probitate

---

1. *Jam novam circum* L P.
2. « Locus insanabilis absque melioris notæ codice » dit D. Brial, qui a d'ailleurs fort mal ponctué ce passage. Barth, plus clairvoyant, avait compris qu'*Urfinum* devait désigner le pays d'origine du gouverneur de Nonancourt. Il s'agit en effet d'Orphin (Seine-et-Oise, arr. de Rambouillet, cant. de Dourdan).
3. La *Chron.* (§ 86) ne donne ni le nom ni le sort ultérieur du gouverneur de Nonancourt. — D'après Roger de Hoveden (IV, 20), la prise de Dangu n'aurait eu lieu qu'en 1197.

Splendidus, armorum studiosus, fortis et audax,
Dapsilis, et super afflictos pia viscera gestans.
Is dum prestat eis et potum largus et esum ¹,
Sepius in² mensa patiens discumbere secum,
Incautus sibimet, medio dum potat eorum³,
Occidit a Sathane membris occisus, in ipso
Quo bibit articulo, cultro sub corde recepto;
130 Conceptaque diu sic proditione patrata,
Occulta dudum limatis fraude catenis,
Ostia recludunt, graduumque per ardua passu
Declivi ad terram descendunt, turre relicta.
Cumque, tenebrose fisi caliginis umbra,
Jam per posticos fugere in diversa pararent,
Per totum subito castrum turbore levato,
Concurrunt cives, valvas trepidantibus⁴ obdunt,
Et mox pene omnes capiunt, qui, mane sequenti,
Vultibus erectis sursum tollente gibeto,
140 Digna Jovi fiunt oblatio, jure levati
A tellure procul, nec celi in sede recepti,
Cum neutro recipi mereantur utrique perosi⁵,
Quos in se occillare sinit vix pendulus aer.
Pena minor merito, si tanto sola daretur
Pena hec flagitio; verum magis illa timenda est
Exutos que carne manet punitio manes.
  Richardus vero Britones invasit, eosque
Cladibus⁶ affecit miserandis, castraque plura
Evertit, pagos male depopulatus et urbes,

---

1. *escam* V.
2. *ad* V.
3. Le vers 127 manque dans V.
4. *crepitantibus* L P.
5. Le vers 142 manque dans V.
6. *claudibus* L P.

150 Nec pueris parcens nec adultis; quinetiam ipso
Quo veneranda die celebratur passio Christi,
Multos occidit gladio, multosque coegit,
Mortis inaudito molimine sevus, obire
Ignibus et fumo, caveas et viscera terre
Ingressos[1], mortis formidine, que fugientes
Consequitur quocumque loco, quocumque recessu.
Non tamen a regis Britones ditione Philippi
Francorumque fide tanta feritate retraxit;
Sed nec eos induxit ad hoc ut reddere vellent
160 Arturum patruo, pro quo mala tanta ferebant,
Quem Guidenocus Venetensis episcopus illo
Tempore servabat puerum, regique Philippo
Postea restituit sanum, qui cum Ludovico
Parisia puero puer est educatus in aula,
Indemnisque annos plures exegit ibidem[2];
Sed periit, patruo simul ejus copia facta est,
Tutus ab externis, manibus truncatus amici[3].

Nec mora, Richardus Britonum de finibus exit,
Atque catervatim comitantibus undique signis
170 Per Baiocarum[4] Iolicta, per arva Caletum,
Preter Bellovagum propero rapit agmina cursu,
Jactans se regi confligere velle Philippo,
Si non confestim discedat ab obsidione
Qua sex hebdomadas consederat Albimarensis
Castelli muros scopulis et colle locatos.
Eligit ergo bonis de militibus meliores,

1. *Dum subeunt* V.
2. Le vers 165 manque dans V.
3. Sur cette expédition de Richard en Bretagne pendant l'année 1196, voy. R. de Hoveden (IV, 7); Gervais de Cantorbéry (I, 532), et Guillaume de Newbury (D. Brial, XVIII, 56ᴀ).
4. *Barocarum* P.

De quorum mage fisus erat virtute fideque,
Ut secum veniant irrumpere[1] castra repente.
Inter quos specialis erat fortissimus armis
180 Guido Thoarcites, Britonum dux post breve tem-
Qui fuit, Arturi sumpto cum matre ducatu ; [pus
Cum quibus Hugo venit Brunus Lisinanicus heros,
Et cum militibus Guillelmus Malleo multis.

  Rex ita Richardus belli fervore calescens,
Talibus auxiliis dum vincere cogitat omnes,
Usque sub ipsa gradu prorumpit castra citato.
Cujus in occursum non segnius evolat extra
Castra comes Simon[2], baro Barrensis[3], Alanus
Brito Dinanites, solum cui nuper avitum
190 Richardi injuste abstulerat[4] violentia regis ;
Cum quibus electi juvenum, quibus ardua virtus,
Et bellis assueta manus, nil esse timendum
Dictitat, ac urget, tendant ut in ardua semper,
Quos simul aspexit leo fortis[5] adesse furore
Indomito, novitque viros per signa virorum ;
Qualiter in tauros Libyci furit ira leonis,
Quos videt elatis in pascua[6] cornibus ire,
Agmine conserto sese defendere promptos,
Nec dare terga fuge, nec eos tamen audet adire,
200 Dum non presumit quod ei victoria cedat ;
Haud secus obstupuit rex nobilis hoste propinquo,
Dum nec eos audet invadere, nec tamen illum
Nobilitas animi permittit abire retrorsum ;

---

1. *Ut secum irrumpant regalia* V.
2. Simon de Montfort.
3. Guillaume des Barres.
4. *Ejusdem injuste tulerat* V.
5. *Richardus* V.
6. *Quos videt in pascua erectis* V.

Illud honore caret, sed plus habet utilitatis ;
Utilitate vacat[1] istud, precellit honore.
Utile postposuit demum rex fortis honori,
Quem retinere studet quantum licet. Impiger ergo,
Cuspide demissa, mannum calcaribus urget,
Congrediturque viris alacri levitate, virique
210 Congrediuntur ei ; pugnatur utrimque vicissim,
Hastas confringunt, hebetantque frequentibus
Ictibus, et nudis[2] agitur res dira cutellis. [enses
More suo Barrensis eques desevit in hostes[3] ;
Dum facit ense viam qua regem possit adire,
Dum regi conferre manum desiderat ipsi,
Tres equites prosternit equis, nec curat eosdem
Cogere vincla pati, dum plures sternere tendit[4].
   Interea comitis nec dextera Simonis alget,
Nec reliqui proceres pugnant virtute minori ;
220 Nec Pictava manus minor est probitate, minusve
Laudis agunt ; feriunt hostem, feriuntur ab hoste ;
Sternunt, sternuntur ; capiunt, capiuntur et ipsi.
In dubio est nec scitur utra victoria parte
Stare velit, cui propitium fortuna favorem
Prebeat ; eventu dubio pars utraque pugnat,
Donec rex inter tot millia vidit Alanum,
Cassida qui medio reparans in limine[5] lapsam,
Stabat agro ; quem cum novisset, ab agmine denso
Exit, et erecta plano se contulit hasta,
230 Festinatque viro rapido se jungere cursu.

1. *caret* V.
2. *duris* V.
3. *illos* V.
4. Les vers 216-217 manquent dans V.
5. *lumina* V.

Nec minus, ut regem conspexit Brito venire,
Se parili voto collidere gaudet[1] eidem.
Lancea sed regis clypeo quassata forato
Frangitur, et voto regis[2] parere recusat.
Nec regis clypeum Britonis forat hasta; sed ultra
Dissiliens abiit, mannique[3] sub ilibus acta,
Inter utrumque femur, preacuta cuspide caude
Juncturam rumpens, ibi demum fracta quievit.
Rex quadrupesque cadunt; sed mira rex levitate
240 Surgit, et aptat equo citius spe membra novato.
Et jam terga fuge mandabant agmina turpi,
Rex quoque non poterat tantos sufferre furores.
In primus capitur Britonum dux Guido futurus
Cum multis aliis. Franci fugientibus instant;
Nudatur campus; fugientes cara relinquunt
Pignora, ter denos equites aliosque minores
Quinquaginta viros. Ast toto Francigenarum
Ex numero nullum tetigit vel captio vel mors.
Gaudia pro tanto Franci per castra triumpho
250 Exercere student, expugnatumque diebus
Quadraginta novem; captum vix denique castrum
Funditus evertunt, vix ut vestigia restent[4].
Rex Richardus abit tristis, nimiumque tumenti
Corde ferens equitum dispendia tanta suorum,
Seque fuga campum turpi nudasse, nec ullum
De tot Francigenis dubii in certamine martis
Vel donasse neci, vel saltem ducere captum[5].

1. *tendit* V.
2. *et domini voto* V.
3. *manuque* P.
4. Ces événements se passèrent en juillet 1196, car Philippe-Auguste était à Aumale à cette époque. (*Cat.*, 502.)
5. Chron., § 86.

Nec multo post hec, Gaillonis cingere muros
Obsidione volens[1], ibat prope menia castri,
260 Explorando vias quibus ascensu leviori[2],
Difficilique minus, arcem penetrare valeret.
Quem dominus castri summa de turre Cadocus
Intuitus, jaculum balista misit ab arcu,
Perque genu regis in equi latus impulit ictum.
Vertitur in gyrum quadrupes, dominumque suo-
Vix tulit ad cetum lethali cuspide Iesus, [rum
Gaillonis domino, vivat modo, multa minantem.
Qui, cum post mensem medicamine plaga potenti
Et docta resecante manu sanata fuisset,
270 Fortior et multo solito[3] indignantior iras
Suscitat, et frendens sitit arma vigore resumpto,
Ut coluber vetula[4] nudatus pelle, nitenti
Ad solem tergo dentes armare veneno
Perstat, et exspectat in quem sua spicula figat,
Quemve novi perimat primo livore veneni.

Protinus extremis[5] Anglorum finibus agmen
Wallorum immensum numero vocat, ut nemorosa
Per loca discurrant, ferroque ignique, furore
Innato, nostri vastent confinia regni.
280 Gens Wallensis habet hoc naturale per omnes
Indigenas primis proprium quod servat ab annis;
Pro domibus silvas, bellum pro pace frequentat,
Irasci facilis, agilis per devia cursu;
Nec soleis plantas, caligis nec crura gravatur,

1. *parans* V.
2. *breviori* V.
3. *Fortior et solito nimis* V.
4. *veteri* V. — *vetulus* L.
5. *externis* L P.

Frigus docta pati, nulli cessura labori.
Veste brevi, corpus nullis oneratur ab armis;
Nec munit thorace latus, nec casside frontem,
Sola gerens, hosti cedem quibus inferat, arma,
Clavam cum jaculo, venabula, gesa, bipennem,
290 Arcum cum pharetris, nodosaque tela vel hastam;
Assiduis gaudens predis, fusoque cruore,
Raro fit ut quis ibi subeat, nisi vulnere, mortem;
Si cui quis proprium sine cede obiisse parentem,
Improperare queat, summum putat esse pudorem.
Caseus et butyrum cum carnibus haud bene coctis
Deliciosa viris reputantur fercula magnis,
Arboris in fisse[1] trunco quas sepe prementes,
Sic etiam comedunt expresso sanguine tantum.
Hec vice sunt panis, pro vino lacteus humor[2].
300 Hi, nostros fines, aditus ubicumque patebant,
Predantes, inconsolabiliter cruciabant
Cum senibus juvenes, pariter cum prole parentes;
Quos ita constrinxit exercitus Andeliane[3]
Vallis in ingressu, turmis prudenter et ante
Et retro dispositis, quod eorum morte ruisse
Viderit una dies tria millia bisque ducentos[4].

Facta movent regem Richardum talia, nec se
Claudere corde potest gravis indignatio totam.
In sua tres vinctos ergastula forte tenebat
310 Francigenas, quos mox, audita strage suorum,

1. *fixe* L P.
2. Les principaux traits de cette description des mœurs galloises se retrouvent dans la *Descriptio Kambrie* de Giraud de Barri. (Ed. Dimock, VI, p. 179-207.)
3. *Ardeliane* L P.
4. Raoul de Dicet (II, 163) dit que cette défaite des Gallois eut lieu le jour de la Saint-Hippolyte (13 août).

Precipitans sevus alta de rupe deorsum
Littore Sequanio, muros ubi postea rupis
Gaillarde struxit, ferali turbine missos
Judicio nequam necuit nil tale merentes,
Ossibus et nervis toto cum corpore fractis.
Protinus[1] exoculat ter in ipso carcere quinos,
Monoculumque[2] ducem dat eis, ut sic regat illos
Francorum ad regem ; qui, justa concitus ira,
Anglos supplicio simili mulctavit eodem
320 Sub numero, tractosque simul de carcere regem,
Unius illorum duce conjuge, misit ad Anglum,
Atque alios scopulo tres precipitavit ab alto[3] ;
Ipsum Richardo ne quis[4] putet esse minorem
Viribus aut animo, vel[5] eumdem forte timere.
Providet his qui propter eum sunt exoculati,
Datque relevari quibus illi rebus egebant,
Ut sat eis sit quod ad vite competat usum[6].

Inde per irriguas valles vada transvadat Epte
Richardus, fines ingressus Bellovagenses,
330 Immensasque hominum predas pecorumque, per-
Pluribus, abducit. Presul ruit obvius illi [emptis
Belvaci, cum quo Guillelmus nobilis ille
Melloti dominus patriam defendere tentat ;

1. *Nec minus* V.
2. *Monachumque* V.
3. Roger de Hoveden (IV, 54) met sur le compte de Philippe-Auguste l'initiative de cette inutile cruauté.
4. *Richardo ne quis ipsum* V.
5. *sine* V.
6. Ces trois derniers vers sont ainsi rédigés dans V :
   Ast alios qui propter eum sunt exoculati,
   Omnibus exhibuit rebus quibuscunque petebat (sic)
   Assignans quicquid ad vitam competit illis.

Quos Marchaderi sic clausit rupta, quod ambo,
Dum patrie pugnant, capti vinctique catenis
Carcere multa diu clausi tormenta tulerunt.
Idem presul erat Roberti clara propago,
Qui Grossi fuerat Ludovici regia proles;
Et sic natus erat regi patruelis. At illum
340 Nil juvat ecclesie prelatio, nil sacer ordo,
Propria nil probitas, generis nil gloria tanti,
Quin inclusus uti minimus de plebe satelles
Carcere penali per multos squaleat annos[1].

Elapso post hec non multo tempore, frater
Flandrini comitis, et erat Nemurcius idem
Jure comes, patrio confinia Lensica multo
Milite dum lustrat, capitur, sociique bis octo
Qui comitabantur ipsum; quos regis amici,
Illas dum partes ex ejus parte tuentur,
350 Bello confectos compellunt vincla subire[2].

At rex Anglorum conceptam presule capto
Letitiam nec corde potest includere totam,
Atque suo pugnam domino committere toto
Corde sitit, quocumque velint se vertere fata[3].
Cujus cum mille et quingenti militis esset
Armati numerus, bellatorumque minorum
Millia dena quater, et Marchaderica rupta
Excedens numerum, certus de rege Philippo

---

1. Chron., § 94.
2. Chron., § 100.
3. Dans V, le vers 354 est remplacé par celui-ci :
   Corde tumens, animum stimulis majoribus augit...
à la suite duquel se trouvent répétés les vers 353 et 345 avec une légère variante :
   Atque suo pugnam domino committere prono
   Corde sitit, quocumque velint se vertere fata.

LIBER V.

Menia Gisorti quod solus pene petebat,
360 Juxta Curcellas galeato milite campos
Et valles implet, per Velgica rura cohortes
Ordinat armatas, pateat via ne qua Philippo,
Qua, quo tendebat, Gisortum possit adire.
Nescius ille doli, vel ubi rex Anglicus esset[1],
Cuncta Medunteno dimiserat agmina castro,
Nilque sibi metuens ducebat in agmine tantum
Quadraginta quater equites, centumque clientes.
Et jam transierant Curcellas, menia quarum
Fregerat, et dominum captum rex duxerat Anglus
370 Robertum, plaga crudeli in vertice cesum[2].
Ut videre viris coopertas undique valles
Armaque per campos solis duplicantia lucem,
Obstupuere nimis, nec erat via libera qua se
A dextris possent emittere, sive sinistris.
Rex tamen impavidus per iter quod ceperat, ibat ;
Quem Malevicinus per habenas cepit, et ipsum
Talibus alloquitur furiata mente, Manasses,
Consilio siquidem fortis, sed fortior armis :
« Quo ruis, o periture[3]? quibus jam possumus
380 « Auxilium prestare tibi? cur velle videris [armis
« Sponte tuos et te cecis involvere fatis !
« Qualiter hec tam pauca manus tot millibus ausit
« Pugnare, ut vitam saltem una protegat hora?
« Non tot Alexander Grecos in prelia duxit,

---

1. Après le vers 364, on trouve dans V un autre vers qui a disparu dans L et P :

   Vel tanto quod ei studio pugnare sitiret.

2. Richard avait pris Courcelles la veille (27 sept. 1198. — Roger de Hoveden, IV, 55).

3. *oportet* corrigé en marge en *operite* P.

« Non tot Athon[1] ratibus Xerxes transnasse puta-
« (Epotasse licet dicatur flumina prandens), [tur
« Quot nos exspectant. Numquid non cernis, ut
[omne
« Prepediatur iter? nec quo transire queamus
« Vallibus aut agris aditus patet. Ocius ergo,
390 « Dum licet et nondum nos undique circuit hostis,
« Frena retorquentes, loca nos in tuta feramus;
« Vel potius tu solus abi, nec te pudor ullus
« Detineat, dum nos pugnando resistimus hosti.
« Funeris est nostri facilis jactura, sed in te
« Totius posita est et spes et gloria regni;
« Te solo, nihil est timeat quod Francia, sano[2]. »
Plura locuturo nimia rex fervidus ira :
« Absit ut inceptum pro quolibet hoste relinquam,
« Dixit, iter, refugove gradu vestigia vertam!
400 « Nos via regalis Gisortum ducat oportet.
« Absit ut in[3] regno nos terreat advena nostro!
« Si nobis via, si campi vallesque negantur,
« Ut nunquam pateat aditus qui nos ferat extra[4],
« Ense viam faciat medios sibi quisque per hostes;
« Hoc duce perficiemus iter quod cepimus. Absit
« Ut fuga Francorum regi queat improperari!
« Virtus non numerum pensat, sed corda viro-
[rum. »
Dixit, et egregia medium probitate per agmen
Prosilit, unanimes parili levitate feruntur[5]

1. *Achon* L P.
2. *salvo* V.
3. *in* omis dans P.
4. *ultra* V.
5. *sequuntur* V.

410 Francigene quasi vir unus; mucrone corusco
　　Dilatat sibi quisque viam, nec multa morati,
　　Pugnando regem statuunt in plana, fugatis
　　Hostibus et stratis quampluribus atque peremptis,
　　Ut modo promisit, recto se calle ferentem;
　　Qui dum illesus[1] abit, furit[2] improbus hostis, et
　　Mente dolet quod eis ita victis victor abiret. [egra
　　　　Interea pugnant France decora inclyta gentis,
　　Damnificantque[3] hostes rubricantque cruoribus
　　　　　　　　　　　　　　　　　　　　　　[herbas;
　　Et dum non possunt tot millia vincere pauci,
420 Ut de fallaci fortune fidere vultu
　　Presumant quandoque minus, pars major eorum
　　Cedere dum nescit, dum vinci nescia pugnam
　　Incessanter agit, capti retinentur ab hoste[4];
　　Marlicius capitur Mattheus cumque Philippo
　　Nantholide Petrus cui Sus cognomen habetur;
　　Et Galterus erat Porte qui nomine notus,
　　Ac alii proceres, bello preclara juventus,
　　Nonaginta duo, quos ordo decorat equestris,
　　Egregii generis omnes et nominis alti.
430 Pons quoque Gisorti, quo ferrea porta subitur,
　　Dum tot ferre nequit cursu properante meantes,
　　Frangitur, et secum plures in flumine fundit.
　　At regis sonipes medium cum rege per amnem[5]

---

1. *indempnis* V.
2. *fugit* L P.
3. *dejiciuntque* V.
4. Le vers 423 est remplacé dans V par les deux vers suivants :
　　Incessanter agit, dum terga ostendere summum
　　Dedecus esse putat, capti retinentur ab hoste;
　　. . . . .
5. *alveum* V.

Indemnis ripam se vexit in[1] ulteriorem;
Sicque fit ex numero quod rex non perdidit omni
Quemquam vel fluvio[2] mersum, campove peremp-
Rex vero Anglorum, cum nonaginta duobus [tum.
Militibus captis victor sibi visus, abacto
Gaillardum petiit[3] primi jam tempore somni,
440 Letus et exsultans, vix gaudia tanta receptans[4].
    Proh! quam gnara nihil mens est humana futuri!
Quam cecos semper[5] oculos habet, ut sibi nun-
                                    [quam
Preteritos memoret casus, metuatve futuros,
Nil ventura cavens, tantum presentia curans!
Hec cedet, Richarde, tibi victoria damno,
Inque brevi fiet quod eam gessisse, tuoque
Te domino quocumque modo pugnasse, pigebit,
Cui tua te docuit nunquam confligere mater,
Sed domino deferre tuo reverenter honorem;
450 Cum tibi quadrello medium per corporis acto
Mors erit in foribus, dum te nec Passio Christi
Nec Quadragene cohibent sacra tempora bellis,
Tale suo munus Aquitania servat alumno[6].
Hac tibi morte Calax[7] tuus est homicida futurus.
Quid temere gaudes? quid te victore superbis?
Stulte, quid exsultas? quid te sic vexat[8] inanis
Gloria? letitia presenti rumperis, et quid

---

1. *ad* V.
2. *Quemquam in fluvio* L. — *In fluvio quemquam* P.
3. *subiit* V.
4. Chron., § 93.
5. *semper* omis dans L et P.
6. Le vers 453 manque dans V.
7. Chalus (Haute-Vienne, arr. de Saint-Yrieix).
8. *inflat* V.

Crastina sit latura tibi non respicis hora,
Aut quo fine queant presentia gaudia claudi,
460 Gloria quam fallax, quam sors humana vacillans.
Rerum metitur fines prudentia. Cur non
Gratus agis grates Domino? cur das tibi soli
Que[1] dedit illius tibi permissiva voluntas?
Insanis si tale tibi contingere semper
Posse putas, nec se presens status amodo mutet,
Tamquam stare velit passu fortuna tenaci.
An nescis domine mores? quos tollit in altum,
Absque mora casu graviore reducit ad imum.
Semper agit pre se lapsum sors leta latentem;
470 Exaltatur enim cordis tumor ante ruinam
Que premit incautos, improvisoque cadentes
Supplicio affigit, quod homo de jure meretur,
Dum parit ipse sibi propriis[2] incommoda factis;
Ut qui presumit de se, qui noluit esse
In culpa sapiens, in pena[3] denique discat
Quam se debuerit humilem prestare triumphans.
Tunc equidem[4] magis est reprimenda superbia
[semper,
'Quando Dei nobis miseratio subicit hostem,
Quando dat immeritis mundi labentis honores,
480 Ne dantis donum simul amittamus, et ipsum
Qui nobis solus hec omnia donat et aufert.
Rex, cui te jactas temere incussisse timorem,
Quem vicisse putas, potius te vincit, et ipse
Per medias acies ipsum retinere volentes

1. *quod* L.
2. *Ipse sibi propriis parens* V.
3. *penis* V.
4. *etenim* V.

Dum facit ense viam, confundens teque tuosque,
De te deque tuis invicto marte triumphat,
Et vere multos sibi plus acquirit honores
Evacuando tuas, tam raro milite, vires,
Quam tu cum multis paucos retinendo quirites.
490 Illius est igitur, jam non tuus, iste triumphus.
    Temporis haud multum post hec effluxerat, et
Post Quadragene medium veneranda fideli [jam
Prebebat celebrem populo se Passio Christi,
Lemovica regione procul, mirabile factum
Contigit : in Calacis patria, dum vomere quidam
Rusticus, imperio domini cui nomen Achardus[1],
Sulcat humum, viciam miliumve saturus in illa,
Census absconsos in arato repperit agro
Inventosque suo domino detexit ; at ille
500 Sustulit inde latens paucis sub testibus aurum,
Ut perhibent qui rebus amant mendaciter uti.
Cognita Richardo res preconante fit ista
Garrulio fame, que magna minoribus addit,
Et gaudet miscere loquax mendacia veris.
Dulciloquo fame garritu letus, omissis
Omnibus, huic opere nisus accommodat omnes,
Ut quocumque modo, vel vi, vel amore, repertum
Reddere thesaurum sibi compellatur Achardus.
Primo scribit ei, nec proficit ; ergo cohortes
510 Concitat, et Calacis se menibus applicat armis
Horridus, atque[2] minis confundere cuncta para-
Ni sibi suspectum mox ille refuderit aurum. [tus[3]

---

1. Guillaume Guiart nous donne le nom de ce seigneur : il s'appelait Achard de la Boissière. (*Branche des royaux lignages*, v. 2601.)
2. *et* L.
3. *minatus* L P.

Supplicat, et sacris treugas petit ille diebus,
Transierint saltem donec solemnia Pasche ;
Criminis immunem se protestatur, et ejus
Ignarum facti quod rex imponit eidem ;
Se quoque promittit passurum mente benigna
Quicquid eis super his Francorum curia dicet[1],
Que regni proceres distringere debet et ipsum.
520 Rex, magis inde furens, surdescit ad omne quod
Proponit verbum ; non attendit rationes, [ille
Non jus, non equum : quod ei placet, hoc sibi
[rectum
Judicat, et toto nisu instat prendere castrum.
Jam pars murorum ruerat quammaxima ; turris
Ipsa labat, nec habet quo se defendat Achardus.
Est ubi dat vires sibi desperatio, quod fit
Quando premit miseros fortuna miserrima rerum,
Quando fit ut nequeant jam deteriora timeri.
Sex equites pugnant in turre, novemque clientes,
530 Qui certant totis defendere viribus arcem ;
Quoque minus se posse vident evadere mortem,
Hoc magis audaces morti pugnando resistunt ;
Nec timor ullus adest ubi spes est nulla salutis.
Pro jaculis tabulata, trabes et fragmina turris
(Missile quando manus aliud non invenit ullum)
Certatim jaciunt, nec cessant multiplicatis
Jactibus hostilis numerum attenuare cohortis.
 Atropos interea Clothon Lachesimque sorores
Talibus alloquitur : « Quid tantum, Clotho, mi-
[nistras
540 « Unde neat Lachesis Richardi regis ad usum ?

----

1. *dictet* V.

« Quid juvat immerito tantum impendisse laborem?
« Quem nimis, ut video, patientia nostra superbum
« Efficit, et nobis reddunt bona nostra rebellem?
« Munere qui nostro nimium presumit abuti, [tas
« Tamquam victurus semper, nunquamque potes-
« Sit mihi, quando velim, quod nectis rumpere
[filum ;
« Qui sacros violare dies tempusque beatum
« Quod Pater altitonans, qui nos dedit ipse minis-
« Esse suas, proprii sacravit sanguine Nati, [tras
550 « Audet avaritia nimiaque cupidine ductus ;
« Qui domino percussa suo tot federa rupit, [des
« Quem voluit nuper comprendere. Transeo frau-
« Partibus in Syrie gestas, regnoque Panormi ;
« Transeo nature violato jure querelas. [vocem?
« Que te, Clotho, movent ad nostram murmura
« Cum sis nil aliud nisi vis qua Summus ad esse
« Tempore queque suo pater evocat, ut libet illi ;
« Unde tenere colum tantum potes, et nihil ultra.
« Tuque quid es, Lachesi, nisi sors qua conditor
[idem
560 « Jam producta regit, vegetat, ducitque per esse?
« At mihi, que dominor cunctis, conversio nulla
« Nil obstare potest ; mea vis propellit ab esse [est,
« Quicquid ad esse venit per vos, curritve per esse.
« Jam satis est, urget Patris irrevocabile verbum.
« Fac tua, Clotho, colus marcessere discat ; et iste
« Detumeat, Lachesi, torques quem pollice, fu-
« Utilius fusos potes impregnare Philippo, [sum [1];
« Qui nos, qui nostrum Patrem reveretur, et ejus

---

1. Il faudrait *fusus,* bien que tous les mss. portent *fusum*.

« Exhibet obsequiis et honorat ubique ministros.
570 « Quid trepidas? quid, Acharde, times? tua tur-
[ris in arcto
« Nunc posita est, casumque timens jam libera fiet.
« Adjutrix tibi jam venio ; quid spicula nulla
« Esse tibi dicis ? in muro respice, fixa
« Sub trabe te juxta quadrate cuspidis una [misit,
« Pendet arundo brevis[1], quam Richardus tibi
« Dum dare te morti subite desiderat; hanc tu
« Porrige Gurdoni[2] balistam qui tenet arcum,
« Ut sua que misit Richardo missa remittat ;
« Hac volo non alia Richardum morte perire,
580 « Ut qui Francigenis baliste primitus usum
« Tradidit, ipse sui rem primitus experiatur,
« Quamque alios docuit in se vim sentiat artis. »
Atropos hec; ejus placuerunt verba duabus :
Clotho colum nudat, Lachesis sua pensa reponit.
Non minus interea Richardus menia circum
Itque reditque frequens, quem contemplatus ab
Gurdo[3] nucem volvit baliste pollice levo, [arce

---

1. Aubri de Trois-Fontaines rapporte, au sujet du carreau qui causa la mort de Richard, une curieuse légende qu'il tenait de Hugues de Nesle, abbé d'Ourscamp, puis de Larivour. (M. G. Scr., XXII, 876, l. 12.)

2. Il y a *Dudoni* dans V, qui répète, dix vers plus loin : *Dudo nucem volvit...* G. Guiart (v. 2626) dit aussi : « ... uns arbelestiers Dudons..., » ce qui prouverait que son modèle, Jean de Prunai, avait sous les yeux un ms. appartenant à la même rédaction que V; car il semble qu'il y ait *Guidoni* dans L et P. Mais nous croyons qu'il faut lire *Gurdoni*, le nom de *Bertrannus de Gurdun* donné par Roger de Hoveden (IV, 83-84) au meurtrier de Richard étant le plus généralement accepté. On sait que Mathieu Paris l'appelle Pierre Basile.

3. *Dudo* V. — *Guido* L P.

Dextra premit clavem, sonat una nervus, et ecce
In regis scapula stabat fatalis arundo.
590 Omnia luctificus subito per castra tumultus
Exoritur ; miles repetit tentoria mestus ;
Armis depositis, ruit in lamenta juventus ;
Ad stratum primum regem regale reducunt ;
Parcius insiliunt victi merore manipli ;
Obliti pugne, lacrymas, non tela, profundunt.
Obsessi exsultant, nec jam se celat Achardus,
Depositoque metu, per propugnacula tutus
Cum sociis gaudet discurrere, jam hoste remoto.
Interea regem circumstant agmina mixtim ;
600 Apponunt medici fomenta, secantque chirurgi [1]
Vulnus, ut inde trahant ferrum leviore periclo.
Nec lethalis erat percussio, sed medicorum
Rex et amicorum monitus audire salubres
Aufugit : unde, male Veneris dum gaudia sano
Prefert consilio, mortem sibi nescius adscit ;
Atropos et filum jam ruperat. Ocius ergo
Solvitur in mortem rex invictissimus, et quo
Anglorum sceptris melior non prefuit unquam,
Si regi servare fidem, cui subditus esse
610 Lege tenebatur, regemque timere supremum,
Cura fuisset ei. Cujus cor Rotomagensis
Ecclesie clerus argento clausit et auro,
Sanctorumque inter sacra corpora, in ede sacrata
Compositum, nimio devotus honorat honore ;
Ut tante ecclesie devotio tanta patenter
Innuat in vita quantum dilexerit illum,

1. Le chirurgien qui soigna Richard était attaché à Mercadier. (Roger de Hoveden, IV, 83. — R. de Coggeshall, 95.)

Cujus adhuc manes tanto dignatur honore. [pus
At caput et reliquum tumulatum est cum patre cor-
Ad Fontem Ebraldi. Proh ! quam mutabilis ordo
620 Regnorum ! quam dissimiles sibi sepe merentur
Regna duces ! succedit ei, quo pejor in orbe
Non fuit, omnimoda vacuus pietate, Johannes.
Frater erat, fratri fato succedit iniquo,
Cui magis Arturus succedere debuit, ut qui
De primogenito genitum se fratre gerebat.
Alea sortis ei nocuit, quia sepe resistit
Judicio series nostro contraria fati [1].

   Hic mihi Musa, querens odiose tedia cure,
« Lassor, ait, metam placet hic mihi figere. Regis
630 « Exigit in tanti finiri fine volumen.
« Fac habeat finem liber et Richardus eumdem ;
« Me [2] suadet quinte labor indulgere quieti [3]. »
   Mentis segnities excusatoria semper
Verba dat ignavo, nec curat ei dare curam
Qua velit [4], expulso torpore, subire laborem,
Quo fieri fidat virtutis idoneus hospes,
Que gaudet, torpore carens, comes esse laboris.
Sit brevis ergo quies, ne, si mora fecerit usum,
Langueat et capte dominetur inertia mentis.

1. Chron., § 98.
2. *Jam* V.
3. En marge de L et de P se lisent ces deux vers mnémoniques que les précédents éditeurs avaient à tort intercalés dans le texte :
   Unum si demas, a Christo mille ducenti
   Anni succedunt ad regis fata Richardi.
4. *Evelit* V.

CATHALOGUS MATERIE SEXTI LIBRI.

In sexto patruus scelerat se cede nepotis;
Hugonem Brunum spolians uxore Johannes,
Gornacum meruit et plurima perdere castra.
Arturus temere presumens credere Pictis,
A patruo captus tandem [1] *jugulatur ab illo.*
Obsidet Andelii quod dicitur Insula castrum,
Arturique studet ultor necis esse Philippus;
Cujus nocte parat irrumpere castra Johannes [2].

INCIPIT LIBER SEXTUS.

Post alternatam requiem, post dulcia somni
Tempora, Musa, leves expergiscamur oportet,
Ut subeamus item, pulso languore, laborem.

---

1. *A patruo capitur et post* V.
2. Ainsi que le fait remarquer fort justement M. Pannenborg (*Zur kritik der Philipis*, p. 9), ces trois derniers vers ne se rapportent à rien de ce qui se trouve dans le VIe chant, mais bien aux 252 premiers vers du suivant. Il est donc certain que la partie du livre VII dont ils forment l'analyse était primitivement soudée au livre VI, qui, dans l'état actuel, est parmi les plus courts; Guillaume, après avoir transporté ce morceau d'un chant à l'autre, aura négligé de faire le changement correspondant dans les sommaires. Devrions-nous réparer cette négligence? M. Pannenborg en est d'avis, et déclare que, puisque le vers « *Obsidet Andelii*, etc. » se retrouve littéralement dans le sommaire du livre VII, il serait logique d'y introduire aussi les deux autres; cependant, comme nous nous sommes proposé de publier la *Philippide* telle qu'elle se trouve dans la dernière rédaction que Guillaume nous ait laissée, nous les maintenons à la place où ils se trouvent dans tous les mss.

LIBER VI.

Dicere restat adhuc quanta virtute Philippus
Gaillardum cepit, quam forti mente Bovinis,
Munere [1] divino, stabili nos pace beavit.
Tinge tue calamum lingue, quo verior exstet
Cordis atramento veraci. Vera referri
Facta volunt scripto, nec amant tam lucida ficto,
10 Ut magis eniteant, depingi gesta colore.
Historie verax vere stylus est adhibendus,
Que mendicatis lucere nitoribus odit,
Cui satis est proprie radio lucescere lucis.

Jam post regis erat Richardi fata Johannes
Anglorum factus bubone monarcha sinistro ;
Qui patrum metuens amittere jura suorum,
Si non obtineat pacem cum rege Philippo,
Follibus impletis argenti cautus et auri,
Se commendat ei supplex per munera tantum [2],
20 Ut sub eo teneat ea que, Richarde, tenebas ;
Cetera que fuerant armis obtenta resignans,
Et sic abrupte renovato federe pacis,
Se tanquam domino subici juravit eidem
Jure feodali solvendo tributa quotannis [3].
Dumque videt vultu [4] sibi fata favere benigno,
Impetrat ejusdem sub pacis tempore, neptis
Ut sua felici Ludovico federe nubat

---

1. *Nutu* V.
2. Malgré la règle que nous nous sommes imposée, nous reproduisons ici la leçon du ms. V, celle des mss. L et P étant évidemment fautive :

. . . . *cautus et auri,*
Se cautus commendat ei per munera supplex.

3. Il n'est pas question d'un tribut annuel dans le traité du Goulet (*Cat.*, 604-605), mais seulement d'une somme de 20,000 marcs sterling une fois payés.
4. *risu* V.

Candida [1], candescens candore et cordis et oris,
Nomine rem signans intus qua pollet et extra;
30 Que regale genus ducens utroque parente,
Nobilitate tamen animi precellit utrisque;
Cujus adhuc genitor rex Hildefonsus Iberos
Rite regit [2], regni Castelle rector et heres;
Mater vero fuit Anglorum filia regis [3].

At comes Atrebati [4] natarum cara duarum
Pignora cum Flandris Henaudinisque relinquens,
De patria tota tam divite, tam speciosa,
Se cruce signatum, cogente timore, relegat,
Richardi metuens post regis fata Philippum [5],
40 Cui perjurus erat, cui se subduxerat, hostes

1. Blanche de Castille.
2. Ces deux vers ont été évidemment composés avant la mort du roi de Castille, Alphonse III, qui expira dans la nuit du 5 au 6 août 1214. Comment concilier cela avec le commencement du chant « ... quam forti mente Bovinis munere divino *stabili* nos « pace beavit, » écrit assurément un certain temps après Bouvines? Il n'est pas admissible que le chapelain de Philippe-Auguste ait ignoré la mort du père de la future reine; nous ne pouvons donc concilier ces deux passages contradictoires qu'en admettant une nouvelle négligence de Guillaume. Il aura, dans un remaniement, ajouté des expressions comme celles qui sont relatives à la victoire de Bouvines et à la paix durable qui en a été la suite, tout en omettant de corriger le vers qui concernait le roi de Castille. En tout cas, il résulte de ce fait que notre auteur était arrivé à ce point de son œuvre avant le 6 août 1214, ce qui contredirait les conjectures de D. Brial, de Daunou et même de M. Pannenborg, qui tous plaçaient le commencement du travail poétique de Guillaume après la bataille de Bouvines.
3. Chron., § 104.
4. Baudouin, comte de Flandres.
5. Le ms. V contient deux vers de plus intercalés entre les vers 39 et 40 :
Cui reddendum sibi desperabat amorem,
Cujus certus erat merito amisisse favorem.

Illius vetitis capitales dum juvat armis[1] ;
Cum quo Blesensis comes, et quos cauteriata
Corda remordebant, parili quos labe notatos
Mens accusabat, sceleris sibi conscia tanti,
Se cruce consignant simili formidine ducti, [cro[2].
Obsequiumque cruci spondent Dominique sepul-
Dumque illuc pariter festinant, inter eundum
Constantinopolim capiunt, dignaque peremptum
Induperatorem cogunt nece perdere vitam,
50 Qui presumebat regnare nepote necato,
Cui genitor moriens tutorem fecerat illum[3].
Mox Balduinum Franci communiter omnes
Prefecere sibi, ut summo decoratus honore
Imperium teneat Grecorum nobile solus ;
Francorumque fuit ex illo Grecia frenis
Passa gubernari, nostro ecclesiastica ritu
Sacramenta colens, Grecismi lege relicta,
Urbibus in plerisque loquens idioma Latinum[4].
Bolonides etiam cruce se signarat ut ipsi,
60 Et sua cum reliquis Crucifixo voverat arma[5].
Noluit esse tamen comes aut adjutor eorum,
Aut regis terrore suam dimittere terram,
Quem venie facilem norat, summeque benignum
Atque animo tam clementi suplicantibus esse,

1. *Cujus sacrilegis capitales juverat armis* V.
2. Chron., § 102.
3. On voit qu'il s'agit ici de la seconde prise de Constantinople. L'*Induperator* est évidemment Murtzuphle. D. Brial, par je ne sais quelle méprise, a cru que l'auteur voulait parler d'Isaac l'Ange, et qu'il le confondait avec Andronic Comnène.
4. Voy. Chron., § 115, et Rig., § 139.
5. Renaud de Dammartin et sa femme s'étaient croisés en 1200. (R. de Dicet, II, 168.)

Ut nunquam veniam converso [1] deneget hosti.
Unde, licet varia vice jam defecerit illum,
Quamvis indignum venia se sentiat, ut qui
Rumpere tot pacis formas presumpserat, audet
Offenso suplicare tamen, veniamque precari ;
70 Obtinuitque suplex facili suplicamine pacem,
Quam dedit indigno bonitas innata Philippi,
Qui [2] plusquam petere aut sperare auderet, ei se
Munificum exhibuit, adeo ut comes ipse stuperet.
Nam bonus antiquas abigens a corde querelas,
Non alio est comitem deinceps dignatus amore
Quam si non fuerit aliquando lesus ab illo,
Passus ut illius sit filia lege jugali [3]
Nato juncta suo, sub firma pace [4], Philippo [5].
Reveraque comes fuit extunc fidus eidem,
80 Fortis et adjutor in prelia tempore longo,
Princeps quinque super comitatus factus ab illo [6].

Dehinc [7] quia semper erat comes indivisa Jo- [hanni
Regi proditio, nec se cohibere valebat
Quin illam quacumque modo proferret in actum,
Pax, indigna diu non digna sede morari [8],

1. *suplicanti* V.
2. *Et* V.
3. *sorte beata* V.
4. *sponsali lege* V.
5. C'est en août 1201 que le comte et la comtesse de Boulogne s'engagèrent à donner leur fille à Philippe Hurepel. (*Cat.*, 674.)
6. Chron., § 104. — Ainsi que le dit ailleurs Guillaume le Breton (Chron., § 199, p. 292), ces cinq comtés étaient, outre les comtés de Dammartin et de Boulogne, ceux de Mortain, d'Aumale et de Varenne. Les derniers furent donnés à Renaud en 1204 (*Cat.*, 884, 885), sauf le comté de Varenne qui fut au contraire réuni vers la même époque à la couronne. (*Cat.*, 887.)
7. *Dein* V.
8. *sedere* V.

Se subtraxit ei qui dignus non erat illa.
Hostes ex propriis miser, ignarusque futuri,
Divino sibi judicio procurat amicis ;
Colligit et virgas quibus olim vapulet ipse.
90 Hugonis Bruni, comitatu Marchia cujus
Rite regebatur, sponsam rapit, inque mariti
Inque Dei prejudicium sibi copulat illam [1],
Cujus erat genitor comes Engolemensis, et ejus
Gaudebat genitrix patrueli rege Philippo,
Filia que Petri fuerat Cortiniacensis,
Quem Grossus genuit rex regem post Ludovicum.
Preterea comitis Augei nobile castrum,
Quod populi indigene [2] Driencuria voce vocatur,
Obsidet, atque ipsum [3] domino fallaciter aufert [4],
100 Hique duo comites tunc in regione remota [5]
Mandato regis ejusdem [6] bella gerebant.
Quos ubi fama suis de damnis certificavit,
Ac ignominiis tam turpibus et manifestis,
Continuo [7] ad regem Francorum tendit uterque,
Justitiamque petunt fieri sibi. Protinus ille,
Observaretur ut judiciarius ordo,
Premonet, exhortans scriptis missisque Johan-
Ut factum sine lite suis baronibus istud [8]   [nem,

---

1. Le mariage de Jean Sans-Terre avec Isabelle d'Angoulême eut lieu en août 1200. (R. de Hoveden, IV, 119-120 et note.)
2. *indigne* P.
3. *et captum* V.
4. Roger de Hoveden (IV, 161) dit que Guérin de Glapion, sénéchal de Normandie, assiégeait Driencourt (Neufchâtel-en-Bray) par ordre de Jean Sans-Terre en 1201, lorsque Philippe-Auguste en fit lever le siège dès le commencement des hostilités.
5. Les deux comtes étaient en Angleterre. (Chron., § 110.)
6. *expresso ipsius* V.
7. *Ocius* V.
8. *Ut sine lite suis factum baronibus illud* V.

Emendare velit, mentisque refringere motum,
110 Quo se baronum privabit ¹ amore suorum.
Ille dolo plenus, et fraudem fraudibus addens,
Fallere non dubitans quem sepe fefellerat, illi ²
Talia presumit fallaci scribere lingua ³ :
 « His ego sum dominus, tu rex mihi, vera fatebor;
 « Absit ut a veri mea tramite verba reflectam !
 « Absit ut a domini regis ditione recedam ⁴ !
 « Jus tamen est ⁵, et tu rectum esse fateberis, ut
 « Sunt mihi subjecti subeant examina nostri [qui
 « Prima fori ; qui si defecero forte (quod absit !)
120 « Judicio parium tunc me tractabo meorum.
 « Accedant igitur prius ad me ⁶, judicioque
 « Stent nostro ; faciam quicquid jus jusserit illis,
 « Consilioque ⁷ illos parium tractabo suorum,
 « Vel sine lite magis, omni cessante querela,
 « Ut majestatis salvetur gratia vestre,
 « Restituam plene, nulla mihi parte retenta,
 « Omnia que per nos ⁸ sibi adempta fuisse querun-
 « Fiat et ut nostro reverentia major honori, [tur.
 « Cum sic pro causa nos sollicitetis eorum,
130 « Cuncta resarciri faciam nihilominus illis [bunt.
 « Plene, que per nos se damna tulisse proba-
 « Tu prefige diem quo plenius exequar ista ;
 « Deinde satisfaciant vultu patiare benigno,

---

1. *privabat* V.
2. *audet* V.
3. *Talia fallaci calamo rescribere regi* V.
4. *reflectam* L P.
5. *Justum est* V.
6. *nos* V.
7. *Judicioque* V.
8. *a nobis* V.

« Si quid eos contra me deliquisse docebo. »
   Scripta placent regi ficto condita lepore,
Assignatque diem, certumque locum, quibus ista
Ducat ad effectum stans verbo pacta Johannes.
Sed qui vallato per scripta patientia pacto
Stare tenebatur verax, ambage remota,
140 Non tamen ut pactus erat ad loca pacta venire,
Nec salvum prestare viris, pendente querela,
Conductum, juris ut postulat ordo, volebat.
Illusi redeunt comites, regemque reposcunt
Audiat ut causas utriusque, Johanne citato,
Qui se suspectum toties reddebat, et esse
Non poterat judex his quos spoliaverat ipse.
At rex longanimis [1], patienter vincere malens
Quam subito damnare reum, ne forte quis ipsum [2]
Alterius sibi jus putet affectare, Johanni
150 Scribit item, scriptoque minas regaliter addit.
Ille, pudore carens, rem tam fallaciter actam
Nugis et tali studet excusare colore :
   « Audiat, et nostris placide sermonibus aurem
   « Inclinare velit dignatio vestra benignam.
   « Quam diversa trahant, quam summa negotia
                                          [reges,
   « Vestra quidem plene dominatio [3] novit, ut a quo
   « Tam laudabiliter regitur tam nobile regnum.
   « Assignata dies siquidem fuit ; attamen illa
   « Ardua causa nimis, et inexcusabilis ultra
160 « Quam credi possit, nos absentare coegit.
   « Quod de conductu quereris, qui debuit illis

1. *magnanimus* V.
2. *illum* V.
3. *discretio* V.

« Prestari, salvo dominantis honore, necesse
« Non fuit hoc fieri, cum non possemus adesse,
« Quos inopina nimis alias occasio traxit.
« Nunc veniant, et quod juris dictaverit ordo
« Exhibeatur eis ; cesset dilatio, totum
« Curia litigium momento terminet uno.
« Andegavis liti locus assignetur, et ipsi
« Louduni exspectent, donec mittatur ad illos
170 « Qui tuto conducat eos, salvoque reducat. »
Talibus atque aliis vox deceptiva Johannis
Verba dabat vaniloquiis, regique placere [1]
Dum putat, ingratus magis esse meretur eidem ;
Et dum blandiloquis vult illum fallere verbis,
Se magis atque magis elongat ab ejus amore.
Percipiebat enim subtili corde Philippus
Quam sit adulantis fallax intencio lingue [2] ;
Et quamvis liqueat cunctis de mente maligna,
Quamvis ei possit licite jam bella movere,
180 Exspectat patienter adhuc si forte malignos
In melius studeat mutare salubriter actus.
Corripit et scriptis monet asperioribus illum,
Indignansque nimis in verba minacior exit.
Denique, consumptis per tot mendacia scriptis,
Se regi astringit vinclo majore Johannes,
Firmius et scripto vallat nova pacta [3] patenti ;
Obligat et sese duo fortia cedere castra

---

1. Le vers 172, omis d'abord dans P, a été rajouté dans la marge supérieure.
2. Les vers 176-177 sont omis dans L et P, mais nous n'hésitons pas à les rétablir; car, sans eux, c'est Jean qui serait le sujet des vers suivants, et les expressions que ceux-ci contiennent prouvent clairement qu'ils se rapportent à Philippe.
3. *scripta* V.

Botavan [1] et Tileras, sic assignanda Philippo
In contraplegium, quod, si defecerit ultra,
190 Extunc sint regis Francorum jure perenni ;
Assignatque diem certum quo tradat utrumque,
Et quo restituat comites, prout restituendos
Curia censuerit, omni rancore sepulto [2].

Adveniente die, nec verbo stare Johannes,
Nec scripto voluit, nec pactas [3] mittere treugas,
Ut [4] possint tuti comites examen adire.
Dissimulare nequit totiens clementia regis,
Quam gravis iratam trahat indignatio mentem;
Exerit et justis se motibus ira, nec ultra
200 Sustinet ut sua fallaci fallacia prosit,
Ne totiens doleat dolus utilis esse doloso,
Qui justa gaudet [5] in agentem lege reverti,
Inque suum auctorem se jure reciprocat ipsum.

Obsidet ergo duo sibi que tradenda fuerunt
Oppida, si pacto voluisset stare Johannes [6] ; [que
Hebdomadisque tribus valido pessumdat utrum-
Marte sibi, frangens muros, terreque coequans [7].

1. *Bothavan* P.
2. Chron., § 110. — Raoul de Coggeshall (135-136), tout en racontant les retards apportés par Jean à se rendre à la sommation de son suzerain, lui fait alléguer d'autres prétextes et ne parle pas de la remise de Boutavant et de Tillières en cas de défaut.
3. *salvas* V.
4. *quo* V.
5. *didicit* V.
6. *Oppida, belligeris cingens utrumque catervis* V.
7. Suivant Mathieu Paris (II, 477), l'entrée en campagne aurait été précédée d'une entrevue entre les deux rois. Dans cette entrevue restée sans résultat, et qui aurait eu lieu au Goulet pendant le carême de 1202 (27 février-14 avril), Philippe aurait enjoint à Jean Sans-Terre de remettre à Arthur toutes ses possessions continentales.

Dehinc[1] Longum Campum, Mortis Mare, dehinc
[Feritatem,
Deinde Leonei subicit sibi menia castri.   [bum,
210 Non procul hinc vicum populosa gente super-
Divitiis plenum variis, famaque celebrem,
Rure situm plano, munitum triplice muro,
Deliciosa nimis speciosaque vallis habebat
Nomine Gornacum, situ inexpugnabile solo [2],
Etsi nullus ei defensor ab intus adesset;
Cui multisque aliis preerat Gornacius Hugo.
Fosse cujus erant ample nimis atque profunde,
Quas sic Epta suo replerat flumine, posset [3]
Nullus [4] ut ad muros per eas accessus haberi;
220 Arte tamen sibi rex tali pessumdedit ipsum.
Haud procul a muris stagnum pregrande tu-
[mebat [5],
Cujus aquam, pelagi stagnantis more, refusam
Urget stare lacu sinuoso terreus agger,
Quadris compactus saxis et cespite multo.
Hunc rex obrumpi medium facit; effluit inde
Diluvium immensum, subitaque voragine tota
Vallis abit maris in speciem; ruit impete vasto
Eluvies [6] damnosa satis, damnosa colonis,
Culta, domos, vineta, molas, radiceque vulsa
230 Precipitans ornos; fugiunt, et, summa petentes
Culmina, ruricole properant vitare periclum,

1. *Dein* V.
2. *inexpugnabilis ipso* L P.
3. *nullus* V.
4. *posset* V.
5. *timebat* P.
6. *Elivi* P.

LIBER VI.

Nec res amissas curant dum corpora salvant;
Quique fugit salvus, nihil amisisse videtur
Ipse sibi : tantus omnes invaserat horror !
   Non magis Ionias preceps Achelous in undas
Se rapuit, quando indignans sua munera sperni,
Per sata, per populos spumosa[1] volumina ducens,
Cycladas e medio terre disrupit, et amnem
Per medium septem cum nymphis in mare volvens
240 Vertice precipiti [2], prius insula quod fuit una,
In multas secuit, sparsitque per alta corone
In speciem, solam Perimelen inde sequestrans,
Que, cum nympha foret, fuit illi cognita furto,
Si Sulmone [3] sati verax est fabula vatis [4].
   Municipes fugiunt ne submergantur, et omnis
Se populus villam viduat, vacuamque relinquit.
Nec metuit ne, dum fugiat, capiatur ab hoste,
Dum minus esse malum putat aut in vincula trudi,
Aut perimi gladio, quam vitam perdere fluctu
250 Tam subito, flatumque suo privare meatu,
Quem naturali letho decet ire sub auras.
Armis villa potens, muris munita virisque,
Arte capi nulla metuens, aut viribus ullis,
Diluvio capitur inopino ; menia sternunt
Undosi assultus, arces brevis eruit unda, [bant[5].
Que modo nulla sibi tormenta vel arma time-
   Rex ubi Gornacum sic in sua jura redegit,
Indigenas omnes revocans ad propria, pacem

---

1. *sinuosa* V.
2. *precipita* P.
3. *Sulmore* L. — *sub more* P.
4. Voy. Ovid., *Metam.*, VIII.
5. Chron., § 112.

Indicit populis, libertatemque priorem.
260 Deinde reedificat muros, vicosque, domosque,
Quos fera torrentis violentia straverat unde.
  Protinus Arturo, quem jam produxerat etas
A puero in juvenem, Francorum more vetusto
Cingula militie nova prebuit, atque Mariam
Desponsavit ei, per quam socer illius esset.
Qui mox, acceptis a fisco sumptibus atque
Militibus, paucisque viris a rege receptis,
Festinanter abit Pictos invadere fines,
In patruum prima cupiens sevire procella.
270 Jam Vulcassinis, jam Pissiacensibus oris,
Et cum Carnoto Blesis post terga relictis,
Precipiti Turonum gressu pervenerat urbem.
Conveniunt proceres illuc properanter ad ipsum,
Inter quos specialis adest Lisinanicus ille
Gaufridus cum militibus quinis quater, omni
Quos sibi de patria socios elegerat ipse,
Et cum Guillelmo Savaricum Malleo misit
Terdenosque equites, et septuaginta clientes.
At comes Augeus denos quater addit, et Hugo
280 Brunus ter quinos[1]; isti majoribus iram
Exacuunt odiis aliorum in damna Johannis;
Quippe Johannis eum violentia conjuge cara,
Castello viduare suo presumpserat istum.
  Quos ubi[2] nec plures Arturus vidit adesse,
Jure sibi metuit, patriamque invadere terram
Non putat esse quidem tam raro milite tutum.
Consulit ergo duces primos, mentisque revelat

---

1. *denos* V.
2. *sibi* P.

Ambigue arcanum, quibus hoc sermone profatur :
« Egregii proceres, quorum Pictavia laude
290 « Multisona toto celeberrima pollet in orbe,
« Assiduis quorum est virtus exercita bellis[1],
« Omnia novistis que guerre postulat usus,
« Vestraque fortunam discretio novit utramque.
« Sepe, reor, vobis vultu se prebuit equo,
« Sepius erudiit sua vos tolerare flagella.
« Me, queso, vobis evo sensuque minorem,
« Quo sit summa modo res exponenda docete.
« Rex bellatores quibus ad presens opus illi est,
« Neustrica pessumdat sibi dum confinia bello,
300 « Hoc ad opus presens mihi dimidiare nequivit ;
« Herveum comitem, Hugonem Domnipetritam[2],
« Allobrogos, Bitures, Imbertum Bellijocensem[3],
« Ac omnes alios barones transligerinos,
« Auxiliatores nobis concessit habendos[4],
« Qui properant, et erunt hodie, reor, Aurelianis.
« Quingentos equites mihi nostra Britannia mittit,
« Et pugnatorum bis millia bina virorum,
« Quos hodie vel cras dicunt Nannete[5] futuros.
« Utile consilium nobis reor esse, quod illos,
310 « Si vobis sedet hoc quibus est prudentia major,
« Gratia vestra tribus velit exspectare diebus.
« Magnum sepe bonum modici mora temporis
[affert ;

1. *bellis exercita virtus* V.
2. *Dompetrinum* V.
3. *Guiscardum Bejocensem* V. — On ignore en quel mois de l'année 1202 mourut Humbert III de Beaujeu. Si l'on adopte la leçon des mss. L et P, on doit croire qu'il était encore vivant lors de la bataille de Mirebeau (1er août).
4. *nobis dat habere fideles* V.
5. *Nannate* V.

« Ut melius saliat, retro dat vestigia cursor.
« Non que contingunt, sed que contingere possunt,
« Evitanda docet sapiens incommoda ; cum sit
« Tutius exspectare suos in littore ventos,
« Quam rate jam fracta nautas errasse fateri.
« Damnificare nequit nos exspectatio tantum,
« Quin affere queat plus festinatio damni,
320 « Ut video, nostre vix centenarius implet
« Militie numerus[1], qui, si mora parvula nos hic
« Detinet, ecce erimus quingenti et mille quirites,
« Cumque satellitibus[2] peditum ter millia dena.
« Tunc poterit noster exercitus ire decenter
« In patrui patriam, seque illi illidere tuto.
« Novi me quantum patruus meus oderit, et vos
« Quam sit crudelis, sitiens quam sanguinis, et
« Seviat in cunctos quos casus[3] subicit illi ; [quam
« Et modo nil curat quid ei rex auferat, ut qui
330 « Me solum querit, regna in mea sola protervit;
« Me, quoniam regi faveo, semperque favebo ;
« Me, quia sceptra peto mihi debita jure paterno ;
« Me, quia germanam repeto, quam carcere clau-
[sam[4]
« Ipse tenet, metuens amittere regna per ipsam.
« Belsia graniparis non tot flavescit aristis,
« Non tot in autumni rubet Algia tempore pomis

1. Ce chiffre est beaucoup trop faible. Rigord (§ 138) dit que Philippe-Auguste avait donné 200 chevaliers à Arthur, et Jean Sans-Terre, dans une lettre que reproduit Raoul de Coggeshall (137-138), déclare avoir pris plus de 200 chevaliers ; le même chroniqueur porte le nombre des prisonniers à 252 (ib. 137).
2. *satellitis* L P.
3. *casus* omis dans P.
4. *recisam* V.

« Unde liquare solet siceram sibi Neustria gratam,
« Saxa Caducelle non tot feriuntur ab undis[1],
« Quot bellatores Normannia donat eidem, [tant;
340 « Aut quot conductos numerata stipendia pres-
« Quin vena candente sibi pluit Anglica tellus,
« Argentum potius quam fortes gignere alumnos.
« Jam Docilum[2] cepit, et quos invenit in arce
« Dira morte crucis tormenta subire coegit.
« Inde abiens totam patriam vastavit ab usque
« Restillo[3] donec Redonem perveniatur[4].
« Utque reor, Ligerina parat transire fluenta,
« Adventus nostri non inscius ; idque movet me
« Quod mihi rex hodie scripto mandavit aperto,
350 « Ut prudenter iens studeam mihi cautus haberi,
« Nec tentem patrui terras invadere, donec
« Qui properat miles advenerit ; unde[5] quid ista
« Re super expediat, discretio vestra videbit. »
His verum Arturus suadebat[6] et utile verbis,
Orandi textum dignis[7] rationibus ornans,
Et bene digna fuit vox tam matura favorem
A circumstanti cetu cum laude mereri.
At Picti, quibus est fidei mutatio semper
Grata comes, varia vice qui didicere favorem
360 Nunc huic, nunc illi[8] venalem exponere regi,

1. Le vers 338 se trouve dans V intercalé entre les vers 335 et 336.
2. *Dolum* V.
3. *Restello* V.
4. La prise de Dol et l'expédition de Jean Sans-Terre en Bretagne n'eurent lieu que l'année suivante, en 1203. (Voy. Chron., § 120.)
5. *ergo* V.
6. *suadebit* P.
7. *Dignis orandi textum* V.
8. *Non huic, non illi* P.

Nulla tamen quibus est gens acceptatior armis,
Respondent breviter : « Paveant virtutis egeni,
« Ignavi metuant ; virtus Pictonica regem
« Non timet ignavum. Veniat, si viribus audet
« Fidere[1] forte suis[2], nova si se infudit eidem
« Venula virtutis[3], ignavia si probitatem
« Inveterata sinit illius visere mentem.
« Nulla metus causa est audacia tanta Johannis ;
« Non est ut veniat ubi nos[4] presumat adesse.
370 « Tolle moras tibi, jam dilatio libera non est.
« In Mirabelli genitrix regina Johannis
« Turre sedet, cujus suasu mala cuncta Johannes
« Perpetrat : Hugonem sponsa privavit amata,
« Te regno, comitique[5] tulit tam nobile castrum.
« Obsideamus eam, victoria summa labore
« Continget facili ; capte ob commercia matris,
« Omnia restituet que nobis abstulit ille.
« Interea proceres venient, nostrique Britanni. »
His animum verbis stimulant illustris ephebi,
380 Et magis audacem faciunt cupidumque triumphi,
Ut prime juvenem virtutis amore calentem,
Nil presumentem sibi posse resistere tantis
Adjuto sociis, tanta probitate probatis.

Jam Mirabelli muros Pictonicus ardor
Fregerat, Arturumque ducem certamine primo
Duratura brevi dederat victoria letum.

At regina nihil summa metuebat in arce,

---

1. *Fidem* P.
2. *Venula virtutis* V.
3. *Fidere forte suis* V.
4. *qui vos* V.
5. Le comte d'Eu. (Voy. plus haut, v. 99-100.)

Certa quod ad matrem natus properabat, ut illam[1]
Marte vel insidiis confuso liberet hoste.
390 Qui, licet innumeris stipatus millibus esset,
Non audebat eos invadere tempore lucis;
Unde, dato signo, jubet agmina stare parumper,
Affaturque[2] suos tali sermone fideles :
« Injustum nemo bellum arbitrabitur esse,
« Natus ab infido quo matrem liberat hoste.
« Cum nos justa trahat in bellum causa, quis
« Incertus dubitet an sit victoria nostra ? [unquam
« Debetur justo victoria justa[3] duello[4] ;
« Certa triumphari pars est contraria juri,
400 « Quam vicere timor et desperatio dudum.
« Ergo relegetur animis audacibus omnis
« Formido, fortique animo properemus in hostem,
« Quem Dominus nobis superandum contulit ultro.
« Tutius esse tamen illos invadere nocte
« Arbitror, oppressos somno, vinoque gravatos,
« Dum sibi nil metuunt, dum, post mera postque
[laborem,
« Per diversa quies loca sparsim detinet illos.
« Hac igitur bene nocte, precor, sit quisque para-
[tus,
« Ut sine conflictu jam vinctum vinciat hostem,
410 « Hospitio dum quisque suo dormitat inermis. »
Guillelmus vero de Rupibus (ille maligni
Noverat insidias et perfida corda Johannis)

1. *ipsam* V.
2. *alloquiturque* V.
3. *jure* V.
4. V contient ici un vers de plus :
   Non didicit qui jure caret sperare triumphum.

His ita respondet : « Hostes tibi subjiciemus
« Hac in nocte tuos, si vis jurare quod horum
« Afficies nullum morte, aut in carcere claudes,
« Precipueque tuum sub amica pace nepotem
« Suscipies, et ei reddes, mediante tuorum
« Consilio procerum, quicquid sine jure tulisti ;
« Sic quoque quod Ligerim nullus transibit eorum,
420 « Quin potius patria capti serventur in ista,
« Donec compositum fuerit nos inter et ipsos. »
Fallaci respondet ad hec rex impius ore :
« Sic fore juro tibi sicut, Guillelme, petisti ;
« Sitque fidejussor super his Deus, et tibi testis.
« Si juramentum quod coram tot tibi presto
« Patriciis, dicto vel facto venero contra [1],
« Sit vobis licitum mea jussa relinquere, nemo
« Me pro rege habeat, mihi nullus obediat, extunc
« Publicus efficiar vobis atque omnibus hostis. »
430 Quem non infatuet talis juratio ? Quis non
Regis verba putet jurantis pondus habere,
Qui sic jurabat, qui sic in verba vocabat
Contra se testes homines et numina celi ?
Procedunt igitur ; et jam piger astra Bootes
Flexerat, et lento gyrabat plaustra rotatu,
Panselenonque [2] poli medio se luna ferebat ;
Per Mirabelli vicos vox nulla sonabat,
Nullus erat vigil in portis ; sopitus habebat
Hospitio se quisque suo, somnoque vacabat.

1. Ce vers en forme deux dans V :

. . . .
Patriciis, qui si tecum me forte relinquat,
Solus ero, dictis aut factis venero contra.
2. *Panselonque* L P.

440 Furtivo armati ingressu aggrediuntur inermes;
Innumeri paucos capiunt, stratisque jacentes
Vincla pati cogunt, armis et veste carentes,
Mirandoque modo sine bellis bella geruntur.
Se non victori victoria suggerit ultro,
Hostis devicto non vincens hoste triumphat;
Captus, non victus, hostis vincitur ab hoste.
Omnia perverso contingunt more Johanni;
Non tuba congressum cecinit, lituusque regres-
Ut fur ingressus, ut latro regressus abivit, [sum ;
450 Trans Ligerim contra sua juramenta Johannes
Captos abducens, violato federe pacti[1].

Protinus abscedit ab eo Guillelmus[2], et omnes
Andegavi, Turones, Cenomannique, quibusque
Antea carus erat; fit publicus omnibus hostis;
Qui mox Arturum jubet ut Falesica turris
Inclusum servet, donec deliberet ipsum
Qualiter interimat ita caute, quod nec ab illo[3],
Nec per eum, quisquam sciat interiisse nepotem.
Ast alios quos ordo viros decorabat equestris,
460 Pene quater denos in corpore[4] carcere clausit,
Lege data clausis quod edulia nulla darentur
Amplius, aut humor quo guttura sicca maderent,

1. Chron., § 113.
2. Sur la défection de Guillaume des Roches et de ses compagnons, voy. R. de Coggeshall, p. 139.
3. *ipso* V.
4. Cette expression *in corpore* a paru inintelligible aux précédents éditeurs. Nous croyons qu'elle désigne le *corps* du château de Falaise, par opposition à la tour dont il est question cinq vers plus haut, et qu'elle a la même signification que les mots *li cors dou chastel* dans les Établissements de saint Louis. (Voy., dans l'excellente édition de M. Viollet, les chap. XLII et LXV du livre premier. — Cf. aussi Du Cange au mot *Corpus castri*.)

Mortis inaudito generi succumbere cogens.
Sed magnos clarosque viros, et honoribus auctos,
Majestate graves et nobilitate superbos,
Non sic ausus erat morti dare (quippe timebat
Illorum consanguineos fortesque propinquos),
Diversisque locis per castra, per oppida sparsos
Servari caute precepit[1]; nec sinit illos
470 Esse simul, sibi ne solatia mutua prestent.
    Interea famulos, de quorum mentibus ipse[2]
Presumit potius, promisso munere, verbo
Allicit occulte, exhortans ut qualibet arte
Morte latente suum curent mulctare nepotem.
Non tamen invenit prestans instantia quemquam
Qui tanti vellet sceleris patrator haberi[3].
Inde igitur juvenem translatum in turre vetusta
Rothomagi clausit[4]; et jam perversa voluntas
Illius ad juvenis custodum venerat aures;
480 Sed neque Guillelmus Braositas proditionis
Infande voluit fautor seu conscius esse,
Venturumque malum per precedentia prudens

1. Sur les prisonniers de Mirebeau et en particulier sur Hugues le Brun et Geoffroi de Lusignan, voy. Duffus-Hardy, *Rotuli litterarum patentium,* 1, part. I, p. 15, col. 2, et 16, col. 1. — Les uns furent transportés sur des chariots en Normandie « novo genere equitandi et inusitato, » les autres conduits en Angleterre.

2. *ille* V.

3. Raoul de Coggeshall (p. 139-148) raconte que Jean Sans-Terre avait voulu faire aveugler et mutiler son neveu pendant qu'il était encore à Falaise, mais que les gardes d'Arthur avaient eux-mêmes empêché l'accomplissement de cet ordre cruel.

4. *posuit* V. — Suivant Matthieu Paris (II, 479), Jean se serait rendu lui-même à Falaise pour offrir au jeune prince la liberté sous la condition qu'il abandonnerait le roi de France. Arthur, lui ayant répondu en réclamant l'héritage de Richard Cœur-de-Lion, n'aurait été conduit à Rouen qu'à la suite de cette réponse.

Signa notans, regi coram baronibus inquit :
« Nescio quid latura tuo fortuna nepoti
« Amodo sit, cujus custos huc usque fidelis,
« Te mandante, fui ; sanum vitaque fruentem,
« Omnibus illesum membris, tibi reddimus illum.
« Tu nostre facias alium succedere cure,
« Qui curet, si fata velint, felicius ipsum.
490 « Anxia me rerum satis angit cura mearum. »
  Sic fatus baro, se transtulit inde Braosam,
Seque ministerio sceleris cureque removit.
At rex, cui soli vita est invita[1] nepotis,
Quem stimulat solum patrande conscia cedis[2]
Mens sua, clam cunctis procuratoribus aule,
Sese procurat tribus absentare diebus,
Umbrosi[3] latitans Molinelli in vallibus ; unde
Quarta nocte brevi, media de nocte, phaselo
Navigat oppositi medium per fluminis alveum ;
500 Rothomagumque petens, porte qua turris aditur
Substitit in portu, refluo quem Sequana fluctu
Unoquoque die bis certis influit horis,
 Et breve post spatium refluit siccumque relin-
Tamque repentinos operatur causa meatus, [quit ;
Soli nota Deo, nec eam comprendere sensu
Humano potuit poteritve in secula quisquam ;
Causa latet, sed res ita nobis se manifestat.
  Oceanus quoties lunaribus estuat horis,
Ordine retrogrado proprios quasi tendat ad ortus,

---

1. Il faudrait sans doute lire *invisa* comme le propose Barth ; cependant, comme les trois mss. sont d'accord, nous avons laissé *invita*.
2. *fraudis* V.
3. *Umbrosis* V.

510 Sequana refluere sub eisdem cogitur horis,
Fluctibus inflatis quasi retro pulsus ab ipso ;
Inque oculis istud nimis est mirabile nostris,
Quod tantus fluvius, tam latus, tamque profundus,
Tramite declivi de tam regione remota
Tanta mole fluens, tam crebris cogitur horis,
Sic crescente mari, sibimet contrarius ire,
Et tanto terre spatio retrocurrere, quo vix
Currendo possit quivis tribus ire diebus.
Queritur, et merito, qua vi sic scandere sursum
520 Dulcem cogat aquam maris immaturus amaror ;
Aut aqua salsa nimis est dulci fortior amne,
Aut aqua dulcis aquam nimis indignanter amaram
Odit, et insipide misceri Tethyos[1] unde ; [amnis
Aut mare cum sit aquis retro mater euntibus,
Majori minor obsequitur, servitque parenti,
Crescentem ut fugiat reverenter, eamque sequatur
Retrogradam, matris semper studiosus honori.
Que magis ad tantos faciat sententia motus,
An nulla ex istis sit opinio conscia veri,
530 Querite, vos quibus est occultos scire potestas
Nature cursus ; qui, cum mortalia tantum
Corda stupere solent, divinum pectus habentes,
Omnia novistis sub certas ponere causas,
Esse patens vobis physica qui dicitis arte,
Quis concursus agat, vel que complexio rerum,
Brecelianensis[2] monstrum admirabile fontis,

---

1. *Theticos* P.
2. *Breceliacensis* L P. — Il ne s'agit ici ni de la Fontaine Ardente du Dauphiné, ni du lac Pavin en Auvergne, ainsi que le proposaient Barth et D. Brial, mais de la fontaine de Barenton, située dans la forêt de Brocéliande ou Bercéliande, plus tard Brécilien,

Cujus aqua, lapidem qui proximus accubat illi
Si quacumque levi quivis aspergine spargat,
Protinus in nimios commixta grandine nimbos
540 Solvitur, et subitis mugire tonitribus ether [1]
Cogitur, et cesis se condensare tenebris ;
Quique assunt, testesque rei prius esse petebant,
Jam mallent quod eos res illa lateret, ut ante ;
Tantus corda stupor, tanta occupat extasis artus !
Mira quidem res, vera tamen multisque probata !
Felix qui rerum has potuit cognoscere causas,
Quas Deus ignotas [2], voluit mortalibus esse [3] !
Si fas est hominis censeri nomine talem,
Sublevat humanis quem tanta scientia rebus.
550 Nobis humanam qui sortem vivimus infra,
Rem satis est sciri, nesciri causa sinatur [4].

Rex ergo in portu, solito quem more replerat
Fluctus, stans celsa in puppi, de turre nepotem
Per puerum [5] jubet educi, secumque phaselo
Collocat, et paulum digressus abinde recessit.
At puer egregius, positus jam in limine vite [6],
Nomina ne desint sceleri tam flagitioso :
« Patrue, clamabat, parvi miserere nepotis ;
« Patrue, parce tuo, bone patrue, parce nepoti ;

aujourd'hui forêt de Paimpont, et dont il est souvent fait mention dans la littérature du moyen âge. (Voyez par exemple Huon de Méry, *Le tornoiement de l'Antéchrist*, éd. Tarbé, p. 125-126. — Voy. aussi Ogée, D^re de Bretagne, éd. de 1853, II, 259.)

1. *Aer* V.
2. *occultas* V.
3. Il y a ici un vers de plus dans V :
   Quas cui scire datur homine est felicior omni.
4. Les vers 550-551 manquent dans V.
5. *famulum* V.
6. *leti* V.

560 « Parce tuo generi; fraterne parcito proli. »
Hec ejulantis prendens a fronte capillos,
Alvum per medium capulo tenus impulit ensem
Impius, et rursum generosa cede madentem
Cervici impressit, tempusque bipertit utrumque.
Hinc quoque digrediens quasi per tria millia, cor-
Defunctum vita subjectis injicit undis.   [pus

Ecce Neronis opus, quo post preclara virorum
Funera nobilium, post caros postque propinquos,
Tormentis variis quos interfecit, ut esset
570 Solus in imperio, materni visceris alvum   [quo
Findere presumpsit, forulumque propaginis in
Conceptus fuerat, de quo processit ad ortum,
Inspexit, tandem proprio se perculit ense,
Cerdonum metuens subulis incurrere mortem.

Ecce Judas alter; Herodes ecce secundus,
Qui pueros inter Messiam perdere querens,
Ne regnum perdat, proprios occidere natos
Postea non veritus, et regnum perdidit et se,
Dum reliquos metuens natos sibi guttura rupit.
580 Sic et Judeus statuit crucifigere Christum
Consilio Cayphe, metuens amittere gentem
Atque locum. Sed, eo crucifixo, perdidit omne
Perdere quod metuit, translatus in extera regna,
Servitioque datus, quem Vespasianus in omnes
Dispersit ventos privatum regis honore
Atque sacerdotis; quod vir desideriorum[1]
Et Moises olim fore sic cecinere prophete.

---

1. Daniel. — Le nom de ce prophète était sans doute ajouté en interligne dans le ms. que le copiste de V avait sous les yeux, car celui-ci l'a intercalé dans le vers : *quod vir Daniel desideriorum*.......

Sic tibi continget Arturi morte, Johannes;
Ejus per vitam metuisti perdere regnum,
590 Ejus per mortem vita regnoque carebis.
Antea quam fato fieres ludente monarcha,
Patris ab ore tui *Sine-terra* nomen habebas;
Ne pater ergo tuus sit in hoc tibi nomine mendax,
Hec tibi mors addet rem nominis hujus et omen.
Nam tibi fatalis venit hora, nec est procul a te,
Qua, factus mortem cunctis odiosus ob istam,
Fies et vives sine terra pluribus annis;
Postea privatus regno, privabere vita.
Ante tamen mortem multas operabere fraudes,
600 Multos occides, multos damnabis inique,
Dignior ut penis fias gravioribus uri,
Dum culpis nunquam cessas superaddere culpas,
Ne te se inveniat aliquando gratia dignum.
 At tibi, Calliope, requies alterna placere,
Antidotumque solet gratum prestare laboris;
Fac tibi sexta gravem levet hic pausatio curam,
Plenius ut memores ea que dicenda sequuntur.

CATHALOGUS MATERIE LIBRI SEPTIMI.

Gaillardi sedem describit septimus. At rex
Obsidet Andelii quod dicitur insula castrum.
Nil bellum navale valet vel agreste Johanni;
Nans sub aquis, vallo Gaubertus subjicit ignem.
Insula mox capitur, fossisque ac turribus arcem
Rex circumseptam sex mensibus obsidet absens.
Emittit populum Rogerus, parcat ut escis,
Quos famis atra lues scopulis extinxit et antris.
Vere novo rediens renovat rex obsidionem,
Gaillardumque capit multa vi, tempore multo,
Et tota demum fugat e regione Johannem.

SEPTIMUS LIBER INCIPIT.

Volverat interea rapido se circulus axe,
Retrogradata trahens obliquo sidera motu,
Vicineque dabat brume jam Scorpio signum;
Ceperat et gelidis tellus canere pruinis,
Frondifluis aspersa[1] comis, quas frigidus humor,
Et Boree ramis violentia straverat altis.
Intermissa brevi languescunt bella quiete;
Depositis rediens armis ad propria miles
Et peditum turme sua rura revisere gaudent,
10 Letificantque suos et mutua gaudia jungunt,
Donec paulatim Borealis transeat horror,
Rursus ut armatos estas in bella remittat.

1. *aspera* P.

Jamque revestierat tellus se floribus, herbis
Luxuriabat ager, medio plus tempora cursu
Veris erant[1], cum rex iratus in arma cohortes
Rursus agit[2], properans ut talio digna Johanni
Tandem retribui possit pro morte nepotis,
Pro tot flagitiis, pro tot furialibus actis,
A quibus ille miser se refrenare nequibat.
20 Qui tamen, assiduis exploratoribus utens,
Cautus erat mortis vitare pericula, seque
A regis facie procul absentare studebat;
Et, loca devitans ad que venturus erat rex,
Callebat fugiens tutos penetrare recessus.
Quo rex comperto terras convertit in ejus
Ferratas acies quas vertere mallet in ipsum,
Si cohibere fugam seseque accingere pugne
Vellet, et oppositis concurrere frontibus ipsi.
Est locus Andelii qui nunc habet insula nomen,
30 Quo secat in geminos se Sequana frugifer alveos,
Nec longe refluens in se redit et facit unum,
Inque[3] sui medio clausam premit undique terram;
Cujus planitiem tantus tumor urget in altum,
Quod circumfusis operiri non timet undis.
Equa superficies, ex omni parte rotundo
Orbiculata sinu, se non obliquat in ullum
Divaricans cuneum; sed finibus ipsa suis se
Limitat, ut nullus discirculet angulus illam.
Hunc rex Richardus turri muniverat olim,
40 Et circumdederat vallis et menibus altis,

1. On était alors au printemps de 1203.
2. Les quatorze derniers mots (*medio plus-rursus agit*) omis dans L sont rajoutés en marge d'une écriture toute différente.
3. *Inseque* P.

Edificans intus penetralia regia, dignos¹
Principibus summis² habitari rite penates³,
Pontibus erectis quibus utraque ripa petatur⁴.
Jactibus inde tribus quantum gyrata lapillum
Mittere funda potest⁵, rupes precelsa sub auras
Tollitur ethereas, summaque crepidine visus
Effugit humanos; tanto tumet ardua gibbo !
Que parte ex illa fluvii qua despicit undas,
Si quis eam aspiciat obliqui luminis orbe,
50 Ardua quam turris aliud nihil esse videtur,
Cemento et saxis operose structa quadratis :
Tam latere plano, tam recto vertice surgit
Aera per medium, tanquam velit astra subire.
At parte ex alia, qua solis respicit ortum.
Ejusdem dorso minus alta tenore decenti
Planities speciosa jacet, sed longior ampla,
Vallibus horrescens latere ex utroque profundis,
Que cunei in formam sese protendit adusque
Montis descensum, qui proximus imminet illi,
60 Valle tamen media medium impediente meatum.
   Huic natura loco satis insuperabile per se
Munimen dederat, tamen insuperabiliorem
Arte quidem multa Richardus fecerat illum :
Duplicibus muris extrema clausit, et altas
Circuitum docuit per totum surgere turres,
A se distantes spatiis altrinsecus equis ;

1. *summis* V.
2. *dignos* V.
3. Voy. Chron., page 208, note 2.
4. Voy. Chron., page 208, note 4.
5. Il n'y a pas moins de sept à huit cents mètres entre l'île où était bâti le châtelet que Guillaume vient de décrire et la roche sur laquelle s'élèvent encore les ruines du Château-Gaillard.

Eruderans utrumque latus, ne scandere quisquam
Ad muros possit, vel ab ima repere valle.
Hinc ex transverso medium per planitiei
70 Erigitur murus[1], multoque labore cavari
Cogitur ipsa silex, fossaque patere profunda,
Faucibus et latis aperiri vallis ad instar ;
Sicque fit ut subito fiat munitio duplex,
Que fuit una modo, muro geminata sequestro,
Ut, si forte pati partem contingeret istam,
Altera municipes queat et se tuta tueri.
Inde rotundavit rupem, que, celsior omni
Planitie, summum se tollit in aera sursum,
Et muris sepsit extremas desuper oras,
80 Castigansque jugi scrupulosa cacumina, totum
Complanat medium, multeque capacia turbe
Plurima cum domibus habitacula fabricat intus,
Umboni parcens soli, quo condidit arcem.
Hic situs, iste decor, munitio talis honorem
Gaillarde rupis per totum predicat orbem[2].

Karolides igitur, cupiens tam nobile castrum
Subdere Francigenis, cuneos primum inferiori
Castello applicuit, gremio qua Sequana claudit,
Fluminis in ripa late tentoria figens.
90 Municipes omni nisu se velle[3] tueri
Proclamant, et, ne subito rumpantur ab hoste,
Rumpunt et ruptum mergunt in flumine pontem[4].
Protinus erigitur petraria plurima, que non

---

1. Si l'on se reporte à la figure 11 de Viollet-le-Duc (*Dictionnaire d'architecture*, III, page 87), on y verra ce mur figuré entre les tours CC.
2. Chron., § 111.
3. *servelle* P.
4. Voy. Chron., page 213, note 3.

Assiduo cessat lapides emittere jactu ;
Paliciumque triplex, quod erat Gaillardica subtus
Menia, quadratis palis et robore duro
Usque sub extremas protensum fluminis oras,
Ut flumen nostris innabile navibus esset,
Francorum juvenes, quibus ars incognita nandi
100 Non erat[1], evellunt, scinduntque securibus ; et dum
Id faciunt, lapides et spicula rupis ab alto
Vertice nimborum ritu jaciuntur in illos,
Que plerique cavent scutis[2] atque assere multo
Opposito[3]; plerique necem patiuntur honestam,
Dum patrie laudi, dum pugnant regis honori.
Nec cessaverunt donec via pervia facta est,
Qua classis veniens de sursum vectitat escas,
Resque alias quibus est opus his qui castra sequun-
Protinus adduci naves rex imperat amplas, [tur[4].
110 Quales Sequanios per portus nare videmus,
Quadrupedes que ferre solent carrosque per am-
Has facit in medio lateratim flumine mergi [nem ;
Ordine continuo, castri sub menibus ipsis[5]
Inferius, quas ne rapide ferat impetus unde,
Palis infixis funes uncique coercent.
Postibus erectis pontem trabibusque dolatis
Has super exstruxit ; tulit et sine remigis usu,
Xerxis ad exemplum, vestigia sicca per undas
Tam late fusas, interque capedine tanta
120 Distantes, ripis minime capientibus ipsas,

1. *quibus est incognita nandi Hec erat* L P.
2. *que scutis plerique cavent* V.
3. *Oppositos* L P.
4. Chron., § 124. — La destruction de l'estacade est racontée ici à sa véritable place. (Voy. Chron., page 215, note 2.)
5. *ipsos* P.

Ut vere possis illas equare marinis,
Non minor equoreo[1] quando tumor inflat easdem.
Erigit et geminas turres in quatuor amplis
Navibus, arboreis truncis et robore crudo,
Quos multo vincit ferro multisque[2] retortis,
Ut sint munimen ponti, castroque nocumen;
Quas ita subtili series superedita ductu
In sublime levat, ut ab illis mittere miles
Jactu tela levi devexa in menia possit;
130 Et sic obsessos varia gravat obsidione,
Illos oppugnans parte incessanter ab omni[3].

Velgica rura patent cursoribus, unde refertur
Preda in castra recens[4], et copia tanta ciborum,
Quod sibi castrenses nihil ultra deesse querantur.
Nil manet illesum, ville nudantur et agri,
Et sic accrescunt epule pugnantibus extra,
Que male decrescunt his qui defendere castrum
Et se concertant. Non est via qua quis ad illos
Quodlibet auxilium possit conferre vel escas.
140   Interea, varias versans in pectore curas,
Auxilium nota mendicat ab arte Johannes,
Ut quod ei sub sole dies audere negabat,
Audeat obscura de nocte irrumpere castra.

---

1. *equoreis* V. — Cette leçon jointe à une mauvaise ponctuation avait rendu les vers 121-122 à peu près inintelligibles.

2. Barth et D. Brial, croyant que *retortis* était un participe, avaient conclu que *multisque* était une mauvaise lecture pour *lamnisque* ou *vinctisque*. On appelait en latin *retorte*, et en français *riortes* ou *redortes*, les branchages flexibles servant à lier et en particulier ceux que l'on emploie dans les clayonnages. (Voy. Du Cange, au mot *Retorta*.)

3. Chron., § 122.

4. *frequens* V.

Ergo marescallo cordis secreta revelans :
« O mihi consilii custos fidissime, dixit,
« Accipe selectos equites, Guillelme, trecentos,
« Et famulos in equis tria millia ; sume clientes
« Mille quater pedites ; tecum Lupicarica rupta [1]
« Fac eat ; ite simul tenebrose noctis in umbra,
150 « Atque repentino regalia castra tumultu,
« Cum jam luna suos absconderit aurea vultus,
« Illa ex parte leves irrumpite fluminis, unde
« Rex modo per pontem partem transivit ad illam.
« Omnes pene equites ultra cum rege mearunt,
« Et Barrensis eques, et quos Campania misit,
« Belligerique viri quibus est audacia major.
« Hac ex parte comes Robertus mansit, et heres
« Hugo Novi Castri, Simon et rupta Cadoci ;
« Hi se clauserunt prope ripas, ingeniorum
160 « Cura quibus pontemque data est a rege tuendi.
« At per plana jacent Ribaldi cum Piquichinis,
« Et qui res propter venales castra sequuntur,
« In quos de facili nostrum exsaturare furorem
« Fas erit, utque libet satis exhaurire cruoris.

---

1. Le chef de cette bande de routiers, que Guillaume le Breton appelle en latin *Lupicarus* (voy. plus loin, v. 832, et VIII, v. 17), ne se nommait pas *Louvart,* comme le croyait Hercule Géraud (*Bibl. de l'École des chartes*, 1re série, III, 420) qui le confondait (ibid., 147) avec un autre routier plus ancien appelé *Lupatius* par l'Anonyme de Laon (D. Brial, XVIII, 710 D), *Lobar* par Geoffroi de Vigeois (ibid., 223 A) et qui avait été remplacé par Mercadier. Son nom, que justifie son origine méridionale (Matthieu Paris, éd. Luard, II, 421), était *Lou Pescaire,* que l'on trouve latinisé en *Lupescarus* dans Matthieu Paris (*loc. citat.*) et dans les *Rotuli litterarum patentium,* publiés par M. Duffus-Hardy (I, 15^b, 21^b, 24, 24^b, 25^b, 30, 32^b, 35^b).

« At, Brandine¹, tibi Martinus sit comes Archas ;
« Et qui rostratis ratibus secat equor, Alanus²
« Piratas secum assumat, quibus utitur ipse [sam.
« Cum Grenesim rebus juvat exspoliare, vel Os-
« Sumite cum reliquis modo quos mihi³ Flandria
[misit
170 « Millia terna virum ; sóciis succurrite vestris,
« Quos nimis auxilio, quos scitis egere ciborum ;
« Septuaginta rates quibus est cursoria nomen,
« Quas pelagi struxit Richardus et amnis ad usum,
« Atque alias omnes quascumque potestis habere,
« Rebus que sociis desunt farcite cibisque.
« Ite per oppositum remis ducentibus amnem,
« Regalemque leves fluvio provolvite pontem,
« Castellumque meum rebus munite negatis :
« Qui si de facili pontem resecare nequitis,
180 « Bellando prohibete, manus ne transferat ultra
« Rex, succursurus his quos habet altera ripa.
« Hoc autem inculco vobis, et sepe redico,
« Vos qui per flumen⁴, vos qui per plana venitis :
« Hereat hoc memori vobis in corde, quod uno
« Tempore bella gerat et eodem cetus uterque.
« Si vobis aderit dextro pede Mursia⁵, mane

---

1. Mercadier avait été tué à Bordeaux par un serviteur de ce chef de routiers (Roger de Hoveden, éd. Stubbs, IV, 114). Brandin était devenu sénéchal de la Marche et de la Gascogne ; il avait un fils nommé Geoffroi (Duffus-Hardy, *Rotuli litterarum patentium*, I, 13ᵇ, 14ᵇ, 117. — *Rotuli chartarum*, 58).

2. Alain Tranchemer avait été pilote de Richard Cœur-de-Lion (Roger de Hoveden, III, 206, 235).

3. *mihi quos modo* P.

4. *fluvium* V.

5. « *Murcia*, dit Barth, Dea segnium apud Arnobium, initio

« Vos sequar, ut nostri consummem prelia Mar-
Sic mandata suis solitus dare rusticus olim, [tis. »
Dum lupus ejus ovem dumis eviscerat[1] aspris :
190 « I, famulo clamat, in dumum ; tu quoque, pastor,
« Perplexos irrumpe rubos ; tu vero, bubulce,
« Hoc penetrato specus ; ego cum cane tuta
[tuebor. »
Haud secus armatos in summa pericula mittit,
Cum quibus ipse tamen non sustinet ire Johannes.
Paretur regi, mora nulla moratur ituros.
Arma viri capiunt, classis navalia linquit ;
Egreditur castris velociter agmen utrumque.
Hi per aquas, illi terre per plana profecti,
Insomnes ducunt tenebrosa silentia noctis,
200 Dum properant bello dare tempora danda sopori.
Dimensus spatiis horarum tempora certis,
Verbere jam triplici se castigaverat ales,
Altisono lucem qui gutture precinit almam ;
Fit subito tetra castris irruptio nocte,
Quippe marescallus festinum duxerat agmen
Per terram breviore via, dum per vada classem
Sequana multiplici vertigine tardat euntem.
Ribaldi, mercatores, et vulgus inerme,
Ebria post Bacchi potamina semisepulti,
210 Ceduntur gladiis exertis more bidentum.
Plurima turba ruit inopina morte, priusque
Corpore vita fugit quam corpus sentiat ictum ;
Sic nimio pressi vino somnoque jacebant.

« Libri IV. De ea multis Scaliger ad Festum, et ex eo Juretus
« ad Symmachum. » Guillaume paraît avoir pris ce nom dans
le sens de *fortuna*.

1. *evellerat* P.

Nec mora, terrificus it per tentoria clamor.
Expergefactos subito mora¹ volvit ad amnem
Ut per aquas natitent², quia pons non sufficiebat
Ut posset transferre simul tot millia plebis.
Obstat eis Barrensis eques mucrone corusco,
Cum quo Bolonides, Gaucherus, Guido, Matheus,
220 Et reliqui qui turpe putant non esse priores.
« Quo fugitis ? clamant, quo terga ostenditis ? Hos-
« Vestra facit fuga victores ; ignavia vestra [tes
« Ignavos facit audaces, dum ceditis hosti,
« Dum sinitis letho quod vos occidat inulto,
« Dum percussorem percussio nulla repellit. »
Talia dicentes, pavidos in bella reducunt,
Confortantque viros, et in hostem mente feruntur
Unanimi ; fortique manu retrocedere victum,
Qui modo victor erat, cogunt ; furit ensis, opus-
230 Exigit invictis animis quod suggerit ira.   [que
Lumina per ripas et per convexa locorum
Ocius attollunt, faciuntque diescere³ noctem.
Accendunt alii lychnos, hi ligna pyrarum
In strue congestant ; hic straminis, ille myrice⁴
Fasciculos addit ; hic pinguia larda ministrat,
Hic oleum flammis infundit, materiesque

---

1. Barth propose de remplacer *mora* par *mors*. Cette correction n'est pas nécessaire, *mora* étant pris ici dans le sens d'*objet qui retarde* et se rapportant au pont dont l'insuffisance est mentionnée au vers suivant. C'est ainsi que Stace et Virgile l'ont employé :
« ... *portarumque moras*... » (Thebaid, XI, 244), « ... *fossarumque* « *moræ* » (Æneid., IX, 143), « *loricæque moras*... » (Æneid., X, 485).

2. *natent* L P.

3. *faciuntque discere diescere* P.

4. *turice* P.

Lucis adurgetur succrescere ; tota repente
Noctis abit facies, caliginis exulat umbra.
Post equites primos, ita lumine multiplicato,
240 Agmina festinant, et Barrica signa sequuntur;
Dumque catervatim pons trajicit arma virosque,
Frangitur, et nimio se fasce fatiscere fatur.
Mox tamen absque mora puncto reparatur in ipso,
Officiumque suum properantibus, ut modo, pres-
At Barrensis eques, atque invictissima virtus[tat.
Agminis egregii, postquam dignoscere aperte
Fas fuit hostiles, accenso lumine, vultus,
Martis opus peragunt, pulsumque viriliter hostem
Conficiunt, capiunt, occidunt, proditioni
250 Premia nocturne merita vice digna rependunt,
Et mala convertunt in eos que, corde malignos
Parturiente dolos, aliis inferre volebant.

Jamque quiescebant acies, nondumque sopori
Se dederant, et lux sub mane rubescere primo
Ceperat, et radios tremulis crispabat in undis ;
Ecce leonino classis cursoria fluctus
Impete Sequanios prora findebat acuta,
Arma virosque ferens. Iterum clamatur ad arma :
« Arma, viri, arripite, et ripas vos fundite[1] circum !
260 « Precipue pontem defendite, scandite turres. »
Talibus exciti clamoribus, ocius assunt,
Corripiuntque animis certatim ardentibus arma.
Scandit in arboreas turres Jordanus[2] et Eldo,

1. *effundite* corrigé en *vos fundite* L.
2. Jourdain, arbalétrier du roi, reçut de lui, en juillet 1205, des biens, sis à Léri (*Cat.*, 955). Il figure, en 1227, pour 100 livres parmi les plèges de Cadoc (*Cartulaire normand*, n° 366). C'est

Raderides, Pavius[1], Perigas, Tatinus[2], et illi
Ars est nota quibus usu Balearica longo[3],
Et quos precipue virtus invitat ut[4] inde
Incircumcisos possint jactare molares
Desuper, et ferri massas, ignesque globatos,
Et pice ferventes[5] ollas, ruditerque dolata
270 Pondera truncorum, titiones, ligna, sudesque.
Stant in ponte viri quos ordo decorat equestris,
Quos inter Barrensis erat, cum Simone Guido,
Et Malevicini fratres, dominusque Morentii,
Ac alii quorum probitas diffundit in evum
Nomina, nulla quibus mors est aut captio cure,
Quorum sola sibi virtus habitacula cordis
Sic dicat, ut quoquam cor se non vertat ab illa,
Dum cor et omnimodos cordis sibi vindicat actus,
Motibus indignans comes esse vagantibus extra.
280 Nec minus ad ripas armis instructa virorum
Accelerat clypeata manus, fluviumque coronant,
Nec cessant lapides nec cessant mittere tela.
Rem gerit hic funda, jaculis hic, ille sagitta ;
Vix tamen ad classem poterant attingere jactus,

---

peut-être le même Jourdain qui était au service du roi d'Angleterre en 1200-1201. (Stapleton, *Rotuli scaccarii Normanniæ*, II, ccix.)

1. Paviot, arbalétrier du roi, reçut, en 1207-1208, la terre du Bois-Guillaume (*Cat.*, 1038).

2. Renaud Tatin, arbalétrier du roi, reçut de Philippe-Auguste la terre de Pinterville et des biens au Vaudreuil (*Cat.*, 817 et 1799). Il figure dans deux actes du *Cartulaire normand* (366 et 1130); dans le premier, il est, comme Jourdain, au nombre des plèges de Cadoc. On trouve le nom de l'un de ses héritiers, Thibaud le Chambellan, dans une enquête de 1264. (*Olim*, I, 200.)

3. Les frondeurs. Voy. Ovide, *Met.*, II, 727; IV, 708.

4. *iiij* corrigé en *ut* L.

5. *fluentes* L P.

Ledere vel nautas, vel eos qui bella gerebant,
Tam circumspecte tam se prudenter agebant[1],
Tramite tam recto, tam cauto remige flumen
Per medium volitans, ripam vitabat utramque.
    Jamque propinquabant ponti, strictumque te-
[nentes
290 In manibus ferrum, postes succidere pontis
Audebant, et que substabant postibus alnos;
Sed tolerare diu nequiere pluentia tela
Grandinis in morem, lapides, truncosque trabales,
Ferventesque picis ollas, et pondera ferri,
Que descendebant in eos de turribus altis.
Sed nec Guillelmus[2], nec cetera turba quiritum,
Ponte super contis, sudibus, mucronibus, hastis,
Cessabant variis affligere mortibus illos.
Hic, fluvio lapsus, Thetidi se mandat humandum,
300 Nereidumque choros pro funeris orat honore;
Hic ratis in medio morientem mortuus ipse
Corruit in socium, supremaque basia donat,
Gaudet et infernas comiti comes ire sub umbras.
Hic pede truncatur, oculis hic, auribus ille[3];
Visceribus ruit hic fusis, hic gutture rupto;
Huic sudis infringit femur, illi clava cerebrum;
Huic mucrone manus abscinditur; ille securi
Perdit utrumque genu, nec adhuc pugnare recu-
Donec eum superinfundens pix cogit abire. [sat,
310 Ille per os ferro gemit exspirare recepto,

---

1. Ce vers, omis dans les précédentes éditions, se trouve pourtant dans tous les manuscrits.
2. Guillaume des Barres.
3. Entre les vers 304 et 305, on trouve dans V le vers suivant :
    Obruit huic truncus humaros, huic ossa lacerti.

LIBER VII. 189

Non posse assuetos anime prestare meatus;
Transmisso cadit hic[1] tempus per utrumque qua-
Galline similis, quam, pluma[2] nare forata, [drello,
Expellit Beroe[3] nido recubare volentem.
Trabs pregrandis erat extrema pontis in ora,
Ponderis immensi, quadrato robore, quam vix[4]
Bis deni carro tauri portare valebant;
Que, propulsa super illos de ponte, carinas
Oppressit geminas, et proram fregit utramque,
320 Afflixitque viros, postes et tigna[5] secantes.
Tunc primum retrocesserunt, prorisque reductis
Obvertunt puppes et tonsis equora pulsant;
Intenduntque fuge victi, nec in agmine toto
Ullus erat qui non in corpore vulnus haberet,
Preter eos quos jam vi mors illata premebat.
Sed nec eos licuit nostratibus, impediente
Amne, sequi; quos, dum fas est, producere cer-
Eminus et jaculis et saxis atque sagittis. [tant
Gaubertus[6] tamen[7] et Lodulus Galiota[8], Thomas-
330 Cuique latinatrix dat nomen lingua Johannes[9], [que,

1. *in* P.
2. *plume* P.
3. *Boree* P.
4. *quamvis* V.
5. *ligna* P.
6. Gaubert était un pêcheur de Mantes. (Voy. liv. XI, v. 214.)
   Utque ascendentes fallit Gaubertus alosas
   Retibus oppositis vada sub piscosa Medunte.
7. *tamen* omis dans V.
8. Ce personnage, qui est appelé *Ludovicus Galiota* au v. 295 du l. IX, n'est autre que Louis des Galées, sergent du roi, à qui Philippe-Auguste céda en mai 1216 ses droits sur un moulin sis à Pressagni-le-Val. (*Cat.*, 1671.)
9. Ce vers doit se traduire littéralement : « Et Jean qui doit

Bis binas agiles habuerunt forte galias,
Quisque suam, bellisque viros navalibus aptos.
Quatuor hi per aquas fugientibus acriter instant,
Prelia miscentes ; dumque ire propinquius audent,
Promeruere duas auferre fugacibus alnos,
Cum nautis aliisque viris et rebus et escis[1].

Hic Gaubertus erat ita doctus in arte natandi,
Quod sub aqua poterat millenis passibus ire.
Hic igitur testas prunis ardentibus implet,
340 Et clausas mira sic arte bituminat extra,
Ne posset penetrare latex ullatenus illas.
Tunc se fune ligat qui dependebat ab ollis,
Atque immersus aquis clam, nulli visus, adivit
Vallum quod duplici circumdabat undique muros
Circuitu, lignis et multo robore structum ;
Emergensque vadis, ignem succendit ab illa
Parte Gaillarde rupis que respicit arcem,
Qua nullus defensor erat, quia nulla timebant

« son nom à sa langue latinisante. » En effet, c'est le même personnage qui est appelé *Latinator* au vers 295 du livre IX. *Latinator* (Truchement, interprète) se traduisait en français par *Latimier*. « ..... quorum unus erat *Petrus Latinator,* monachus Sancti Pauli. » (Guillaume de Tyr, XIII, 27.) « ..... li uns estoit moinnes « de Seint-Pou ; *Pierres li Latimiers* avoit non..... » (*Estoire d'Eracles,* XIII, 27. — Voy. aussi Du Cange et Sainte-Palaye.) Jean le Latimier était donc le nom du compagnon de Gaubert et de Louis des Galées ; nous voyons d'ailleurs qu'un sergent ainsi nommé eut part aux largesses royales. (*Cat.*, 1916.)

Barth avait supposé qu'on devait lire ici : *cuique latina atri dat nomen lingua,* et au livre IX : *atque latine ater;* il en concluait qu'il s'agissait de Jean de Nesle, *Johannes de Nigella.* Cette explication a été reproduite par D. Brial et par M. Pannenborg. (M. G. *Scr.*, XXVI, p. 344, note 3.)

1. Chron., § 123.

Damna sibi parte ex illa[1] contingere posse,
350 Unde tuebantur partes studiosius illas
A quibus urgebat illos instantior hostis.
Corripit absque mora Vulcanus lignea valli
Vincula, queque obeunt castelli menia vicos,
Involvitque globos mixtis per inane favillis,
Solibus adjutus nimiis et flatibus euri,
Qui nimis intenso spiramine flabat ab ortu,
Gaubertique dolos fidens athleta juvabat.
Qualiter Encheladus ardenti fauce vapores
Evomit[2] ignitos ambustaque saxa per Etnam;
360 Haud secus absumit bristegas, valla, domosque,
Et que reddebant tutos hurdicia muros,
Furtim Gauberti succensus fraude fideli,
Ignis edax, omni spolians munimine muros.

Letitie[3] testis clamor per castra levatur,
Et letabundo conscendit ad astra boatu.
Tristitie signum sonat intra menia luctus,
Et consternatis herebant mentibus omnes,
Qui nullum sibi subsidium prestare valebant,
Nec tuti latitare intus, nec scandere muros;
370 Scuta, fores[4], pluteos, propugnatoria, scalas
Verterat in cinerem Cythereius omnia conjunx[5].
Turba minor ratibus fugiunt, et nando per undas,
Quorum quamplures ignem vitare volentes
Suffocat alterius contraria vis elementi.
Hi cryptas, illi curvas subiere garitas;

1. *ex illa parte* V.
2. *Evovit* V.
3. *Lecie* V.
4. *foras* L P.
5. Vulcain.

Ast aliis latebras testudo vel angulus addit,
Ut misere lateant donec vis¹ transeat ignis.
Navigio Franci (nec adhuc consederat ardor)
Accelerant, capiuntque viros diversa latentes
380 Per loca, quos vesana fames, quos vicerat ignis².
Tunc rex, castello post tot certamina tandem
Postque tot assultus tanta virtute potitus,
Cuncta reedificat vel vi destructa vel igne,
Et pontes reficit cautus quos ruperat hostis,
Selectisque viris castellum munit et armis.

Hoc inter castrum vicinaque menia rupis,
Grandis erat vicus, circumdatus undique muris,
Immensique capax populi, qui protinus ex quo
Insula capta fuit, linquentes propria, sursum
390 Cum reliquis subeunt tute tutamina turris.
At rex, ut propriis viduatum civibus ultro
Tam clarum burcum, tam fortia menia vidit,
Primo satellitibus et milite menia complet³;
Omnia deinde novis habitacula civibus ornat⁴,
Quos bene securos faciebat ab hoste propinquo
Waltersis legio⁵, numerosaque rupta Cadoci,
Cui rex quotidie soli pro seque suisque
Libras mille dabat, castrensis munia⁶ lucte,

1. *vis* omis dans V.
2.   *Accelerant, subeuntque leves capiuntque latentes*
     Turre viros quos altus (sic) *fames, quos vicerat ignis* V.
3. *munit* V.
4. *implet* V.
5. Ces mots désignent probablement quelque bande d'aventuriers au service du roi de France, mais nous ne connaissons pas d'autre mention de cette troupe.
6. *mutua* P. Il y avait sans doute primitivement *munia*, car *tu* est écrit sur une place grattée.

Distribuente aliis numerata stipendia fisco.
400 Inde Ratispontem magna virtute per unum
Expugnans mensem[1] subicit sibi, claraque bello
Corpora magnanimum cepit quamplura virorum,
Qui castrum defendebant ex parte Johannis,
Cujus perspicuo radit latus Andela rivo,
Fertilibusque satis pratisque decorat et hortis,
Sequanioque caput non hinc procul occulit amne[2].

At vero rupes Gaillardica non metuebat
Obsidione capi, tum propter menia, tum quod
Vallibus ambita scopulisque[3] rigentibus esset,
410 Omni parte sui lapidosis obsita clivis;
Que si nil aliud quo muniretur haberet,
Solo tuta situ poterat satis esse locali.
Illuc ergo suis cum rebus contulerat se
Gens vicina locis, ut ibidem tutior esset.

Instrumenta videns rex tormentalia nullum
Posse vel assultus conferre[4] juvamen, ut alta
Muros rupe sitos quavis infringeret arte,
Mentis acumen ab his alias divertit ad artes,
Ut nido possit, quo Neustria tota superbit,
420 Qualicumque modo, quocumque labore, potiri.

Per clivos igitur et per convexa cavari
Fossato duplici terram jubet, ut quasi meta
Intransgressibili castri latus ambiat omne,
A fluvio ducens multo conamine fossas
Usque supercilium montis, qui desuper exit

---

1. Rigord parle de quinze jours (§ 141) et Guillaume, dans sa Chronique, de trois semaines (§ 121).
2. Chron., § 124. — (Voy. aussi § 121 et note 6 de la page 212.)
3. *scupulisque* P.
4. *sibi ferre* V.

Altior in celum, devexaque menia temnit,
Sic procul a muris, ut vix attingat ad illas
Balista duplici tensa pede missa sagitta.
Protinus in medio fossarum lignea turris,
430 Et septena duplex facit ut munitio surgat[1],
Tante structure tantique decoris, earum
Quelibet ut possit urbi decus addere magnum,
Sic ut quot pedibus precedit prima secundam,
Tertia se tanto spatio sejungat ab illa;
Sic reliquas eadem turres dimensio signat,
Ut distent a se spatiis equalibus omnes.

Has igitur replet famulis et milite multo,
Et vacuis ferrata locis locat agmina toto
Circuitu, vigiles distinguens ordine tali
440 Semper ut alterna vigilent statione viritim;
Qui fabricare sibi castrensi more casellas
Arboreis ramis et sicco stramine norunt,
Se quibus a pluvia tutos et frigore brume
Efficiant, illic per tempora longa futuri.
Cumque sit introitus ad muros unicus, ad quem
Secta per obliquos anfractus semita ducit,
Hunc cura majore facit nocteque[2] dieque
Ut servare vigil studeat custodia duplex,
Deforis ut possit ad castrum nemo venire,
450 Audeat aut castro valvis exire reclusis,
Quin occidatur, aut vivus detineatur.

Talia magnanimus hosti dare cingula novit,
Sic dare materiam sibi qua proverbia vulgus
Letificosque creare jocos et cantica posset,

1. Ce sont les sept doubles bretèches dont il est question dans la Chronique (§ 125).
2. *noctuque* P.

Ut canerent zona tot millia clausa sub una,
Et tam fecundo turgentem germine nidum,
Quem demum cogant excludi tempora veris.
His aliisque sibi pariunt dum gaudia verbis,
Hostibus impingunt luctus, causasque doloris.
460 Julius haud alia legitur virtute jugosa
Durrachii spatia et campos murasse patentes,
Usque sub Adriacos cementans menia portus,
Ne Pompeianis Romanorumque catervis
Declinare fuga bellum civile liceret;
Sceva ubi, vulneribus membro confossus in omni,
Pompeii fregit vires, salvavit et arces
Solus, et eterne meruit preconia fame [1].

Atqui Rogerus, et quos angustia major
De conservandis epulis castroque premebat,
470 Millia tot populi pasci non posse videntes
De facili, cum nulla cibos spes esset habendi
Preter quos illis presens accommodat hora,
Quingentos homines sexus utriusque reclusis
Emittit foribus, quo [2] casus ducat ituros ;
Postque dies paucos totidem dimittere rursus
Cura fuit, quos hostilis miserata caterva
Nec retinere volunt, nec morti tradere, tanquam
Mendicos, miseros, et vulgus inutile bello.
Quo rex audito vetuit ne deinde sinatur
480 Extra castellum locuples seu pauper abire
Amplius; et quotquot ad eos mittantur ab intus,
Ad portas telis illos jaculisque [3] repellant,
Ut simul absumant epulas; quibus attenuatis,

1. Voy. César, *De Bello civili*, livre III, et Lucain, livre VI.
2. *quos* P.
3. *Ad portas jaculis omnes jaculisque* V.

Postquam dira fames affligere ceperit illos,
Armis depositis in vincula sponte dabunt se,
Cum nec castellum nec se defendere possint [1].
 Hoc metuens iterum Rogerus, deligit [2] omnes
Dinumeratque viros quibus est bellare potestas,
Quos animus virtute calens robustat et etas,
490 Ut castro maneant, epulas quibus estimat ipse,
Quas habet ad presens, totum satis esse per
             [annum;
Personasque alias quibus est infirmius evum
Aut sexus, quas debilitas quecumque molestat,
Segregat, utque velint exire licentiat omnes,
Emittens illa vice castro mille ducentos [3],
Non dubitans certe miseros exponere morti,
Nec curans qualis involverit exitus illos,
Dum salvare studet castellum per breve tempus.
Inscia turba mali quod erat sensura propinqui,
500 Ordine confuso post terga relinquere portas
Gaudet, et unde sue spem roborat ipsa salutis.
Absque mora grandem ruit expertura dolorem.
Haud secus examen effusum, sole calenti,
Vase cavernoso veteri, cum, matre relicta,
Rex novus urget apes alias transferre penates,
Multiplices densant gyro in versante volatus,
More nivis quam ventus agens per inane volutat.
 Quos ubi nostra cohors videt ebullire deorsum,
Perque latus clivi mixtim petere ima supini,
510 Deformes vultu, pannosos tegmine, telis

---

1. Chron., § 125.
2. *diligit* V.
3. Guillaume ne dit que « numero quadringentos et amplius » dans sa Chronique (§ 126).

Et jaculis procul emissis grassantur in illos,
Et properare retro, sursumque recurrere cogunt.
Ad portas properi redeunt; sed, jam fore clausa,
Horrifico miseris proclamat janitor ore :
« Nescio vos, alias vobis jam querite sedes;
« Non ultra sinitur vobis hec aula patere. »
Quique super muros astabant, spicula mittunt
Et lapides in eos, consternatosque repellunt,
Hortanturque procul a menibus ire remotas [1]
520 In valles, quo non possint attingere jactus.
    Quid facient miseri, cum sint hinc inde repulsi,
Et quid agent, medios quibus est via nulla per
                                          [hostes,
Nec conversari licet amplius inter amicos,
Et quo diffugiant locus est per devia nullus?
Ecce nocentior est et sevior hoste propinquus;
Immo propinquior est et amicior hostis amico;
Non equidem miror si non permittit abire
Hostis eos quibus est nullo devinctus amore,
Quos licite poterat occidere sive ligare [2],
530 Cum nulle jubeant inimico parcere leges.
Sed nullo fas est mihi declarare relatu
Quam sit inhumanus is qui susceperat illos,
Tempore jam multo factus concivis eorum,
Nunc omni ejectos tutamine privat, et aufert
Propria que tulerant, quando timor anxius illos
Castello inclusit, cum rebus edulia cunctis.
Vallibus et caveis errant, omnique ciborum
Spe prorsus vacui; multis utcumque diebus

---

1. *remotis* V.
2. *ligari* P.

Sustentabat eos (genus, heu! miserabile vite)
540 Simplicis humor aque vicino e flumine sumptus.
Contigit ut pareret ibi quedam femina, cujus
Fetus adhuc a matre rubens calidoque cruore,
Unguibus infixis disceptus, matris ab alvo
Est in momento multos transfusus in alvos.
Hoc gallina modo, que lapsa volando deorsum
Decidit inter eos, cum plumis, ossibus, et cum
Stercore adhuc calido, raptim glutitur ab ipsis.
Ventribus immergunt que cedunt omnia denti,
Seque cadaveribus demum pavere caninis;
550 Nam, prudenter agens, Rogerus jusserat omnes
Menibus expelli catulos, ut parceret escis[1],
Quos fatis damnata cohors, tantummodo pelle
Unguibus abrupta, rodebant[2] dente voraci;
Sed nec ad extremum parcebant pellibus ipsis.
Nil sibi turpe putat homo, nil absumere vitat,
Ex quo dira fames invitat ad omnia dentem,
Que sola invictos vincit, sola asserit urbes.
Non olim Perusina fames, sed nec Mutinensis
Obsidio[3], nec apud Caudinas vulnera Furcas,
560 Tam miserabilibus animas anxere flagellis.
Non ita Petreius consorsque Afranius ejus,
Et Romana phalanx illorum signa sequentes,
Cesareis clausi sub Ilerde menibus armis,
Inter aquas[4] Sicoris[5] et lene fluentis Hyberi[6]

---

1. *escas* V.
2. *rodebat* V. — *reddebant* P.
3. « In proverbia actæ a Lucano *Perusina fames Mutinæque labores.* » (Barth.) Voy. Lucain, I, 41.
4. *quas* V.
5. Tous les mss. portent à tort *Licoris*. (Voy. Lucain, IV.)
6. *Beri* V.

Defecere siti, licet illos stercus equinum
Sugere compulerit sitis intolerantia dire[1].
  Pleno luna quater a fratre[2] remotior orbe
Fulserat, et toties abscondita fratre propinquo,
Succensos iterum cornuta novaverat ignes;
570 Angit adhuc miseros, nec spes est ulla salutis,
Indefessa famis, finiri nescia, pestis
Excrucians stimulis nunquam cessantibus illos;
Mirandoque modo nec vivunt, nec moriuntur;
Nec vitam retinere queunt[3], nec perdere, sola
Quam retinet, stimulante fame, vis fluminis hausti[4].
  Temporis id circa rex e Gaillone profectus
Venerat Andelii castrum visurus, et illos
Menia qui rupis vigili statione coronant.
Cumque super pontem multis comitantibus iret,
580 Conclamant miseri miserabiliter simul uno
Ore, fames illos quantum clamare sinebat :
  « Esto propitius, miseris miserere ! Misertus,
  « Rex pie, ni fueris, injusta morte perimus.
  « Hic invisa fames nostros[5] depascitur artus
  « Tempore jam multo ; nos hic crudelior hoste
  « Exposuit noster pesti concivis amare,
  « Qui nos exclusit sine causa mille ducentos ;
  « Vix hodie superat numerum pars altera nostri. »
Rex, ut semper erat facilis suplicantibus, ut qui
590 Natus erat miseris misereri et parcere semper,
Fletibus his motus, ita circumstantibus inquit :

---

1. Voy. César, *De Bello civili*, livre I.
2. Phébus, frère de Phébé.
3. *volunt* V.
4. Chron., § 126.
5. *Hic nostros fames invisa* V.

« Dimittatis eos exire, ciboque refecti
« Quo mens quemque ferat indemniter ire sinatur.
« Absit ut afflictis per nos afflictio crescat !
« Non decet ut nobis mors ascribatur eorum
« Qui nimis afflicti nullum jam ledere possunt. »
Dixit, et emissis tribui jubet omnibus escas.
Qui cum permissi caveis exire fuissent,
Vidimus inter eos quemdam (miserabile visu !)
600 Qui coxam perstabat adhuc portare caninam ;
Cumque juberetur illam dimittere, dixit :
« Non dimitto cibum quo longo tempore vixi,
« Donec pane satur fuero. » Tunc abstulit illam
Unus ei, panemque dedit, quem protinus ori
Appositum poterat vix masticare[1] ; sed ipsa
Frusta tamen malefracta vorax ingurgitat alvo :
Tanto longa fames languore affecerat illum[2] !
Et jam finis erat hyemis[3], tellusque, calore
Impregnata novo, flores gignebat et herbas,
610 Quos colit, et Zephyro commendans Flora marito,
Orat ut almifluo spiramine purpuret hortos
Floribus, unde comas comis Dea comat amantum.
Rex, non posse videns tam lenta menia rupis
Obsidione capi, nisi demum tempore longo ;
Impatiens animo, mora quem gravat omnis in
[omni
Facto quod virtus sibi suggerit aggrediendum ;
Qui quoties aliquid operis sibi sumit agendum,
Fortiter aggreditur et fini fortius instat[4] ;

1. *mastigare* V.
2. *illos* V. — Chron., § 127.
3. On était au mois de mars. Voy. Chron., § 128.
4. Le vers 618, d'abord omis, a été rajouté après coup dans L.

Fervidus inceptor et consummator acerbus,
620 Congregat armatas sub primo vere cohortes,
Castraque metatur in summo culmine montis,
Amnis adusque[1] latus utrinque, per ardua clivi,
Ut quocumque modo ad muros accedere tentet,
Tempus et abbreviet arcem quo prendere possit.
Quid non virtuti succumbat? Quid ferat artem
Ingeniumve hominis, mens cujus in ardua tendit?
Ecce ligonellis, a culmine montis adusque
Descensum vallis fossataque prima, deorsum
Eruderatur humus, scopulosos[2] jussa tumores
630 Ponere, descensus ut ab alto fiat ad imum.
Protinus, ampla satis, multa properata securi,
Fit via sub trabibus junctim sibi collateratis,
Quas sustentabat paries intextus utrinque
Postibus infixis telluri robore multo,
Per quam securi lapides, ramalia, truncos
Comportant, vivoque graves cum cespite glebas,
Aggere congesto fossata implere studentes.

Pluribus inde locis marre durique ligones,
Tollentes cum vepre rubos fruticosaque tesqua,
640 Colliculos clivique latus mitescere cogunt;
Et subito in planum quod erat declive redacto[3],
Se rudis asperitas procul absentare docetur.
Area per totos gaudet planescere campos[4];
Et sic artificum studio vigilante, labore
Carpentata brevi loca per diversa (quod ullo
Posse modo fieri nullus speravit), ibidem

1. *et usque* V P.
2. *scrupulosos* V P. — *scripulosos* L.
3. *reda* V.
4. *clivos* V.

Cum mangonellis petraria plurima surgens,
In muros lapides et saxa rotantia mittit.
Et ne de muris jactu venientia crebro
650 Spicula cum telis vibrantibus atque sagittis
Artifices ledant, et qui tormenta trahentes
Jactibus insistunt, paries mediocriter altus
Texitur inter eos et menia, vimine lento,
Cratibus et palis, ut eos tutetur et ictus
Excipiat primos, frustrataque tela repellat.

Parte alia, turres quibus est belfragia nomen,
Roboribus crudis compacte, atque arbore multa,
Intactis dolabra, ruditer quibus ascia solos
Absciderat ramos, sic educuntur ut usque
660 Aera sub medium longo molimine tendant,
Ut doleat murus illis depressior esse.

Hic Blondellus[1] erat, Perigas, aliique viri quos
Regi reddiderat ars balistaria caros,
Ditatos ab eo villis, et rebus, et ere[2],
Qui non cessabant obsessos vulnere crebro
Ledere missilibus, et passim mittere letho.
Ast alii sparsim loca convenientia querunt
Quisque sibi, quo funda brevi stridore lapillos,
Et balista queat jaculari, arcusque sagittas,
670 Quas, ubicumque patent quarnelli sive fenestre,
Obsessi nequeunt toties impune cavere.
Interea grossos petraria mittit ab intus
Assidue lapides, mangonellusque minores,

---

1. *Brundellus* V. — Clément Blondel, arbalétrier du roi, reçut de Philippe-Auguste des biens sis au Vaudreuil. (*Cat.*, 1801.)

2. Nous avons cité dans les notes des vers 263 et 264 les largesses faites par Philippe-Auguste à quelques-uns de ses arbalétriers.

Et pugillares jacit improba dextera petras.
Nec balista vacat, nec funda, nec arcus ibidem ;
Nullus erat toto qui duceret otia castro,
Officium re quaque suum incessanter agente,
Armis ut paribus intus pugnetur et extra[1].
    Utque magis reliquos animet, pugnantibus ipse
680 Rex immixtus erat galeatus in agmine primo
Quotidie nunc hos, nunc illos gnaviter hortans,
Usque super fossas veniens, parmamque sagittis
Et jaculis opponebat, que tempora circum
Sibila crebra dabant, et in egide fixa rigebant.
    Rupis in extremo cuneo, que vergit ad eurum,
Ardua turris erat, cui collateratur utrinque
Murus, quem strictus compaginat angulus illi,
Ordine qui murus gemino productus ab usque
Majori vallo, latus ambit utrumque minoris.
690 Hanc primum obtinuit tali gens nostra vigore :
Postquam fossatum vidit jam pene repletum,
Scalis immissis propere[2] descendit in ipsum,
Impatiensque more scala obvertit ad oram
Fossati reliquam, supra quam in rupe locata
Turris erat; sed nulla tamen, quamvis satis esset
Longa, pedem muri contingere scala valebat,
Nec rupis cristam qua turris pes erat imus[3].
Sed nimis audaces cultris ac ensibus ipsam
Rupem quisque forat, ubi pes se figat et unguis;
700 Et sic repends superantes aspera rupis,
Perveniunt turris ad fundamenta repente,
Perque manus socios, sua post vestigia tractos,

---

1. Chron., § 128.
2. *Immissis propere scalis* V.
3. *unus* V. — *imis* P.

Participes opere faciunt, certantque minare
Arte sibi nota latus et fundamina turris,
Parmis protecti, ne, forte ruens super illos,
Missilium posset retropellere turbo cavantes,
Donec visceribus muri latuere cavati,
Truncis suppositis, subito ne corruat in se
Pendula pars muri, pariens sibi damna virisque.
710 Queis, simul incisum satis est, supponitur ignis,
Et fugiunt ad tuta viri. Ruit Ilion ingens, [illo
Ingentemque ruens strepitum facit, haud minus
Quo fuit Hectoreus puer olim raptus ab ulnis
Flebilis Andromaches, Priamique cede madescens
Misit Achilleides in terram corpore fracto.
Volvitur astripetens sinuoso turbine nubes,
Flammis cum fumo mixtis, et pulvere tanto
Quantum tanta potest de se eructare ruina.
   Tunc quoque Rogerus hora succendit eadem
720 Omnia que poterat vallo consumere in illo
Ignea vis, ne quid foret ex his utile Francis.
Ardebat; nec adhuc ardor consederat ignis,
Et jam per flammas Franci fumosque ruebant,
Accensi clamore virum et clangore tubarum,
Agminibus densis vallum murosque replentes;
Pre cunctisque suum vexillum in parte Cadocus
Turris semirute fixit[1], qua celsior exstat.
Et quia fossatum latum nimis impedit illos,
Hanc castri partem quod adhuc distinguit ab illa,
730 Et murus qui se opponit turritus in altum,
De facili nequeunt vallum exsarcire secundum,
Quo modo se pavidus fugiens incluserat hostis.

1. *figit* V.

At famuli, quorum est gladio pugnare vel hasta
Officium[1], Bogis[2], Eustachius, atque Manasses,
Auricus, Granier, et eorum concio fida,
Undique circumeunt muros indagine facta[3],
Si qua forte queant aditus reperire quibus se
Menibus impingant, ut pugnent cominus hosti.
   Contiguam muris in summo colle Johannes
740 Edem preterito quamdam construxerat anno,
Castelli latere in dextro, quod respicit austrum,
Inferior cujus pars prestabatur ad usus
Rerum que penoris se sub conclave recondi
Servarique volunt; pars vero suprema, capelle
Officio famulans, ad Misse sacra patebat,
Que nullam exterius portam, sed ab intus habebat
Qua penetrabatur sursum unam, aliamque deor-
Inferiore foris in parte fenestra patebat,   [sum.
Qua lucere penum solis dabat aurea lampas.

1. *At famuli, quibus incumbit pugnare vel hasta*
   Vel gladio. . . . . V.
2. Guillaume le Breton, dans sa Chronique (p. 219), appelle ce brave sergent Pierre Bogis. Nous serions, malgré cela, bien tenté de l'identifier avec un certain Raoul Bogis, à qui le roi donna, précisément vers cette époque, un fief de chevalier « propter servicium quod ipse nobis fecit. » (Tuetey, *Archives des Missions*, 3ᵉ série, tome VI, pages 345 et 347.) En ce cas, Bogis aurait été anobli pour sa vaillante conduite.

Quant au nom ou plutôt au surnom de ce personnage, la Chronique (§ 129) nous apprend qu'il lui avait été donné par plaisanterie « *a brevitate nasi*. » Bogis signifierait alors *camus*. De là, sans doute, le nom de *Bougise* que porte la fille de Grinberge dans *Audigier*.

   « Ele avoit une fille mal ensaigniée
   « Qui avoit non Bougise, si est fronciée ;
   « Molt est laide la garce et mal tailliée. »
               (*Audigier*, v. 266-268.)

3. *multa* V.

750 Bogius hanc contemplatus, fidique sodales,
Corporis ac totis animorum viribus usi,
Arte quidem mira se per fossata trahentes,
Surrepunt manibus pedibusque per ardua collis,
Et demum summam clam perducuntur ad arcem.
Hinc comitum scapulis sustollens se levitate
Bogisius mira, per apertam membra fenestram
Injicit, et socios dimisso fune viritim
Attrahit, et secum sub idem conclave locatos
Hortatur penoris valvas succidere ferro,
760 Ocius et subitis turbare tumultibus hostes.
Fit sonus, et raucum dant ostia fracta fragorem,
Dum cupidi properant juvenes erumpere ; sed
[mox,
Postquam municipum nimius fragor impulit aures,
Illuc se vertunt, congestis undique lignis
Ignem supponunt, ut sic aut ardeat intus,
Aut via non pateat qua prodeat hostis ad illos.
  Sed virtutis opus incendia nulla retardant,
Nullaque magnanimos vis aut mora prepedit actus ;
Ut patuere fores, nudatis ensibus, ignes
770 Per medios saliunt ; et jam penus ardet, et omne
Cum domibus castrum. Fugit ilicet hostis et ignes
Et subita arma virum, seseque receptat in arce,
Quam nimis excelsam, murata in rupe locatam,
Tempore adhuc multo defendere posse putabant ;
Vixque omni ex numero modo quem Rogerus
[habebat,
Qui pugnare queant, bis[1] nonaginta supersunt,
Tot vita defuncta jacent ibi corpora passim,

---

1. Corrigé en *vix* dans la marge de L.

Totque quiescebant lethalia vulnera passi,
De quorum vita spes nulla dabatur amicis !
780 Incinerata jacet specialis gloria castri,
Murorumque perit decus et munitio tota,
Egregiusque locus nullo jam gaudet honore.
Nosque putabamus aliis cum rebus eadem
Bogisium sociosque suos periisse ruina,
Quos longo tutata fuit spelunca recessu,
Qua modo municipes lapides et tela cavebant.

 Vix minuebatur fumus, vix flamma sedebat :
Bogius egreditur testudine, perque rubentes
Excurrit prunas, sociisque juvantibus ipsum,
790 Funibus abruptis, pontis versatilis axem
Inversum, qui stabat adhuc, se sternere cogit,
Ut pateat via Francigenis per limina porte; [mam,
Qui properant, arcemque parant irrumpere sum-
Bogisium fugiens qua se modo clauserat hostis.

 Pons erat in vivo [1], quo scandebatur in arcem,
Excisus saxo, quem sic diviserat olim,
Quando profundavit fossas, Richardus utrinque.
Huc [2] faciunt reptare catum, tectique sub illo
Suffodiunt murum; sed non minus hostis ab illa
800 Parte minare studet, factoque foramine, nostros
Retro minatores telis compellit abire.
Unde nec in tantum murus resecatur ab illis,
Ut [3] casum metuat; sed mox ingentia saxa
Emittit cabulus, nequiens que ferre dehiscit,
Per mediumque crepans pars corruit altera muri,

---

1. Nous adoptons la correction proposée par Barth; tous les mss. portent *imo* ou *ymo,* qui n'a aucun sens.
2. *Hunc* P.
3. *Quod* V.

Altera pars stans recta manet, patuitque foramen,
In sua damna ruens, quod ab intus foderat hostis.
Quo viso, properanter eunt per fragmina Franci
Repentes manibus, subeuntque foramine murum,
810 Et capiunt omnes per vim, quia nullus eorum
Victori se sponte dedit; quinimmo reluctans,
Quantumcumque potest capienti quisque resistit.

Rex ita Gaillardo per prelia multa potitus,
Cuncta reedificat vel ab ipso diruta, vel que
Improbus appositis destruxerat ignibus hostis,
In triplo melius et fortius intus et extra,
Antea quam fuerint, muros et cetera firmans[1].

At rex Anglorum, nimium confusus et exspes,
Nullaque jam se posse videns defendere castra,
820 Cum sic perdiderit castellum fortius omni
Castello, quod posse capi nulla arte putabat,
Cogitat occulte Normannica linquere rura[2],
In quibus ipse sibi tutum negat esse morari,
Dum timet a propriis ne decipiatur amicis,
Omnes dum merito metuit qui leserat omnes.
Sic miserum sceleris animus sibi conscius angit;
Res miser ipse suas, Pontem qui dicitur Arche
Atque Molinellos et Montis menia Fortis[3]

---

1. Chron., § 129.
2. Lorsque le Château-Gaillard tomba aux mains de Philippe-Auguste, Jean Sans-Terre avait déjà quitté la France depuis trois mois. (Voy. l'itinéraire donné par M. Duffus-Hardy en tête des *Rotuli litterarum patentium*.) On doit par suite considérer comme fausse l'histoire mise par Guillaume Guiart sur le compte du roi d'Angleterre, et suivant laquelle celui-ci se serait trouvé à Chinon au moment où lui parvint la nouvelle de la reddition du Château-Gaillard. (*Branche des royaux lignages*, v. 4512-4534.)
3. Montfort-sur-Risle (Eure, arr. de Pont-Audemer).

Diruit, ut patriam faciat sine viribus esse.
830 Deinde recessurus, furtim jam classe parata,
Agmina prefecit toti ruptarica regno,
Archada precipue Martinum cum Lupicaro ;
Extremumque valefaciens petit Anglica regna.
Postmodo Normannas nunquam rediturus ad oras[1].
Jamque fatiscentem, feruleque ad verbera sur-
[dum,
Tempus erat, Guillelme, tibi desternere mulum,
Teque brevi longo reparare quiete labori.
Tres etenim tibi restat adhuc his addere libros,
Compleat ut totum denarius ordo volumen,
840 Ut qui Galtero[2] te nosti[3] voce minorem,
Saltem librorum numerus te[4] comparet illi[5],
Ni novus emergat inopina re tibi casus,
Quo dandus sit forte libris prolixior ordo.

1. Voy. le commencement du § 132 de la Chronique.
2. Gautier de Châtillon.
3. *te nostite* V.
4. *te* omis dans V. Le ms. que le scribe de V avait sous les yeux portait sans doute ce mot rajouté entre les lignes, car le maladroit copiste a cru qu'il faisait partie du vers 840 et l'a soudé au mot *nosti*. (Voy. la note précédente.)
5. Rigord pensait donc à ce moment compléter son ouvrage en dix livres.

CATHALOGUS MATERIE LIBRI OCTAVI.

Subditur octavo Normannia[1] tota Philippo.
Rex Turonos Pictosque domat, Guidone[2] subacto.
Exheredatur Raymundus[3]. Turba fidelis
Hereticos contra cruce se communit et armis.
Infinita necant illorum millia Franci.
Occidit regem Petrus armiger Arragonensem.
Rex dolet hereticos non[4] posse juvare Johannes;
Inque Deum famulosque suos ulciscitur iram,
Qua Deus ipse suo pro crimine corripit illum[5].
Romipetas servosque crucis ferus impedit Otho.

INCIPIT LIBER OCTAVUS.

Solverat interea zephyris melioribus annum[6],
Frigore depulso, veris tepor, et renovari
Ceperat et viridi gremio juvenescere tellus,
Cum Rhea leta Jovis rideret ad oscula mater,
Cum jam, post tergum Phrixi vectore[7] relicto,
Solis Agenorei premeret rota terga juvenci;
Rex agit armatos in prelia rursus, ut omnis

---

1. *Subdit in octavo se Neustria* V.
2. Gui, comte d'Auvergne.
3. Raymond, comte de Toulouse.
4. *nil* V.
5. *Qua propriis pro criminibus mole vapulerat ille* V.
6. On était au mois de mai 1204. (Voy. Rigord, § 142.)
7. Le bélier de Phrixus qui devint l'un des signes du Zodiaque.

Hac vice Francigenis Normannia subjiciatur[1].
　　Vicus erat scabra[2] circumdatus undique rupe,
10 Ipsius asperitate loci Falesa vocatus,
Normanne in medio regionis, cujus in alta
Turres rupe sedent et menia, sic ut ad illam
Jactus nemo putet aliquos contingere posse.
Hunc rex innumeris circumdedit undique signis,
Perque dies septem varia instrumenta parabat,
Menibus ut fractis villa potiatur et arce ;
Verum burgenses, et precipue Lupicarus,
Cui patrie curam dederat rex Anglicus omnem,
Elegere magis illesum reddere castrum,
20 Omni re salva cum libertatis honore,
Quam belli tentare vices, et denique vinci.
　　Inde petit Cadomum, que jam tribus ante die-
Quam rex venisset tradi poscebat eidem :　[bus
Villa potens, opulenta, situ speciosa, decora
Fluminibus, pratis et agrorum fertilitate,
Merciferasque rates portu capiente marino,
Seque tot ecclesiis, domibus et civibus ornans,
Ut se Parisio vix annuat esse minorem;
Quam Kaius dapifer Arturi condidit olim
30 (Unde Domus Kaii pulchre appellatur ab illo),

---

1. On trouve ici dans V les cinq vers suivants :
Totque sequebantur illum jumenta virique,
Quod cum Cambenis castra in campestribus essent,
Aruit ebibitum flumen quod Diva vocatur,
Cum tamen assiduas effunderet Affricus imbres
Ne quis id estivis ardoribus autumet actum.

Il s'agit peut-être de Chambois, commune de l'arrondissement d'Argentan située sur la Dive ; nous savons par l'itinéraire de Philippe-Auguste qu'il se trouvait le 7 mai à Argentan.

2. *scabrus* P.

Nostro sponte jugo se subjicit, et sibi tali
Facto in perpetuum regis mercatur amorem,
Se sine lite capi dum sustinet et sine bello,
Ac regi secum tot clara suburbia tradit;
Exemplumque ejus urbs Bajocena secuta
Regi subjicitur, et tota diocesis illa,
Cumque diocesibus[1] tribus, illi tres sine bello
Sese sponte sua preclari nominis urbes[2]
Subjiciunt, Sagium, Constantia, Lexoviumque[3].
40 Interea Britonum dux Guido cum legione
Britigene gentis fines invadit Abrincos,
Finibus a Britonum quos limitat unda Coethni.
Est locus in medio situs equore, sic tamen ut non
Equor semper ibi stagnet, sed[4] quotidianis
Et fluit et refluit vicibus, crescente sorore
Phebi, consuetas seu decrescente per horas,
Suscipiens ab ea majores sive minores
Crescendi motus; et sic locus ille marinis
Fluctibus ambitur nunc, et nunc[5] littore sicco.
50 Cujus causa rei latet, atque latebit in omni
Tempore nos quibus est luteis habitatio vasis.
Hoc attende tamen, prudensque intellige, lector,
Quod cum planetis ferie cujuslibet horas[6]
Ordine partimur quo disponuntur et ipsi
Unoquoque die, tres ad minus aptat earum
Luna sibi, non his tamen omnibus intumet equor :

1. *satellitibus* V.
2. Ce vers est remplacé dans V par le suivant :
    Exemplo Cadomi sub eodem tempore sese.
3. Chron., § 130.
4. *et* V.
5. *non* P.
6. *horis* P.

Immo die toto bis tantum littora stagnant;
Tendit et in septem crementum quodlibet horas,
Et decrementum[1] totidem; sicque ordine jugi
60 Cuncta fere pelagus crescendi seu retrahendi
Non nisi sub lune motu momenta resumit.
Unde autem luna hoc habeat? Que conferat illi[2]
Causa quod Oceanus magis illo tempore crescit,
Quando plena nitet vel quando renascitur illa,
Temporibusque aliis cur ipse minoribus idem
Fluctibus intumeat, tanquam se motibus aptans
Et variis lune vicibus, quibus illa vicissim
Sumere crementum detrimentumque videtur?
Cur iterum majora ferat crementa quotannis?
70 Cur duplo major solito tumor elevet illum,
Scilicet autumni et veris sub tempore, quando
Esse solet paribus spatiis nox equa diei?
Rursus an a luna maris hec inflatio fiat,
An magis a pelago fluat hec variatio lune,
Cum pelagus luna constet prius esse creatum,
Posteriusque sui nunquam sit causa prioris,
Nullaque res habitum trahat a non ente vel actum;
Rursus an alterutri neutrum sit causa movendi,
Sic ne ferant eadem similes per tempora motus,
80 Motus ut iste illi, nihil isti debeat ille[3],
Querite, quos mundi labor implicat, et tamen istud
Querere nostra fides prohibet; comprendere nulla
Mortale ingenium valet hoc ratione vel arte.
At res et rerum causas qui condidit illas
Solus dinoscit, solus disponere novit;

1. *detrimentum* L P.
2. *queve hec dederat illi* V.
3. *nihil debeat isti ille* P.

Illi cuncta patent soli qui cuncta creavit.
Non fixos homini fines, homo, transgrediaris,
Neu que scire nequis investigare labores.
Bestia que montem tangit lapidata peribit;
90 Rem satis est sciri[1], nesciri causa sinatur.
Nos igitur, nihil hac nos scire in parte fatentes,
Sic rem prosequimur, ut non intacta sinamus,
Que sunt magniloquis non indiscussa magistris,
Qui cum mortales essent, celestia sensu
Humano voluere sequi, secreta patere
Absque Deo temere sibi celica velle putantes.
At nobis satis est vix nos ea scire fateri,
Corporeis nostrum veniunt que sensibus in cor,
Que sublunari prope nos regione geruntur.
100   Hic summo rupis in vertice, scemate miro,
Condidit ecclesiam devotio christicolarum,
Angelico monitu sibi quam sacravit honore
Perpetuo Michael archangelus, ut famuletur
Christo semper ibi monachorum concio sancta;
Quo vix perque gradus ascenditur, inferiusque
Pendula villa domos plures habet et speciosas[2],
Et populi multi satis ampla sede capaces.
Qui locus in celum se taliter elevat, ut, dum
De longe aspicitur, aliud nihil esse videtur
110 Ardua quam turris hominum fabricata labore,
Quam[3] soli est operata sibi divina potestas,
Et satis Angelicis gaudebat tutus haberi
Presidiis, nullo dispendia tempore passus.
At simul edificans muros ibi cura Johannis

1. *sati* P.
2. *speciosas et plures habet* P.
3. *quem* L P.

LIBER VIII.

Pretulit humanas vires celestibus armis,
Quemque tuebatur celesti milite Christus,
Munivit sacrum humano munimine montem;
Extunc causa loco pereundi inventa sacrato :
Nam fera Britigenum rabies, non inscia quando
120 Fluctus adesse solet, vel quo sit tempore littus,
Ad montemve quibus pateat via sicca diebus,
Fluctu interstitiis lunaribus abbreviato,
Vi fore confracta, subeunt, incendia miscent ;
Igneque supposito domibus, vis ignea sursum
Scandit, et ecclesie decus omne locumque sacra-
Resque monasterii cremat insatiabilis omnes. [tum,

    Hinc cum Britonibus ascendens Guido, mani-
Vicinas sibi signiferis obsedit Abrincas,   [plis
Colle sitas inter Seram Selinamque supino,
130 Pisciferos amnes multo salmone feraces,
Cumque suburbanis regi pessumdedit urbem.
Hinc abiens illi castra omnia subjiciendo
Usque Domum Kaii vicos et rura cremando,
Tandem venit ubi rex exspectabat eumdem,
Dans populis nova jura suis[1], aliosque magistros;
Fecundasque ab eo grates cum laude reportans,
Ipse suique omnes, re sic feliciter acta,
Jam spoliis pleni gaudent remeare Coethnum.

    At simul innotuit sancti combustio Montis
140 Magnanimo regi, domuumque ruina sacrarum,
Atque monasterii tota incinerata supellex,
Compatitur pius ecclesie rerumque ruinis ;
Et ne fiat eis deinceps injuria talis,
Precipit ut pereat munitio tota Johannis ;
Et sua militie celesti castra resignans,

---

1. *novis* P.

Humanis bonus excubiis loca sacra resignat[1] ;
Largifluaque manu monachos[2] juvat in renovando
Sarta tecta[3], libros[4] et cetera que furor ignis
Solverat in cinerem : que nobiliore paratu
150 Quam prius exstiterant, jam restaurata videmus.
Sic mala convertit Deus in bona ; sic miseretur
Nobis quando magis irasci credimus ipsum[5] ;
Verbere sic propter peccata flagellat amico
Quos amat, ut pravos studeant abdicere mores :
Sic ferit ut sanet ; sic vulnerat ut medeatur.
Hinc rex magnanimus, tota regione subacta,
Urbi Rothomago victrices applicat alas,
Quam sibi supposuit vix octoginta[6] diebus ;
Nam duplices muri, fossataque tripla profundo
160 Dilatata sinu, numerosaque copia gentis,
Et speciosa[7] nimis fluvii stagnantis abyssus,
Difficilem[8] nostris reddebant viribus urbem.
Rothomagensis item communia, corde superbo,
Immortale gerens odium cum principe nostro,

---

1. *relaxat* V.
2. *monacho* V.
3. Guillaume a sans doute cru que cette expression ne formait qu'un seul mot dont les trois premières syllabes étaient longues.
4. Tous les livres du Mont-Saint-Michel n'avaient pas péri dans cet incendie, car nous en possédons encore plusieurs qui remontent à une époque antérieure, entre autres le ms. original de la Chronique de Robert de Torigni décrit par M. Léopold Delisle dans sa préface des œuvres de cet auteur (I, xlv). Voy. le Catalogue des mss. d'Avranches dans le *Catalogue des manuscrits des Bibliothèques des départements* (IV, 427-562).
5. *illum* V.
6. La Chronique (§ 131, p. 221) ne parle que de quarante jours environ.
7. *spaciosa* V.
8. *dissimilem* L P.

Vinci malebant ejus quam sponte subire
Imperium, vel ei quicquam prestare favoris.
Succubuit demum, mutilata cornibus urbe,
Muros ipsa suos truncare coacta, suisque
Sumptibus antiquam subvertere funditus arcem;
170 Maxima Vernolio parilis solatia fati
In commune ferens, doleat ne sola dolere,
Parcius ut doleant discincte menibus ambe,
Penaque par feriat quos culpa coinquinat equa,
Amodo ne regi casu quocumque repugnent,
Neve repugnantes juga nostra repellere possint [1].

Sic fuit ex toto Normannia subdita Franco,
Quod nullo casu contingere posse putavit;
Normannique omnes per plurima bella subacti,
Multaque pro non rege suo dispendia passi,
180 Denique sunt regi proprio servire coacti [2].

Tempore quo Simplex in sceptris Karlus agebat,
Normannos patriam Norwegia misit in istam,
Grandibus evectos duce sub Rollone [3] cuillis [4],
Qui paganus erat, vir prudens, strenuus armis,
Christicole populi sitiens haurire cruorem.
Hic cum multorum saturasset cedibus enses,
Vicos invicta vi depopulatus et urbes,
Pestiferum extendens in plurima regna furorem,
Demum Carnoti cum menia frangere vellet,
190 Virgo Dei genitrix, que se dignata vocare est
Carnoti dominam, tulit illi luminis usum,
Vincibilemque dedit populo qui diligit ipsam;

1. Chron., § 131.
2. Il y a ici dans V la place d'un vers laissée en blanc.
3. *Rollomonc* P.
4. Ce mot, qui désigne certains vaisseaux de transport (voy. Du Cange, *Cuilla*), est omis dans L et dans P.

Ut sic exterius aliquanto tempore cecus
Luce mereretur Christum interiore videre[1].
Qui fugiens victus, majori parte suorum
Amissa, factus humilis, tum denique Christo
Credidit, et meruit vitali fonte renasci.
Proinde sue gaudens illum rex Karlus honorat
Conjugio nate, cum qua Normannia pacis
200 Federe sub firmo datur illi nomine dotis.
Jam tamen ipse suis ipsam acquisiverat armis,
Invida cui partus optatos Juno negavit,
Exsortem prolis faciens excedere vita.
Rollo tamen jungens aliam sub lege jugali,
Viribus invictis patriam totaliter illam,
Et sua post illum tenuit successio tota,
Donec post annos virtus divina trecentos
Illam restituit per prelia multa Philippo;
Quam tenet et tenuit, longumque tenebit in evum.
210 Que prius antiquum cum Neustria nomen haberet.
Post a Normannis habuit Normannia nomen,
Quo gaudent patrii memores idiomatis esse ,[tus
In quo *North* Boreas, homo *man*[2] sonat. Inde voca-
Normannus[3] prisce meminit patrieque tribusque[4].

Postquam succubuit Franco Normannus, et
Terra Philippinas suscepit Neustria leges, [omnis
Indignante diu portavit vertice regis   [rem
Mite[5] jugum, dominumque nequit nescire prio-

---

1. Voy. *Miracles de N.-D. de Chartres,* Bibliothèque de l'École des chartes, 1881, p. 549.
2. *noan* V.
3. *Normanniis* V.
4. Chron., § 132. — On trouve ici dans V un vers de plus :
   Nomine composito veterem sapiente loquelam.
5. *mitte* L P.

Quamvis ille status servilior esset eisdem,
220 Advena cum gravibus oneraret legibus illos.
Rex malens bonus esse malis, assuescat amando
Ut sibi paulatim populus, ne se peregrinis
Consuetudinibus arctari forte querantur,
Judicia et leges non abrogat; immo tenenda
Omnia confirmat generaliter hactenus illis
Observata, quibus non contradicit aperte
Jus, aut libertas non deperit ecclesiarum.
Quedam autem in melius juri contraria mutans,
Constituit pugiles ut in omni talio pugna
230 Sanguinis in causis ad penas exigat equas,
Victus ut appellans sive appellatus eadem
Lege ligaretur, mutilari aut perdere vitam.
Moris enim exstiterat apud illos hactenus, ut si
Appellans victus in causa sanguinis esset,
Sex solidos decies cum nummo solveret uno,
Et sic impunis amissa lege maneret;
Quod si appellatum vinci contingeret, omni
Re privaretur, et turpi morte periret[1].
Injustum justus hoc juste rex revocavit,
240 Reque pares Francis Normannos fecit in ista.
Preterea motu proprio, nullo suplicante,
Indulsit monachis et clero, ut fiat ab illis
Canonico deinceps pastorum electio ritu.
Nam rex Anglorum jus usurpaverat illud
Usque modo, ut solus pastores ipse crearet :
Nam, quoties pastore carens prelatica sedes
Civili letho naturalive vacasset,
Protinus ecclesie bona cuncta vacantis ab ipso

---

1. Ces coutumes avaient déjà été modifiées par Richard Cœur-de-Lion, en 1190. (Voy. D. Brial, XVII, 214, note *a*.)

Usurpata suos convertebantur in usus ;
250 Sicque Dei sponsam viduans, quantum ipse vole-
Cogebat placito sibi demum nubere sponso ; [bat,
Istaque causa fuit aliis specialior, ob quam
Ense trucidavit Thomam trux ille[1] beatum,
Qui tam perversos ritus abolere volebat.
Hec rex, ut juri contraria, juris amator,
Filius ecclesie ob matris revocavit amorem :
 « Est mihi, proclamans, cura hec que spectat ad
 « Importuna satis cum sollicitudine regni ; [ensem,
 « Divinis divina viris tractanda relinquo.
260 « Est curare satis laico laicalia ; cura
 « Nolo, immortales animas que curat, abuti.
 « Presint ecclesiis, presint conventibus illi
 « Preesse quibus dederit concors electio, sicut
 « Sacrosancta jubet sanctorum sanctio patrum. »
Dixit, et, ut facto firmavit dicta, cohortes
Hinc procul armatas alias agit in regiones,
Singula distribuens loca particulariter ipsis
Agminibus, bellis simul ut pluraliter utens,
Pictavos, Turones sibi subdat, et Andegavitas,
270 Instabilis fidei, varioque favore vicissim,
Nunc hunc, nunc illum, consuetos fallere regem.
 Nec mora, Guillelmus sibi qui de Rupibus aptat
Cognomen, fortis vir corpore, fortior armis,
Cumque sua nulli rupta parcente Cadocus,
Andegavum irrumpunt, captamque viriliter urbem
Totam subjiciunt ejusque suburbia regi[2].

1. Henri II, roi d'Angleterre.
2. La prise d'Angers eut lieu vers la fin d'octobre 1203. (Voy. G. Dubois, *Recherches sur la vie de Guillaume des Roches*, dans la *Biblioth. de l'École des chartes*, 1873, p. 531-532.) — Chron., § 133.

Cujus Guillelmi rex inclyta facta fidemque
Attendens, ipsum comitis vice, munere largo,
Totius patrie dominari jussit et urbi.
280 Cui quamvis totum donasset rex comitatum,
Non tamen usurpat comitis sibi nomen habendum;
Imo senescallum quasi se minuendo vocavit[1].

Henricus vero modicus vir corpore, magnus
Viribus, armata nulli virtute secundus,
Cujus erat primum gestare in prelia pilum,
Quippe marescalli claro fulgebat honore,
Cum legione Troum veniens a rege recepta,
Castro vi capto longam post obsidionem,
Incinerat villam, murosque obtruncat et arcem.
290 Hinc quoque progrediens victor Pictonibus ire
Obvius audebat, qui, terram regis adorti,
Vicos, agricolas depredabantur et agros;
Et licet inter eos esset Hemericus et Hugo,
Et cum Guillelmo Savericus, Portacleasque[2],
Atque alii quales equites Pictonia gignit,
Quorum fama canit per totum nomina mundum,
Non tamen aut vires Henricus abhorret eorum,
Aut numerum, quamvis numeri foret ipse minoris;
Et tanto conferre manum ferventius ardet,
300 Quo magnos fortesque viros ibi noverat esse.

Jamque graves spoliis variis predisque redibant,
Perque vadum deforme luto repedare parabant,
Difficiles ubi densa vias alneta tegebant,

---

1. C'est en août 1204 que Philippe-Auguste déclara les droits de Guillaume des Roches en sa qualité de sénéchal d'Anjou (*Cat.*, 848-849); il est probable que le roi reconnaissait déjà auparavant ce titre à Guillaume (*Cat.*, 795), qui l'avait reçu d'Arthur de Bretagne (*Cat.*, 562).

2. *Savaricus* V.

Per patrie loca fida sue tuto ire putantes;
Exspectabat eos audax Henricus ibidem,
In patriaque sua Pictos ad bella vocabat.
Qui cum majorem jam partem exisse vadosis
Illorum vidisset aquis, campumque tenere,
Impediente luto reliquos, exsultat, et, « Ecce
340 « Tempus, ait, socii, quo se manifestet in armis
« Vestra, locumque videt, probitas, quo proferat
[actu
« Ardorem virtutis amor quem pectore gestit[1].
« Nunc, rogo, nunc quanto vobis sit amore Phi-
« Exprimat audaci virtus et dextera facto. [lippus,
« Jam video trepidare viros, jam terga parare;
« Palma fere vobis pugnandi prevenit horam;
« Ultro se manibus offert victoria vestris.
« Neve minor paucos sit gloria vincere casu,
« Gratia fortune vobis providit in isto.
320 « Nam, postquam vestras acies videre, catervas
« Ecce suas omnes cetu clausere sub uno,
« Ut levius possint vinci communiter omnes,
« Conflictuque brevi, ut doleant succumbere vo-
« Ecce fatigati veniunt, spoliisque gravati; [bis.
« Nec vos hoc moveat, quod signis ecce levatis
« Ostentant[2] sese defendere velle videri;
« Vos a pugnando sic deterrere putarunt,
« Et ficto vestras terrore relidere vires.
« Cognita si tamen esset eis intentio vestra,
330 « Illis si plene vestra de mente liqueret,
« Jam vidissetis ostendere terga, viasque

1. Il faudrait sans doute lire *gestat*, mais tous les mss. sont d'accord.
2. *ostendant* V.

« Jam per diversas cetu fugisse soluto.
« Segnities abeat, audacia prodeat ; ecce
« Quicquid in hac aliquid regione valere videtur,
« Temporis articulo superare potestis in uno.
« Vincatis victos, trepidis instetis, et omnes
« Suppeditat Pictos victoria vestra Philippo,
« Totaque sponte subit ejus Pictonia leges.[phos. »
« Una brevis multos consummat pugna trium-
340   Dixit, et, ejaculans trifidi se fulminis instar,
Pictones volat in medios, ictuque supinat
Portacleam primo, vacuamque relinquere sellam[1]
Vi facit, et coni signare[2], charactere terram.
Nec reliqui comites pugnam virtute minori
Arripiunt, sternuntque viros, traduntque ligandos
Armigeris, ipsi reliquis[3] dum fortiter obstant.
Nam Savericus, et hi quibus est audacia major,
Turpiter ut socios sic aspexere ligari,
Dispersos revocant, profugos in bella reducunt,
350 Collapsos relevant, et equis tellure levatos
Restituunt, bellumque novant, rigidoque resistunt
Marte viris. Equis animis pugnatur utrinque ;
Hastis nil agitur, gladius solusque cutellus[4]
Mortifer afficiunt alternis agmina plagis.
Sic sibi conjunctum, sic de prope quilibet hostem
Invenit ut feriat, atque ut feriatur ab illo.
Et jam Pictonum, quod adhuc alneta tenebant,
Agmen, ut aspexit socios concurrere Francis[5],

---

1. *sollam* V.
2. *et consignare* P. — D. Brial avait à tort remplacé *et coni* par *atque suo*. *Conus* désigne le sommet ou le cimier d'un casque.
3. *reliquos* P.
4. *cultellus* P.
5. *Francos* V.

Non audent ultra procedere; sed retroversi
360 Se malunt solos salvos salvare regressu,
Quam dubio socios belli sub fine juvare.
Quo viso, campum viduat pars maxima, seque
Subducit Franco ardenti quem ferre nequibant.
Diffugiunt omnes; sed nec Savericus abhorret
Ipse viam[1], multos post se fugiendo relinquens;
Nec curat quantos ibi quisquam linquat amicos,
Qui vix se[2] potis est solum subducere morti.
Sic victis victor Pictis, campoque fugatis,
Quinquaginta duos equites centumque clientes[3]
370 Ad regem misit vinctos Henricus, et omne
Omnibus excussit spolium, predamque reduxit;
Cunctaque restituens nostris ablata colonis,
Cetera divisit sibi victricique caterve[4].

Rex vero interea sibi jam subjecerat urbem
Pictavim, totumque solum quod spectat ad illam,
Loudunumque ferax Cereris, Bacchique Niortum
Cum Monsteriolo, Partheneioque[5] rebelli;
Armatisque viris per singula castra locatis,
Qui patriam faciant ejus sub nomine tutam,
380 Agmina Chinonis ferrata reducit ad arces.

Iste senescalli vicus de nomine Kaii
Nomen habet, quem cum primus fundaverit ipse,
Fundatum voluit sibi nomine reque dicari,
Cui Pendragoride regis largitio totum
Neustrinumque solum donarat, et Andegavense,

---

1. *Ipsam fugam* V.
2. *Qui vise* P.
3. Rigord (§ 151) et Guillaume, dans sa Chronique (§ 145), ne parlent que de quarante chevaliers.
4. Ces faits se passaient en 1208. Voy. Chron., § 145.
5. *Parthenei quoque* P.

Ut pariter fieret isti dux et comes illi[1].
Villa referta bonis, circumdata menibus altis,
Inter aquam montemque situ splendescit ameno.
Arx autem scopulis circumcingentibus alta
390 Rupe sedet, quam sic ex illa parte rubenti
Amne Vigenna ligat, hinc circumcludit hiatu
Horrendo vallis, rectoque tenore sub altum
Aera productus nature munere clivus,
Ut non Gaillardo se jactitet inferiorem,
Sive situ naturali, seu menibus altis,
Aut defensorum numero, sive ubere glebe.
Bellovagensis erat ibi vinctus episcopus[2] arcta
Compede, Conanusque Brevis[3] qui nunc domina-
Belligero Britoni quem terra Leonica nutrit, [tur
400 Quam pater ante suus tenuit Guidomarchus, amico
Federe conjunctus Francis regique Philippo ;
Corpore qui tam fortis erat, quod fregerit uno
Tempus equi pugno, soloque peremerit ictu
Prepositum ipse suum, pregrandi corpore mons-
Cui pugno duri perfregit verticis ossa[4]. [trum,
Unde magis festinat idem rex prendere castrum,
Solvat ut inde suos, recluso carcere, caros.

Quinque fere novies stadiis distabat ab illo
Nobile castellum quod Lochia nomine dicunt,

---

1. Voy. Geoffroi de Monmouth, IX, 11.
2. L'évêque de Beauvais avait été enlevé par Mercadier en 1197. (Voy. Rigord, § 123.) On était alors en 1205.
3. Il ne faut pas confondre Conan le Petit, comte de Léon, avec Conan le Petit, duc de Bretagne.
4. Cette prouesse de Guiomar de Léon a été déjà rappelée plus haut (liv. III, 223-230). Il résulte même des vers où elle est racontée, qu'en 1188, Guiomar de Léon tenait encore le parti du roi d'Angleterre.

410 Cui nec fruge solum, nec Baccho vitis avara est ;
Endria cui magnum decus addit et utilitatem,
Dulcibus irriguis hortos et prata rigando,
Qui, cum sit gratus visu, fecundus et usu,
Multimodo patriam juvat oblectamine totam.
Hoc collativa castrum paritate videri
In nulla dispar Chinoni dote sinebant
Municipes armis, natura situ, manus arte.
  Huic patrie toti preerat ferus ille Girardus,
Servus et a servis oriundus utroque parente,
420 Cui satis obscurus ortum dedit Athia pagus.
Is Turonum totam vastaverat, Ambadiumque,
Et patriam totam cum vicis omnibus, in qua
Editus atque alitus fuerat bubone sinistro,
Quamvis Supplicii servus foret Ambadiensis[1].
Pejor enim quavis est peste domesticus hostis,
Precipue qui colla premit pede libera servo.
  Lochia Chinonemque simul rex obsidet, atque
Vix anni spatio longo sibi subdit agone,
(Tante molis erat tantas evertere turres !)
430 Innumerosque capit equites, multosque clientes,
Vi castrum multa qui tutabantur utrumque,
Cumque aliis vinclo vinctum majore Girardum

---

1. Sulpice III d'Amboise n'avait pas encore abandonné le parti de Jean Sans-Terre le 19 juin 1200, époque à laquelle celui-ci lui donnait le fief de Saint-Quentin. (Duffus-Hardy, *Rotuli chartarum,* I, part. 1, p. 70ᵇ.) Mais, vers la Toussaint de l'an 1202, Sulpice « qui ad regem Francie se converterat » brûlait Tours et l'occupait pendant tout l'hiver. (*Chron. Turonense.* D. Brial, XVIII, 296ᴱ.) Quatre ans plus tard, il était l'un de ceux qui garantissaient, au nom du roi de France, la trêve conclue le 26 octobre 1206 avec Jean Sans-Terre (*Cat.,* 1006). Sa fille fut accordée avec Dreu de Mello, fils de Dreu IV, connétable de France (*Cat.,* 1329), mais elle ne l'épousa point. (P. Anselme, VI, 59.)

Karnopoli tenuit in carcere tempore multo,
Supplicio affligens digno pro crimine servum[1].
　Exigit iste locus, ni nos majora vocarent,
Adventum regis breviter memorare Johannis,
Per mare qui veniens gentis cum millibus Angle,
Pictonum voluit fines auferre Philippo;
Continuoque suum levitas Pictava favorem
440 Illi restituit, ipsumque in prelia juvit.
Sed, celeri[2] levitate superveniente Philippo,
Vix illi licuit profuge se reddere classi,
Velivoloque suam vitam salvare recessu,
Pluribus expositis morti, dum, classe parata,
Rupelle in portu festino remige transnat,
Venerat unde modo, partes fugitivus ad Anglas.
Mox omnem patriam sua rex in jura reducens,
Hoc[3] sibi Pictones vinclo majore revinxit,
Quo solitum variare fidem cor novit eorum.
450 Sed que firma satis innexio Protea nectat?
Nec Pictos constringit amor, nec Protea nexus[4].
　Nec minus hic etiam, si nobis forte vacaret,
Dicere tempus erat breviter vel tangere bellum
Quo comes Alverne regionis Guido nepotem
Perdidit et natum; qui dum collegia sancta
Presumit spoliare bonis, nec parcere sacris
Virginibus meminit, sibi dum confiscat earum
Cuncta monasterii trux, ornamenta, librosque,
Et bona cuncta quibus vivebat concio sancta[5],

1. Chron., §§ 133 et 134.
2. *sceleri* P.
3. *Hec* P.
4. Chron., § 139.
5. *sacra* V.

460 Nec vult regali monitu compescere mentem;
Misso cum multis equitatu a rege maniplis,
Denique confectum bello quamplurima castra
Perdere se doluit totali cum comitatu.
Talibus ecclesie rex damna ulciscitur armis,
Tam rigida cleri predones reprimit ira,
Ut qui non parent monitis, parere coacti
Vindicte, saltem[1] ad tempus mansuescere discant,
Et brevior sit eis deinceps peccare facultas ;
Quorum et si mentes penitus compescere pena
470 Non valeat, multum tamen his subtractio rerum
Impedit[2], affectus ne perducatur ad actum.
Privat enim effectu multum subtracta facultas,
Culpaque fit brevior quam patrat sola voluntas,
Debeturque minor peccato pena minori.   [nem
Neve putes regem pro se hoc egisse, sed om-
Impendisse operam Domino Dominique ministris :
Cuncta monasteriis fecit bona restitui que
Perdiderant ; dono post donat cetera largo,
Nulla sibi retinens, Guidoni Domnipetrite.
480 Que cum Guido diu tenuisset, denique fatis
Morte satisfecit, Archembaldumque reliquit
Heredem, qui nunc patrio tenet omnia jure[3] ;
Que meruit miser ille[4] suis amittere culpis.
Qui modo privatam ducens pro tempore vitam,
Que sua nuper erant alienigenis data plangit.

1. *saltim* P.
2. *expedit* V.
3. Chron., § 156.
4. Cette épithète désigne non pas Archambaud, mais Gui II, comte dépossédé d'Auvergne, qui ne mourut qu'en 1224. Archambaud IX avait succédé à son père, Gui de Dampierre, en 1215.

Quos adipe expleri[1] rerum videt ille suarum,
Esuriente suis cum successoribus ipso;
Hoc solo miseram solans solamine vitam,
Quod comitem simili Raymundum crimine lapsum,
490 Qui Sancti comes Egidii Tholoseque vocatur,
Amisisse videt urbes et castra. Quot annus
Fertur habere dies, tot villas ille celebris
Nominis et fame Francorum a rege tenebat,
Cui subjectus erat feodaliter, inque secundo
Per vinclum carnale gradu conjunctus eidem[2].
Sed, postquam ecclesie cepit contrarius esse,
Catholice fidei defensans improbus hostes,
Heresiarcharum fautor, populique fidelis
Nequaquam et cleri metuens inimicus haberi,
500 Nec consanguineum sibi rex nec habere fidelem
Dignatus, cepit contra illum bella movere;
Utque illi liceat punire licentius illum,
Quamvis sciret idem proprio sibi jure[3] licere,
Impetrare studet a Summo Presule sacra
Scripta[4] quibus pariat indulta remissio cunctis
Spem venie, contra hereticos qui bella moverent,
Per quos temnebat Christi Provincia legem
Et se pestiferi fedabat peste veneni.

Dehinc, quia nec Pape monitis nec regis amico
510 Consilio comes ille ferus parere volebat,
Ut saltem reprobos cuivis exponeret hosti,

1. *impleri* P.
2. Raymond VI, comte de Toulouse, fils de Constance, sœur de Louis VII, se trouvait être le cousin-germain de Philippe-Auguste.
3. *proprio de jure* P.
4. Voy. les lettres pontificales indiquées par Potthast, *Regesta*, 3352, etc.

Aut per se puniret eos ut jura jubebant,
Immo tuetur eos, et eorum prava per ipsum
Secta viget, dum non prohibendo fit unus eorum,
Rex et Papa simul exponunt omnibus illum,
Et res et patriam totam que spectat ad illum[1],
Ut qui prevaleat armis et viribus illi
Tollere quod proprios licite convertat in usus,
Et dominus fiat rerum quas auferet illi.
520 Rex igitur primus zeli fervore superni
Corde pio motus, ter millia quinque virorum
Ad proprios sumptus instructos rebus et armis,
Dans exemplum aliis, in Christi prelia misit.
At reliqui proceres, equites, comitesque, duces-
Prelati ecclesie, necnon et mobile[2] vulgus, [que,
Omnes pene viri gladios qui ferre valebant,
Spe ducti venie, Christi sua pectora signo
Consignant, ut quod calet intus luceat extra,
Illasque in partes iter aggrediuntur ituri.
530 Ergo Dei pugiles, aciebus multiplicatis,
Usque Biterrensem festinant ocius urbem,
Ad quam turba frequens confluxerat hereticorum.
Fortis enim et nimium locuples, populosaque valde
Urbs erat, armatisque viris et milite multo
Freta, sed Albigei maculis infecta veneni ;
Quam virtus modico sub tempore catholicorum
Frangit, et ingressi sexus utriusque trucidant
Millia bis triplicata decem, quos, absque virorum
Majorum assensu, vulgi furor immoderatus,
540 Et Ribaldorum dedit indiscretio morti,
Interimens mixtim cum non credente fidelem,

---

1. *illam* V.
2. *nobile* L P.

Nec curans esset quis vita, quis nece dignus[1].
Hinc procedentes Carcassonentida cingunt
Agminibus densis urbem, quam tempore parvo
Gnaviter expugnant, et eam se dedere cogunt,
Tali condicto quod, nil ex urbe ferentes,
Bellator, civis, etas et sexus uterque,
Sola contenti vita, sine veste, sine armis,
Arcto postico quod vix foret exitus uni,
550 Unus post alium studeant exire viritim,
Cuncta relinquentes libito bona catholicorum,
Agros, arma, pecus, gazas, vineta, penates,
Et quamcumque locus rem tam preclarus habebat.
Quo facto, replent utramque fidelibus urbem
Catholici pugiles, et sacramenta Deique
Servitium fieri procurant ordine recto,
Quod regione malus error corruperat[2] illa.
Inde revertuntur, patriamque revisere gaudent
Quisque suam, solo dimisso Simone Monti
560 Qui preerat Forti. Comes inclytus ille, fideli
Corde, manu forti, papalia jussa secutus,
Et subiens onus impositum cervice volenti,
Tale videretur ne frustra nomen habere,
Hereticos omnes tota regione fugavit,
Quos occidendos comprendere forte nequibat;
Non castrum, non urbs, munitio nulla ferebat
Illius occursum, quin mox succumberet illi.
Quamvis pauca manus illum sequeretur in armis,

---

1. Sàuf le chiffre des personnes tuées, qui est d'ailleurs le même que celui que donne Guillaume dans sa Chronique (voy. tome I, p. 258, note 9), le récit du massacre de Béziers s'accorde avec celui de Pierre de Vaux-Cernay. (D. Brial, XIX, 20 B.-C.)
2. *corruperet* P.

Supplebat numerum probitas immensa, fidesque ;
570 Et sic tota fere Christi Provincia legi
Auxiliante fuit Domino subjecta per illum.

Confugit ergo comes Raymundus ad Arragonen-
Auxilium regis, qui congregat agmina regno [sis
Quotquot habere suo poterat ; nec defuit illi
Fusinus comes[1], et Tholosane copia gentis,
Massiliique viri, quosque illi misit Avigno,
Albia cara[2], Nemaus, et quos misere Navarri,
Et quos nutrierat Carcasso, comesque Bicorrus[3].
Conveniunt omnes numero bis millia centum[4],
580 Mente una cupidi cum Simone vincere Francos,
Et dare vel morti, patria vel pellere tota,
Armis instructi, sed nec virtutis egeni,
Quorum semper erat probitas exercita bellis,
Et feritas assueta neci, cedique dicata.
Hi tantis certant cum Simone viribus, ut vix
Se sociosque suos defendere posset ab illis,
Cujus erant equites cum quadraginta ducenti,
Septingenti[5] in equis famuli, peditesque trecenti[6],
Cum quibus ipse nolens fortune cedere forti,
590 Murelli tuta caute se clausit in arce.

Christus enim sanctis ita consulit, ut vir ab una

1. Raimond Roger, comte de Foix.
2. *chara* P.
3. Gaston VI, vicomte de Béarn, comte de Bigorre par sa femme.
4. Ce chiffre est évidemment une exagération poétique. Ce n'est du reste pas la seule que Guillaume se soit permise dans ce récit de la croisade contre les Albigeois : c'est ainsi qu'on le verra plus loin faire désarçonner le roi d'Aragon par Simon de Montfort.
5. *Septuaginta* L P.
6. Voy. tome I, p. 259, note 5, et plus bas, v. 721.

Se fugiendo bonus aliam conservet in urbem;
Est etenim caute vis evitanda malorum, [tum.
Ne quod mente parant perducant semper ad ac-
Immó etiam sanctis fuga sepius expedit ipsis,
Quo super ipsius nos instruit actio Christi,
Dum subit Egyptum fugiens Herodis ab ira,
Inconsulta trahat ne nos audacia sponte
Velle mori, cum nostra videt discretio quam sit
600 Utilior nostre mortis dilatio quam mors.

    At rex Arragonum, totusque exercitus ejus,
Murellum fixis circumdant undique signis;
Nec se moturos jurant, nisi Simone capto,
Catholicisque viris ejus qui signa sequuntur.
Intra Murellum cum Simone contulerant se
Persone primi multe, pluresque secundi
Ordinis, et cleri quamplurima turba minoris,
Arma quibus tractare negat lex ecclesialis :
Qui, sacra celestis doctrine verba pluentes,
610 Consilium prestant aliis qui belligerantur,
Et bello superant inimicos spirituali,
Exemplo Moysis[1] pugnante precantis Hebreo
Quo sursum tollente manus vincebat Hebreus;
Depressis autem manibus, Moyseque tacente,
Victorem victor Amalech vincebat Hebreum.
Et ne plus oneris quam commoditatis haberent,
Neve gravis foret illorum presentia castris,
Exercebat eos vigor indefessus ad omne
Quod castrensis opus sibi sollicitudo requirit;
620 Plusque laborabant populo manualiter omni,
Sola hec que mortem poterant inferre caventes.

---

1. *Moysi* V et P.

Omnes hi pariter communi anathemate regem
Arragonum feriunt, et qui illum in bella juvabant,
Qui nitebantur Christi pervertere legem,
Qui perversores legis relevare volebant,
Ut, Domini gladio percussi primo, feriri
Promptius et nostro possint a milite cedi.
Ipse etiam ut vidit tot millibus undique Simon
Se circumcingi, nec corpora se tot habere
630 Singula quot numero centenos hostis habebat,
Consulit, et tali compellat famine Francos :
« Magnanimi proceres Trojana stirpe creati,
« Francorum genus egregium, Karolique potentis
« Rollandique coheredes et fortis Ogeri, [agros,
« Qui patrie tam dulce solum, tot castra, tot
« Qui villas tot deliciis opibusque fluentes,
« Qui tot amicorum, tot pignora conjugiorum
« Cara reliquistis pro Christi lege tuenda,
« Ipsum pre mentis oculis habeatis, et ipsi
640 « Vos committatis soli, pro cujus amore,
« Pro cujus tot bella fide, tot vicimus hostes ;
« Qui solus potis est nobis conferre salutem,
« Qui solus nos eripuit de mille periclis,
« Qui solus nunc eripiet[1] presente periclo.
« Tunc etenim se debet homo committere soli
« Puro corde Deo, cum quid ratione geratur
« Ex se non reperit, cum quod natura vel usus
« Consilium prestat, omni vacat utilitate.
« Obsidet hec, et nos gens tam numerosa necare
650 « Dira mente sitit ; jam, fractis menibus istis,
« Castellum irrumpent ; spatio jam temporis arcto

---

1. Par suite d'un bourdon, les sept derniers mots (*de mille — eripiet*) sont omis dans V.

« Nos capient, mortique dabunt, et nostra fera-
[rum
« Morsibus et volucrum lanianda cadavera spar-
« Funeris ut tali contenti simus honore,   [gent,
« Nostraque tam nitidis tumulentur membra sepul-
« Sic et in errorem Provincia tota redibit, [cris.
« Sanctorumque fides et sacramenta peribunt,
« Sicne capi satius et honestius esse putatis,
« Et sancte fidei legisque videre ruinam, [tos
660 « Quam pugnando mori? Non omnes tollet inul-
« Mors ita nos, numerum quin attenuemus eorum
« Qui Domini gladio jam promeruere feriri,
« Ut citius gladiis mereantur cedere nostris.
    « Nunc, rogo, sanctorum memores estote viro-
[rum,
« Simonis et Jonathe ac Jude Mathatianitarum[1],
« Et sancti patris illorum, fratrumque priorum,
« Sacra quibus donat Machabeis pagina nomen,
« Quorum laus canitur et festa coluntur ubique,
« Qui tot tam fortes exstirpavere tyrannos,
670 « Idolatrasque omnes tota regione fugarunt,
« Idola frangentes, loca sacra reedificantes,
« In quibus ante Dei cultura solebat haberi,
« Omne quod Antiochus fedarat sanctificantes[2].
    « Tu, Guillelme, mihi fratrem quem nobilis ille
« Barrarum dominus, genitrix[3] cum nuberet illi

1. *Mathatianitaerum* V. — *Mathatiantiarum* L.
2. *sanctificantem* P.
3. Amicie, mère de Simon de Montfort, avait épousé en secondes noces Guillaume II des Barres, de qui elle avait eu celui qui est nommé ici. Guillaume des Barres disposa les croisés en bataille pour la journée de Muret. (*Chanson de la Croisade contre les Albigeois*, édition P. Meyer, II, p. 163, v. 3053.)

« Nostra, dedit, frater nobis uterinus ut esses,
« Nunc animo, nunc, queso, manu, te semine
[tanti
« Ortum demonstres imitatoremque parentis.
« At tu, Guido comes, quo principe Sidoniorum
680 « Exsultat regio[1], pariterque Philistica tellus,
« Qui vere meus es germanus utroque parente,
« Nunc, nunc scribatur virtus utriusque parentis
« Mente tua, ut patribus simili probitate proberis.
« Te quoque te moneo, Rocii dominator, Alane[2],
« Qui tot sub nostro fecisti rege triumphos,
« Qui te cum reliquis hec in certamina misit.
« Vosque alii proceres, communiter esse velitis
« Et patrum et patrie memores, genus unde
[tulistis,
« Ne patres sibi dissimiles, ne dulcis alumnos
690 « Patria degeneres doleat genuisse, quod absit!
« Precipue regis summi studeatis honori,
« Cujus mane novo pugnabitis hostibus. Ipse
« Dux velit et princeps pro se pugnantibus esse!
« Sic fiat sicut fuerit divina voluntas. »
Dixit, et assensu cetus totius in unum
Conclamante sonum, nullo variante favorem,
Somnis nocte data, sub prima luce suorum
Primitias operum Domino sacrat, ecclesiamque
Matutinus adit, ut cum solemnibus horis
700 Audiat officium quo Christi passio rerum
Sub specie nostram typice repetita salutem

1. Gui, frère de Simon de Montfort, avait épousé Helvis, veuve de Renaud, sire de Sagette. (*Familles d'Outremer*, p. 433.)
2. Sur Alain de Roucy, voyez *Chanson de la Croisade contre les Albigeois*, II, 129, note 2.

Effectu haud dubio renovat. Mox omne recenset
Robur, et ex uno tres efficit agmine turmas[1].
Protinus armati, cursu rapiente reclusis
Egressi foribus, hostile feruntur in agmen :
Ut leo qui caude sibi verbere suscitat iras,
Dum ruit armento vaccarum damna daturus,
Quas videt, oblitas jam viso[2] graminis illo,
Herbosis mussare procul sub vallibus Ide.
710   Sic Domini pugiles parili levitate, retectis
Ensibus, oppositos idem impetus urget in hostes.
Quo viso, Arragones gaudent, veroque furore
Insanire putant, et ob hoc gratantius illos
Excipiunt, quos sponte mori jam velle putabant.
Audaces igitur feriunt, feriuntur et ipsi,
Ictibus et primis equa virtute resistunt,
Et condensatis ex omni parte coronant   .
Agminibus, ne forte fugam quis tentet eorum
Quos in momento consumere posse putabant,
720 Inque brevi spatio concludere millia centum
Inter se putavere viros vix mille ducentos.
Jam latet, et penitus Francorum turma videri
Non valet a tantis circumvallata catervis.
Pugna recrudescit, ictus geminantur, et hastis
Nil agitur; gladii rimantur viscera nudi[3].
Nec jam par animis animus, non ictibus ictus,
Non pugno pugnus[4], non vires viribus eque;

---

1. Cette division en trois corps est mentionnée aussi dans la Chronique de Pierre de Vaux-Cernay (v. 871) et dans la *Chanson* (v. 3054).

2. *viso jam* V.

3. *vidi* V.

4. *pugna* P.

Nam quemcumque hostem Francus ferit, illico
Corruit, et vitam tenues exsufflat in auras. [lapsus
730 Si quis adhuc vivens ab equo ruit, ocius illum
Dilaniant pedites, et ei vitalia solvunt,
Dum properant equites alios aut cogere labi,
Ut peditum manibus rumpantur guttura lapsis,
Aut in equis ipsis occidere vulnere crebro.
 Rex furit Arragonum, sic cedi se sua coram
Pignora cara videns, nec eis succurrere posse ;
Piget eum[1], tentatque suas in Simone vires,
Indignans aliis concurrere ; quippe minores
Quoslibet indignos regali judicat ictu.
740 Cautior occurrit, pugneque peritior, illi
Simon, et lateris flexu cavet illius hastam,
Que medias veniebat ei transfigere costas.
Tunc regis dextra perniciter eripit hastam
Et signum regale simul quod pendet ab hasta ;
Quod, populum tanti faciens meminisse triumphi,
Nunc cum vexillo Romana pendet in ede[2].
 At rex exerto comitem ferit ense ; sed ipsum
Fortior insurgens, rapto de vertice cono,
Fortiter a sella comes elevat, inque vigentis
750 Circumflectit equi collo, manibusque duabus
Gnaviter amplexum regem portare volebat,
Et vivum servare, neci quia tradere tantum
Fas non esse virum comiti putat ; ut pius hosti,

---

1. *pungit equum* V.

2. Il est curieux de remarquer que, pour compléter cet épisode imaginaire, Guillaume le Breton défigure un détail réel de la vie du roi d'Aragon : Pierre II avait envoyé à Rome la lance et l'étendard du roi maure qu'il avait vaincu l'année précédente ; c'est cette lance et cet étendard, et non pas les siens, qui furent suspendus dans la basilique de Saint-Pierre. (Voy. Chron., § 161.)

LIBER VIII.

Ut bonus esse malo, populo laudetur ab omni.
Nititur ille viro elabi, multoque labore
Vix duro amplexu sublabitur, inque virenti
Gramine stare volens, prostratus corpore toto
Concidit, et fulva jacuit resupinus arena.
Arragones comitem circumstant, et magis illum
760 Debellare student, quam regem tollere terra.
Ille velut turris stat firmus, et ense rotato
Dissipat instantes, et multo sanguine pingues
Reddit agros, multaque virum se strage coronat.

Armiger unus erat comitem prope, nomine
[Petrus[1],
Non indignus eques fieri, vel gente, vel annis :
Occiso qui lapsus equo pedes ibat, et ipse
Pene ducenta virum dederat jam corpora letho.
Jamque gule regis ferrum, thorace reducto,
Aptabat. Cui rex clamans : « Rex, inquit, ego sum.
770 « Tolle, manum cohibe, et nolito[2] occidere regem ;
« Sed potius vivum serves, tibi multa daturum
« Millia marcarum pro solo munere vite. »[essem,
Petrus ad hec : « Modo te vidi, cum non procul
« Pectora velle tuo transfigere Simonis ense ;
« Meque peremisses, et Francos insimul omnes,
« Si vultu tibi propitio fortuna fuisset ;   [tem,
« Dignus es ergo mihi succumbere, qui mihi mor-
« Qui comiti, qui Francigenis inferre volebas.
« In te solus homo moritur ; sed mors tua nobis
780 « Omnibus et nostris est collatura salutem.
« Rex es, ego regis opto interfector haberi ;

---

1. V contient ici un vers de plus :
   Corpore, mente valens, generosus utroque parente.
2. *cohibe, noli* P.

« Hec mea dextra tibi regalia guttura rumpat[1],
« Que de gente tua mutilavit membra ducentis.
« Quot dicas comitum manibus cecidisse meorum,
« Cum mihi tot soli data sit necuisse potestas
« A Domino, cui te fecisti improvidus hostem?
« Expedit ergo tuis ut eos comitere sub umbras,
« Ne sine rege suo paveant occurrere Diti ;
« Quem si forte queas per vim tibi subdere, vel tu
790 « Rex ibi solus eris, vel conregnabis eidem.
« Propitiore tamen fato si vincere queris,
« Et causa meliore tibi pugnare necesse est[2].
« Vade, nec oblitus fueris que munera Charon
« Exigit. Ille quidem nequaquam trans Styga sis-
« Teve tuosve, nisi tuus illi spiritus ante   [tet
« Naulum persolvat, et porrigat ore trientem,
« Quem penes ejusdem sunt omnes conditionis :
« Non domino servus, non rex a milite differt ;
« Nil vires forti, nil divitie locupleti,
800 « Purpura nil regi ; cum paupere dives eodem
« Omnes vase bibunt, potus datur omnibus idem. »
    Hec dicens, ferrum regali sanguine spumans
Tinxerat, et vulnus alio geminaverat ictu.
Protinus Arragones, amisso rege, per agros,
Per valles fugiunt. Fusinus cum Tholosano
Ostendunt comites jam terga fugacia Francis ;
Et quicumque necem possunt evadere, vitam,
Auxiliante fuga, pedibus salvare laborant,
Plantis, non gladiis mage se[3] debere volentes.
810 Stabat adhuc Tholosana phalanx prope fluminis
                                   [undas

1. *rumpit* V L.
2. *ne cesses* V.
3. *gladiis sese* V.

Millia dena quater in papilionibus altis,
Observans aditus castri e regione sinistra,
Ne quis ad obsessos veniat vel prodeat extra,
Qui ferat aut querat illis quodcumque juvamen.
Quos cum vidisset Bernardus[1], presul eorum,
Qui tunc cum reliquis Murelli in turre manebat,
Exspectare quasi bellum renovare volentes,
Significavit eis ut se convertere vellent
Ad rectam veramque fidem, comitique[2] fideli
820 Corde reformari, finemque imponere bello.
Ast illi famulum pietatis verba ferentem
Cedere Theutonico non erubuere flagello[3];
Et cum verberibus indigna opprobria passo
Vix licuit paucis cum dentibus inde reverti;
In signumque illis a sancto presule missam
Presumpsere stolam variis discingere plagis.
Qua super ut comiti re certificatio facta est,
A Domini bello summa cum laude reverso,
Quamvis Arragonum satis esset strage gravatus,
830 Lassatique viri post bella quiete foveri
Exigerent potius quam rursum in prelia mitti[4],
Egreditur portis; cum quo, non mente minori
Quam si nulla die gessissent prelia toto,

---

1. L'évêque de Toulouse s'appelait Foulques et non pas Bernard. Il fit, en effet, pendant la bataille, offrir aux Toulousains de déposer les armes. (Pierre de Vaux-Cernay, p. 87 D.)

2. Simon de Montfort.

3. Le mot *Theutonicus flagellus*, qui ne se trouve pas dans Du Cange, doit désigner le fléau d'armes assez usité en Allemagne et en Suisse, mais qui ne semble pas avoir été habituellement employé en France. (Voy. Viollet-le-Duc, *Dictionnaire du Mobilier*, V, 427.)

4. *in arma reduci* V.

Illa invicta cohors inimica in castra feruntur.
  Non audet Tholosana phalanx exire furenti
Obvia Francigene; numero sed fisa suorum,
Seque putans infra sua castra resistere paucis,
Obstruit introitus, et se defendere tentat[1].
Sed breve per tempus, Domini viduata favore,
840 Terga dat; et, tantos nequiens sufferre furores,
Se cedi patitur, et cedit turpiter hosti.
Ut vi fracta lupus ingressus ovilia nocte,
Non sedare sitim aut carnes immergere ventri
Dente petens avida, gregibus tantummodo rumpit
Guttura lanigeris, et strages stragibus addit,
Sanguinis illecebras dum sicca fauce ligurit,
Et calido stomachum potus dulcore saginat :
Haud secus illa Deo devota per illius hostes
Turma necando ruit, gladiisque ultoribus iram
850 Exsequitur Domini, sibi quam geminaverat ille
Desertor fidei populus, comes hereticorum.
Nec spoliare illos[2], nec quemquam prendere
[curant.
Sed tantum, assiduo rubricatis ensibus ictu,
Effuso vitam victis cum sanguine tollunt ;
Inque die virtus Francorum claruit illo
Tanta, quod adjunctis ter millia quina duobus
Millibus ad Stygiam lux miserit una paludem ;
Dextraque texit eos tanto divina favore,
Quod tantum exciderent ex agmine Francigena-
860 Octo peregrini, quos reperit hostis inermes : [rum
Quorum spiritibus, lutea compage solutis,

1. *certat* V.
2. *viros* V.

LIBER VIII.

Christus perpetue largitur gaudia vite,
Nomine pro cujus cruor est effusus eorum[1].
   Non minor, hac iterum victoria contigit illis
Circa tempus idem, quando victricibus armis
Xantos, Burdigales, Blavios, Pictones, et Anglos,
Innumerosque alios variis a partibus illuc
Contra catholicos, mittente Johanne, profectos,
Simonis edomuit virtus, et nobile robur
870 Gentis Francigene numero breve, viribus ingens,
Que summa meruit efferri laude per orbem,
Multa triumphali dum cedit millia ferro;
Unde quidem pauci fugientes cum Saverico[2],
Quem rex Anglorum temere prefecerat illis,
Vix vitam salvare fuga meruere pudenda[3].
Quo mox audito, furiata mente Johannes
Indignans sibi nec fraudes nec bella valere,
Arma, quibus contra Francos nil proficiebat,
In Christum famulosque suos convertit, eisque
880 Imputat ignava quod mente resistere Francis
Non valet; et tanquam Deus hec infligat eidem
Supplicia immerito, Domino confligere soli
Et Domini servis animo contendit atroci.
   Ulciscens igitur in Christi membra, Philippo
Se toties victore mari terraque fugatum,

---

1. Chron., § 177.
2. *Savaricus* V.
3. Il s'agit sans doute ici de la bataille de Castelnaudari livrée en 1211, à laquelle assistait Savari de Mauléon, sénéchal de Guienne, qui avait amené 2,000 Basques au comte de Toulouse. (Pierre de Vaux-Cernay, p. 55 B. — D. Vaissète, *Histoire de Languedoc,* éd. Privat, VI, 349, 368, 371, 373.) Peut-être aussi y a-t-il une allusion aux faits de l'année 1214. (Pierre de Vaux-Cernay, p. 96 E.)

Et quod nullus ei conatus cedit honori,
Ecclesias spoliat, cleri bona diripit, omnes
Ruricolas civesque bonis proscribit avitis,
Flagitiisque miser variis ruit in scelus omne.
890 Laxat frena gule, maculatque libidine corpus;
Arctat avaritia cordis penetrale, nec unquam
Attenuare sitim valet accumulatio census;
Quoque magis sedare illam sitit accumulando,
Hoc magis illius animum cremat ardor habendi,
Semper ut inveniat artes quibus improbus omnes
Qui sibi subduntur argento privet et auro;
Quos spoliare nequit, vel strangulat ense, vel arc-
Compedibus vinctos longa nece cogit obire, [tis
Quos vesana fames in carcere suffocat ipso.
900 Prelatos etiam sacris e sedibus omnes
Ejicit, et tota Anglorum regione relegat,
Ut, procul amotis cleri populique patronis,
Res sibi liberius acquirere possit eorum.
Non parcit monachis, aut quos Cistercius ordo
Candidat, aut habitus denigrat Cluniacensis,
Merlini ut pateant tandem problemata vatis,
Quem dixisse ferunt : *Olim dominabitur Anglis,*
Argento urticas et lilia qui spoliabit,
Albentes monachos nigrosque per hec duo signans[1].
910 Organa suspendet; cleri tacet omnis ubique
Vox a laude Dei, nec sacramenta nec ullum
Ecclesia officium celebrat, septemque per annos
Se paganismi fedat tota Anglia ritu[2].

1. Ce vers est omis dans V. — D. Brial cite le texte de Merlin : « In diebus illis aurum ex lilio et urtica extorquebitur. »
2. Voy. *Histoire des ducs de Normandie*, p. 104, 109, 122, et Math. Paris, t. II, *passim*.

Interea sanctos pascebat Francia patres
Sedibus ejectos propriis, quibus alta Philippi
Magnanimi pietas tutum prestabat asylum,
Utque onus exilii tolerent tolerantius, atque
Ecclesie fiscique bonis compassus alebat.
    Nec minus hac ipsa sub tempestate[1], Johannis
920 Otho nepos regis, Saxonicus, omine levo
Quem sors extulerat ad summi culmen honoris,
Fleret ut imperium sordere Nerone secundo,
Urbis Romulee[2] fines et jura beati
Vastabat Petri, patrimonia propria servi
Servorum Christi; que vere noverat esse
Juris apostolici, sibi vi rapiebat et armis.
Romipetas et qui Sancte succurrere Terre
Ibant ex voto, quos crux assumpta tueri
Et tutos prestare omni debebat ab hoste,
930 Suppliciis animo variis subdebat amaro;
Hos spolians, illos occidens, membra quibusdam[3]
Amputat, obscuro multos in carcere claudit,
Extorquere queat ut plura numismata clausis.
Si quem paupertas tutum jubet ire, flagellis
Ceditur, in patriam vestigia vertere jussus,
Sedis apostolice ne limina possit adire.
Obsidet introitus villarum; publica nulli
Strata patet, nullis aditus dat semita tutos;
Armatus valles et confraga predo coronat
940 Ne queat hac ullus aut illac ire viator.
Pontes et gladiis et vispilionibus horrent,
Ut quotquot veniant spolient vi. Nulla facultas

1. *Penthecoste* L P.
2. *Romelee* V.
3. *quorumdam;* en marge : *alias quibusdam* P.

Visendi Romamve datur, Dominive Sepulcrum;
De media plerosque via docet ire retrorsum
Rumor, et infectis remeare ad propria[1] votis,
Ne, sua cum nequeant indemnes solvere vota,
Presumant certo sese objectare periclo.
Propter enim votum nulli est in damna ruendum,
Cum melius possit alio sub tempore solvi[2].
950 Sed, ne continui nos frangat cura laboris,
Intercidat opus brevis hic pausatio nostrum
Tempore vel modico, qua respirare queamus[3].

1. *ad propria remeare* P.
2. Chron., § 157.
3. . . . . . . *qua perdoceamur habenas*
    Qualiter in novo sit honorum flectere giro V.

CATHALOGUS MATERIE LIBRI NONI.

Scismaticos parat in nono delere Philippus.
Bolonides regnum turbat, profugusque Johanni
Othonique fidem, Ferrando complice, jurat.
Concilium celebrant cum rege Suessone Franci,
Quo se scismaticis statuunt communiter hostes;
Albidianique forent cum jam transire parati,
Subjicit Eneadis[1] *et se et sua sceptra Johannes.*
Damnum Dan infert classi, totusque crematur
Cum regione locus. Ferrandi proditionem
Flandria tota luit, Francorum perdita ferro;
Sed miserabilius perit omnibus Insula fallax.
Tornacum Flandri septem tenuere diebus[2].

INCIPIT LIBER NONUS.

Rex ita dum sevit in Christi membra Johannes,
Ecclesiamque pari ferus Otho furore molestat,
Hic[3] Anglos, hic Romipetas enormiter angens;

---

1. Virgile ne se doutait guère, lorsqu'il écrivait ce vers (VIII, 648) :
    Æneadæ in ferrum pro libertate ruebant
que l'expression qu'il employait servirait un jour à désigner l'Église romaine.
2. Au vers 702, il est dit que Tournai fut neuf jours aux mains des Flamands. — Dans V, le dernier vers du sommaire est ainsi rédigé :
    Tornacum capiunt Flandri et mox perdere lugent.
3. *Ille* V.

Audit, et, innata motus pietate, Philippus
Ecclesie damnis, cleri populique ruinis
Compatitur, Christique dolet decrescere cultum;
Audit, et ultorem Domini ecclesieque fidelem
Se fore[1] promittit, animoque in vota ligato,
Contra scismaticos[2] magno ciet[3] arma paratu,
10 Communemque juvat privata injuria causam.
Bolonides etenim se jam subduxerat illi,
Othonis reprobi partes Anglosque secutus;
Non veritus jam ter ignominiosus haberi,
Quo coram cunctis magis infamaret eumdem
Tertia proditio[4], triplicataque factio culpe
Proditionalis penis gravioribus illum
Afficiat, dignumque eterno[5] carcere reddat.

Nescius ergo suum se procurare nocumen,
Nec pre corde videns olim sibi quanta suisque
20 Presenti infelix pariat dispendia facto,
Transit ad Othonem; summo quem letus honore
Suscipit, et nequam sibi federe colligat Otho;
Neve venenosas moveat dubitatio mentes,
Firmat amicitie juratio fedus inique
De[6] reliquo fidum tanquam sibi; jurat[7] uterque

---

1. *dare* V.
2. Ce mot ne désigne pas les Albigeois, ainsi que le croyait Barth, mais bien Renaud de Boulogne et ses complices.
3. *parat* V.
4. Renaud de Dammartin avait déjà deux fois passé aux rois d'Angleterre, Henri II et Richard Cœur-de-Lion; entre temps, il était revenu à Philippe-Auguste, qui l'avait en vain comblé de bienfaits. (Voy. Chron., § 199.)
5. *Subiciens dignum diuturno* V.
6. *Se* P.
7. *spondet* V.

LIBER IX.

Auxilia ut contra Francos sibi mutua prestent,
Inque Dei servos animo grassentur eodem,
Quos de Francorum regno propellere jurant,
Si modo se dederit illis fortuna benignam. [cem
30   Inde per albicomas populos, patriamque fera-
Quam Scaldus¹ fecundat aquis Lidusque profundis,
Flandrum littus adit, ubi pinum nactus ad An-
Navigat, et tali compellat famine regem : [glum
« Si factis condigna meis pensare, Johannes,
« Premia forte velis, observatoque rigore
« Justicie tractare reum, pietate remota,
« Non prius accipiet brevis hec oratio finem,
« Quam tua me gladio jubeat censura feriri,
« Ocius ut facias caput hoc a corpore velli.
40 « Me scio nempe tuum merito amisisse favorem²;
« Nam tibi nil Franci, nil rex, nil bella tulissent
« Gallica, ni clypeus imprimis noster adesset.
« Unde nec admiror si me sic oderis, ut me
« Tollere de medio tua quam cito cogitet ira.
« Sed, quoniam fructum mea confert mors tibi
                          [nullum³.
« Vitaque nostra potest tibi commoda multa⁴
                          [referre,
« Vivere commodius tibi me permitte, meoque,
« Si sapis, a jugulo gladios procul esse jubeto.

1. *Scautus* V.
2. Dans V, on trouve ce vers intercalé entre les vers 40 et 41 :
    Me scio nempe tibi Normannica regna tulisse.
Renaud avait, en effet, pris part à la conquête de la Normandie et se trouvait à Caen en 1204 avec Philippe-Auguste. (Voy. Chron., § 131, *in fine.*)
    3. *nullum mea confert mors tibi fructum* V.
    4. *plura* V.

« Nam quod se mihi rex manifeste prodidit hostem,
50 « Qui caput exilio nostrum damnavit, et omni
« Me sine jure mei spoliavit juris honore[1],
« Hoc procuratum stabili fuit ordine fati,
« Prospectumque Patris eterni examine justo,
« Ut me subtraheret Francis occasio justa,
« Insperata tuis addens solatia fatis.
« Nam tibi polliceor, et celi numina testor,
« Aut tibi restituet sine bello cuncta Philippus,
« Aut tibi cervicem dabit hec mea dextra Philippi.
« Nec labor iste gravis, faveat cum Flandria nobis
60 « Ferrandusque comes, et cum Saxone Lovannus,
« Et Pictavorum manus invictissima bello,
« Theutonicusque furor, et laudatissimus armis
« Otho nepos vester, solus qui presidet orbi,
« Romanum imperium per bella potenter adeptus,
« Qui Pictavensem comitatum tam bene rexit,
« Saxonumque tenet patria ditione ducatum.
« Tu, bone rex, in pace sede, tantumque ministra
« Militiam et censum, quorum tibi copia magna est.
« Ast ego, Guillelmusque comes Salebericus, olim
70 « Quem tibi providit nature gratia fratrem,
« Post Richardi obitum ne prorsus fratre careres,
« Cetera pervigili curabimus omnia mente[2].
« Ne qua autem nostris lateat dubitatio[3] verbis,
« Simone fratre meo valletur[4] sponsio nostra
« Obside, cumque illo conjux nihilominus ejus
« Addatur, comitis Pontivi filia, neptis

1. Voy. Chron., § 16?.
2. *cura* V.
3. *simulatio* V.
4. *suo firmetur* V.

« Francorum regis, cumque his nostra insuper
            [uxor,
« Rege sati Stephano que cum sit nata Mathei,
« Quarto juncta gradu te sanguine tangit avito[1].
80 « Omnis duplicitas abeat; sit pactio firma. »
Accedit dictis atque addit pauca Johannes :
« Immo ego, Pictonesque mei, Nannetica rura
« Andegavimque omnem subitis terrebimus armis;
« Vos et Ferrandus Viromannibus arma feretis.
« Otho nepos noster Remis instabit, et illis
« Partibus armiferis quas irrigat Alba fluentis,
« Et Materna vago tendens per plana recursu;
« Herveusque comes[2] nobis est jure ligatus
« Jurando, tamen[3] occulte, donec locus adsit
90 « Et tempus quo cum reliquis sibi consociatis
« In Gastinenses[4] deseviet et Senonenses;
« Ut circumdetur hostilibus undique turmis,
« Ne qua parte manus nostras evadere possit
« Impius ille tuo qui te spoliavit honore,
« Surripuitque patrum mihi jura antiqua meorum,
« Robertosque suos[5] in te commovit, ut ipsi,
« Et non ipse, magis te dejecisse putentur. »

---

1. Simon de Dammartin figure non parmi les otages, mais parmi les plèges de l'acte d'hommage prêté par son frère à Jean Sans-Terre. La femme de Renaud, « S. (lisez I.) uxorem meam, » Ide, comtesse de Boulogne, est bien au nombre des otages, mais on n'y trouve point sa belle-sœur, Marie, fille du comte de Ponthieu, et d'Alix, sœur de Philippe-Auguste ; Ide était fille de Mathieu d'Alsace et de Marie, fille du roi d'Angleterre Étienne. Voy. Rymer, *Fœdera,* éd. de 1816, p. 104.
2. Hervé de Donzi, comte de Nevers.
3. *et non* P.
4. *Gastinensios* P.
5. Les fils de Robert de Dreux. (Voy. Chron., § 162.)

Dixit, et extensis comitem circumligat ulnis,
Atque comes regi strictis amplexibus heret,
100 Alternamque fidem per mutua basia jungunt[1],
Inque vicem sibi se jurant fore corde fideles,
Servitiumque Dei Francorum expellere regno,
Francis devictis, interfectoque Philippo[2];
Que cuncta in melius divina potentia vertit,
Sacrilegosque suis laqueis sinit illaqueari,
Ut semper doleat dolus in se jure reverti[3].

Quam satius, Reginalde, tibi, quam rectius esset,
In crucis obsequium proficisci, votaque Christo
Reddere, que dudum vovisti te cruce signans[4]
110 Et verbo dare te regi factoque fidelem,
Cui juratus eras, qui tot tibi dona tuisque,
Tot villas, tot opes, tot honores contulit uni,
Ipsius ut dono comitatus quinque teneres[5],
Teque suo socerum nato pateretur haberi;
Non domino contraire tuo, regnique quietem
Sic motu turbare novo, totumque per orbem
Te luctus dare materiam, causamque doloris!
Si Moretolium tibi rex tulit, Andelotumque[6],

---

1. Le vers 100 manque dans V.
2. Dans V, on trouve ici un vers de plus :
   Anglorum ut similem paciatur Francia labem.
3. Chron., §§ 163-164. — Le vers 106 est remplacé dans V par celui-ci :
   Ne vero dampnosus doleat dolus esse dolosus.
4. Renaud s'était croisé en 1200. (Voy. plus haut, liv. V, v. 59, et Raoul de Dicet, II, 168.)
5. Les comtés de Dammartin, de Boulogne, de Mortain d'Aumale et de Varenne. (Voy. Chron., § 199.)
6. La forêt d'Andaine (Orne), que Philippe-Auguste avait donnée, en 1204, à Renaud, en même temps que Mortain. (*Cat.* 884 et 885.)

Judicio quia stare negas quod curia sanxit;
120 Non tamen in dominum deberes arma movere
Tam cito, sed potius vultu suplicare modesto,
Ut tibi det veniam, teque in tua jura remittat.
Si supplex humilisque redis, positoque tumore,
Poscere te patitur innata superbia pacem,
Omnia restituet tibi protinus, et potiora
Dona dabit, solitumque bona cum pace favorem,
De cujus bonitate fuit te fidere dignum.
Scis etenim quantas tibi jam donaverit[1] iras,
Quam tua multoties injuria leserit illum,
130 Quamque sibi carum te postea fecerit ipse.
Nunc, quia, consilio nolens parere salubri[2],
Corde indurato ruis in tua damna scienter,
Vade, tuisque para virgis tibi verbera; reges[3]
Atque duces tecum[4] in mortem atque in vincula
[mitte,
Quorum corda, tue lingue inviscata veneno,
Arte tua nosti sic infatuare, quod ipsi
Non videant cecos in quanta pericula ducas,
Queve illis subitus paret infortunia casus.

Urbs antiqua sedet gremio telluris opime,
140 Belligeris populosa viris, vicisque decora,
Qua speciosa magis fecundaque ditibus arvis
Ad circumpositas se Francia porrigit urbes,
Que parte australi tempe Meldensia tangens,
Et Silvanectim protendi passa penes se,
Belvaco occidue fieri contermina gaudet,

---

1. *donaverat* P.
2. *consiliis non vis parere salutis* V.
3. *tecum* V.
4. *Reges atque duces* V.

Carnopoli media que se distinguit ab illa,
Silvanectensis dum rura diocesis arctat,
Trans Isaram nimis ausa suas protendere metas [1],
Lauduno Remisque situ confinis ameno,
150 Noviomum ad boream, Trecas attingit ad eurum,
Et Catalaunensi non se disterminat urbe;
Indice que fama, cum sit fundata Suevis
Exulibus, merito sortita est Suessio nomen;
Lenifluis piscosus aquis quam ditat et ornat
Mitis Atax [2], Latias doluit qui ferre carinas,
Itala cum Gallis inferret Julius arma,
Auxona cui faciunt nomen vulgare moderni,
Qui tibi cum tollat nativum Vidola [3] nomen,
Ipse suum perdit Isara majore receptus.
160 Hic quoniam facilis locus est quo confluat omnis
Absque mora [4] varias gens circumfusa per urbes,
Francigenum ductor prelatos ecclesiarum
Et toto proceres de regno congregat omnes.
Quorum stans medius placido sic incipit ore,

---

1. Il y a un vers de plus dans V :
   Silvanectensis ubi jura diocesis arctat.
2. L'édition de J. de Meyer porte *Arar*. — L'Aisne, qui passe à Soissons, n'a jamais été appelée *Atax*; ce nom désigne l'Aude. L'erreur de Guillaume vient de ce qu'il imite ici un passage de la Pharsale, dans lequel Lucain nomme l'*Atax* quatre vers après l'*Isara*, l'Isère, que le poète de Philippe-Auguste aura sans doute confondue avec l'Oise, appelée aussi en latin *Isara*.

> *Hi vada liquerunt Isaræ qui gurgite ductus*
> *Per tam multa sua famæ majoris in amnem*
> *Lapsus ad æquoreas nomen non pertulit undas.*
> *Solvuntur flavi longa statione Ruteni;*
> *Mitis Atax Latias gaudet non ferre carinas...*
>
> (Phars., I, 399-403.)

3. La Vesle.
4. *De facili* V.

More suo brevitate studens substringere verba :
« Sanctorum, o cives, quos ecclesiasticus ordo
« Vicinat celo, vosque, o venerande senatus,
« Quorum militia multos jam vicimus hostes,
« Quot damna ecclesiis Otho rex atque Johannes
170 « Intulerint plene novit discretio vestra.
« Unde Petri virga merito percussus, uterque
« Fit subici dignus gladio quoque materiali,
« Cum non sufficiat correptio spiritualis
« Ut compescat eos, cum fiant deteriores,
« Inque malum magis audaces anathemate lato.
« Quapropter, quicumque sciens communicat illis,
« Traditus est Sathane, pene factique sodalis.
« Unde mihi, vestrum Domino servante favorem,
« Mens mea proponit[1] Anglorum invadere regnum,
180 « Ut digne feriat pene vindicta Johannem,
« Aut ignominia regnum comitante relinquat,
« Servitiumque Dei tandem renovetur ibidem,
« Anglia quo caruit septem et multo amplius annis.
« Francia scismaticos et cleri quoslibet hostes
« Debellare solet, et castigare[2] rebelles,
« Quicumque ecclesie jussis parere recusant.
« Nec fuit hoc nostro neglectum tempore, nec vos
« Hoc ad opus nostrum vestra hactenus arma ne-
[gastis.
« Nunc ergo, o socii bellorum, nunc, rogo, vires
190 « Quisque suas Domino prestet qui prestitit illas ;
« Nec cuiquam dubitare licet quin gratia presens
« Ipsius adjutrix pro se pugnantibus adsit. »

1. *proposuit* V.
2. *castigare solet et debellare* V.

Dixerat. At proceres, venerandaque curia sancti
Concilii, palmas alacres ad sidera tendunt[1],
Et conclamantes voto communiter[2] uno,
Tam sanctum regis, tam commendabile laudant
Propositum, seseque in idem discrimen ituros
Una promittunt, promissaque pignore firmant
Jurisjurandi. Primus Ludovicus[3], et Odo[4]
200 Allobrogus, comes Herveus[5], et Bellijocensis
Guiscardus jurant; jurat Savaricus id ipsum,
Ad tempus varians, Pictonum more, favorem.
Dux quoque Lovanie[6] regis gener, atque Nemurci[7]
Et Barri[8] comites, et Guido Domnipetrinus,
Vindocinique comes[9], cum Trecensi comitissa[10],
Et Robertigene[11], Britonum dux nomine Petrus[12]
Et[13] Robertus cui frugis vastatio casu
Agnomen puero dederat[14] fraterque Johannes[15]
Illorum, cui Brena dedit cognomen et ortum
210 Cum genitore suo Roberto jam seniore :
Qui, cum fortis adhuc membris animoque vigeret,

1. *tollunt* V.
2. *concorditer* V.
3. Louis, fils de Philippe-Auguste.
4. *Oldo* V.
5. Hervé, comte de Nevers.
6. *Brabancus* V. — *Louranie* P.
7. Pierre de Courtenai, comte d'Auxerre, et marquis de Namur par sa femme.
8. Henri II, comte de Bar.
9. Jean III, comte de Vendôme.
10. Blanche, comtesse de Champagne.
11. *Rothobertigene* P. — Les fils de Robert de Dreux.
12. Pierre Mauclerc, duc de Bretagne.
13. *Ac* V.
14. Robert *Gâteblé*.
15. Jean, comte de Mâcon par sa femme.

Protestabatur tali se prole beatum;
Quem Belvacensis comitatur episcopus[1], ejus
Germanus, quorum regis patruelis[2] uterque est[3].
Hos odium majus privataque causa movebat,
Ut strepitu majore arment in bella cohortes,
Cum quibus, antea quam regni esset publicus
[hostis,
Immortale odium et guerram Reginaldus habebat[4].
Et quia rex ab eis non defendebat eumdem [5]
220 Justius esse sciens neutris prestare juvamen,
Quam fieri male gratus eis dum subvenit istis,
Ut sine defectu parti foret equus utrique,
Irritare suum dominum presumpsit, eique
Est inferre minas multis presentibus ausus;
Nec super his juri monitus parere volebat,
Solaque causa quidem fuit hec cur exulet ipse.
Omnis baro, comes, dux, rector, episcopus, ab-
Cum reliquis membris regni, se federe firmo [bas,
Sponte ligant regi, viresque in prelia spondent.
230 Rex ubi[6] Francigenas tam prono pectore bel-
Accepisse videt, proceres ad propria mittit, [lum
Ut propriis satagant domibus disponere, reque
Disposita, certum redeant post tempus ad ipsum.
Ipse incunctanter jubet arma ratesque parari,
Assignatque diem maii que dena kalendas

1. Philippe de Dreux, évêque de Beauvais.
2. *cognatus* V.
3. Robert et Philippe de Dreux étaient fils de Robert Ier, comte de Dreux, frère cadet de Louis VII.
4. L'origine de cette haine est exposée dans la Chronique, § 162.
5. *Et quia rex nolebat eum defendere ab illis* V.
6. *ut* V.

Subsequitur[1], qua Bolonico se littore classis
Exibeat, latura viros, armisque parata
Omnibus et rebus quas res tam summa requirit.
Quo cum venissent rex ac exercitus omnis,
240 Omnibus instructa rebus jam classe, suosque
Exspectante notos, tempusque meantibus aptum,
Solus Iberigena Ferrandus defuit; ille
Solus noluerat vires promittere regi,
Nec se cum reliquis jurando jure ligare ;
Quippe ligatus erat per juramenta Johanni
Et regi Othoni[2], sic procurante nefandam
Bolonide[3] fraudem, per quam nihilominus ille
Proditor et dignus fieret squalere catenis.

Hic Ferrandus erat Hispanus gente, neposque
250 Nobilis illius Mathildis, Portigalensi
Que sata rege fuit, comiti sponsata Philippo ;
Qui cum prole carens Acharon moreretur in urbe,
Baldoinus ei sucessit, quem soror ejus
Henuinusque[4] comes[5] illi genuere nepotem,
Regine Elisabeth fratrem, qui postea regi[6]
Bella movens, regno exivit, factusque monarcha
Imperium tenuit Grecorum [haud[7]] tempore
[multo[8],

---

1. 22 avril. (Voy. Chron., p. 246, la fin de la note 4 de la page précédente.)
2. Voy. Chron., p. 246, note 3.
3. *Bolide* V.
4. *Henaviusque* V.
5. Marguerite, sœur de Philippe d'Alsace, comte de Flandres, avait épousé Baudouin V, comte de Hainaut.
6. Voy. Rigord, § 115, et Chron., § 88.
7. Ce mot, exigé par le sens, manque dans tous les manuscrits.
8. *longo* V.

Postea quem Thracum dux [1] interfecit ibidem.
Cui cum nec proles ulla esset mascula, nate
260 Florebant gemine [2] in patria, spes grata nepotum,
Quas enutriri tenere faciebat, ut alti
Sanguinis heredes, regis tutela Philippi;
Qui primogenitam, postquam de patris earum
Constitit interitu, totali cum comitatu
Ferrando uxorem donavit munere largo,
Ejus ad hoc amite suplicamine ductus et astu,
Ignarus facto que tali damna sequantur [3].

Postquam Ferrandus comitem se vidit, et altum
Ex humili, magnum de parvo, e [4] paupere ditem,
270 Detrectare jugum cepit regale, modumque
Querebat fieri quo posset liber ab illo.
Unde nec erubuit regis contemnere verbum,
Et domino contraire suo, nec adesse vocatus;
Quamvis pactus erat regi paribusque, quod equa
Mente ferat quicquid super his rex imperet illi,
Stans verbo potius quo se constrinxerat Anglis,
Ut, cum transierit Francorum exercitus omnis,
Debellaturus Anglos regemque superbum,
Desolata suis temere cum rege patronis
280 Arbitrio pateat ipsius Francia tota,
Ipseque cum Flandris regni pulcherrima vastet,

---

1. Joannice, roi des Bulgares.
2. Jeanne, qui épousa Ferrand, et Marguerite, mariée d'abord à Bouchard d'Avesnes, puis à Guillaume de Dampierre.
3. « De cel mariage li aida une soie ante, qui fu feme le boin « conte Philippe de Flandres; car elle donna au roi de France « .L. mile livres de paresis pour le mariage faire, et moult li « cousta as consolliers le roi. » (*Histoire des ducs de Normandie*, p. 127.)
4. *et* L.

Proque[1] suo libitu de regno et rege triumphet.
Ista procul dubio Ferrandus mente fovebat,
Hec se facturum juraverat ipse Johanni[2].
  Insidiosa foret fraus utilis insidioso,
Ipsi si soli prenosse daretur eamdem.
Sed nihil occultum quod non quandoque patescat,
Nil ita secretum quod non aut fama revelet,
Aut sapiens vivo deprendere calleat astu.
290 Tam certis signis quam fame murmure, fiunt
Que facturus erat Ferrandus nota Philippo[3],
Propositum mutat, mutato tempore; classem
Precipit ut properet Savaricus ducere Danum,
Pictonesque sui, quibus ars piratica nota est,
Atque Latinator[4] Galiota[5] cum Ludovico,
Cumque sua nulli rupta parcente Cadocus.
Littore Bolonico diffunditur in mare classis, [tur
Vixque satis quo currat habet; nimis arcta viden-
Equora tot ratibus; austris spiramina desunt,
300 Vela quibus tot sparsa queant sinuare per undas.
Que si cuncta velis uno defigere visu,
Frons oculis tua lynceis armetur oportet.
Quod si sub numero comprendere forte labores,
Navibus Argolicis quas eurus in Aulide longo
Tempore detinuit, iter impediente Pelasgum
Neptuno, ne Troja cadat quam struxerat ipse,

---

1. *Inque* V.

2. Chron., § 165.

3. L'ordre des vers 290 et 291 est interverti dans V.

4. Tous les mss. donnent *latinator,* y compris celui de Paris, qui, d'après l'édition de M. Pannenborg, porterait *catmatorum*. (Voy. plus haut, livre VII, vers 330, note 9.)

5. *Goliota* P.

LIBER IX.   261

Quingentas bis quinque rates et quatuor adde[1].
   Quo se non vertit[2], egeat ne prorsus, egestas?
Quam sibi non mendicat opem, qui non habet ex
310 Auxilium sibi sufficiens, instante periclo,   [se
Precipue sibi cum se fortior imminet hostis,
Viribus et causa quo se videt esse minorem,
Seque suos meminit lesisse scienter amicos?
Omnia pretentat, omnes se vertit ad artes[3];
Hostibus ex ipsis fieri sibi curat amicos,
Quorum subsidiis alios eludere possit.
   Sepius erudiunt perversas verbera mentes,
Plusque flagellando servilis pena timorque
Proficit ut reprobos reproborum reprobet actus,
320 Quam divinus amor aut exhortator amicus
Possit ab assuetis revocare reatibus illos.
Contritum simulans, fallaci corde fatetur
Tantorum scelerum se penituisse Johannes;
Audet apostolicis dare sub pietatis amictu
Verba viris qui sunt a cardine nomen adepti,
Et patrum patri blando suplicare precatu,
Ut veniam prestet erratibus[4] : « Omnia, clamans,
« Restituam clero ; regni depono coronam,

---

1. Il faut donc ajouter 514 au nombre des vaisseaux grecs, lequel s'élevait à 1186 :

   Bis septem venire minus quam mille ducentæ.
         (*Pindarus Thebanus*, 220.)

On arrive ainsi au total de 1700 navires indiqué dans la Chronique, § 170.

Au sujet des événements rapportés dans les derniers vers, voy. Chron., § 169.

2. *vertat* V.
3. *arces* P.
4. *errantibus* P.

« Indignum qua me fateor; vassallus haberi
330 « Ecclesie volo Romane; diadema resigno,
« Petre, tibi toto cum regni jure. Mihi rex
« Amodo Petrus erit, ego Petri miles habebor. »
　　Acceptans pater ista patrum commenta Johan-
Gaudet, et in partes Pandulphum destinat illas. [nis
Cui cum firmasset[1] per scripta patentia pactum,
Jureque jurando de pactis stando, Johannes
Illius in dextra sceptrum regale resignans[2],
Se pape regnumque suum[3] sic mancipat, ut sit
Vassallus[4] de rege novus, de principe miles;
340 Regnet ut ipse tamen sub Petri nomine, marcas
Argenti pape solvendo mille quotannis.
Hoc regnum Anglorum decoravit honore Johannes,
Hoc generi predulce suo decus addidit, ut sint
Reddere constricti Romanis rite tributum,
Privati sceptro cum libertatis honore[5].
　　Ergo relaxatur sententia; cautio rerum
Restituendarum fragili munita sigillo.
Que fuit effectu post hoc caritura supremo.
In patriam clerum revocat, dant cantica signum
350 Letitie, officiumque Dei renovatur ubique[6].
　　Classis prima quies Calesi fuit; altera portu
Fit, Gravelinga, tuo, quo rex aciesque pedestri
Perrexere via, cui cives omnia secum

---

1. *confirmasset* P.
2. *resignat* V.
3. *Et se cum regno pape* V.
4. *Vassaldus* L P.
5. Le vers 345 ne manque pas dans V, ainsi que cela est indiqué dans l'édition des *Monumenta Germaniæ*; il est seulement placé avant le vers 344.
6. Chron., § 171.

Exponunt bona que vicus tam dives habebat.
Noluit ille tamen villam spoliare; sed illam,
Sicut erat, domino Ludovico cessit habendam.
Inde movens iterum classis legit equoris undas,
Quod Bloetinorum candentia littora lambit,
Quaque marescosos extendit Flandria campos,
360 Et qua bellipotens media inter prelia terram
Sulcat Isangrinus gladio munitus et hasta,
Qua sola Furnus arat, sinibus[1] vicina marinis,
Quaque ruinosos ostendit Belga penates,
Semirutasque domos, regni monimenta vetusti,
Nervius[2] armipotens ubi bella frequentia gessit,
Quem nunquam sibi prevaluit Romana potestas
Subjicere omnino, certisve ligare tributis;
Belga covinorum, Lucano teste, repertor[3],
Belga potens opibus, armis et viribus, olim
370 Romanis[4] valde infensus, tantaque per orbem
Laude celebratus[5] quod ab illo Gallia priscum
Belgica nomen habet, regni pars tertia Galli[6].
Hinc quoque digrediens, flatu propulsa secundo,
Portum leta subit a damno nomen habentem,
Qui tam latus erat, tanteque quietis, ut omnes
In se sufficiat nostras concludere naves;
Quo valde speciosus erat Dan nomine vicus,
Lenifluis jucundus aquis atque ubere glebe,
Proximitate maris portuque situque superbus.

1. *finibus* P.
2. *Nevius* P.
3. Voy. Lucain, *Phars.*, I, 426. — Le vers 368 se trouve placé dans V entre les vers 365 et 366.
4. *Romulidis* V.
5. *celebratur* P.
6. *nostri* V.

380 Hic Savaricus opes cunctis e partibus orbis
Navigio advectas supra spem repperit omnem,
Infecti argenti massas, rubeique metalli,
Stamina Phenicum, Serum, Cicladumque[1] labores,
Et quas huc mittit varias Hungaria pelles,
Granaque vera quibus gaudet squarlata[2] rubere,
Cum ratibus vino plenis, Vasconia quale
Vel Rupella parit, cum ferro cumque metallis,
Cum pannis rebusque aliis quas Anglia vel quas
Flandria contulerat illuc, mittantur ut inde
390 In varias partes mundi, dominisque reportent
Lucra suis, quibus est spes semper mixta timori,
Sorte comes dubia, subitique angustia casus.
Omnia que pirata rapax Savaricus, et ejus
Dira cohors, in idem sibi concinnante Cadoco,
Indigenis contra percusse federa pacis,
Diripuere[3] sibi sociisque[4] juvantibus ipsos,
Non veriti violare fidem, pactumque negare[5];
Que nostris peccata, reor, nocuere carinis.

Rex vero interea patriam sibi subjugat omnem,
400 Undique dispersis per rura patentia turmis,
More locustarum, que, terre plana tegentes,
Se spoliis onerant, predasque abducere gaudent.
Mox subduntur ei sola formidine summo
Menia Casselli pendentia vertice montis.
Que cum militibus bene munivisset et armis,

1. *et cladumque* P.
2. *scarleta* V.
3. *Arripuere* V.
4. *sociis* L P.
5. « Promiserant enim pacem Danitis pro certa quantitate
« pecunie; sed, aviditate rerum aliarum ducti, menti[ti] sunt
« eis. » Glose de P.

LIBER IX.

Impiger Ypreias propero subit[1] agmine partes,
Et sibi cum multis castellis subjicit Ypram.
Hic mentitus item regi[2] Ferrandus adesse
Noluit, illius quia jam susceperat uxor
410 Infelix que non bene vertit[3], dona Johannis[4].
Quo magis iratus acies rex explicat ultra,
Nec cessat donec sibi Brugia subjiciatur,
Cum tot nobilibus quibus est circumdata vicis.
Inde Suessonico comiti jubet, Hangesideque
Alberto, ut Dani maneant pro classe tuenda,
Adjiciens[5] illis, cum quadraginta ducentis
Militibus, bellis expertos millia dena[6].

Hinc procul amotos fines postremaque regni
Flandrorum penetrat : juvat indagare recessus,
420 Et populos gelidam qua Flandria respicit Arcton,
Qua se Brabaneis procul hinc conterminat arvis[7],
Qua Guilliquino[8] fieret contermina, regno

1. *premit* V.
2. *Hic regi mentitus item* V.
3. *vertat* L P.
4. On ne trouve ni dans la Chronique, ni dans aucun autre texte, la moindre allusion aux présents que la comtesse de Flandres aurait reçus de Jean Sans-Terre. D'après l'*Histoire des ducs de Normandie*, Ferrand serait même venu à Ypres solliciter vainement son pardon de Philippe-Auguste. (Voy. Chron., t. I, p. 250, note 4.)
5. *Adiciciens* P.
6. *clientum* ajoute P, ce qui rend le vers trop long, mais complète le sens.
7. *armis* P. — Le vers 421 manque dans V.
8. Il s'agit ici, comme plus loin, au vers 613, du comte Guillaume de Hollande, appelé *Guilliquinus* par le poète, non pas dans une intention méprisante, comme le croit D. Brial, mais parce que le comte était toujours nommé *Willekins* par les Flamands. (Voy. *Hist. des ducs de Normandie*, p. 135, 136, 156, etc.)

Si mare se medium non interponat utrique,
Lidus ubi Scaldo commixtus ad equoris undas
Nomen ferre suum, Scaldo superante, vetatur.
Illuc ergo suas tandem rex applicat alas,
Ut Gandavorum fastus obtundat, et ipsos
Inclinare suo cervicem denique regi,
Seque[1] illi cogat subjectos esse fateri,
430 Nomine[2] quem solo vix ipsi nosse volebant[3].
Quorum dum portas clausas sibi frangere vellet[4],
Instrumenta parans quibus oppugnare superba
Menia festinet, mediasque irrumpere turres,
Nuncius ecce ferens a Dano scripta, citato
Castra subit gressu, tristique ita clamitat ore :
« Hesternum, rex, ante diem Salebericus heros
« Boloniusque comes, cum gentis millibus Angle
« Belligeris, subito ratibus longisque galeis
« Applicuere simul prope nos, ubi faucibus arctis
440 « A pelago refluit in Danica littora fluctus.
« Jam sua per speculas Bloetinus signa levavit;
« Omnis Isangrinus, Furnites, Belga, sub uno
« Cetu Ferrando comiti se consociarunt,
« Et nostris cum Bolonide jam navibus instant,
« Littore que lato[5] temere sibi dissociantur,
« Quas uno simul esse sinu securius esset. »
Ille volebat adhuc superaddere multa ; sed ecce
Nuncius alter adest, dictisque superserit ista,
Syncopat et medios vix intellectus anhelo

1. *Se* L P.
2. *Nomen* P.
3. Chron., § 169.
4. *temptat* V.
5. *largo* V.

450 Ore sonos, trepido suspensus pectora cursu :
   « Jam quadringentas sibi sublegere carinas,
   « Nec patet egressus qua cetera classis in altum,
   « Si velit, ire queat. Sic portus[1] Anglica fauces
   « Militia observat, littusque coronat utrumque ;
   « Nec secura manet gremio navalis[2] in ipso.
   « Defensore carens, facilique parata rapine[3] ;
   « Nec Guillèlmus habet Pullus[4] ferrata tueri
   « Dolia quo possit, que plena numismate[5] turgent,
   « Quo solet ipse tuis numerare stipendia castris,
460 « Pollice dispensans fiscalia dona fideli ;
   « Dum sua Pictones spolia, auxiliante Cadoco,
   « Que modo Danitis rapuerunt federe fracto,
   « Cura majori tua quam navalia[6] servant.

1. *porticus* P.
2. *Navalis* doit sans doute être compris ici dans le sens de *Navale*, qui désigne un lieu où l'on garde les vaisseaux à sec : il est évidemment cité par opposition aux 400 nefs qui étaient à flot et dont l'ennemi avait pu s'emparer. C'est ce que fait clairement comprendre ce passage de l'*Histoire des ducs de Normandie* :
« ..... toutes gaegnierent les nés qu'ils trouverent en flote, bien
« en gaegnierent quatre cens. Puis alerent assaillir les grans
« nés qui estoient plus priès de la ville del Dan; mais elles
« estoient à sec sor la tierre traites, si n'i pooient riens faire. »
(P. 130.)
3. *ruine* V.
4. Guillaume Poulain, châtelain de Rouen en mars 1207 (*Cat.*, 1019), fils d'un autre Guillaume Poulain, panetier du roi, à qui Philippe-Auguste avait donné Grossœuvre (*Cat.*, 654), figure sous le nom de *Willelmus Pullus juvenis* (Brussel, II, 208, col. 1) dans un compte des revenus de 1202 où apparait plusieurs fois son père (*ibid.*, 154, col. 2 ; 183, col. 1 ; 203, col. 1). Amauri Poulain, fils de feu Guillaume Poulain, devait être son frère. (*Cat.*, 1023, et *Cartulaire normand*, n° 1089, p. 292.)
5. *nimis mate* V.
6. *et navalia* P.

« Solus cum paucis Robertus Pissianites[1]
« Sustinet incursus, et ville claustra tuetur,
« Germanosque duos conflictu amisit in ipso.
« Obsidet hostilis portas exercitus omnes ;
« Omnia perdidimus, si tu cuncteris adesse. »
Hec cum dixisset, regi porrexit uterque
470 Scripta Suessonici comitis signata sigillo,
Per que constaret vera illos esse locutos.
    Ut dictis est facta fides, rex : « Nulla moretur
« Nos mora consilii, rebus succurrere lapsis[2]
« Festinemus, ait ; operis jam quicquid habetur
« Pre manibus valeat. Non est mihi vincere tanti
« Gandavos, ut pro Gandavis tanta subire
« Damna velim, socios cum classe amittere nostros.
« Sed quia non facilem prebet se Flandria, per
[quam
« Agmina tanta queant properato incedere gressu,
480 « Ducere quadrigas quibus est summasque ne-
[cesse,
« Expedit ut levibus aliquis precedere turmis
« Nos velit, ut sociis, medio dum pone venimus
« Tempore, spes crescat et consolatio nostris. »
    Dux Britonum Petrus onus hoc pro munere
[magno

---

1. Robert de Poissi, qui figure dans un acte de 1213 (*Cat.*, 1447), accompagna plus tard Louis VIII en Angleterre (*Hist. des ducs de Normandie*, p. 176). Il était peut-être fils de P. de Moret, à qui Philippe-Auguste avait donné en 1203 le château de Radepont qu'il venait de conquérir (*Cat.*, 790) ; nous voyons en effet que Robert de Poissi conclut en 1219 avec Jean de Moret, son frère, un accord au sujet de la forteresse et du domaine de Radepont (*Cat.*, 1886). Il perdit deux autres frères à l'affaire de Dam. (Voy. plus bas vers 466.)

2. *lassis* V.

Sponte subit; qui, cum quingentis vespere sero
Militibus castris egressus, membra quiete
Non relevans, ad nos pervenit mane sequenti,
Tertia cum nondum foret hora exacta diei,
Letitiam nobis addens gratumque juvamen.
490 Quem rex, ut potuit pro tanta mole, secutus,
Spe citius Danum pervenit luce secunda[1];
Cujus in adventu perterritus hostis ab illa
Parte fugit, qua nos urgebat solis ab ortu.
Quem sequitur laxis dux Burgundinus habenis,
Herveusque comes, et quos Campania misit.
Solis ad occasum nos liberat, hoste fugato,
Regia progenies Ludovicus, et inclytus ille
Barrarum dominus, quos millia multa sequuntur
Roboris invicti juvenes, probitate probati.
500 At rex, quique ejus lateri specialiter herent,
Quos sibi bellorum socios ex omnibus ipse
Delegit, porta egreditur que vergit ad[2] Arcton.
Sed quia, fossatis iter impedientibus, hosti
Non possunt facie opposita concurrere, paucos
Occidunt, paucos capiunt; tamen usque carinas
Cedere, dum fugiunt, non cessant turpiter illos.
Immo nec in ratibus ausi remanere (retracto
Quippe mari, siccum naves navale tenebant),
Se carabis procul a terra scaphisque reducunt;
510 Dumque catervatim subeunt navalia, multi
Morte cadunt, multi capiuntur[3] : littore in ipso

---

1. Le roi arriva le samedi 1er juin 1213. (Voy. Chron., I, p. 252, note 1.)

2. *ab* L P.

3. On trouvera les noms des principaux prisonniers dans l'*Histoire des ducs de Normandie,* qui porte à vingt-deux le nombre

Formesellarum dominus Galterus, et ipse
Bolonides capitur; sed caris cognitus idem
Cognatisque suis, ipsi qui jure timebant
Ne rex pro culpe merito jam puniat ipsum,
Exutus notis insignibus, atque maniplis
Immixtus, ne notus item capiatur ab ullo,
Cum damno sinitur multorum liber abire ;
Cujus equum, cujus clypeum, galeamque nitentem,
520 Baleneque jubas ceu cornua bina gerentem,
Cum jam victores post pugnam in castra redissent,
Vidit et agnovit rex atque exercitus omnis[1].

Nec mora, per totam fervent incendia terram;
Millia mille domos simul incinerare sub uno
Momento gaudet effrena licentia flamme. [gleba
Quicquid conspicuum, quod pulchrum divite
Flandricus axis habet, pelago conterminus Anglo,
Igniferi tota non cessant nocte cremare.

Jamque dies aderat, Pentecostesque[2] beata
530 Gaudia per totum celebranda fideliter orbem
Orbita, finito jam vere, reduxerat anni.
Post igitur Misse solemnia, cum dape nondum
Aut sapido Bacchi recreasset membra liquore,

---

des chevaliers pris par les Français, sans compter les sergents à cheval (p. 130).

1. La capture momentanée du comte de Boulogne paraît bien douteuse. L'*Hist. des ducs de Normandie* nous apprend que Renaud se réfugia sur une nef et gagna l'île de Walcheren avec le comte de Flandres et le comte de Salisbury (p. 133-134). Il est néanmoins fort possible que ses armes soient tombées aux mains des Français, car le comte de Boulogne avait pu être contraint de les laisser à terre, de même que Ferrand avait dû abandonner son cheval, qui fut emmené par Robert de Béthune « por chou que il ne vaut pas « que li François l'euussent » (p. 134).

2. 2 juin 1213.

Galterum juvenem rex, Bartholomea[1], Garinum-
Alloquitur, votumque suum dilucidat illis ; [que
His etenim solis re confidenter in omni
Enucleare animum secretaque vota solebat :
« Quis me, teste Deo, zelus commoverit Anglas
« Visere velle plagas, plene discretio vestra
540 « Agnovit, quo me, vos scitis nullus honorum
« Ambitus, aut rerum delectamenta, trahebant.
« Solo divini zelo ducebar amoris
« Noster ut ecclesie oppresse succursus adesset.
« Nunc autem adventus sola formidine nostri
« Cum sua subdiderit Romanis sceptra Johannes,
« Sitque satisfactum, Pandulpho judice, clero
« Qui nostro in regno quampluribus exulat annis,
« In melius mutante statum jam sorte benigna,
« Et nos propositum nostrum mutemus oportet.
550 « Damna carinarum mihi quas, Ferrande, tulisti,
« Brugia restituet, et quos in vincla tenemus
« Sexaginta viros[2], quos gloria major honorat
« Inter eos, omni qui se pro cive ligarunt,
« Millia marcarum mihi sexaginta[3] daturos[4],
« Proque suis quos victa dedit concivibus Ypra
« Era soluturos sub eodem pondere nobis, [bunt,
« Non minus hec eadem nos damna tulisse dole-
« Et quia difficile est reliquas educere portu,
« Anglica cum classis aditus observet et equor,
560 « Nec via sit pelagi nostris bene cognita Francis,

1. Barthélemy de Roye.
2. *viris* V.
3. Les otages de Bruges furent mis en liberté moyennant 20,000 livres seulement. (Voy. Chron., I, p. 252, note 2.)
4. *daturis* V.

« Omnes precipio, rebus prius exoneratas
« Omnibus, in cinerem redigi; nec sit mora dicto[1],
« Quin omnes hodie videam simul igne cremari.
« Nec reputo damnum quod pars adversa resarcit
« De[2] proprio, et[3] triplici redeunt dispendia
[lucro.
« Flandria tota fere nostris jam subjacet armis,
« Et quod adhuc superat satis est superabile
« Quo bene completo, poterit victoria talis [nobis.
« Sufficere ad presens; magni est mihi causa
[triumphi,
570 « Quod regnum Anglorum per nos sibi Roma
Dixit, et ut dictum res est regale scuta, [subegit. »
Hinc abit, et, geminas faciens properando dietas,
Gandavos iterum reduci premit agmine muros;
Quos sibi cum pacto subjici fecit[4] eodem,
Brugia quo se illi nuper subjecit et Ypra[5],
Audanardenum preter rapit agmina castrum,
Dedidit Arnulphus quod mox indemniter illi,
Re penitus salva, certi sub federe pacti,
Quod non per multum servavit temporis ille.
580   Hinc quoque Cortraci vi menia capta subivit[6],
Nos ubi barbarice post verba incognita lingue,
Sub qua longa diu fueramus tedia passi,

1. *jusso* V.
2. *Et* V.
3. *et* omis dans V.
4. *fecisset* V. — Omis dans P.
5. Voy., *Cat.*, 1518ᵃ et 1520, deux pièces relatives aux otages de Gand. Ainsi que le dit M. Delisle (p. 653), ces pièces doivent appartenir au mois de novembre 1213.
6. Courtrai fut peu de temps après brûlé par le prince Louis. (*Hist. des ducs de Normandie*, p. 137.)

Demum native cognovimus organa vocis.
Insula post triduum modica fuit obsidione,
Vertice demisso, regi parere coacta;
Quam multo bene firmatam rex milite munit
Atque satellitibus, quibus omnibus Athius Hugo
Prefuit, ut villam vicino servet ab hoste[1]. [inde,
Nam fieri poterat quod, postquam abscesserit
590 Ferrandus subito adveniens sibi subjuget[2] illam,
Gaudeat et civis domino servire priori.
Quod merito metuens, in vico nomine Darnel[3]
Rex fabricare novam studuit quantocius arcem,
Qua sua gens tuta esse queat, patriamque tueri.
   Obtinet hinc abiens sub quarta luce Duacum,
Appropriatque sibi[4], Ferrandi a lege solutum,
Sub ditione sua[5], quod adhuc tenet atque tenebunt
Francorum reges post ipsum jure perenni,
Postmodo supponi doleat ne rege minori.
600   Ut gladio doluit meritas exsolvere penas
Flandria regali, proprio sibi denique damno

---

1. D'après l'*Hist. des ducs de Normandie*, Philippe-Auguste aurait laissé à Lille son fils Louis, le comte de Saint-Pol et le maréchal Henri Clément (p. 137).

2. *subiget* L P.

3. Cette forteresse, appelée *Dergniau* par Ph. Mouskès (v. 21047), *Deregnau* dans l'*Hist. des ducs de Normandie* (p. 139), était « si « atournée que on pooit par là entrer dedens la ville et issir » (*ibid.*). Elle se trouvait sur le terrain de la place appelée aujourd'hui des *Reigneaux*. (Lebon, *Mémoire sur la bataille de Bouvines*, p. 150.)

4. *Apropria sibi* L P.

5. Voy. les promesses faites par le roi aux habitants de Douai. Cette pièce est datée de juin 1213, « *in castris apud Insulam,* » ce qui donnerait à croire que Lille était encore assiégée, et que par suite la prise de Lille n'eut lieu qu'après celle de Douai (*Cat.*, 1451).

Non licuisse videns gremium dare proditiosis,
Dum collata luit Ferrando dona Johannis,
Impetrata viros a rege licentia letos
Ad proprias digna sedes cum laude remittit.

Nec mora, Sequanias in partes rege reverso,
Bolonides iterum, conjuratique tyranni,
Rex quibus Anglorum numerosa stipendia, belli
Irritamentum, loculis fundebat apertis,
610 Agmine densato renovant in prelia vires;
Immemores modo se victos, cum, classe relicta,
Littus in Hollandum levibus fugere phaselis,
Et Guilliquinum[1] comitem sibi consociarunt;
Qui, viscosa sequens dona et promissa Johannis,
Quinque virum decies adjuvit millibus illos[2].
Post tamen inque brevi sese subtraxit eisdem,
Iram magnanimi nolens incurrere regis.

Dein, contra pacti juramentique tenorem,
Quo nuper sese constrinxerat Insula regi,
620 Ferrando fedus ferit, et clam nocte reductis
Proditione seris, portarum claustra recludit,
Cumque suis introducit legionibus ipsum.
Francigene vero, quos rex demiserat[3] illic
Municipes, patrie custodes, proditiosos
Ut sensere dolos, caute se in turre receptant,
Arreptisque armis solita virtute resistunt
Ferrando Flandrisque suis; sed in[4] impete primo,

---

1. *Guilli qui nun* V.

2. Le comte Guillaume de Hollande, « qui toutes ses com-
« mugnes ot assemblées por aidier le conte, » était venu rejoindre
Renaud et Ferrand à Middelburg, dans l'île de Walcheren. (*Histoire des ducs de Normandie*, p. 135-136.)

3. *dimiserat* P.

4. *in* omis dans V.

LIBER IX. 275

Dum subeunt armis nondum sua corpora tecti,
Non omnes potuere necis vitare periclum,
630 Quin aliqui fuerint capti, plerique perempti[1].
    Interea cursu festinant agmina rapto,
Que rex iratus partes educit in illas[2],
Incunctanter avens correpto tempore caris
Auxilium conferre[3] suis, quos hostis in arcto
Sic premit, ut pressis spes jam sit nulla salutis.
Qui cum venissent, muros indagine facta
Cingere non curant, ne sit mora forte periclo,
Dum cives instant Francos excludere turri.
Ex improviso, que solis respicit ortum[4],
640 Ad portam veniunt, strictoque repagula ferro
Confringunt, valvas summa vi cardine verso
Discludunt, murosque prius quam scandere fas sit
Indigenis, vicos subeunt, primoque furore

---

1. La reddition de Lille au comte de Flandres ne devrait être racontée qu'après la prise de Tournai. Il est vrai qu'avant d'aller prendre cette ville, Ferrand avait fait une première tentative contre Lille; mais les bourgeois, maintenus par la présence du prince Louis, du comte de Saint-Pol et du maréchal Henri Clément, firent si bonne contenance que Ferrand leva le siège au bout de quatre jours. Malheureusement, Philippe-Auguste, trop confiant dans la loyauté des Lillois, rappela son fils et ne laissa dans la ville qu'une faible garnison sous les ordres de Brice des Barres; en revenant de Tournai, Ferrand n'eut qu'à se présenter pour voir les bourgeois de Lille lui ouvrir leurs portes. Mais Brice et ses compagnons se retirèrent précipitamment dans la citadelle, où ils tinrent jusqu'à l'arrivée des secours. (*Histoire des ducs de Normandie,* 137-139. — Ph. Mouskès, 21093 et suiv., 21405 et suiv.)

2. Le roi, qui se trouvait à Oissy, rebroussa chemin sur Douai; il passa dans cette ville la veille du jour où il rentra dans Lille. (Ph. Mouskès, v. 21110 et 21418.)

3. *prestare* V.

4. *ortus* L P.

Ignibus appositis, pulcherrima queque domorum
In terram faciunt procumbere, vertice verso;
Sicque fit ut fiant majora incendia damno
Civibus infidis, quam ferrum aut dextera pugnans,
Sufficit excessus ulcisci sola dolosos
Vulcani rabies, quam spirans Eolus auget;
650 Nec tantum junctos lateraliter improba vicos
Incinerat; verum, procul inde volante favilla,
Quicquid habebatur pulchri intra menia, flamme
In nihilum redigit uno violentia puncto.

Cum domibus pereunt omnes, vitare periclum
Quos infirma vetat etas aut debile corpus;
Qui pedibus, qui fortis equo fugiendo recedit,
Se gemino retrahens hostis flammeque furori,
Et post Ferrandum dumos et devia queque
Mente subit pavida, talos ad limina porte
660 Semper habens, vultus non audens flectere retro,
Neve labatur, aut passum forte vel unum
Perdat iens; levam seu dextram vix sinit horror
Respicere; esse loco se tutum non putat ullo;
Jam perimi, jamjamque capi sibi visus, ad om-
[nem
Qui venit a tergo strepitum pallescit, et omnis,
Neglecta facie, sanguis subit abdita cordis
Ut lateat, trepidoque ferat solatia cordi.
Sic metuens metuendo metu penam luit ipso,
Penaque fit presens pene formido sequentis.
670 Plus tamen adjuvit fortune dextera victos
Quam fuga vel cursus quo se salvere studebant[1];
Humida nam tellus, carecto feta[2] palustri,

1. *volebant* V.
2. *feda* P.

Et viscosa tegens limoso viscera plano,
Interiore sinu subeunte calore vaporans,
In noctis faciem converterat aera, tristes
Exhalans mixto nebulas humore calori,
Ut vecti visus vix se vectoris ad aures
Extendat, nec quis precedat quisve sequatur,
Quis veniat juxta, poterat dignoscere quisquam.
680 Unde sequi tantum licuit nostratibus illos
Qua ville dabat usque furens incensio lucem,
Cum medias sol per nebulas lucere nequiret;
Innumeros tamen occidunt, pluresque retentant,
Quos rex perpetuos emptori cuilibet omnes
Vendidit in servos, et vinxit stigmate jugi.
Insula tota perit misere servata ruine;
Quicquid enim in tota sibi flamma cremabile villa
Repperit, absumpsit; reliquum instrumenta deor-
Ferrea dejiciunt terre, strictique ligones;   [sum
690 Nec turris quam rex fabricaverat, integra mansit,
Ne quid ibi maneat habitabile denuo Flandris.

 Hinc quoque Casselli sub eodem summa furore
Menia dejecit[1], simili ne proditione
Deficerent illi, Ferrando forte recepto[2].

 Urbs erat et rebus et cive superba potenti,
Nomine Tornacum, Scaldi[3] contermina ripe,
Quam, gentilis adhuc, Rheni transgressus abys-
Clodius in gladio primus possedit et arcu;   [sum,
Que, cum[4] servisset illi et successoribus ejus,

---

1. *disjecit* V.
2. Chron., § 170.
3. *Scauri* V.
4. *cum* omis dans V.

700 Postea Francorum nunquam ditione recessit[1].
　Hanc cum Ferrando Reginaldus, fraude[2] latenti
　Obtentam de nocte, novem tenuere diebus[3].
　Randulpho patrante dolos, Moritania cujus
　Imperio suberat, vir fortis, consilioque
　Astutus nimium, qui se fingebat amicum,
　Immo tenebatur urbi fidissimus esse,
　Presulis et regis homo ligius, et feodali
　Jure tenens ab eis terrarum quicquid habebat[4].
　Sed, ne fraus illis lucrosa diutius esset,
710 Rex Sancti Pauli comitem fratremque Garinum[5]
　Tornacum misit, pugnatricesque catervas
　Associavit eis, fortissima corpora bello,
　Qualia Sequaniis producit Francia ripis.
　Qui, licet hostili numero minor esset eorum
　In duplo numerus, tamen auxiliantibus urbe
　Civibus expellunt, regique viriliter urbem

---

1. La prise de Tournai est racontée avec les plus grands détails par Ph. Mouskès, qui y assistait (v. 21130-21306).

2. *nocte* V.

3. Dans le sommaire du présent livre, Guillaume le Breton dit que l'occupation ne dura que sept jours. — Dans la Chronique, il n'est fait qu'une allusion à la prise de Tournai, dans le § 181.

4. Ph. Mouskès parle de trahison, mais n'accuse pas le châtelain Raoul de Mortagne. « Jou ne sai qui blasmer en doie, » dit-il au v. 21236.

5. Il n'est pas question de frère Guérin dans le récit de Ph. Mouskès; suivant cet auteur, le roi, qui était alors à Péronne, apprenant que Ferrand menaçait Tournai, avait envoyé Girard La Truie se jeter dans cette ville avec 300 chevaliers (v. 21146-21174). Henri Clément et le comte de Saint-Pol, qui suivaient en moindre diligence, étaient à Lille lorsque Girard, qui avait obtenu un sauf-conduit des Flamands, vint leur apprendre la chute de Tournai (v. 21177, 21253, 21273).

Restituunt¹ et, ne Randulpho proditio sit
Impunis, vicos invadunt ejus, et usque
In nihilum redigunt pro tante motibus ire;
720 Nobile nec castrum Moritania, tam speciosum,
Tam premunitum murisque situque locali
Atque viris, vires ut nullius esse timendas
Diceret ipsa sibi², cavit commune periclum,
Funditus a fundo excisum et cum plebe sepultum;
Quique laborabant ipsam defendere ab intus
Omnes a Francis capti occisive fuerunt³.

Nunc utinam, nunc, Phebe, velis Heliconidas
Inspirare mihi, spirans spiramine sacro [omnes
Quicquid Cirrheis sacri spiratur ab antris,
730 Quicquid Castaliis potus hauritur ab undis!
O nunc Lucani ruat in me sive Maronis
Spiritus, aut saltem Thebani⁴ vatis imago!
Non ut Pythagore vano phantasmate ludar,
Qui, sicut garrit, Trojani tempore belli
Panthoides Euphorbus erat, dum credit ab uno
Corpore posse⁵ animam transfundi in corpora
Verbo quam solo terre celique creator [multa,
Infundendo creat Deus, infunditque creando;
Sed tantum ut merear vestigia lambere sola,
740 Unius similis in carmine factus eorum,
Ne sensus brevitate mei preclara Philippi

1. Les Flamands, prévenus par un espion, s'enfuirent sans attendre l'arrivée des troupes d'Henri Clément. (Ph. Mouskès, v. 21287.)
2. *ut nullius metuendas Diceret esse sibi* V.
3. Voy. Ph. Mouskès, v. 21313-21318.
4. Pindare.
5. *esse* V.

Fama relentescat, preconii effecta minoris.
Occupat ecce manum decimi distinctio libri[1],
Qui geminos audet simul affectare[2] triumphos ;
Et licet ad primum trepidet, nec sufficiens sit
Ut totum capiat in se, vix ecce secundum
Sustinet, undecimi consumet pagina libri ;
Tam festinanter cupit insudare Bovinis,
Rex ubi bellorum summam conclusit, et hostes[3]
750 Marte triumphavit uno finaliter omnes[4] !
Quod quanto gravius tractari sentio, tanto
Sponte minus subeo, metuens succumbere moli,
Ni tua, Phebe, meos confortet gratia sensus.
Te scio, te solum novi penetrare superni
Posse patris solium ; supera tu solus ab arce
Descendens, gratis inspiras quicquid habetur
Pectoribus vatum per totum scibile mundum.

1. *libri distinctio noni* L P.
2. *affectasse* L P.
3. *omnes* V.
4. *hostes* V.

CATHALOGUS MATERIE DECIMI LIBRI.

*Vincitur in decimo rex Anglicus a Ludovico.
Transfretat ad Pictos, quibus auxiliantibus, ipse
Robertum bello juvenem capit insidioso.
Devastat patriam; veniente autem Ludovico,
Turpiter a Monachi confusus Rupe fugatur.
Agmina jam pugne componit et instruit Otho,
Nec minus et Francos parat hortaturque Philippus.
Agmine confuso post Francos advolat Otho,
Rexque, intermisso somno, redit obvius illi*[1].

INCIPIT LIBER DECIMUS.

Eolus obscuro zephyros emiserat antro,
Et jam rorifluis impregnans nubibus almum
Telluris gremium, risu meliore, senecta
Temporis abjecta, juvenescere fecerat annum
Jupiter, atque pecus Helleum[2], sole recepto,
Gaudebat lucem producere nocte retracta ;
Et jam post sacre conceptum Virginis anni

---

1. Les deux derniers vers sont un peu différents dans V :
   *Agmine confuso post regem cursitat Otho,
   Rexque levi redit occursu festinus in illum.*
2. *Ethleum* V. — *Hethleum* L P. — Les corrections des précédents éditeurs s'éloignaient trop des leçons des mss. Il faut sans doute lire *Helleum*, puisqu'il s'agit du bélier qui devint un signe du Zodiaque après avoir servi de monture à Hellé et à son frère Phryxus. Guillaume le Breton l'a déjà appelé *Phrixi vector* (VIII, 5).

Transierant unus bis sex et mille ducenti.
Detumuisse videns, hyemali horrore remoto [1],
10 Equora, rex Anglus acies et millia gentis
Congregat Anguigene [2], quos secum, classe parata,
Per mare velivolum Rupelle in littora transfert [3],
Ut, dum Bolonides, Salebericus Hugo [4], comesque
Flandricus et reliqui quibus ipse [5] stipendia do-
Francorum irritant regem fallacibus armis, [nat [6],
Nec conferre manum tamen audent marte pro-
Ut graviora ferant ex lento tedia bello, [pinquo [7],
Ipse procul positas in partes exerat arma,
Quo non de facili possunt [8] attingere Franci,
20 Regibus esse manus longas quasi nescius, ac si
Mittere non possit illuc vel adesse Philippus.

    Protinus Augeus comites et Marchicus, atque
Barones alii, quos nobilis educat illa
Instabilis fidei, sed valde bellica, tellus [9],
Restituunt illi solita levitate favorem.
Omnibus ergo simul ipsum comitantibus, urbem

---

1. *horrere remisso* V.
2. *Angligene* V. — Voy. plus bas v. 433. M. Pannenborg justifie ainsi ce jeu de mot : « Ita Anglos nominat Britto fortasse « respiciens illud poetæ (Met., III, 531) : *Quis furor, anguigenæ, « proles Mavortia, vestras Attonuit mentes? Pentheus ait.* »
3. Voy. Chron., tome Ier, p. 254, note 5. — D'après l'itinéraire de M. Duffus-Hardy, Jean resta à la Rochelle jusqu'au 20 février 1214.
4. Le comte de Salisbury s'appelait Guillaume et non pas Hugues.
5. *ipse* omis dans V.
6. Mathieu Paris dit en effet que Jean envoya à ses confédérés « *pecuniam magnam nimis ut regem Francie inquietarent.* » (II, 572.)
7. *morte propinqua* V.
8. *possint* V.
9. Parmi les Poitevins qui revinrent à Jean Sans-Terre se trouvait Savari de Mauléon. (*Hist. des ducs de Normandie*, p. 143.)

Obsidet et subitis ambit Nannetida signis;
Nec Robertigene, Britonum dux Petrus et ejus
Robertus frater, et corda ferocia Francum,
30 Militibus[1] dives quos Francia miserat illis,
Audacesque viri quos illa Britannia gignit,
Obdere vel leviter extrema repagula curant;
Ejus in occursum potius, mucrone retecto,
Egressi pugnam committere gnaviter audent.
Ille fugam capere et dubio non credere marti,
Agmina paulatim sua retrocedere malens,
Cogitat insidiis illorum effringere vires,
Quos bello vinci non posse videbat aperto.
Nec sua successu caruit meditatio fraudis;
40 Nam, cum vidisset illos accedere Petrus,
Nec tutum procul esse sequi tot millia paucis,
Agmina contraxit, et in urbis claustra reduxit,
Non nihil esse putans quod sic exterruit illos
Ut fugiant pavidi procul, obsidione soluta,
Non sine jactura rerumque hominumque suorum.

At[2] non Robertus voluit sine laude reverti,
Dum nimis insequitur[3] profugos improvidus ultra
Quam satis est, donec pugnandi copia facta est
Cominus, et multo Pictonum sanguine mucro
50 Drocensis rubuit, multosque in tartara misit,
Multos in terra moribundo corpore stravit.
Jamque fatigatus a tanta strage redibat
Cum sociis bis quinque viris, quibus esse timen-
Nil sua permittit virtus fortissima rerum, [dum
Si sciat insidias edocta cavere, sibique

1. *militia* V.
2. *Sed* V.
3. *Prosequitur qui nimis* V.

Prospiciens casu prudens habeatur in omni ;
Sed, dum nil aliud nisi se producere curat,
Nec memor est finis quando incipit, et comes esse
Non procuratur Diomedi semper Ulysses,
60 Ignotos cadit in laqueos vir corpore fortis.
Dum nimis est simplex sola vi corporis uti,
Nec fraudem cavet in alio quam non videt in se,
Non metuit falli qui nunquam fallere novit,
Nec timet insidias vir nescius insidiari.
 Prosiliere viri subito fulgentibus armis,
Quos fruticum medio rex occultaverat Anglus,
Inque fatigatos extollunt arma recentes,
Nec multum luctati omnes in vincula trudunt,
Quos mox infidus rex misit in Anglica regna,
70 Ut magis angustet patrio procul orbe remotos[1].
 Protinus Andegavim nullo munimine cinctam
Ingressus, lapide incepit murare quadrato ;
Qua vix divitior urbs aut ornatior usquam
Esse potest, clari vel clarior ubere Bacchi.
Circumquaque nihil nisi vites impedit agros,
Que pariunt potum Normannis Britigenisque,
Nec dominos unquam permittunt eris egere ;
Quam Liger argento prelucens ambit ab austro,
A borea rubens mediam Meduana pererrat,
80 Qui suus inde fluens quasi per duo millia, lapsus
In Ligerim, nomen perdit, mutatque colorem :
Et sic tres unus Ligeris, Meduana, Vigenna,
Efficitur fluvius, qui, rura Britannica multa
Fertilitate juvans, navalibus oppida ditat,
Deliciis villas variis et rebus adornat,

1. Chron., § 172.

Piscosoque sinu gremium Nannetis inundans,
Millia salmonum murenarumque ministrat
Britigenis, quos inde procul commercia mittunt
Cara, diu dum servat eis galatina vigorem
90 Cum variis redolens gariophila gingiber herbis.
Tum facit innumeris pinguescere mercibus urbem,
Ut toto in regno nihil ulli debeat urbi,
Nec procul hinc, vastum mare dum petit impete
De dulci subito fieri miratur amarus.   [vasto,
   Tunc comes Herveus, cui tot rex dona Phi-
                                      [lippus,
Tam latam donarat humum, cum rege Johanne
Fedus init tacite, queque illi erat unica proles,
Illius nato spondet sponsalia nate[1].
   'Karolides igitur, rumoribus excitus istis,
100 Ocius in tota Viromanni Bolonioque
Armis atque viris per castra urbesque locatis,
Qui regni fines tutentur ab hoste propinquo,
Optans, si casus sinat, occursare Johanni,
Festinanter adest, Chinonem preterit atque
Loudunum, profugo parat intercludere classem[2].
Sed colubri nullus iter investigat, et alto
Labentis frustra sequeris vestigia pinus,
Pellacisque viri, moteque per aera penne,

---

1. Cette alliance ne dura guère; car, dès l'année suivante, Hervé de Donzi donna sa fille Agnès à Philippe, fils aîné du prince Louis (*Cat.*, 1584, 1585. Voy. aussi 1941).

2. Cette chevauchée de Philippe-Auguste en Poitou, qui paraît être restée ignorée des autres chroniqueurs, eut lieu vers le mois d'avril 1214, pendant lequel nous trouvons Philippe à Saumur (*Cat.*, 1490-1493). C'est sans doute à la même époque que l'on doit rapporter l'acte daté de Châtelleraud par lequel le roi accorde des franchises aux bourgeois de Poitiers (*Cat.*, 1480).

Littus aras si forte viam indagare laboras ;
110 Horum semper et est et erit via cognita nulli.
Jam fuga contulerat pavidum festina Johannem
Burdigalos versus fines, Petragoras ultra [1].

Ergo gradu reduci, Pictonia rura cremando,
In Flandros rex vertit iter, quia jure timebat
Ne majora ferat sibi damna [2] in partibus illis.
Jamque Thoarcenos rapiunt incendia vicos,
Et cum Choleto [3] Bercella Vietaque fumant,
Oppida plura quibus addit fortuna crematrix,
Oppida divitiis variis et rebus opima,
120 Oppida quadratis superedita turribus, atque
Menibus excelsis et aquosis obsita fossis,
Ubertate soli nulli unquam obnoxia terre ;
Nec cessant donec veniant Castrum usque Radulfi.

Hic procerum cetu stipatus utrinque fideli,
Rex breviter verbis illos affatur [4] amicis :
« Nate, vides qualis nos urgeat undique casus.
« Hic Pictava manus, regisque caterva Johannis,
« Inde instant cum Bolonida Ferrandus et Otho,
« Regis et Anglorum frater cum mille catervis,
130 « Quos omnes mihi Bolonius comes addidit hostes,
« Quos omnes in me armavit. Tu, nate, manebis
« Hic cum militibus demptis de mille ducentis.
« Ast ego cum reliquis Othonem visere vado,
« Innumeramque manum que se commisit eidem. »
Dixerat ; innumeras grates agit ille parenti,

---

1. Jean Sans-Terre était allé jusqu'à Limoges, où il se trouvait le 3 avril, d'après l'itinéraire de M. Duffus-Hardy.
2. *Ne majora ferat dispendia* V.
3. *Tholeto* L P.
4. *natum verbis affatur* V.

Quod[1] committit ei tam summa negotia soli,
Materiamque sibi virtutis suggerit, unde
Perpetuam possit cum laude acquirere famam.
 Vix bene Sequanium post terga reliquerat am-
[nem
140 Rex cum Francigenis, cum jam latebrosa relinquens
Cursitat in plano, vultus ostendere gaudens,
Millia mille viros ducens in bella Johannes ;
Andegavim transit, patriam devastat adusque
Credonem; Monachi Rupem confundere demum
Funditus, horrescens armis verbisque, minatur.
Obsidet introitus, et propugnacula multis
Jactibus irritat, muros conatur et arcem
Frangere tormentis ; nec cessant tela, nec arcus,
Hec dum mittuntur, illi dum spicula mittunt,
150 Aera per medium sonitu stridere frequenti.
Nec minus obsessi celsis e turribus omni
Se vi nituntur defendere : tela, sagittas,
Truncata emittunt tabulata et robora queque,
Nec parcunt ipsis trabibus tignisque domorum,
Nec curant que damna ferant, dum damna repel-
[lunt.
 Engorrandus erat vir corpore maximus, ampla
Fronte patens, oculis saliente rubentibus igne,
Crine nigro, facie larvata, pectore grosso,
Turritis alte scapulis, cervice reducta,
160 Inflatus bucca, rictu deformis, aduncus
Naso, membra rigens membris equanda gigan-
Cordis inhumani tanta feritate tumescens, [tum,
Tanta brutescens animi ruditate, quod inter

1. *qui* V.

Humanam pecudumque necem nihil esse putaret :
Qui quoniam, assiduis violentus predo rapinis,
Fregerat ecclesias, fractura monasteriorum
Addiderat nomen proprio famosius illi[1].
Hunc precedebat cum parma garcio, sub qua
Nil sibi formidans obsessos damnificabat
170 Assidue, poterat nec ab illis damnificari,
Asseribus latis dum parma protegit ipsum,
Quam nexu taurina tegit septemplice pellis.
   Poncius e castro, balista armatus et arcu,
Contemplatur eum, miramque subinvenit artem.
Texit in occulto tenui sub tegmine byssi
Funiculum, quem nec facile quis rumpere possit,
Et, quod mira magis res est, comprendere visu.
Tunc humili nodo studet inde ligare sagittam,
Unit ubi duplex capiti se penna cavato ;
180 Et ne successu frustretur dextra cupito,
Si volet incassum cum toto fune sagitta,
Se prope funiculi caput unum in stipite nodat,
Cum reliquo in parmam pennata volavit arundo.
Poncius herentem lino parmam atque sagitte
Dum retrahit, puero parmam in fossata secuto
Nescius existit inopine occasio mortis.
Ast oram supra fossati corpore nudo
Stans Engorrandus, venientes non cavet ictus,
Digna morte ruens, multos qui occiderat ipse.

---

1. Les traits de ce portrait sont tellement chargés qu'ils conviendraient plutôt à l'un de ces géants dont parlent les chansons de geste. Le nom même d'*Enguerran Brisemoutier* est plus sonore que vraisemblable. Ce sont là sans doute, ainsi que le dit D. Brial, autant d'exagérations poétiques, et nous devons nous en tenir aux termes de la Chronique (§ 178).

190 Poncius exclamat, nec risum continet : « Hinc te,
    « Rex, procul amoveas, et nos in pace relinquas,
    « Ne casu te consimili[1] contingat obire. »
    Frendit, et irarum rex vapulat intus et extra
    Motibus, exhortansque suas astare parumper
    Longius a castro et muri vicina cavere,
    Acriter obsessos punire minatur, apertis
    Ipsi[2] ni foribus festinent reddere[3] castrum.
    Erigit et furcas signum terroris et ire,
    Continuatque dies septem ter[4] in obsidione;
200 Non tamen his illi terrore minisve moventur
    Quin castrum prompti defendere sint magis et se[5].
    Interea Ludovicus adest cum prememorato
    Militie numero, septies quem mille sequuntur
    Armati pedites, et equis duo millia vecti,
    Gnaviter edocti bellum instaurare clientes.
    Et licet in triplo numerus precederet hostis
    Illorum[6] numerum, tamen illis regius heres
    Audebat conferre manum, brevibusque Johanni
    Significare notis : « Aut accingaris oportet
210 « Ocius ad pugnam, vel ab obsidione recedas. »
    Hec ideo mandavit ei vir nomine dignus,
    Non indigna patri digne succedere proles,
    Ne, si forte minus ipsum premuniat ante
    Quam confligat ei, cum denique vicerit illum,
    Non virtutis opus, verum dolus esse putetur.

1. *Consimili ne te leto* V.
2. *Illi* V.
3. *dedere* V.
4. Jean Sans-Terre ne passa que 14 jours devant la Roche-au-Moine. (Voy. Chron., tome I*er*, p. 260, note 3.)
5. Chron., § 178.
6. *Ipsius* V.

Rex[1] rescribit ei simili brevitate Johannes :
« Si venies, nos invenies pugnare paratos ;
« Quam citius venies, citius venisse pigebit. »
Dixit, et ad pugnam se preparat ordine certo,
220 Agmina sub propriis disponens queque magistris.
Fulgurat ex alia Ludovicus parte, suorum
Agmina precurrens equitum, cui quelibet hora
Longa videbatur, que pugne prorogat horam.
Quem solus preit Henricus, qui, corpore parvus[2],
Mente[3] gigas, hominis dignus majoris honore,
Jura marescalli cunctis prelatus agebat.
Agmina Guillelmus Francorum pluribus augens
Agminibus sequitur, dominans qui Rupibus alti
Principium generis et nomen traxit ab illis.
230 Ejusdem lateri gener illius unicus heres
Heret Amalricus, qui pulchro corpore fortis
Fortior[4] est animo, qui de Credone trahebat
Et genus et nomen, et erat dominator eidem.
His parere date cum Sablolio Moliherne,
Candetum cum Segreio, Brio, Baugia, Lude[5],
Durstallumque, vadis ubi Sarta adjutus Iliene
Te mixtum, Liderice, sibi rapit in Meduanam[6],
Quique suos posuit muros prope flumina Salmur,
Mixtus ubi Ligeri fluvio nigrante Vigenna
240 Amittit nomen ferrugineumque colorem.

1. *Rex* omis dans L et P.
2. *parulus* (sic) V. — La petite taille de Henri Clément est rappelée dans l'*Histoire des ducs de Normandie* (p. 120) et dans Philippe Mouskès (v. 21178).
3. *Corde* V.
4. *Fortis Amalricus animi qui corpore pulcher Pulcrior* V.
5. *Laude* V.
6. *medianam* V.

LIBER X.

His sibi Guillelmus et Amalricus sociatis,
Quatuor auxerunt Ludovici millibus agmen.
Hi duo pre cunctis rupti majore cachinno [1],
Indignabantur jactantia verba Johannis,
Illum admirantes tantum exspectasse sub armis,
Qui nihil usque modo nisi furtim audere solebat,
Voce Thoarcites cui sic aiebat acerba :
« Te nimis audacem novi, tibi copia plusquam
« Sit satis est gentis ; tu regis Parisiani
250 « Audebis nato confligere, qui venit ad te
« Milite cum raro. Si tu exspectaveris illum
« Aut cras aut hodie, quam fortior ille sit armis
« Experiere tuis, aut tu robustior illo.
« Ast mihi commodius satis est servare Thoarcum,
« Dum tu conaris Monachi subvertere crotam [2],
« Dum nondum sentis valeat quid Sequana, flexis
« In gyrum frenis Francorum quam fera virtus. »
Dixit, et ut prudens se transtulit inde Thoarcum [3].
Rex autem ut vidit regis vexilla, probosque
260 Per sua signa viros agnovit, qui modo pugnax,
Qui modo victor erat, scriptoque tonabat et ore,
Armis nudato projectis vertice, cum jam
Cepissent equites pugnare, latenter abivit,
Consuluitque fuge sola formidine victus,

1. *cahinno* V. — *machinno* L P.
2. « *Probrose dicit crotam ; proprie enim crota est merda capra-*
« *rum. Sumptum est de Lucano,* » dit une glose de L et de P.
Ce mot ne se trouve pas dans Lucain et, malgré cette glose, nous
sommes tenté de croire que *crota* a ici le sens le plus ordinaire,
c'est-à-dire celui de *grotte* ou de *lieu voûté*. La Roche-au-Moine
tirait peut-être son nom de quelque ermitage.
3. Guillaume Guiart met dans la bouche de Savari de Mauléon
un langage analogue à celui d'Aimeri de Thouars (v. 6454-6485).

Arrepta transnans Ligerina fluenta phaselo[1].
Aufugisse ducem postquam sensere minores,
Neglecto fugiunt post ipsum per vada bello,
Intereuntque vadis quamplurima millia, dum non
Possunt ad libitum presto reperire phaselos :
270 Qui dum nare volunt armis ferroque gravati,
Audaces nimium nimia formidine facti,
Flumine depressi flatu privantur et aura,
Neptunique mori quam Martis turbine malunt;
Intolerabilior quamvis hac morte sit illa,
Qua sibi consimilis animam non suscipit aer.
Nec nimus interea clavis, mucronibus, hastis,
Afficiunt Franci diversis mortibus illos,
Qui subterfugiunt fluviali turbine[2] mergi,
Querentes aliquas sibi per convexa latebras.
280   Hoc in conflictu doluit cecidisse capelle
Qui regis preerat ad sacramenta sacerdos,
Et, Rupi dominans Forti, Paganus abacto
Per corpus telo vulnus lethale recepit ;
Sed tamen ad Rupem pervenit vivus, ibique
Post tempus modicum nimis indignatus obivit.
Qui, cum gente potens et avis spectabilis esset,
Castellum[3] Rupemque tenens, qua fortior esse
Nulla potest, cum sit nulli expugnabilis hosti,
Nunquam Francorum voluit subscribere regi.
290 Nunc jacet, et Rupes domino succurrere Fortis
Non potuit, quin rupe ferat mors fortior illum,

---

1. On trouve ici deux vers de plus dans V :
    Nec curat quantos belli in discrimine caros
    Negligat expositos cedi mortisque periclo.
2. *gurgite* V.
3. *Castellumque* P.

Ipsaque post domini mortem sit subdita Franco.
Hugoque[1] passus idem, quem plebs agnomine
          [Brunum
Lemovicana vocat, vir nomine clarus et ortu,
Divitiis et honore potens, dum marte Johanni
Subvenit injusto, martem sibi sensit iniquum.
Cumque istis obeunt multi, quos predicat alti
Nobilitas generis, celatve ignobilis ortus[2].
 Egreditur castro post tedia longa satelles,
300 Demum gavisus ventos haurire salubres,
Seque bonis onerat variis, et rebus opimis[3]
Que multa in castris fugiens neglexerat hostis,
Ut levius fugeret, res projicientis et arma[4] :
Ex auro calices, argentea vasa, virorum
Fulgida nobilium gestamina, murice tincti
Ornamenta thori, cophinisque reposta seratis ;
Copia nummorum vena fabricata nitenti,
Textaque barbarico tentoria regia filo,
Vasa culinarum, mortaria cuprea, pelves
310 Electro rubee, squalentes ere lebetes[5],
Armaque per campos passim jactata, nitore
Argenti multoque auri pretiosa rubore,

---

1. Hugues doit être le vrai nom de ce seigneur dont le prénom manque originairement dans tous les mss. de la Chronique en prose (voy. tome Ier, p. 262, note 6), bien qu'une main plus récente ait ajouté *Aimericum* dans le blanc laissé dans le ms. lat. 5925. Les *Chroniques de France* l'appellent Giraut le Brun.
2. Chron., § 178, p. 262. — D'après la Chronique, ces personnages furent atteints par des arbalétriers français pendant le siège et avant l'arrivée du prince Louis.
3. *Seque gravat variis spoliis rebusque decoris* V.
4. *honus omne perosus et arma* V.
5. *libetos* V.

Ad libitum vulgi manibus rapiuntur avaris.
Nec mora, vicinis adduci portubus alnos [nem.
Imperat, et rapidum Ludovicus transfretat[1] am-
Sed quia jam tulerat fuga maturata Johannem,
Longius a facie Francorum se retrahentem,
Cui nullo in casu desiderat obvius esse,
Baronesque alios[2] loca per diversa timoris
320 Sparserat anxietas; Francorum nobilis heres
In patriam totam, modo que[3] susceperat Anglum,
Agmina diffundit; vicos et castra Thoarci
Que vice sunt comitis ferro populatur et igne.
Victor et Andegavim post pauca revertitur, urbis
Ut muros terre prorsus complanet, eo quod
Anglorum nuper rex edificaverat illos,
Cumque suburbanis in jura paterna reducit
Totius Andegavis comitatum, compedibusque
Alligat inventos ex parte Johannis ibidem;
330 Indigenas vero tali sub pace recepit,
Ut[4] deinceps ipsi maneant patrique fideles[5].

Hec nomen, Ludovice, tuum victoria toto
Predicat in mundo, titulosque meretur honori
Perpetuare tuo, felixque accommodet omen
Quo tibi successus ad bella sequentia fiat.
Has modo bellorum felix feliciter actas
Excipe primitias, immensaque gaudia mente
Concipe, qui tantum, tot habentem millia gentis,

1. *transilit* V.
2. *omnes* V.
3. *qui* P.
4. *qui* V.
5. *patrique suoque fideles* V.

Conflictu primo meruisti vincere regem [1].
340 Visere nunc diversa stude castella vicissim,
Et patriam tutare tuam, dum magnus ad altum
Fulminat Escaldum genitor, dum subjugat hostes,
Dum procul extremis Flandrorum pugnat in oris;
Sicque manum properat supremam apponere
[bello [2],
Ut vix preveniat ejus tua palma triumphum.
Tam sibi continuis exsultat Francia palmis,
Ut vix a prima possit distare secunda,
Ut qui duplicibus justos in fine revestit,
Vestra Deus gemino [3] consummet bella triumpho [4].
350 Sed doleo quoniam minuit tua gaudia funus
Triste marescalli, qui, febre gravatus acuta,
Nec [5] multo post tempus idem compage soluta
Corporis, indigno tristavit funere Francos,
Nulli militia, nulli probitate secundus,
Nulli sive fide seu postponendus honore;
Nullus honorare ecclesiam ecclesieque ministros,
Nullus erat regi servire fidelior illo.
Miles erat regis et Christi, sicque gerebat
Acta viatoris, ut mox de milite civis
360 Esse mereretur supera susceptus in aula [6].
Albericus idem fidei, probitatis, honoris,
Ipsius frater, habuit, qui dum crucis olim

1. On trouve ici deux vers de plus dans V :
   Cum tua castra viri sequerentur non nisi pauci
   Respectu numeri quo pars adversa tumebat.
2. *bellis* V.
3. *duplici* V.
4. Chron., § 179.
5. *Non* P.
6. Chron., § 180.

Obsequio[1] insistens, Syriam cum rege profectus,
Vi portas Acharon penetraret missus ab urbe,
Ignis eum vinclis absolvit corporis, et sic
Finales meruit decimas exsolvere Christo,
Ut cum martyribus se laureola redimitum[2]
Decurso bravium stadio gauderet adeptum[3].

Jam super Escaldum tentoria reprobus Otho
370 Fixerat, et tantis Moritania sola catervis
Non poterat prestare sinum; properata remotis
Castra locis figunt, stipulis et carice tecta.
Pars solis solem ramalibus arcet et imbrem;
Pars subeunt per rura casas, pulsisque colonis,
Ad tempus dicunt in re sibi jus aliena,
Castrorum ritu sibi cuncta licere putantes.

Territat imprimis nostri confinia regni
Othonis socer Henricus, cui mille catervas
Exhibet et plures Brabancio, sevior alter [armis.
380 Quo nusquam est populus bello, aut assuetior
Excitat ex alia Lotharingos[4] parte bilingues
Dux suus[5], aurivolis replicantes agmina signis,
Qui, cum simplicibus soleant sermonibus uti,
Non tamen in factis ita delirare videntur;
Quos inter Gallos et Theutonicos speciosa
Et fecunda magis tellus alit ubere glebe,
Millibus a Mosa distans ubi Mosula paucis
Leucos[6] et Methes speciosis irrigat undis,

---

1. *Servicio* V.
2. Le vers 367 manque dans V.
3. Voy. Rigord, § 81.
4. *Lothoringos* P.
5. Thibaut 1er, duc de Lorraine.
6. *Leupochos* V.

LIBER X.

Ac Treverim, Vogesis quam Rictiovarus ab oris,
390 Presidis officio fungens sub Maximiano,
Adveniens, sanctos pro Christi lege peremit
Tot simul, et mediis immersit fluctibus omnes,
Ut miraretur fieri se Mosula rubram
Sanguine sanctorum laticis variante colorem[1].

Dux quoque Lemburgis acies ciet Ardaniorum,
Nec tamen ipsius Galeranus filius ipso
Cum patre dignatur Othonis fautor haberi,
Regis amicitiam et Francorum perdere nolens.

Saxonesque suo furibundi cum duce[2] tanto
400 Letius arma movent, quo dudum compatriota
Illorum fuerit et eisdem sanguine junctus,
Nondum rex, nondum sublimis fascibus, Otho.

Conradum comitem misit Tremonia, cujus
Imperio Waphale parent regionis alumni,
Et quos Ruma[3] rigat piscoso flumine ; tuque
Linquere Randerodas gaudes, Gerarde, paternas,
Francigenum ut bello possis sentire rigorem.

Nec minus Otho comes venit de Thinquene-
[burco ;

---

[1]. « Hoc habetur in principio passionis beati Quintini et sancto-
« rum Crispini et Crispiniani, Fusciani et Gentiani, martirum
« Domini, » dit une glose de L et de P. L'auteur de cette glose se
trompe : aucun des martyrs qu'il nomme ne fut mis à mort à
Trèves. Il est vrai que Rictiovarus fit jeter à l'eau saint Crépin
et saint Crépinien ; mais ce fut dans l'Aisne et non dans la
Moselle. (Acta Sanctorum, 25 oct., XI, 535-540.) Guillaume le
Breton fait évidemment allusion aux chrétiens de la légion Thé-
baine et aux citoyens de Trèves que Rictiovarus fit massacrer
ou jeter dans la Moselle en 286. (D. Calmet, Histoire de Lorraine,
I, 148. — Acta Sanctorum, oct., II, 330 et suiv., III, 18 et suiv.)

[2]. Albert, duc de Saxe.

[3]. Bien que tous les manuscrits portent Ruma, il faut évidemment lire Rura, la Roer, ainsi que le propose Barth.

Et comitem quem Theutonici dixere Pilosum [1],
410 Ut juvet Othonem, regio Trajectica [2] misit,
Mosa ubi majori collapsus flumine, nomen
Non tamen amittit, sed, Rhenum nominis audens
Dimidio privare sui, Remosa [3] vocatur.
Nemurcique comes primeva etate Philippus,
Cognatus regis, regem tamen impetit armis,
Parte licet Petrus, pater ipsius, esset ab ista [4],
Altisiodori dudum comes atque Niverni [5],
Constantinopolis qui post ad sceptra vocatus
Imperiale manu pape diadema recepit;

1. Ainsi que Barth l'avait conjecturé, il s'agit d'un *Raugraf* « *asperarum regionum dominum, non ipsum hirsutum aut pilis* « *obsitum,* » c'est-à-dire d'un de ces comtes que Du Cange confond avec les *comites sylvestri* ou *wildgrafen*. (Voy. Du Cange, *comes hirsutus, pilosus, sylvester*.) Barth ajoute ensuite : « *Quid* « *enim Trajectum ad nostros raugravios?* » En effet, on a signalé des Raugraves aux environs de Trèves, de Kreuznach, etc., à Dassel en Saxe, mais point du tout dans la région d'Utrecht.

C'est ce même Raugrave qui est reconnaissable sous des noms analogues dans divers textes : *Pellucus, comes Theutonicus* (Prétendue continuation de Robert de Torigni dans D. Brial, XVIII, 244 E) ; *Plutus Alemannus* (Continuation de Roger de Hoveden, *ibid.*, 172 c) ; *Pilutus Alemannus* (Chronique de Mortemer, *ibid.*, 356 A) ; *le conte Pelu du Rin* (*Istore et Croniques de Flandre*, éd. Reiffenberg, I, 120) ; *li cuens de Lus* (Inscription rimée placée en 1214 sur la porte Saint-Nicolas à Arras, rapportée par M. de Reiffenberg dans une note à Ph. Mouskés, II, 347). Peut-être est-ce encore lui que l'anonyme de Laon désigne comme un comte « *qui sti-* « *pendia sequens cum Othone venerat ex Germania.* » (D. Brial, XVIII, p. 717 E.)

2. *Trajeccia* L.

3. *Rimosa* L P. — Au sujet de ce nom, nous ne pouvons que répéter les paroles de Barth : « *Vulgo hæc hactenus nemo percepit.* »

4. Voy. Chron., § 194.

5. V ajoute ici ce vers :
Regalique gradu distans a stirpe secundo.

LIBER X.

420 Sed non prevaluit sacra residere curuli,
　　Durachii captus a principe Cumaniorum [1].
　　Ast Hugo tibi [2], Bolonide, junctissimus heret,
　Qui Bobis fuerat dominari natus; at idem [3]
　Maluit et regis inimicus et exul haberi,
　Civili quam pace frui, regique subesse;
　Cujus germanam faciens tibi collateralem
　Participemque tori, meretricis captus amore,
　Circumducebas bellorum tempore in ipso [4],
　Que generosa nimis soldaria facta, relicto
430 Conjuge, castra suo privabat significato [5].
　　Regis et Anglorum frater, Saleberia cujus
　Se gaudet ditione regi, decies triplicata
　Copulat Anguigene [6] secum ter millia gentis;
　Quorum tu numero temere confisus et umbra,
　Audes Othoni indignam promittere palmam.
　　Et quis sub numero comprendere possit Yprei
　Agminis examen, acierum multiplicata
　Millia, que portis vomuit Gandavus apertis,
　Belga quot et rabies Bloetina, quot Insula turmas

1. *Comimoto* V. — Pierre de Courtenai, comte d'Auxerre, couronné empereur d'Orient par Honorius III, le 9 avril 1217, fut pris par Théodore Lange Comnène, non pas à Durazzo, mais après que le siège de cette ville eut été levé et pendant qu'il se rendait par terre à Constantinople. (Voy. Robert d'Auxerre dans D. Brial, XVIII, 284-285.)

2. *cui* P.

3. *ille* V.

4. Les trois derniers vers sont remplacés dans V par les deux suivants :
　　Prostituensque suam, bellorum tempore in ipso,
　　Circumducebat illustris leno sororem.

5. Il y a évidemment ici quelque équivoque entre *castra* et *castrare*.

6. Voy. plus haut, vers 11.

440 Mittat, Isangrinusque furor, Gravelinga quot addat
Agmina cum Furnis, quot Brugia millibus agros
Contegat armatis, aut Audenarda propinquo
Viribus atque fide Cortreio consociata;
Quos equitum cetus per vicos perque casellas
Collectos armet in damnum Flandria regis,
Corde tenens memori quales exsolverit anno
Preterito penas, quantas perpessa sit ipsa
Jacturas tunc pro meritis a rege Philippo,
Quando Ferrandus nummos[1] suscepit ab Anglis,
450 Quos male nunc vertit, nec adhuc se pena coer-
Illum nausifico crucians pedoris odore[2]?　　[cet,
Hos multosque alios, quos enumerare morosum
Auxilium comiti Ferrando Flandria donat, [est,
Ut solus regi videatur posse suisque
Secure[3] conferre manum : tot millibus illum[4]
Preterit! At cause merito confisa Deoque,
Non curat numerum Francorum vivida virtus.
Quos inter Barrensis erat non ultimus unus,
Multorum supplens defectum viribus, et cum
460 Gerardo Scropha[5] Malevicinus Petrus, ille[6]
Ut petra qui firmus verbo se firmat et actu.
Nec te, Rupensis Guido, nec Montinianum

---

1. *solidos* V.
2. Allusion à la captivité de Ferrand après la bataille de Bouvines.
3. *securi* V.
4. *illinc* V.
5. *Soropha* P.
6. Il y a ici trois vers au lieu de deux dans V :
   Multorum supplens defectum viribus, et qui
   Sus appellari reputat non turpe Girardus,
   Et Petrus Malevicinus, vir fortis et audax.

Galonem taceam, qui, mente immobilis ut mons,
Vexillum regale die portavit in illo.
Hugo Marolides cum fratre Johanne, Petrusque
Reminii rector pagi, cum pene ducentis
Militibus, quales Campanicus educat axis,
Efficiunt animis scalam concorditer[1] unam.
Preclarique viri tecum de Montemorenci,
470 Quos eduxisti[2], Matthee, comesque Johannes
Bellimontensis, et Sacrocesaris ortum   [rus,
Et cognomen habens[3] Stephanus, vir nomine cla-
Seque gradu generis referens[4] a rege secundum,
Et dominans Harmis[5] Michael, Hugoque Malan-
Post Campanenses acie glomerantur in una. [nus,
  At Robertigena et[6] senior Robertus in Anglos
Quotquot habere potest equites agit, utpote cujus
Filius in vinclis angustabatur eorum[7];
Quem Belvacensis comitatur[8] episcopus, ejus
480 Frater, et amborum regali a stirpe nepotes;
Lauduni presul[9], et quem Castellio nuper[10],
Nunc vero Sancti Pauli comitatus honorat,
Gaucherus, quo nemo alius laudatior armis.
  Pontivii[11] comitem comitantur in arma Poheri,
Qui, generosus avis, longe generosior alti

---

1. *concordibus* V.
2. *emisisti* V.
3. *Cognomenque trahens* V.
4. *numerans* V.
5. *Harnus* P.
6. *et* omis dans P.
7. Voy. plus haut v. 46 et suiv.
8. *Cui Belvacensis comes habet* V.
9. Robert de Châtillon.
10. *quondam*.
11. *Pontumii* V P.

Sanguinis existit uxore, sorore Philippi
Magnanimi regis, Richardi que fuit uxor,
Quam fratri intactam Richardus reddidit olim,
Navarie regis ut[1] filia nuberet illi.
490 Hinc Sancti Thomas Galerici nobilis heres,
Gamachiis dominans, vicosque et plurima sub se
Castra tenens, clarus dominatu, clarior ortu,
Quinquaginta parat equites in bella, clientes
Mille bis, audaces animis et robore fortes.
  Roboreus vero cum Thoma fratre Johannes
In scala regis regi lateraliter herent,
Et Longi Stephanus Campi dominator, et illi[2]
Septuaginta equites regio quos Neustrica misit ;
Neustria fida satis, immo fidissima regi[3],
500 Parcere mordaci si lingue vellet in illum.
  Hinc fremitu majore trahit Burgundicus Odo[4]
Belligeros in bella viros, Burgundia quales
Nature dono producere novit alumnos.
Cujus virtutis tremor et reverentia fame
Crescit in immensum longe per regna, quod ipse
Absens distringit et solo nomine terret   [rat,
Trans Ararim populos quos flumen Dubis[5] ober-
Et que trans Rhodanum regio jacet usque Vien-
Et Pontarlicios, abies quos plurima ditat, [nam,
510 Fauce jugi positos ubi Dubis[6] suscipit ortum[7],

---

1. *cum* V.
2. Le vers 496 est à tort répété après le vers 497 dans V.
3. Le vers 499 est remplacé par celui-ci dans V :
   Corde manuque satis ipsi fidissima regi
4. *trahit dux Allobrogum* V.
5. *Duber* L P.
6. *Duber* L P.
7. Le vers 508 se trouve à tort répété dans V après le v. 510.

Atque Salinenses angusta in valle sedentes,
Defecata quibus flammarum ardore ministrat
Lympha salem, puteis (mirabile!) tracta duobus,
Unde Bisuntina sua condit edulia vallis,
Lingones et Vogesos tangens Alemannia fines,
Totaque terra patens a Francis usque sub Alpes,
Et regio dorsis que monticulosa jugosis[1],
Fruge tamen multa, dapibus bacchoque redun-
Urbibus egregiis ambit vicisque Lemanum, [dans,
520 Impete quem Rhodanus vasto preterfluit, et dum
Ipse laci medio fluvius triginta rapit se[2]
Leucarum spatio, vallatur utrinque lacu sic,
Quod stans unda laci fluvio non obstat eunti,
Nec violente[3] lacum fluvius[4] rapit'impete stantem,
Sed neque vel lacui coit amnis, vel lacus amni.
Haud secus Alpheos fugiens Arethusa furores,
Littore ab Eleo littus fluit usque Sicanum :
Quo rursum emergens dulci rigat arva fluento
Sicilie, specieque juvat fructuque colonos,
530 Labentique suo tam longa per equora rivo,
Doris amara suam non intermiscuit undam,
Nec vim dulcis aque salis immutavit amaror.
    Dux igitur, nimio belli percussus amore[5],

---

1. Les 43 vers suivants (518 à 560) sont omis dans P.
2. Les vers 520-521 sont remplacés dans V par les trois vers suivants :
    Impete quem Rhodano vasto preterfluit inter
    Lausanam et summo pendentes colle Gebennas
    Dumque laci medio triginta precipitat se
    Leugarum spatio . . . . .
3. *Nec secum ipse,* éd. de Duchesne.
4. *flumen* V.
5. *belli nimio furore calescens* V.

His breviter regem verbis adit : « Hac vice saltem
« Usque laboremus hostes attingere nostros ;
« Nam, licet a patria grave sit tam sepe venire,
« Plus tamen in patriam sine marte redire gra-
[vamur. »
Et quid Galterum juvenem, quid Bartholomeum,
Quid Garlandensem Guillelmum, Musa, tacemus?
540 An quoniam cum rege domi belloque morantur,
Et rex raro solet illis sine pergere quoquam?
Quod cuncti norunt[1] memorare superflua res est.
Hi siquidem reliquis regi socialius assunt,
Consilioque juvant et bellatoribus ipsum,
Quotquot habere suos ad sumptus cuique dabatur.
Interea comitissa senex, que Portigalensis
Filia regis, ob hoc solum regina vocata est,
Ferrandique erat ipsa quidem[2] germana parentis,
Hesperidum ritu cupiens ventura doceri,
550 Sortilegos nobis ignota consulit arte.
Nec tamen ipsa, reor, erat inscia prestigiorum
Que solet Hispanos presaga Tholeta docere.
Sortibus ergo datis, tali problemate falli
Digna fuit, vero equivoca sub voce latente : [rum
« Rex, ab equo multa juvenum vi stratus, equo-
« Tundetur pedibus, nec eum continget humari ;
« Altisonoque comes plausu post prelia curru
« Vectus, Parisiis a civibus excipietur. »
Hinc magis audacter Ferrandus in arma furebat,
560 Non intellecto gaudens enigmate sortis[3]
Ambigue vana cupidam spe fallere mentem,

1. *Quod cunctis lucet* V.
2. *Ferrandique quidem fuerat* V.
3. C'est ici que cesse la lacune de P.

Ne solus duplici fallatur Apolline Cresus[1].

Dehinc Otho comites[2] Ferrandum Boloniumque
Secreto alloquitur, et eis sua vota revelat,
Majoresque duces verbo non privat eodem[3] :
« Si solus rex Francorum[4] non esset, ab hoste
« Quolibet in mundo tuti possemus haberi,
« Et totum gladiis mundum supponere nostris[5] ;
« Quo solo contra nos impendente favorem,
570 « Et cleri causam propriam quasi semper habente,
« Nos ita presumit anathemate papa ferire,
« Atque fide nostros[6] proceres absolvere nostra[7].
« Qui dum Sicanio se regi prestat amicum[8],
« Audet in imperium vires extendere nostrum ;
« Qui genus in nostrum semper grassatur, et ipsum
« Qui tam largus opes pluit et donaria nobis,
« Regem presumit exheredare Johannem.
« Huic igitur soli conatu insistere toto
« Expedit ; hic solus primo occidatur oportet,
580 « Qui solus nostros provectus impedit, et se
« Opponit nobis, omnique fit hostis in hoste.

1. Chron., § 202. — Le vers 562, qui se trouve presque dans les mêmes termes dans la Chronique, et que, sur la fausse indication de Guillaume, nous avions vainement cherché dans Juvénal, provient, ainsi que le dit M. Pannenborg, de l'*Alexandréide* de Gautier de Châtillon.

2. *Tunc Otho reprobus* V.

3. Le vers 565 est ainsi rédigé dans V :
   Nec verbi exortes alios facit esse quirites.

4. *Si rex Francorum solus* V.

5. A la place du vers 568, on lit dans V ce vers qui se trouve dans la Chronique, mais qui est tout à fait déplacé ici :
   Cresus perdet Alun (sic) *transgressus maxima regna.*

6. *nostra* V.

7. *nostros* V.

8. *Qui solus regi Siculo prestando juvamen* V.

« Quo mox extincto, reliquos vincire potestis
« Ad libitum, regnumque jugo supponere nostro,
« Et sic partiri nobis, quod tu, Reginalde,
« Appropries tibi cum tota Viromanne Peronam ;
« Parisium[1], Ferrande, tibi concedimus ; Hugo
« Belvacum, Drocas habeat Salebericus heros,
« Castrum Nantonis Gastinetumque Girardus ;
« Cum Vulcassino Corradus habeto Meduntam ;
590 « Et reliqui proceres habeant quod quilibet optat ;
« Nemo ex hoc numero mihi non donatus abibit.
« At Senones[2], et terra ferax a flumine Ytumna[3]
« Usque locum quo Sequanio Lupa confluit amni,
« Et que Moretum Montemque interjacet Argi,
« Herveo comiti volo dimittatur habenda,
« Quam preconcessit jam noster avunculus illi[4].
  « Clerum autem et monachos, quos sic exaltat
        [amatque,
« Protegit et vigili defendit corde Philippus,
« Aut occidamus, aut deportemus oportet. [tas
600 « Sic tamen ut pauci maneant, quibus arcta facul-
« Sit satis, oblata tantummodo qui stipe vivant.
« Villas et decimas majores miles habeto,
« Et quibus est cure res publica, qui populos, qui
« Pugnando faciunt in pace quiescere clerum[5].

1. *Parisius* V.
2. *Senories* V.
3. *Cauna* V.
4. Voy. Chron., § 201. — Le ms. V contient un vers de plus :
    Cum promissa suo fuit ejus filia nato.
Voy. plus haut, vers 95-98.
5. Le vers 604 est remplacé dans V par le suivant, auquel il manque une syllabe :
    Deffendenda patria pugnando laborant.

« Illo quippe die quo me diademate primum
« Reddidit insignem patrum pater imperiali,
« Hanc promulgavi legem, in scriptisque redac-
« Jussi per totum servari firmiter orbem, [tam
« Ecclesie decimas oblataque munera tantum
610 « Possideant; villas nobis et predia linquant,
« Vivat ut hinc populus, habeatque stipendia
[miles.
« Nunc quia lege mihi clerus non paret in ista,
« Nonne gravare manum, numquid non debeo
[magnas
« Cum villis decimas illi auferre licenter[1]?
« Numquid non possum legem superaddere legi
« Tudite Caroli, villas qui noluit illis
« Tollere? Si decimas ipsis tulit ille, mihi non
« Villas cum decimis auferre licebit eisdem,
« Condere qui possum leges, et jura novare,
620 « Imperium solus teneo qui totius orbis?
« Nonne licet nobis hac clerum lege ligare,
« Rebus ut oblatis contenti, primitiisque, [perbi?
« Jam discant humiles magis esse minusque su-
« Quam satius, quam commodius, me jura novante,
« Impiger hec tam culta novalia miles habebit,
« Et villas tot deliciis opibusque fluentes, [tum,
« Quam genus hoc pigrum fruges consumere na-
« Otia[2] quod ducit, tecto quod[3] marcet et umbra;

1. Il y a ici deux vers de plus dans V :
   Imperium solus teneo qui totius orbis,
   Condere qui possum leges et jura novari.
Ces vers font double emploi avec les vers 619 et 620 qui sont disposés dans l'ordre inverse.
2. *occia* P.
3. *quo* P.

« Qui frustra vivunt, quorum labor omnis in
[hoc est
630 « Ut Baccho Venerique vacent, quibus inflat obesis
« Crapula colla toris, oneratque abdomine ventres?
« Unde ego, quamprimum predicta in lege rebellis
« Papa fuit nobis, Montem Flasconis, Aquamque
« Pendentem, Bitral[1], Radichofonis[2] ardua, Sancti
« Quiriaci castrum, Bisterbica menia, Bicum[3],
« Vicosque innumeros, castellaque plurima, dives
« Roma quibus circumvallatur, protinus ipsi
« Fortior eripui[4], multoque potentior armis,
« Ipso que teneo nolente, diuque tenebo ;
640 « Quamvis imperium mihi supplantare laboret,
« Presumens nostrum promittere jus Frederico.
« Sed mora consilii non est modo libera nobis :
« Ecce Bovinarum pontem post terga reliquit
« Francigenum ductor ; hodie sua castra sub urbe
« Tornaco figet, Scaldi[5] prope fluminis undas ;
« Et licet illorum numerus qui bajulat arma,
« Militie vix esse queat pars[6] tertia nostre,
« Ecce ad nos veniunt ut nobis congrediantur ;
« Ecce nec exspectant ut nos vadamus ad illos.
650 « Tantum habet ille animi, tanta est presumptio
[Franci
« Militis, ut nullum dubitet tentare periclum !
« Quod dicunt, quod agunt, exploratoris ab ore
« Veridici totum mox nostre infunditur auri.

1. *Bitrai* V.
2. *Radifoni* V.
3. *Biccum* L P.
4. Voy. Chron., § 157.
5. *Scauri* V.
6. *pars esse queat vix* V.

« Ignorant, ut credo, quot agmina nostra sequan-
« Signiferi, nostre quam fortia corpora gentis, [tur
« Qui comites, qui totve duces, quis Theutoni-
[corum
« Sit furor in bello, quo turbine torqueat ensem,
« Corpora quam rigido ferrata bipertiat ictu.
« Sed veniant, ut eos hec omnia re doceamus,
660 « Parisio nec sit pudor a Saxone doceri. »
Dixerat; at proceres uno concorditer ore
Sic fore promittunt, jurantque fideliter omnes
Observaturos se quicquid dixerat Otho.
Utque cavere magis queat unusquisque periclum,
Ut certo socium signo discernat ab hoste,
Confestim[1] per terga cruces et pectora ponit
Quisque sibi, peditesque manus famulique mi-
[nores
Funiculis, laqueis onerantur sive capistris,
Quo facile injiciant victis jam vincula Francis,
670 Quos in congressu[2] primo vincire putabant[3].
Certificavit enim regem super omnibus istis
Haud dubie fidei vir quidam religiosus,
Illa nocte diem que belli preveniebat,
In castra occulte Lovannorum a duce missus,
Qui licet Othonis socer esset homoque fidelis,
Nuper erat tamen uxor ei data filia regis;
Et quam condensis via sit perplexa salictis,
Quam limosa palus, quam carice juncus acuta
Impediat medios Moritana in rura meatus,
680 Edocuit, quam vix equus aut rota transeat illac.

1. *Certatim* V.
2. *Egressu* P.
3. Voy. Richer de Sénones. M. G., XXV, 294, l. 24.

Consilium rex ergo novat, paucisque novatum
Detegit, Otho iterum ne se scire omnia jactet.
Tunc ait : « Ista nimis via perniciosa quadrigis
« Esse potest et equis ; sed eis sine quis velit ire,
« Aut pugnare pedes? A nobis sit procul istud !
« Theutonici pugnent pedites; tu, Gallice, pugna
« Semper eques. Retro vertamus signa, Bovinas
« Pretereamus, item Cameraci plana petamus,
« Hostes unde gradu facili possimus [1] adire.
690 « Absit enim ut videam natalia rura, priusquam
« Me duce Francus ovans Othonis dicta refellat,
« Verius ut doceat Saxonem Parisianus,
« Quem Saxo jactat a se debere doceri !
« Et tibi, dux Odo, quereris qui sepe venire[2],
« Terminet una dies, Franco victore, laborem. »
Dixit, et audita velli tentoria missa
Imperat, et gelido sub mane redire Bovinas[3].

Cur ita te jactas, Otho? Cur ensibus enses
Theutonicos Francis frustra preferre laboras?
700 Francorum rubuit gladiis Saxonia dudum,
Cum meritas subiit[4] Karolo sub vindice penas;
Qui nullum superesse marem permisit in illa,
Illius gladio qui corpore longior esset[5].

Vix e conspectu Tornaci se tulerat rex,
Cum suus Othonem petit explorator, et illi
Intimat[6] attonitum nimio terrore Philippum,

---

1. *valeamus* V.
2. Allusion aux paroles du duc de Bourgogne citées au v. 536.
3. Voy. Chron., § 181.
4. *solvit* V.
5. Voy. le moine de Saint-Gall. M. G., *Scr.*, II, 755, l. 77-79.
6. *nuntiat* V.

Francigenasque suos fugiendo redire Peronam,
Deceptusque suum dominum decepit. At ille,
Frustra concipiens animoso gaudia corde,
710 Arma rapit, portasque furens post terga relinquit;
Totus et egrediens exercitus undique densis,
More locustarum, legionibus occulit agros;
Non ramis perplexa virentis silva salicti,
Non juncosa palus cecis[1] obsessa lacunis[2],
Non limo tellus, carecto et glutine sordens,
Tardat eos; metuunt ne Franci transierint jam,
Antea quam possint illos attingere[3], pontem,
Inque vicem hortantur calcaribus acriter[4] uti,
Ut magis accelerent, indiscretique propinquum
720 Non metuunt casum, et merito labuntur in ipsum.

Quo ruitis, peritura manus? male prelia tractat
Impetus. An regem sic vertere terga putatis,
Quin vobis ausit versa concurrere fronte?
Non decet ut terror vestri deterreat illum;
Non decet ut propter vos aufugisse putetur;
Qui solum hoc optat ut, vobis forte repertis,
In plano plane bello confligat aperto,
Inque brevi id vobis nuda ratione patebit.

Ultimus exierat post omnia signa Garinus,
730 Qui Silvectensis[5] nondum sacratus ad urbis

---

1. *cetis* P.
2. *cavernis* V.
3. *Antea quam regem possint attingere* V.
4. *acrius* V.
5. *Silvanectensis* L P. — Cette leçon est évidemment plus correcte, mais elle ajoute au vers une syllabe inutile, et Guillaume nous a habitué à le voir prendre de semblables libertés avec les noms de lieux. Nous nous en sommes donc tenu à la leçon du ms. du Vatican.

Electus cathedram, regis specialis amicus,
Ardua tractabat cum rege negotia regni.
Hic, dum precedunt crispantibus agmina signis,
Postremo tacite digressus ab agmine paulum,
Cepit iter versus Moritania tendere rura ;
Cumque, novi cupiens aliquid deprendere casus,
Passus millenos jam perrexisset ad austrum,
Cum paucis, quos inter erat Meledunicus Adam,
Ascendit tumulum quo campus forte tumebat,
740 Luminis unde procul emittere posset acumen.
Et[1] cum vidisset acies fervere per agros,
Nec posset visos uno defigere visu,
Tot clypeos preferri astris splendoribus ausos,
Tegmina tot capitum solis replicantia lucem,
Tot latera ambiti livere viredine ferri,
Tot vexilla levi[2] motu irritantia ventos,
Tot cetus equitum, tot equorum ferrea membris
Tegmina proceris circumdata, dixit ad Adam :
« Hi veniunt, nec se credunt attingere posse
750 « Tempore nos satis optato ; tu colle sub isto
« Exspectabis adhuc, intellecturus eorum
« Plenius et numerum et mentem, dum vado
[Philippum
« Certificaturus ; alii non crederet ipse. »
Sic fatus volat ad regem : vix sustinet ille
Credere, presumat quod quis tractare sacrato
Bella die, soli sibi quem Deus ipse sacravit[3].

1. *Qui* V.
2. *leves* V.
3. Ces deux vers sont ainsi rédigés dans V :
   Credere quod quis bella die tractare sacrata
   Presumat, sibi quam soli Deus ipse sacravit.
(Voy. Chron., t. I, p. 267, n. 4.)

Continet ergo gradus, et precedentia stare
Signa¹ jubet, loquiturque suis hoc ordine caris :
« Ecce quod optabam Dominus mihi contulit
[ultro ;
760 « Ecce supra meritum, preter spem, gratia nobis
« Sola Dei confert quod votum preterit omne.
« Quos per circuitus spatiosos perque viarum
« Discursus varios modo conabamur adire²,
« Ecce ad nos ultro Domini miseratio ducit,
« Frangat ut ipse suos per nos simul et semel hos-
« Hostibus ille suis nostro mucrone secabit [tes ;
« Membra, sibi faciet nos instrumenta secandi ;
« Ille idem percussor erit, nos malleus ; ille
« Totius actor erit belli, nos vero ministri.
770 « Nec dubito quin se victoria conferat illi,
« Quin hostes proprios, quibus est infensus, et
« In nobis vincat, et nos vincamus in ipso. [ipse
« Jam patris patrum gladio meruere feriri,
« Qui presumpserunt illum spoliare suisque
« Ecclesiam privare bonis, solidosque quibus se
« Nunc quoque sustentant, clero monachisque
[tulerunt,
« Pauperibusque Dei, quorum maledictio damnat
« Et damnabit eos ; quorum querimonia, celum
« Dum penetrat, coget illos succumbere nobis³.
780 « E contra nobis communicat, et precibus nos

1. *signa Stare* V.
2. Philippe-Auguste avait d'abord pensé à aller attaquer Othon dans Mortagne ; mais les difficultés de la route l'avaient décidé à renoncer à ce projet et à revenir vers Lille, pour aller de là ravager le Hainaut. (Voy. Chron., § 181, et p. 267, note 2.)
3. *illos nobis succumbere coget* V.

« Adjuvat ecclesia, et Domino commendat ubique;
« Per loca certa tamen pro nobis pronius orant.
« Major in affectu quibus est dilectio nostra.
« Unde, spei solide, rogo, robore consolidati,
« Hostes ecclesie vos hostibus exhibeatis;
« Non[1] mihi, sed vobis et regno vincere vestra[2]
« Pugna velit; regni curam et diadematis unus
« Quisque gerens, caveat proprium ne perdat
[honorem.
« Pugna tamen cordi minus est mihi, quod macu-
790 « Ista sacra[3] dies aspergine sanguinis odit. » [lari
Dixerat, et Franci leti clamore paratos
Se pugnare ferunt pro regni et regis honore[4].
Consilium tamen hoc sedet omnibus, usque Bovi-
Ut proficiscantur, hostis si forte diei [num[5]
Parcere sacrate velit, et differre duellum,
Donec lux bello licitam se crastina prestet.
Preterea locus est munitior ille tuendis
Sarcinulis, rebusque aliis que castra sequuntur,
Cum nusquam pateat, a dextris atque sinistris
800 Continuis spatiis iter impediente palude,
Transitus, excepto satis arcto ponte Bovino,
Quo quadrupes se sive bipes evolvat ad austrum.
At[6] parte ex illa latis patet area campis,
Grataque planities cereali gramine vernans,
Que, protensa satis spatio per rura patenti,

1. *Haut* V.
2. *vostra* P.
3. *sacrata* V.
4. Chron., § 182.
5. *Bovinas* V.
6. *Atque* V.

Sanguineum a zephyro, Cesonam tangit ab euro;
Dignus cede locus et sanguine commaculari,
Sanguinis et cedis medius communis utrique.
Continuo pontem rex sic facit amplificari,
810 Corpora quod bis sex lateraliter ire per ipsum
Cumque suis possent tractoribus octo quadrige[1].
Ecclesiam Petri sacratam nomine juxta
Fraxinea rex sole calens residebat in umbra,
Haud a ponte procul, quem jam pars maxima
  [cetus,
Dilatam sperans in crastina tempora pugnam,
Transierat, mediumque diem sol altus agebat.
Dumque pararet ibi modice indulgere quieti[2],
Nuncius accurrens cursu festinus anhelo :
« Agmen in extremum, clamat, jam prosilit hos-
820 « Nil Campanensis acies, nil sufficiunt hi   [tis;
« Quos modo misistis, ut eos retropellere possint;
« Dumque illis obstant, et eos tardare laborant,
« Continuo egerunt bis jam duo millia passu. »
Motus ad hanc vocem rex illico surgit, et intrat
Ecclesiam, Dominoque suum commendat agonem,
Finitaque brevi prece mox egressus : « Euntes
« Festinemus, ait, sociis succurrere nostris;
« Non irascetur nobis[3] Deus, arma feramus
« Illos si[4] contra, sacrato tempore, qui nos
830 « Impugnant; sed nec Machabeis est reputatum
« Ad culpam, quod, se per Sabbata sancta tuendo,

1. *octo ire quadrige* P.
2. D'après le dernier vers du sommaire de ce chant, le roi se serait endormi pendant ce moment de repos.
3. *nobis* omis dans P.
4. *Illos vero* V.

« Hostiles sancto vires repulere[1] tropheo.
« Immo die pugnare magis nos convenit ista,
« In qua pro nobis Domino generaliter omnis
« Supplicat ecclesia, cui nos prestamus amicos. »
Hec dicens, armis corpus premunit, et alto
Insilit altus equo, lituumque horrente boatu
Circa ipsum, cursu reduci festinat[2] in hostem.

1. *fregere* V.
2. *se vertit* V.

CATHALOGUS MATERIE UNDECIMI LIBRI.

Undecimus varias strages habet[1]. *Imperiali*
Standardo mundi dominum se disputat Otho.
Sub serie certa disponunt agmina reges,
Eustacioque[2] *sua mox improbitate perempto,*
Ferrandum prima superat Campania pugna.
Coram rege cadit[3] *Stephanus. Salebericus alto*
Precipitatur equo Belvaci presulis ictu.
Rex cadit, Otho fugit, Francis victoria cedit.
Bolonius capitur, post omnes denique victus[4].

INCIPIT LIBER UNDECIMUS.

CHRISTOPHORI Jacobique dies post gaudia festi
Primus erat Domini cui dant a nomine nomen[5]
Christicole[6]; verum gentiles solis eumdem
Esse volunt, primam sibi qui dicat illius horam;
Nomen enim dat cuique suum planeta diei,
Cui primam dat queque dies specialiter horam
Ordine quo prisci designant tempora vates.
　Vidit ut Otho suo Francos cum rege, levatis
Ad pugnam signis, ita festinanter adesse,
10　Quos solo audierat victos terrore reverti

---

1. *canit* V.
2. *Euticioque* L P.
3. *ruit* V.
4. *post omnes vix superatus* V.
5. *cui nomine nomen adoptant* V.
6. On était au dimanche 27 juillet 1214.

In patriam fugiendo suam, miratur, et exspes
A leva[1] paulum retrahit vestigia parte;
Componensque acies, gressus obliquat ad Arcton,
Quas ita continua serie protendit in amplum,
Occupet ut prima, armatorum fronte virorum
Directe extensa, passus duo millia terre[2].
Sic etiam rex ipse sue protendere frontis
Cornua curavit, ne forte preanticipari[3]
Aut intercludi tam multo possit ab hoste.
20   Mox Otho, imperii declarans signa, volensque
Jam quasi promeriti rem prelibare trophei[4],
Standardum edificat, miroque insignit honore
Imperii[5], ut, fasces tanto illustrante paratu,
Se dominatorem totius disputet orbis.
Erigit in carro palum, paloque draconem
Implicat, ut possit procul hinc atque inde videri,
Hauriat et ventos cauda tumefactus et alis,
Dentibus[6] horrescens, rictusque patentis hiatu;
Quem super aurata volucer Jovis imminet ala[7],
30   Tota superficies cujus nitet[8] aurea, solis

---

1. *dextra* V. — Il faut en effet lire *a leva*, puisque le mouvement dont il s'agit eut lieu vers la droite, « *ad dexteram partem itineris quo gradiebantur.* » (Chron., § 184, et p. 269, note 1, 271, note 3.)

2. *large* V. — Ce vers est ainsi rédigé dans l'édition de J. de Meyer :
    Porrecta in latum passus bene milia bina.
D'après la Chronique, le front de l'armée alliée ne se serait étendu que sur 1040 pas. (Chron., § 186.)

3. *preanticipasti* V.

4. *triumphi* V.

5. *Ipsius* V.

6. *Rictibus* V.

7. Le v. 29 manque dans V.

8. *rubet* V.

Emula, quo jactat plus se splendoris habere[1].
　Ast regi satis est tenues crispare per auras
Vexillum simplex, cendato simplice textum,
Splendoris rubei, lethania qualiter uti
Ecclesiana solet certis ex more diebus;
Quod cum flamma habeat vulgariter aurea nomen,
Omnibus in bellis habet omnia signa preire,
Quod regi prestare solet Dionysius abbas,
Ad bellum quoties sumptis proficiscitur armis[2].
40 Ante tamen regem signum regale tenebat
Montiniacensis, vir fortis corpore, Galo;
Seque acies ambe directe respiciebant,
A se distantes modico discrimine campi,
Vultibus oppositis, nec adhuc vox ulla sonabat.
　Otho magnanimum contra e regione Philippum
Stabat in ornatu valde aureus imperiali.
Drocarum dominus cum Gamachiensibus et cum
Pontiviis[3] a rege procul sic stantibus, ut non
Ipsius a serie series distaret eorum,
50 Bolonio comiti se contraponit et Anglis,
Cui magis infensus odiis erat ipse veternis[4],
Et levum cornu conserto marte coronant[5].

1. Chron., § 184.
2. Il y a ici dans V trois vers de plus :
　　　Seque prius sancto precibus commendat eidem,
　　　Quique marescalli vice fungitur, illud habendo
　　　In manibus, cunctas debet precedere turmas.
Dans l'édition de J. de Meyer, les deux derniers vers sont ainsi rédigés :
　　　Idque gerit tollens equitum prefectus in altum,
　　　Vectus equo cunctas suetus procedere turmas.
3. *Pontumiis* V.
4. Le v. 51 manque dans V.
5. *tuentur* V.

At dextro in cornu, spatiis a rege remotis,
Fulminat in Flandros[1] acies Campanica, duxque
Allobrogum, et Sancti Pauli comes, atque Johan-
Bellimontensis, et quos Medardicus abbas [nes
Miserat, immensa claros[2] probitate clientes,
Ter[3] denos decies, quorum exsultabat in armis
Quilibet altus equo, gladioque horrebat et hasta,
60 Valle Suessonica quam fortia corpora surgunt[4].
Quos inter regemque viri virtute corusci[5]
Astant continua serie, scalasque suorum [vum
Quique magistrorum densant[6], dum buccina se-
Obstrepat[7], ut celeri levitate ferantur in hostem.

Interea electus levis istos ambit et illos,
Hortaturque sue vigilent ut quisque saluti,
Fortiter ut patrie pugnent et regis honori,
Sintque sue memores gentis, que semper in omni
Conflictu victrix hostes confregit; id autem
70 Summopere caveant, ne ipsos numerosior hostis
Cornua protendens forte intercludere possit,
Ne serie series sit longior hostis eorum,
Ne scutum miles faciat de milite, sed se
Quisque suo fronte opposita sponte offerat hosti.

Cumque morarentur, nec dignarentur aperto
Credere se campo serieve excedere Flandri,

1. *Flandris* V.
2. *Miserat ad regem mira* V.
3. *Bis* V.
4. *quales oriuntur alumpni* V.
5. L'ordre des vers 60 et 61 est interverti dans l'édition de J. de Meyer.
6. Les cinq derniers mots (*scalasque - densant*) manquent dans V.
7. *Perstrepat* V.

Impatiens Suessona phalanx, suadente Garino,
Cornipedes quanto potuerunt currere cursu,
Invadunt illos, nec miles it¹ obvius illis [num²;
80 Flandricus, aut motus aliquod dat corpore sig-
Indignans nimium quod non a milite primus,
Ut decuit, fieret belli concursus³ in illos ;
Neque verecundẽntur, ab his defendere si se
Prorsus abhorrescant (cum sit pudor ultimus alto
Sanguine productum superari a plebis alumno),
Immoti statione sua ; non segniter illos
Excipiunt, sternuntque ab equis plerosque nec⁴
Parcendum ducunt famuli ; sed turpiter illos [illis⁵
Jam perturbatos stationem solvere cogunt,
90 Seque, velint⁶ nolint, defendere. Sicque superbos
Nobilitate viros, et majestate verendos,
Non puduit demum pugnare minoribus ipsis,
Afficiuntque illos atque afficiuntur ab illis
Ictibus et plagis. Famulis sed⁷ denique spretis,
Et genus et proavos Eustacius a Maquelinis
Qui trahit egregios, se contulit equore plano,
Sepius « Ad mortem Francorum » voce superba
Ingeminans. Sequitur Galterus cum Buridano
(Hic de Guistella, de Furnis venerat ille),
100 Flandrinique equites, odium quibus improba regis

1. *ut* P.
2. Chron., § 186.
3. *congressus* V.
4. *cum* L.
5. Le vers 87 est rajouté dans la marge de L. Le scribe de P devait avoir le ms. L sous les yeux, car il a mal placé le v. 87 qu'il a intercalé entre le v. 88 et le v. 89.
6. *Se velint* V.
7. *Famulisque* P.

Flandria magnanimi teneris infudit ab annis,
Militibus properant rapido occursare volatu.
　　Jamque perhorruerat lituorum clangor, et om-
　　　　　　　　　　　　　　　　　　　　　[nes[1]
Hinc atque inde acies commixte in fata ruebant;
Harmensis Michael clamanti funera Francis
Obviat, et medium forat illius egidis hasta.
Ast[2] illum inferius Eustacius impetit[3], atque
Per sellam, per equi costas, agit improbus has-
　　　　　　　　　　　　　　　　　　　　　[tam,
Et domini per utrumque femur[4]; cadit hic, ruit
110　Vixque potest hastile suis evellere coxis.　　[ille,
Hugo Malaunites accurrit, Reminidesque
Petrus[5], quos sequitur acies Campana, comesque
Bellimontensis cum Sacrocesariensi.　[Morencii,
Nec mora te, Gauchere[6], tenet dominumque
Se quibus opponunt Flandrorum mille cohortes.
Ferrandusque suis animos dum pugnat adaugens,
Hastis confractis, mucronibus atque cutellis
Insistunt, Dacisque securibus excerebrant se
Ictibus alternis, et equorum viscera rumpunt
120　Demissis gladiis, dominorum corpora quando
Non patitur ferro contingi ferrea vestis.
Labuntur vecti lapsis vectoribus, et sic
Vincibiles magis existunt in pulvere strati.
Sed nec tunc acies valet illos tangere ferri,

---

1. *lituorum clangoris* V.
2. *Atque* V.
3. Dans la Chronique (§ 188), on dit seulement que Michel de Harnes fut blessé « a quodam Flandrensi. »
4. *Et per utrumque fenum domini* V.
5. *cum Remiensi Petro* V.
6. Gaucher de Châtillon.

Ni prius armorum careat munimine corpus,
Tot ferri sua membra plicis, tot quisque patenis[1]
Pectora[2], tot coriis, tot gambesonibus armant[3].
Sic magis attenti sunt se munire moderni
Quam fuerint olim veteres, ubi millia mille
130 Una sepe die legimus cecidisse virorum.
Nam, mala dum crescunt, crescit cautela malorum,
Munimenque novum contra nova tela repertum
[est[4].
At Michael, sociis tellure juvantibus ipsum[5],
Se levat, et, quamvis coxam gravet ejus utramque
Plaga duplex, commendat equo sua membra
Invento ut multis aliis sessore carenti, [recenti,
Cujus humi dominum prostraverat Hugo Malau-
Ast Hugonis equi Galterus[6] in ilibus ensem [nus.
Demittit, peditemque facit. Pedes ergo pedumque
140 Se gressu firmans, hosti vicinat, et ictus
Ingeminans ipsum cogit se dedere victum[7],
Cum quo etiam capitur Buridanus, qui quasi
[ludens
Clamabat : « Nunc quisque sue memor esto puelle ! »
Tunc Michael illum[8] qui mortificaverat ejus
Cornipedem, vulnusque duplex inflixerat illi,

---

1. Voy. plus haut liv. III, v. 497, note 6.
2. *Corpora* V.
3. *armis* V.
4. Chron., § 188.
5. *illum* V.
6. Gautier de Ghistelles.
7. Voy. dans *Cat.*, 1611-1619, les actes par lesquels Gautier de Ghistelles s'engagea à ne pas attaquer Ph.-Aug. Michel de Harnes figure parmi les cautions de Gautier.
8. *Tunc Michael hostem* V.

Querit, et inventum rigidis sic implicat ulnis,
Et galea abstracta[1] vultum[2] cum gutture nudat,
Quo via fit Franci gladio, qui dum necat illum[3] :
« Ut tua nunc saltem, Eustaci, presumptio cesset,
150 « Mortem quam Francis inclamas accipe, dixit;
« Te perimit Francus, Francis dum fata minaris.
« Hujus causa necis tibi sola superbia lingue est ;
« Nec te servari sinit ad commercia vivum,
« Ut multos alios qui, te moriente, ligantur[4]. »
Ast alia dux parte furens Burgundicus, inter
Hostiles cuneos agili circumrotat ensem [audax,
In Flandros Henoasque manu ; sed, dum nimis
Fortune securus, et hos prosternit et illos,
Oblitusque sui nimium prorumpit in hostes,
160 Admitti gladios doluit vectoris in alvum,
Qui ruit, atque ducem secum in tellure volutat[5].
Cui, dum multiplici latus undique malleat ictu
Hostilis rabies, assunt perniciter ale   [tum
Allobrogum, dominoque ferunt in tempore gra-
Subsidium ; pars carne nimis[6] ferroque moran-
[tem[7]
Surgere sustollunt ; pars pugnat et amovet hos-
Qui nimis instanter illum retinere laborat[8] ; [tem,

---

1. *abstractum* V.
2. *vultum* omis dans V.
3. Dans la Chronique (§ 187), le vainqueur d'Eustache de Maquelines n'est pas nommé.
4. *Quos te moriente ligamus* V. — Chron., § 187.
5. *voluptat* P.
6. *gravi* V.
7. « *Valde corpulentus erat* » dit une glose de L et de P. — Voy. Chron., § 188.
8. Le vers 167 manque dans V.

Pars alium quo scandat equum perniciter aptat;
Et jam factus eques requiem captare rogatur,
170 Donec se modicum recreet, flatumque resumat :
« Immo, ait, amissi dum me vectoris in hostem
« Dedecorisque mei memorem calor excitat ire,
« Dedecori decus est vindictam reddere nostro. »
Dixit, et in medios velut amens se jacit hostes[1].
 Nec minus audacter Flandrum ruit agmen in
[illum.
Densantur cunei Allobrogum, dominique ruine
Vectorisque sui fieri vult quilibet ultor;
Tantaque fit totis pugnantum immixtio campis,
Tam prope se inveniunt percussi et percutientes,
180 Quod[2] vix elongare manum, quo fortius ictus
Inculcare queat, spatium datur aut locus ulli ;
Queque armature vestis consuta supreme
Serica cuique facit certis distinctio signis,
Sic percussa patet, sic intercisa minutis[3]
Pictaciis pendet, dum demolitur eamdem
Tunsio crebra nimis clave, mucronis et haste,
Quod vix a sociis hostes dignoscere possunt.
Cruribus inversis jacet hic[4] resupinus arena,
Hic latere obliquo ruit, alter[5] vertice prono
190 Labitur, atque oculis exhaurit et ore saburram.
Hic eques, ille pedes vinclis se mancipat ultro,
Dum perimi magis odit ibi quam vivere victus[6].

---

1. *medium velut amens se jacit agmen* V. — Chron., § 188.
2. *quo* V.
3. *munitis* V.
4. *hic* omis dans P.
5. *hic* V.
6. *vinctus* V.

Quadrupedes autem passim per rura videres
Exsufflare animas; alii disrupta per alvum
Exta vomunt, alii procumbunt poplite secto¹ ;
Absque suis alii dominis discurrere, seque
Gratis sessori cuivis offerre vehendo.
Vix aliquis locus est quo non aut corpora strata
Invenias, vel equos extrema in morte gementes.
200 Et quis erit dignus digne memorare vigorem
Gaucheri² comitis, quo summis viribus ille,
Quique illum sequitur armati militis agmen,
Per medias acies, per confertissima Flandre
Millia militie, trifidi transivit ad instar
Fulminis, imbellesque velut dispergit anates
Accipiter³, quando atra fames jecur ulcerat ejus?
Quoslibet oppositos sibi dissipat alter Ogerus,
Perque hostes medios mucrone viam sibi nudo
Ampliat; instantes a dextris sive⁴ sinistris,
210 Obruit hos, istos⁵ occidit, vulnerat illos⁶.
Inde sinu facto, miranda strage peracta,
Parte alia rediens simili probitate quirites
Implicat innumeros, quasi pisces rete retentos;
Utque⁷ ascendentes fallit Gaubertus⁸ alosas
Retibus oppositis vada sub piscosa Medunte,
Sic facit implicitos equites vel⁹ fata subire

---

1. *flexo* L P.
2. *Gamachii* V.
3. Tous les mss. portent *Ancipiter*.
4. *atque* V.
5. *illos* V.
6. *istos* V.
7. *Atque* V.
8. Sur Gaubert de Mantes, voy. plus haut liv. VII, v. 329.
9. *implicitos vel ibidem* V.

Gaucherus, vel se victori offerre ligandos.
Respiciensque, suis ex consocialibus unum
Eminus in numero prospexit ab hoste teneri;
220 Mox caput inflectens, collumque amplexus iberi[1],
Per medias acies iterum prorumpit; at illum,
Dum ruit, hostilis non cessat dextra ferire.
Non tamen ille caput aut dextram subrigit ante
Quam venit ad socium; tunc se levat, enseque
[stricto
Omnes qui socium retinebant sternit, et illum
Liberat, et secum vivum sanumque reducit[2].

Tunc primum Flandri cepere timore moveri;
Pondus enim belli totum se inclinat in illos.
Non tamen aut campo[3] discedere, terga vel hosti
230 Ostentare volunt; tanta indignatio mentes
Obsidet illorum, servandique ardor honoris,
Ut malint pugnando mori, vel[4] vincla subire,
Cedereque et cedi[5], quam se fugisse notari!
Et dum se laxant acies, Flandrique tepescunt,
Hugo Marolides, Aciensis Gilo[6], per hostes
Ferrando medios properi confligere tendunt,
Vulnere qui lesus jam multo lentius ibat,
Perque diem totum requiem non fecerat armis;
Cum quibus ipse[7] diu luctatus, denique victus,

1. « *Id est equi* » dit une glose de L P.
2. Chron., § 189.
3. *Nec tamen a campo* V.
4. *quam* V.
5. *Cedere incedi* V.
6. Hugues de Mareuil et Gilles d'Aci furent tous deux cautions de la fidélité de Thibaut IV envers Philippe-Auguste en mars 1222. (*Cat.*, 1382-1383.) — D'après la Chronique (§ 190), Ferrand se rendit à Hugues de Mareuil et à Jean son frère.
7. *ille* V.

240 Forti fortune cedens¹, se, ne perimatur,
Dedidit; ast ejus omnes tunc signa sequentes²
Mors invisa rapit, ubi sese dedere nolunt³.

Taliter in dextro cornu Bellona furebat,
Et se Francigenis vultu victoria leto
Pollicitabatur. Casu tamen ante secundos
Eventus illis se demonstrabit amaro,
Ut sit amabilior letus post tristia finis,
Preteritique mali prestent oblivia risus.

Interea pugne in⁴ medio rex ense retecto
250 Fulgurat Othoni oppositus, qui millibus ante
Se peditum triplici firmaverat obice vallum;
Bolonidesque sibi simili prospexerat arte,
Inque chori speciem pedites triplicaverat ipsos,
Ut, quoties vellet, per eos invaderet hostem,
Seque receptaret, quoties opus esset, in illis⁵.

Cumque moram faceret, regi confligere nolens
Otho prior, rex impatiens, dilatio nunquam
Cui placet, et pugne desiderio nimis ardens,
Theutonicos⁶ medio peditum presumit adire⁷.

1. *Fortune cedens forti* V.
2. *ast omnes ejus tunc collaterales* V.
3. Chron., § 190.
4. *in* omis dans V.
5. Voy. Chron., § 193.
6. *Othonem* V.
7. Ceci n'est point du tout conforme au récit beaucoup plus vraisemblable de la chronique en prose, suivant lequel Philippe-Auguste, qui ne pensait nullement à entamer une lutte corps à corps avec Othon, fut au contraire attaqué par les soldats allemands qui le renversèrent de son cheval, après avoir culbuté ces milices communales auxquelles on s'obstine, encore de nos jours, à attribuer une grande part de la victoire (Chron., § 181). — On remarquera du reste que Guillaume a cru devoir se taire,

260 Dumque nimis properat aciem penetrare pedes-
    Mox hastas hastata manus configit in illum, [trem[1],
    Quarum cuspis erat longa et subule instar acuta[2],
    Et nonnulla velut verubus dentata recurvis,
    Cuspidis in medio uncos emittit acutos.
    His igitur regem pedites incessere telis
    Non cessant; nequeunt tamen ejus flectere corpus
    In dextrum levumve latus, vel pellere sella,
    Ense nec impediunt quin illos disgreget, ultra
    Progrediens, multos sternens plerosque trucidans.
270 Sicque viam sibi per medios nihilominus illos
    Sternit, ad Othonem properat dum tramite recto,
    Donec ei quidam, reliquis audacior[3], inter
    Pectus et ora fidit maculas thoracis, et usque
    Qua ligno junctum est ferri transegit acumen
    Per collare triplex et per thoraca trilicem,
    Impulsu valido, menti regione sub ipsa
    Carni contiguum prohibens[4] a vulnere ferrum.
    Dumque ad se vellet hastam revocare trahendo[5],
    Restitit, uncino maculis herente plicatis :
280 Viribus ille trahit majoribus, auxiliumque
    Dante sibi turba, prolapsum corpore toto
    Ore facit prono terre procumbere regem.

dans son poème, sur le rôle peu brillant des communes à Bouvines.

1. Il y a ici un vers de plus dans V :
    Ante ipsum Othonem qui stabant ordine denso.
2. *acute* V.
3. Selon Mathieu Paris (II, 580), c'est Renaud de Dammartin lui-même qui aurait renversé le roi; mais ce fait est en contradiction avec ce que dit Guillaume le Breton dans sa Chronique (§ 194).
4. *cohibens* V.
5. *revocaretur habendo* V.

Sternitur indigno stratum regale loco[1], nec
Strati pace frui sinitur, quem calcibus inde
Quadrupedes[2], manus hinc contundit barbara te-
Mox tamen erectum rectis insistere plantis [lis[3].
Vis innata facit; sed adhuc sub gutture fixa
Herebat cuspis, maculis implexa reductis,
Et suprema plicis tunice super arma nitentis. [lunt,
290 Quam dum Francigene retrahunt, hostesque repel-
Dumque paratur equus quo rex ascendere possit,
Ecce Otho veniens, furibundaque Theutonicorum
Sevities regem morti puniisset ibidem,
(Proh scelus!) et tristi tristassent funere mundum;
Et perimi satis e facili potuisset ab illis[4],
Dum jacet, eque solo ne se levet impedit hostis,
Ni Barrensis eques festinans[5], Francigeneque
Gloria se gentis interposuisset eisdem.
Qui processerunt, paucis cum rege relictis,
300 Theutonicosque coegerunt in fine fateri,
Se vere Francis collato marte minores,
Debeat ut super hoc fieri collatio nulla.
Ut saltu rex prepes equo se[6] reddidit, ira
Totus inardescens, totusque in imagine[7] pene

---

1. *locoque* V.
2. *Cornipedes* V.
3. Il y a ici un vers de plus dans V :
   Ne, Ferrande, tibi sit Apollo per omnia mendax.
Allusion à la prophétie rappelée plus haut, liv. X, v. 546 et suiv.
4. *ibidem* V.
5. *festinus* V.
6. *Ut saltu se prepes equo rex* V.
7. Tous les mss. portent *limine*; mais M. Pannenborg a très justement restitué *imagine* d'après ce vers d'Ovide :
   Ulcisci statuit, pœnæque in imagine tota est.
                                       (*Metam.*, XIII, 546.)

LIBER XI.

Quam mox infligat pediti[1] qui straverat illum,
Sevior effectus, lapsuque nocentior ipso,
Illos in pedites studet exercere furoris
Primitias, ipsi fuerant qui causa ruine,
Quos[2] variis omnes plagis affecit, ut omnis
310 Qui vel forte manum temere presumpsit in illum
Mittere, vel sacrum telis perstringere corpus,
Corpore truncato Stygias eat exul in umbras;
Pena discat ut hac[3], quam sit temerarius ausus
Pollutis manibus personam attingere sacram[4].

At levo in cornu, qui nulli marte secundus
Bolonides, pugne insistit : cui fraxinus ingens
Nunc implet[5] dextram, vix ulli bajula (qualem
In Bacchi legimus portasse Capanea cunas[6],
Quem vix fulmineo dejecit Juppiter ictu),
320 Nunc culter vite impatiens, nunc sanguine pingui[7]
Mucro rubens; gemina e sublimi vertice fulgens
Cornua conus agit superasque educit in auras,
E costis assumpta nigris quas faucis in antro
Branchia[8] balene Britici colit[9] incola ponti,
Ut qui magnus erat, magne superaddita moli
Majorem faceret phantastica pompa videri[10].

1. « *Pediti, singulare pro plurali collectione.* » Glose de L et de P.
2. *Quam* L. P.
3. *Discat ut hoc pena* V.
4. *regis* V. — Chron., § 191.
5. *implens* P.
6. *cunis* V.
7. *pugni* P.
8. *Brachia* V.
9. *gerit* V.
10. Il a déjà été question dans la Philippide des fanons de baleine qui surmontaient le heaume de Renaud. (Voy. plus haut livre IX, v. 520.)

Ac velut in saltus[1] scopulosa Bieria[2] saltu
Precipiti mittit ingenti corpore cervum[3],
Cujus multifidis numerant a cornibus annos,
330 Mense sub octobri, nondum septembre peracto,
Annua quando novis Venus incitat ignibus illum,
Cursitat in cervos ramosa fronte minores[4],
Omnibus ut pulsis victor sub tegmine fagi[5]
Connubio cervam solus[6] sibi subdat amatam.

Haud secus e peditum medio, quibus ipse
Ut castro cauta se circumsepserat arte, [rotundo
Prosiliens[7] volat in Thomam, Robertigenasque
Drocarum comitem[8], Belvacenumque Philippum,
Bolonides, quos Francigenis magis omnibus odit[9],
340 Ipsius a regno fuerant qui causa fugandi[10].
Cui latus astipant heros Salebericus, Hugo
Bobigena, Arnulphus Audenardenus, et Angli
Militis examen, patriis minus arma volentis.

Stant[11] contra oppositis Thomas Galericius
[armis,
Gamachios Wimosque ciens, Robertigeneque,

---

1. *saltis* V.
2. La forêt de Fontainebleau, anciennement appelée forêt de Bière.
3. Dans l'édition de J. de Meyer, les v. 527-528 ont été remplacés par ce vers unique :
   Ac velut in sylvis ingenti corpore cervus.
4. Dans V, on trouve ici un vers de plus :
   Dans pro mugitu murmur resonabile silvis.
5. *Omnibus ut victis fagi sub tegmine victor* V.
6. *soli* V.
7. *Bolonides* V.
8. *Drocarum dominum* V.
9. *Quos merito Francis magis oderat omnibus ille* V.
10. Voy. Chron., § 194.
11. *quos* V.

LIBER XI.

Pontiviusque¹ comes, Drocenses atque Poheros²,
Quique suos factis et voce hortantur in illos.
Hastis conjectis, strictis mucronibus, ambe
Se sibi continuant acies, repetuntque vicissim
350 Ictus alternos, crudoque cruore cruentas
Compellunt herbas variare rubore virorem.

Interea rex Otho manu furibundus utraque
In Francos, dum ceca sinit fortuna, securim
Vibrat; dumque istos sternit, dum vulnerat illos,
Non tamen illorum potis est effringere vires,
Terroremque animis inducere fortibus ullum.
Qualiter ille Brias Flegreis horridus armis³,
Centenis manibus fidens et corpore grandi,
Terrigenis animos audax audacibus addens⁴,
360 Ausus celicolis bellare, Jovique superno;
Ut vero justas superum regnator in iras
Exarsit, dextram jaculis celestibus armans,
Fulmina pro manuum numero jaculatur⁵ in ipsum,
Nec vita vult prorsus eum privare; sed igne
Celesti ambustum supponit rupibus Etne,
Ignes perpetuos vomiturum fauce supina.

Non secus in Francos Otho desevit, eorum
Per medium frustra sperans impunis abire,
Inque ipsum regem simili sevire⁶ flagello,
370 Quem circumvallant furibunde millia gentis.
Hic clava horrendus, hic formidabilis ense,

---

1. *Pontumiusque* V.
2. *Popheros* P.
3. Briarée aux cent bras.
4. *auget* V.
5. *Pro manuum numero jaculatur fulmina* V.
6. *Inque ipsum simili regem indulgere flagello* V

Hic sudibus, telis hic dimicat, ille bipenni;
Hic[1] verubus, cultris alter subularibus arctas
Scrutatur thorace vias, galeeque fenestris
Qua ferro queat immisso terebrare[2] cerebrum.
 Nec minus Othonem pergebat adire Philippus,
Nil aliud cupiens, nisi soli possit ut ipsi,
Alter ut Eneas, Turno pugnare secundo.
Et jam destructo primo in certamine vallo[3],
380 Hastigerisque viris diversa strage peremptis,
Per medios equites jam festinabat ad ipsum;
Sed neutri ad reliquum est via libera; tam glo-
               [merato
Agmine, tam junctis pars utraque dimicat armis!
Sternuntur plures; sed strages Theutonicorum
Densior est, cum more suo Barrensis in illos
Seviat, impinguans effuso sanguine campos;
Et Petrus Malevicinus[4], fortisque Girardus,
A sue cognomen[5] non dedignatus habere,
Cum reliquis quorum mens, vinci nescia, solum
390 Optat ut aut vincat, aut pugnando moriatur.
 Quos contra comes Otho furit, cui Tinquenebur-
Parebat regio[6]; Guerardus Randerodensis, [gis
Et quo Theutonicos inter prestantior ullus[7]
Non erat, aut major membris aut corde[8]; Girar-
                [dus[9],

1. *Is* V.
2. *cerebrare* P.
3. « *Facto de peditibus ante Othonem.* » Glose de L et de P.
4. *Malevecinus* P.
5. Girard La Truie.
6. *Paret adhuc regio* V.
7. *alter* V.
8. *in corde* V.
9. Il est appelé Bernard de Horstmar dans la Chronique (§ 193).

Hostimalis contra Francos emissus ab oris,
Qui tante fame, qui tanti nominis exstat[1],
Ut vix Othonem Saxonia preferat illi;
Innumerique alii, qui, dum victoria nutat[2],
Dum vultu fortuna pari blanditur utrisque,
400 Viribus immensis solitoque furore resistunt
Francigenis, nec adhuc rabies Alemannica, quam
Francorum virtute minor, se scire fatetur. [sit
    Ast, ubi Saxonum tandem rex attigit agmen,
Francigeneque suum viderunt se prope regem,
Quem tanta levitate in equum ascendisse stupe-
Theutonicis horror, Francis audacia crevit [bant,
Ejus in adventu fervore calentis et ira[3].
Ergo reviviscit pugna, ac si nulla fuisset
Hactenus : alternis sternuntur stragibus agri ;
410 Sternuntur domini quidam[4] sine vulnere ; multos
Et dominos et equos lapsu mors tollit in ipso,
Ut moriens vecto faciat solatia vector,
Ne, domino amisso, scandi indignetur ab hoste.
Sunt qui, interfectis propriis vectoribus, ipsi
Dum pedibus stantes pugnant, quos casus eisdem
Errantes offert in equos ascendere gaudent,
Nec curat proprio privatus, forte repertus
An sit equus socii, cui se commendat, an hostis :
Tam festinanter properant in bella redire !
420 Hic Longi Stephanus Campi dominator, iniquo
Sidere[5] cui filum[6] jam rumpere Parca parabat,

1. *erat* L P.
2. *micat* P.
3. Le v. 407 manque dans l'édition de J. de Meyer.
4. *multos* V.
5. *Pollice* V.
6. *filium* P.

Cum membris esset immensis, atque vigorem
Adderet immenso, vires audacia forti,
Ante ipsum regem multo circumdatus hoste,
Obstantes nunc ense secat; nunc corpora forti
Prensa manu, quando spatium non invenit ictus,
Hinnisonis depellit equis; nunc mixta peremptis
Viva coacervans, aliena tabe volutat [1];
Nunc multos lapsis et ferri pondere pressos,
430 Inque ipso lapsu fracto quandoque cerebro,
Aut collo, aut costis, vita sine vulnere privat.
Et, quasi se soli victoria debeat illi,
Dum desevit in hos, et ab his se vertit in illos,
Nec requiem capit, et nec ad horam cessat ab ictu,
In cerebrum casu ferrum subulare recepit
(Incertum cujus dextra impingente), fenestras
Per galee medias, quibus est ocularia nomen,
Per quas admittit ocularis pupula lumen,
Quando nusquam alias in toto corpore prestant
440 Armamenta viam qua stringant vulnera corpus [2];
Frigore continuo lethali membra rigescunt,
Hostilemque super stragem quam straverat ipse,
Fundit equus dominum, cujus rapit ignea sursum
Vis animam, corpus terrenum terra recepit.

At Barrensis eques, cum jam subjecta cruore
Arva cruentasset multo, fastidit inertes
Et vinci faciles, quorum spreto agmine, solum
Tendit in Othonem; sed jam per lora tenebat
Petrus eum Malevicinus, deque agmine denso
450 Fortiter implexis, dextra luctante, lupatis
Extricare volens, turba impediente, nequibat.

1. *voluptat* P.
2. *corpus vulnera stringant* V.

Advolat, et strictum¹ dat eidem Scropha cutellum
Pectoris in medio ; nec cedere ferrea ferro
Arma volunt, quibus Otho suos muniverat artus.
Replicat, inque ictum, dextra indignante, Girar-
Acrius insurgit ; sed equus cervice levata [dus
Obviat, et casu venientem suscipit ictum,
Perque oculum in cerebri medio lethaliter ictus,
Se levat, inque pedes stans, ut capra, posteriores,
460 De Petri manibus ruptis extricat habenis,
Et consternatus giravit se retro, freno
Castigare genas rupto nequeunte superbas.
Dumque calor plageque gravis dolor attonat illum,
Vi rapit a turba dominum ; sed, proxima cum
Longius ire vetet, terre procumbit, et una [mors,
Othonem secum moriens in pulvere fundit.

 Hostimarensis adest cursu rapiente Girardus²,
Descendensque suum domino vectoris egenti
Prestat equum, pedes ipse manens³. O mira fideli,
470 O laudanda fides in milite ! Ne pereat rex,
Exponit miles sese spontaneus hosti,
Seu victus⁴ duci, seu morti occumbere certus ;
Barrensique ausus concurrere gnaviter, illum
Impedit, Othonis fuga ne impediatur ab illo ;
Qui, sibi jure timens, lateri non parcit equino,
Dum memor est celeri solum salvare fuga se ;
Nec curat quantos belli in discrimine caros

---

1. *medium* V.
2. Voy. plus haut v. 394.
3. Ce trait de dévouement, dont la Chronique (§ 192) n'indique pas l'auteur, est attribué par Ph. Mouskès à Gui d'Avesnes (v. 22083 et suiv.).
4. *victus* L P.

Negligat, expositos cedi mortisque periclo,
Doctior ad presens propriam curare salutem,
480 Quam certus vinci frustra succurrere victis.
Instat enim Guillelmus ei, requieque negata,
Jam tenet acer eum per posteriora torosi
Arma humeri, galeamque inter colloque tumorem
Fortiter infixis digitis, a vertice conum
Vellere dum vellet, et guttura rumpere ferro,
Ecce Pilosus adest comes, et Guerardus[1], et Otho
Tinqueneburnites, et quem Tremonia misit,
Et numerosa manus Saxonum, qui fugientem
Consociant, dominique fuge solatia prebent,
490 Ut sociatus eis habeat minus ipse pudoris.
Hi se Guillelmo objiciunt socialibus omnes
Auxiliis nec mille uni pugnare pudebat ;
Quem quia non poterant equitem superare, per
Ilia vectoris gladios in viscera mergunt,   [ejus
Vixque manu ipsius dominum eripuere tenaci,
Qui rursus mandare fuge sua terga studebat.
Ast illi Guillelmum obeunt, unumque putabant
De facili peditem tam multo a milite vinci.
Ille autem pedes in medio vestigia firmat,
500 Seque habet inter eos irati more leonis,
Nunc cultro, nunc ense furens, nec se pedes illis
Exhibet audacem minus aut virtute minorem
Quam si staret eques ; tanta levitate catervam
Circumvallantem se proterit, impetuosas
Illorum rabies animoso robore[2] frangens !
Cumque diu solus se defendisset ab illis,
Et per circuitum multos stravisset eorum,

---

[1]. *Guerrandus* V. — *Guirardus* P. — Girard de Randeradt.
[2]. *pectore* V.

Succursurus adest illi Galericius heros,
Cumque illo pedites duo millia robore fortes,
540 Instructique armis, dominoque per omnia fidi,
Quos cum militibus decies sex associari
Ex omni sibi gente sua curaverat ipse.
Nec mora, Barrensis in equum conscendit, eoque
Dimisso, cuneus modo qui circumdabat ipsum,
Laxatur, repetuntque fugam haud indemniter
[omnes [1].
Nam summi inter eos Otho comes, atque Pilosus,
Corradus Waphalus, Guerardus Randerodensis[2],
Cum multis alios qui nobilitate preibant[3],
Sponte manus in vincla dabant[4], ipsique teneri
520 Vincirique orant potius quam perdere vitam[5].
Franci etenim tantis instabant cedibus ipsis,
Quod quicumque, fuga neglecta, forte resistens,
Dedere se vel pro vita suplicare moratur,
Confestim quam sit gustatio mortis amara
Sentit, ingreditur sedes novus hospes Avernas.
 At procul hinc acies in levo prelia cornu
Equis miscebant animis, et utrique pari se
Impendebat adhuc parti fortuna favore.
Sanguineis Bellona rotis utrosque pererrans,
530 Tincta cruore manus, vestes, et pectus, et arma,
Effusosque avida sorbescens fauce cruores,

1. Chron., § 192.
2. *Randorodensis* P.
3. Il y a ici un vers de plus dans V ainsi que dans l'édition de J. de Meyer, mais il a été exponctué dans le manuscrit :
 Qui modo Barrensem capere et vincire parabant.
4. *ferunt* V.
5. Guillaume le Breton, dans sa Chronique (§ 193), attribue aux seigneurs allemands une conduite beaucoup plus vaillante.

Millia mille neces et vulnera spargit ubique [1];
Speque sui incerta partem suspendit utramque,
Castra super dubiis victoria dum volat alis [2];
Sed, cunctata brevi, divino numine vultum
Mutat, et in Francos totum flexisse [3] volatum
Gaudet [4], et adverse penitus spem tollere parti.
   Nam Belvacensis ut vidit episcopus Angli
Germanum regis, cui, cum sit viribus ingens,
540 Angligene longo dederant agnomen ab ense,
Sternere Drocenses, et damnificare frequenti
Cede sui fratris acies, dolet; utque tenebat
Clavam forte manu, sic illum, dissimulato
Presule, percussit in summo vertice, fracta
Casside, quod sterni tellure coegit eumdem,
Corporis et longi signare charactere terram.
Et quasi celari facti tam nobilis auctor
Possit, neve queat presul gerere arma notari,
Dissimulare studet quantum licet, atque Johanni,
550 Servit adhuc patrum cui jure Nigella suorum,
Hunc vincire jubet, et sumere premia facti [5].
Sic plerosque alios clava sternebat eadem,
Militibus super hoc titulum palmamque resignans,
Accusaretur operam ne forte sacerdos
Gessisse illicitam, cui nunquam talibus inter
Esse licet, ne cede [6] manus oculosve profanet;
Non tamen est vetitum defendere seque suosque,

---

1. *utrinque* V.
2. *armis* L P.
3. *inclinare* V.
4. *Cepit* V.
5. *laudis* V.
6. *forte* V.

Dum non excedat positos defensio fines[1].
　Angligene[2] dominum postquam videre ligari,
560 Nimirum attoniti, quos crapula donaque Bacchi
Dulcius alliciunt quam duri munia Martis,
Se campum nudant[3], fugiuntque per avia sparsim
Quo fuga precipites, quo mixto horrore timori
Casus agit, sociumque fuge Bobonicus[4] Hugo
Se facit illorum ; nec eum fugisse pudebat,
Qui modo pre cunctis bellum affectabat, et ipsum
Bolonidam irridens, timidum infidumque vocabat,
Quod dissuaderet pugnandum, nec fore tutum
Diceret in plano vires opponere Francis,
570 Quorum virtutes, quorum bene noverat actus :
« Tu fugies[5], aiens, lepus ut fugitivus ; ego autem
« Aut interfectus, aut passus vincla manebo[6]. »
　Hac ergo Ardanide, longi Saxones ab illa
Parte fuge intendunt; Waphali cum Theutoni-
　　　　　　　　　　　　　　　　　　　[corum
Millibus inde abeunt, hinc se Brabancio cursu
Subducit Francis, hac Flandricus, Anglicus illac;
Nec reperire dolent aliquas per plana latebras,
Cruda quibus lateant saltem dum vulnera strin-
　　　　　　　　　　　　　　　　　　　[gant,
Horrendi saltem[7] dum transeat hora furoris,

---

1. Les circonstances de la prise de Guillaume Longue-Épée ne sont pas rapportées dans la Chronique.
2. *Anguigene* V.
3. *Se nudant campum* V.
4. Les mss. portent *Bolonicus,* mais il s'agit évidemment de Hugues de Boves. (Voy. Chron., § 195.)
5. *fugiens* V.
6. Chron., § 195.
7. *breviter* V.

580 Dum satur ad loculi gladius velit ora reverti,
Dum Franci modica cessent a cede vel hora,
Qui persistebant hos cedere, funibus illos
Innodare suis, quibus ipsi Francigenarum,
Impete sub primo, dextras arctare putarunt.
   Cumque latus belli fuga jam nudasset utrum-
                                         [que,
Stabat adhuc peditum medio se sepe receptans
Bolonides, nec sevus adhuc cessabat amica
Damnificare suo cognataque pectora ferro :
Hostis amicorum patrieque exosus alumnos,
590 Nec patrii dulcedo soli, nec sanguinis ulla
Communis pietas, nec amice vincula carnis,
Nec regi et domino juratio prestita dudum,
Mollierant diram fundendo a sanguine mentem,
Nec vinci a quoquam virtus effrena sinebat,
Et[1] cuicumque manum junxisset victor, abibat ;
Tam caute, tam se prudenter agebat in armis !
Tam liquido Francis traxisse parentibus ortum
Belligerando ipsum probitas innata probabat !
Degeneremque licet tibi culpa effecerit ipsum,
600 Non tamen istius pudeat te, Francia, culpe,
Nec facies super hoc rubeat tua : non modo pri-
Incipiunt partus parientibus esse pudori ; [mum
Sepe fit ut pariat[2] pravos bona mater alumnos,
Et mala sepe parens sanctos alit ubere natos.
   In peditum vallo toties impune receptus,
Nulla parte comes metuebat ab hoste noceri.
Hastatos etenim pedites invadere nostri

1. *Set* V.
2. *pareat* V

Horrebant equites, dum pugnant ensibus ipsi,
Atque armis brevibus; illos vero hasta cutellis
610 Longior et gladiis, et inextricabilis ordo
Circuitu triplici murorum ductus ad instar,
Caute dispositos non permittebat adiri.
 Que res ut regi patuit, ter mille clientes
Hastis armatos in equis emisit in illos,
Ut perturbatos stationem solvere, seque
A tam perplexa faciat laxare corona.
Exoritur clamor nimius, stragesque cadentum
Armorumque fragor audiri non sinit eris
Clangentis sonitum. Cadit omne in vulnera vulgus
620 Quo se Bolonides sterili vallaverat arte,
Dum putat in vanum Francis illudere solus[1],
Ipse quibus pugnare, aliis fugientibus, audet,
Nec vitam debere[2] fuge dignatur inerti. [pennis[3],
 Nil miseros longa arma juvant, nil dacha bi-
Nil comes ipse suum nequiens defendere vallum,
Nil privare potest virtutem fine cupito ;
Sola est que superat finaliter omnia virtus,
Cui vis nulla vel ars roburve in fine resistit;
Omnia suppeditat, supereminet omnibus una.
630 Hec Francis semper comes esse domestica gaudet,
Hec Francos in fine facit gaudere triumpho ;
Omnes interimunt, omnes in tartara mittunt,
Bolonidemque[4] suo discludunt prorsus asylo.
Ille autem[5], ut totos fugientibus undique campos

1. Le v. 624 est exponctué dans V.
2. *dignare* L P.
3. *securis* V.
4. *Bolonidenque* V. — *Bolonidamque* P.
5. *ergo* V.

Fervere conspexit, et vix superesse decem ter
Ex equitum peditumque omni legione suorum,
Ne vel velle capi, seu vinci sponte putetur[1],
Francigenas ruit in medios, quem quinque[2] se-
[quuntur
Vix socii, reliquos cingentibus undique Francis,
640 Quoque ligarentur[3] spatium vix dantibus ipsis[4];
Et quasi solus eos jam vincere debeat omnes,
Tanquam nulla die gessisset prelia toto,
Viribus et nisu toto furibundus in illos
Sevit, et ad regem medio festinat eorum,
Vitam non dubitans ejus pro morte pacisci,
Affectansque simul illo moriente moriri.

Ibat forte pedes Petrus cui nomen et ortum
Insignem Turella dedit[5], vectore perempto,
Dum nimis hostiles audet prorumpere turmas;
650 Qui, fieri miles et origine dignus et actu,
Carus habebatur et clarus regis in aula.
Hic, cum Bolonidem bellum renovare videret,
Et conferre manum, nec adhuc se dedere velle,
Immo renascenti virtute resistere multis[6],
Festinans accessit eo, levaque levavit
Tecturam, sinibus[7] que latis ferrea latum[8]
Ventrem velat equi, teneroque sub inguine dextra

---

1. *notetur* V.
2. *ubique* V.
3. *ligent victos* V.
4. *illis* V.
5. Il y avait deux Pierre de la Tournelle, car un Pierre de la Tournelle aîné figure dans un acte de 1207. (*Cat.*, 1021 b.)
6. *cunctis* V.
7. *funibus* P.
8. Le v. 656 est omis dans l'édition de J. de Meyer.

Mucronem impegit, et equi vitalia rupit;
Enseque retracto, lato manantis hiatu
660 Infecit virides aspersio sanguinis herbas.
Quo viso, quidam fidis ex ejus amicis[1]
Advolat, et comitem, prensis ardenter habenis,
Invehitur dictis et amico famine in ipsum,
Qui, nolente Deo, fugientibus undique cunctis,
Staret adhuc solus victores vincere certans,
Procurans proprio sibimet suspendia facto,
Non metuens[2] merita se precipitare ruina,
Quam leve[3] cum reliquis posset fugiendo cavere.
Talia prosequitur, et eum per frena seorsum
670 Nolentem retrahit, ut equo mandare novato
Terga fuge faciat; cui tota mente resistit,
A bello nequiens animum revocare superbum :
« Malo, inquit, salvo vinci pugnando pudore,
« Vincere[4] quam fugiens; vitam postpono pudori[5],
« In bellum redeo, quicquid mihi fata minentur. »
Dixerat. At, nervis jam se laxantibus, ultra
Stare nequibat[6] equus; tunc Condunita Johannes
Adveniens cum fratre suo Quenone, frequentes
Ingeminant ictus comiti cava tempora circum,
680 Cumque suis ipsum vectore et milite, pronis
Verticibus, stravere solo, jacuitque supinus

1. Sans doute Arnoul d'Audenarde. (Voy. Chron., § 196, p. 289.)
2. *Nec metuit* V.
3. *bene* V.
4. M. Pannenborg a fort justement rétabli cette leçon qui avait été jusqu'ici remplacée par *vivere*. Tous les mss. sont d'accord, et d'ailleurs cette expression est imitée de l'Alexandréide (II, 386) et d'Ovide (*Ars amatoria*, 1, 211).
5. *vitam prepono pudori* V.
6. *negabat* V.

Ipse comes pressa sub equino pondere coxa. [nes
Dumque ligant fratres equitem, venit ecce Johan-
Cum vera re nomen habens a robore verum[1],
Qui comitem, velit aut nolit, se dedere cogit.
Cumque moraretur a terra surgere, frustra
Auxilium exspectans, et adhuc evadere sperans,
Affuit e famulis Electi garcio quidam
Ipsum precedens, Cornutus nomine, fortis
690 Corpore, mortifero horrebat cui dextra cutello :
Hic, ocreis ubi se jungit lorica, volebat
Immisso comiti vitalia rumpere ferro ;
Sed thorax ocreis consuta, patere cutello
Indissuta negans, Cornuti vota fefellit.
Circuit, atque alias se garcio vertit ad artes;
Cornibus amotis balene et casside tota,
Ingenti faciem nudatam vulnere signat.
Jamque parabat ei guttur resecare; nec ullus
Arcet eum, quin mox occidat, si queat, illum[2].
700 Opposita tamen ipse manu comes obstat, et a se
Quantumcumque potest mortem elongare laborat.
Sed, rapido cursu veniens, Electus abegit
Ipsius a jugulo ferrum, famulique repressit
Ipse sui dextram. Quem cum novisset, ad ipsum
Exclamat comes : « O ne sic, Electe, necari
« Me, bone, permittas ! nec me patiaris iniquo
« Sidere damnari, ne garcio funeris auctor
« Gaudeat esse mei ! Melius me curia regis
« Damnet, et infligat merui quam incurrere
710 Dixerat. Electus e contra taliter illi : [penam. »

1. Jean de Rouvrai figure dans plusieurs actes du *Catalogue des actes de Philippe-Auguste*.
2. *ipsum* V.

« Non morieris, ait; sed cur ita surgere tardas?
« Surge cito, regi jam presenteris oportet. »
Hec dicens, terra nolentem surgere cesum
Cogit, et aspersum vultus et membra cruoris
Flumine, vix in equum sua membra levare va-
[lentem[1],
Cum magno tollit plausu ; vix denique victum,
Atque Nigellensi dat eum servare Johanni[2],
Qui gratum regi munus presentet eumdem[3].

1. *volentem* V.
2. Jean de Nesle, qui figure dans plusieurs actes du *Catalogue*, est qualifié châtelain de Bruges. (*Cat.*, 1509-1515.)
3. Chron., § 196.

CATHALOGUS MATERIE DUODECIMI LIBRI.

Partitur predas duodenus. Corde benigno
Rex comitem recepit, graviterque redarguit[1] *ipsum.*
Gaudia regali referuntur ubique triumpho.
Mors optata nimis trahit in sua jura Johannem.
Simonis indigno tristatur funere mundus.
Petrus Amalricum Britonum dux marte triumphat.
Territat ignivomus Francorum corda cometes.
Rex obit, unde dolent omnes; in gaudia luctum
Convertunt regis miracula sanctificati,
Et regni novitas, Ludovico celitus uncto.

INCIPIT LIBER DUODECIMUS.

Francorum gladios, nimia jam cede rubentes,
Vix foruli agnoscunt, quosque emisere nitentes,
Tabo sordenti mutatos pene repellunt.
Jam desunt restes, jam desunt vincla ligandis,
Turba ligandorum numero preit ipsa ligantes,
Jamque parante suam luna producere bigam,
Solis ad oceanum[2] curvo quadriga rotatu
Ibat, et ejus equi, laxo temone, diurni
Non procul antidotum gaudebant esse laboris;
10 Quos exspectabat gremio refovere tepenti
Tethis ovans, poteratque vie jam meta videri,
Qua placide sperant se commendare quieti.

---

1. *redarduit* V.
2. *occasum* V.

LIBER XII.   349

Protinus in reditum litui sua classica mutant,
Et revocant sparsas tonitru leviore catervas,
Signa revertendi grato revocamine dantes.
Tunc demum licuit Francis insistere prede,
Et spoliis armisque hostes spoliare jacentes.
Isti preda placet dextrarius; arduus[1] illi
Runcinus caput ignoto dat fune ligandum.
20 Hi neglecta legunt per campos arma; nitentis
Predo fit hic clypei, gladii vel cassidis ille.
Hic ocreis contentus abit, lorica[2] fit illi
Preda placens, vestes et tegmina colligit alter;
Fortior et sorti magis est obnoxius ille,
Sarcinulatorum qui predo meretur equorum
Esse, vel absconsi forulis pregnantibus eris,
Aut carpentorum que primum Belga putatur
Carpentasse sibi, cum regna coercuit olim[3];
Aurea vasa quibus et non temnenda supellex,
30 Et multo Serum sudata labore latebant
Vestimenta, peregrinis regionibus ad nos
Que deferre solet animi mercator avari,
Multiplicari studens ex re quacumque lucellum;
Unumquodque[4] rotis camera intervecta quaternis
In nihilo patitur thalamo differre superbo
Quo nova nupta novum sibi vult hymenea parari,
Vimine tam nitido splendet contexta, patenti
Tot res ventre capit, tot edulia, tot pretiosos
Ornatus, spoliis tot sufficit una vehendis[5],
40 Ut vix sufficiant jumenta bis octo trahende.

1. *ardinis* P.
2. *lovea* V.
3. Voy. plus haut livre IX, v. 368.
4. *Unamquamque* L P.
5. *vehcendis* P.

Carrus quo reprobus erexerat Otho draconem,
Quem super auratis aquilam suspenderat alis,
Cogitur innumeras in se sentire secures,
Fragminibusque dolet ignis cibus esse minutis,
Nec[1] saltem ut superent fastus vestigia tanti,
Cumque suis pereat damnata superbia pompis[2].
    Ast aquilam, fractis reparatam protinus alis,
Rex hora regi Frederico misit eadem,
Hoc sciat ut dono fasces, Othone repulso,
50 Jam nunc divino translatos munere in ipsum.
    Continuo spoliis oneratus, nocte propinqua,
Cetus ovans in castra redit, regique superno
Gratus agit grates grato rex corde, tot hostes
Qui tam propitio dedit illi vincere nutu.
Fiat et ut tante memor etas postera palme,
Silvanectensis extra urbis menia cellam
Condit, et imponit illi Victoria nomen,
Que, largis dotata bonis, se canonicali
Religione regens, abbatis gaudet honore,
60 Conventusque sacri, quos de Victoris ovili[3]
Angelico assumpsit regis prudentia, dignos
Commendare Deo ipsius populique salutem,
Moribus insignes, mundum carnemque perosos,
Per que sola duo nos improbus allicit[4] hostis;
Hisque triumphatis, levis est cum demone pugna,
Cum nil vincendum nisi sola superbia restet[5].

1. *Et* V.
2. Chron., § 193.
3. L'abbaye de la Victoire était de l'ordre de Saint-Victor.
4. *illicit* V.
5. Chron., Cont. de Paris, § 1. — En marge de L et de P, on lit ici cette glose : *Unde quidam dicit :*
        Cum bene pugnaris, cum cuncta subacta putabis,
        Que nos infestat vincenda superbia restat.

LIBER XII.

O pietas, o mira fides in rege! quis unquam
Rex Hebreorum, quis princeps, quis populi dux,
Tanta pace animi, tanta pietate refulsit,
70 Ut non puniret capitalem protinus hostem,
Majestate reum lesa, dominique peremptor
Qui fieri voluit, et perducturus ad actum,
Si licuisset, erat conceptum mentis inique?
Vassallo infido voluit rex fidus haberi,
Qui servare fidem juratam noluit illi;
Quem licite poterat quovis extinguere letho,
Cui debebatur culeus et simia[1], culpam
Rex pius indulsit, pro penis premia, pacem
Pro bello, vitam indigno pro morte rependens;
80 Quinetiam verbis pavidum solatur amicis :
« Ne paveas, fido fac vixeris amodo corde,
« Flagitiisque novis me non accenderis in te.
« Assistes lateri nostro non ultimus; immo
« Quam prius exstiteris mihi carior efficieris.
« Tu tibi, tu caveas recidiva labe relabi
« In laqueos, similesque iterum patrare reatus,
« Ne tibi deterius possit contingere, teque
« Indignum omnino clementia nostra repellat. »
Sic ait, et vinclis servari jussit honestis[2].
90 Post triduum vero, rege existente Bapalmis,
In reditu a bello, fuit illi forte relatum,
Nescio quo retegente dolos, misisse latenter
Othoni comitem, post bellum vespere sero,
Et regi et regno prejudicialia[3] scripta.

---

1. « *Hec est pena parricide : claudebatur in sacco cum simia,* « *gallo et colubro et deinde jaciebatur sic in fluvium.* » Glose marginale de L et de P.
2. Chron., § 198.
3. *pernicialia* V.

Quo mox comperto, nimiam commotus in iram,
Subjecto terrore, sonos rex exit in istos :
« Tu genitorque tuus corrupti munere, dudum
« Anglorum regi Henrico favistis, et in me
« Natalisque soli concives arma tulistis,
100 « Qui[1] rex vester eram, cui vos feudaliter ambos
« Jure ligabat honor comitatus, militiaris
« Cingula qui dederam tibi primitialia juris.
« Pace reformata nos inter, postea pacis
« In prejudicium, post patris fata tui, me
« Bello impugnasti renovato, rege parentis
« Richardo post fata sui mihi bella movente.
« Quo mox extincto, factus mihi denuo amicus,
« Uxorem tibi jam cum gratia nostra dedisset
« Bolonie toto comitissam cum comitatu ;
110 « Non multo post hec elapso tempore, factum est
« Ut simul a nobis comitatus quinque teneres,
« Et tua nata mei conjux est facta Philippi,
« Est et facta tui neptis mea Simonis uxor[2].
« Sic mihi te donis, sic te per cara ligabam
« Pignora, te contra ne me scrupulosa moveret
« Suspicio, ad vomitus solitos ne forte redires,
« Cum se perversi facile in consueta revolvant.
« His tamen ingratus, cuncta hec a mente rele-
　　　　　　　　　　　　　　　　　　　　[gans,
« Proque bonis mala retribuens, me sponte relicto,
120 « Cum membris Belial, qui pacem odere Deum-
　« Nequitie fedus patrie desertor inisti ;　　[que,

---

1. *cui* V.
2. Marie, fille de Guillaume III, comte de Ponthieu, et d'Alix, sœur de Philippe-Auguste, avait été mariée à Simon de Dammartin, comte d'Aumale, frère de Renaud.

LIBER XII.

« Complicibusque tuis connivens, in caput istud
« Conjuratus eis sicarius arma tulisti.
« Cumque tibi hoc totum solita pietate remittens,
« Immeritam merita vitam pro morte dedissem,
« Ausus es, exacto vix vespere, nocte sequenti
« Post bellum renovare dolos, mentisque vene-
                                              [num
« Instillare, notis scriptoque retexere fraudem,
« Othonisque animum prece sollicitare dolosa,
130 « Ut bellum renovet, nosque impugnare retentet.
« Talis es, et maculis macules cum talibus orbem,
« Quamvis indignus sis amodo vivere, vitam
« Non tamen amittes, jugique in carcere vives,
« A scelere ut saltem, dum sis in compede, cesses;
« Et si mente nequit propelli prava voluntas,
« Consueto saltem manus impediatur ab actu,
« Effectuque suo careat suggestio lingue. »
His dictis (neque enim comitem mutire patrati
Conscia mens sceleris, aut respondere, sinebat),
140 Mox inclusit eum ferrata in turre Perone,
Compedibus vinctum geminis, brevibusque cate-
Servarique jubet posito custode fideli   [nis,
Milite se decimo Guillelmo Pruniacensi[1].

Regis et Anglorum Drocensis fratre recepto
Turris honoratur, ut patri reddere natum
Quandocumque suo cupiat pro fratre Johannes,
Namneti insidiis quem circumvenerat, et mox

---

1. *Proviniacensi* V. — Chron., § 199. — Guillaume de Prunai figure comme propriétaire de nefs en même temps que Robert de Courtenai, Cadoc et le châtelain de Pont-de-l'Arche, dans un permis de navigation non daté accordé par Philippe-Auguste. (*Cat.*, 1473 A.)

Cum sociis vinctum bis senis trans mare mittens,
Jam custodierat in carcere tempore multo.
150 Hoc tamen ille diu concedere distulit, ut qui
Semper erat cum fratre suum genus omne pero-
Egregiosque indigna pati malebat ephebos, [sus,
Exeat a penis quam commutatus uterque. [densi[2]
 Ast alios comites, Waphalum[1] cum Randero-
Tinqueneburgenum Othonem, comitemque Pilo-
[sum,
Ingenuosque viros, proceres, equitesque minoris
Nominis[3] innumeros, diversa per oppida regni
Servari mandat rex ob commercia census[4], [tas ;
Propria prout redimi sinat unumquemque facul-
160 Largiter indulgens quicquid natura, vel usus,
Nobiliumve petat sibi consuetudo virorum,
Nulla ut personis vel honori injuria fiat[5].
 At Ferrandus, equis evectus forte duobus,
Lectica duplici temone vehentibus ipsum,
Nomine quos illi color equivocabat, ut esset
Nomen idem comitis et equorum, Parisianis
Civibus offertur Lupre claudendus in arce ;
Cujus in adventu clerus populusque tropheum
Cantibus hymnisonis regi solemne canebant[6].
170 Tunc patuit, Ferrande, tibi Pythonicus[7] error,

1. La correction de J. de Meyer *Ast alios, comitem Waphalum*, serait préférable, car Girard de Randeradt n'était pas comte.
2. *Radorodensi* P.
3. *omnis* V.
4. Voyez les listes de prisonniers mentionnées dans le *Cat.* sous le n° 1521. Une nouvelle édition de ces listes vient de paraître dans les M. G. *Scriptores*, t. XXVI, p. 391.
5. Chron., § 200.
6. Chron., § 203.
7. *Phitonicus* V. — *Phytonicus* L P.

Compulit in vanum qui te sperare, quod urbs te
Exceptura foret magno regalis honore[1].
Lege quidem fati non est lex equior, equo
Omnia judicio Deus ordinat; equius ista
Sorte nihil, quod eos voto conformis eorum
Sors ligat in villis quas Otho spoponderat illis,
Quasque daturus erat jurati federe pacti,
Letificasset eum pede si victoria dextro;
Fitque ut quisque loco tormentis serviat illo
180 Cui dominaturum cupida se mente putavit;
Fitque locus pene qui sperabatur honoris,
Commutatque spei confusio gaudia luctu.

Agmina Pompeius olim piratica fregit,
Et Mithridatem[2], nato mediante, subegit
Cunctantem sumpto mortem accelerare veneno,
Ne sub Romanis natum regnare videret,
Vel nato efficeret ipsum sors dura minorem.
Postmodo regna fere pessumdedit omnia Rome
Que mare trans Grecum pars tertia continet orbis.
190 Cesar post Gallos, post plurima regna labore
Conquisita gravi, quibus imminet occiduus sol,
Late dilatans jus imperiale per orbem,
Terga licet flavis ostenderit ipse Britannis,
Pompeium vicit, ut magno major, et omni
Prelatus capiti princeps foret unicus orbis,
Ut dominaretur super omnes Roma sub ipso.
Roma tamen neutri sic exsultavit eorum,
Nec tam letifico cecinit peana canore
Intraturo in equis Capitolia quatuor albis,
200 Francia quam celebri, post consummata Bovinis

[1]. Voy. plus haut livre X, v. 546-558.
[2]. *Metridatem* L. — *Medridatem* P.

Bella, suo exhibuit festum solemne Philippo.
   Nec tam magnificos meminit jubilasse triumphos
Post hec, cum Titus et Vespasianus, Helya [1]
Funditus eversa, Temploque in plana redacto,
Jure tibi, Judea, locum gentemque tulerunt;
Qui Candelabrum, Tabulas et federis Arcam [2],
Et Domini mensam cum multo pignore sancto
Procuraverunt romanis addere gazis,
   Atque Aaron virgam, que, cum foret arida pror-
210 Fronduit et subito produxit amygdala flore, [sus,
Virginis intacte typicans nova gaudia partus,
Semper et in servos pretio venumdare vili
Teque tuumque genus, et in omnem spargere ven-
Sic peccata Deo tua castigante per ipsos. [tum,
Hanc tibi finalem meruit Calvaria penam,
Qua presumpsisti nostrum crucifigere calvum.
Hanc presignavit ursorum irrupcio [3] facta
In pueros Bethleem, sancto convicia vati [4]
Dum faciunt, calvumque vocant. Hec omnia du-
220 Ora prophetarum tibi precinuere tuorum, [dum
Ne vel nescires quantum peccare parares,
Quantave tam diros sequeretur pena reatus,
Peccaresque minus saltem formidine pene,
Ingrueretque minor peccato pena minori.
Sola dabat plausus in tempore regibus illo
Roma suis, nec cura aliis erat urbibus ulla,
Aut Romanorum saltem exsultare tropheis,

---

1. *Id est Jherusalem, sic dicta ab Elyo imperatore quia eam reedificavit.* Glose de L et de P.

2. *Nota quod Arca federis est Rome, et legitur in Ystoria Scolastica quod est in altare Lateranensi.* Glose de L.

3. *irrisio* L P.

4. Élisée. (*Reg.*, IV, 2, xxiii-xxiv.)

Aut sumptus aliquos illorum impendere pompis.
Nunc quocumque loco lati patet area regni,
230 Oppida que tot habet in se, tot castra, tot urbes,
Tot sceptris dignos comitatus, totque ducatus,
Que tam multa subest patribus provincia tantis,
Jura diocesibus quorum unusquisque ministrat,
Pluribus innumeras dictans edicta per urbes;
Quelibet urbs, vicus, castellum, pagus, eodem
Exigit affectu communis gaudia palme,
Et sibi dat proprium commune quod omnibus
Ut generalis eat loca per specialia plausus, [exstat,
Et simul una ferat victoria mille triumphos.
240 Nil toto sonat in regno nisi plausus ubique :
Omnis conditio, fortuna, professio, sexus,
Etas, hymnisonis intendunt cantibus; omni
Gloria, laus et honor, regi cantatur ab ore.
Nec solum cantu vel gestu corporis ardor
Exprimitur mentis; verum per castra, per urbes,
Classica per vicos resonant, ut multiplicato
Concentu majore sono se vota revelent.
Neve putes illos expensis parcere : miles,
Civis, villanus, radiant in murice; nullum
250 Indumenta tegunt nisi samnis[1], byssus et ostrum.
Rusticus ornatu dum fulget in imperiali,
Se stupet, et summis componi regibus audet[2];
Ex habitu tantum sibi mens presumit, ut ipsum
Esse hominis vestis mutare aliena putetur[3].

---

1. Ce mot désigne sans doute l'étoffe appelée *Samit* et quelquefois *Samgnie* en français.
2. Il y a ici un vers de plus dans V :
    Oblitusque sui non qui fuit estimat esse.
3. L'ordre des vers 253 et 254 est interverti dans V.

Nec satis est ulli sociis par esse nitore,
Si nulli e multis aliquo prefulget amictu.
Sic sibi concertant precellere vestis honore.
 Cerea non cessant per totam lumina noctem
Cunctorum in manibus tenebris clarere fugatis,
260 Ut nox in faciem conversa repente diei,
Tantis luminibus, tanto fulgore diescens,
Stellis et lune, *Nil vobis debeo*, dicat.
Talia per cunctas attollere gaudia villas
Sola quidem populos dilectio regis habebat.
Parisius vero pre cunctis urbibus addit
Plausibus et jubilis[1] et letitie generali
Sumptus majores, et delectabiliori
Ludos exequitur studio, celebresque choreas;
Precipue quos Palladii dulcedo laboris
270 Allicit alma sequi vite documenta beate,
Plenius et multo se splendidiore paratu
Accingunt, palme ut festum regalis honorent;
Perque dies octo totidemque celebria noctes
Gaudia continuant, et eo devotius instant
Letitie, quo rex magis est dilectior illis,
Cujus eis cura pacis prestante quietem,
Securi Cirre[2] dominis Niseque[3], fruuntur,
Solius ut studii cura vexentur eorum
Pectora, diversas non admittentia curas[4].
280 Pax erat in toto populis gratissima regno,
Rexque gubernabat regnum populumque paterno
Affectu, cunctos et amans et amatus ab illis;

---

1. *jubulis* P.
2. *Circe* V.
3. Voy. Juvénal, VII, 64.
4. Chron., § 203.

Nulli damnosus, nulli gravis, omnibus equus,
Omni precipue cleri protector ab hoste ;
Sicque benignus erat, quod, amico pacis amicos
Corde fovens, malefactores puniret acerbe.
Unde vocabatur omni reverenter ab ore
Cleri rex, patrie pater, ecclesieque columna ;
Nec sciri poterat mage diligat an populum rex,
290 An regem populus ; et erat contentio dulcis
Inter eos super his, uter utri carior esset,
Quem penes alterni vis esset major amoris,
Tam puro nexu dilectio colligat ambos !

 Jamque Bovinei post belli tempora quartus
Annus erat, cum rex, post tot patrata per ipsum
Crimina[1], privatur regno vitaque[2] Johannes.
Pellitur a patria trans Humbri flumina longe,
Damnatus cleri populique examine justo ;
Nam proprio fuerat genitori occasio mortis,
300 Proditor et fratris, interfectorque nepotis,
Illo qui fuerat ad regnum justior heres.
Sublimare loco cujus gens Angla volebat
Te, Ludovice, suum tibi patre negante favorem,
Pontificis nolente offensam incurrere summi
Qui nitebatur relevare ad sceptra Johannem[3].
Sic igitur regni privatus honore Johannes,
Atque, sui juxta prenostica nominis, expers
Omnino terre, tandem malefactor haberi
Cessat, eique malos mors denique terminat actus.

1. *carmina* V.
2. *totaque* V.
3. Ces quatre vers sont tout ce que contient la Philippide sur l'expédition de Louis VIII en Angleterre. (Voy. la Chron., §§ 214-223.)

310 Cui mox Gualo, vicem qui patrum patris agebat,
Ipsius prolem Henricum succedere fecit;
Qui, cum vix annos bis quinque etatis haberet,
Ungitur et pape per juramenta ligatur,
Subditus ut sit ei semper, solvatque tributum
More sui patris, ab eodem sceptra tenendo[1].

Non minus hoc ipso sub tempore reprobus Otho,
Brunisii egrotans, tam longo anathemate demum
Absolvi meruit, et amara reconciliato
Corporis atque anime consortia dissociat mors[2].

320   Non multo post hec Simon (magis unde dolen-
Martiris in palma ratio nisi flere vetaret) [dum,
Inclytus ille comes Tolosanam dum obsidet urbem,
Que fidei nostre contraria suscipiebat
Hereticos, nec adhuc pestes evitat eorum,
Raptus ab hac subito lacrymarum valle, beato
Martirio ad sedes meruit migrare supernas[3];
Gaudia martyribus addens, concivis eorum
Factus, ubi etherea cum Christo regnat in aula,
Visio cujus eum sic pascit sola, quod, ipso
330 Dum semper fruitur, nunquam fastidia sentit;
Cujus ab interitu valde pars catholicorum
Infirmata dolet, et pars adversa superbit[4].

Sed nec Amalricus ejusdem nobilis heres,
Patris onus subiens, etate insufficienti,
Tot contra fortes solus pugnare valebat[5].

Tunc rex magnanimus, pereunti in partibus illis

---

1. Chron., § 222.
2. Chron., § 228.
3. *serenas* V.
4. Chron., § 227.
5. *volebat* V.

LIBER XII.

Compatiens fidei, pietatis semper abundans
Visceribus super afflictos, tam grande periclum
Antidotare[1] volens, ad sola stipendia fisci
340 Sexcentos equites[2] et millia dena clientes
Armis instructos, animoque et corpore fortes,
Misit Amalrico[3] succursum in tempore gratum.
Et sic ad tempus vis heresiana repressa est,
Catholicusque vigor etiam nunc prevalet illic[4].

Elapsis post hec annis quasi pene duobus,
Multos turbavit usque ad meditullia regni
Emergens subito discordia particularis
In Britonum regione, maris qua littore Tethis
Orbis terrarum et regni confinia finit,
350 Nec patet ulterius quicquam, nisi pontus et aer;
Qui quantum pateant ultra nullatenus ulli
Nosse datum, nulli satis indagabile factum est,
Expediens nempe est, licet id sit scibile paucis,
Bellorum motus, etiam patientibus ipsum,
Cum Deus in toto sine causa nil agat orbe,
Nil fieri faciat quod non aliquos ferat usus.
Qui cum causarum sit causa immobilis ipse,
Fixas mobilibus causas dat rebus inesse;
Qui mala que patimur nostrum convertit in usum,
360 Elicit et nobis ex nostris commoda damnis;
Qui facit ut bellum patientibus utile fiat,
Ne vitiis alimenta quies diuturna ministret,

---

1. *Antitodare* P.
2. Il n'est question que de deux cents chevaliers dans le passage correspondant de la continuation du ms. Cotton. (Voy. tome I, p. 331.)
3. *Almarico* P.
4. Chron., Continuation du ms. Cotton, § 8.

Occupet et nimio torpore ignavia mentes.
Nam virtus, exercitium quo crescere possit
Semper amans, capit ex ipso crementa labore,
Presentique malo nostri ferrugo reatus
Levius excoquitur, ad tempus ut erudiat[1] nos
Pena brevis, multoque minor quam flamma ge-
Que sine fine reos penis distringit amaris. [henne[2],
370 Turbande pacis occasio prima fuerunt
Britigene comites Conanus cum Salomone.
Justa tamen belli fuit illis causa movendi :
Nam Britonum dux Petrus eos spoliarat avitis
Fortior ipse bonis, nec eis dimiserat unde
Castigare famem frigusve repellere possent,
Qui fuerant nati dominari pluribus, alto
Sanguine progeniti, factis et nomine clari.
Nec minus esse patet quod dux in parte fuisset
Justus eis, quoniam multa ipsi forte tenebant
380 Que potius dux debuerat de jure tenere.
Sed vir gente potens et eisdem fortior armis,
Indignante ferens animo sibi justa negari,
Subripuit cum jure suo sibi jus alienum ;
Nec servare modum novit vis effera, quando
Omnia dat forti qui jus negat arma tenenti.
Abstulit ergo viris totum, patriaque fugavit
In nemora et valles, desertaque lustra ferarum.
 Qui quoties poterant illi dare damna suisque,
Pluribus adjuti sociis, abducere predas
390 Instabant, vincire homines, evertere villas.
Quos cum dux vellet confundere funditus, ecce
Movit Amalricus bellum Credonicus illi,

1. *cruderet* P.
2. *jehanne* V.

Qui proclamabat in quodam jus sibi[1] castro
Quo dux dicebat illum nil juris habere,
Coram rege super hoc juri stare paratus.
Viribus ille suis fidens, non judiciorum
Ambiguo fini, strepitu ciet arma superbo,
Atque ducis terram ferro populatur et igni,
Guirchinosque capit muros, Castrumque Briani.
400 Dimissis igitur Conano cum Salomone, [bat,
Quorum jam partem Britonum pars magna juva-
Dux in Amalricum convertit bella, suosque[2]
Cum consanguineis proceres invitat, ut ipsi
Impertire velint contra tot bella juvamen.
Cumque hec dura duos durasset guerra per an-
Dux incurrebat dispendia multa, nec ulla [nos,
Pars aut[3] indemnis erat aut intacta ducatus :
Quippe Leonenses hac illum ex parte fatigant,
Cumque Trecoritis Goelonnes et Rohanite ;
410 Hinc sub Amalrico Cenomanensis et omnis [usque
Andegavensis eques, Turonique, et quisquis ab
Carnoto laudis aliquid vel honoris habebat[4],
Francorumque manus quammaxima cum Sagiensi
Agmine, Biturigumque caterva, comesque Ni-
   [verni,
Quos commune genus vel amor sociaverat illi,
Vel census, quo nulla magis res nutrit amorem ;
Nil magis accendit equites, nil fortius armat ;

1. *tibi* (sic) V.
2. *que* omis dans V.
3. *aut* omis dans L et P. — Par suite de cette omission, et pour compléter le vers, D. Brial avait remplacé le second *aut* par *totius*, tandis que Barth avait ainsi rédigé le dernier hémistiche : *aut tanti intacta ducatus.*
4. Les vers 410 et 412 sont rajoutés dans la marge de V.

Ignavos animat, vires imbellibus addit,
Audaces pungit, in mortem trudit inermes,
420 Livorem membris depellit, vulnera sanat,
Potio[1] nulla animos lenire salubrior egros.
  Illum autem sequitur Britonum pars maxima,
              [qui se
Intrepido prestant animo dominoque ducique,
Quorum subsidio fretus monituque fideli,
Ingentes animo regali concipit ausus,
Proponitque semel patrie succurrere toti.
  Non curans igitur quantum Conanus in ipsum
Seviat aut Salomon, aut quanta in partibus illis
Predarum aut hominum patiatur damna, per
430 Jam finire parat tam longe tedia guerre ; [ipsos
Et simul atque semel aut vinci aut vincire que-
Audax in campo juxta vineta Briani   [rens,
Pugnat Amalrico, et clara virtute triumphum
Consequitur, capiens ipsum, multosque quirites
Et proceres, vinci quos nemo posse putavit,
Cum numerus major numero ducis esset eorum,
Ipsique invicti cum summo laudis honore
Hactenus exstiterint conflictu semper in omni[2].
  Sic Britonum probus auxilio laudabile nomen
440 Promeruit, patriamque suam salvavit ab hoste,
Vere Francigenam, vere regalis alumnum
Se generis probitate probans, pronepos Ludo-
Nobiliorque nimis patrueli rege Philippo. [vici[3],
  Inde Leonenses, ex hoc certamine quamvis

---

1. *Porcio* V.
2. Sur cette affaire de Châteaubriant, qui eut lieu en 1222, voy. *Chron. Turonense* dans D. Brial, XVIII, 303 A B.
3. Louis le Gros.

Illorum valde pars debilitata vacillet,
Guerrificare ducem per se nihilominus audent,
Perque dies illi multos virtute resistunt
Longanimi, demumque bona lis pace fugatur.
Qua redeunte, duci solito religantur amore,
450 Et sua restitui sibi jura merentur ab illo[1].

Quid lacrymas? Quid mesta doles? Cur ora
Singultu occulto? Cur celo lumina figis, [relaxas
Musa? Quid ignotos astrorum suspicis ortus?
Cur rutilare novum sic admirare cometem?
Ecce Philippei precessit funeris astrum,
Astrum quo mundus dolet, et[2] celestia gaudent,
Hospitis adventu tanti exhilarata propinquo.
Ecce vocant illum nubes et sidera celi,
Certus ut ipse sue per tam manifesta salutis
460 Signa suos actus placitos sciat esse superno
Astrorum Domino, ne forte subhorreat ejus
Spiritus, aut trepidet luteo de vase resolvi,
Seque Creatori, victis jam demone, mundo,
Carnis et illecebra, victrici reddere letho.
Et si forte alias legimus minitante cometes
Crine rei eventum presignificare future,
Non tamen usque adeo aut tanto fulsere rubore,
Ut cum nocte dies septena reluxerit astri[3]
Lumine flammivomo[4], commixta nube rubori,
470 Ut solet ardenti fumo lucente casella,
Stramineam si forte domum vis corripit ignis,

---

1. Chron., Cont. du ms. Cotton, § 11.
2. *ad* V.
3. *astris* V.
4. *flamnimo* V.

Flammeus immixtas vapor ejectare favillas[1].
Hunc signi numerum poscebat vita Philippi;
Hoc meritum numero voluisti pandere servi,
Christe, tui, sciat ut se terque quaterque beatum,
Corpore ut atque animo felix transcendat ad as-
Quem bene completus hic septenarius illam [tra;
Ducit ad octavam que sursum est nescia finis.
Non igitur stupeas, non te dolor anxiet; immo,
480 Si contristavit te mors, victoria mortis
Letificet, cum jam videas crebrescere signa
Per que cum Christo, victa jam morte, probatur
Vivere, cui vita digne servivit in ista.
Et si vite ejus studuisti gesta referre,
Majori studio referas et mortis honorem;
Quemque, ipso vivente, librum finire putasti,
Exequialis honor fac terminet et specialis
Gloria, Christus eum quo fine beatificavit.

De cometa que prevenit infirmitatem et mortem[2] regis[3].

TERRUERAT populos radio nova stella minaci;
490 Nec vulgus cessabat adhuc variare tumultus,
Quid portenta novi non intellecta sequatur.
Necdum mensis erat post hoc elapsus, et ecce
Invadit febris regis quartanica corpus,
Quem cum quarta dies estu torqueret anhelo,
Cessabat mediis tamen egrotare diebus;
Et sic febris erat intervallata, vigorem

---

1. Continuation du manuscrit de Paris, § 5.
2. *et mortem* omis dans P.
3. Cette rubrique manque dans V, mais la place en avait été réservée.

Quod nec membra suum perdebant sive colorem;
Nec minus ipse sua levitate et viribus utens,
Sollicitusque sui curare negotia regni,
500 Oppida more suo diversa studebat et urbes
Visere, presertim quibus ille reedificandis
Impendens operam, muros fabricabat et arces.
Quotquot enim fiscus urbes habet, oppida, vicos,
Ad proprios sumptus muravit, et omnia vidit
Impensis murata suis dum viveret; idque
Plus admirandum sonat auditoris in aure,
Laudarique magis dignum, quod in omnibus istis
Vexavit nullum census exactio, nullum,
Ut fieri solet a multis, angaria lesit.
510 Cujuscumque domus, fundus, seu vinea, propter
Fossas aut turres periit seu menia, damni
Totius pretium patiens a rege recepit.
Et licet hec regni emendatio publica cunctis
Civibus et populo communiter utilis esset,
Noluit ut fieret aliis onerosa, sed omne
Sola subivit onus pia munificentia regis[1].

Qui postquam primos frigores sensit, et ejus
Sacra repente tremor febrilis viscera torsit,
Continuo scopat hominis vas interioris,
520 Hospitiumque parat mundum quo celicus hospes
Gaudeat adveniens placita sibi sede morari,
Delicias reputat qui corde quiescere mundo,
Nec venit ad mentes nisi lotas, sorde fugata.

Mox testamento finali, quicquid habebat
Mobilis ipse rei, proprio determinat ore,
Et dispensandum terre Hierosolymitane

---

1. Guillaume répète ici ce qui est dit au § 160 de sa Chronique.

Pauperibusque Dei scripto designat aperto,
Divisim faciens quis quid ferat inde notari[1].
   Inde fere totum vexatus febre per annum[2],
530 Nec minus officio membrorum gnaviter utens,
Attigerat quintum mensem[3], quo Sirius egris
Ingeminare solet solis cum febre calores, [annus
Et postquam Verbum caro factum est, tertius
Currebat cum quinque quater post mille ducentos.
   Jamque propinquabat lux mundo flebilis, in
Se viduaturus erat orbis regna Philippus, [qua
Qui jam regnavit annis feliciter actis
Quadraginta tribus, justis pius, acer iniquis,
Corripiens reprobos cum mansuetudine semper
540 Corde pio solitus equum preferre rigori :
Quem Christus vite cum dilexisset in omni
Tempore, dilectum sibi plus in fine probavit.
Nam rex Jherusalem[4], et qui, summa negotia
                                          [summi
Pontificis vice disponens[5], contra heresiarchas
Missus erat, partes Tolosanas qui maculabant,
Totius et regni sanctorum concio patrum
Concilium tunc Parisius generale tenebat[6],
Procurante statum ecclesie reparare Philippo,

---

1. Chron., Cont. de Paris, § 8.
2. Ce renseignement est exact, car le roi, dans le préambule de son testament rédigé au mois de septembre 1222 (*Cat.*, 2172), dit qu'il se sent malade : « *Si aliquid humanitus nobis contigerit in hac presenti egritudine....* »
3. On sait que le mois de juillet était le cinquième de l'année romaine.
4. Jean de Brienne.
5. Conrad, évêque de Porto.
6. Ce concile était réuni depuis le 6 juillet.

LIBER XII.

Quem mare perverti citra lugebat et ultra;
550 Quo sine cum reliqui nil diffinire valerent,
Quamvis torreret ipsum intolerantia febris
Continue, proprio geminata et temporis estu,
Communi propriam postponens utilitatem
Parisius medicis contradicentibus ibat,
Paciacoque movens ad concilium properabat,
Summam virtutum cupiens hanc esse suarum,
Ut per eum status ecclesie fideique resurgens
Catholicum sumat, ipso moriente, vigorem.

Quem fidei similis Martini fervor agebat,
560 Qui, sibi cum prescita dies foret ultima vite,
Fratribus et sanctis hoc predixisset, adire
Non ideo metuit Candatum, ut pacificaret
Schisma quod ecclesiam vico turbabat in illo,
Ecclesie pacem cleroque relinquere gaudens[1].

Voto haud dissimili properans rex usque Me-
[duntam
Venerat; hic illi, sacra post mysteria, postquam
Vitalis vite dedit Eucharistia pastum,
Occurrit suprema dies evique beati
Terminus; hic illum speciosa morte resolvi,
570 Hic sancte voluit anime Deus esse receptor,
Crastina quintiles data cum produceret idus[2].

Exoritur clamor, resonant lamenta, fatiscunt
Guttura singultu, lacrymis sinus omnis inundat;
Planctum non est qui proprium levet, aut alienum,

---

1. Voy. Lecoy de la Marche, *Saint Martin,* p. 361. — La conduite de saint Martin à Candes devait être souvent rappelée à la cour des rois de France; saint Louis la donna pour modèle à son fils dans ses *Enseignements,* § 29.

2. Continuation du ms. de Paris, § 6.

Nec minui possunt nimii per verba dolores,
Dum cogit linguam anxietas herere palato;
Nil sonat in tota nisi vox funesta Medunta;
Nulla domus, vici pars nulla vel angulus est qui
Non obsurdescat gemitu, fletuque madescat.
580 Luctum causa movet eadem, dolor omnibus idem,
Quos tamen excruciat species non una doloris.
Hic pectus feriens ululat, secat ille genarum
Ungue superficiem; vestes hic, ille capillos.
Sunt qui pre nimio merore nec hiscere possunt,
Promentes labiis tantum suspiria lassis,
Quos ejulari cordis tumor impedit, intus
Absorbente ira quod plangi debuit extra.
Sunt quibus assuetas vires rapit extasis, umbra
Mortis imagine pavimenti in pulvere pressis.
590 Et quis contineat lamenta, videns Ludovicum [pum¹,
Flumine complutum lacrymarum hinc, inde Philip-
Et proceres comitesque, et forti corde senatum,
Et cum militibus famulos, auleque magistros,
Implere attonitam mestis mugitibus aulam?
Sic qui subdiderant gentes et regna Philippo,
Nulla quibus potuit feritas obsistere, quorum
Viribus edomite pestes et monstra quiescunt,
Edomat extincti regis dolor, atque ita turbat,
Ut meminisse sui immemores sint atque suorum.
600 Vix est qui myrra sacratum corpus inungat²,
Vix est qui poscat aut prestet aromata, vix est
Balsama qui memoret infundere, sic rationem
Obtenebrat mentis vis incentiva doloris!

1. Philippe Hurepel.
2. Le vers 600 est omis dans les éditions de Duchesne et de D. Brial.

Corpore condito regaliter, inde feretro,
Ut decet, impositam merens processio glebam
Principis invicti scapulis subvectitat altis.
Cumque foris portam que Parisiana vocatur,
Exissent, quantum ter agat balista sagittam,
Deposuere solo cum sancto fasce feretrum,
610 Alternos oneri dum se supponere certant;
Assignante locum quo crux erecta Philippi
Nomine sacretur, quadris celata columnis,
Quo fieri cepere loco miracula nuper
Crebra, Deo meritum mox declarante Philippi;
Ecclesiamque novam, requiem qua regis honorent,
Protinus edificant infra breve tempus ibidem [1],
Personasque sacras et religione probatas
Instituunt, Domino ut semper famulentur in illa [2].
Inde iterum tendunt sancto cum corpore sursum,
620 Gaudeat ut Sanctus [3] Dionysius hospite tanto
Ecclesiam decorare suam, qua corpus humatum
Petra tegit juxta Dagobertum; spiritus aula
Fulget in angelica, ductore receptus eodem.
Idque patri patrum Dionysius ipse sequenti
Nocte revelavit, ne quis regnare Philippum
Cum Christo dubitet, re tanto teste probata [4].
Ampliat exequias multoque insignit honore

1. L'ordre des cinq derniers vers est tout différent dans V : ils sont disposés ainsi : 615, 616, 612, 613, 614.
2. Cette église s'appelait le prieuré de Saint-Julien-la-Croix-le-Roi. Voy. Durand et Grave, *Chronique de Mantes*, p. 160-162. — Le *Ménestrel de Reims* (§ 307) prétend que, pendant le transport des restes de Philippe-Auguste, « à chascune reposée faisoit on une croiz où s'image est figurée. »
3. *Sancti* V.
4. Voy. plus bas v. 716-763.

Bertrandus[1], summi qui pontificis vice fungens
Se Prenestinam decorabat presule plebem,
630 Basilica[2] regione satus, vir nobilis ortu,
Religione sacer, habitu Cistercius[3]. Adsunt
Regni primores, proceresque, virique potentes,
Sanctorumque fere patrum omnis concio, nutu
Spiritus occulto quos sanctus adegerat illuc,
Ex multa causam ob aliam regione gregatos :
Omnibus ut certa constet ratione, sub umbra
Concilii quod Parisius celebrare putarunt,
Procurasse Deum decus exequiale Philippi ;
Scilicet ut tot honoraret magnatibus illum
640 Cujus honorari finem debere sciebat.
Debet enim que principium mediumque sibi res
Est sortita bonum, finiri fine beato ;
Totum quippe bonum bonus exigit exitus esse.

Affuit et summo vir honore et laude Johannes
Rex Acharon, Francus atavis, Campanicus ortu,
Debuerat quo rege regi Jherosolyma, que nunc
Egypti dolet et Syrie servire tyrannis   [mur,
Que[4] mala nos per nostra quidem peccata mere-
Dum nec abhorremus ingrati vivere Christo,
650 Nec culpis cessamus adhuc superaddere culpas,
Quarum nos meritum meritos amittere nuper
Reddidit Egypti regionem cum Damieta,

---

1. Le légat du pape était alors Conrad, évêque de Porto; il n'y a, du reste, pas un seul Bertrand dans la série des évêques de Préneste.

2. Guillaume le Breton veut sans doute désigner ici le pays de Bade; Conrad se rattachait, d'après Ughelli, à la maison de Zæhringen.

3. Conrad fut abbé de Cîteaux de 1217 à 1219.

4. *Per* V.

Unde modo pulsus citra mare venerat idem
Rex, imploraret ut opes a rege Philippo.
Qui donavit ei sanctisque juvantibus ipsum
Fratribus Hospitii Templique a nomine dictis,
Cura quibus specialis inest pro posse Sepulcrum
Vivendo sacra sub religione tueri,
Millia marcarum quinquagesies triplicata,
660 Dispensanda Cruci famulantibus atque Sepulcro[1].
Unde fide certa fas est presumere nobis,
Quod famulis immensa suis miseratio Christi
Sanctam restituet terram, mediante Philippi
Et merito et sensu ; nec ad hoc mora longa futura est.

Nec minus archipater Remorum cum Senonensi
Galtero Guillelmus adest, qui, regis in aula
Precipui, clarum genus alto sanguine ducunt ;
Necnon Bituricus[2] Turono[3] cum presule primas ;
Et qui Rothomago Theobaldus presidet urbi,
670 Vir precibus vix flexibilis, nimiique rigoris ;
Et Lugdunensis[4], quo Gallia tota solebat,
Ut fama est, primate regi, causasque referre
Difficiles, ut ibi lis ultima litibus esset ;
Nec mittebatur Romam lis ulla, nisi quam
Lugdunense forum per se finire nequisset ;
Cujus honoris adhuc memor est epigramma sigilli[5],
Quique monetatus datur[6] ad commercia census[7] ;

---

1. Voy. Cont. du ms. de Paris, tome I, p. 325, note 3.
2. Simon de Sully.
3. Jean de Faye.
4. Renaud.
5. La légende des sceaux des archevêques de Lyon était celle-ci : *Sigillum N. Dei gratia prime Lugdunensis ecclesie archiepiscopi.* Voy. Douët d'Arcq, *Inventaire des sceaux,* n°s 6318 et suivants.
6. *patet* P.
7. La légende des monnaies archiépiscopales de Lyon consis-

Sacratique patres quos suffraganeus illis
Ordo lege dedit subici metropolitana;
680 Quorum prima duos tetigit quos mentio, tanta
Gratia, tantus honor insignes reddit, ut alter [1]
Lingonica de sede sit ad Remense vocatus
Ex insperato regimen, mereatur ut idem
Bis senis sibi subjectis gaudere cathedris [2].
   At, Galtere, tibi cum confirmata fuisset
Parisiani apicis electio [3], mox Senonensem
Ad cathedram raperis, ut, dum te lingua malorum
Insequitur, prosit tibi nescia, qua mediante,
Pluribus ut presis, cathedra privatus es una;
690 Quique tibi fieri non erubuere rebelles,
Nunc tibi subjectos premit indignatio major,
Afficit et gravior confusio, cum videant te
Sic sublimatum, sic Christo actore potentem,
Illos ut majore queas distringere freno
Quam si Parisius specialis episcopus esses [4].
Sed tibi non talis est vultus, non ea mens est;
Non ita Parisii te, non ita tu docuisti
Parisios; non hos sacra dat tibi lectio mores,
Ore tibi docto multos celebrata per annos,
700 Ut mala compensare malis, stimulante vel ira

tait en ces seuls mots : *Prima sedes Galliarum.* Voy. Du Cange, éd. Henschel, tome IV, planche XXV, n° 94, et p. 524, col. 3.

1. Guillaume de Joinville, qui passa du siège de Langres à celui de Reims en 1219 et qui est nommé plus haut au vers 666.

2. Contin. du ms. de Paris, § 7.

3. L'élection de Gautier Cornut au siège de Paris fut confirmée par l'archevêque de Sens; mais, discutée par plusieurs chanoines, elle fut cassée à Rome. (Voy. Cont. du ms. Cotton., § 4.) Trois ans après, Gautier devint archevêque de Sens.

4. *eodem* L P.

Vel rancore, velis. Odii meminisse benigne
Non est mentis opus, quam miti in pectore gestas,
Quo posuit thronum sibi philosophia perennem,
Quo perfecta viget utriusque scientia legis,
Quam toti mundo legis ore manuque fideli.

    Nec, Guillelme, tibi, Catalauni presul, avaro
Copia precipuos cornu diffudit honores;
Qui, Thome[1] lugenda tui post fata nepotis,
Invida quem rapuit primevo in flore tibi mors,
710 Angligenum fines aggressum cum Ludovico,
Dignus es inventus et episcopus et comes esse,
Sufficienter onus dispensaturus utrumque,
Subsit ut heredi justo tibi Perticus axis;
Ut cui nobilitas gemina est a sanguine regum,
Nobilitatis apex gemino splendescat honore.

Quod papa scivit mortem regis statim per miraculum[2].

TEMPORE magnanimi quo regis humatio facta est,
Signina[3] tunc papa moram faciebat in urbe[4],
Talis ubi facta est ostensio celitus[5] illi.
Quidam civis erat in eadem nobilis urbe,
720 Cui Jacobus nomen, vir honestus, et illius hospes
Qui summi vice pontificis peccamina punit,
Eger et extincte sic ductus ad ultima vite,

---

1. Thomas, comte du Perche, mort en 1217, eut pour héritier son oncle Guillaume, évêque de Châlons.
2. Cette rubrique ne se trouve que dans P, mais la place en a été réservée dans V.
3. *Signigna* P.
4. Le pape Honorius III séjourna à Segni du 7 juin au 10 septembre 1223. Voy. Potthast, n°s 7036 à 7080.
5. *celius* V.

Quod revalescendi spes nulla dabatur amicis;
Cumque oleo sancto quasi jam moriturus inunctus,
Juxta quem Jacobi commendat epistola ritum,
Stramine supposito morientum more jaceret,
Visio celestis confortat taliter illum.
Visus ab[1] etherea sanctus Dionysius illi
Arce venire fuit, magno splendore relucens,
730 Quem precedebant induti vestibus albis
Angelici cives, ipse autem veste rubebat;
Quem prope rex stabat candente Philippus amictu,
Corporeo visu quem nunquam viderat ille,
Sed tamen auditu famam bene noverat ejus.

Tunc prior hec sanctus : « Festina surgere; vade,
« Dic Jacobo[2], pape vice qui delicta reorum
« Audit, et absolvit confessos rite reatus,
« Congrua diversis adhibens medicamina morbis :
« Sum hieromartyr ego Dionysius; iste Philippus
740 « Francorum rex est, luteo qui fasce solutus
« Hunc fuit ante diem : facias absolvat ut ipsum
« Papa, potestatis illius numine soli
« Que fuit a Christo cum clavi tradita Petro, [bret,
« Fac Domino commendet eum, missamque cele-
« Cujus vi[3] culpis venialibus ipse pietur. » [possim
Miles ad hec : « Quis ego, tante ut misteria
« Ferre rei, qui nec de lecto surgere possum,
« Mortis in articulo positus? Nec credere papa,

---

1. *ad* V.

2. Il y a ici une confusion entre le nom du malade et celui de son hôte, le pénitencier du pape; celui-ci s'appelait Thomas, cardinal du titre de Sainte-Sabine. Voy. le fragment du *Livre de l'abbé Gilles,* publié sous le nom de *Gesta alia Philippi Augusti,* par Duchesne, tome V, p. 260.

3. *Qui miseris* V.

« Nec Jacobus, volet ipse mihi; delirus habebor,
750 « Si presumo viris proponere talibus ista. »
   Sanctus item : « Fili, cesset timor omnis; habeto
« Firmam corde fidem stabili : sanatus ad illos
« Ibis, et hec inopina salus tibi lata repente
« Et papam et Jacobum faciet tibi credere prorsus. »
Dixit, et, ut vere sciretur quod bonus esset
Spiritus, egrotum plene sanando probavit,
Aspergensque [1] locum suavi perfudit odore.
Prosilit ille thoro sanus, vestigia morbi
Nulla manent; gaudet simul et miratur in omni
760 Parte sui nullum se jam sentire dolorem;
   Fitque palam Jacobo verbum, summoque per
Pontifici, faciuntque fidem miracula verbo, [ipsum
Nullaque divinis veniunt obstacula jussis [2].

1. *Dispergensque* V.
2. Nous possédons cinq récits de ce miracle : dans le *Chronicon Turonense* (D. Brial, XVIII, 304 C D), dans Philippe Mouskés (v. 23984-24180), dans le recueil d'Étienne de Bourbon (éd. Lecoy de la Marche, § 323), dans Richer de Sénones (M. G. Scr., XXV, 297), et dans le livre de l'abbé Gilles de Pontoise (Duchesne, V, p. 260). Tous ne sont pas d'accord sur le nom de la ville où la vision se produisit; suivant Ph. Mouskés et Étienne de Bourbon, c'est à Rome; selon Richer, à Pérouse. Le récit de Gilles de Pontoise est celui qui se rapproche le plus du texte de la Philippide, tandis que celui qui s'en éloigne le plus est celui de Ph. Mouskés. D'après ce poète, le chevalier à qui apparut saint Denis était un Frangipani, parent à la fois du pape et de Philippe-Auguste (v. 23996 et 24000). Quant à Étienne de Bourbon, les termes qu'il emploie sont très vagues, il ne nomme aucun des acteurs, mais il déclare tenir cette anecdote de Sybille, dame de Beaujeu, sœur d'Isabelle de Hainaut, et par conséquent belle-sœur de Philippe-Auguste.

*Quod beatus Germanus notam fecit victoriam regis
Philippi apud Altisiodorum* [1].

Altissiodoro monachorum sanctus in urbe
Conventus sancti Germani nomen honorant,
Ecclesiam cujus ausi temerare latrones,
Vespere victorem doluit quo Flandria regem,
Clam presumpserunt res exportare sacratas.
Deinde sacrista loci, capsam stans ante beati
770 Presulis, ipsius lacrymosa voce vocabat
Nomen, et ejulans clamabat : « Cur ita servum
« Damnasti, Germane, tuum, quem criminis hujus
« Importuna reum damnabit opinio fratrum?
« Quo te contuleras, ubi te diversus habebas,
« Dum tua presumunt violare sacraria fures?
« Que nostra in tantum potuit te offendere culpa,
« Ut subterfugeres solito nos more tueri? »
Protinus e sacra talis vox reddita theca
Tunc ait : « Hec nobis cum damna illata fuerunt,
780 « Juxta Cesonam, procul haud a ponte Bovino,
« Cum sanctis Francos aliis regemque juvabam,
« Cui fuit auxilio victoria prestita nostro ;
« Quique ipsum per nos fecit superare tot hostes,
« Jam faciet rebus vos exsultare repertis. »
Tot sanctos patres, tot pretextata virorum
Millia nobilium rex procuravit adesse
Celestis sancti supremo regis honori.
Ac velut Ambrosio Martini nobile funus

---

1. Cette rubrique ne se trouve que dans L, mais la place en a été réservée dans V.

Atque Severino patuit divinitus olim[1],
790 Sic regis palmam tam longe nunciat uno
Vespere Germanus, sic et Dionysius ipsi
Pape commendat post sacrum funus eumdem;
Sic voluit sanctos testes Deus illius esse,
Sanctorum meritis quem vita noverat equum;
Sic certis illum signis designat amicum
Esse suum, ut livor, atro qui felle tumescens
Pascitur in vivis, saltem post fata quiescat;
Ut nihil inveniat quod in illo mordeat ultra
Dente venenato, qui quod divina potestas
800 Predicat in toto populi clamoribus orbe,
Aut negat, aut aliqua pervertere nititur arte,
Publica quem dudum jubet obmutescere fama,
Ingeniumque fides occulta retundit amarum.

Conclusio operis exhortativa Ludovico novo regi.

Hac satis est, Ludovice, tenus cecinisse parentis
Me tibi gesta tui; diludia[2] poscimus; ecce
Ilia ducit equus crebro salientia pulsu.
Plurima sunt digesta quidem; sed plura supersunt,
Que tu committes aliis tractanda poetis,
Uberiore scient qui vena excudere versus,
810 Qui melius poterunt ac plenius omnia digno
Magnificare stylo sancti miracula regis,
Signaque virtutum quibus illum celica virtus
Mirificat, civemque probat de milite factum.
Hi plectro graviore canent exordia regni

---

1. Voy. Grégoire de Tours, *De virtutibus sancti Martini,* livre I, chap. 4 et 5.
2. *dilucia* L. — *dilucida* P.

Clara tui; quantis jubilis et plausibus omnis
Jocundata novum suscepit Gallia regem;
Quam celebri sumptu, quo lumine, quam speciali
Ornatu fuerint solemnizata diebus
Gaudia continuis toto celeberrima regno.
820 His tu materiam prebebis carmine dignam,
Cum Baccho Rupella rubens, portuque[1] superba
Classe frequentatur quo nusquam crebrius alter,
Aunisioque nihil Ciprio[2] debente Lyeo,
Se tibi subjiciet; cum, juris apostata nostri,
Succumbet victus tibi cum Xantone Niortus;
Cum post retrofluum pelago crescente Gerunnam
In Pyreneo[3] figes tentoria monte,
Quo Pipinite[4] sub nomine fixus, utrisque
Certa sit ut regnis distinctio, Gallica certus
830 Limes ab Hispanis discriminat arva colonis[5].
Dilatare tuos fines huc usque teneris,
Jus patrum ut teneas nullo mediante tuorum,
Possideatque nihil in finibus advena nostris.

Nec regem regnare sines in pace novellum,
Qui modo presumit Anglorum sceptra tenere,
Que genitori ejus subducta examine justo
Te solum repetunt, tibi se quandoque reservant
Uxoris pro jure tue tibi debita soli,
In quibus Angligene concors electio cleri,
840 Et populi ac procerum, tibi jus speciale paravit.
Te vocat iste labor, tibi jam post Pascha paratus

---

1. *potu* P.
2. *Caprio* L P.
3. *Pyrineo* L P.
4. Charlemagne.
5. Voy. livre I, v. 165.

Treugarum cum finis adest, suplicamine multo
Quas iterum obtinuit a vestro patre Johannes[1].
Omine tunc dextro feliciter arma capescens,
Auspiciis genitoris iens, jus incipe regni
Integrare tui, et regnum superaddere regno :
Prima Toarcenis indicens prelia muris,
Ut tibi Burdegalam levior via fiat ad urbem,
Quam tu Marcheio comiti[2] dabis, ille fidelis
850 Cum tuus existet, atque illam debeat ejus
Uxori propter nuptum donatio facta,
Quando fuit regi dudum sponsata Johanni.
 Cumque tibi fuerit Aquitania subdita tota,
Cum nihil in regno possederit advena nostro,
Victrices alas Tolosanas transfer in oras,
Facque ut vera fides in partibus audeat illis
Ostentare caput, ritusque abolere profanos,
Heresis ut toto regno procul exulet omnis.
Nec tibi des requiem, donec puer Anglicus armis
860 Victa, quibus nil juris habet, tibi sceptra resignet,
Solus ut in regnis habeas regnare duobus,
Eradicato de nostris funditus hortis
Serpentis nivei toto cum stirpe veneno,
Ut Britonis tibi promittunt presagia vatis [3].

1. Ainsi que le fait remarquer très justement D. Brial, la trêve en question, qui devait expirer à la fête de Pâques 1224, avait été conclue le 3 mars 1220, non par Jean Sans-Terre, mais par Henri III. (*Cat.* 1955.)

2. Hugues X de Lusignan, époux d'Isabelle d'Angoulême, veuve de Jean Sans-Terre. — Voy. les conditions de l'alliance conclue en mai 1224 par Louis VIII avec le comte de la Marche, dans Le Nain de Tillemont, *Histoire de saint Louis,* tome I, p. 331-332.

3. Ainsi que le dit M. Pannenborg, ce *vates Brito* n'est pas Merlin, comme l'ont cru les précédents éditeurs, mais bien Guil-

Hic honor, hec virtus, ista excellentia, cuncta
Hec certa tibi dona fide promissa fuerunt.
Hec Deus Elisabeth signo patefecit aperto,
Cum sacrum[1] portaret adhuc te pondus in alvo ;
Que Carnotensi Domine dum supplicat, et te
870 Ejus in ecclesia precibus commendat eidem,
Sensit ubi primum sancto te ventre moveri,
Celitus accensas in eadem quatuor hora
Ignis corripuit[2], nullo accendente, lucernas,
Ipsius ante oculos populique astantis ad aram ;
Luxque satisfaciens regine celica voto,
Et quanti ipsa esset meriti monstravit aperte,
Et proventuros tibi precurrebat honores.
Sors etenim celestis ad hoc jam te illa ligabat,
Ut que bella pater inconsummata reliquit,
880 Consummanda tuis sint omnia protinus armis,
Finalemque dabunt super his tibi fata triumphum ;
Tu tantum virtute velis et viribus uti.

O mihi tunc, o si maneat pars ultima vite
Spiritus exacte, tua coner ut acta referre,
Digna quibus studeat Sophocles vel Ibera poesis[3] !
O si Galterus[4] illo vel Egidius[5] esset
Tempore, quam claro niteant tua bella cothurno !

laume lui-même. « Merlin avait en vue l'extermination du *rubeus*
« *draco*, c'est-à-dire celle des anciens Bretons, par l'*albus draco*
« qui désigne les Anglo-Saxons, tandis que Guillaume prédit le
« renversement du *serpens niveus,* c'est-à-dire celui des Anglais
« eux-mêmes. » (*Zur Kritik der Philipis,* p. 24, note 2.)

1. *sacro* V.
2. *corrupuit* P.
3. Guillaume veut ici parler de Lucain. Voy. Pannenborg, *Zur Kritik der Philipis,* p. 17.
4. Gautier de Châtillon.
5. Gilles de Paris.

Totus Alexander, et qui processit ab illo
Antiochus, bis sexque duces, plebs esse dolebunt
890 Respectus splendore tui ; succumbet et ipsa
De te composito mordax girapigra[1] libello,
Horum si similem mereatur habere poetam.

Karloto thesaurario Turonensi[2], Philippi regis filio[3].

At tu, cujus amor omni mihi crescit in hora,
Ut libro sine laude tua supponere finem
Arbitror esse nefas, animi qui nobilitate
Argumenta refers generis clarique parentis,
Te liquido ut liqueat genitum genitore Philippo,
Qui carie lotus[4], omni carismate carus,
Karlotus verum meruisti agnomen habere ;
900 Qui, proprium vero decorans agnomine nomen,
Moribus exponis et vita nomen utrumque ;
Dogmata quem docui primum puerilia ; cujus
Tam dociles habilis fecundat gratia sensus,
Ut mihi jam dignus habearis doctor haberi,
Quintus adhuc decimus tibi vix licet annus agatur :
Ad te currenti, tibi se per vota liganti,
Porrige, Petre, manum, vultuque recollige librum
Propitio, dignumque legi fac protinus ipsum
Natura studioque date tibi vi rationis ; .

1. Ce mot, pris ici au figuré (voy. Du Cange, *Girapigra*), a sans doute, comme le conjecture D. Brial, le sens de *critique*. Guillaume l'a peut-être emprunté à l'*Antidotarius* de Gilles de Corbeil. Voy. Pannenborg, *Zur Kritik der Philipis*, p. 24.

2. *Turonensi* omis dans P.

3. Cette rubrique manque dans V, mais la place en a été réservée.

4. *lonus* V.

910 Dux et corrector fieri digneris, eidem
Que desunt supplens, resecare superflua callens.
Hic patris fratrisque tui preconia regum
Excolit; hic stirpem Pipini et Francigenarum
Laudibus exequitur, primaque ab origine gentis
Successiva sequens generatim nomina, primo
Carmen in octavi Ludovici terminat anno.

---

[1]NE Metamorphosin[2] numeris equare puteris,
Sub numero numeros pone, Philipi, tuos[3].
— Bis sex milleni sunt illi in codice versus,
Mille mihi[4] novies, quindeciesque decem;
Utque nihil numero superet vel desit utrique,
Ter quinos illi subtrahe, quinque mihi;
Nam qui prelibant librorum teumata versus
Nolo quidem numeris connumerare meis,
Ut sciat lector quantum sit temporis actum
Dum totum[5] meus hic exigit auctor, opus.
Annis scripta fui tribus, emendata duobus

---

1. Les distiques qui suivent ne se trouvent qu'à la fin du ms. de Rome.

2. Les *Métamorphoses* d'Ovide.

3. Duchesne et D. Brial, n'ayant pas compris que ce mot était le vocatif de *Philipis* et que le poète s'adressait à son poème, avaient cru qu'il s'agissait de Philippe-Auguste et avaient imprimé *Philippe*.

4. C'est la Philippide qui répond.

5. *De totum* ms. — *Descriptum* Duchesne. — *ac Descriptum* Brial. — Il faut évidemment lire *Dum totum*, comme l'a fait M. Pannenborg, *Zur Kritik der Philipis*, p. 7, note 2.

Menda, nec emende[1] paruit omnis adhuc :
Nam labor hic major quam scribere, meque[2] ve-
 Et res et novitas ipsa latere diu.   [tabat
Insuper et spatium spatio Karlotis eodem
 Est furata mihi quo fabricata fuit,
In qua, procedens humili per levia passu,
 Pretentavit equos nostra camena suos;
Quam si fastidit extranea natio mecum,
 Francigenum nobis sit satis ore legi.

1. Bien qu'il y ait *emende* dans le ms., Duchesne et D. Brial avaient imprimé *emendas*.
2. *neque* ms.

TABLE

DES NOMS ET DES MATIÈRES.

Le chiffre placé entre parenthèses au commencement d'un article indique l'année.

Les *Gesta Philippi* de Rigord, la Chronique et la Philippide de Guillaume le Breton sont respectivement désignés par les abréviations Rig., Chron. et Phil.

Les chiffres qui suivent les désignations Rig. et Chron. renvoient aux paragraphes. Après l'abréviation Phil., le chiffre romain désigne le chant, le chiffre arabe le vers de la Philippide; quant aux mentions tirées de l'épître dédicatoire, elles sont précédées de l'abréviation *Nunc*. Celles qui proviennent du sommaire d'un chant sont accompagnées de l'abréviation *Cat*.

A

Abdon, juge d'Israël. Rig. 39, p. 63.
Abrince. Voy. Avranches.
Abrinci fines. Voy. Avranchin.
Accium. Voy. Acre.
Accon. Voy. Acre.
Achard de la Boissière. — Refuse de livrer à Richard Cœur-de-Lion un trésor qu'il a trouvé, Phil. V, 495; — est assiégé par Richard dans Chalus; propose de porter le débat devant la cour de France, 513; — se défend vigoureusement, 524; — sa joie en voyant Richard blessé à mort, 596. — cité, 570; — *Achardus*.
Acharon. Voy. Acre.
Acheloüs, fleuve. Phil. VI, 235.
Achille. Phil. IV, 348.
Achon. Voy. Acre.
Aciencis (Gilo). Voy. Gilles d'Aci.
Aconitana urbs. Voy. Acre.
Acquapendente, ville d'Italie. Chron. 157, p. 237; Phil. X, 633. — *Aquapendens*.
Acquigny (Eure, arr. et c. de Louviers). — (1199) Est pris par Philippe-Auguste. Rig. 127. — *Aquiniacum*.
Acre (Saint-Jean d'). — (1191)

Philippe-Auguste y aborde la veille de Pâques. Rig. 74; Chron. 54; Phil. IV, 165; — deux vaisseaux sarrasins, envoyés à son secours, sont pris. Rig. 75; — Conrad de Bohême y amène l'armée de son père. Rig. 76; — Richard Cœur-de-Lion y arrive lorsque la ville était sur le point de se rendre. Chron. 55; Phil. IV, 203; — est prise; la garnison a la vie sauve à condition que la vraie croix et les prisonniers chrétiens seront rendus; ces conditions ayant été violées, Richard fait massacrer les prisonniers sarrasins. Rig. 81; Chron. 58; Phil. IV, 218, 232; — éclipse de soleil avant sa prise. Chron. 59; — les croisés se partagent la ville. Phil. IV, 225; — Philippe-Auguste y tombe malade et quitte la ville pour revenir en France. Phil. IV, 262; — seigneurs morts pendant le siège. Chron. 60; Phil. IV, 309; — Aubri Clément y meurt. Phil. X, 361; — Conrad de Montferrat y est assassiné. Chron. 65; — (1197) Henri, comte de Champagne et roi de Jérusalem, y meurt. Rig. 118; — (1198) des croisés bretons y arrivent sous la conduite d'Herloin, moine de Saint-Denis. Rig. 120; — citée. Chron. 231; Chron. Cont. Par. 6, p. 324; Phil. IV, 124, 324. — *Accium, Accon, Acharon, Achon, Aconitana urbs.* — Gouverneurs musulmans d' — : voy. *Limathosius* et *Carachosius*. — Jean, roi d' — : voy. Jean de Brienne, roi de Jérusalem. Voy. Tour maudite (la).

Adam, clerc du roi. Rig. 70, 103.

Adam II, vicomte de Melun. — (1208) Bat en Poitou Savari de Mauléon, Chron. 145; — (1214) à Bouvines, se trouve à l'arrière-garde avec frère Guérin et avertit Philippe-Auguste de l'approche d'Othon. Chron. 182; Phil. X, 738; — ses exploits à Bouvines. Chron. 188, p. 279. — *Adam Meledunicus, vicecomes Meleduni.*

Adam, archidiacre de Paris, puis évêque de Thérouanne. Chron. 174.

Adèle de Champagne, reine de France, femme de Louis VII, mère de Philippe-Auguste et sœur d'Étienne, comte de Sancerre. Rig. 1; Phil. I, 519; — (1180) fait faire à Louis VII un superbe tombeau à l'abbaye de Barbeaux. Rig. 11; — (1190) régente avec Guillaume, archevêque de Reims, pendant la croisade. Rig. 69, 70; Chron. 51; — (1191) fait exposer les reliques de saint Denis *ad removendum errorem Parisiensium*. Rig. 80; — (juin 1206) meurt à Paris, est ensevelie à Pontigny. Rig. 146; Chron. 137. — *Adela, Ala.*

Adémar, vicomte de Limoges. Rig. 126.

Adolphe Ier, archevêque de Cologne, soutient Othon IV en 1198. Rig. 124.

Adria. Voy. Mer Adriatique.

Afranius. Phil. VII, 561.

Afrique (l'). Chron. 10.

Agnès de Baudement, dame de Braisne, comtesse de Dreux. — (1192) Livre aux Juifs de Brie-Comte-Robert un chrétien qu'ils mettent à mort. Rig. 84; Chron. 63; Phil. I, 745. — *Brenensis comitissa.*

Agnès de France, fille de Louis VII, femme d'Alexis II Comnène. Rig. 139.

Agnès de Méranie. — Appelée

faussement Marie. Rig. 112; Chron. 85, 108; — (1196) épouse Philippe - Auguste. Rig. 112; Chron. 85; — ce qui fait mettre le royaume en interdit par le légat Pierre de Capoue. Chron. 103; — (1201) est éloignée momentanément à l'instigation du légat Octavien. Rig. 133; Chron. 105; — meurt et est enterrée à Saint-Corentin près Mantes; ses enfants sont légitimés par Innocent III. Rig. 136; Chron. 108. — *Maria* [par erreur], *superinducta uxor.*

Aimeri le Brun, *vir Lemovicensis pagi.* — (1214) Tué au siège de la Roche-au-Moine. Chron. 178, p. 262. Il est appelé Hugues dans la Philippide, X, 292. — *Aimericus le Brun.*

Aimeri de Lusignan, appelé par erreur Henri par Guillaume le Breton. Voy. Aimeri VIII de Thouars.

Aimeri VII, vicomte de Thouars. — (1202) passe dans le parti de Philippe-Auguste. Rig. 138; Chron. 135; — (1203) Philippe-Auguste lui donne Loudun. Chron. 135; — (1206) passe à Jean Sans-Terre; Philippe-Auguste ravage ses terres. Rig. 147; Chron. 138, 139; — (1207) ses terres sont de nouveau ravagées. Rig. 149; Chron. 143; — (1208) est battu par Henri Clément; conclut une trêve. Rig. 151; Chron. 145; — (1214) le prince Louis envahit ses terres. Chron. 179, p. 264; — accompagne Jean Sans-Terre au siège de la Roche-au-Moine, lui reproche son imprudence et se retire à Thouars. Phil. X, 237; — obtient son pardon de Philippe-Auguste. Chron. 204, p. 298. — *Vicecomes Thoarcensis, vicecomes Thoarcii, Thoarcites.*

Aimeri VIII de Thouars, appelé faussement Aimeri de Lusignan, allié de Savari de Mauléon en 1203. Phil. VIII, 293; — fait prisonnier en 1208. Rig. 151; Chron. 145.— *Haimericus, Henricus de Lisinanno.*

Aiot, juge d'Israël. Rig. 39, p. 63.

Aire-sur-la-Lys (Pas-de-Calais, arr. de Saint-Omer). Chron. 165. — *Aria.*

Aisne (l'), rivière. Phil. IX, 154. — *Atax, Auxona.*

Aix-la-Chapelle. Rig. 117, 124; Chron. 208, 209. — *Aquisgranum, Aquisgrani.*

Ala regina. Voy. Adèle.

Alain de Dinan. — (1196) au combat d'Aumale. Phil. V, 187; — attaque Richard Cœur-de-Lion et le force à s'enfuir. 225. — *Alanus Brito Dinanites.*

Alain de Richemont, duc de Bretagne, père de Conan le Petit. Chron. 13. — *Alanus dux.*

Alain de Roucy. — (1198) est fait prisonnier à Courcelles-lez-Gisors. Rig. 122; — va à la croisade des Albigeois. Phil. VIII, 684. — *Alanus de Ruciaco, Alanus Rocii dominator.*

Alain Tranchemer, corsaire anglais, en 1203 prend part au siège d'Andely; avait naguère pillé Guernesey et Ouessant. Phil. VII, 166. — *Alanus.*

Alains (les). Phil. I, 120. — *Alani.*

Alba. Voy. Aube (l').

Albamarna. Voy. Aumale.

Albanensis episcopus. Voy. Henri, évêque d'Albano, légat.

Albericus. Voy. Aubri.

Albert de Hangest.—(1214) Philippe-Auguste lui ordonne de rester à Dam pour garder la flotte. Phil. IX, 414. — *Albertus Hangesides*.

Albert, évêque de Liège.— (1192) est assassiné à Reims par des émissaires de l'empereur Henri. Rig. 78; Chron. 61. — *Leodicensis episcopus*.

Albert, duc de Saxe, allié d'Othon. Phil. X, 399.

Albi (Tarn). — (1208) allié aux hérétiques du Midi. Phil. VIII, 577. — *Albia*.

Albidia. Voy. Albion, Angleterre (l').

Albigensis terra. Voy. Albigeois (l').

Albigeois (l'), refuge des hérétiques. Rig. 154. — *Terra Albigensis*.

Albigeois (croisade et affaires des). Rig. 154; Chron. 148, 177, 206, 216, 227, 233; Chron. Cont. Par. 4, 6, 7; Chron. Cont. Cott. 3, 5, 8; Phil. VIII, 496 et ss. XII, 320, 853.

Albimarense castellum. Voy. Aumale.

Albion, île. — Appelée Bretagne, du nom de Brutus. Rig. 38, p. 57; Chron. 6. — *Albidia*. Voy. Angleterre.

Albumarum. Voy. Aumale.

Alemannia. Voy. Allemagne, Allémanie.

Alemanni. Voy. Allemands (les).

Alençon (Orne). — (1189) Henri II s'y réfugie. Phil. III, 655; — (1203) est assiégé par Jean Sans-Terre. Chron. 117. — *Alanço*. Voy. Robert III, comte d' —.

Alencuria (Hugo de). Voy. Hugues de Hamelincourt.

Alexandre le Grand, roi de Macédoine. Phil. *Nunc*. 9, 21, 26; V, 42, 384; XII, 888. — *Alexander, Macedo*.

Alexandre II, roi d'Ecosse. — (1216) s'allie avec Louis VIII. Chron. 222, p. 311.

Alexis l'Ange, empereur de Constantinople. Rig. 139.

Alexis Comnène, empereur de Constantinople, époux d'Agnès de France. Rig. 139.

Alexis le Jeune, empereur de Constantinople, beau-frère de Philippe de Souabe. Rig. 139.

Alfonse II, roi d'Aragon. — (1183) conclut la paix avec Raimond V, comte de Toulouse. Rig. 25.

Alfonse III, roi de Castille. — (1195) est battu par les Marocains. Rig. 103; Chron. 78; — (1200) sa fille Blanche épouse Louis VIII. Rig. 132; Chron. 104; Phil. VI, 25. — *Hildefonsus, rex Castelle*.

Aigia. Voy. Auge (le pays d').

Aliénor d'Angleterre, mère de Blanche de Castille. Phil. VI, 34.

Aliénor de Bretagne, sœur d'Artur de Bretagne. — Est retenue prisonnière en Angleterre par Jean Sans-Terre. Chron. 173, 200; Phil. VI, 333. — *Elienordis*.

Aliénor de Guyenne, reine d'Angleterre. — Amène Bérengère de Navarre à Messine. Rig. 73; — fait hommage à Philippe-Auguste pour le comté de Poitiers. Rig. 129; — est assiégée dans Mirebeau par Artur de Bretagne. Phil. VI, 371; — délivrée par son fils Jean Sans-Terre. 437. — *Alienordis*.

Alix de France, sœur de Philippe-Auguste, fiancée à Richard Cœur-de-Lion. Rig. 63, 73; — renvoyée par Richard, épouse Guillaume III, comte de Ponthieu. Rig. 102.

Allemagne. Chron. 3, 4, 96, 158; Phil. X, 515. — *Alemannia, Germania*. — Empereurs d' —: voy. Frédéric Barberousse, Frédéric II, Henri VI, Othon IV, Philippe de Souabe.

Allemands (les). — Soumis par les Francs. Phil. I, 147; — (1210) une partie de ceux qui sont venus à Rome pour le couronnement d'Othon est massacrée par les Romains. Chron. 157, p. 237; — à Bouvines cherchent surtout Philippe-Auguste. Chron. 191, p. 282; — portent des armes particulières. Chron. 192, p. 283; — combattent surtout à pied. Phil. X, 686; — cités. Phil. *Nunc.* 30; VI, 90. — *Alemanni, Theutonici.*

Allémanie. Rig. 38, p. 56 et 58. — *Alemannia.*

Allobroges ou *Allobrogi*. Voy. Bourguignons (les).

Alnetum. Voy. Aunay (l').

Alpes (les). Chron. 158; Phil. X, 516.

Altisiodorum. Voy. Auxerre.

Alvernia. Voy. Auvergne (l').

Amaury de Chartres. — Condamné pour les hérésies qu'il enseignait, abjure, est enterré à Saint-Martin-des-Champs. Chron. 152; — ses disciples, leurs doctrines. Chron. 153; — plusieurs sont brûlés à Champeaux; ses restes sont jetés aux vents. Chron. 154.— *Amalricus Carnotensis.*

Amaury de Craon. — Gendre de Guillaume des Roches; ses possessions. Phil. X, 230;— amène des renforts au prince Louis devant la Roche-au-Moine. Ibid.; — se moque de Jean Sans-Terre. 243; — (1222) en guerre contre Pierre Mauclerc, duc de Bretagne; lui enlève La Guerche et Chateaubriant. Phil. XII, 392; — ses alliés. 410; — est battu près de Chateaubriant. 427. — *Amalricus de Credone, Amalricus Credonicus.*

Amaury de Montfort. — (1219) à la mort de son père, continue la guerre contre les Albigeois. Chron. Cont. Cott. 3; Phil. XII, 333; — Philippe-Auguste lui envoie des renforts. Chron. Cont. Cott. 8; Phil. ibid.; — prend Marmande et en massacre les habitants; assiège en vain Toulouse. Chron. 233; — (1220) assiège Castelnaudary. Chron. Cont. Cott. 5; — reçoit de Philippe-Auguste 20000 livres pour la rançon de sa femme et de ses enfants prisonniers des Albigeois. Chron. Cont. Par. 8. — *Amalricus comes Montisfortis.*

Ambadium. Voy. Amboise.

Ambia urbs, Ambianensis civitas. Voyez Amiens.

Ambianensis humus. Voyez Amiennois (l').

Ambianis. Voy. Amiens.

Amboise (Loir-et-Cher). — Est ravagée par Girard d'Athée. Phil. VIII, 421. — *Ambadium.* — Sulpice d'—. Voy. Sulpice.

Ambroise (saint). — Phil. XII, 788.

Amelencort (Hugo de). Voy. Hugues d'Hamelincourt.

Amiennois (l'). Phil. II, 452. — *Ambianensis humus.*

Amiens (Somme). — Sa milice communale à Bouvines. Chron. 191, p. 282. — Citée. Rig. 26; Chron. 69; Phil. II, 19, 275. — *Ambia urbs, Ambianensis civitas, Ambianis.* — les chanoines d'Amiens rapportent à Rigord que des blés foulés aux pieds par l'armée royale à Boves repoussèrent miraculeusement. Rig. 29. — Evêque d'—. Voy. Geoffroi.

Ampoule (la Sainte-). Chron. 8; Phil. I, 196.

Ancenis (Loire-Inférieure). Chron. 172. — *Andenesium.*

Anchises. Voy. Anségise.
Andaine (forêt d'). Phil. IX, 118. — *Andelotum.*
Andegavi, Andegavite. Voy. Angevins (les).
Andegavia. Voy. Anjou (l').
Andegavis, Andegavum. Voyez Angers.
Andela. Voy. Andelle (l').
Andelle (l'), rivière. Phil. VII, 404. — *Andela.*
Andeliacum, Andeliaci insula. Voy. Andely (l'île d').
Andeliana vallis. Voy. Andely.
Andelotum. Voy. Andaine (forêt d').
Andely ou les Andelys (Eure). — (1196) les Gallois y sont écrasés. Phil. V, 303. — *Andeliana vallis.*
Andely (l'île d') (Eure). — Situation et description. Phil. VII, 29; — (1196) Richard Cœur-de-Lion fortifie cette place. Chron. 111, p. 208; Phil. VII, 39; — (1203) est assiégée par Philippe-Auguste. Chron. 122 à 124; Phil. VI, *Cat.;* VII, 86; — Philippe-Auguste fait briser la digue qui barrait la Seine et construire un pont de bois. Chron. 124; Phil. VII, 95; — Jean Sans-Terre ordonne à Guillaume le Maréchal de ravitailler la place. Chron. 123; Phil. VII, 144; — elle est repoussée. Chron. 123; Phil. VII, 253; — Gaubert de Mantes met le feu aux retranchements. Chron. 124; Phil. VII, 337; — la place est prise. Rig. 140; Chron. 124; Phil. VII, 364; — Philippe-Auguste fait réparer le château. Phil. VII, 381; — il loge ses troupes dans les maisons abandonnées. 386; — citée. Rig. 132, 137, 141; Phil. VII, 576. — *Andeliacum, insula Andeliaci.*
Andenesium. Voy. Ancenis.

Andis. Voy. Aunis (l').
Andronic Comnène, empereur de Constantinople. Rig. 139.
Angers (Maine-et-Loire). Son éloge, sa situation, ses vins. Phil. X, 71; — (1199) est pris par Artur de Bretagne. Chron. 101; — (1204) est pris par Cadoc et Guillaume des Roches. Chron. 133; Phil. VIII, 172; — (1206) est repris et rasé par Jean Sans-Terre. Rig. 147; Chron. 138; — (1214) Jean Sans-Terre l'occupe et l'entoure de murailles. Chron. 172, 178, p. 260; Phil. X, 71; — est repris par le prince Louis et démantelé. Chron. 179, p. 264; Phil. X, 324; — cité. Phil. VI, 168; X, 143. — *Andegavum, Andegavis, civitas Andegavorum.*
Angevins (les). Phil. VI, 452; VIII, 265. — *Andegavi, Andegavite.*
Anglais (les). Cités. Phil. *Nunc.* 30; — sont ivrognes, débauchés et peu braves. Phil. XI, 559; — à Bouvines s'enfuient dès qu'ils voient le comte de Salisbury prisonnier. Phil. XI, 559, 576; — (1215) les barons anglais se révoltent contre Jean Sans-Terre et le forcent à confirmer leurs libertés. Chron. 211; Chron. Cont. Par. 3; — ils appellent Louis VIII et l'élisent roi. Chron. 214; Phil. XII, 294; — ils sont excommuniés au concile de Latran. Chron. 216; — (1216) à la mort de Jean Sans-Terre ils abandonnent Louis VIII. Chron. 222, p. 312. — *Angli, Anguigene* (pour *Angligene*). Phil. X, 11 et 433).
Angleterre (l'). — Citée Rig. 38, p. 58 et 60; 88; Chron. 10, 66, 101, 110, 132; Phil. II, 7; III, 765; IV, 426; IX, *Cat.* —

Produit de l'argent. Phil. VI, 341; — ses draps. IX, 388. — *Albidia, Anglia, Britannia major.* Voy. Albion. — Rois d' —. Voy. Etienne, Guillaume Ier le Conquérant, Guillaume II le Roux, Harold, Henri Ier Beauclerc, Henri II Plantagenet, Henri Court-Mantel ou le Jeune, Henri III, Jean Sans-Terre, Richard Cœur-de-Lion. — Reines d' —. Voy. Aliénor de Guyenne, Bérengère de Navarre.

Angli. Voy. Anglais (les).
Anguigene. Voy. Anglais (les).
Angoulême (Charente). Voy. Isabelle d' —.
Aniciensis civitas. Voy. Puy-en-Velay (le).
Anjou (l'). Rig. 107, 127, 138; Chron. 110, 172, 201; Phil. VIII, 384; IX, 83; — (sénéchal d'). Voy. Guillaume des Roches. — *Andegavia.*
Ansbert. Rig. 38, p. 60.
Anseau, évêque de Laon. Chron. Cont. Par. 7. — *Ansellus, episcopus Laudunensis.*
Ansedunus. Voy. Anségise.
Anségise. Rig. 38, p. 60; Chron. 9. — *Anchises, Ansegisilus, Ansedunus.*
Ansegisilus. Voy. Anségise.
Antéchrist. Bruits de sa naissance en 1198. Rig. 121.
Anténor. Rig. 38, p. 56; Chron. 4, 5.
Antioche. Rig. 53, 76; Chron. 36, 39, 56; Phil. IV, 364. — *Antiochia.*
Antiochus. Phil. XII, 889.
Apparitions. — De Jésus-Christ au charpentier Durand. Rig. 25; — de saint Thomas Becket. Phil. I, 329; — de saint Denis à un chevalier de Segni. XII, 716; — de saint Germain d'Auxerre. 764; — de démons et de morts. Chron. 97.

Apriliacum. Voy. Avrilly.
Apulia. Voy. Pouille (la).
Aquapendens. Voy. Acquapendente.
Aquilée. Rig. 88. — *Aquileia.*
Aquilina silva. Voy. Iveline (forêt d').
Aquiniacum. Voy. Acquigny.
Aquisgranum ou *Aquisgrani.* Voy. Aix-la-Chapelle.
Aquitania. Voy. Guyenne (la).
Aragon (rois d'). Voy. Alfonse II, Pierre II.
Arar. Voy. Saône (la).
Arbalète, inconnue aux Français en 1185. Phil. II, 316.— *Balistarius arcus.*
Arbalétriers. Rig. 144. — *Balistarii.* Voy. Blondel, Jourdain, Paviot, *Perigas,* Pons, *Raderides,* Renaud Tatin,
Archambaud, fils de Gui de Dampierre.—(1213) Philippe-Auguste donne le comté d'Auvergne à lui et à son père. Chron. 156, p. 235; — son père mort, il lui succède dans ce comté. Phil. VIII, 480. — *Archembaldus.*
Archas (*Martinus*). Voy. Martin d'Arques.
Arche. Voy. Arques.
Archers à cheval. Rig. 144. — *Equites sagittarii.*
Ardanide, Ardanii. Voy. Ardennes (les gens des).
Ardennes (les gens des). Cités. Phil. X, 395; — à Bouvines, s'enfuient. Phil. XI, 573. — *Ardanide, Ardanii.*
Aréthuse (fable d'). Phil. X, 525.
Argent. — Produit par l'Angleterre. Phil. VI, 341. — Argent brut. IX, 382.
Argenteuil (Seine-et-Oise, arr. de Versailles). Prieuré relevant de Saint-Denis sous le vocable de Notre-Dame. Rig. 64; — (1188) prodige que l'on y observe. Chron. 47. —

Prieurs d' —. Voy. Hugues de Milan, R. de Gisors. — *Argentolium, Argentoillum.*
Argento. Voy. Argenton.
Argentoillum, Argentolium. Voy. Argenteuil.
Argenton (Indre, arr. de Châteauroux). — (1188) est pris par Philippe-Auguste. Rig. 60; Chron. 43; Phil. III, 43. — *Argento, Argentonium.*
Argentonium. Voy. Argenton.
Arguellum. Voy. Argueil.
Argueil (Seine-Inférieure, arr. de Neufchâtel). — (1202) pris par Philippe-Auguste. Rig. 138; Chron. 112. — *Arguellum.*
Aria. Voy. Aire.
Aristote. — (1210) plusieurs de ses ouvrages sont brûlés à Paris. Chron. 155.
Armoiries. Voy. Cottes d'armes armoriées.
Armorique, ou petite Bretagne. Chron. 6. — Voy. Bretagne. — *Armorica, Britannia minor.*
Arnaud de Torroge, grand maitre du Temple. Rig. 30.
Arnoul (saint), évêque de Metz, ancêtre de Pépin le Bref. Rig. 38, p. 60; Chron. 9. — *Arnulfus.*
Arnoul d'Audenarde. — (1213) fait un traité avec Philippe-Auguste. Phil. IX, 576; — (1214) à Bouvines, porte secours à Renaud de Dammartin. Chron. 196, p. 289; Phil. XI, 342; — est fait prisonnier. Chron. 196. — *Arnulphus de Audenarda, Audanardenus, Audenardenus.*
Arques (Seine-Inférieure, arr. de Dieppe, c. d'Offranville). — (1195) est assiégé par Richard Cœur-de-Lion et délivré par Philippe-Auguste. Rig. 104; Chron. 79; Phil. IV, 500; — (1202) assiégée par Philippe-Auguste, qui en lève le siège en apprenant la défaite d'Artur de Bretagne à Mirebeau. Rig. 138; Chron. 114; — (1204) est avec Rouen et Verneuil la dernière place qui reste aux Anglais. Rig. 142. — *Arche.* — Martin d' — Voy. Martin.
Arras (Pas-de-Calais). — Ville enrichie par l'usure. Phil. II, 94; — fournit des secours à Philippe d'Alsace, comte de Flandre. Ibid.; — capitale de la Flandre. Ibid. 96; — avait un comte particulier du temps de César. 97; — sa milice combat à Bouvines. — Chron. 191, p. 282; — cité. Phil. III, 249; — *Atrebatum, communia Atrabate.* — Comtes d' —. Voy. Baudouin et Philippe d'Alsace, comtes de Flandre. — Evêque d' —. Voy. Pons.
Arsacide. Voy. Assassins (les).
Artur (le roi), fils de Pendragon. Phil. II, 577; VIII, 384. — *Pendragorides.*
Artur de Bretagne, fils de Geoffroi d'Angleterre, duc de Bretagne. — (1190) est fiancé à une fille de Tancrède de Sicile. Rig. 72; — confié à la garde de Guéhénoc, évêque de Vannes. Phil. V, 161; — les Bretons refusent de le livrer à Richard Cœur-de-Lion. Phil. V, 159; — (1199) sa mère épouse Gui de Thouars. Chron. 86; Phil. V, 179; — sa sœur Aliénor est retenue prisonnière par Jean Sans-Terre en Angleterre. Chron. 173, 200; Phil. VI, 333; — s'empare d'Angers et du Mans, fait hommage à Philippe-Auguste Rig. 127; Chron. 101; — est amené à Paris par Philippe-Auguste. Rig. 129; Chron. 101; — y est élevé avec le prince Louis. Phil. V, 163; — aurait dû suc-

céder à Richard Cœur-de-Lion. Phil. V, 623; — (1202) est armé chevalier à Gournay par Philippe-Auguste. Rig. 138; Chron. 113; Phil. VI, 262; — est fiancé à Marie de France. Chron. 113; Phil. VI, 262; — reçoit de Philippe-Auguste l'investiture de la Bretagne, du Poitou et de l'Anjou. Rig. 138; — Philippe-Auguste lui promet des troupes pour combattre Jean Sans-Terre; les seigneurs poitevins se joignent à lui à Tours. Phil. VI, 266; — voulait attendre à Tours les renforts de Philippe-Auguste et des Bretons; son discours à ce sujet aux Poitevins. 284; — Philippe-Auguste, occupé en Normandie, lui donne comme auxiliaires les seigneurs de Berry et de Bourgogne. 298; — les Bretons lui envoient des renforts. 306; — Philippe-Auguste lui mande d'attendre l'arrivée des troupes. 348; — cède aux Poitevins qui l'engagent à commencer la guerre sans délai. Phil. VI, 384; — assiège avec cent chevaliers dans Mirebeau Aliénor de Guyenne, mère de Jean Sans-Terre. Chron. 113; Phil. VI, 320, 384; — est vaincu devant Mirebeau par Jean Sans-Terre et fait prisonnier. Chron. 113; Phil. VI, 434; — est emprisonné par Jean Sans-Terre (Chron. 120) dans le donjon de Falaise. Phil. VI, 455; — Jean Sans-Terre veut le faire assassiner à Falaise; ses gardes s'y refusant, il le fait transférer dans une tour à Rouen. 471; — Jean Sans-Terre commande à Guillaume de Briouse, son gardien à Rouen, de l'assassiner; celui-ci s'y refuse et se retire. 478; — est assassiné par Jean Sans-Terre lui-même (Chron. 171, 200; Phil. VI, *Cat.*) à Rouen et son corps jeté dans la Seine. Phil. VI, 552; — pour venger sa mort, Philippe-Auguste déclare la guerre à Jean Sans-Terre. Phil. VI, cat. et VII, 13. — *Arturus*.

Arundel. — *Arundella, Hirundella.* Voy. Guillaume, comte d' —.

Arundelle comes. Voy. Guillaume, comte d'Arundel.

Arva. Voy. Avre (l').

Arvernia. Voy. Auvergne (l').

Ascagne, fils d'Enée. Rig. 38, p. 57; Chron. 5.

Ascalon. — (1191) est pris par les croisés. Phil. IV, 236; — détruit par Richard Cœur-de-Lion soudoyé par les Sarrasins. Rig. 82; — cité. Phil. IV, 384. — *Ascalo*.

Assassins (les) du Vieux de la Montagne. Leurs doctrines, leur dévouement à leur maître. Chron. 65; — d'après une fausse nouvelle, envoyés pour tuer Philippe-Auguste à l'instigation de Richard Cœur-de-Lion. Rig. 87; Chron. 65. — *Arsacide*.

Assemblées des prélats et des barons. — (1179) à Paris, Rig. 2; — (1203) à Mantes. Rig. 140; — (1213) à Soissons, Phil. IX, 160; — (1216) à Melun. Chron. 218.

Astrologues. Rig. 49; Chron. 36.

Atax. Voy. Aisne (l').

Athée (Indre-et-Loire, arr. de Tours, c. de Bléré). Voy. Hugues d' —; Girard d' —.

Athia (Girardus de), ou *G. de Athiis.* Voy. Girard d'Athée.

Athius (Hugo). Voy. Hugues d'Athée.

Athon de la Grève. Rig. 70, p. 100, note 2.

Athos (Mont). Phil. V, 385.
Atrebati comes. Voy. Baudouin et Philippe d'Alsace, comtes de Flandres.
Atrebatum. Voy. Arras.
Aubamala. Voy. Aumale.
Aube (l'). Phil. IX, 86. — *Alba*.
Aubert, ancêtre de Pépin le Bref. Chron. 9.
Aubri Clément, maréchal de France. — (1191) est tué lors de l'entrée à Acre. Rig. 81 ; Phil. X, 361. — *Albericus*.
Aubri de Dammartin, père de Renaud. — Philippe d'Alsace, comte de Flandres, le surprend et rase son château. Phil. II, 220 ; — allié d'Henri II d'Angleterre contre Philippe-Auguste. Chron. 199, p. 291 ; Phil. XII, 97. — *Albericus de Domno-Martino*.
Audanardenus (Arnulphus). Voy. Arnoul d'Audenarde.
Audanardenum castrum. Voy. Audenarde.
Audenarde (Belgique). — Est prise par Philippe-Auguste. Phil. IX, 576 ; — envoie des renforts à Ferrand. Phil. X, 442. — *Audenarda, Audanardenum castrum*. — Arnoul d' —. Voy. Arnoul.
Audenardenus (Arnulphus). Voy. Arnoul d'Audenarde.
Audura. Voy. Eure (l').
Auge (le pays d'). Son cidre. Phil. V, 5 ; — ses pommes à cidre. Phil. VI, 336. — *Algia*.
Augei, Augeus, Augi comes. Voy. Raoul d'Issoudun, comte d'Eu.
Auguste. — Surnom donné par Rigord à Philippe II, fils de Louis VII. Rig., p. 6.
Augustin (saint). Chron. 4.
Aumale (Seine-Inférieure, arr. de Neufchâtel). — (1196) prise et détruite par Philippe-Auguste. Rig. 113 ; Chron. 86 ; Phil. V, 174 ; — ce comté avait été donné avec quatre autres par Philippe-Auguste à Renaud de Dammartin. Chron. 199, p. 292 ; Phil. VI, 81 ; IX, 113 ; XII, 110 ; — (1211) Philippe-Auguste s'en empare. Chron. 162, p. 243. — *Albamarna, Albimarense castrum, Albumarum, Aubamala*. — Comtes d' —. Voy. Guillaume de Mandeville, Renaud et Simon de Dammartin.
Aunay (l'), (Seine-et-Oise, arr. de Mantes, cant. de Bonnières, comm. de Neauphlette). — (1188) brûlé par Henri II. Phil. III, 301. — *Alnetum*.
Aunis (l'). Cité. Phil. III, 764 ; — son vin. XII, 823. — *Andis, Aunisius*.
Aurelianum. Voy. Orléans.
Auricus. Voy. Orri.
Austria. Voy. Austrie et Autriche.
Austricus dux. Voy. Léopold V, duc d'Autriche.
Austrie (l'). Rig. 38, p. 56-57 ; Chron. 3, 4 ; Phil. I, 77.
Austrie (dux). Voy. Léopold VI, duc d'Autriche.
Autriche (duc d'). Voy. Léopold V, Léopold VI.
Autun (Saône-et-Loire). — Son éloge ; le roi Artur la prend aux Romains ; Rollon la détruit ; Phil. I, 570. — *Edua urbs*.
Auvergne (l'). — Est tenue en fief du roi de France par Henri II. Phil. III, 765 ; — (1188) Philippe-Auguste s'en empare. Rig. 62 ; Chron. 44 ; Phil. III, 65 ; — (1189) Richard Cœur-de-Lion cède à Philippe-Auguste tous ses droits sur l'Auvergne. Rig. 67 ; Chron. 49 ; — (1210) Philippe-Auguste s'en empare et la donne à Gui de Dampierre. Chron. 156 ; Phil. VIII, 452. — *Alvernia, Arvernia*. — Comte d' —. Voy. Gui.
Auxerre (Yonne). — (1214) le

trésor de l'abbaye de Saint-Germain est volé le jour de la bataille de Bouvines. Phil. XII, 764. — Comte d' —. Voy. Pierre de Courtenai, Philippe son fils. — Evêque d' —. Voy. Guillaume, Henri.
Auxona. Voy. Aisne (l').
Avallon (Yonne). Phil. I, 583. — *Avallo*.
Avaria. L'un des noms de la Hongrie. Rig. 43.
Avaricon. Voy. Sancerre.
Avennas (Jacobus), Avennis (Jacobus de). Voy. Jacques d'Avesnes.
Avignon (Vaucluse). — Envoie des troupes au roi d'Aragon contre Simon de Montfort. Phil. VIII, 576.
Avranches (Manche). — Sa situation. Phil. VIII, 127 ; — (1204) est livrée à Philippe-Auguste par les Normands. Rig. 142 ; — est prise et brûlée par Gui de Thouars, duc de Bretagne. Chron. 131, p. 221 ; Phil. VIII, 127. — *Abrince*. — Evêque d' —. Voy. Guillaume.
Avranchin (l'). Phil. VIII, 40. — *Abrinci fines*.
Avre (l'), rivière. Phil. IV, 433. — *Arva*.
Avrilly (Eure, arr. d'Evreux, cant. de Damville). — (1199) est pris par Philippe-Auguste. Rig. 127. — *Apriliacum*.

B

B. (frère). Voy. Bernard de Bré.
Babylone. Rig. 49, 65 ; Phil. IV, 579.
Bagdad. Rig. 49. — *Baldach*.
Bailleau (Eure-et-Loir). Chron. 92. — *Bailloillum*.
Bailloillum. Voy. Bailleau.
Bajoce, Bajocena urbs. Voyez Bayeux.

Baldach. Voy. Bagdad.
Balearica ars. Voy. Fronde (maniement de la), art des Baléares.
Baleine. — Renaud de Dammartin porte des fanons de baleine à son casque. Phil. IX, 520, XI, 321 ; — baleines de Bretagne. XI, 324.
Balistarius arcus. Voy. Arbalète.
Balsara. Voy. Bassora.
Bannière royale, distincte de l'oriflamme. Chron. 191, p. 281 ; Phil. X, 463 ; XI, 32.
Bapalma, Bapalme. Voy. Bapaume.
Bapaume (Pas-de-Calais, arr. d'Arras). Chron. 199, p. 291 ; Phil. II, 122 ; XII, 90. — *Bapalma, Bapalme*.
Bar-le-Duc (Meuse). Phil. I, 627 ; III, 250. — *Barrum*. — Comtes de —. Voy. Henri Ier, Henri II, Thibaut Ier. — Renaud de —. Voy. Renaud.
Barach. Rig. 49, p. 76.
Barbael, Barbeel. Voy. Barbeaux.
Barbeaux, abbaye cistercienne (Seine-et-Marne, comm. de Fontaine-le-Port).—Louis VII y est enterré. Rig. 11, 33 ; Chron. 21. — *Barbael, Barbeel*.
Barenton (fontaine de), dans la forêt de Brocéliande, auj. de Paimpont. Phil. VI, 536. — *Brecelianensis fons*.
Barrensis eques. Voy. Guillaume des Barres.
Barres (Guillaume des). Voy. Guillaume.
Barrum. Voy. Bar.
Barthélemy de Roye. — (1213) Philippe-Auguste lui ordonne d'incendier la flotte à Dam. Phil. IX, 529 ; — (1214) fait partie de l'armée française de Flandre. Phil. X, 538 ; — à Bouvines, est auprès du roi.

Chron. 184, p. 272 ; — ne le quitte pas. Chron. 192, p. 284.
— *Bartholomeus de Roia.*
Barthélemy, archevêque de Tours. — Meurt en 1206. Chron. 141.
Bassora. Rig. 49. — *Balsara.*
Bathilde (Sainte). Rig. 38, p. 59; Chron. 9.
Baudement (Marne, arr. d'Épernay, c. d'Anglure). Voy. Agnès de —, comtesse de Dreux, dame de Braisne.
Baudouin, homme d'armes. — (1188) à l'escarmouche de Soindres avec Guillaume des Barres. Phil. III, 454, 580. — *Baldoinus.*
Baudouin Bruneau. Rig. 70, p. 100, note 2.
Baudouin, archevêque de Cantorbéry. — Se croise en 1188. Rig. 56.
Baudouin IX, comte de Flandre, de Hainaut et d'Arras. — Fils de Baudouin V de Hainaut, frère de la reine Elisabeth de France et neveu de Philippe d'Alsace, comte de Flandre. Rig. 79; Phil. IV, 585; IX, 253 ; — (1196) succède à son oncle comme comte de Flandre. Rig. 79; Phil. IX, 253 ; — fait à Compiègne hommage à Philippe-Auguste. Rig. 111 ; Chron. 84; — (1197) s'allie avec Richard Cœur-de-Lion. Rig. 115 ; Chron. 88; Phil. IV, 585; — (1198) se révolte contre Philippe-Auguste. Chron. 95 ; — soutient Othon IV. Rig. 124 ; — prend Saint-Omer. Rig. 123 ; — (1199) conclut une trêve avec Philippe-Auguste. Rig. 129 ; — se croise par crainte de la vengeance de Philippe-Auguste. Rig. 139 ; Chron. 102, 115; Phil. VI, 35; — se rend à Venise, concourt à la prise de Zara en Dalmatie pour les Véni-

tiens, et à celle de Constantinople. Chron. 115 ; — est élu empereur de Constantinople. Rig. 79, 139; Chron. 115; Phil. VI, 52; IX, 253 ; — établit en Grèce le rit catholique et l'usage du latin. Phil. VI, 55 ; — (1205) envoie à Philippe-Auguste, qui les donne à Saint-Denis, des reliques provenant de la chapelle impériale de Bucoléon. Rig. 145 ; — est tué par Joannice, roi des Bulgares, et ne laisse que deux filles. Phil. IX, 253. — *Balduinus Hennavius et Flandricus archicomes, comes Flandrie, Atrebati comes, Hennavius comes.*
Baudouin V, comte de Hainaut. Beau-frère de Philippe d'Alsace, comte de Flandre. Phil. IX, 254 ; — beau-père de Philippe-Auguste. Rig. 10; — ses démêlés avec Philippe d'Alsace. Rig. 28. — *Henuinus comes.*
Baugé (Maine-et-Loire). Phil. X, 235. — *Baugia.*
Baugia. Voy. Baugé.
Bavarie Dux. Voy. Louis Ier, duc de Bavière.
Bavière. A lire au lieu de Bohême. Rig. 112. Voyez Louis Ier, duc de —.
Bayeux (Calvados). — (1204) ouvre ses portes à Philippe-Auguste. Rig. 142; Chron. 130 ; Phil. VIII, 35. — Cité. Phil. V, 170. — *Bajoce, Bajocasses, Bajocena, urbs.* — Evêque de —. Voy. Robert.
Beatna. Voy. Beaune.
Beauce (la). Citée. Phil. II, 388 ; — ses grains. Phil. VI, 335. — *Belsia.*
Beaufort-en-Vallée (Maine-et-Loire, arr. de Baugé). — (1214) pris par Jean Sans-Terre. Chron. 172 ; — repris et rasé par Louis VIII. Chron. 179, p. 264.

Beaujeu (Rhône, arr. de Villefranche). Phil. I, 458. — *Bellijocense castrum.* Voy. Guichard, Humbert III.
Beaumont-le-Roger (Eure, arr. de Bernay).—(1192) Philippe-Auguste s'en empare pendant la captivité de Richard Cœur-de-Lion. Phil. IV, 413 ; — (1194) est repris par le roi d'Angleterre. Chron. 74 ; Phil. IV, 526 ; — cité. Rig. 123. — *Bellus Mons super Ridulam, Pulcher Mons Rogerii.*
Beaumont-sur-Oise (Seine-et-Oise, arr. de Pontoise, c. de l'Ile-Adam). Phil. III, 254. — *Bellus Mons.* — Comte de —. Voy. Jean, Mathieu III.
Beaune (Côte-d'Or). Ses vins. Phil. I, 581. — *Bealna.*
Beauvais (Oise). — Sa milice à Bouvines. Chron. 191, p. 282. — Citée. Phil. V, 171 ; IX, 145 ; X, 587. — *Bellovagus, Belvacum.* — Evêques de —. Voy. Milon, Philippe de Dreux.
Beauvaisis (le).— (1194) Orages, grêles et incendies. Rig. 98 ; — (1198) ravagé par Richard Cœur-de-Lion et ses Cottereaux. Rig. 123 ; Chron. 94 ; Phil. V, 328. — *Pagus Bellovacensis, fines Bellovagenses, Belvacensis pagus.*
Becket (Thomas). Voy. Thomas Becket (saint).
Bediers. Voy. Béziers.
Beffroi, machine de guerre. Phil. II, 573. — *Belfragium.*
Béla, roi de Hongrie. — (1186) épouse Marguerite, sœur de Philippe-Auguste. Rig. 43 ; Chron. 32, 38 ; Phil. II, 492.
Belesio (Robertus de). Voy. Robert de Belloy.
Belfogia, Belfou, entre Fréteval et Blois d'après la Philippide. — (1194) Philippe-Auguste y est surpris par Richard Cœur-de-Lion qui lui enlève son trésor, ses archives et ses bagages. Chron. 74 ; Phil. IV, 530. (Rigord, 100, place cette défaite à Fréteval.)
Belfragium. Voy. Beffroi.
Belges (les). — Peuple riche et guerrier. Phil. IX, 368 ; — inventeur des chariots appelés *covini.* Ibid. et XII, 27 ; — soumis par les Francs. I, 148 ; — (1214) aident à détruire la flotte de Philippe-Auguste à Dam. IX, 442 ; — envoient des renforts à Ferrand. X, 439 ; — cités. IX, 363. — *Belgi, Belga.*
Belgique. Troisième partie de la Gaule. Phil. IX, 372.
Bellovacensis pagus. Bellovagenses fines. Voy. Beauvaisis.
Bellovagus. Voy. Beauvais.
Belloy (Seine-et-Oise, arr. de Pontoise, c. de Luzarches). Voy. Robert de —.
Bellum Forte. Voy. Beaufort-en-Vallée.
Bellus Jocus. Voy. Beaujeu.
Bellus Mons. Voy. Beaumont-sur-Oise.
Bellus Mons super Ridulam. Voy. Beaumont-le-Roger.
Belsia. Voy. Beauce (la).
Belvacum. Voy. Beauvais.
Bena. Voy. Beynes.
Bercella. Voy. Bressuire.
Bérengère de Navarre. — (1190) épouse Richard Cœur-de-Lion en Sicile. Rig. 73 ; Chron. 54 ; Phil. IV, 130. — *Berengaria.*
Bernard de Boschiac. Voy. Bernard de Bré.
Bernard de Bré, de Boschiac ou du Coudrai, ou frère B.— Est sans doute le *bonus vir* qui conseille à Philippe-Auguste de se faire couronner une seconde fois à Saint-Denis. Rig. 12 ; — (1190) ses fonctions pendant l'absence du roi. Rig. 70, p. 104-5.

Bernard du Coudrai. Voy. Bernard de Bré.
Bernard de Horstmar.— (1214) à Bouvines avec Othon. Phil. XI, 394 ; — donne son cheval à Othon désarçonné, et attaque Guillaume des Barres pour protéger la fuite de l'empereur. 467 ; — est fait prisonnier. Chron. 193. — *Bernardus de Hostemale, Girardus* (par erreur) *Hostimalis* ou *Hostimarensis.*
Bernard de Saint-Valery. — (1188) prend la croix. Rig. 56. — *Bernardus de Sancto Galerico.*
Bernard, évêque de Toulouse. Voy. Foulques.
Bernardi Feritas. Voy. Ferté-Bernard (la).
Bernardus eremita. Voy. Bernard de Bré.
Berrichons (les).— Devaient rejoindre à Tours l'armée d'Artur de Bretagne. Phil. VI, 301. — *Bitures.*
Berry (le).—(1183) sept mille cottereaux y sont détruits.Rig.23; Chron. 28 ; — (1187) Philippe-Auguste y réunit son armée. Rig. 51 ; Chron. 38 ; — (1188) il s'empare de tout le pays. Rig. 62 ; — (1195) il y rassemble une armée. Rig. 107; Phil. V, 105 ; — est tenu en fief du roi de France par Henri II, roi d'Angleterre. Phil. III, 765 ; — son vin. Phil. I, 517 ; — cité. Rig. 104, 113; Chron. 74, 82, 86 ; Phil. III, 253 ; V, 30, 99. — *Bituria, Bituricensis ager* ou *pagus* ou *provincia, Biturice fines, Biturigum fines.*
Berthe, mère de Charlemagne. Chron. 9.
Bertrand de Gourdon. — (1199) il tue Richard Cœur-de-Lion, à Chalus, d'un carreau d'arbalète. Phil. V, 585. — Cité. Phil. V, 577. — *Gurdo.*

Bertrand, évêque de Préneste, légat. Voy. Conrad.
Besançon (Doubs). Phil. X, 514. — *Bisuntina vallis.*
Bestisiacum, Bestisium. Voy. Béthisy.
Béthisy (Oise, arr. de Senlis, c. de Crépy). — (1184) assiégé par Philippe d'Alsace, comte de Flandre. Chron. 29; Phil. II, 237. — *Bestisiacum, Bestisium.*
Beynes (Seine-et-Oise, arr. de Rambouillet, c. de Montfort-l'Amaury). Patrie d'Amaury de Chartres. Chron. 152. — *Bena.*
Béziers (Hérault). — Refuge des hérétiques. Rig. 154 ; — (1209) les croisés s'en emparent et massacrent les habitants. Chron.177, p. 258 ; Phil. VIII, 530. — *Bediers, Biterrensis urbs.*
Bicorrus comes. Voy. Gaston, comte de Bigorre.
Bicum. Voy. Vico.
Bière de Flandre. Phil. II, 158.
Bière (forêt de) ou de Fontainebleau. Phil. XI,327.— *Bieria.*
Bieria. Voy. Bière (forêt de).
Bigorre (comte de). Voy. Gaston, Gui de Montfort.
Biscuit. Phil. IV, 16. — *Biscoctus panis.*
Bisterbia. Voy. Viterbe.
Biterrensis urbs. Voy. Béziers.
Bitral. Voy. Vetralla.
Bitures. Voy. Berrichons (les).
Biturica urbs. Voy. Bourges.
Bituricensis ager ou *pagus.* Voy. Berry (le).
Bituricus (Hebo). Voy. Hébes, sire de Charenton.
Bithynie (la). Rig. 76.
Blanche, fille d'Alfonse III, roi de Castille, et nièce de Jean Sans-Terre. — (1200) épouse Louis VIII. Rig. 132; Chron. 104 ; Phil. VI, 25 ; — son éloge. Phil. VI, 25. — *Blanchia, Candida.*

Blanche, comtesse de Champagne. — (1213) assiste au concile de Soissons. Phil. IX, 205.
Blanchia. Voy. Blanche.
Blarrulus. Voy. Blaru.
Blaru (Seine-et-Oise, arr. de Mantes, c. de Bonnières). — (1188) est brûlé par Henri II, Phil. III, 302. — *Blarrulus.*
Blasphémateurs, punis par Philippe-Auguste. Rig. 5; Chron. 22; Phil. I, 395.
Blavii. Voy. Blaye (les gens de).
Blavotins (les), nom d'une faction en Flandre.—Ennemis de Philippe-Auguste. Phil. II, 125; — alliés de Ferrand. Chron. 170, p. 251; — lui envoient des renforts. Phil. X, 439; — aident à détruire la flotte de Philippe-Auguste à Dam. Phil. IX, 441; — rivages blanchâtres de leur pays. Phil. IX, 358.—*Bloetini.*
Blaye (les gens de). — Envoyés par Jean Sans-Terre au secours des Albigeois, sont défaits par Simon de Montfort. Phil. VIII, 864. — *Blavii.*
Blés. — (1195) manquent; leur prix à Paris. Rig. 105; —blés foulés par l'armée royale auprès de Boves se relèvent miraculeusement. Rig. 29; Chron. 30; Phil. II, 454.
Blesense solum. Voy. Blésois (le).
Blesense castrum. Voy. Blois.
Blésois (le). Phil. II, 389. — *Blesense solum.*
Bloetini. Voy. Blavotins (les).
Blois (Loir-et-Cher). Phil. IV, 530; VI, 271. — *Blesense castrum.* — Comtes de —. Voy. Louis, Thibaut Ier.
Blondel (Clément), arbalétrier.— Au siège du château Gaillard. Phil. VII, 662. — *Blondellus.*
Bobc. Voy. Boves.
Bobigena (Hugo). Voy. Hugues de Boves.
Bobis (Radulphus de). Voy. Robert de Boves (et non Raoul).
Bobonicus (Hugo). Voy. Hugues de Boves.
Boemia. Voy. Bohême (la).
Bogis, Bogisius, Bogius. Voy: Pierre Bogis.
Bohême (la). Mis au lieu de Bavière. Rig. 112. — *Boemia.* — Roi de —. Voy. Ottocar. — Duc de —. Voy. Conrad.
Bohémond. — Conquiert la Sicile. Rig. 38, p. 61; Chron. 10. — *Buamundus.*
Boisseau (Nicolas). Voy. Nicolas.
Boissière (Haute-Vienne, arr. de Limoges, c. de Pierre-Buffière, comm. de Saint-Paul-d'Eyjeaux). Voy. Achard de la —.
Boissy-Mauvoisin (Seine-et-Oise, arr. de Mantes, c. de Bonnières).— (1188) est brûlé par Henri II. Phil. III, 299. — *Buxis.*
Bolonia. Voy. Boulogne.
Boniface, marquis de Montferrat. — (1202) prend part à la quatrième croisade. Rig. 139; — (1212) partisan de Frédéric II. Chron. 158, p. 239. — *Marchisius de Monteferrato.*
Bordeaux (Gironde). — Les troupes envoyées par la ville au secours des Albigeois sont défaites par Simon de Montfort. Phil. VIII, 864. — Cité. Phil. X, 112; XII, 848. — *Burdigali fines, Burdigales.*
Boschiac (Bernard de). Voy. Bernard de Bré.
Bosnie (la). Rig. 43. — *Rama.*
Botavani. Voy. Boutavant.
Bottines de Bruges. Phil. II, 103.
Boulogne (Pas-de-Calais). — (1213) Philippe-Auguste y rassemble son armée et sa flotte. Chron. 169, p. 249; — Philippe-Auguste avait donné ce comté à Renaud de Dammartin avec quatre autres

comtés. Chron. 199, p. 292; Phil. IV, 583; VI, 81; IX, 112; XII, 110. — *Bolonia*. Voy. Ide, comtesse de —. Renaud de Dammartin, comte de —.

Bourges (Cher). Phil. II, 532; V, 17. — *Biturica urbs.* — Archevêques de —. Voyez Guillaume de Donjeon, Henri de Sully, Simon.

Bourgogne (la) — Ses vins. Phil. X, 518. — Citée. Phil. IV, 299. — *Burgundia.* — Ducs de —. Voy. Hugues, Eudes.

Bourguignons (les). Phil. VI, 301; — (1214) à Bouvines. Phil. XI, 155. — *Allobrogi.*

Boutavant (Château de). — (1202) est offert en gage par Jean Sans-Terre à Philippe-Auguste; n'est pas livré; est assiégé et rasé par le roi de France. Rig. 138; Chron. 110. 111, 112; Phil. VI, 187, 204. — *Botavant.*

Bouteiller de France. Voy. Gui III de Senlis.

Bouvines. Récit de la bataille. Chron. 183-197; Phil. chant XI; — les Français reviennent sur Bouvines. Chron. 182; Phil. X, 687, 697; — une partie de l'armée française passe le pont. Chron. 183; Phil. X, 642; — les seigneurs conseillent à Philippe-Auguste de repasser le pont. Phil. X, 791; — le roi fait élargir le pont; l'armée le repasse. 809; — le roi s'arrête auprès de l'église et y prie avant la bataille. Chron. 183; Phil. X, 812; — butin fait après la bataille. Phil. XII, 16; — citée. Phil. *Nunc.* 31; VI, 5; IX, 749; XII, 780. — *Bovine, Bovinum.*

Bove. Voy. Boves.

Boves (Somme, arr. d'Amiens, c. de Sains). — Fortifié par Philippe d'Alsace, comte de Flandres. Phil. II, 281; — (1185) pris d'assaut par Philippe-Auguste. Chron. 29; Phil. II, 296; — les blés foulés aux pieds par l'armée royale se relèvent miraculeusement. Rig. 29; Chron. 30; Phil. II, 454. — *Bobe, Bove.* Voyez Hugues de —, Robert de —.

Bovine, Bovinum. Voy. Bouvines.

Brabançons (les). Peuple cruel et guerrier. Phil. X, 377; — à Bouvines résistent longtemps, sont rompus par Thomas de Saint-Valery. Chron. 197; — mis en fuite. Phil. XI, 575. — *Brabantiones.*

Brabant (le). Phil. IX, 421. — Duc de —. Voy. Henri.

Braia. Voy. Brie-Comte-Robert.

Braisne (Aisne, arr. de Soissons). Voy. Agnès de Baudement, dame de —, comtesse de Dreux; Jean de —, comte de Mâcon.

Brandin, chef de routiers anglais. Phil. VII, 165. — *Brandinus.*

Braosa. Voy. Briouse.

Braositas (Guillelmus). Voy. Guillaume de Briouse.

Bré (Bernard de). Voy. Bernard.

Brecelianensis fons. Voy. Barenton (fontaine de).

Brena (Johannes de). — Voy. Jean de Braisne.

Brenensis comitissa. Voy. Agnès de Baudement.

Bressuire (Deux-Sèvres). — (1213) incendiée par Philippe-Auguste. Phil. X, 117. — *Bercella.*

Bretagne (Grande-). — Nom donné par Brutus à Albion. Rig. 38, p. 57; Chron. 6. — *Britannia.* — Voy. Angleterre.

Bretagne (Petite-). — Ravagée par les Normands. Chron. 10; — (1155) Eon, vicomte de Porhoët, est privé du gouvernement de la Bretagne par Conan le Petit qui lui succède. Chron. 13; — est tenue en fief du roi de France par Henri II, roi d'Angleterre. Phil. III, 765; — est envahie par Richard Cœur-de-Lion qui veut forcer les Bretons à lui livrer Artur. Phil. V, 147; — envoie des renforts à Artur. Phil. VI, 306; — (1198) Helloin, moine de Saint-Denis, y prêche la croisade. Rig. 120; — (1222) guerre entre Pierre Mauclerc, duc de Bretagne, et divers seigneurs bretons. Chron. Cont. Cott. 11; Phil. XII, 370; — se fournit de vin en Anjou. Phil. X, 76; — baleines qui abondent sur ses côtes. Phil. XI, 324. — *Armorica, Britannia minor.* Voy. Armorique. — Comtes et ducs de —. Voy. Alain de Richemont, Artur, Conan le Petit, Éon, vicomte de Porhoët, Geoffroy, Gui de Thouars, Pierre de Dreux, Salomon.

Bretons, habitants de la Grande-Bretagne. Chron. 10. — *Britones.*

Bretons, habitants de la Bretagne (Armorique). — Refusent de livrer Artur à Richard Cœur-de-Lion. Phil. V, 147; — (1198) croisade des Bretons. Rig. 120; — (1203) sont les alliés de Philippe-Auguste. Rig. 140. — *Britones.*

Breval (Seine-et-Oise, arr. de Mantes, c. de Bonnières). — (1188) est brûlé par Henri II. Phil. III, 299. — *Brevallis.*

Brevallis. Voy. Breval.

Brezolles (Eure-et-Loir, arr. de Dreux). — (1203) est assiégée par Jean Sans-Terre; les habitants le mettent en fuite. Chron. 118; Phil. V, 30. — *Bruerole, Bruerolle.*

Brianum. Voy. Châteaubriand.

Briarée (le géant). Othon lui est comparé. Phil. XI, 357. — *Brias.*

Brias. Voy. Briarée.

Brie-Comte-Robert (Seine-et-Marne). — (1192) les juifs y martyrisent un chrétien. Philippe-Auguste, pour le venger, y fait brûler plus de quatre-vingts juifs. Rig. 84; Chron. 63; Phil. I, 745. — *Braia.*

Brie (la). Phil. I, 626. — *Bria, Brienarura.* Voy. Rozoy en —.

Briena rura, Voy. Brie (la).

Brienne. Voy. Jean de —, roi de Jérusalem.

Brindisi. Chron. 231. — *Brundusium.*

Brion (Maine-et-Loire, arr. de Baugé, c. de Beaufort). Phil. X, 235. — *Brio.*

Brionne (Eure, arr. de Bernay). Phil. IV, 435. — *Bruonna.*

Briouze-Saint-Gervais (Orne, arr. d'Argentan). — Phil. VI, 491. — *Braosa.* Voy. Guillaume de —.

Brisemoutier (Enguerrand). — Voy. Enguerrand.

Britannia. Voy. Bretagne.

Brito (Guillelmus). Voy. Guillaume le Breton.

Britones. Voy. Bretons (les).

Bruerole. Voy. Brezolles.

Bruges. — (1185) fournit des secours à Philippe d'Alsace contre le roi. Phil. II, 100; — (1213) Philippe-Auguste s'en empare. Chron. 169; — il y prend des otages lors du désastre de Dam et en tire une indemnité. Chron. 170, p. 252; Phil. IX, 550; — envoie des renforts à Ferrand. Phil. X, 441; — citée. IX, 575; — bottines qu'on y fabrique. II, 103. — *Brugia, Brugie.*

Brun (Aimeri le, Hugues le). Voy. Aimeri, Hugues.

Brundusium. Voy. Brindisi.

Bruneau (Baudouin). Voyez Baudouin.
Brunisium. Voy. Brunswick.
Brunswick, ville. — (1218) Othon y meurt. Chron. 228; Phil. XII, 316. — *Brunisium.*
Brunus (Aimericus, Hugo). Voy. Aimeri le Brun, Hugues le Brun.
Bruonna. Voy. Brionne.
Brutus, romain. Rig. 65.
Brutus, troyen, fils de Sylvius. Rig. 38, p. 57; Chron. 5, 6.
Buamundus. Voy. Bohémond.
Bucoléon (chapelle de), à Constantinople. Rig. 145. — *Os leonis.*
Bulgares (roi des). Voy. Joannice.
Burdigales. Voy. Bordeaux.
Burgundia. Voy. Bourgogne.
Buridan de Furnes. — (1214) à Bouvines. Phil. XI, 98; est fait prisonnier. Chron. 187; Phil. XI, 142. — *Buridanus de Furnis.*
Busancaicum, Busenzacum. Voy. Buzançais.
Buxis. Voy. Boissy-Mauvoisin.
Buzançais (Indre, arr. de Châteauroux). — (1188) pris par Philippe-Auguste. Rig. 60; Chron. 43; Phil. III, 42. — *Busancaicum, Busenzacum, Buzancaium.*

C

Cabilo. Voy. Chalon-sur-Saône. — Guillaume II, comte de —.
Cadoc, chef de routiers au service de Philippe-Auguste qui lui donnait mille livres par jour pour la solde de sa troupe. Phil. VIII, 396; — (1196) châtelain de Gaillon, blesse Richard Cœur-de-Lion au siège de cette place. Phil. V, 262; — (1203) au siège d'Andely. Phil. VII, 158; — (1204) prend Angers avec Guillaume des Roches. Chr. 133; Phil. VIII, 272; — (1213) sur la flotte française à Dam. Phil. IX, 296; — pille Dam avec Savari de Mauléon. 393; — ne défend pas la flotte. 461. — *Cadocus.*
Cadomum, Cadomus. Voy. Caen.
Caducella. Voy. Chausey (îles).
Cadumium. Voy. Caen.
Cadurcium. Voy. Quercy (le).
Caen (Calvados). — Fondée par Kaius, sénéchal du roi Artur. Phil. VIII, 29; — son éloge, 24; — (1204) se rend à Philippe - Auguste. Rig. 142; Chron. 130; Phil. VIII, 22; — Gui de Thouars, duc de Bretagne, vient y retrouver le roi. Chron. 131, p. 224; Phil. VIII, 134; — citée. Phil. IV, 394. — *Cadomum, Cadomus, Cadumium, Domus Kaii.*
Caïphe. Phil. VI, 581.
Calabre (la). — Conquise par les Normands. Rig. 38, p. 61; Chron. 10; — (1194) prise par l'empereur Henri VI. Rig. 101; Chron. 75. — *Calabria.*
Calais (Pas-de-Calais). — (1213) La flotte de Philippe-Auguste s'y arrête. Phil. IX, 351. — *Calesum.*
Calax. Voy. Chalus.
Calesum. Voy. Calais.
Caletes. Voy. Cauchois (les).
Calla. Rig. 49, p. 76.
Calvus Mons. Voy. Chaumont.
Cambellanus (Galterus). Voy. Gautier de Nemours le chambrier.
Cambrai (Nord). Phil. X, 697. — *Cameracum.* — Evêque de —. Voy. Hugues, Pierre de Corbeil.
Cameracum. Voy. Cambrai.
Campana acies, Campanenses. Voy. Champenois (les).
Campania. Voy. Champagne (la).
Campelli, Campellus. Voyez Champeaux (les), à Paris.

Camulogène. Phil. V, 45.
Candatum. Voy. Candes.
Candé (Maine-et-Loire, arr. de Segré). Phil. X, 235. — *Candetum.*
Candela (Johannes de). Voy. Jean de Chandelle.
Candes (Indre-et-Loire, arr. et c. de Chinon). Phil. XII, 562. — *Candatum.*
Candetum. Voy. Candé.
Candida. Voy. Blanche de Castille.
Cantorbéry. — Louis VII s'y rend en pèlerinage. Chron. 14; Phil. I, 273. — (1216) se rend à Louis VIII. Chron. 222, p. 311. — *Cantuaria.* — Archevêque de —. Voy. Baudouin, Etienne Langton, Thomas Becket (saint).
Cantuaria. Voy. Cantorbéry.
Canut VI, roi de Danemark. — (1193) sa sœur Ingeburge épouse Philippe - Auguste. Rig. 92; Chron. 69. — *Kanutus rex Danorum* ou *Dacorum.*
Capoue (Pierre de), légat. Voy. Pierre.
Capriola, ville d'Italie. — (1192) Philippe-Auguste y passe en revenant de Rome. Phil. IV, 295.
Capuanus (Petrus). Voy. Pierre de Capoue.
Carachosius, gouverneur musulman d'Acre. Rig. 81, 82.
Carantonium. Voy. Charenton.
Carcassonne (Aude). — (1210) prise par Simon de Montfort. Chron. 177, p. 259; Phil. VIII, 543; — soutient Pierre d'Aragon contre les croisés. Phil. VIII, 578. — *Carcasso.* — Evêque de —. Voy. Gui.
Cardinaux. Voy. Centio Savelli, Gales, Guillaume aux blanches mains, archevêque de Reims, Henri, évêque d'Albano, Jean de Saint-Paul,
Melior, Octavien, Pierre de Capoue.
Carlotide (la). Voy. Karlotide (la).
Carmen. Rig. 49, p. 76.
Carnopolis. Voy. Compiègne.
Carnotensis Amalricus. Voy. Amaury de Chartres.
Carnotum. Voy. Chartres.
Carolingiens (les). — Considérés par Guillaume le Breton comme les ancêtres de Philippe-Auguste. Phil. *Nunc.* 55. — *Karli.*
Carthage. Phil. IV, 20.
Carthusiensis ordo. Voy. Chartreux (les).
Carus. Voy. Cher (le).
Casa Marii (N... abbé de). — (1203) envoyé par le pape pour rétablir la paix entre Philippe - Auguste et Jean Sans-Terre. Rig. 140; Chron. 119.
Casellum. Voy. Cassel.
Cassel. — (1213) prise par Philippe-Auguste. Chron. 170, p. 250; Phil. IX, 403; — se révolte et est démantelée par le roi. Chron. 170, p. 252; Phil. IX, 691; — sa situation. Phil. IX, 403. — *Casellum.*
Castella. Voy. Castille (la).
Castelletum. Voy. Châtelet (le).
Castellio, Castello. Voy. Châtillon-sur-Loire, Châtillon-sur-Seine.
Castellodunum. Voy. Châteaudun.
Castellum Lini. Voy. Châteaulin.
Castellum Radulfi. Voy. Châteauroux.
Castelnaudary (Aude). — (1220) est assiégée par Simon de Montfort. Chron. Cont. Cott. 5. — *Castrum Novum.*
Castille (la). — *Castella.* — Voy. Alfonse III, roi de —; Blanche de —.
Castridunum. Voy. Châteaudun.

Castrum Briani. Voy. Château-briand.
Castrum Gaallonii. Voy. Gaillon.
Castrum Lucii de Capreolo. Voy. Chalus.
Castrum Nantonis. Voy. Château-Landon.
Castrum Novum. Voy. Castelnaudary.
Castrum Radulfi. Voy. Châteauroux.
Catalauni. Voy. Châlons-sur-Marne.
Catherine, comtesse de Clermont. — Chron. 162, p. 242. —*Comitissa Clarimontis.*
Cati colliculi. Voy. Mont du Chat.
Catulus (les). Rig. 65.
Cauchois (les). Phil. V, 10. — *Caletes.*
Cauforium. Voy. Chauffour.
Caux (pays de). — (1195) ravagé par Philippe-Auguste. Phil. IV, 499; — cité V, 170. — *Caletum rura.*
Célestin III, pape. — (1191) est élu pape à la mort de Clément III. Rig. 76; Chron. 56; — était parent de Philippe-Auguste. Chron. 62; Phil. IV, 285; — (1192) Philippe-Auguste a une entrevue avec lui à Rome à son retour de Terre-Sainte. Rig. 81, p. 117; Chron. 62; Phil. IV, 285; — (1193) envoie ses légats en France pour examiner le mariage d'Ingeburge. Rig. 92; — (8 janv. 1198) meurt. Rig. 119; Chron. 91.
Cencius. Voy. Centio Savelli.
Cenee scale. Voy. Mont Cenis.
Cenomanni. Voyez Manceaux (les).
Cenomannia. Voy. Maine (le).
Cenomannum, Cenomannis. Voy. Mans (le).
Centio Savelli. — (1193) légat en France pour examiner le mariage d'Ingeburge. Rig. 92; — (1216) devient pape sous le nom d'Honorius III. Chron. 220. — *Cencius, Cincius.* Voy. Honorius III.
Cercanceau, abbaye (Seine-et-Marne, arr. de Fontainebleau, c. de Château-Landon, comm. de Souppes). Chron. 180. — *Monasterium de Sacracella.*
César (Jules). Chron. 19; Phil. *Nunc.* 21, 26; V, 45; VII, 460; IX, 156; XII, 190. — *Julius.*
Cesona. Voy. Cysoing.
Cestrie (Randulphus ou *Renulfus comes).* Voy. Renoul, comte de Chester.
Chaalis, abbaye (Oise, arr. de Senlis, cant. de Nanteuil-le-Haudoin, comm. de Fontaine-les-Corps-nuds). Chron. 175. — *Karoli-locus.* — Abbé de —. Voy. Guillaume de Donjeon.
Chalauri vicus. Voy. Paris, rue Charauri.
Chalon-sur-Saône. — (1180) les immunités des églises de cette ville sont violées par le comte Guillaume, qui est châtié par le roi. Rig. 8; Chron. 18; Phil. I, 457. — *Cabilo.*
Châlons-sur-Marne (Marne). Phil. IX, 151. — *Catalauni.* — Evêque de —. Voy. Guillaume.
Chalus (Haute-Vienne, arr. de Saint-Yrieix). — (1199) sur le bruit qu'Achard de la Boissière y aurait découvert un trésor, Richard Cœur-de-Lion vient l'assiéger, et y est tué. Rig. 126; Chron. 98; Phil. V, 491; — cité. Phil. V, 454. *Castrum Lucii de Capreolo, Calax.*
Champagne (la). Phil. I, 626. — *Campana rura, Campania.* — Comtes de —. Voy. Henri II, Thibaut III, Thibaut IV. — Comtesse de —. Voy. Marie de France. — Voy. Champenois (les).

Champeaux (les), à Paris. Voy. Paris, histoire, années 1179, 1183, 1186, 1187, 1210. — Eglise des Saints-Innocents de —. Voy. Saints-Innocents.

Champenois (les). — (1214) placés à l'arrière-garde de l'armée royale, sont attaqués par Othon. Phil. X, 819 ; — à Bouvines, font partie de l'aile droite. Chron. 186, p. 276 ; Phil. XI, 53 ; — sont d'abord défaits par Ferrand. Phil. XI, *Cat.*; — leurs exploits. Chron. 187, p. 277 ; 188, p. 279 ; Phil. XI, 112 ; — empêchent Ferrand de parvenir jusqu'au roi. Chron. 194. — *Campanenses; acies Campana, milites Campanie.*

Chandelle (Jean de). Voy. Jean.

Changeur (Ebrouin le). Voy. Ebrouin.

Chapelain (le) de Jean Sans-Terre. — (1214) est tué au siège de la Roche-au-Moine. Chron. 178, p. 262 ; Phil. X, 280.

Chaperons blancs (origine des). Rig. 25.

Charenton (Cher, arr. de Saint-Amand). Rig. 7. — *Carantonium.* Voy. Hèbes VI, sire de —.

Chariots des Belges. Phil. IX, 368 ; XII, 27. — *Covini.*

Charles Martel. Rig. 38, p. 58 et 60 ; Chron. 9. — *Carolus Martellus.*

Charlemagne. Rig. 33 ; 38, p. 60 ; Chron. 9, 209 ; Phil. III, 389 ; VIII, 633 ; X, 700 ; XII, 828. — *Carolus magnus, Pipinita.*

Charles le Chauve. Rig. 38, p. 60 ; Chron. 9. — *Carolus Calvus.*

Charles le Simple. Rig. 38, p. 60 et 61 ; 142 ; Chron. 9, 10, 11 ; Phil. VIII, 181, 198. — *Karolus* ou *Karlus simplex.*

Charles Ier, comte de Flandres. Rig. 92.

Charlot (Pierre). — Voy. Pierre Charlot.

Chartres (Eure-et-Loir). — Son éloge. Phil. II, 391 ; — assiégée par les Normands qui sont repoussés. VIII, 186 ; — citée. VI, 271. — *Carnotum.* — Eglise N.-D. de Chartres : (1194) est brûlée et reconstruite aussitôt. Rig. 98 ; Chron. 73 ; Phil. IV, 598 ; — citée. Phil. XII, 869. — Évêques de —. Voy. Gautier, Renaud de Bar. — Voy. Amauri de —; Jean de —, chévecier de Saint-Denis ; Robert de —.

Chartreux (les). — Sont exemptés de la dîme Saladine. Rig. 59. — *Carthusiensis ordo.*

Chat (Mont du). Voy. Mont du Chat.

Chat, machine de guerre. Phil. II, 337. — *Murilegus.*

Châteaubriand (Loire-Inférieure). — (1222) Amaury de Craon s'en empare. Phil. XII, 399 ; — Amaury y est battu par Pierre Mauclerc. 432. — *Brianum, Castrum Briani.*

Châteaudun (Eure-et-Loir). Phil. II, 389 ; III, 252. — *Castridunum, Dunense castrum.* — Vicomte de —. Rig. 73. — *Vicecomes Castelloduni.*

Château-Gaillard (Eure, comm. des Andelys). — Sa construction par Richard Cœur-de-Lion ; sa situation ; sa description et son éloge. Chron. 111 ; Phil. V, 312 ; VII, 44, 407, 419. — (1203) est assiégé par Philippe-Auguste ; récit du siège. Rig. 141 ; Chron. 121, 125 à 129 ; Phil. VII, v. 407 et suiv. ; — le roi l'entoure d'un double fossé et d'autres ouvrages. Rig. 141 ; Chron. 125 ; Phil. VII, 421 ; — jeux de mots sur son investissement. Phil. VII, 452 ; — le commandant du château, Roger de Lascy, fait sortir les bouches inutiles; les Français les repoussent; ces malheureux meurent de faim entre les deux lignes. Chron. 125, 126; Phil. VII, 468, 521; — le roi ordonne de les laisser passer à travers les lignes françaises. Chron. 127; Phil. VII, 576; — le roi cherche le moyen de s'emparer du château par ruse. Phil. VII, 415; — il fait garder avec soin le sentier qui conduit au château, 445; — (1204, mars) le siège est poussé vigoureusement; le roi fait élever des palissades, des tours et des machines de guerre. Rig. 141; Chron. 128; Phil. VII, 608; — les assiégés se défendent vaillamment, Chron. 128; Phil. VII, 672; — les Français minent une tour et pénètrent dans la première enceinte. Chron. 129; Phil. VII, 685; — la première enceinte est incendiée par les Français. Chron. 129; — par Roger de Lascy. Phil. VII, 719; — Pierre Bogis et quelques Français pénètrent dans la seconde enceinte par les latrines, y mettent le feu et introduisent les Français. Chron. 129; Phil. VII, 739; — la troisième enceinte est minée et le donjon est pris. Rig. 141; Chron. 129; Phil. VII, 795; — Guillaume le Breton assistait à ce siège. Chron. 129; Phil. VII, 599; — le roi fait réparer le château. Chron. 129; Phil. VII, 813; — cité. Phil. VI, 5; VIII, 394. — *Gaillardica rupes, Gaillardum, Guallardum.*

Château - Landon (Seine - et - Marne, arr. de Fontainebleau). Phil. X, 588. — *Castrum Nantonis.*

Châteaulin (Finistère). — (1163) Hervé et Guiomar de Léon, qui y sont enfermés, sont délivrés par Conan le Petit et Haimon, évêque de Léon. Chron. 13. — *Castellum Lini.*

Châteauneuf - du - Faou (Finistère, arr. de Châteaulin). — Le vicomte de —, son fils et son frère sont enfermés dans le château de Daoulas et y meurent de faim. Chron. 13. — *Fagus, vicecomes Fagi.*

Châteauneuf-en-Thimerais (Eure-et-Loir, arr. de Dreux). Voy. Hugues de —.

Châteauroux (Indre). — (1187) assiégé par Philippe - Auguste. Rig. 51; Chron. 38; Phil. II, 542; une trêve y est conclue avec le roi d'Angleterre. Rig. 51; — (1188) pris par Philippe-Auguste. Rig. 60; Chron. 43; Phil. III, 41; — (1189) est rendu à Richard Cœur-de-Lion. Rig. 67; Chron. 49; — Philippe-Auguste y rassemble une armée. Phil. X, 123. — *Castellum* ou *Castrum Radulfi.* — Eglise Notre-Dame de —. (1187) miracle advenu à une statue de la Vierge frappée par un cottereau. Rig. 52. — Pays de —. Phil. II, 533. — *Radulii fines.*

Châtelet (le) (Cher, arr. de Saint-Amand). — (1188) pris par Philippe-Auguste. Rig. 62. — *Castelletum.*

Châtelets (les deux), à Paris. Voy. Paris, histoire, année 1214.

Châtillon (Gaucher de), comte de Saint-Pol. Voy. Gaucher.

Châtillon (Gautier de), auteur de l'Alexandreïde. Voy. Gautier.

Châtillon - sur - Loire (Loiret, arr. de Gien). — Sa situation. Phil. I, 531; — (1186) est assiégé et détruit par Philippe-Auguste. Phil. II, 538. — *Castellio.*

ET DES MATIÈRES. 409

Châtillon-sur-Seine (Côte-d'Or).
— Son éloge. Phil. I, 588 ; —
(1186) est assiégé et pris par
Philippe-Auguste. Rig. 35 ;
Chron. 31 ; Phil. I, 640. —
Castellio.
Chauffour (Seine-et-Oise, arr.
de Mantes, c. de Bonnières).
— (1188) est brûlé par Henri II. Phil. III, 299. — *Cauforium*
Chaumont-Porcien (Ardennes,
arr. de Rethel). — (1194) est
détruit par la foudre. Rig.
98. — *Calvus Mons in episcopatu Laudunensi* (erreur : dépendait de Reims).
Chaumont-en-Vexin (Oise, arr.
de Beauvais). Rig. 60 ; Chron.
45 ; Phil. III, 114, 186, 248,
382. — *Calvus Mons.*
Chausey (îles), Phil. VI, 338.
— *Caducella.*
Chebil. Rig. 49, p. 76.
Chelles, abbaye (Seine-et-Marne, arr. de Meaux, c. de Lagny). Rig. 121. — *Kala monasterium.*
Chemise de la Vierge. — Conservée à Chartres. Phil. II,
399.
Cher (le), rivière. Phil. III,
679, 703 ; V, 701. — *Carus.*
Chester (Renoul, comte de).
Voy. Renoul.
Chichester (le comte de).—Vaincu par Guillaume des Barres.
Phil. III, 464. — *Cicestricus comes.*
Childebert Ier, roi de France.
Rig. 33.
Childéric Ier, roi de France.
Rig. 37, 38, p. 57 et 59 ;
Chron. 7, 9 ; Phil. I, 174.
Chilpéric, roi de France. Chron.
9.
Chine (tissus de). Phil. IX,
383. — *Serum labores.*
Chinon (Indre-et-Loire). —
Tire son nom de son fondateur Kaius, sénéchal du roi
Artur. Chron. 179, p. 263 ;

Phil. VIII, 381 ; — son éloge.
Phil. VIII, 387 ; — (1189)
Henri II s'y réfugie. Rig. 66 ;
— et y meurt. Rig. 67 ;
Chron. 49 ; Phil. III, 735,
747 ; — (1204) est assiégé
par Philippe-Auguste. Rig.
143 ; Chron. 133 ; Phil. VIII,
380, 427 ; — (1205) pris.
Rig. 144 ; Chron. 134 ; Phil.
VIII, 427 ; — rebâti par le
roi. Rig. 144 ; — (1206) le
roi y passe avec son armée.
Rig. 147 ; Chron. 138 ; —
(1214) Louis VIII s'y rend et
y rassemble une armée.
Chron. 173, 179, p. 263 ; —
citée. Phil. X, 104. — *Chinonium, Kino.*
Chinonium. Voy. Chinon.
Choisy-au-Bac (Oise, arr. et c.
de Compiègne). — (1185) est
assiégé par Phil. d'Alsace.
Phil. II, 252. — *Chosiaca arx.*
Cholet (Maine-et-Loire). —
(1213) est brûlé par Philippe-
Auguste. Phil. X, 117.
Chosiaca arx. Voy. Choisy-au-
Bac.
Chypre. — (1191) prise par Richard Cœur-de-Lion. Rig.
75 ; Chron. 55 ; Phil. IV,
196 ; — qui la vend aux
Templiers, la reprend et la
revend à Gui de Lusignan.
Rig. 82 ; — Vin de —. Phil.
XII, 822. — citée. Phil. IV,
164, 199. — *Cyprus.*
Cicestricus comes. Voy. Chichester (le comte de).
Cidre du pays d'Auge. Phil. V,
5 ; VI, 336.
Cilicie. Phil. IV, 361.
Cimetières de Paris. Voy. Paris : Champeaux.
Cincius. Voy. Centio Savelli.
Citeaux (ordre de). — Exempté
de la dîme Saladine. Rig. 59 ;
— Vêtements blancs de l'ordre
de —. Phil. VIII, 904. —
Cisterciensis ordo.

Clarimontis comes. Voy. Raoul, comte de Clermont. — *Clarimontis comitissa.* Voy. Catherine.

Claromontanensis episcopus. Voy. Robert, évêque de Clermont.

Clarus Mons. Voy. Clermont.

Clément III. — (1187) est élu pape. Rig. 55; Chron. 40; — (mars 1191) meurt. Rig. 76; Chron. 56.

Clément. Voy. Aubri —, Henri —, Jean —.

Clermont (Oise). Rig. 98. — *Clarus Mons.* Comte de —. Voy. Raoul. — Comtesse de —. Voy. Catherine.

Clermont-Ferrand (évêque de). Voy. Robert.

Clodion, roi de France. Rig. 37, 38, p. 59; Chron. 7; Phil. I, 171; IX, 695. — *Clodius.*

Clodius. Voy. Clodion.

Clodoveus. Voy. Clovis.

Clotaire Ier, roi de France. Rig. 33, 38, p. 59; Chron. 9. — *Clotarius.*

Clotaire II, roi de France. Rig. 38, p. 59; Chron. 9.

Clotaire III, roi de France. Chron. 9.

Clotilde, reine de France. Rig. 33.

Clou (le saint). — Donné à Saint-Denis par Charles le Chauve. Rig. 38, p. 60; Chron. 9; — (1191) apporté au prince Louis, malade. Rig. 77; — (1196) porté processionnellement pour obtenir la fin des inondations. Rig. 109; — (1206) porté de nouveau processionnellement. Rig. 148.

Clovis Ier, roi de France. Rig. 33, 38, p. 57 et 59; 39, p. 63; Chron. 7, 8, 9; Phil. I, 176. — *Clodoveus.*

Clovis II, roi de France. Rig. 38, p. 59; Chron. 9.

Cluny (vêtements noirs de l'ordre de). — Phil. VIII, 905.

Cochia. Voy. Couches-les-Mines.

Cocii comes. Voy. Enguerrand, sire de Couci.

Cocorum princeps. Voy. Nabuzardam.

Coethnus. Voy. Couesnon (le).

Coire (Suisse). Chron. 158. — *Curia.*

Collis. Voy. Tertre-Saint-Denis (le).

Cologne. Chron. 207, 208. — *Colonia.* — Archevêque de —. Voy. Adolphe.

Colombier (Indre-et-Loire, commune de Villandry). — (1189) Philippe-Auguste et Henri II y concluent un traité. Chron. 49; Phil. III, 735. — *Columbare, Columbarium.*

Colonia, Colonienses. Voy. Cologne.

Columbare, Columbarium. Voy. Colombier.

Comanna. Voy. Commana.

Comes pilosus. Voy. Raugrave.

Comète. — (1223) il en apparaît une lors de la dernière maladie de Philippe-Auguste. Chron. Cont. Par. 5; Phil. XII, 451.

Commana (Finistère, arr. de Morlaix, c. de Sizun). Chron. 13. — *Comanna.*

Communes (Milices des). Voy. Milices.

Compendium, Compenium, Compennium. Voy. Compiègne.

Compiègne (Oise). — (1185) Philippe-Auguste y rassemble son armée contre Philippe d'Alsace. Rig. 26; — (1196) Baudouin IX y fait hommage à Philippe-Auguste pour le comté de Flandre. Rig. 111; Chron. 84; — (1205) Philippe-Auguste y envoie les prisonniers faits à Chinon et à Loches. Rig. 144; Chron. 134; et notamment Girard d'Athée. Phil. VIII, 432; — (1209) Louis VIII y est fait chevalier. Chron. 149; — (1214) la milice de — à Bou-

vines. Chron. 191, p. 282. — Cité. Rig. 3, 98; Phil. IX, 146. — *Carnopolis, Compendium, Compenium, Compennium, Karnopolis.*
Conan le Petit, fils d'Alain de Richemont, duc de Bretagne. — Dépouille Eon, vicomte de Porhoët, du duché de Bretagne. Chron. 13; — délivre Hervé et Guiomar de Léon enfermés à Châteaulin. Ibid. — *Conanus parvus.*
Conan le Petit, comte de Léon. — Prisonnier à Chinon. Phil. VIII, 398; — (1222) se révolte contre Pierre Mauclerc et est vaincu. Phil. XII, 370. — *Conanus brevis.*
Conanus brevis. Voy. Conan le Petit, comte de Léon.
Conanus parvus. Voy. Conan le Petit, duc de Bretagne.
Conche. Voy. Conches.
Conches (Eure, arr. d'Evreux). — (1203) Prise par Philippe-Auguste. Rig. 140; Chron. 116. — *Conche.*
Conciles. — (1193) à Paris pour examiner le mariage d'Ingeburge. Rig. 92; — (1199) à Dijon; le royaume est frappé d'interdit. Rig. 131; Chron. 103; — (1201) à Soissons pour la réconciliation du roi et d'Ingeburge. Rig. 133; — (1215) général à Rome au palais de Latran. Chron. 216; — (1223) à Paris pour les affaires d'Albigeois. Chron. Cont. Par. 7; Phil. XII, 543.
Condunita, de Conduno (Johannes Queno). Voy. Jean de Coudun, Quesnes de Coudun.
Connétable de France. Voy. Raoul, comte de Clermont.
Conrad, duc de Bohême, fils de Frédéric Barberousse. — (1191) amène à Acre les débris de l'armée de son père et y meurt. Rig. 76. — *Dux Boemie.*

Conrad de Dortmund. — (1214) allié d'Othon. Phil. X, 403; — dans le partage du royaume, devait avoir Mantes et le Vexin. 589; — délivre Othon des mains de Guillaume des Barres à Bouvines. Phil. XI, 486; — est fait prisonnier. Chron. 193; Phil. XI, 516; — est emprisonné en France. Phil. XII, 154. — *Conradus de Tremognia* ou *Tremonia, Corradus, Corradus Waphalus, Waphalus.*
Conrad, évêque de Metz. Chron. 159. — *Mettensis episcopus.*
Conrad, marquis de Montferrat. — (1192) est assassiné à Acre par les envoyés du Vieux de la montagne. Rig. 87; Chron. 65.
Conrad, cardinal, évêque de Porto, légat. — (1223) aux obsèques de Philippe-Auguste. Chron. Cont. Par. 7; Phil. XII, 543, 627. — La Philippide (XII, 627) l'appelle par erreur Bertrand, évêque de Préneste. — *Coraldus, episcopus Portuensis.*
Conrezac. Voy. Isaac l'Ange.
Conserves de poisson de Nantes. Phil. X, 86.
Constance (gr. duché de Bade). Chron. 158. — *Constancie.*
Constance, impératrice d'Allemagne, tante de Guillaume le Bon, roi de Sicile, mère de Frédéric II. — Ses démêlés avec Tancrède en Sicile. Phil. IV, 78. — *Constantia.*
Constance de Bretagne, mère d'Arthur. — (1199) épouse Gui de Thouars. Chron. 86.
Constance, comtesse de Toulouse, fille de Louis VI. Rig. 101.
Constancie. Voy. Constance et Coutances.
Constantinople. — (1203) prise par les croisés. Rig. 139; Chron. 115; Phil. VI, 47. —

Constantinopolis. — Empereur de —. Voy. Alexis Comnène, Alexis l'Ange, Alexis le Jeune, Andronic. Baudouin IX, comte de Flandre, Emmanuel, Isaac l'Ange, Pierre de Courtenai. — Voy. Bucoléon.

Coraldus, Portuensis episcopus. Voy. Conrad, cardinal, évêque de Porto.

Corbeaux incendiaires en Beauvaisis. Rig. 98.

Corbeia. Voy. Corbie.

Corbeil (Seine-et-Oise). — *Corbolium.* Voy. Michel de —; Pierre de —.

Corbie (Somme, arr. d'Amiens). — (1184) est assiégée par Philippe d'Alsace et délivrée par Philippe-Auguste. Chron. 29; Phil. II, 165, 192; — (1214) sa milice communale à Bouvines. Chron. 191, p. 282. — *Corbeia.* — Abbé de —. Voy. Jean, prieur de Saint-Denis.

Corbolio (Petrus de). Voy. Pierre de Corbeil.

Corcelle. Voy. Courcelles-lès-Gisors.

Corcon (Robert de). Voy. Robert.

Corineus, troyen. Rig. 38, p. 57; Chron. 5, 6.

Cornouailles. Chron. 6. — *Cornubia, Cornugallia.*

Cornu, sergent d'armes. — (1214) à Bouvines blesse Renaud de Dammartin et cherche à le tuer; en est empêché par frère Guérin. Chron. 196, p. 288; Phil. XI, 686. — *Cornutus.*

Cornu (Gautier). Voy. Gautier.

Cornubia, Cornugallia. Voy. Cornouailles.

Cornutus. Voy. Cornu.

Corradus, Corradus Waphalus. Voy. Conrad de Dortmund.

Corteneio (Robertus de). Voy. Robert de Courtenay.

Cortiniacensis (Petrus). Voy. Pierre de Courtenay.

Cortracum, Cortrcium. Voy. Courtray.

Cotarelli, Cotherilli. Voy. Cottereaux (les).

Cottereaux (les). — Nom donné aux routiers. Chron. 28; — (1183) dévastent le Berry; sept mille sont massacrés par Philippe-Auguste. Rig. 23, 24; Chron. 28; Phil. I, 725; — (1187) sont envoyés par Richard Cœur-de-Lion au secours de Châteauroux. Rig. 52; — châtiment miraculeux d'un Cottereau qui mutile à Châteauroux une statue de la Vierge. Ibid.; — (1195) prennent Issoudun. Rig. 104; Chron. 79; — Cités Rig. 113, 115, 122, 123; Chron. 93, 123. — *Cotarelli, Cotherilli, Scotelli.* — Chef des —. Voy. Mercadier. — Voy. Routiers.

Cottes d'armes armoriées. Phil. XI, 182.

Coucy (Aisne, arr. de Laon). — Voy. Enguerrand, sire de —.

Couches-les-Mines (Saône-et-Loire, arr. d'Autun). Phil. I, 583. — *Cochia.*

Coudrai (Bernard de). Voy. Bernard de Bré.

Coudun (Oise, arr. de Compiègne, c. de Ressons). Voy. Jean de —. Quesnes de —.

Couesnon (le), rivière. Phil. VIII, 42, 138. — *Coethnus.*

Courcelles-lez-Gisors (Oise, arr. de Beauvais, c. de Chaumont). — (1198) est détruit par Richard Cœur-de-Lion. Rig. 122; — Richard y tend une embuscade à Philippe-Auguste qui parvient à s'échapper. Phil. V, 351. Rigord (122) et la Chronique (93) ne parlent pas d'embuscade, mais seulement d'un combat et ne nomment pas Courcelles. — Richard fait prisonnier Robert, seigneur du lieu. Phil. V, 368. — *Corcelle, Curcelli.*

Courneuve (La) (Seine, arr. de Saint-Denis). Rig. 95. — *Curtis Nova*.
Couronne d'épines (la sainte). — Donnée à Saint-Denis par Charles le Chauve. Rig. 38, p. 60; Chron. 9; — (1191) portée au prince Louis, malade. Rig. 77; — (1196) portée en procession pour obtenir la fin des inondations. Rig. 109; — (1205) une épine de la sainte couronne, venant de Constantinople, est déposée à Saint-Denis. Rig. 145; — (1206) la couronne est portée en procession pour obtenir la fin des inondations. Rig. 148.
Courtenay (Loiret, arr. de Montargis). Voy. Pierre de —, Robert de —.
Courtray. — Est pris par Philippe-Auguste. Phil. IX, 580; — envoie des renforts à Ferrand. X, 443. — *Cortracum, Cortreium*.
Coutances (Manche). — (1204) se rend à Philippe-Auguste. Rig. 142; Phil. VIII, 39. — *Constantia, Constancie*. — Evêque de —. Voy. Hugues.
Covini. Voy. Chariots des Belges.
Craon (Mayenne, arr. de Château-Gontier). Phil. X, 144, 232. — *Credo*. — Voy. Amaury de —.
Crazaium, Crazzacum. Voy. Graçay.
Credo. Voy. Craon.
Credonicus (Amalricus). Voy. Amaury de Craon.
Crémone (Italie). — (1212) ses habitants sont partisans de Frédéric. Chron. 158; — (1213) les Milanais sont battus près de Crémone, d'abord par les habitants de Pavie, puis par ceux de Crémone. Chron. 167. — *Cremona, Cremonenses*.
Cremonenses. Voy. Crémone.
Crète. Phil. IV, 164. — *Creta*.

Croatie. Rig. 43. — *Croacia*.
Croisades. — Troisième croisade. Rig. 69, 72-76, 79, 81-82; Chron. 51, 53-56, 58, 60, 62; Phil. IV, 7-337; — quatrième croisade. Rig. 139; Chron. 115; Phil. VI, 35; — croisade des bretons. Rig. 120; — croisade des Albigeois. Voy. Albigeois; — cinquième croisade. Chron. 230; Chron. Cont. Cott. 10.
Croisés. — (1188) Ordonnance de Philippe-Auguste sur leurs dettes. Rig. 58.
Croix (la vraie). — (1187) tombe aux mains de Saladin. Rig. 53; Chron. 36, 39; Phil. III, 8; — les enfants nés depuis n'ont que vingt dents. Rig. 55; — (1191) Saladin promet de la rendre aux chrétiens lors de la reddition d'Acre. Rig. 81, 82; Chron. 58; Phil. IV, 208; — (1205) un fragment, provenant de Constantinople, est déposé à Saint-Denis. Rig. 145.
Croix-Charlemagne (la), dans les Pyrénées. Phil. I, 165. — *Karoli meta*.
Cuise (forêt de) ou de Compiègne. — (1179) Philippe-Auguste s'y perd pendant deux jours. Phil. I, 224; — citée. Phil. II, 248. — *Quisa, Quisia silva*.
Cuivre, Phil. IX, 382. — *Rubeum metallum*.
Culan (Cher, arr. de Saint-Amand). — (1188) pris par Philippe-Auguste. Rig. 62. — *Cullencum*.
Cullencum. Voy. Culan.
Cumaniorum princeps. Voy. Théodore Comnène.
Curcelli. Voy. Courcelles-lez-Gisors.
Curia. Voy. Coire.
Curtis Nova. Voy. Courneuve (la).
Cyclades (les). Phil. VI, 235;

— tissus des —. Phil. IX, 383.
Cyprus. Voy. Chypre.
Cysoing (Nord, arr. de Lille). Chron. 183; Phil. X, 806; XII, 780. — *Cesona.*

D

Daca securis, Dacha bipennis Voy. Danoise (Hache).
Daci. Voy. Normands (les).
Dagobert Ier, roi de France. Rig. 19, 33; 38, p. 57 et 59; 39; Chron. 9; Phil. XII, 622.
Dagobert II, roi de France. Rig. 38, p. 60; Chron. 9.
Dalmates (les). Phil. II, 493. — *Dalmatii.*
Dalmatie (la). Rig. 43; Chron. 115. — *Dalmatia.*
Dam (arr. et c. de Bruges). — Eloge de son port et de son commerce. Phil. IX, 377; — (1184) fournit des secours à Philippe d'Alsace contre le roi. Phil. II, 105; — (1213) le roi ordonne à Savari de Mauléon d'y conduire sa flotte. Phil. IX, 292; — la flotte y arrive. Chron. 169; Phil. IX, 373; — le roi ordonne au comte de Soissons d'y rester pour garder la flotte. Phil. IX, 415; — Guillaume de Salisbury et Renaud de Dammartin incendient la flotte française à Dam. Chron. 170; 199, p. 292; Phil. IX, 432; — Philippe-Auguste accourt et chasse les ennemis. Chron. 170; Phil. IX, 472; — incendie la ville. Chron. 170; — incendie sa flotte. Phil. IX, 529. — *Dan, Danum.*
Damase, pape. Chron. 4.
Damiette. — Confondue avec Memphis. Chron. 230; — (1218) assiégée par les croisés. Ibid.; — (1222) rendue au Soudan par les chrétiens. Chron. Cont. Cott. 10; Phil. XII, 652. — *Damieta.*
Dammartin (Seine-et-Marne, arr. de Meaux). — (1184) pris par Philippe d'Alsace. Phil. II, 224; — Philippe-Auguste avait donné ce comté à Aubri de Dammartin. Chron. 199, p. 201; — (1211) Philippe-Auguste s'en empare. Chron. 162, p. 243. — *Domnus Martinus.* Voy. Aubri de —, Renaud de —.
Dampierre. Voy. Gui, Hugues de —.
Dandolo (Henri). Voy. Henri Dandolo.
Danemark. Voy. Canut, roi de —, Ingeburge.
Dangu (Eure, arr. des Andelys). — Assiégé et pris par Philippe-Auguste. Phil. V, 105. — *Dangutum.*
Dani. Voy. Normands (les).
Daniel (le prophète). Phil. VI, 586.
Danois. Voy. Normands.
Danoise (Hache). Phil. XI, 118, 624. — *Dacha bipennis, Daca securis.*
Danube (le), fleuve. Rig. 38, p. 56; Chron. 2; Phil. I, 74. — *Danubius.*
Danum. Voy. Dam.
Daoulas (Finistère). Chron. 13. — *Douglasium.*
Darnel (forteresse de), à Lille. — Construite par Philippe-Auguste au lieu appelé aujourd'hui place des Reignaux. Phil. IX, 592.
David, comte de Huntingdon. — (1194) au siège du Vaudreuil. Chron. 74; Phil. V, 3. — *David comes.*
Démons (les). — Prodiges divers où les — jouent un rôle. Chron. 97.
Denier de saint Pierre. — Est perçu en Angleterre. Chron. 171.
Denis (saint), apôtre des Gaules.

— (1050) fausses reliques découvertes à Ratisbonne; Rig. 39; — (1050) Henri Ier fait ouvrir sa châsse. Ibid.; — le pape Etienne III emporte de ses reliques à Rome. Ibid.; — reliques de — conservées à Vergy et à Rome. Ibid.; — (1191) ses reliques exposées *ad removendum errorem parisiensium*. Rig. 80; — enfant noyé, ressuscité par lui. Rig. 95; — prisonnier délivré par son intercession. Rig. 98; — (1223) apparaît à un chevalier de Segni et le charge d'aller apprendre au pape la mort de Philippe-Auguste. Phil. XII, 714. — *Dionysius, Dionysius Areopagita.*
Depa, Deppa. Voy. Dieppe.
Dieppe (Seine-Inférieure). — Son éloge. Phil. IV, 514; — (1195) est détruite par Philippe-Auguste. Rig. 104; Chron. 79; Phil. IV, 514. — *Depa, Deppa.*
Dijon (Côte-d'Or). — (1199) concile tenu par le légat Pierre de Capoue. Rig. 131; Chron. 103; — cité. Phil. I, 369. — *Divio.*
Dîme saladine, établie en 1188, par Philippe-Auguste. Rig. 57 et 59.
Dinan (Ille-et-Vilaine). Voy. Alain de —.
Dinanites (Alanus Brito). Voy. Alain de Dinan.
Dionysius, Areopagita. Voy. Denis (saint). — *Monasterium sancti Dionysii.* Voy. Saint-Denis.
Divio. Voy. Dijon.
Doaium. Voy. Douai.
Docilum. Voy. Dol.
Dol (Ille-et-Vilaine). — (1203) pris par Jean Sans-Terre. Chron. 120; Phil. VI, 343. — *Docilum, Dolum.*
Domfront (Orne). — (1204) pris par Philippe-Auguste. Rig. 142; — (1211) pris une seconde fois par le roi. Chron. 162, p. 243. — *Domfrons, Domno frons.*
Domnapetra (Guido de). Voy. Gui de Dampierre.
Domnipetrinus (Guido). Voy. Gui de Dampierre.
Domnipetrita (Hugo). Voy. Hugues de Dampierre.
Domnofrons. Voy. Domfront.
Domnus Martinus. Voy. Dammartin.
Domus Kaii. Voy. Caen.
Donjon (Guillaume de).
Donzy (Nièvre, arr. de Cosne). Voy. Hervé de —, comte de Nevers.
Dorobernia. Voy. Douvres.
Dortmund (Westphalie). — *Tremonia, Tremognia.* Voy. Conrad de —.
Douai (Nord). — (1184) fournit des renforts à Philippe d'Alsace contre le roi. Phil. II, 122; — (1213) pris par Philippe-Auguste qui le réunit au domaine royal. Chron. 170, p. 252; Phil. IX, 595. — *Doaium, Duacum.* — Pierre de —. Voy. Pierre.
Doubs (le), rivière. Phil. X, 507, 510. — *Dubis.*
Douglasium. Voy. Daoulas.
Douvres (Angleterre). — (1216) assiégée sans succès par le prince Louis. Chron. 122, p. 312; — (1217) assiégée de nouveau. Chron. 223, p. 313. — *Dorobernia.*
Draps de Lille. Phil. II, 112; — draps de Flandre et d'Angleterre. Phil. IX, 388.
Dreu, clerc. — (1217) tué au combat naval de Thanet. Chron. 223, p. 314. — *Droco clericus.*
Dreu IV de Mello. — (1188) au combat de Soindres poursuit Richard Cœur-de-Lion avec Guillaume des Barres. Phil. III, 451; — ses exploits; est

blessé. 565; — panse sa blessure et continue à combattre. 586; — (1188) se croise. Rig. 56; — (1191) à Messine reçoit de Philippe-Auguste un présent de deux cents onces d'or. Rig. 72; — (1205) Philippe-Auguste lui donne Loches. Rig. 144; Chron. 134. — *Drogo de Melloto, Droco Mellotides, Melloticus heros.*

Dreu V de Mello. — (1188) au combat de Soindres. Phil. III, 575. — *Droco junior.*

Dreux (Eure-et-Loir). — (1188) est brûlé par Philippe-Auguste. Rig. 62; — (1214) les gens de Dreux à Bouvines. Phil. XI, 346, 538; — avait été attribué à Guillaume de Salisbury dans le partage anticipé du royaume. Phil. X, 587; — Guillaume de Salisbury est enfermé dans la tour de cette ville. Phil. XII, 144. — *Droce.* Voy. Robert II et III, comtes de —, Philippe de —, évêque de Beauvais, Pierre de Dreux, Jean de Braisne, Agnès de Baudement, comtesse de —.

Driencourt, aujourd'hui Neufchâtel-en-Bray (Seine-Inférieure). — Est assiégé par Jean Sans-Terre. Phil. VI, 97. — *Driencuria.*

Driencuria. Voy. Driencourt, Neufchâtel-en-Bray.

Droce. Voy. Dreux.

Droco, Drogo. Voy. Dreu.

Duacum. Voy. Douai.

Dubis. Voy. Doubs (le).

Dunense castrum. Voy. Châteaudun.

Durand, fondateur des chaperons blancs. Rig. 25.

Durazzo. Phil. VII, 461; X, 421. — *Durrachium.*

Duroverniensis archiepiscopus. Voy. Etienne Langton, archevêque de Cantorbéry.

Durrachium. Voy. Durazzo.

Durstallum. Voy. Durtal.

Durtal (Maine-et-Loire, arr. de Baugé). — Fief d'Amaury de Craon. Phil. X, 236. — *Durstallum.*

E

Eboracensis presul. Voy. Geoffroi, archevêque d'York.

Ebre (l'), fleuve. Phil. VII, 564. — *Hyberus.*

Ebroica, Ebroice, Ebroicum. Voy. Evreux.

Ebrouin, maire du palais. Chron. 9.

Ebrouin le Changeur. Rig. 70, p. 100, note 2.

Ecarlate (teinture d'). Phil. IX, 385.

Eclipses de lune. — (5 avril 1186) Rig. 40; — (26 mars 1187) Rig. 46; — (2 février 1189) Rig. 63; Chron. 47; — (21 novembre 1192) Rig. 86; Chron. 64; — (10 novembre 1193) Rig. 93; — (16 mars 1215) Chron. 205.

Eclipses de soleil. — (1er mai 1186, fausse date). Rig. 32; — (4 septembre 1187) Rig. 54; — (23 juin 1191) avant la prise d'Acre. Rig. 76; Chron. 59; — (28 février 1207) Rig. 146; Chron. 136.

Ecoliers de Paris. Voy. Paris.

Ecuyers (les). — Dans la bataille sont chargés de lier les prisonniers faits par les chevaliers. Phil. VIII, 345.

Edua urbs. Voy. Autun.

Egidius. Voy. Gilles de Paris.

Egidii (comes Sancti). Voy. Raimond, comte de Toulouse et de Saint-Gilles.

Eglise grecque rattachée à l'église romaine. Rig. 139.

Egypte. Rig. 49; Chron. 230; Phil. IV, 120; XII, 647, 652. — *Egyptus.*

Eisoldunum. Voy. Issoudun.

Eldo. — Cité au siège d'Andely. Phil. VII, 263.
Eldon de Salisbury. Phil. IV, 467. — *Eldo Saiebericus.*
Eléonore. Voy. Aliénor.
Eleuthère (saint). — Ses reliques. Rig. 80.
Elienordis. Voyez Aliénor de Bretagne.
Elisabeth (ou Isabelle) de Hainaut, fille de Baudouin V, première femme de Philippe-Auguste. — Sœur de Baudouin IX, comte de Flandre. Phil. IV, 587; IX, 255; — (1180) est couronnée avec Philippe-Auguste à Saint-Denis. Rig. 10; Chron. 20; — en 1185 n'avait pas encore d'enfant. Rig. 31 ; — (1187) enceinte, apprend miraculeusement à Chartres les glorieuses destinées de son fils. Phil. XII, 867; — (1187) naissance de son fils Louis. Rig. 54 ; Chron. 39 ; — (1189) meurt et est enterrée à Notre-Dame. Chron. 50; — citée. Phil. II, 486. — *Elisabeth, Helisabeth.*
Emmanuel Comnène, empereur de Constantinople. Rig. 139.
Empereurs de Constantinople. Voy. Alexis Comnène, Alexis l'Ange, Alexis le Jeune, Andronic, Baudouin IX, comte de Flandre, Emmanuel, Isaac l'Ange, Pierre de Courtenai.
Empereurs d'Allemagne. — Sont électifs. Phil. IV, 370; — sont couronnés à Aix-la-Chapelle avant de l'être par le pape. Chron. 209. Voy. Frédéric Barberousse, Frédéric II, Henri VI, Othon IV, Philippe de Souabe.
Endictum. Voy. Landit (foire du).
Endria. Voy. Indre (l').
Eneade. — Les Romains, c'est-à-dire l'Eglise romaine. Phil. IX, *cat.*

Enée, chef des Troyens. Rig. 38, p. 57 ; Chron. 5.
Engolismensis (filia comitis). Voy. Isabelle d'Angoulême.
Enguerrand Brisemoûtier. — Son portrait; est tué (1214) à la Roche-au-Moine. Phil. X, 156. — *Engorrandus Fractura monasteriorum.*
Enguerrand, sire de Coucy. — Opprime le clergé de Reims ; est châtié par le roi. Phil. I, 781. — *Cocii comes.*
Eon, vicomte de Porhoët. — (1156) gouverne le duché de Bretagne et en est chassé par Conan le Petit; se réfugie près de Louis VII, qui l'envoie châtier le comte de Mâcon. Chron. 13. — *Heudo comes.*
Epernon (Seine-et-Oise, arr. de Rambouillet). Phil. III, 253. — *Sparno.*
Epte (l'), rivière. Phil. IV, 437 ; V, 328; VI, 217. — *Epta.*
Escaut (l'), fleuve. Phil. IX, 30, 424, 696; X, 342, 369, 645. — *Scaldus.*
Esclavonie (l'). Chron. 115. — *Sclavonia.*
Esdras. Phil. IV, 573.
Espagne (l'). — (1195) envahie par les Maures. Rig. 103; Chron. 78 ; — (1212) envahie de nouveau. Chron. 161 ; expédition de Charlemagne en Espagne. Phil. III, 389. — *Hispania.* — Voy. Aragon, Castille, Navarre.
Essoldunum. Voy. Issoudun.
Estrivella. Voy. Trifels.
Etampes (Seine-et-Oise). — Synagogue transformée en église. Rig. 18; — (1194) Robert, comte de Leicester, y est enfermé. Rig. 97 ; — (1201) Ingeburge est enfermée dans le château. Rig. 131. — *Stampe.*
Etendard impérial d'Othon. — Description. Phil. XI, 20.

Etienne III, pape. Rig. 39.
Etienne, roi d'Angleterre. Rig. 21.
Etienne Langton, archevêque de Cantorbéry. — (1212) chassé par Jean Sans-Terre, se réfugie en France. Chron. 163 ; — (1215) est envoyé en France par Jean Sans-Terre. Chron. 212. — *Stephanus Cantuariensium archipresul, archiepiscopus Duroverniensis.*
Etienne de Longchamp. — (1214) dans l'armée française. Phil. X, 497 ; — à Bouvines près du roi. Chron. 184, p. 272 ; — ses exploits à Bouvines ; est tué par une main inconnue. Chron. 192, p. 283 ; Phil. XI, 420. — *Stephanus Longi campi* ou *de Longo campo.*
Etienne de Nemours, évêque de Noyon. — (1193) va en Danemark demander Ingeburge en mariage pour Philippe-Auguste. Rig. 92 ; — (1219) va à la croisade d'Albigeois. Chron. 233 ; — cité. Chron. 176. — *Stephanus, episcopus Noviomensis.*
Etienne du Perche, fils de Rotrou III. — (1202) à la quatrième croisade. Rig. 139. — *Stephanus Perticensis.*
Etienne Ier, comte de Sancerre. — frère d'Adèle, mère de Philippe-Auguste. Chron. 19 ; Phil. I, 519 ; — (1180) se révolte contre le roi ; puis se soumet. Chron. 19 ; Phil. I, 515 ; — meurt en Palestine. Phil. IV, 313 ; — cité. Phil. III, 253. — *Stephanus comes Sacri Cesaris* ou *Sacrocesariensis.*
Etienne de Sancerre, fils d'Etienne Ier, comte de Sancerre. — (1214) dans l'armée française. Phil. X, 471 ; — ses exploits à Bouvines. Phil. XI, 113. — *Stephanus Sacrocesariensis.*
Etoffes de Phénicie, de Chine, des Cyclades. Phil. IX, 383.
Ethiopie (l'). Rig. 49.
Eu (comte d'). Voy. Raoul d'Issoudun.
Eudes, fils de Robert Ier, roi de France. Rig. 38, p. 64 ; 39 ; Chron. 11. — *Odo.*
Eudes, duc de Bourgogne. — (1186) avant d'être duc de Bourgogne, est fait prisonnier à Châtillon-sur-Seine. Phil. I, 696 ; — (1208) se croise contre les Albigeois. Chron. 177, p. 258 ; — (1213) assiste à l'assemblée de Soissons. Phil. IX, 199 ; — à Dam, poursuit les ennemis. Phil. IX, 494 ; — (1214) est l'allié de Philippe-Auguste. Phil. X, 501 ; — ses paroles au roi avant Bouvines, 533 ; — le roi lui promet le combat et la victoire. 694 ; — est placé à l'aile droite. Chron. 186, p. 276 ; Phil. XI, 53 ; — son cheval est tué ; il se relève et attaque les Flamands. Chron. 188, p. 279 ; Phil. XI, 155 ; — (1218) meurt. Chron. 224 ; — étendue de ses possessions. Phil. X, 501. — *Odo Burgundicus, Odo Allobrogus, Allobrogum dux, Burgundicus dux.*
Eudes de Sully, évêque de Paris, frère d'Henri, archevêque de Bourges. — (1196) succède à Maurice de Sully comme évêque de Paris. Rig. 114 ; Chron. 87 ; — jugé sévèrement par Rigord. Rig. 114 ; — (1208) meurt. Rig. 150 ; Chron. 144. — *Odo Soliacensis.*
Eure (l'), rivière. Phil. IV, 431 ; V, 16, 21, 111. — *Audura.*
Eusèbe (chronique d'). Rig. 37 ; Chron. 2.
Eustache, sergent d'armes. —

(1203) au siège du Château-Gaillard. Phil. VII, 733.
Eustache de Machelen. — (1214) à Bouvines commence le combat. Phil. XI, 94 ; — blesse Michel de Harnes, 107 ; — est tué (Chron. 187, p. 278) par Michel de Harnes. Phil. XI, 144. — *Eustachius a Maquelinis* ou *de Maquerlinis*.
Eustache le Moine. — (1217) tué au combat naval de Thanet. Chron. 223, p. 314. — *Eustachius Monachus*.
Eustache de Neuville. — (1199) s'empare du comte de Namur. Rig. 128. — *Eustachius de Novavilla*.
Evreux (Eure). — (1193) pris par Philippe-Auguste. Rig. 94 ; Chron. 70 ; — qui le fait fortifier et le donne en garde à Jean Sans-Terre. Phil. IV, 445 ; — celui-ci fait massacrer la garnison française et s'empare de la ville. Rig. 96 ; Chron. 72 ; Phil. IV, 449 ; — (1194) Philippe-Auguste l'incendie. Rig. 96 ; Chron. 72 ; Phil. IV, 497 ; — (1199) pris de nouveau par Philippe-Auguste. Rig. 127 ; Chron. 99 ; — (1204) le roi s'en empare une quatrième fois. Rig. 142. — *Ebroica, Ebroice, Ebroicum, civitas Ebroicensis*.

F

Fagi vicecomes. Voy. Châteauneuf-du-Faou (vicomte de).
Falaise (Calvados). — Tire son nom de sa situation. Phil. VIII, 9 ; — Arthur de Bretagne y est enfermé. VI, 455 ; — (1204) assiégée par Philippe-Auguste, se rend au bout de sept jours. Rig. 142 ; Chron. 130 ; Phil. VIII, 14 ; — citée. Chron. 131. — *Falesa, Falesia*.
Falesa, Falesia. Voy. Falaise.
Famines. — (1163) en Bretagne. Chron. 13 ; — (1195) générale. Rig. 101, 105 ; Chron. 77, 80 ; — (1198) générale. Rig. 121 ; Chron. 91, 92 ; — (1221) au nord de la Loire. Chron. Cont. Cott. 9.
Faramundus. Voy. Pharamond.
Faverilli. Voy. Favrieux.
Favrieux (Seine-et-Oise, arr. de Mantes, c. de Bonnières). — (1188) brûlé par Henri II. Phil. III, 300. — *Faverilli*.
Feritas. Voy. Ferté-Saint-Samson (la).
Feritas Bernardi. Voy. Ferté-Bernard (la).
Ferrand, comte de Flandre. — Etait Espagnol, neveu de Mathilde de Portugal, comtesse de Flandre ; épousa une fille de Baudouin IX et lui succéda. Phil. IX, 249 ; — (1213) au concile de Soissons, refuse toute aide au roi avant que celui-ci ne lui ait rendu Aire et Saint-Omer. Chron. 165 ; — s'allie avec Renaud de Dammartin. Phil. IX, 59 ; — devait, avec Renaud, attaquer le Vermandois. 84 ; — avait le projet d'envahir la France, lorsque le roi serait passé en Angleterre. 268 ; — s'allie avec Jean Sans-Terre et Othon. Chron. 165 ; Phil. IX, 245 ; — ne se trouve pas à Gravelines au rendez-vous donné par le roi. Chron. 169 ; Phil. IX, 242 ; — le roi, sûr de sa trahison, détourne son armée contre lui et soumet ses fiefs. Chron. 169 ; Phil. IX, 290, 399 ; — ne vient pas à Ypres trouver Philippe-Auguste selon sa promesse ; sa femme reçoit des présents de Jean Sans-Terre. Phil. IX, 408 ; — contribue à la destruction de la flotte royale à Dam. Chron.

170; Phil. IX, 442; — ses terres sont ravagées par le roi. Chron. 170; Phil. IX, 550, 570; — prend Tournai par ruse; en est chassé neuf jours après. Phil. IX, 701; — Lille lui ouvre ses portes; le roi l'en chasse. Chron. 170; Phil. IX, 618, 656; — (1214) l'empereur Othon réunit une armée sur ses terres, à Valenciennes. Chron. 181, p. 266; — toute la Belgique et la Flandre lui envoient des renforts. Phil. X, 436; — réponse des sorts à la comtesse Mathilde sur l'issue de la lutte entre Ferrand et le roi. Chron. 202; Phil. X, 546; — discours qu'Othon lui adresse sur la nécessité de tuer le roi et le partage du royaume. 563; — jure de se conformer aux désirs de l'empereur. 661; — devait avoir Paris dans le partage du royaume. Chron. 201, p. 295; Phil. X, 586; — à Bouvines, à l'aile gauche des ennemis. Phil. XI, 53; — c'est avec lui que le combat commence. Chron. 186, p. 274; — ses chevaliers, attaqués par les Champenois et les Soissonnais, dédaignent de se défendre et enfin les repoussent. Chron. 186, p. 277; 187; Phil. XI, 75; — avait juré de tuer Philippe-Auguste; les Champenois l'empêchent d'atteindre le roi. Chron. 194; — tout l'effort des Français se tourne contre lui. Chron. 190; — est blessé et jeté à terre; se rend à Jean et Hugues de Mareuil. Chron. 190; à Hugues de Mareuil et Gilles d'Aci. Phil. XI, 235; — est enfermé dans la tour de Bapaume. Chron. 199, p. 293; 203; Phil. XII, 163; — le roi consent à lui rendre la liberté moyennant rançon et serment de fidélité. Chron. 204; — ne peut accomplir les conditions du traité; reste en prison 210; — cité. Phil. II, 116; X, 13, 128; XI, 116. — *Ferrandus, Iberigena Ferrandus.*

Ferté-Bernard (la) (Sarthe, arr. de Mamers). — (1189) prise par Philippe-Auguste. Rig. 66; Chron. 48; Phil. III, 643. — *Feritas* ou *Firmitas Bernardi.*

Ferté-Saint-Samson (la) ou en Bray (Seine-Inférieure, arr. de Neufchâtel, c. de Forges). — Prise par Philippe-Auguste. Phil. VI, 208. — *Feritas.*

Filicerie. Voy. Fougères.

Filius-Walteri (Robertus). Voy. Robert Fitz-Walter.

Fin du monde (bruits de la proximité de la) en 1198. Rig. 121.

Firmitas Bernardi. Voy. Ferté-Bernard (la).

Fitz-Walter (Robert). Voy. Robert.

Flamands (les). — Leur aspect physique, leur caractère. Phil. II, 136; — leur chevelure blonde. Phil. IX, 30; — cités. Chron. 170, p. 251; Phil. *Nunc.* 31; XI, 75, 100, 227, 576. — *Flandrenses, Flandrigene.*

Flandre (la). — Pays des Nerviens. Chron. 100; — description du pays, habitants, productions, commerce. Phil. II, 134; — terre fertile. IX, 30; marais et brouillards. VIII, 359; IX, 672; — bière. II, 158; — draps. IX, 388; — tourbe employée comme combustible. II, 146; — (1213) Philippe-Auguste s'en empare. Phil. IX, 418; — et la ravage après l'affaire de Dam. 523; — (1214) fournit des renforts à Ferrand. X, 444;

— citée. II, 3; IX, 357. —
Flandria. — Comtes de —.
Voy. Baudouin IX, Charles,
Ferrand, Philippe d'Alsace.
— Comtesse de —. Voy. Mathilde de Portugal.
Flandrenses. Voy. Flamands (les).
Flandria. Voy. Flandre (la).
Flandricus. Voy. Philippe d'Alsace, comte de Flandre.
Flandrigene. Voy. Flamands (les).
Flavigny (Côte-d'Or, arr. de Semur). Phil. I, 583. — *Flavignia.*
Fléau d'armes. Phil. VIII, 822. — *Theutonicus flagellus.*
Foires. Voy. Saint-Lazare (foires de).
Foix (comte de). Voy. Raimond-Roger.
Fons Eblaudi. Voy. Fontainebleau.
Fons Ebrardi, Fons Ebraudi. — Voy. Fontevrault.
Fons Serenus. Voyez Sérifontaine.
Fontaine de Barenton. — *Brecelianensis fons.* Voy. Barenton.
Fontaines (Gautier de). Voy. Gautier.
Fontainebleau (Seine-et-Marne). Rig. 83. — *Fons Eblaudi.*
Fontanetum. Voy. Fontenay-Mauvoisin.
Fontenay-Mauvoisin (Seine-et-Oise, arr. de Mantes, c. de Bonnières). — (1188) brûlé par Henri II. Phil. III, 302. — *Fontanetum.*
Fontevrault, abbaye (Maine-et-Loire, arr. et c. de Saumur). — (1188) Philippe-Auguste et Henri II lui donnent l'église de Saint-Champ. Rig. 56; — est exempté de la dîme saladine. Rig. 59; — (1188) Henri II y est enseveli. Rig. 67; Chron. 49; Phil. III, 747; — (1199) Richard Cœur-de-Lion y est enterré. Rig. 126; Phil. V, 618. — *Fons Ebrardi, Fons Ebraudi.*
Fontibus (Galterus de). Voy. Gautier de Fontaines.
Forêts. Voy. Andaine, Bière, Cuise, Hez, Iveline.
Formescllarum dominus. Voy. Gautier de Vormizcele.
Fornivalus, Fornivalides. Voy. Girard de Fournival.
Foucaud (Hugues). Voy. Hugues Foucaud.
Foudre (la). — (1221) tue plusieurs personnes. Chron. Cont. Cott. 9.
Foulques, curé de Neuilly. — Ses prédications. Rig. 106, 120; Chron. 81. — *Fulco sacerdos.*
Foulques Painel. — (1188) au combat de Soindres. Phil. III, 584; — cité. Phil. III, 223. — *Fulco Paganellus.*
Foulques, évêque de Toulouse (appelé Bernard par la Philippide). — (1213) engage les Toulousains à déposer les armes. Phil. VIII, 815; — (1223) aux obsèques de Philippe-Auguste. Chron. Cont. Par. 7. — *Fulco episcopus Tolosanus.*
Fougères (Ille-et-Vilaine). — (1203) prise par Jean Sans-Terre. Chron. 120. — *Filicerie.*
Fourches Caudines (les). Phil. VII, 559.
Fournival (Girard de). Voy. Girard.
Fourrures de Hongrie. Phil. IX, 384.
Fracta Vallis. Voy. Fréteval.
Français (les). — Combattent surtout à cheval. Phil. X, 686.
France (la). Rig. 121; Chron. 103. — *Francia, Gallia.* — Rois de —. Voy. Charlemagne, Charles, Childebert, Childéric, Chilpéric, Clodion, Clotaire, Clovis, Dagobert,

Henri, Hugues Capet, Louis, Mérovée, Pépin le Bref, Pharamond, Philippe, Robert, Thierry. — Reines de —. Adèle, Blanche de Castille, Clotilde, Elisabeth, Ingeburge.

Francion, fils d'Hector. Rig. 37, 38; Chron. 2, 4; Phil. I, 55.

Francs (les). Rig. 37, 38; Chron. 2, 3, 4; Phil. I, 70-166. — *Franci.*

Francs (les). — Dans le sens d'Occidentaux. Rig. 49.

Frédéric Ier Barberousse, empereur d'Allemagne. — Avait fondé Lodi en 1160. Chron. 167; — (1190) va à la croisade, se noie entre Nicée et Antioche. Rig. 76; Chron. 56; Phil. IV, 360.—*Fredericus.*

Frédéric II, empereur d'Allemagne, fils d'Henri VI. — (1210) Othon lui enlève la Pouille. Chron. 157, p. 237; — (1211) est élu empereur par les barons allemands à la place d'Othon; le pape l'agrée; Philippe-Auguste le soutient. Chron. 158; Phil. X, 573, 640; — se rend à Rome; de là à Gênes; puis à Coire; entre à Constance et à Brisach. Chron. 158; — (1212) entrevue à Vaucouleurs avec le prince Louis; fait alliance avec Philippe-Auguste. Chron. 159;—(1213) se trouve à Pavie. Chron. 167; — (1214) Philippe-Auguste lui envoie l'aigle prise à Bouvines. Phil. XII, 47;—(1215) prend Werda et Trifels; est couronné à Aix-la-Chapelle et à Cologne. Chron. 208 ; — prend la croix. 209 ; — (1220) est couronné par le pape Honorius III. Chron. Cont. Cott. 7; — cité. Chron. 167; Phil. IV, 89. — *Fredericus, Sicanius rex.*

Frédéric de Pettau. Rig. 88. — *Fredericus de Sancta Sowe.*

Fréteval (Loir-et-Cher, arr. de Vendôme, c. de Morée). — (1194) Philippe-Auguste y est surpris par Richard Cœur-de-Lion. Rig. 100. — La Chron. (74) ne nomme pas l'endroit. La Phil. (IV, 530) dit Belfou, entre Fréteval et Blois. — *Fracta Vallis.*

Friesach (Carinthie, au N. de Klagenfurt). Rig. 88. — *Frisacum.*

Frigia. Voy. Frise. — *Dux Frisie.* Voy. Guillaume, comte de —.

Frisacum. Voy. Friesach.

Frise (Guillaume, comte de). Voy. Guillaume.

Fronde (maniement de la). Phil. VII, 265. — *Ars balcarica.*

Furnes (Belgique). — Pays de laboureurs. Phil. IX, 362 ; — (1213) les gens de — (*Furnites*) contribuent à la destruction de la flotte française à Dam. Phil. IX, 442;—(1214) envoie des renforts à Ferrand. Phil. X, 441. — *Furnus.* — Voy. Buridan de —.

Furnis (Buridanus de). Voy. Buridan de Furnes.

Furnites. Voy. Furnes (gens de).

Furnus. Voy. Furnes.

Fusinus, Fuxi comes. Voy. Raimond Roger, comte de Foix.

G

Gadras. Voy. Zara.

Gaillardum. Voyez Château-Gaillard.

Gaillon (Eure, arr. de Louviers). — Assiégé par Richard Cœur-de-Lion, qui y est blessé. Phil. V, 258; — cité. Rig. 107; Phil. VII, 576. — *Gaillo, Castrum Gaallonii.*

Galées (Louis des). Voy. Louis.

Galerand, fils d'Henri, duc de Limbourg. — (1214) allié de

Philippe-Auguste; son père allié d'Othon. Phil. X, 395.
Galericius heros ou *Thomas*. Voy. Thomas de Saint-Valery.
Gales, cardinal de Sainte-Marie *in porticu*, légat du saint-siège. — (1208) est envoyé en France. Rig. 153; Chron. 147; — (1216) envoyé en France pour empêcher le prince Louis de passer en Angleterre; n'y peut réussir; se rend dans ce pays. Chron. 217; — couronne Henri III, roi d'Angleterre. Chron. 222, p. 312; Phil. XII, 310; — (1217) assiste au siège de Lincoln. Chron. 223, p. 313. — *Guala, Gualo*.
Gales de Montigny. — (1214) à Bouvines porte l'étendard royal. Chron. 191, p. 281; Phil. X, 462; XI, 40; — défend Philippe-Auguste renversé de cheval. Chron. 191, p. 282. — *Galo de Montigniaco, Montiniacensis, Montinianus*.
Galiota (*Lodulus* ou *Ludovicus*). Voy. Louis des Galées.
Gallia. Voy. France, Gaule.
Gallois (les). — Richard Cœur-de-Lion en fait venir en France; leurs mœurs, leur caractère; au siège d'Andely. Phil. V, 276. — *Valli, Walli*.
Galterus cambellanus. Voyez Gautier de Nemours.
Galterus junior ou *juvenis*. Voy. Gautier de Nemours.
Galterus camerarius. Voy. Gautier le Chambrier, dit le Vieux.
Gamaches (Somme, arr. d'Abbeville). — Les gens de — à Bouvines. Phil. XI, 47, 345. — *Gamachienses, Gamachii*. Voy. Thomas de Saint-Valery, sire de —.
Gambeson. Phil. XI, 127. — *Gambeso*.

Gand (Belgique). — (1184) fournit des renforts à Philippe d'Alsace. Phil. II, 87;—(1213) assiégé par Philippe-Auguste. Chron. 169, 170, p. 251 ; Phil. IX, 426; — le roi en lève le siège à la nouvelle du désastre de Dam. Chron. 170, p. 251 ; Phil. IX, 472; — la ville livre des otages et paie une rançon. Chron. 170, p. 252; — (1214) envoie des renforts à Ferrand. Phil. X, 438; — citée. Chron. 199, p. 291. — *Gandavum, communia Gandaviorum*.
Gandaviorum communia, Gandavum. Voy. Gand.
Ganelon. Phil. III, 391.
Gap (Hautes-Alpes). Voy. Guillaume de —, abbé de Saint-Denis.
Gardes du corps de Philippe-Auguste armés de masses de cuivre créés pour le défendre contre les prétendues tentatives d'assassinat de Richard Cœur-de-Lion. Rig. 87.
Garlandia (*Guillelmus de*). Voy. Guillaume de Garlande.
Garlande. Voyez Guillaume de —.
Garlandicus heros. Voy. Guillaume de Garlande.
Garonne (la). Phil. XII, 826. — *Gerunna*.
Gascelinus. Voy. Josselin.
Gascogne (la). — Tenue en fief du roi de France par Henri II. Phil. III, 764 ; — ses vins. Phil. IX, 386. — *Vasconia*.
Gascolides (*Gilebertus*). Voy. Gilbert de Vascœuil.
Gastinensis pagus, Gastinetum. Voy. Gâtinais (le).
Gaston, comte de Bigorre. — (1213) fournit des renforts au roi d'Aragon contre Simon de Montfort. Phil. VIII, 578. — *Bicorrus comes*.
Gâtinais (le). Phil. IX, 91 ; X,

588. — *Gastinensis pagus, Gastinetum.*
Gaubert, pêcheur de Mantes. Phil. XI, 214. — (1203) au siège d'Andely poursuit la flotte anglaise. Phil. VII, 329; — brise l'estacade de la Seine et va mettre le feu aux retranchements du château. Chron. 124; Phil. VII, 337; — *Gaubertus Meduntensis.*
Gaucher de Châtillon, comte de Saint-Pol. — (1203) au siège d'Andely. Phil. VII, 219; — (1210) prend le château de Guarplic avec Juhel de Mayenne. Chron. 150; — (1213) reprend Tournai avec frère Guérin et ravage les terres de Raoul de Mortagne. Chron. 181, p. 267; Phil. IX, 709; — (1214) dans l'armée française. Phil. X, 481; — à Bouvines, à l'aile droite. Phil. XI, 53; — soupçonné d'être partisan d'Othon; conseille de faire commencer la bataille par les sergents. Chron. 186; — ses exploits à Bouvines. Chron. 188, 189; Phil. XI, 114, 200. — *Gaucherus comes Sancti Pauli.*
Gaudia Portans. Voy. Portejoie.
Gaufredus, Gaufridus. Voyez Geoffroy.
Gaule (la). Rig. 38; Chron. 3, 5; Phil. I, 177. — *Gallia.* Voy. France.
Gautier, évêque de Chartres. — (1223) aux obsèques de Philippe-Auguste. Chron. Cont. Par. 7.
Gautier le Chambrier, dit le Jeune. Voy. Gautier de Nemours.
Gautier le Chambrier, dit le Vieux. — (1186) succède à Girard, prévôt de Poissy. Rig. 40; — cité. Chron. 176. — *Galterus camerarius, Galterus Francie camerarius.*
Gautier de Châtillon, poète auteur de l'Alexandréide. Phil. Nunc. 10; VII, 840; XII, 886. — *Galterus.*
Gautier Cornu. — (1220) élu évêque de Paris; dissensions dans le chapitre; va à Rome; est déposé par le pape. Chron. Cont. Cott. 4; — (1223) archevêque de Sens, assiste aux obsèques de Philippe-Auguste. Chron. Cont. Par. 7; Phil. XII, 665; — avait d'abord été élu à l'évêché de Paris. Phil. XII, 685. — *Galterus Cornutus, Galterus archiepiscopus Senonensis.*
Gautier de Fontaines. — (1214) à Bouvines, contribue à la prise de Renaud de Dammartin. Chron. 196, p. 288. — *Galterus de Fontibus.*
Gautier de Ghistelle. — (1214) à Bouvines. Phil. XI, 98; — attaque Hugues de Malaunoy, qui le fait prisonnier. Chron. 187; Phil. XI, 138. — *Galterus de Guistella.*
Gautier de Nemours, dit le Chambrier et le Jeune. — Frère de Pierre, évêque de Paris, de Guillaume, évêque de Meaux, et d'Etienne, évêque de Noyon. Chron. 176; — reconstitue les registres du Trésor des Chartes perdu à Belfou. Phil. IV, 569; — (1213) Philippe-Auguste lui ordonne de brûler ce qui reste de la flotte française. Phil. IX, 529; — (1214) dans l'armée française. Phil. X, 538; — aux côtés de Philippe-Auguste à Bouvines. Chron. 184, p. 272; — ne quitte pas le roi. Chron. 192, p. 284; — (1214) tuteur du fils d'Henri Clément. Chron. 180; — (1218) prend la croix. Chron. 225; — (1219) est fait prisonnier par les Sarrasins. Chron. 230. — *Galterus de Nemosio, Galterus juvenis ou*

junior, Galterus cambellanus ou *camerarius*.

Gautier de la Porte. — (1198) est pris à Courcelles-lez-Gisors. Phil. V, 426. — *Galterus Porte*.

Gautier, archevêque de Rouen. — (1188) se croise. Rig. 56; — (1207) meurt. Chron. 142. — *Galterus Rotomagensis archiepiscopus*.

Gautier, évêque de Tournai. — (1219) va à la croisade des Albigeois. Chron. 233. — *Episcopus Tornacensis*.

Gautier de Vormizeele. — (1213) est pris à Gand. Phil. IX, 512. — *Galterus Formesellarum*.

Gaza, en Palestine. Phil. IV, 242, 247, 305, 384.

Gelée prolongée d'octobre 1218 à mars 1219. Chron. 229; — en août et septembre 1219. Chron. 235.

Génebaud, chef des Francs. Chron. 4. — *Genebaudus*.

Gênes, en Italie. — (1190) Philippe-Auguste s'y embarque pour la Terre sainte. Rig. 69; Chron. 51; Phil. IV, 17; — (1213) Frédéric II, empereur d'Allemagne, y débarque. Chron. 158. — *Janua*.

Geoffroi, évêque d'Amiens. — (1223) aux obsèques de Philippe-Auguste. Chron. Cont. Par. 7. — *Gaufridus Ambianensis episcopus*.

Geoffroi, fils du duc de Brabant. — (1214) donné en otage à Philippe-Auguste. Chron. 204, p. 299. — *Godefridus*.

Geoffroi, duc de Bretagne, comte de Richemont, fils de Henri II d'Angleterre. — (1186) meurt aux Champeaux; est enterré à Notre-Dame. Rig. 44; Chron. 35; Phil. II, 500; — *Gaufridus dux Britanniæ, Richemontis comes*.

Geoffroi de Lusignan. — (1202) est dépouillé de plusieurs fiefs par Jean Sans-Terre. Chron. 110; — vient renforcer l'armée d'Artur de Bretagne. Phil. VI, 273; — est fait prisonnier à Mirebeau. Rig. 138; — (1214) s'allie avec Jean Sans-Terre. Chron. 172; — sa bravoure. Phil. III, 216. — *Gaufridus Lisinanicus, de Lisignan, de Lisinia, de Ladinnano*.

Geoffroi, évêque de Meaux. — (1214) quitte l'épiscopat et se retire à Saint-Victor; ses vertus. Chron. 176. — *Gaufridus Meldensis episcopus*.

Geoffroi, archidiacre de Paris. — (1206) est élu archevêque de Tours. Chron. 141. — *Gaufredus*.

Geoffroi de Rancon. Rig. 73. — *G. de Ranchonio*.

Geoffroi, évêque de Senlis. — (1186) vient à Saint-Denis. Rig. 42; — (1191) assiste à l'exposition des reliques de saint Denis. Rig. 80; — (1213) quitte l'épiscopat et se retire au monastère de Chaalis. Chron. 175. — *Gaufridus Silvanectensis episcopus*.

Geoffroi, archevêque de Tours. Voy. Geoffroi, archidiacre de Paris.

Geoffroi, archevêque d'York. Phil. V, 3. — *Eboracensis presul*.

Gérard. Voy. Girard.

Germain (saint) d'Auxerre. — Fait savoir miraculeusement qu'il était auprès de Philippe-Auguste à Bouvines. Phil. XII, 764.

Germains (les). Phil. I, 147. — *Germani*.

Germania. Voyez Allemagne, Germanie.

Germanie (la). Rig. 38, p. 56 et 58; Chron. 3, 4. — *Germania*.

Gerunna. Voy. Garonne (la).

Gesta Francorum. Rig. 37.
Ghistelles. Voy. Gautier de —.
Giemi dominus. Voy. Guillaume Gouet.
Gien (Loiret). — Seigneur de —. Voy. Guillaume Gouet.
Gif (Seine-et-Oise, arr. de Versailles, c. de Palaiseau). — Abbaye bénédictine de femmes fondée par Maurice de Sully. Rig. 114.
Gilbert de Vascœuil. — (1189) rend la citadelle de Tours à Philippe-Auguste. Phil. III, 728. — *Gilebertus Gascolides.*
Gilles d'Aci. — (1214) à Bouvines, fait prisonnier Ferrand avec Hugues de Mareuil. Phil. XI, 235. — *Gilo Aciensis.*
Gilles de Paris. Phil. XII, 886. — *Egidius.*
Girard d'Athée. — (1205) commandait à Loches; avait ravagé Tours et Amboise; est fait prisonnier à Loches par Philippe-Auguste et enfermé à Compiègne. Chron. 134; Phil. VIII, 418. — *Girardus de Athia, de Athiis.*
Girard de Fournival. — (1188) au combat de Soindres. Phil. III, 454, 580. — *Girardus Fornivalides, Fornivalus.*
Girard de Horstmar. Voy. Bernard.
Girard, comte de Mâcon. — Est battu par Eon, vicomte de Porhoet. Chron. 13. — *Comes Matisconensis.*
Girard, évêque de Noyon. — (1223) aux obsèques de Philippe-Auguste. Chron. Cont. Par. 7. — *Girardus Noviomensis episcopus.*
Girard, prévôt de Poissy. — (1186) quitte ses fonctions de trésorier du roi. Rig. 40. — *Girardus, prepositus de Pixiaco.*
Girard de Randerath. — (1214) allié d'Othon. Phil. X, 406; — dans le partage de la France, devait avoir le Gâtinais. Phil. X, 588; — à Bouvines. Phil. XI, 392; — délivre Othon des mains de Guillaume des Barres. 486; — est fait prisonnier. Chron. 193; Phil. XI, 516; — est emprisonné en France. XII, 154. — *Girardus de Randerodes, de Randerodis, Guerardus Randerodensis.*
Girard la Truie. — (1214) dans l'armée française. Phil. X, 460; — à Bouvines, est auprès du roi. Chron. 184, p. 272; — ses exploits. Phil. XI, 387; — frappe Othon d'un coup de poignard; l'arme glisse et tue le cheval de l'empereur. Chron. 192; Phil. XI, 452. — *Girardus Scropha.*
Gisèle, fille de Charles le Simple. — Epouse Rollon. Phil. VIII, 192.
Gisors (Eure, arr. des Andelys). — (1183) dot de Marguerite de France; Henri II s'en empare; Philippe-Auguste le réclame. Rig. 50; Chron. 38; Phil. II, 494; — (1188) Henri II et Philippe-Auguste y prennent la croix. Rig. 56; Chron. 41; — Philippe-Auguste en ravage les environs. Rig. 62; — il y a avec Henri II des pourparlers qui se terminent par une bataille; il fait abattre l'orme qui se trouvait aux portes de la ville. Chron. 45; Phil. III, 97; — (1189) le château brûle et le pont de bois s'écroule lors de l'entrée de Richard Cœur-de-Lion. Rig. 67; — (1193) pris par Philippe-Auguste. Rig. 89; Chron. 67; Phil. IV, 411; — (1196) Philippe-Auguste y vient. Rig. 113; — (1198) Déroute de Philippe-Auguste auprès de Gisors.

Rig. 122; Chron. 93; la Philippide (V, 351) place cette affaire à Courcelles. Voy. ce nom; — cité. Rig. 60; Chron. 43. — *Gisortium, Gisortum.* — R. de Gisors. Voy. R.
Gisortium, Gisortum. Voy. Gisors.
Godefridus. Voy. Geoffroi.
Goëllo (comté de), en Bretagne. —(1222) les habitants se révoltent contre le duc de Bretagne. Phil. XII, 408. — *Goelonnes.*
Goritz (Autriche). Voy. Mainard de —.
Gornacius (Hugo). Voy. Hugues de Gournay.
Gornacum. Voy. Gournay.
Goths (les). Chron. 2. — *Gothi.*
Goulet (le) (Eure, arr. de Louviers, c. de Gaillon, comm. de Saint-Pierre-la-Garenne). — Renaud de Dammartin y est enfermé après Bouvines. Phil. III, 90. — *Guletum.*
Gourdon. Voy. Bertrand de —.
Gournay (Seine-Inférieure, arr. de Neufchâtel). — Description et éloge. Chron. 112; Phil. VI, 210; — (1202) est pris par Philippe-Auguste, qui renverse les murailles en crevant la digue d'un étang situé au-dessus de la ville. Rig. 138; Chron. 112; Phil. VI, 221; — Artur de Bretagne y est armé chevalier. Rig. 138; Chron. 113; Phil. VI, 262. — *Gornacum.* — Hugues de —. Voy. Hugues.
Graçay (Cher, arr. de Bourges). — (1187) pris par Philippe-Auguste. Rig. 51; Chron. 38; Phil. II, 542; — (1189) cédé à Philippe-Auguste. Rig. 67. — *Crazzacum, Crazaium.*
Granier, sergent d'armes. — (1203) au siège de Château-Gaillard. Phil. VII, 733.
Gravalinge. Voy. Gravelines.
Gravelines (Nord, arr. de Dunkerque). — (1184) fournit des renforts à Philippe d'Alsace. Phil. II, 122; — (1213) Philippe-Auguste y fait amener sa flotte et l'y rejoint avec son armée. Chron. 169; Phil. IX, 351; — il donne cette ville à son fils Louis. Phil. IX, 355; — (1214) elle envoie des renforts à Ferrand. Phil. X, 440. — *Gravalinga, Gravalinge, Gravelinga.*
Grèce (la). Chron. 5.
Grecs (les). Voy. Constantinople.
Grégoire VIII, pape. Rig. 55; Chron. 40.
Grégoire de Tours (chronique de). Rig. 37; 39, p. 63; Chron. 2. — *Gregorius Turonicus.*
Grêle terrible en juillet 1198. Rig. 121.
Grenesis. Voy. Guernesey.
Guala, Gualo. Voy. Gales.
Guallardum. Voy. Château-Gaillard.
Guarplic (ou Guesclin), château près de Saint-Malo. — (1210) pris par Juhel de Mayenne. Chron. 150.
Gué-de-Jacob (le), en Terre sainte. Rig. 30; — *Vadum Jacob.*
Guéhénoc, évêque de Vannes. — Artur de Bretagne lui est confié. Phil. V, 161. — *Guidenocus, episcopus Venetensis.*
Guerardus. Voy. Girard.
Guérin, abbé de Saint-Victor de Paris. Rig. 70, p. 104.
Guérin (frère).—Frère de Saint-Jean de Jérusalem, principal conseiller de Philippe-Auguste. Chron. 154, 175; Phil. X, 729; — (1210) poursuit les partisans d'Amaury de Chartres. Chron. 154; — (1213) est élu évêque de Senlis. Chron. 175; — Philippe-Auguste lui ordonne d'incendier sa flotte à Dam. Phil. IX, 529; — reprend Tournai avec

le comte de Saint-Pol et ravage la seigneurie de Mortagne. Chron. 181, p. 267; Phil. IX, 707; — (1214) dans la retraite sur Bouvines, se trouve à l'arrière-garde; voit l'armée impériale en marche et va prévenir Philippe-Auguste. Chron. 182; Phil. IX, 729; — à Bouvines est partisan du combat. Chron. 183, p. 269; — exhorte les troupes avant la bataille. Chron. 186, p. 276; Phil. XI, 65; — fait commencer le combat par les soudoyers à cheval. Chron. 186, p. 277; — Cornut, l'un de ses serviteurs, veut tuer Renaud de Dammartin. Chron. 196. Phil. XI, 688; — il l'en empêche. 702; — Renaud se rend à lui. Chron. 196, p. 288; — fait relever Renaud et le confie à Jean de Nesle pour être conduit au roi. Phil. XI, 710; — (1219) va à la croisade des Albigeois. Chron. 283; — (1223) assiste aux obsèques de Philippe-Auguste. Chron. Cont. Par. 7. — *Frater Garinus, Electus Silvanectensis, Electus, Episcopus Silvanectensis.*

Guernesey (île de). — Pillée par Alain Tranchemer. Phil. VII, 168. — *Grenesis.*

Gui. — (1203) au siège d'Andely. Phil. VII, 219, 272. — *Guido.*

Gui, comte d'Auvergne. — (1210) détruit le monastère de Mozac; est châtié par Philippe-Auguste qui donne son comté à Gui de Dampierre. Chron. 156; Phil. VIII, 452. — *Guido comes Alvernie.*

Gui, évêque de Carcassonne. — (1224) prêche la croisade contre les Albigeois. Chron. Cont. Cott. 8.

Gui de Dampierre. — (1210) Philippe-Auguste lui donne le comté d'Auvergne. Chron. 156, p. 235; Phil. VIII, 478; — (1213) assiste à l'assemblée de Soissons. Phil. IX, 204. — *Guido de Domnapetra, Guido Domnipetrinus.*

Gui V, vicomte de Limoges. —(1202) est fait prisonnier par Jean Sans-Terre. Rig. 138. — *Vicecomes Lemovicarum.*

Gui de Lusignan, roi de Jérusalem. — Richard Cœur-de-Lion lui vend Chypre. Rig. 82.

Gui de Montfort, frère de Simon. — A la croisade des Albigeois. Phil. VIII, 679; — (1220) comte de Bigorre, est tué au siège de Castelnaudary. Chron. Cont. Cott. 3, 5. — *Guido comes Bigorrensis.*

Gui de la Roche. — A Bouvines, dans l'armée française. Phil. X, 462. — *Guido Rupensis.*

Gui III de Senlis, bouteiller de France. Rig. 70, p. 105. — *Guido buticularius.*

Gui, archevêque de Sens. — (1180) couronne Philippe-Auguste à Saint-Denis. Rig. 10.

Gui de Thouars. — Frère d'Aimeri, vicomte de Thouars. Chron. 135; — (1190) accompagne Richard Cœur-de-Lion à Aumale. Phil. V, 179; — est pris par les Français. Rig. 113; Chron. 86; Phil. V, 243; — (1199) épouse la mère d'Artur de Bretagne et devient duc de Bretagne. Chron. 86; Phil. V, 179; — (1204) allié de Philippe-Auguste, envahit l'Avranchin. Phil. VIII, 40; — assiège et incendie le mont Saint-Michel. Chron. 131, p. 220; Phil. VIII, 119; — brûle Avranches et rejoint le roi à Caen. Chron. 131, p. 221; Phil. VIII, 127; — retourne en Bretagne. Phil. VIII, 136; — (1205) amène son frère Ai-

meri à s'allier avec Philippe-Auguste. Chron. 135; — (1206) se révolte contre le roi, puis se soumet. Chron. 138; — sa fille avait épousé Pierre de Dreux. Chron. 173. — *Guido de Thoarcia, de Thoarcio, de Thoarz, Thoarcensis, Thoarcites.*
Gui, abbé des Vaux-de-Cernay. — Rig. 70, p. 104. — *Abbas de Sardenio.*
Gui de Vergy. — Confondu par Rigord et Guillaume le Breton avec son fils Hugues. Rig. 32; Chron. 31. — *Guido de Vergiaco.* Voy. Hugues de Vergy.
Guichard de Beaujeu. — (1213) assiste à l'assemblée de Soissons. Phil. IX, 200. — *Guiscardus Bellijocensis.*
Guidenocus. Voy. Guéhénoc.
Guidomarchus, Guidomarus. Voy. Guiomar.
Guierche (la) (Sarthe, arr. du Mans). Phil. XII, 399. — *Guirchini muri.*
Guillaume, prêtre anglais, meurt à Pontoise en odeur de sainteté, le 10 mai 1193. Rig. 86.
Guillaume le Bâtard ou le Conquérant, duc de Normandie et roi d'Angleterre. Rig. 38, p. 60; Chron. 10. — *Willelmus Nothus.*
Guillaume II, roi d'Angleterre. Chron. 10.
Guillaume, comte d'Arundel. — (1188) est vaincu en combat singulier par Guillaume des Barres. Phil. III, 464; — (1199) au siège du Vaudreuil. Rig. 100; Chron. 74; Phil. V, 4; — cité. Phil. III, 218. — *Arundelle* ou *Hirundelle comes.*
Guillaume, évêque d'Auxerre. — (1210) Philippe-Auguste confisque ses régales parce qu'il refuse le service militaire; ce différend se termine deux ans après. Chron. 151; — (1120) est élu évêque de Paris. Chron. Cont. Cott. 4, 6.
Guillaume, évêque d'Avranches. — (1223) assiste aux obsèques de Philippe-Auguste. Chron. Cont. Par. 7.
Guillaume des Barres. — Son éloge. Phil. III, 431; — est qualifié par Rigord comte de Rochefort. Rig. 56; — (1186) au siège de Châtillon-sur-Seine. Phil. I, 684; — (1188) prend la croix. Rig. 56; — poursuit Richard Cœur-de-Lion qui se retire de Mantes. Phil. III, 431; — renverse les comtes d'Arundel et de Chester. 464; — combat contre Richard Cœur-de-Lion. 485; — jeux de mots sur son nom, 526, 548; — au combat de Soindres, est blessé. 587; — guérit de ses blessures. 623; — (1190) à Messine le roi lui donne quatre cents marcs. Rig. 72; — (1195) ne se laisse pas corrompre par les présents du roi d'Angleterre. Phil. IV, 597; — (1196) au combat d'Aumale; ses exploits. Phil. V, 187, 213; — (1203) au siège d'Andely. Phil. VII, 155; — arrête les fuyards. 218; — repousse l'attaque de Guillaume le Maréchal. 245; — repousse la flotte anglaise. Chron. 123; Phil. VII, 272, 296; — (1204) accompagne Gui de Thouars en Bretagne. Chron. 131, p. 221; — (1213) repousse les Anglais à Dam. Phil. IX, 496; — (1214) se trouve dans l'armée française. Phil. X, 458; — à Bouvines, se tient près du roi. Chron. 184, p. 272; — délivre Philippe-Auguste renversé de cheval. Phil. XI, 297; — ses exploits contre les Allemands. 384; — cherche à atteindre Othon. 445; — en est empê-

ché par Girard de Horstmar. 467 ; — saisit Othon par le cou et s'apprête à le tuer ; mais il est renversé de cheval ; est délivré par Thomas de Saint-Valery et continue à combattre. Chron. 192 ; Phil. XI, 481 ; — cité. Phil. III, 555. — *Willelmus* ou *Guillelmus Barrensis* ou *de Barris*, *Guillelmus Barrarum, Barrensis eques* ou *baro*.

Guillaume, fils de Guillaume des Barres et de la mère de Simon de Monfort. — A la croisade des Albigeois. Phil. VIII, 674.

Guillaume aux Blanches mains. Voy. Guillaume, archevêque de Reims.

Guillaume le Breton se dit breton de nation et prêtre, Chron. 1, Phil. *Nunc.*, titre ; — était chapelain du roi. Chron. 185 ; — chanoine de Senlis et de Saint-Pol de Léon. Chron. 174 ; précepteur de Pierre Charlot. Phil. XII, 902 ; — vint, à l'âge de douze ans, faire son éducation à Mantes. Phil. III, 374 ; — vers 1198, était présent au récit fait par un chevalier à l'évêque de Saint-Pol de Léon. Chron. 97, p. 204 ; — (1204) assistait à la prise du Château-Gaillard ; Chron. 129, p. 219 ; Phil. VII, 599, 783 ; — soutient un procès contre l'église Saint-Maclou de Mantes, de 1207 à 1213. Chron. 174 ; — en 1213, était présent à l'affaire de Dam. Chron. 170, p. 251 ; Phil. IX, 493, 496 ; — en 1214, à Bouvines, chantait des psaumes derrière le roi, Chron. 185 ; — motifs qui l'ont porté à continuer le récit de Rigord. Chron. 185 ; — comptait d'abord écrire la Philippide en dix livres. Phil. VII, 838 ; — était âgé de cinquante-cinq ans lorsqu'il écrivait le IIIe chant de la Philippide. Phil. III, 376 ; — dédie la Philippide à Louis VIII et à Pierre Charlot. Phil. *Nunc.* passim ; XII, 803-916 ; — auteur d'une *Carlotide* composée en même temps que sa Philippide. Phil. *Nunc.*, 52 ; distiques de l'épilogue, v. 52.

Guillaume de Briouze. — Gardien d'Artur de Bretagne à Rouen, refuse de l'assassiner et se retire à Briouze. Phil. VI, 480. — *Guillelmus Braosita*.

Guillaume, abbé de Chaalis. — Voy. Guillaume de Donjon.

Guillaume II, comte de Chalon-sur-Saône. — (1179) viole les immunités des églises et est châtié par Philippe-Auguste. Rig. 8 ; Chron. 18, Phil. I, 457. — *Comes Cabilonensis*, (par erreur dans la Philippide) *Guido comes Cabilonis*.

Guillaume, évêque de Chalon-sur-Saône. — (1223) assiste aux obsèques de Philippe-Auguste. Chron. Cont. Par. 7 ; Phil. XII, 706 ; — avait hérité du comté du Perche à la mort du comte Thomas. Ibid.

Guillaume de Donjon, abbé de Chaalis. — (1200) est élu archevêque de Bourges. Rig. 130. — *Guillelmus abbas Karoli-loci*.

Guillaume, comte de Frise. — (1211) se déclare pour Frédéric II. Chron. 157, p. 238. — *Dux Frigie*.

Guillaume de Gap, abbé de Saint-Denis. — (1186) se démet de ses fonctions. Rig. 41. — *Guillelmus Vapincensis*.

Guillaume de Garlande. — (1188) commande à Mantes. Phil. III, 245, 327 ; (1214) dans l'armée française. Phil. X, 539 ; — à Bouvines se tient près du roi et ne le quitte pas. Chron. 184, p. 272 ; 192, p. 284 ; — cité. Rig. 70, p. 103. — *Guillelmus de Garlanda, de Garlandia, Garlandensis, Garlandicus.*

Guillaume Gouet, seigneur de Gien. — Meurt en Palestine. Phil. IV, 311. — *Giemus comes.*

Guillaume, comte de Hollande. (1213) s'allie avec Jean Sans-Terre et Renaud de Dammartin ; puis se retire. Phil. IX, 611 ; — cité. 422. — *Guilliquinus.*

Guillaume de Joinville. Voy. Guillaume, archevêque de Reims.

Guillaume, comte de Leicester. Voy. Robert.

Guillaume, évêque de Lisieux. — (1223) assiste aux obsèques de Philippe-Auguste. Chron. Cont. Par. 7.

Guillaume Longue-Epée, duc de Normandie. Chron. 10. — *Willelmus Longa Spata.*

Guillaume Longue-Epée, comte de Salisbury. — (1213) est envoyé par Jean Sans-Terre au secours du comte de Flandres. Chron. 170, p. 251 ; — détruit la flotte de Philippe-Auguste à Dam. Phil. IX, 432 ; — se retire au large. 559 ; — (1214) envoyé par Jean Sans-Terre à Othon avec des troupes. Chron. 181, p. 266 ; avec trente-trois mille hommes. Phil. X, 431 ; — dans le partage du royaume devait avoir Dreux. Phil. X, 587 ; — à Bouvines, se trouve à l'aile droite des ennemis. Phil. XI, 50 ; — se tient auprès de Renaud de Dammartin. 341 ; — est renversé par Philippe de Dreux et fait prisonnier par Jean de Nesle. Chron. 200 ; Phil. XI, 538 ; — Philippe-Auguste le donne à Robert de Dreux, qui l'enferme dans la tour de Dreux, pour l'échanger contre son fils prisonnier de Jean Sans-Terre. Chron. 200 ; Phil. XII, 144 ; — (1216) se range du parti de Louis VIII ; mais le quitte à la mort de Jean Sans-Terre. Chron. 222, 223 ; — cité. Phil. IX, 69 ; X, 13, 129. — *Willelmus Longa Spata, Salebericus heros, comes Salesberie, Hugo* (par erreur. Phil. X, 13).

Guillaume de Mandeville, comte d'Aumale. — (1188) au combat de Soindres. Phil. III, 565 ; — cité. 221. — *Halgomaris, Marcellus (?).*

Guillaume le Maréchal. — (1203) Jean Sans-Terre l'envoie ravitailler Andely. Phil. VII, 144 ; — réunit des troupes et une flotte. 195 ; — attaque par terre le camp de Philippe-Auguste ; est repoussé. 201 ; — sa flotte engage un nouveau combat et est repoussée. 253. — *Marescallus.*

Guillaume de Mauléon. — (1196) accompagne Richard Cœur-de-Lion à Aumale. Phil. V, 183 ; — (1202) vient se joindre à l'armée d'Artur de Bretagne. Phil. VI, 277 ; — (1208) ravage le Poitou. Phil. VIII, 294. — *Guillelmus Malleo.*

Guillaume de Mello. — (1188) prend la croix. Rig. 56 ; — (1190) reçoit de Philippe-Auguste à Messine un présent de quatre cents onces d'or. Rig. 72 ; — (1197) s'unit à l'évêque de Beauvais pour résister à Mercadier et est fait prisonnier. Rig. 123 ; Chron. 94 ; Phil. V, 331. — *Guillelmus de Melloto.*

Guillaume de Mello le Jeune. — (1197) est fait prisonnier à l'affaire de Courcelles-lez-Gisors. Rig. 122. — *Guillelmus de Merloto juvenis.*

Guillaume de Mortemer. — (1214) aux côtés de Philippe-Auguste à Bouvines. Chron. 184, p. 272. — *Guillelmus de Mortuomari.*

Guillaume de Nemours, chantre du chapitre de Paris. — (1214) est nommé évêque de Meaux. Chron. 176.

Guillaume, évêque de Paris. — (1223) assiste aux obsèques de Philippe-Auguste. Chron. Cont. Par. 7.

Guillaume III, comte de Ponthieu. — (1195) épouse Alix de France qui avait été fiancée à Richard Cœur-de-Lion. Rig. 102; Chron. 76; Phil. X, 484; — (1214) dans l'armée française. Phil. X, 484; — à Bouvines, à l'aile gauche. Phil. XI, 47, 346. — *Comes Pontivi* ou *Pontivicii* ou *de Pontivo.*

Guillaume Poulain, trésorier du roi. Phil. IX, 457. — *Guillelmus Pullus.*

Guillaume de Prunai, gardien de Renaud de Dammartin à Péronne. Phil. XII, 142. — *Guillelmus Pruniacensis.*

Guillaume aux Blanches-Mains, archevêque de Reims, cardinal du titre de Sainte-Sabine, frère de Thibaut de Champagne et oncle de Philippe-Auguste. — (1179) couronne Philippe-Auguste à Reims. Rig. 4; Phil. I, 350; — fait brûler des hérétiques en Flandre. Rig. 22; — (1185) est chargé du gouvernement avec Thibaut de Blois. Rig. 27; — s'entremet entre le roi et le comte de Flandre. Rig. 27; Phil. I, 380; — (1190) remet le bourdon à Philippe-Auguste à Saint-Denis. Rig. 69; — est chargé du gouvernement avec la reine Adèle pendant l'absence du roi. Rig. 69, 70; Chron. 51; — (1191) fait exposer les reliques de saint Denis *ad removendum errorem Parisiensium.* Rig. 80; — (1192) reçoit Albert, évêque de Liège. Rig. 78; — (1196) assiste à l'hommage de Baudouin IX, comte de Flandre. Rig. 111; — cité. Phil. III, 247. — *Guillelmus Remensis archiepiscopus, Remorum presul.*

Guillaume de Joinville, archevêque de Reims. — Ancien évêque de Langres. Phil. XII, 680; — célèbre la messe aux obsèques de Philippe-Auguste. Chron. Cont. Par. 7; Phil. XII, 665. — *Guillelmus archiepiscopus Remensis.*

Guillaume des Roches. — (1202) avant le combat de Mirabeau fait jurer à Jean Sans-Terre de ne pas emmener les prisonniers au delà de la Loire. Phil. VI, 411; — Jean Sans-Terre ayant violé ce serment, il le quitte. 452; — (1204) prend Angers avec Cadoc. Phil. VIII, 272; — est nommé sénéchal d'Anjou. 277; — (1207) a la garde des places prises sur le vicomte de Thouars. Rig. 149; — (1208) bat avec Henri Clément le vicomte de Thouars et Savari de Mauléon. Rig. 151; Chron. 145; — avait fait bâtir le château de la Roche-au-Moine. Chron. 178; — (1214) reste fidèle au roi. Chron. 201; — amène des renforts au prince Louis à la Roche-au-Moine. Phil. X, 227; — se moque de Jean Sans-Terre. 243. — *Willelmus* ou *Guillelmus de Rupibus, Senescallus Andegavie.*

Guillaume, abbé de Saint-Denis. Voy. Guillaume de Gap.

Guillaume le Bon, roi de Sicile. — Avait épousé Jeanne, sœur de Richard Cœur-de-Lion. Phil. IV, 74.

Guillaume, seigneur de Vierzon. Rig. 113.
Guillelmus natione Armoricus. Voy. Guillaume le Breton.
Guilliquinus. Voy. Guillaume, comte de Hollande.
Guiomar, comte de Léon. — (1163) est fait prisonnier avec son père Hervé et enfermé à Châteaulin; est délivré par Haimon, évêque de Léon, et Conan le Petit, duc de Bretagne. Chron. 13; — (1169) chasse Haimon de son évêché; est battu à *Mechuoet* par Conan le Petit, duc de Bretagne. Ibid.; — est père de Conan le Petit, comte de Léon; fut un fidèle allié de Philippe-Auguste. Phil. VIII, 400; — sa force. Phil. III, 226; VIII, 402; — cité. Phil. III, 224. *Guidomarus de Leonia, Guidomarchus de Lionia.*
Guirchini muri. Voy. Guierche (la).
Guiscard (Robert). Voy. Robert Guiscard.
Guiscardus. Voy. Guichard.
Guistella (Galterus de). Voy. Gautier de Ghistelles.
Guletum. Voy. Goulet (le).
Guorze. Voy. Goritz.
Gurdo. Voy. Bertrand de Gourdon.
Guyenne (la). Rig. 51 : Chron. 110, 113, 114, 116, 133, 139, 143, 172; Phil. XII, 853. — *Aquitania, Partes Aquitanice.*

H

Hache danoise. Phil. XI, 118, 624. — *Daca securis, Dacha bipennis.*
Haimon, évêque de Léon. — (1163) avec l'aide de Conan le Petit, duc de Bretagne, s'empare de Châteaulin et délivre Hervé et Guiomar de Léon. Chron. 13; — (1169) est chassé de son évêché par son frère Guiomar, s'allie à Conan, duc de Bretagne, et bat Guiomar à *Mechuoet*. Ibid.; — (1171) est assassiné à *Rengar*. Chron. 15. — *Haimo Leonensis episcopus.*
Hainaut (le). — (1214) Othon y rassemble son armée. Chron. 181. — *Henoldia, Henonia.* — Les gens du Hainaut. Phil. VI, 35; XI, 157. — *Henaudini, Henoe.* — Comtes de —. Voy. Baudouin V, Baudouin IX, comte de Flandre. — Elisabeth de —. Voy. Elisabeth.
Haleb, ville. Rig. 49, p. 75.
Halgomaris. Voy. Guillaume de Mandeville, comte d'Aumale.
Halles (les). Voy. Paris, histoire (1183).
Halmes (forêt de). Voy. Hez (forêt de).
Hamelincourt (Pas-de-Calais, arr. d'Arras, c. de Croisilles). — *Alencuria.* Voy. Hugues d' —.
Hangesides (Albertus). Voy. Albert de Hangest.
Hangest-en-Santerre (Somme, arr. de Montdidier, c. de Moreuil). Voy. Albert de —.
Harold, roi d'Angleterre. Chron. 10. — *Heiraudus.*
Harmes ou *Harmis (Michael de).* Voy. Michel de Harnes.
Harmensis (Michael). Voy. Michel de Harnes.
Heberus, fleuve. Rig. 49, p. 76.
Hébes VI, sire de Charenton. — (1179) moleste les clercs et pille les églises, est châtié par Philippe-Auguste. Rig. 7; Chron. 18; Phil. I, 457-468. — *Hebo Bituricus.*
Hector, fils de Priam, roi des Troyens, père de Francion. Rig. 37; 38, p. 55; Chron. 2.
Hedera. Voy. Yerres.
Hedinum. Voy. Hesdin.
Heiraudus. Voy. Harold.
Hélénus, fils de Priam, roi des

Troyens. Rig. 38, p. 57; Chron. 5.
Helisabeth. Voy. Elisabeth.
Helya. Voy. Jérusalem.
Hemanmelinus. Voy. Iacoub-Aben-Iousef.
Hemericus. Voy. Aimeri de Lusignan.
Hemir-Momelin. Voy. Iacoub-Aben-Iousef, roi de Maroc.
Henaudini. Voy. Hainaut (les gens du).
Hengist, chef saxon. Chron. 6; Phil. IV, 464.
Hennavius comes. Voy. Baudouin IX, comte de Flandre et de Hainaut.
Henoe. Voy. Hainaut (les gens du).
Henoldia, Henonia. Voy. Hainaut (le).
Henri. — (1188) au combat de Soindres. Phil. III, 581. — *Hericus.*
Henri, cardinal, évêque d'Albano, légat. Rig. 1.
Henri III, empereur d'Allemagne. — (1052) envoie des ambassadeurs en France au sujet des prétendues reliques de saint Denis découvertes à Ratisbonne. Rig. 39.
Henri VI, empereur d'Allemagne. — (1191) succède à son père Frédéric Barberousse. Rig. 76; Chron. 56; Phil. IV, 368; — avait épousé Constance, fille de Roger, roi de Sicile; la fait monter sur le trône de son père à la mort de celui-ci. Phil. IV, 84; — (1192) fait assassiner, à Reims, Albert, évêque de Liège. Rig. 78; Chron. 61; — Léopold d'Autriche lui amène à Mayence Richard Cœur-de-Lion prisonnier; reproches qu'il lui adresse. Phil. IV, 375; — retient Richard en prison. Rig. 88; Chron. 66; — (1193) lui rend la liberté moyennant cent mille marcs. Phil. IV, 423; — (1194) s'empare de la Calabre, de la Pouille et de la Sicile. Rig. 101; Chron. 75; — (1197) meurt. Rig. 117; Chron. 89; — persécuteur de l'Eglise. Rig. 117; — cité. Rig. 72.
Henri Ier Beauclerc, roi d'Angleterre. Chron. 10.
Henri II, roi d'Angleterre. — (1183) envoie à Philippe-Auguste divers animaux pour le bois de Vincennes. Rig. 21; — (1187) refuse de rendre Gisors et les autres places de la dot de Marguerite de France, veuve de son fils Henri Court-Mantel. Rig. 50; Chron. 38; Phil. II, 494; — guerre à ce sujet en Berry. Rig. 51; Chron. 38; Phil. II, 557; — avant la bataille conclut une trêve. Rig. 51; Chron. 38; Phil. II, 620; — (1188) entrevue avec Philippe-Auguste entre Trie et Gisors; les deux rois se croisent. Rig. 56; Chron. 41; Phil. III, 20; — ils fondent une église au lieu où ils se sont croisés. Rig. 56; — conclut avec Philippe-Auguste une trêve pour la croisade. Rig. 56, 60; Chron. 43; — son fils Richard viole la trêve; nouvelle guerre avec Philippe-Auguste. Rig. 60; Chron. 43; — Henri II et Richard sont chassés de Troô par Philippe-Auguste. Rig. 62; — Henri bat en retraite, brûle Dreux et se retire à Gisors. Rig. 62; — se retire en Normandie. Chron. 44; Phil. III, 67; — conclut une trêve avec Philippe-Auguste. Rig. 62; — a une conférence avec Philippe-Auguste près de Gisors; combat: destruction de l'orme de Gisors; Henri s'enfuit. Chron. 45; Phil. III, 119; — avait fait de l'orme de Gisors le

symbole de sa fortune. Phil. III, 161; — se retire à Vernon, puis à Pacy-sur-Eure. Chron. 45; Phil. III, 188; — s'avance vers Mantes et ravage le pays. Chron. 45; Phil. III, 286; — ses menaces aux habitants de Mantes qui veulent lui résister. Phil. III, 316, 331; — se retire vers Soindres sans oser assiéger Mantes. Phil. III, 348; — recule devant Philippe-Auguste et laisse Richard Cœur-de-Lion à l'arrière-garde. 416; — se retire à Ivry. Chron. 45; — (1189) son fils Richard, à qui il refuse de rendre sa fiancée, Alix de France, s'allie avec Philippe-Auguste. Rig. 63; Chron. 46; est accusé de l'avoir séduite. Phil. III, 631; — quitte Vendôme à l'approche de Philippe-Auguste; se retire au Mans, d'où il est chassé; gagne Alençon, puis Chinon. Rig. 66; Chron. 48; Phil. III, 647; — tombe malade, conclut la paix à Colombier et se réconcilie avec Richard. Phil. III, 735; — meurt à Chinon et est enterré à Fontevrault. Rig. 67; Chron. 49; Phil. III, 747; — fiefs qu'il tenait du roi de France. Phil. III, 762; — cité. Chron. 199, p. 291.

Henri Court-Mantel, dit le Jeune, fils de Henri II, roi d'Angleterre. — (1170) est couronné du vivant de son père. Rig. 4; — (1179) assiste au couronnement de Philippe-Auguste. Rig. 4; — avait épousé Marguerite, fille de Louis VII. Rig. 50; Chron. 38; Phil. II, 494; — (1183) meurt à Martel. Rig. 22; Chron. 27; Phil. II, 487; — sa veuve épouse Béla, roi de Hongrie. Rig. 43; Chron. 32; Phil. II, 492. — *Henricus Juvenis, Henricus rex Anglie, rex minor.*

Henri III, roi d'Angleterre. — (1216) succède à Jean Sans-Terre, Chron. Cont. Par. 3; Phil. XII, 310; — (1220) conclut une trêve avec Philippe-Auguste. Chron. Cont. Cott. 1.

Henri, évêque d'Auxerre. — (1223) assiste aux obsèques de Philippe-Auguste. Chron. Cont. Par. 7.

Henri Ier, comte de Bar. — Se croise en 1188. Rig. 56.

Henri II, comte de Bar. — (1213) assiste à l'assemblée de Soissons. Phil. IX, 204; — (1214) se tient près du roi à Bouvines. Chron. 184, p. 272. — *Barri comes.*

Henri Ier, duc de Brabant, comte de Louvain. — (1213) assiste à l'assemblée de Soissons. Phil. IX, 203; — épouse Marie, fille de Philippe-Auguste. Chron. 165; — est beau-père d'Othon, empereur d'Allemagne, et gendre de Philippe-Auguste. Phil. X, 377, 675; — allié de Renaud de Dammartin. IX, 60; — ravage les frontières de France. X, 377; — (1214) allié d'Othon. Chron. 181, p. 266; — fait prévenir Philippe-Auguste que la route par Mortagne est impraticable. Phil. X, 671; — prend la fuite à Bouvines. Chron. 196, p. 287. — *Dux Brabantie, Lovannus, Dux Lovanie.*

Henri II, comte de Champagne. — (1188) se croise. Rig. 56; — (1192) est élu roi de Jérusalem. Rig. 88; — Richard Cœur-de-Lion lui remet le commandement avant de quitter la Terre sainte. Rig. 88; Chron. 66; — (1197) perd sa mère, la comtesse Marie. Rig. 119; — (1197) meurt à Acre.

Rig. 118; Chron. 90; — cité. Rig. 45; Phil. III, 250. — *Henricus comes Campanie.*

Henri Clément, maréchal de France. — (1204) assiège et prend Troô. Phil. VIII, 283; — marche contre les seigneurs Poitevins révoltés et les défait. 290; — (1207) a la garde des places prises sur le vicomte de Thouars. Rig. 149; — (1208) bat avec Guillaume des Roches le vicomte de Thouars et Savari de Mauléon. Rig. 151; Chron. 145; — (1214) au siège de la Roche-au-Moine. Phil. X, 224; — meurt de maladie et est enseveli à Turpenay. Chron. 180; Phil. X, 350; — petit de corps, grand de cœur. Phil. VIII, 283; X, 224; — son éloge. X, 350. — *Henricus marescallus.*

Henri Dandolo, Doge de Venise. Rig. 139. — *Dux Venetiarum.*

Henri Ier, roi de France. Rig. 38, p. 61; 39; Chron. 11.

Henri, duc de Limbourg. — (1214) allié d'Othon à Bouvines. Chron. 186, p. 266; Phil. X, 395; — son fils Galerand, allié de Philippe-Auguste. Ibid.; — prend la fuite. Chron. 196, p. 287. — *Dux de Lamburo* ou *de Lamburc, dux Lemburgis.*

Henri de Lusignan. Voy. Aimeri de Thouars.

Henri de Sully, archevêque de Bourges. — Frère d'Eudes, évêque de Paris. Rig. 114; — (1200) meurt. Rig. 130.

Henri Troon, abbé de Saint-Denis. Rig. 145, 148. — *Henricus abbas Sancti-Dyonisii.*

Henuinus comes. Voy. Baudouin V, comte de Hainaut.

Héraclius, patriarche de Jérusalem. — (1185) vient à Paris; célèbre la messe à Notre-Dame. Rig. 30. — *Heraclius, patriarcha Hierosolymitanus.*

Hérétiques. — (1183) Plusieurs sont brûlés en Flandre. Rig. 22; — Philippe-Auguste les fait poursuivre et brûler. Phil. I, 407. — *Heretici, Popelicani.*

Hericus. Voy. Henri.

Herivallis. Voy. Hérivaux.

Hérivaux (Seine-et-Oise, arr. de Pontoise, c. et comm. de Luzarches). — Abbaye d'Augustins fondée par Maurice de Sully. Rig. 114. — *Herivallis.*

Herloin, moine de Saint-Denis. — prêche la croisade en Bretagne et conduit un corps de Bretons à Acre. Rig. 120. — *Herloinus.*

Hermann, landgrave de Thuringe. — (1211) se déclare pour Frédéric II. Chron. 157, p. 238. — *Landegravius Thuringie.*

Hermerie. Voy. Hermières.

Hermières (Seine-et-Marne, arr. de Melun, c. de Tournan, comm. de Favières). — Abbaye de Prémontrés, fondée par Maurice de Sully. Rig. 114. — *Hermerie.*

Hérode (le roi). Phil. IV, 238; VI, 575.

Hervé, comte de Léon. — Etait borgne; est fait prisonnier et enfermé à Châteaulin par le vicomte du Faou; est délivré par Haimon, évêque de Léon, et Conan le Petit, duc de Bretagne. Chron. 13; — (1219) en revenant de Terre sainte, surpris par une tempête près de Brindisi. Chron. 231; — cité. Phil. III, 224. — *Herveus comes Leonie, Herveus de Leone* ou *de Lionia.*

Hervé de Donzi, comte de Nevers. — (1202) devait rejoindre à Tours Arthur de Bretagne. Phil. VI, 301; — se croise contre les Albigeois. Chron. 177; — (1213) assiste à l'assemblée de Soissons. Phil. IX, 200; — allié secret de Jean Sans-Terre. Chron. 201; Phil. IX, 88; X, 95; — devait attaquer le pays de Sens et le Gâtinais. Phil. IX, 88; — dans le partage du royaume devait avoir Sens. Phil. X, 592; — poursuit les ennemis à Dam. Phil. IX, 495; — (1215) Philippe-Auguste lui pardonne. Chron. 204, p. 299; — (1218) prend la croix. Chron. 225; — (1222) allié d'Amaury de Craon contre Pierre Mauclerc, duc de Bretagne. Phil. XII, 414. — *Herveus comes Nivernensis.*

Hesdin (Pas-de-Calais, arr. de Montreuil). — (1185) fournit des secours à Philippe d'Alsace contre le roi. Phil. II, 122. — *Hedinum.*

Heudo comes. Voy. Eon, vicomte de Porhoët.

Hez (forêt de), près d'Hermes (Oise, arr. de Beauvais, c. de Noailles). Chron. 162, p. 242. — *Foresta de Halmes.*

Hibrea. Voy. Ivry-la-Bataille.

Hidace (chronique d'). Rig. 37; 39, p. 63; Chron. 2. — *Hidacius.*

Hiémois (les). Phil. V, 11. — *Oximii.*

Hiena. Voy. Huisne (l').

Hieronymus (sanctus). Voy. Jérôme (saint).

Hierusalem. Voy. Jérusalem.

Hilaire (saint). — Sa fête était encore célébrée le 13 janvier au temps de Rigord. Rig. 56.

Hildefonsus, rex Castelle. Voy. Alfonse III, roi de Castille.

Hirundelle comes. Voy. Guillaume, comte d'Arundel.

Hispania. Voy. Espagne (l').

Histria. Voy. Istrie (l').

Hollande (Guillaume, comte de). Voy. Guillaume.

Homère. Phil. I, 9.

Hongrie (la). Rig. 43; — ses pelleteries. Phil. IX, 384. Voy. Béla III, roi de —, Marguerite de France. — *Avaria, Hungaria.*

Hongrois (les). Phil. II, 493. — *Hungri.*

Honorius III (Centio Savelli; voy. ce nom). — (1216) est élu pape. Chron. 220; — (1220) demande à Philippe-Auguste de lever dans son royaume une taxe foncière pour la guerre des Albigeois. Chron. Cont. Cott. 2; — (1220) couronne l'empereur Frédéric II. 7; — (1223) un chevalier de Segni est chargé en songe, par saint Denis, d'aller lui demander l'absolution pour l'âme de Philippe-Auguste. Phil. XII, 716.

Hôpital (ordre de l'). — (1192) contribue à l'élection d'Henri de Champagne comme roi de Jérusalem. Rig. 88; — (1223) Philippe-Auguste lui lègue cent mille livres pour la défense de la Terre sainte. Chron. Cont. Par. 8; Phil. XII, 655. — Prieur de l' —. Voy. Roger de Moulins.

Horsa, chef saxon. Phil. IV, 464. — *Horsus.*

Horstmar (Westphalie). Voy. Bernard de —.

Hostemale (Bernardus de). Voy. Bernard de Hortsmar.

Hostimalis, Hostimarensis (Girardus) (sic). Voy. Bernard de Horstmar.

Hugues, fils de Robert Ier, roi de France. Rig. 38, p. 61.

Hugues d'Athée. — (1213) est laissé par Philippe-Auguste à Lille avec une garnison. Phil. IX, 586. — *Hugo Athius.*

Hugues Ier le Grand, duc de Bourgogne. Rig. 38, p. 61; Chron. 11.

Hugues III, duc de Bourgogne. — Avait plusieurs fois manqué aux promesses d'obéissance qu'il avait faites à Louis VII. Rig. 36; — (1185) assiège le château de Vergy; Philippe-Auguste l'oblige à lever le siège. Rig. 32; Chron. 31; — (1186) opprime les églises et les monastères qui se plaignent à Philippe-Auguste. Rig. 33; Chron. 31; Phil. I, 565; — reçoit deux ou trois avertissements publics du roi. Rig. 34; — fortifie Châtillon-sur-Seine. Phil. I, 595, 633; — Philippe-Auguste lui écrit pour lui ordonner de cesser ses rapines. 611; — Philippe-Auguste assiège Châtillon-sur-Seine et s'en empare. Rig. 35; Chron. 31; Phil. I, 640; — fait sa soumission au roi, qui lui fait rendre tout ce qu'il a pris aux églises. Rig. 36; Chron. 31; Phil. I, 698; — (1188) se croise. Rig. 56; — (1190) reçoit de Philippe-Auguste à Messine un présent de mille marcs. Rig. 72; — (1191) Philippe-Auguste, quittant la Palestine, lui laisse le commandement des troupes. Rig. 81; Chron. 62; Phil. IV, 284; — (1193) meurt à Acre. Rig. 79; Chron. 60; Phil. IV, 314; — cité. Phil. III, 251. — *Hugo dux Burgundie, Allobrogum dux, Odo* (erreur. Phil. I, 565) *dux Allobrogus, Uldo dux Burgundie.*

Hugues de Boves. — Fils de Robert de Boves. Phil. II, 284; — (1213) contribue au désastre de Dam. Chron. 170, p. 251; — allié de Renaud de Dammartin, avec lequel sa sœur avait un commerce adultère. Phil. X, 422; — dans le partage du royaume devait avoir Beauvais. 586; — avant Bouvines se moque de Renaud de Dammartin qui déconseillait le combat. Phil. XI, 567; — à Bouvines auprès de Renaud. 341; — paroles que lui adresse celui-ci. Chron. 195; — prend la fuite. Chron. 196; Phil. XI, 564; — (1215) meurt dans un naufrage. Phil. II, 288. — *Hugo de Boves, de Bobis, Hugo Bobigena, Hugo Bobonicus.*

Hugues le Brun, seigneur limousin. Voy. Aimeri le Brun.

Hugues IX le Brun, de Lusignan, comte de la Marche, en 1196 accompagne Richard Cœur-de-Lion à Aumale. Phil. V, 182.

Hugues X le Brun, de Lusignan, comte de la Marche; en 1202, Jean Sans-Terre lui enlève sa femme, Isabelle d'Angoulême. Rig. 138; Chron. 110; Phil. VI, 90 et ss., 282, 393; — passe à Philippe-Auguste, et vient à Tours renforcer l'armée d'Artur de Bretagne. Rig. 138; Chron. 110; Phil. VI, 279; — est fait prisonnier à Mirebeau. Rig. 138; — en 1213, passe à Jean Sans-Terre. Phil. X, 22; — en 1214, figure parmi ses alliés. Chron. 172; — en 1221, commande les troupes envoyées par Philippe-Auguste à Amaury de Montfort. Chron. Cont. Cott. 8; — en 1224, Louis VIII lui promet Bordeaux. Phil. XII, 849. — *Hugo Brunus, comes Marchicus, Marchie.*

Hugues, évêque élu de Cambrai. — (1199) fait prisonnier par Hugues d'Hamelincourt; le royaume est mis en interdit à cause de sa captivité. Rig. 128. — *Electus Cameracensis.* Voy. Pierre de Douai.

Hugues Capet, roi de France. Rig. 38, p. 61; Chron. 11.

Hugues, évêque de Coutances. — (1223) assiste aux obsèques de Philippe-Auguste. Chron.

Cont. Par. 7. — *Hugo episcopus Constantiensis.*

Hugues de Châteauneuf-en-Thimerais. — (1203) au siège d'Andely. Phil. VII, 158. — *Hugo Novi-Castri.*

Hugues de Dampierre. — (1202) devait rejoindre à Tours l'armée d'Artur de Bretagne. Phil. VI, 301. — *Hugo Domnipetrita.*

Hugues de Fontaines. — (1214) à Bouvines, contribue à la prise de Renaud de Dammartin. Chron. 196, p. 288. — *Hugo de Fontibus.*

Hugues Foucaud, prieur de Saint-Denis. — (1186) est élu abbé. Rig. 41; — est consacré par les évêques de Meaux et de Senlis. Rig. 42; (1197) meurt. Rig. 116; — avait décidé Rigord à publier son livre. Rig., p. 5; — cité. Rig. 83. — *Hugo abbas sancti Dyonisii.*

Hugues de Gournay. — (1202) commandait à Gournay, lorsque Philippe-Auguste s'en empara. Rig. 138; Phil. VI, 216. — *Hugo de Gornaco, Hugo Gornacius.*

Hugues d'Hamelincourt. — (1188) poursuit les Anglais à Mantes avec Guillaume des Barres. Phil. III, 452; — blesse Richard Cœur-de-Lion. 551; — au combat de Soindres. 581; — (1199) fait prisonnier Hugues, évêque de Cambrai. Rig. 128. — *Hugo Alencurie, Hugo de Alencuria, Hugo d'Amelincort.*

Hugues de Lusignan. Voy. Hugues le Brun, comte de la Marche.

Hugues de Malaunay. — (1214) dans l'armée française. Phil. XI, 111; — est renversé de cheval par Gautier de Ghistelle, qu'il fait prisonnier. Chron. 188, p. 280; Phil. XI, 138; — *Hugo de Malo Auneio, Hugo Malaunus* ou *Malannus* ou *Malaunites.*

Hugues, comte de la Marche. Voy. Hugues le Brun, de Lusignan.

Hugues de Mareuil. — (1214) dans l'armée française. Phil. X, 465; — à Bouvines, fait prisonnier Ferrand avec son frère Jean. Chron. 190; — avec Gilles d'Aci. Phil. XI, 235; — *Hugo de Maruel, Hugo Marolides.*

Hugues de Milan, abbé de Saint-Denis. — (1197) élu abbé. Rig. 116.

Hugues, comte de Rethel. — (1201) dépouille les églises; le roi s'apprête à le châtier; il fait sa soumission. Rig. 137; Chron. 109. — *Comes de Retest.*

Hugues de Thouars, frère d'Aimeri VII. — (1208) est fait prisonnier par les Français. Rig. 151; Chron. 145; Phil. VIII, 293. — *Hugo de Thoarcio.*

Hugues de Vergy. — (1185) Hugues, duc de Bourgogne, veut lui enlever son château de Vergy; réclame l'aide de Philippe-Auguste, qui force le duc à lever le siège; fait hommage au roi. Rig. 32; Chron. 31. — Appelé *Guido de Vergiaco* par confusion avec son père.

Huisne (l'), rivière. Phil. X, 236. — *Hiena.*

Humber (l'), rivière. Chron. 222, p. 314; Phil. XII, 297. — *Humber.*

Humbert III de Beaujeu. — (1179) viole les immunités des églises et est châtié par Philippe-Auguste. Rig. 8; Chron. 18; Phil. I, 457; — (1202) devait rejoindre à Tours l'armée d'Artur de Bretagne. Phil. VI, 301. — *Imbertus*

Bellijocensis, Ymbertus de Bellojoco.
Humfroi, chef normand. Rig. 38, p. 61; Chron. 10. — *Humfredus.*
Hungri. Voy. Hongrois (les).
Hyberus. Voy. Ebre (l').
Hybor. Voy. Ibor.
Hystria. Voy. Istrie (l').

I

Iacoub-Aben-Iousef, roi de Maroc. — (1195) entre en Espagne et bat Alphonse III, roi de Castille. Rig. 103; Chron. 78. — *Hemammelinus, Hemir-Momelin.*
Ibera poesis. — Poésie de Lucain. Voy. Lucain.
Iberigena Ferrandus. Voy. Ferrand, comte de Flandres.
Ibor, chef franc. Rig. 38, p. 58; Chron. 3; Phil. I, 87. — *Hybor.*
Ibra, Ibreia. Voy. Ivry-la-Bataille.
Ide, comtesse de Boulogne. — Philippe l'avait mariée à Renaud de Dammartin. Rig. 115; Chron. 88; Phil. IV, 583; XII, 108; — (1213) son mari la donne comme otage à Jean Sans-Terre. Phil. IX, 74. — *Comitissa Bolonie.*
Ilerda. Voy. Lérida.
Illyrie (l'). Phil. IV, 330. — *Illyricum littus.*
Imbertus. Voyez Humbert de Beaujeu.
Immunités accordées aux églises par les rois de France. Rig. 34.
Incendies allumés par des corbeaux en Beauvaisis. Rig. 98; — (1194) incendie de Notre-Dame de Chartres. Rig. 98; Chron. 73; Phil. IV, 598; — (1218) incendie à Notre-Dame de Paris. Chron. 226.
Indeburgis. Voy. Ingeburge.

Indre (l'), rivière. Phil. VIII, 411. — *Endria.*
Ingeburge, sœur de Canut, roi de Danemark. — (1193) épouse Philippe-Auguste à Amiens; est répudiée; reste en France dans un monastère et reçoit une pension. Rig. 92; Chron. 69; — était parente de Philippe-Auguste par Charles, comte de Flandre. Rig. 92; — (1199) au concile de Dijon le légat Pierre de Capoue met le royaume en interdit à cause de sa répudiation. Rig. 131; Chron. 103; — (1201) rapprochement apparent avec le roi grâce à l'intervention du légat Octavien. Rig. 133; Chron. 105; — concile de Soissons, réuni par les légats, pour examiner si son mariage doit être annulé; au bout de quinze jours, Philippe-Auguste l'emmène et prévient les évêques qu'il la regarde comme sa femme. Rig. 133; — est enfermée au château d'Etampes. Rig. 131; —(1213) rentre en grâce auprès du roi. Chron. 166. — *Indeburgis, Ingeburgis, Isamburgis.*
Innocent III, pape. — (1197) succède à Célestin III; s'appelait Lothaire. Rig. 119; Chron. 91; — était élève de Pierre de Corbeil. Rig. 130; — (1197) est hostile à l'élection de Philippe de Souabe à l'empire; excommunie ses partisans et se déclare pour Othon de Saxe. Rig. 117; — (1198) envoie son légat, Pierre de Capoue, pour rétablir la paix entre les rois de France et d'Angleterre. Rig. 125; Chron. 95; — (1199) Philippe-Auguste lui envoie des ambassadeurs pour demander la levée de l'interdit mis sur le royaume par le légat Pierre

de Capoue. Chron. 103 ; — (1201) légitime les enfants d'Agnès de Méranie. Rig. 136 ; Chron. 108; — (1203) envoie en France l'abbé de *Casamarii* pour rétablir la paix entre Philippe-Auguste et Jean Sans-Terre; n'y peut parvenir. Rig. 140 ; Chron. 119; — (1208) soutient Othon dans ses efforts pour arriver à l'empire. Rig. 152; Chron. 146 ; — (1208) envoie comme légat en France Gales, cardinal de Sainte-Marie *in porticu*. Rig. 153; Chron. 147; — avertit le comte de Toulouse de ne pas favoriser les Albigeois. Phil. VIII, 509;— (1208) proclame la croisade contre les Albigeois et exhorte Philippe-Auguste à y prendre part. Rig. 154; Phil. VIII, 515 ; — (1210) couronne Othon à Rome. Chron. 157, p. 236 ; — s'oppose aux empiétements d'Othon sur le clergé. Phil. X, 605; — Othon lui enlève différentes places autour de Rome. Phil. X, 632 ; — (1210) excommunie et dépose Othon et engage Frédéric II à s'emparer de l'empire. Chron. 157, p. 238; Phil. X, 640 ; — (1212) n'ose confirmer l'élection de Frédéric, mais le reçoit à Rome avec honneur. Chron. 158, p. 239; — (1212) donne tort aux évêques d'Orléans et d'Auxerre dans leur différend avec Philippe - Auguste. Chron. 151 ; — (1215) Jean Sans-Terre met son royaume sous sa suzeraineté. Chron. 214; Chron. Cont. Par. 3 ; Phil. IX, 322; — envoie en Angleterre son légat Pandolphe pour recevoir l'hommage de Jean Sans-Terre. Phil. IX, 333 ; — relève Jean Sans-Terre de l'excommunication. 346 ; — réunit un concile au Latran. Chron. 216; Chron. Cont. Par. 2; — excommunie les barons anglais révoltés. Chron. 216; — (1216) envoie en France son légat, Gales, pour empêcher le prince Louis de passer en Angleterre. Chron. 217; — excommunie le prince Louis. Ibid.; — excommunie Philippe-Auguste comme complice de son fils et écrit à ce sujet à l'archevêque de Sens. Chron. 218 ; — prononce à Rome un sermon dans lequel il renouvelle ses excommunications. Chron. 219 ; — confère le comté de Toulouse à Simon de Montfort. Chron. Cont. Par. 4 ; — tombe malade et meurt à Pérouse. Chron. 220; Chron. Cont. Par. 2 ; — son éloge. Chron. Cont. Par. 2.

Inondations. — En mars 1196. Rig. 109 ; Chron. 83 ; — en décembre 1206. Rig. 148 ; Chron. 140 ; — en avril et mai 1219. Chron. 232 ; — en février 1220. Chron. 235.

Insula. Voy. Lille.

Insula Andeliaci. Voy. Andely (l'île d').

Insula Bona. Voy. Lillebonne.

Insulani. Voy. Lille (les gens de).

Interdit — (1199) prononcé par le légat Pierre de Capoue contre la France à cause de l'arrestation de Hugues, évêque de Cambrai. Rig. 128 ; — (1200) prononcé par le même au sujet d'Agnès de Méranie. Rig. 131 ; Chron. 103.

Ionie pontus. Voy. Mer Ionienne.

Ipra. Voy. Ypres.

Isaac l'Ange, empereur de Constantinople. Rig. 72, 139. — *Courçac*.

Isabelle d'Angoulême. — Fiancée à Hugues X de Lusignan,

dit le Brun, comte de la Marche, est enlevée par Jean Sans-Terre. Rig. 138, p. 153; Chron. 110; Phil. VI, 90; — était petite-fille de Pierre de Courtenai. Phil. VI, 93. — *Filia comitis Engolismensis.*
Isabelle de Hainaut. Voy. Elisabeth de Hainaut.
Isabelle, fille d'Amaury Ier, roi de Jérusalem. Rig. 88.
Isangrins (les). — Race belliqueuse. Phil. IX, 360; — (1185) aident Philippe d'Alsace, comte de Flandre, contre le roi. Phil. II, 125; — (1213) aident au désastre de Dam. Chron. 170; Phil. IX, 442; — (1214) envoient des renforts à Ferrand. Phil. X, 440. — *Isangrini, Ysangrini.*
Isara. Voy. Isère (l'), Oise (l').
Isère (l'), rivière. Phil. IV, 301. — *Isara.*
Issoudun (Indre). — Eloge du pays; son blé; son vin. Phil. II, 535; — (1187) est pris par Philippe-Auguste. Rig. 57; Chron. 38; Phil. II, 534; — Philippe-Auguste garde cette ville comme gage de la paix. Phil. II, 629; — (1189) est cédé à Philippe-Auguste par le roi d'Angleterre. Rig. 67; Chron. 49; — (1195) est pris par Mercadier. Rig. 104; Chron. 79; — (1195) Philippe-Auguste y réunit son armée. Rig. 107; Chron. 82. — *Eisoldunum, Essoldunum, Ursellodunum, Uxsellodunum.* — Voy. Raoul d' —, comte d'Eu.
Istrie (l'). Rig. 88, 112. — *Histria, Hystria.*
Italie (l'). Rig. 38, p. 57; Chron. 5; Phil. IV, 19.
Iveline (forêt d'). Phil. I, 482. — *Aquilina Silva.*
Ivry-la-Bataille (Eure, arr. d'Evreux). — (1188) Henri II s'y retire. Chron. 45; — (1191) Philippe-Auguste s'en empare pendant la captivité de Richard Cœur-de-Lion. Phil. IV, 412; — citée. Phil. III, 355. — *Hibrea, Ibra, Ibreia.*

J

J. de Chartres, chevecier de Saint-Denis. Rig. 64.
Jacques d'Avesnes. — (1188) prend la croix. Rig. 56; — était déjà à Acre lors de l'arrivée de Philippe-Auguste. Phil. IV, 169; — meurt en Palestine. 315. — *Jacobus de Avennis, Jacobus Avennas.*
Jacques, chevalier de Segni. — (1223) étant malade, vit en songe saint Denis, qui le chargea d'aller demander au pape l'absolution pour l'âme de Philippe-Auguste. Phil. XII, 719.
Jacques, évêque de Soissons. — (1223) assiste aux obsèques de Philippe-Auguste. Chron. Cont. Par. 7.
Jaffa. — (1191) prise par Richard Cœur-de-Lion. Phil. IV, 242; — perdue par lui. 305; — citée. 384. — *Joppe.*
Janua. Voy. Gênes.
Jean, comte de Beaumont-sur-Oise. — (1188) prend la croix. Rig. 56; — (1214) dans l'armée française. Phil. X, 470; — à Bouvines, à l'aile droite. Chron. 186, p. 276; Phil. XI, 53; — ses exploits à Bouvines. Chron. 188, p. 279; Phil. XI, 113. — *Johannes comes Bellimontis, Bellimontensis comes.*
Jean de Braisne, comte de Mâcon, fils de Robert de Dreux. (1213) assiste à l'assemblée de Soissons. Phil. IX, 208; — cité. Phil. IX, 96. — *Johannes de Brena, Robertigena.*
Jean de Brienne, roi de Jéru-

salem. — (1222) ses dissentiments en Terre sainte avec le légat Pélage. Chron. Cont. Cott. 10; — (1223) est à Paris lors de la mort de Philippe-Auguste. Phil. XII, 543; — assiste à ses obsèques. Chron. Cont. Par. 7; Phil. XII, 644;—Philippe-Auguste lui lègue cent mille livres pour la défense de la Terre sainte. Chron. Cont. Par. 8; Phil. XII, 655. — *Johannes rex Acharon, Johannes rex Hierosolimitanus.*

Jean de Chandelle, chancelier de Notre-Dame de Paris. Chron. 174. — *Johannes de Candela.*

Jean, fils d'Henri Clément. Chron. 180.

Jean de Coudun. — (1214) à Bouvines, renverse Renaud de Dammartin. Chron. 196, p. 288; Phil. XI, 677. — *Johannes de Conduno, Johannes Condunita.*

Jean le Latimier. — (1203) poursuit avec Gaubert de Mantes la flotte anglaise fuyant d'Andely. Phil. VII, 330;—(1213) sur la flotte française à Dam. Phil. IX, 295. — *Cuique Latinatrix dat nomen lingua Johannes, Latinator.*

Jean, comte de Leicester. Voy. Robert, comte de Leicester.

Jean de Mareuil. — (1214) dans l'armée française. Phil. X, 465; — avec son frère Hugues, fait prisonnier Ferrand à Bouvines. Chron. 190. (La Phil. XI, 235, dit que Ferrand fut pris par Hugues de Mareuil et Gilles d'Aci.) — *Johannes Marolides, Johannes de Maruel.*

Jean de Nesle. — (1214) à Bouvines se conduit lâchement. Chron. 196, p. 288; — fait prisonnier Guillaume Longue-Epée, que Philippe de Dreux avait renversé. Phil. XI, 547; — frère Guérin lui confie la garde de Renaud de Dammartin. 716. — *Johannes de Nigella, Johannes Nigellensis.*

Jean Painel et son frère Foulques. Phil. III, 223. — *Paganelli.*

Jean de Rouvrai. — (1214) dans l'armée française. Phil. X, 495; — à Bouvines, aux côtés de Philippe-Auguste. Chron. 184, p. 272; — veut faire prisonnier Renaud de Dammartin. Chron. 196, p. 288; — Renaud se rend à lui. Phil. XI, 683. — *Johannes de Roboreto, Johannes Roborcus, Johannes nomen habens a robore.*

Jean, prieur de Saint-Denis. — (1196) est élu abbé de Corbie. Rig. 110.

Jean de Saint-Paul, cardinal, légat avec Octavien en 1201. Rig. 133.

Jean Sans-Terre, roi d'Angleterre. — Son surnom lui avait été donné par son père. Phil. VI, 591;
— (1187) emporte le bras de la Vierge brisé par un cottereau à Châteauroux. Rig. 52;
— (1189) en guerre contre son père. Phil. III, 742;
— (1192) ravage les états de Richard Cœur-de-Lion pendant sa captivité. Phil. IV, 408; — au retour de Richard, vient en France. Phil. IV, 428;
— (1194) feint de s'allier avec Philippe-Auguste. Rig. 94; Chron. 72; — le roi lui donne Evreux en garde. Phil. IV, 445; — massacre par trahison la garnison d'Evreux. Chron. 72; Phil. IV, 449; — se retire en Angleterre. Phil. IV, 471; — assiège le Vaudreuil, est forcé

par Philippe - Auguste à en lever le siège. Rig. 100; Chron. 74; Phil. V, 1;
— (1199) est chassé du Mans par Artur de Bretagne. Chron. 101; — succède à Richard Cœur-de-Lion au détriment d'Artur. Phil. V, 621; VI, 14;— est couronné roi. Chron. 101; — à Cantorbéry le jour de l'Ascension. Rig. 126; — conclut une trêve avec Philippe - Auguste. Rig. 129; Chron. 102; Phil. VI, 16;
— (1200) conclut la paix avec Philippe-Auguste entre Vernon et Andely. Rig. 132; — fait épouser au prince Louis sa nièce Blanche de Castille. Rig. 132; Chron. 104; Phil. VI, 25; — à cette occasion abandonne à Louis toutes les terres dont Philippe-Auguste s'était emparé. Rig. 132;
— (1201) vient en France, est reçu magnifiquement et comblé de présents par le roi. Rig. 135; Chron. 107;
— (1202) enlève Isabelle d'Angoulême, femme de Hugues le Brun, comte de la Marche; l'épouse et dépouille de leurs biens plusieurs seigneurs poitevins. Rig. 138; Chron. 110; Phil. VI, 90; — Philippe-Auguste lui écrit à ce sujet; Jean demande à se justifier devant ses pairs. Phil. VI, 105; — cité une première fois, fait défaut. Rig. 138; Phil. VI, 135; — Philippe-Auguste le cite à nouveau; il demande des délais. Phil. VI, 147; — cité une troisième fois, promet de comparaître et de remettre en gage Boutavant et Tillières. Chron. 110; Phil. VI, 176; — fait défaut et refuse de livrer ces places. Chron. 110; Phil. VI, 194; — Philippe-Auguste lui déclare la guerre et lui enlève plusieurs places en Normandie. Rig. 138; Chron. 112; Phil. VI, 204; — Artur de Bretagne assiège sa mère dans Mirebeau; il vient à son secours. Chron. 113; Phil. VI, 320, 384; — avant le combat jure à Guillaume des Roches qu'il n'emmènera pas Artur au delà de la Loire. Phil. VI, 422; — fait prisonnier Artur devant Mirebeau. Rig. 138; Chron. 113; Phil. VI, 434; — viole son serment; Guillaume des Roches et autres le quittent. Phil. VI, 452; — emprisonne Arthur à Falaise; fait mourir de faim les autres prisonniers. Phil. VI, 455; reprend Tours. Rig. 138; Chron. 114; — tire des troupes de Normandie. Phil. VI, 339;
— (1202) Innocent III cherche vainement à rétablir la paix entre lui et Philippe-Auguste. Rig. 140; Chron. 119; — assiège Alençon et Brezolles; Philippe-Auguste lui en fait lever le siège. Chron. 117, 118; Phil. V, 30; — retenait en prison Aliénor de Bretagne. Phil. VI, 333; — et son frère Artur. Chron. 120; — prend Dol et Fougères et fait massacrer les prisonniers. Chron. 120; Phil. VI, 343; — ravage la Bretagne jusqu'à Rennes. Phil. VI, 345; veut faire assassiner Artur à Falaise; ses gardes s'y refusant, il le fait transférer à Rouen. 471; — veut le faire assassiner à Rouen par Guillaume de Briouse, qui refuse. 478; — se retire aux Moulineaux pendant trois jours. 493; — vient chercher Artur dans une barque et le tue de sa main. 552; — assassin

d'Artur. Chron. 171, 200 ; — Philippe-Auguste lui déclare la guerre pour venger la mort d'Artur. Phil. VII, 13 ; — fait attaquer de nuit le camp de Philippe-Auguste devant Andely. Chron. 123 ; Phil. VII, 144 ;
— (1204) après la prise du Château-Gaillard, fait raser plusieurs places en Normandie. Phil. VII, 818 ; — est chassé de tout le Vexin. Phil. VII, Cat.; — quitte la Normandie et retourne en Angleterre. Chron. 132 ; Phil. VII, 830 ;
— (1205) avait confié au routier Lou Pescaire la garde de Falaise. Phil. VIII, 17 ; — avait fait fortifier le Mont Saint-Michel. 114 ;
— (1206) débarque à La Rochelle et envahit l'Anjou et la Bretagne. Rig. 147 ; Chron. 138 ; Phil. VIII, 435 ; — à l'arrivée de Philippe-Auguste fait semblant de vouloir conclure la paix, s'échappe et se rembarque. Chron. 139 ; — conclut une trêve et retourne en Angleterre. Rig. 147 ; — est forcé à se rembarquer par Philippe-Auguste. Phil. VIII, 441 ;
— (1208) regrette de ne pouvoir secourir les Albigeois. Phil. VIII, Cat.; — leur envoie des renforts. Phil. VIII, 864 ; — opprime le clergé en Angleterre. 884 ; IX, 1 ; — refuse de reconnaître Etienne Langton comme archevêque de Cantorbéry et est excommunié. Chron. 163 ;
— (1211) Renaud de Dammartin a des intelligences avec lui. Chron. 162 ; Phil. IX, 11 ;
— (1212) Renaud va en Angleterre et lui propose alliance contre Philippe-Auguste ; il accepte. Phil. IX, 30 ; —

plan de campagne contre la France. 81 ; — reçoit la foi de Renaud. Chron. 164 ; Phil. IX, Cat.; — jure de tuer Philippe-Auguste. Phil. IX, 101 ;
— (1213) Ferrand, comte de Flandre, a des intelligences avec lui. Chron. 165 ; — Philippe-Auguste se prépare à marcher contre lui et ses complices. Phil. IX, 4 ; — à l'assemblée de Soissons, Philippe-Auguste expose son projet d'envahir l'Angleterre. Phil. IX, 166 ; — se réconcilie avec le clergé ; reconnaît la suzeraineté du pape. Chron. 171 ; Phil. IX, 322 ; — fait hommage au pape entre les mains du légat Pandolphe. 333 ; — donne satisfaction au clergé ; est relevé de l'excommunication. 346, 545 ; — fait des présents à la comtesse de Flandre. 408 ; décide Guillaume, comte de Hollande, à se déclarer contre Philippe-Auguste. 614 ;
— (1214) débarque à La Rochelle, s'allie aux Poitevins, prend Angers et plusieurs places. Chron. 172 ; Phil. X, 9 ; — assiège Nantes ; est mis en fuite par le duc Pierre ; fait prisonnier le jeune Robert de Dreux. Chron. 172 ; Phil. X, 26 ; — Hervé, comte de Nevers, s'allie avec lui. Phil. X, 95 ; — retient encore prisonnière Aliénor de Bretagne. Chron. 173 ; — fortifie Angers. Chron. 178, p. 266 ; Phil. X, 71 ; — à l'arrivée des troupes françaises, s'enfuit vers Bordeaux. Phil. X, 111 ; — revient en Poitou, ravage le pays jusqu'à Craon. 139 ; — assiège la Roche-au-Moine. Chron. 178 ; Phil. X, 144 ; — menace les assiégés de la potence.

Phil. X, 193; — son chapelain est tué. Chron. 178, p. 262; Phil. X, 280; — le prince Louis lui enjoint de lever le siège; il refuse. Phil. X, 216; — engage la bataille, s'enfuit. Phil. X, 259; — lève le siège et perd ses bagages. Chron. 179, p. 263; Chron. Cont. Par. 1; — son camp pillé par les Français. Phil. X, 299; — est poursuivi par Louis au delà de la Loire. 314; — pousse Othon à attaquer Philippe-Auguste et lui envoie des renforts. Chron. 181, p. 266; — revient en Poitou, conclut une trêve de cinq ans. Chron. 204, p. 298;
— (1215) échange Robert de Dreux, le jeune, contre Guillaume Longue-Épée. Phil. XII, 144; — se croise; les barons anglais le forcent à confirmer leurs libertés. Chron. 211; — fait proposer à Philippe-Auguste de lui racheter les terres dont celui-ci s'est emparé. Chron. 212; — les barons anglais se révoltent contre lui et appellent Louis VIII. Chron. 214, p. 304; Chron. Cont. Par. 3; Phil. XII, 294; — assiège et prend Rochester. Chron. 215;
— (1216) attendait Louis VIII sur le rivage avec une armée; prend la fuite. Chron. 221; — se retire au delà de l'Humber. Chron. 222, p. 311; Phil. XII, 294; — meurt. Chron. 222, p. 312; Chron. Cont. Par. 3; Phil. XII, 306. — *Johannes cognomine Sine-Terra.*

Jean, archevêque de Tours. — (1223) assiste aux obsèques de Philippe-Auguste. Phil. XII, 668.

Jean, archevêque de Trèves. — (1211) se déclare pour Frédéric II. Chron. 157, p. 238. — *Treverensis archiepiscopus.*

Jean, père de Jean II, comte de Vendôme, appelé par erreur comte de Vendôme, meurt en Palestine. Phil. IV, 310. — *Vindocinensis comes.*

Jean III, comte de Vendôme. — (1213) assiste à l'assemblée de Soissons. Phil. IX, 205. — *Vindocini comes.*

Jeanne d'Angleterre, sœur de Richard Cœur-de-Lion. — avait épousé Guillaume II, roi de Sicile. Rig. 72; Phil. IV, 74.

Jeanne de France, fille de Philippe-Auguste et d'Agnès de Méranie. — (1201) est légitimée par Innocent III. Rig. 136; Chron. 108.

Jeanne, comtesse de Flandre. — (1213) reçoit des présents de Jean Sans-Terre. Phil. IX, 408.

Jebus. Voy. Jérusalem.

Jérôme (saint). Chron. 4. — *Sanctus Hieronymus.*

Jérusalem. — Détruite par Titus et Vespasien. Phil. XII, 202; — (1187) prise par Saladin. Rig. 53; Chron. 36, 39; Phil. III, 8; — citée. Rig. 65; Phil. IV, 362; XII, 646. — *Helya, Hierusalem, Jebus, Jerusalem, Solyma.* — Rois de —. Voy. Gui de Lusignan, Henri II, comte de Champagne, Jean de Brienne. — Patriarches de —. Voy. Héraclius, Michel de Corbeil, Raoul.

Jésus-Christ. — Cheveux de — enfant; lange de —; manteau de pourpre de —. Rig. 145. Voy. Clou (le saint), Couronne d'épines (la sainte), Croix (la vraie).

Joannice, roi des Bulgares. — Tue Baudouin de Flandre, empereur de Constantinople.

Phil. IX, 258. — *Thracum dux.*

Joinville (Guillaume de), archevêque de Reims. Voy. Guillaume.

Jois. Voy. Jouy-Mauvoisin.

Jonathas. Phil. III, 460.

Jongleurs (les). — Fréquentent les palais des princes, dont ils reçoivent les vêtements hors d'usage. Rig. 48.

Joppe. Voy. Jaffa.

Josselin, gardien de la tour de Mantes. — (1196) est assassiné par les prisonniers anglais qu'il garde. Phil. V, 20. — *Gascelinus.*

Jourdain, arbalétrier. — (1203) au siège d'Andely. Phil. VII, 263. — *Jordanus.*

Jourdain, évêque de Lisieux. — Se croise contre les Albigeois. Chron. 177, p. 258.

Jouy-Mauvoisin (Seine-et-Oise, arr. de Mantes, c. de Bonnières). — (1188) est brûlé par Henri II. Phil. II, 300. — *Jois.*

Juchellus de Mediana. Voy. Juhel de Mayenne.

Judas. Phil. VI, 575.

Judei. Voy. Juifs (les).

Juhel de Mayenne. — (1209) reprend aux Anglais le château de Guarplic avec l'aide de Philippe-Auguste. Chron. 150; — (1214) reste fidèle au roi. Chron. 201. — *Juchellus de Mediana.*

Juifs (les). — Soumis par Vespasien. Phil. VI, 582; — expulsés de France par Dagobert. Rig. 19; — leurs synagogues sous Louis VII. Phil. I, 391; — (1180) Philippe-Auguste les dépouille de leurs meubles. Rig. 6; — et déclare nulles les dettes contractées envers eux. Rig. 12; Chron. 22; Phil. I, 371; — recevaient en gage les objets du culte. Rig. 13, 14; — immolaient un enfant tous les ans. Chron. 17; — (avril 1182) reçoivent l'ordre de quitter la France avant trois mois; essayent de gagner les seigneurs de la cour. Rig. 15; Chron. 23; — (juillet) sont expulsés. Rig. 16; Chron. 23; Phil. I, 371; — crucifient à Brie-Comte-Robert un chrétien que leur a livré Agnès de Baudement; Philippe-Auguste en fait brûler quatre-vingts. Rig. 84; Chron. 63; Phil. I, 745; — (1197?) sont rappelés en France par Philippe-Auguste. Rig. 122; Chron. 93; — astrologues juifs. Rig. 49. — *Judei.* Voy. Synagogues.

Jules César. Voy. César.

Julius. Voy. César.

K

Kaius, sénéchal du roi Artur. — Fondateur de Chinon. Chron. 179, p. 263; Phil. VIII, 381; — fondateur de Caen. Phil. VIII, 29; — duc de Neustrie et comte d'Anjou. 384.

Kala. Voy. Chelles.

Kanutus, rex Danorum ou *Dacorum.* Voy. Canut VI, roi de Danemark.

Karli. Voy. Carolingiens (les).

Karlotide (la), poème en l'honneur de Pierre Charlot. Phil. *Nunc.* 52; — fut composée pendant que Guillaume le Breton travaillait à la Philippide. Phil. XII, fin. — *Karlotis.*

Karlotus. Voy. Pierre Charlot.

Karnopolis. Voy. Compiègne.

Karolida, Karolides. Voy. Philippe-Auguste.

Karoli locus. Voy. Chaalis.

Karoli meta. Voy. Croix-Charlemagne (la).

Kino. Voy. Chinon.

L

Ladinanno (Gaufridus de). Voy. Geoffroi de Lusignan.
Laines teintes d'Ypres. Phil. II, 92.
Lamburc ou *Lamburo (dux de).* Voy. Henri, duc de Limbourg.
Landit (foire du). Chron. Cont. Cott. 9. — *Endictum.*
Landula, lieu du voisinage de Mantes. — (1188) brûlé par Henri II. Phil. III, 301.
Langres (Haute-Marne). Phil. X, 515. — *Lingones.*
Laon (Aisne). Phil. IX, 149.— *Laudunum.* — Evêques de —. Voy. Anseau, Robert.
Lascy (Roger de). Voy. Roger.
Latimier (Jean le). Voy. Jean.
Latinator (Johannes). Voy. Jean le Latimier.
Latinus. Rig. 38, p. 57.
Latran (concile général de) en 1215. Chron. 216 ; Chron. Cont. Par. 2.
Lauda. Voy. Lodi.
Laudunum. Voy. Laon, Loudun.
Lavinie. Rig. 38, p. 57.
Lebrosum. Voy. Levroux.
Lecestrie (Guillelmus comes). Voy. Robert, comte de Leicester.
Légats du saint-siège. Voy. Conrad, évêque de Porto ; Gales, cardinal de Saint-Marie *in Porticu* ; Guillaume aux Blanches-Mains ; Henri, cardinal, évêque d'Albano ; Jean de Saint-Paul ; *Melior* ; Octavien, cardinal, évêque d'Ostie et Velletri ; Pandolphe ; Pélage ; Pierre de Capoue ; Robert de Corcon.
Léger (saint). — A donné son nom à la forêt d'Iveline. Phil. I, 483 ; — Vie de saint Léger ; — citée. Chron. 9. — *Sanctus Leodegarius.*
Legionia. Voy. Léon (Saint-Pol de).

Leicester (comtes de). Voy. Guillaume, Robert.
Leicestrie (Guillelmus ou *Johannes comes).* Voy. Robert, comte de Leicester.
Léman (lac). Phil. X, 519. — *Lemanus.*
Lemburgis dux. Voy. Henri, duc de Limbourg.
Lemovica civitas, Lemovice. Voy. Limoges.
Lencium. Vox. Lens.
Lens (Pas-de-Calais. arr. de Béthune). — (1199) Philippe, comte de Namur, y est fait prisonnier par les Français. Rig. 128 ; Chron. 100 ; Phil. V, 344. — *Lencium, Lentium, Lensica confinia.*
Lensica confinia. Voy. Lens.
Lentium. Voy. Lens.
Leodegarius (sanctus). Voy. Léger (saint).
Leodicensis (episcopus). Voy. Albert, évêque de Liège.
Léon IX, pape. Rig. 39, p. 62 ; Chron. 11.
Léon (Saint-Pol de) (Finistère, arr. de Morlaix). — Des prodiges s'y produisent fréquemment. Chron. 97 ; — (1222) les habitants (*Leonenses*) se révoltent contre Pierre Mauclerc, duc de Bretagne. Chron. Cont. Cott. 11 ; Phil. XII, 408 ; — se soumettent. Phil. XII, 444 ; — citée. Phil. VIII, 399 ; — Guillaume le Breton était chanoine de Léon. Chron. 174. — *Leo, Leonia, Leonica terra, Legionia, Lionia, patria* ou *fines Ocismorum.* — Evêque de —. Voy. Haimon.—Comtes de —. Voy. Hervé, Guiomar.
Leone (Herveus de). Voy. Hervé, comte de Léon.
Leonensis episcopus. Voy. Haimon, évêque de Léon.
Leonenses. Voy. Léon (Saint-Pol de).
Leonia, Leonica terra. Voy. Léon (Saint-Pol de).

ET DES MATIÈRES. 449

Leonum castrum. Voy. Lyons-la-Forêt.
Léopold V, duc d'Autriche. — Est offensé par Richard Cœur-de-Lion à Acre. Rig. 82; Phil. IV, 335; — l'arrête à son retour de Palestine. Rig. 88; Chron. 66; Phil. IV, 335; — le livre à Mayence à l'empereur Henri. Phil. IV, 377. — *Limpoldus dux Austrie, Austricus dux.*
Léopold VI, duc d'Autriche. — (1211) se déclare pour Frédéric II. Chron. 157, p. 238. — *Dux Austrie.*
Lépreux (les). — (1183) Philippe-Auguste rachète à ceux de Paris les foires de Saint-Lazare. Rig. 20; Chron. 25; — sont exemptés de la dîme saladine. Rig. 59.
Lérida, ville d'Espagne. Phil. VII, 563. — *Ilerda.*
Leuci. Voy. Toul.
Leurosium. Voy. Levroux.
Levroux (Indre, arr. de Châteauroux). — (1188) pris par Philippe-Auguste. Rig. 60, 61; Chron. 43; Phil. III, 43; — un torrent desséché se remplit miraculeusement pour désaltérer l'armée de Philippe-Auguste qui l'assiège. Rig. 61; Chron. 43; Phil. III, 45; — est donné par Philippe-Auguste à Louis, fils du comte de Blois. Rig. 61. — *Lebrosum, Leurosium.*
Lexovea. Voy. Lieuvin (le).
Lexovium. Voy. Lisieux.
Licestre (comes). Voy. Guillaume, Robert, comtes de Leicester.
Lidericus amnis. Voy. Loir (le).
Lidus. Voy. Lys (la).
Liecestricus (Johannes comes). Voy. Robert, comte de Leicester.
Liège (évêque de). Voy. Albert.
Lieuvin (le). — Mares du —. Phil. V, 6. — *Lexovea.*

Liger. Voy. Loire (la).
Ligurie. Phil. IV, 297. — *Liguria.*
Lille (Nord). — (1184) fournit des secours au comte de Flandre contre le roi. Phil. II, 108; — (1213) se rend à Philippe-Auguste, qui y laisse Hugues d'Athée avec des troupes. Chron. 170; Phil. IX, 584; — se révolte et ouvre ses portes à Ferrand. Chron. 170; Phil. IX, 618; — est prise d'assaut par le roi et incendiée. Chron. 170; Phil. II, 115; IX, 631; — (1214) envoie des renforts à Ferrand. Phil. X, 439; — Philippe-Auguste s'y rendait lorsqu'il fut rejoint par Othon au pont de Bouvines. Chron. 182; — ses draps. Phil. II, 112. — *Insula.*
Lillebonne (Seine-Inférieure, arr. du Havre). — (1211) Philippe-Auguste l'enlève à Renaud de Dammartin. Chron. 162, p. 243. — *Insula Bona.*
Limathosius, gouverneur musulman d'Acre. Rig. 81-82.
Limbourg (Henri, duc de). Voy. Henri.
Limoges (Haute-Vienne). Rig. 126. — *Lemovica civitas.* — Vicomtes de —. Voy. Adémar, Gui V.
Limpoldus, dux Austrie. Voy. Léopold, duc d'Autriche.
Lincoln, ville d'Angleterre. Phil. IV, 393; — (1217) assiégée par le légat Gales. Chron. 223, p. 313. — *Linconium.*
Linconium. Voy. Lincoln.
Lingones. Voy. Langres.
Lionia. Voy. Léon (Saint-Pol de).
Lisieux (Calvados). — (1204) se rend à Philippe-Auguste. Rig. 142; Phil. VIII, 39. — *Lexovium, Luxovium.* — Evêques de —. Voy. Guillaume, Jourdain.

II   29

Lisignan (Gaufridus de). Voy. Geoffroy de Lusignan.
Lisinanicus (Gaufridus). Voy. Geoffroy de Lusignan.
Lisinanno (Haimericus de). Voy. Aimeri de Lusignan.
Lisinano (Henricus de). Voy. Henri de Lusignan.
Lisinia (Gaufridus de). Voy. Geoffroy de Lusignan.
Loche. Voy. Loches.
Loches (Indre-et-Loire). — Description et éloge. Phil. VIII, 408 ; — (1194) pris par Richard Cœur-de-Lion. Rig. 97 ; — (1204) assiégé par Philippe-Auguste. Rig. 143 ; Chron. 133 ; Phil. VIII, 427 ; — (1205) pris. Rig. 144 ; Chron. 134 ; Phil. VIII, 427 ; —,est donné à Dreu de Mello. Rig. 144 ; Chron. 134. — *Loche, Lochia.*
Lochia. Voy. Loches.
Lodi, ville d'Italie fondée par Frédéric Barberousse. — (1213) les Milanais y tendent une embuscade aux habitants de Pavie. Chron. 167, p. 247. — *Lauda.*
Lodulus Galiota. Voy. Louis des Galées.
Loing (le), rivière. Phil. X, 593. — *Lupa.*
Loir (le), rivière. Phil. III, 73 ; X, 237. — *Lidericus amnis.*
Loire (la), fleuve. Rig. 66 ; Chron. 48 ; 178, p. 261 ; 179, p. 263 ; 229 ; Phil. III, 679, 703 ; VI, 347, 419, 450 ; X, 78, 239. — *Liger.*
Lomazaia. Voy. Lommoye.
Lombardie (la). Chron. 158.
Lommoye (Seine-et-Oise, arr. de Mantes, c. de Bonnières). — (1188) brûlé par Henri II. Phil. III, 302. — *Lomazaia.*
Londo, Londonia, Londonie. — Voy. Londres.
Londres. — D'abord appelée *Trinovantum* ou Nouvelle-Troie. Rig. 38, p. 57 ; — (1215) se révolte contre Jean Sans-Terre. Chron. 214, p. 305 ; — (1216) Louis VIII y est reçu avec joie. Chron. 222, p. 311 ; — citée. Phil. III, 311. — *Londo, Londonia, Londonie.*
Longchamps (Eure, arr. des Andelys, c. d'Etrépagny). — Est pris par Philippe-Auguste. Phil. VI, 208. — *Longus Campus.* Voy. Etienne de —.
Longus Campus. Voy. Longchamps.
Lorraine (la). — Eloge. Phil. X, 385. — Duc de —. Voy. Thibault.
Lorrains (les). — (1214) dans l'armée d'Othon. Phil. X, 381 ; — cités. Phil. I, 148. — *Lotharingi, Lotoringi.*
Lothaire, nom d'Innocent III. Rig. 119 ; Chron. 91.
Lothaire, roi de France. Rig. 38, p. 61 ; Chron. 11. — *Lotharius.*
Lotharingi, Lotoringi. Voy. Lorrains (les).
Loudun (Vienne). — (1204) donné par Philippe-Auguste à Aimeri de Thouars. Chron. 135 ; — (1206) pris par Philippe-Auguste. Phil. VIII, 374 ; — mis par lui en état de défense. Rig. 147 ; — (1214) Philippe-Auguste y reçoit les propositions de paix du vicomte de Thouars. Chron. 204, p. 298 ; — cité. Phil. VI, 169 ; X, 104. — *Laudunum, Loudunum.*
Louis, fils de Charles le Simple. Rig. 38, p. 61.
Louis Ier, duc de Bavière. — (1211) se déclare pour Frédéric II. Chron. 157, p. 238. — *Bavarie dux.*
Louis, comte de Blois, fils de Thibaut V, comte de Champagne. — (1188) Philippe-Auguste lui donne Levroux.

Rig. 61 ; — (1198) s'allie à Richard Cœur-de-Lion. Chron. 95 ; — (1202) prend part à la quatrième croisade. Rig. 139 ; Chron. 115 ; Phil. VI, 42 ; — cité. Rig. 100. — *Blesensis comes*.
Louis Ier le Débonnaire, roi de France. Rig. 38, p. 60 ; Chron. 9. — *Ludovicus pius imperator*.
Louis II le Bègue, roi de France. Rig. 38, p. 60 ; Chron. 9. — *Ludovicus Albus sive Balbus*.
Louis IV, roi de France. Rig. 38, p. 61 ; Chron. 11.
Louis V le Fainéant, roi de France. Rig. 38, p. 61 ; Chron. 11. — *Ludovicus qui nihil fecit*.
Louis VI le Gros, roi de France. Rig. 39, p. 63 ; Chron. 11 ; Phil. V, 338. — *Ludovicus Grossus*.
Louis VII le Pieux, roi de France. — Fils de Louis VI et père de Philippe-Auguste. Rig. 39, p. 63 ; Chron. 11 ; — sa sœur Constance avait épousé le comte de Toulouse. Rig. 101 ; — sa fille Marie avait épousé Henri Court-Mantel. Rig. 43, 50 ; Chron. 32, 38 ; Phil. II, 490 ; — et sa fille Agnès, Alexis Comnène. Rig. 139 ; — (1156) donne asile à Eon, vicomte de Porhoët, et l'envoie châtier le comte de Mâcon. Chron. 13 ; — (1165) sa vision avant la naissance de son fils. Rig. 1 ; — accueille en France Thomas Becket chassé d'Angleterre. Chron. 14 ; — (1175) va en pèlerinage à Cantorbéry au tombeau de saint Thomas Becket pour lui demander la guérison de son fils. Chron. 14 ; Phil. I, 275 ; — avait donné temporairement au comte de Flandre l'Amiennois et le Vermandois. Phil. II, 21 ; — (1179) convoque à Paris une assemblée à laquelle il propose de faire couronner son fils de son vivant. Rig. 2 ; — (15 août 1179) était déjà atteint de paralysie à cette époque. Rig. 2 ; — ne peut, pour cette raison, assister au couronnement de son fils, le 1er novembre. Rig. 4 ; — (1179) était septuagénaire. Chron. 16 ; Phil. I, 361 ; — (18 septembre 1180) meurt. Rig. 11 ; Chron. 21 ; Phil. I, 361 ; — est enterré à Barbeaux. Rig. 11, 33 ; Chron. 21 ; — laisse en mourant le trésor royal vide. Phil. I, 377. — *Ludovicus pius*.
Louis VIII, roi de France. — (1187, 5 septembre) sa naissance. Rig. 54 ; Chron. 37 ; Phil. II, 486 ; — Artur de Bretagne est élevé avec lui. Phil. V, 163 ;
— (1191) tombe malade, est guéri par les reliques de la Passion. Rig. 77 ; par les processions et les prières qu'on fait pour cela. Chron. 57 ;
— (22 mai 1200) épouse Blanche de Castille. Rig. 132 ; Chron. 104 ; Phil. VI, 25 ; — Jean Sans-Terre lui donne à cette occasion tous les fiefs dont Philippe-Auguste s'était emparé. Rig. 132 ;
— (1206) est malade à Orléans. Rig. 147 ;
— (1209) est fait chevalier par son père à Compiègne. Chron. 149 ;
— (1211) Renaud de Dammartin lui remet ses fiefs. Chron. 162, p. 243 ;
— (1212) a une entrevue à Vaucouleurs avec Frédéric II et conclut avec lui une alliance au nom de son père. Chron. 159 ;
— (1213) détenait Saint-Omer et Aire que Ferrand, comte de Flandre, réclamait. Chron. 165 ; — assiste à l'assemblée

de Soissons. Phil. IX, 199; — son père lui donne Gravelines. 355; — délivre Dam des Anglais. 496;
— (1214) est chargé de défendre le Poitou contre Jean Sans-Terre. Phil. X, 124; — rassemble une armée à Chinon. Chron. 173; 179, p. 263; — arrive à la Roche-au-Moine pour faire lever le siège; son message à Jean Sans-Terre. Phil. X, 202; — prépare ses troupes au combat; renforts qui lui arrivent. 221; — force Jean Sans-Terre à lever le siège. Chron. 179; Chron. Cont. Par. 1; Phil. X, 259; — poursuit Jean Sans-Terre au delà de la Loire, prend Thouars et démantèle Angers. Chron. 179; Phil. X, 314;
— (1215) part pour la croisade d'Albigeois; prend Toulouse. Chron. 206; — est appelé au trône d'Angleterre par les barons révoltés contre Jean Sans-Terre. Chron. 214; Phil. XII, 302; — leur envoie des troupes. Chron. 214;
— (1216) est excommunié pour ce fait par le pape. Chron. 217; — excommunié à nouveau. Chron. 219; — passe en Angleterre, débarque dans l'île de Thanet et marche contre Jean Sans-Terre. Chron. 221; — entre à Londres et prend diverses places; mais, à la mort de Jean Sans-Terre, les barons proclament son fils et Louis est forcé de revenir en France. Chron. 222;
— (1217) retourne en Angleterre, est battu et repasse en France. Chron. 223; — récit abrégé de son expédition d'Angleterre. Chron. Cont. Par. 3;
— (1219) à la croisade des Albigeois. Chron. 233;
— (1223) assiste aux obsèques de son père. Chron. Cont. Par. 7; — sa douleur. Phil. XII, 590; — monte sur le trône. Phil. XII, *Cat.*;
— (1224) fixe les frontières du royaume aux Pyrénées. 826; — prend La Rochelle, Saintes et Niort. 820; — prend Bordeaux et donne cette ville au comte de la Marche. 846; — réclame le trône d'Angleterre du chef de sa femme. 834; — soumet la Guyenne et le Toulousain. 853;
— Rigord lui dédie sa chronique; Rig. 1; — et Guillaume le Breton sa Philippide. Phil. *Nunc.* 1; — exhortation que lui adresse Guillaume en terminant son poème. Phil. XII, 804.

Louis des Galées. — (1203) au siège d'Andely. Phil. VII, 329; — (1213) sur la flotte française à Dam. Phil. IX, 295. — *Lodulus* ou *Ludovicus Galiota*.

Lou Pescaire. Voy. Pescaire (Lou).

Louvain (duc ou comte de). Voy. Henri Ier, duc de Brabant, comte de —.

Louvre (tour du). — (1214) Ferrand y est enfermé. Phil. XII, 163. — *Lupre arx*.

Lovanie (*dux*), *Lovannus*. Voy. Henri, duc de Brabant.

Lucain. Phil. I, 11; IX, 368, 731. — *Lucanus*. — Poésie de —. *Ibera poesis*. Phil. XII, 885.

Lude (le) (Sarthe, arr. de la Flèche). Phil. X, 235. — *Lude*.

Ludovicus Albus ou *Balbus*. Voy. Louis le Bègue.

Ludovicus Pius. Voy. Louis VII, roi de France.

Lugdunensis pagus. Voy. Lyonnais (le).

Luna, ville de Toscane. Chron. 10.

Lune (la). — (1188) Miracle à Argenteuil. Chron. 47. — Éclipses de —. Voy. Éclipses de lune.
Lupa. Voy. Loing (le).
Lupicarus. Voy. Pescaire (Lou).
Lupre arx. Voy. Louvre (tour du).
Lusignan (Vienne, arr. de Poitiers). Voy. Aimeri, Geoffroi, Gui, Henri, Hugues.
Lutea civitas. Voy. Lutèce, Paris.
Lutèce. — Rig. 37; Chron. 3, 4, 7, 33; Phil. I, 97, 158; V, 45. — *Lutecia, Lutea civitas.* Voy. Paris.
Luxovium. Voy. Lisieux.
Lyon (Rhône). — Légende du sceau de ses archevêques et de ses monnaies. Phil. XII, 676. — Archevêque de —. Voy. Renaud.
Lyonnais (le). Chron. 13, 18. — *Partes Lugdunenses, Lugdunensis pagus.*
Lyons-la-Forêt (Eure, arr. des Andelys). — (1192) pris par Philippe-Auguste. Phil. IV, 413; — et rendu par lui à l'abbaye de Saint-Denis. Rig. 89; Chron. 67; — pris de nouveau par le roi. Phil. VI, 209. — *Leonum castrum, Novum castrum.*
Lys (la), rivière. Phil. IX, 30, 424. — *Lidus.*

M

M., comtesse de Champagne. Voy. Marie de France.
Macedo. Voy. Alexandre, roi de Macédoine.
Machabées (les). Phil. VIII, 664.
Machelen (Flandre, près Courtrai). Voy. Eustache de —.
Mâcon (Saône-et-Loire). — Comtes de —. Voy. Girard, Jean de Braisne.
Magometicole. Voy. Mahométans (les).
Magometus. Voy. Mahomet.
Maguntina urbs. Voy. Mayence.
Mahaut, fille de Renaud de Dammartin. — Avait épousé Philippe Hurepel, fils de Philippe-Auguste. Phil. XII, 112. — *Mathildis.*
Mahomet. Phil. IV, 219. — *Magometus.*
Mahométans (les). — (1191) Richard Cœur-de-Lion fait massacrer ceux d'Acre. Phil. IV, 220. — *Magometicole.* Voy. Sarrasins (les).
Mainard de Goritz. — (1192) poursuit Richard Cœur-de-Lion après son naufrage. Rig. 88. — *Mainardus de Guorze.*
Maine (le). Chron. 201. — *Cenomannia.*
Maires du palais. Rig. 38, p. 58.
Malannus, Malaunites, Malaunus (Hugo). Voy. Hugues de Malaunay.
Malaunay (Seine-Inférieure, arr. de Rouen, c. de Maromme). Voy. Hugues de —.
Malek-el-Adel-Seifeddin-Aboubekr, frère de Saladin. — Lui succède en Syrie. Rig. 90; Chron. 68. — *Saphadinus, Zaphadinus.*
Malek-el-Aziz-Othman, fils de Saladin. — Lui succède en Égypte. Rig. 90; Chron. 68. — *Meralicius.*
Malevicinus (Petrus). Voy. Pierre Mauvoisin. — *Malevicini fratres.* Voy. Gui, Manassès, Pierre, Robert.
Malleo. Voy. Mauléon.
Malo Auneio (Hugo de). Voy. Hugues de Malaunay.
Maloleone (Savaricus de). Voy. Savari de Mauléon.
Manassés, sergent d'armes. Phil. VII, 733.
Manassés Mauvoisin. — (1186) se distingue au siège de Châtillon-sur-Seine. Phil. I, 683; — à l'embuscade de Cour-

celles-lez-Gisors, veut faire reculer Philippe-Auguste; ses paroles. V, 374-396. — *Manasses Malevicinus.*

Manassès, évêque d'Orléans. — (1212) ses démêlés avec Philippe-Auguste. Chron. 151.

Manassès, comte de Rethel. — Opprime le clergé de Reims; est châtié par Philippe-Auguste. Phil. I, 781. — *Restelle comes.*

Manceaux (les). Phil. VI, 452. — *Cenomanni.*

Mandeville (Guillaume de). Voy. Guillaume.

Mangonneau, machine de guerre. Phil. II, 350. — *Mangonellus.*

Mans (le) (Sarthe). — (1189) pris par Philippe-Auguste. Rig. 66; Chron. 48; Phil. III, 643; — qui le rend à Richard Cœur-de-Lion. Rig. 67; Chron. 49; Phil. III, 674; — (1199) Arthur de Bretagne s'en empare. Rig. 127; Chron. 101; — et y fait hommage à Philippe-Auguste [hommage prêté, en réalité, à Tours]. Rig. 127. — *Cenomannum, Cenomannis, civitas Cenomannensis, urbs Cenomannica.*

Mantes (Seine-et-Oise). — (1188) Henri II ravage le Vexin jusqu'à Mantes. Chron. 45; Phil. III, 295; — les habitants s'avancent au-devant de lui jusqu'à *Pongibos.* Phil. III, 357; — Philippe-Auguste vient à son secours. Chron. 45; Phil. III, 397; — les prisonniers anglais faits à Nonancourt sont enfermés dans la tour de —; ils assassinent leur gardien; les habitants les pendent. Phil. V, 120; — (1198) Philippe-Auguste allait de — à Gisors lorsqu'il tomba dans l'embuscade de Courcelles. Chron. 93; Phil. V, 364; — (1203) une assemblée s'y réunit, qui repousse les tentatives du pape pour le rétablissement de la paix. Rig. 140; — (1210) Philippe-Auguste y rassemble l'armée qu'il donne à Juhel de Mayenne. Chron. 150, 151; — (1213) dans le partage du royaume devait échoir à Conrad de Dortmund. Phil. X, 589; — (1223) Philippe-Auguste y meurt. Chron. Cont. Par. 6; Phil. XII, 565; — Guillaume le Breton y avait été élevé. Phil. III, 374; — citée. Chron. 174; Phil. III, 243, 353, 356, 619; XII, 577. — *Medunta, castrum Meduntenum, Meduntensis civitas.* — Gaubert de —. Voy. Gaubert, — Saint-Corentin près —, Saint-Etienne, Saint-Jacques, Saint-Maclou, Saint-Pierre.

Maquelinis ou *Maquerlinis* (*Eustachius de*). Voy. Eustache de Machelen.

Marcellus. Voy. Guillaume de Mandeville.

Marchaderius, Marchaderus. Voy. Mercadier.

Marcheius, Marchicus, Marchie comes. — Voy. Hugues IX et Hugues X le Brun de Lusignan, comtes de la Marche.

Marchisius, Marchisius de Monteferrato. Voy. Conrad de Montferrat.

Marcomir, roi des Francs. Rig. 37, 38, p. 56-59; 39, p. 64; Chron. 4, 7; Phil. I, 119-136.

Maréchal (Guillaume le). Voy. Guillaume.

Maréchal de France. Voyez Henri Clément, Pierre.

Marée (la). — Description et explication de ce phénomène. Phil. VI, 500; VIII, 52.

Mares du Lieuvin. Phil. V, 6.

Marescallus. Voy. Guillaume le Maréchal.

Mareuil (Cher, arr. de Bourges,

c. de Charost). Voy. Jean de —.

Marguerite de France. — (1186) veuve de Henri Court-Mantel, épouse Béla III, roi de Hongrie. Rig. 43; Chron. 32, 38; Phil. II, 490; — assiste aux obsèques de Geoffroi, duc de Bretagne. Rig. 45; — Henri II refuse de rendre Gisors et les autres places de sa dot. Rig. 50; Chron. 38; Phil. II, 494. — *Margareta*.

Marie, nom donné par erreur (Rig. 112; Chron. 85, 108) à Agnès de Méranie. Voy. ce nom.

Marie de France, comtesse de Champagne. — (1186) fonde une chapellenie pour le repos de l'âme de Geoffroi, comte de Bretagne. Rig. 45; — (1196) est présente à l'hommage de Baudouin IX, comte de Flandre. Rig. 111; — (1198) meurt. Rig. 119; Chron. 90. — *Maria, comitissa Campanie* ou *Trecensis*.

Marie, fille de Philippe-Auguste et d'Agnès de Méranie, légitimée par Innocent III. Rig. 136, Chron. 108; — fiancée à Artur de Bretagne. Chron. 113, Phil. VI, 264; — veuve du comte Namur, épouse le duc de Brabant. Chron. 165.

Marie de Ponthieu. — Avait épousé Simon de Dammartin. Phil. XII, 113; — (1212) est donnée en otage à Jean Sans-Terre par son beau-frère Renaud. Phil. IX, 73.

Marius. Phil. IV, 347.

Marli (Mattheus de). Voy. Mathieu de Marly.

Marliacus. Voy. Marly.

Marlicius, Marlita (Mattheus). Voy. Mathieu de Marly.

Marly-le-Roi (Seine-et-Oise, arr. de Versailles). Prodige qui s'y passe. Chron. 92. —

Marliacus. — Mathieu de —. Voy. Mathieu.

Marmande (Lot-et-Garonne). — (1219) prise par Louis VIII et Amaury de Montfort. Chron. 233. — *Miromandia*.

Marne (la), rivière. Phil. IX, 87. — *Materna*.

Marocains (les). Rig. 103; Chron. 78. — *Moabite*. Voy. Iacoub-Aben-Iousef, roi de Maroc.

Marolides (Hugo, Johannes). Voy. Hugues de Mareuil, Jean de —.

Marseille (Bouches-du-Rhône). — (1190) Richard Cœur-de-Lion s'y embarque pour la croisade. Rig. 69; Chron. 51; Phil. IV, 61; — envoie des troupes au roi d'Aragon contre Simon de Montfort. Phil. VIII, 576. — *Massilia*.

Marsile (le roi). Phil. III, 300. — *Marsilius*.

Martel (Lot, arr. de Gourdon). — (1183) Henri Court-Mantel y meurt. Rig. 22; Chron. 27.

Martin (saint), évêque de Tours. Rig. 39, p. 63; Phil. III, 684; XII, 559, 788.

Martin d'Arques, chef des routiers anglais. Phil. VII, 165, 830. — *Martinus Archas*.

Maruel (Hugo ou Johannes de). Voy. Hugues ou Jean de Mareuil.

Massilia. Voy. Marseille.

Materna. Voy. Marne (la).

Mathieu, homme d'armes. — (1203) au siège d'Andely. Phil. VII, 219. — *Mattheus*.

Mathieu III, comte de Beaumont-sur-Oise, chambrier de France. Rig. 70, p. 105; Phil. III, 254.

Mathieu de Marly. — (1194) combat à Soindres contre le comte de Leicester. Phil. IV, 503; — (1198) fait prisonnier à Courcelles-lez-Gisors. Rig.

122; Phil. V, 424. — *Mattheus de Marli, Marlicius, Marlita.*

Mathieu II de Montmorency.— (1190) Philippe-Auguste lui donne à Messine 300 onces d'or. Rig. 72 ; — (1203) au siège d'Andely. Phil. VII, 273 ; — (1214) dans l'armée française. Phil. X, 469 ; — à la bataille de Bouvines. Chron. 186, p. 276 ; — ses exploits. Chron. 188, p. 279 ; Phil. XI, 112. — *Mattheus de Montemorencii, Morencii dominus* ou *comes.*

Mathilde de Portugal, comtesse de Flandre. — N'eut pas d'enfant de Philippe, comte de Flandre. Phil. IX, 250 ; — fait épouser à son neveu Ferrand une des filles de Baudouin IX, comte de Flandre. 263 ; — (1214) consulte les sorts sur l'issue de la bataille de Bouvines. Chron. 202 ; Phil. X, 546. — *Mathildis comitissa Flandrie.*

Mathildis. Voy. Mahaut, Mathilde.

Matisconensis (comes). Voy. Girard, comte de Mâcon.

Mauléon (aujourd'hui Châtillon-sur-Sèvres, Deux-Sèvres, arr. de Bressuire). Phil. VI, 277. — *Malleo.* Voy. Guillaume de —, Savari de —.

Maurice de Sully, évêque de Paris. — (1185) reçoit processionnellement Héraclius, patriarche de Jérusalem. Rig. 30 ; — (1186) enterre à Notre-Dame Geoffroi, duc de Bretagne. Rig. 44 ; — (1190) élève dans Notre-Dame un autel en mémoire d'Elisabeth de Hainaut. Rig. 68 ; — (1196) meurt le 11 septembre. Rig. 114 ; Chron. 87 ; — avait fondé plusieurs abbayes. Rig. 114 ; — cité. Rig. 2 ; 70, p. 104 ; 77. — *Mauricius episcopus Parisiensis.*

Maurienne (la). Phil. IV, 298. — *Moriana vallis.*

Mauvoisin (les frères). — (1203) au siège d'Andely. Phil. VII, 273. — *Malevicini fratres,* Voy. Gui, Manassès, Pierre. Robert.

Mayence. Phil. IV, 376. — *Maguntina urbs.* — Archevêque de —. Voy. Siffrein.

Mayenne (la), rivière. Chron. 178, p. 260 ; Phil. X, 79, 237. — *Mediana, Meduana.*

Mayenne (le pays de). — (1206) est ravagé par Jean Sans-Terre. Chron. 138. — *Mediana.* — Juhel de —. Voy. Juhel.

Meaux (Seine-et-Marne). Phil. IX, 143. — *Meldensia tempe.* — Evêques de —. Voy. Geoffroi, Guillaume de Nemours, Pierre, Simon.

Mecha. Voy. Mecque (la).

Mechina. Voy. Messine.

Mechuoet, « quod interpretatur pudor fuit », lieu voisin de Commana. Chron. 13.

Mecque (la). Rig. 49. — *Mecha.*

Medardicus abbas. Voy. Saint-Médard de Soissons.

Mediana. Voy. Mayenne (la), rivière, et Mayenne (pays de). — *Juchellus de —.* Voy. Juhel de Mayenne.

Mediolanensis (Hugo). Voy. Hugues de Milan.

Mediolanite. Voy. Milanais (les).

Meduana. Voy. Mayenne (la), rivière.

Medunta, Meduntenum castrum. Voy. Mantes.

Meduntensis Gaubertus. Voyez Gaubert de Mantes.

Mehemet-el-Nasir, roi de Maroc. — (1212) envahit l'Espagne ; est vaincu ; ses armes sont envoyées à Rome et placées à Saint-Pierre. Chron. 161. — *Mummilinus.*

Meldensia tempe. Voy. Meaux.
Meldunum. Voy. Melun.
Meledunicus Adam Voy. Adam II, vicomte de Melun.
Melior, cardinal, légat du pape. Rig. 92.
Mello (Oise, arr. de Senlis, c. de Creil). Voy. Dreu de —, Guillaume de —.
Melloticus heros. Voy. Dreu de Mello.
Melun (Seine-et-Marne). — (1216) il s'y tient une assemblée des barons du royaume. Chron. 218. — *Meldunum.* — Vicomte de —. Voy. Adam II.
Memphis. — Confondue avec Damiette. Chron. 230.
Menardi villa. Voy. Ménerville.
Ménerville (Seine-et-Oise, arr. de Mantes, c. de Bonnières). — (1188) brûlée par Henri II. Phil. III, 300. — *Villa Menardi.*
Meotides palus. Voyez Palus-Méotide.
Mer Adriatique (la). Phil. IV, 329. — *Adria.*
Mer Ionienne (la). Phil. IV, 328. — *Ionie pontus.*
Mer Tyrrhénienne (la). Rig. 38, p. 57; Phil. IV, 20, 64. — *Tusca equora.*
Meralicius, Meralitius. Voyez Malek-el-Aziz-Othman.
Méranie (Agnès ou Marie de). Voy. Agnès.
Mercadier, chef des routiers anglais. — (1195) prend Issoudun. Rig. 104; Chron. 79; — (1197) ravage le Beauvaisis, fait prisonnier l'évêque de Beauvais et Guillaume de Mello. Rig. 123; Chron. 94; Phil. IV, 331; — cité. Phil. V, 357. — *Marchaderus, Marchaderius, Merchaderius.*
Merchaderius. Voy. Mercadier.
Merlin (l'enchanteur). — Prophéties. Chron. 200; Phil. VIII, 906.

Merloto (*Drogo et Guillelmus de*). Voy. Dreu et Guillaume de Mello.
Mérovée, roi de France. Rig. 38, p. 59; Chron. 7; Phil. I, 172. — *Meroveus.*
Mérovingiens (les). Rig. 38, p. 59. — *Merovingi.*
Mesnilium. Voy. Mesnil-Simon (le).
Mesnil-Simon (le) (Eure-et-Loir, arr. de Dreux, c. d'Anet). — (1188) brûlé par Henri II. Phil. III, 301. — *Mesnilium.*
Messana. Voy. Messine.
Messine, en Sicile. — (1190) Philippe-Auguste et Richard Cœur-de-Lion y arrivent; leur séjour. Rig. 69, 72; Chron. 53; Phil. IV, 64. — *Messana, Mechina.* — Détroit de —. Phil. IV, 24, 164. — *Pharita freta, Pharios.*
Methes. Voy. Metz.
Mettensis episcopus. Voy. Conrad, évêque de Metz.
Metz, en Lorraine. Phil. X, 388. — *Methes.* — Evêques de —. Voy. Arnoul (saint), Conrad.
Meulan (Seine-et-Oise, arr. de Mantes, c. de Poissy). — Son vin. Phil. III, 82. — *Mollentum.* — Comte de. Voy. Robert.
Meuse (la), rivière. Phil. X, 387; — à l'endroit où elle se jette dans le Rhin, le fleuve prend le nom de *Remosa.* Phil. X, 411. — *Mosa.*
Michel de Corbeil, doyen de Paris. — (1194) est élu patriarche de Jérusalem, puis archevêque de Sens. Rig. 95; Chron. 71; — (1199) meurt. Rig. 130. — *Michael decanus parisiensis.*
Michel de Harnes. — (1214) dans l'armée française. Phil. X, 474; — à Bouvines, est blessé par Eustache de Ma-

chelen. Chron. 188, p. 279; Phil. XI, 105; — remonte à cheval et tue Eustache. 133. — *Michael de Harmes, de Harmis, Harmensis.*

Miel (rosée de). — Tombe en France en 1198. Rig. 121. — *Ros mellitus.*

Milanais (les). — (1212-3) attaquent les habitants de Crémone et de Pavie et sont battus deux fois. Chron. 167, 168. — *Mediolani, Mediolanite.*

Milices communales (les). — (1214) combattent à Bouvines. Chron. 191. — *Legiones communiarum.*

Milon, évêque de Beauvais. — (1219) est fait prisonnier par les Sarrazins. Chron. 230; — (1223) assiste aux obsèques de Philippe-Auguste. Chron. Cont. Par. 7.

Mines. — (1185) employées au siège de Boves. Phil. II, 330; — (1204) à celui du Château-Gaillard. Chron. 129; Phil. VII, 685.

Minturnes (Marius à). Phil. IV, 347.

Mirabellum. Voy. Mirebeau.

Miracles. — Rapportés. Rig. 85, 91, 93, 95, 98, 121; Chron. 92; Phil. I, 482; — faits par Philippe-Auguste après sa mort. Phil. XII, 716. Voy. Apparitions.

Mirebeau (Vienne, arr. de Poitiers). — (1202) la reine Aliénor, mère de Jean Sans-Terre, y est assiégée par Artur de Bretagne. Chron. 113; Phil. VI, 371; — Jean Sans-Terre bat Artur devant la place. Chron. 113; Phil. VI, 434; — (1206) mis en état de défense par Philippe-Auguste. Rig. 147. — *Mirabellum.*

Miromandia. Voy. Marmande.

Mithridate, roi de Pont. Phil. XII, 184.

Moabite. Voy. Marocains (les).

Modène, ville d'Italie. Phil. VII, 558. — *Mutina.*

Moguntinus archiepiscopus. Voy. Siffrein, archevêque de Mayence.

Moisacum. Voy. Moissac.

Moïse. Rig. 80; Phil. VI, 587.

Moissac (Tarn-et-Garonne). — (1188) pris par Richard Cœur-de-Lion. Rig. 60. — *Moisacum.*

Moliherne. Voy. Mouliherne.

Molinellum. Voy. Moulineaux.

Mollentum. Voyez Meulan.

Monachi crota ou *rupes.* Voy. Roche-au-Moine (la).

Monachus (Eustachius). Voy. Eustache le Moine.

Monasteriensis episcopus. Voyez Othon, évêque de Munster.

Moncontour (Vienne, arr. de Loudun). — (1214) pris et rasé par Louis VIII. Chron. 179, p. 264. — *Moncontor.*

Mondreville (Seine-et-Oise, arr. de Mantes, c. de Houdan). — (1188) brûlé par Henri II. Phil. III, 300. — *Mondrevilla.*

Mons Argi. Voy. Montargis.

Mons Bardo. Voy. Monte Bardone.

Mons Calvus. Voy. Chaumont.

Mons Caprinus. Voy. Capriola.

Mons Clarus. Voy. Clermont.

Mons Desiderii. Voy. Montdidier.

Mons Flasconis. Voy. Montefiascone.

Mons Luzzonis. Voy. Montluçon.

Mons Sancti Michaelis in periculo maris. Voy. Mont Saint-Michel (le).

Monsteriolum. Voy. Montreuil-Bellay.

Mons Tricardi. Voy. Montrichard.

Montargis (Loiret). Phil. X, 594. — *Mons Argi.*

Mont Cenis (le). Phil. IV, 297. — *Cenee scale.*

Montdidier (Somme). — (1184) détenu indûment par Philippe, comte de Flandre. Phil. II, 18. — *Mons Desiderii.*

Mont du Chat (le). Phil. IV, 300. — *Cati colliculi.*

Montebardone, ville d'Italie. Phil. IV, 296. — *Mons Bardo.*

Montefiascone, ville d'Italie. — (1211) prise par l'empereur Othon. Chron. 157, p. 237; Phil. X, 633. — *Mons Flasconis.*

Montesorium. Voy. Montrésor.

Montferrat (marquis de). Voy. Boniface, Conrad.

Montfort l'Amaury (Seine-et-Oise, arr. de Rambouillet). Voy. Amaury de —, Simon de —.

Montfort-sur-Rille (Eure, arr. de Pont-Audemer). — (1204) rasé par Jean Sans-Terre. Phil. VII, 827. — *Mons Fortis.*

Montfort-le-Rotrou (Sarthe, arr. du Mans). — (1189) pris par Philippe-Auguste. Chron. 48. — *Mons fortis Rotroldi.*

Montigni (Seine-et-Oise, arr. de Pontoise, c. de l'Isle-Adam). Voy. Gales de —.

Montiniacensis, Montinianus (Galo). Voy. Gales de Montigny.

Montluçon (Allier). — (1188) pris par Philippe-Auguste. Rig. 62; Chron. 44; Phil. III, 65. — *Mons Luzzonis.*

Montmorency (Seine-et-Oise, arr. de Pontoise). Voy. Mathieu de —.

Montpellier (Hérault). Chron. 206. — *Pessulanum.*

Montrésor (Indre-et-Loire, arr. de Loches). — (1188) pris par Philippe-Auguste. Rig. 62. — *Montesorium.*

Montreuil-Bellay (Maine-et-Loire, arr. de Saumur). — pris par Philippe-Auguste. Phil. VIII, 374. — *Monsteriolum.*

Montrichard (Loir-et-Cher, arr. de Blois). — (1188) pris par Philippe-Auguste. Rig. 62; Chron. 44; Phil. III, 56. — *Mons Tricardi.*

Mont-Saint-Michel (Manche, arr. d'Avranches, c. de Pontorson). — Situation et description. Phil. VIII, 43, 100; — est fortifié par Jean Sans-Terre. 114; — (1204) pris par Philippe-Auguste. Rig. 142; — par Gui de Thouars, duc de Bretagne, pour le roi. Chron. 131, p. 220; Phil. VIII, 119; — Philippe-Auguste en fait raser les remparts, rebâtir l'église et reconstituer la bibliothèque. Phil. VIII, 139. — *Mons Sancti Michaelis in periculo maris, Mons Beati Michaelis.*

Morencii comes, Morentii dominus. Voy. Mathieu de Montmorency.

Moret (Seine-et-Marne, arr. de Fontainebleau). — (1203) Philippe-Auguste y réunit une armée. Chron. 117; — cité. Phil. X, 594. — *Moretum.*

Moretolium, Moretonium. Voy. Mortain.

Moretonia. Voy. Mortagne.

Moriana vallis. Voy. Maurienne (la).

Morinensis (*Adam episcopus*). Voy. Adam, archidiacre de Paris, puis évêque de Thérouanne.

Moritania. Voy. Mortagne.

Mortagne (Nord, arr. de Valenciennes, c. de Saint-Amand-les-Eaux). — Située au milieu d'un marécage. Phil. X, 677; — (1213) détruite par Philippe-Auguste pour punir la trahison de Raoul de —. Phil. IX, 717; — (1214) Othon y réunit son armée. Chron. 181, p. 267; Phil. X, 369; — Othon en part pour

460 TABLE DES NOMS

poursuivre Philippe-Auguste. Chron. 182; — citée. Phil. X, 735. — *Moretonia, Moritania*. — Raoul de —. Voy. Raoul.

Mortain (Manche). — Donné par Philippe-Auguste à Renaud de Dammartin avec quatre autres comtés. Chron. 199, p. 292; Phil. VI, 81; IX, 113; XII, 110; — (1211) Philippe-Auguste le confisque. Chron. 162; Phil. IX, 118; — cité. Chron. 131, p. 221. — *Moretolium, Moretonium*.

Mortamer. Voy. Mortemer.

Mortemer-sur-Eaune (Seine-Inférieure, arr. et c. de Neufchâtel). — (1202) pris par Philippe-Auguste. Rig. 138; Chron. 112; Phil. VI, 208. — *Mortamer, Mortismare, Mortuum mare*. — Voy. Guillaume de —.

Mortis mare, Mortuum mare. Voy. Mortemer.

Morvan, vicomte du Faou. — (1219) meurt à Acre. Chron. 231. — *Morvannus vicecomes Fagi*.

Mosa. Voy. Meuse (la).

Moselle (la), rivière. Phil. X, 387. — *Mosula*.

Mosula. Voy. Moselle (la).

Mouliherne (Maine-et-Loire, arr. de Baugé, c. de Longhaye). — Fief d'Amaury de Craon. Phil. X, 234. — *Moliherne*.

Moulineaux (Seine-Inférieure, arr. de Rouen, c. de Grand-Couronne). — (1202) Jean Sans-Terre s'y rend avant l'assassinat d'Artur de Bretagne. Phil. VI, 493; — (1204) rasé par ordre de Jean Sans-Terre. Phil. VII, 827. — *Molinellum, Molinelli*.

Moulins (Roger de), prieur de l'Hôpital. Voy. Roger.

Mozac (abbaye de). Chron. 156.

Mummilinus. Voy. Mehemet-el-Nasir.

Münster (Othon, évêque de). Voy. Othon.

Murellum. Voy. Muret.

Murènes de la Loire. Phil. X, 87.

Muret (Haute-Garonne). — (1213) Simon de Montfort s'y enferme et y est assiégé par Pierre II, roi d'Aragon. Chron. 177; Phil. VIII, 585; — bataille sous les murs de la ville, gagnée par Simon. Chron. 177; Phil. VIII, 702. — *Murellum*.

Murilegus. Voy. Chat, machine de guerre.

Murs de Paris. Voy. Paris (années 1190, 1212).

Murzuphle. — Est tué par les croisés à la prise de Constantinople. Phil. VI, 47. — *Induperator*.

Mussy-la-Fosse (Côte-d'Or, arr. de Châtillon-sur-Seine, c. de Flavigny). Phil. I, 583, 628, 631. — *Muxe, Muxea vallis*.

Mutina. Voy. Modène.

Muxe, Muxea vallis. Voy. Mussy-la-Fosse.

N

Nabuzardan. Phil. IV, 577. — *Princeps Cocorum*.

Namur, en Belgique. — *Nemurcius* ou *Nemurcus*. — Comtes de —. Voy. Philippe de Courtenai, Philippe de Namur, Pierre de Courtenai. — Raoul de Namur.

Nanneta, Nannetum. Voyez Nantes.

Nantes (Loire-Inférieure). — (1206) se rend à Philippe-Auguste. Chron. 138; — (1214) est assiégée par Jean Sans-Terre. Chron. 172; Phil. X, 26; — ses conserves de poissons. Phil. X, 86; — citée. Chron. 178, p. 261; Phil.

ET DES MATIÈRES. 461

VI, 308; IX, 82; XII, 147. — *Nanneta, Nannetum.*
Nantholides, de Nantolio (Philippus). Voyez Philippe de Nanteuil.
Narbonne (pays de). — Refuge des hérétiques. Rig. 54. — *Partes Narbonensium.*
Navarre (la). — Fournit au roi d'Aragon des troupes contre Simon de Montfort. Phil. VIII, 577. — Bérengère de —. Voy. Bérengère.
Neauphlette (Seine-et-Oise, arr. de Mantes, c. de Bonnières). — Brûlée par Henri II. Phil. III, 299. — *Neufleta.*
Neige. — De novembre 1218 à mars 1219. Chron. 229; — en septembre 1219. Chron. 235.
Nemaus. Voy. Nîmes.
Nemosio (Galterus de). Voyez Gautier de Nemours.
Nemours (Seine-et-Marne, arr. de Fontainebleau). Voy. Gautier de —, Pierre de —, évêque de Paris, Etienne de —, évêque de Noyon, Guillaume de —, évêque de Meaux.
Nemurcio (Radulfus de). Voy. Raoul de Namur.
Nemurcius ou *Nemurci comes.* Voy. Namur (comtes de).
Néron. Phil. VI, 567.
Nerviens (les). Phil. IX, 365. — *Nervii.*
Nesle (Somme, arr. de Péronne). — (1184) Philippe, comte de Flandre, retient indûment cette ville. Phil. II, 18. — *Nigella.* Voy. Jean de —, Raoul de —, comte de Soissons.
Neubourg (Eure, arr. de Louviers). — (1193) pris par Philippe-Auguste. Rig. 94; Chron. 70; — cité. Rig. 123. — *Novus Burgus.*
Neufchâtel-en-Bray (Seine-Inférieure). — Assiégé par Jean Sans-Terre. Phil. VI, 97. — *Driencuria.*

Neufleta. Voy. Neauphlette.
Neustrie (la). — Ancien nom de la Normandie. Rig. 38, p. 60; Chron. 10; Phil. VIII, 210. — *Neustria.* — Duc de —. Voy. Kaius.
Neuville (Eustache de). Voy. Eustache.
Nevers (comtes de). Voy. Hervé de Donzy, Pierre de Courtenai. — Evêque de —. Voy. Renaud.
Nicée, en Bithynie. Rig. 76; Chron. 56; Phil. IV, 364. — *Nicea.*
Nicolas Boisseau. Rig. 70, p. 100, note 2.
Nicolas d'Orphin. — Livre Nonancourt à Richard Cœur-de-Lion; se fait Templier. Phil. V, 111. — *Nicolaus de Urfino.*
Nigella. Voy. Nesle.
Nigellensis (Johannes). Voyez Jean de Nesle.
Nil (le), fleuve. — Chron. 230; Chron. Cont. Par. 10. — *Nilus.*
Nîmes (Gard). — Envoie des renforts au roi d'Aragon contre Simon de Montfort. Phil. VIII, 577. — *Nemaus.*
Niort (Deux-Sèvres). — Pris par Philippe-Auguste. Phil. VIII, 374; — son vin. 376; — cité. Phil. XII, 825. — *Niortus, Niortum.*
Nivernum, Nivernis. Voy. Nevers.
Nogentum in Pertico. Voy. Nogent-le-Rotrou.
Nogent-le-Rotrou (Eure-et-Loir). — (1189) Philippe-Auguste y réunit son armée. Rig. 66; Chron. 48; Phil. III, 643; — prodiges qu'on y voit. Rig. 85. — *Nogentum* ou *Nongentum in Pertico.*
Nonancourt (Eure, arr. d'Evreux). — (1196) est vendu à Richard Cœur-de-Lion. Rig. 113; Chron. 86; par Nicolas d'Orphin. Phil. V, 111;

— Philippe-Auguste reprend cette ville. Ibid. — *Nonancura, Nonancuria, Nonencort.*
Nongentum. Voyez Nogent-le-Rotrou.
Normandie (la). — S'appelait naguère Neustrie. Voy. ce nom; — est donnée aux Normands et en tire son nom. Rig. 38, p. 60; Chron. 10; Phil. VIII, 211; — est tenue en fief du roi de France. Rig. 107; Phil. III, 764; — (1193) Philippe-Auguste s'empare de la marche de —. Rig. 62; Chron. 67; — (1194) ravagée en partie par Philippe-Auguste. Rig. 94, 96; Chron. 72; — (1198) envahie par Philippe-Auguste. Rig. 123; Chron. 94; — (1199) envahie de nouveau. Rig. 127; — fournit des renforts à Jean Sans-Terre. Phil. VI, 339; — (1204) Philippe s'en empare et la réunit à la couronne. Rig. 142; Chron. 130, 132; Phil. VIII, 1, 176, 206; — accepte difficilement la domination française. Phil. VIII, 215; — Philippe-Auguste lui laisse ses coutumes, abolit la régale et rend au clergé ses privilèges. 221; — (1214) presque tous les nobles de ce pays s'étaient alliés à Jean Sans-Terre. Chron. 201; — soixante-dix chevaliers normands étaient venus en Flandre à l'armée de Philippe-Auguste. Phil. X, 498; — se fournit de vin en Anjou. Phil. X, 76; — citée. Phil. VI, 299; VII, 419, 822. — *Neustria, Normannia.* — Cidre de —. Voy. Cidre. — Ducs de —. Voy. Guillaume le Conquérant, Guillaume Longue-Épée, Richard, Robert, Rollon.
Normands (les). Rig. 38, p. 56 et 60; 113; Chron. 2, 10; Phil. VIII, 181, 211. — *Daci, Dani, Normanni.*
Norozasatan. Rig. 49, p. 76.
Norvicensis episcopus. Voy. Pandolphe, évêque de Norwich.
Norwège. Phil. VIII, 181. — *Norwegia.*
Norwich (évêque de). Voy. Pandolphe.
Notre-Dame. Voy. Argenteuil, Chartres, Châteauroux, Paris.
Novavilla (Eustachius de). Voy. Eustache de Neuville.
Novi Castri (Hugo). Voy. Hugues de Châteauneuf.
Noviomum. Voy. Noyon.
Novum castellum. Voy. Lyons-la-Forêt.
Novus burgus. Voy. Neubourg.
Noyon (Oise). Phil. IX, 150. — *Noviomum.* — Evêques de —. Voy. Etienne de Nemours, Girard.

O

Ocismorum fines. Voy. Léon (Saint-Pol-de-).
Octavien, évêque d'Ostie et Velletri, légat du saint-siège. — (1200) est envoyé en France et réussit à réconcilier Ingeburge et Philippe-Auguste. Rig. 133; Chron. 105; — cité. Rig. 136; Chron. 108. — *Octavianus.*
Odo dux Allobrogus. Voy. Hugues, duc de Bourgogne.
Ogerus. Voy. Ogier le Danois.
Ogier le Danois. Phil. VIII, 634. — *Ogerus.*
Oise (l'), rivière. Phil. II, 212; IX, 148, 159. — *Isara.*
Orages en 1194. Rig. 98, 101; Chron. 77; — en 1198. Rig. 121; — en 1219. Chron. 234; — en 1221. Chron. Cont. Cott. 9.
Oriflamme (l'). — Description. Phil. XI, 32; — est distinct de la bannière royale. Chron.

191, p. 281; — les rois venaient le prendre à l'abbaye de Saint-Denis. Rig. 69; Phil. XI, 32; — à Bouvines. Chron. 183, p. 271; Phil. XI, 32. — *Vexillum Beati Dionysii.*
Orléans (Loiret). — Une synagogue juive y est transformée en église. Rig. 18; — (1206) Louis VIII y est malade. Rig. 147; — cité. Phil. VI, 305. — *Aurelianum.* — Evêques d' —. Voy. Manassès, Philippe.
Orme de Gisors (l'). Voy. Gisors.
Orphin (Seine-et-Oise, arr. de Rambouillet, c. de Dourdan). Voy. Nicolas d' —.
Orri, sergent d'armes. — (1204) au siège du Château-Gaillard. Phil. VII, 733. — *Auricus.*
Orsa, chef saxon. Chron. 6.
Os Leonis. Voy. Bucoléon.
Ossa. Voy. Ouessant.
Ostiensis episcopus. Voy. Octavien, évêque d'Ostie.
Ostrogoths (les). Rig. 38, p. 56; Chron. 2. — *Ostrogothi.*
Othon IV de Saxe, empereur d'Allemagne. — (1197) compétiteur de Philippe de Souabe à l'empire, est soutenu par Innocent III. Rig. 117, 152; Chron. 89, 146; — par Richard Cœur-de-Lion. Rig. 124; Chron. 96; — par l'archevêque de Cologne. Rig. 124; — se fait couronner à Aix-la-Chapelle. Rig. 117; Chron. 96; — ses guerres contre Philippe de Souabe. Chron. 96; — (1208) seul empereur à la mort de Philippe de Souabe. Chron. 146; —(1210) est couronné à Rome. Chron. 157, p. 236; — promet de rendre au pape les domaines de saint Pierre, viole son serment, ravage les Etats de l'Eglise (*Romania*) et détrousse les pèlerins. Chron. 157, p. 237; Phil. VIII, 919; IX, 1; X, 632; — enlève la Pouille à Frédéric II. Chron. 157, p. 237; — dépouille le clergé. Phil. X, 605; — est excommunié et déposé par le pape; un grand nombre de seigneurs allemands l'abandonnent et élisent Frédéric II. Chron. 157, p. 238; 163; Phil. X, 640; — (1211) Renaud de Dammartin fait alliance avec lui. Chron. 162, 163, 164; Phil. IX, 11, 63; — (1212) Constance et Brisach lui ferment leurs portes. Chron. 158, p. 240; — avait tenu naguère le comté de Poitou. Phil. IX, 65; — devait attaquer la Champagne par Reims. 85; — (1214) rassemble son armée à Mortagne en Hainaut. Chron. 181; Phil. X, 369; — noms des seigneurs de son armée. Phil. X, 377; — son discours aux alliés. Chron. 194; Phil. X, 563; — avait un espion dans le camp français. Phil. X, 652; — son armée prend pour signe de reconnaissance une croix blanche. 665; — un espion vient lui annoncer que les Français sont en retraite. 704; — se met à leur poursuite. Chron. 182; Phil. X, 708; — son armée est aperçue par frère Guérin. Chron. 182; Phil. X, 729; — attaque l'arrière-garde française au pont de Bouvines. Phil. X, 819; — oblique vers le nord et range son armée en bataille. Phil. XI, 8; — description de son étendard. Chron. 184, p. 272; Phil. XI, 20; — est au centre de l'armée, en face de Philippe-Auguste. Phil. XI, 45, 249; — Philippe-Auguste attaque ses troupes et veut pénétrer jus-

qu'à lui. 256; — s'avance pour tuer Philippe-Auguste renversé de cheval. 292; — ne peut rompre les Français. 352; — est comparé à Briarée. 357; — son cheval reçoit un coup de poignard qui lui est destiné; l'empereur roule à terre. Chron. 192; Phil. XI, 445; — prend le cheval de Guillaume de Hortsmar et s'enfuit. Phil. XI, 467; — Guillaume des Barres le saisit par le cou; il est délivré par des Allemands et s'enfuit. Chron. 192; Phil. XI, 481; — son étendard est pris et brûlé. Chron. 193; Phil. XII, 41; — Philippe-Auguste en envoie l'aigle à Frédéric II. Phil. XII, 47; — après la bataille, Renaud de Dammartin lui envoie un message. Chron. 199; Phil. XII, 90; — (1215) consent à quitter Cologne à prix d'argent et part secrètement. Chron. 207; — avait mis ses prisonniers à Werda. Chron. 208; — (1218) meurt à Brunswick. Chron. 228; Phil. XII, 316; — cité. Chron. 179, p. 264; 201, p. 295; Chron. Cont. Par. 1; Phil. *Nunc.* 30; X, 128. — *Otho Saxonicus, Otho reprobus.*

Othon, évêque de Münster. Chron. 208. — *Episcopus Monasteriensis.*

Othon de Tecklembourg. — (1213) allié d'Othon IV. Phil. X, 408; — (1214) à Bouvines. Phil. XI, 391; — délivre Othon des mains de Guillaume des Barres. 486; — est fait prisonnier. Chron. 193; Phil. XI, 516; — est interné dans une ville de France. Phil. XII, 154. — *Otho de Tinqueneburc, de Thinqueneburco, Tinqueneburgenus, Tinqueneburnites.*

Ottocar, roi de Bohême. — (1211) se déclare pour Frédéric II. Chron. 157, p. 238. — *Rex Boemie.*

Oudon (Loire-Inférieure, arr. et c. d'Ancenis). — (1214) pris par Jean Sans-Terre. Chron. 172. — *Uldo.*

Ouessant (île d'). — Pillée par Alain Tranchemer. Phil. VII, 168. — *Ossa.*

Ovide. Phil. I, 617; II, 174; VI, 244. — *Ovidius, Sulmone satus.*

Oximii. Voy. Hiémois.

P

Paciacum. Voy. Pacy-sur-Eure.

Pacy-sur-Eure (Eure, arr. d'Évreux). — (1188) Henri II y séjourne. Chron. 45; Phil. III, 192; — (1192) Philippe-Auguste s'en empare. Phil. IV, 412; — cité. Phil. XII, 555. — *Paciacum.*

Paganelli. Voy. Jean et Foulques Painel.

Painel Voy. Jean —, Foulques —.

Palerme, en Sicile. Phil. V, 553. — *Panormus.*

Palestica regio. Voy. Terre sainte (la).

Palestine. Voy. Terre sainte.

Palluau (Indre, arr. de Châteauroux, c. de Châtillon-sur-Indre). — (1188) pris par Philippe-Auguste. Rig. 62. — — *Paluellum.*

Paluellum. Voy. Palluau.

Palus Méotide (le). Rig. 38, p. 58; Chron. 2. — *Meotides palus.*

Pandolphe, légat du pape. — (1213) va en Angleterre, rétablit la paix entre le clergé et Jean Sans-Terre et reçoit l'hommage de celui-ci au nom du pape. Chron. 171; Phil. IX, 333, 545. — *Pandulfus subdiaconus.*

Pandolphe, évêque de Norwich. — (1223) assiste aux obsèques de Philippe-Auguste. Chron. Cont. Par. 7. — *Pandulfus episcopus Norvicensis.*

Pandrasus, roi des Grecs. Rig. 38, p. 57; Chron. 5.

Pandulfus subdiaconus. Voy. Pandolphe, légat.

Pandulfus episcopus Norvicensis. — Pandolphe, évêque de Norwich.

Pannonie (la). Rig. 43. — *Pannonia.*

Pannoniens (les). Phil. II, 493. — *Pannonite.*

Panormus. Voy. Palerme.

Papes. Voy. Célestin III, Clément III, Damase, Etienne III, Grégoire VIII, Honorius III, Innocent III, Léon IX, Urbain III.

Papia. Voy. Pavie.

Papiani, Papienses. Voy. Pavie (habitants de).

Paris, fils de Priam. Rig. 37, 38; Chron. 3.

Paris (histoire de). — Eloge de Paris. Chron. 152; Phil. I, 97; — appelé d'abord *Lutea civitas* (Rig. 37) ou *Lutecia.* Chron. 33 (voy. Lutèce); — appelé *Parisius* du nom de Paris, fils de Priam. Rig. 37; — (1179) saint Richard est enterré au cimetière des Champeaux. Chron. 17; — (1183) Philippe-Auguste fait transporter les halles aux Champeaux. Rig. 20; Chron. 25; — (1185-6) Paris perd son nom de Lutèce lorsque Philippe-Auguste fait paver les voies qui mènent aux portes. Rig. 37; Chron. 33; — (1186) Geoffroy, duc de Bretagne, meurt aux Champeaux. Phil. II, 502; — (1187) Philippe-Auguste fait enclore le cimetière des Champeaux. Rig. 47; Chron. 34; Phil. I, 436; — (1187) Louis VIII y naît et la ville est illuminée pendant sept jours. Rig. 54; — (1190) le roi désigne six bourgeois pour recevoir les revenus et gouverner les affaires de la ville. Rig. 70, p. 100 et 103; — Paris est ceint de murs du côté nord par l'ordre du roi. Rig. 71; Chron. 52; — (1191, 23 juillet) les moines de Saint-Denis viennent processionnellement à Paris apporter les reliques de la Passion à Louis VIII, malade de la dysenterie. Rig. 77; Chron. 57; — (1196) un concile est tenu à Paris pour examiner la validité du mariage d'Ingeburge. Rig. 92; — (1195) cherté des grains à Paris. Rig. 105; — (1198) un homme est tué par la foudre à Paris. Rig. 121; — (1199, 28 juillet) Philippe-Auguste amène Artur de Bretagne à Paris. Rig. 129; Chron. 101; — (1201, juin) Philippe-Auguste reçoit Jean Sans-Terre à Paris. Rig. 135; Chron. 107; — (1206, décembre) le Petit-Pont est emporté par une inondation. Rig. 148; Chron. 140; — (1208) les prisonniers poitevins faits par Henri Clément et Guillaume des Roches sont enfermés à Paris. Rig. 151; — (1210) les disciples d'Amaury de Chartres sont brûlés aux Champeaux. Chron. 154; — (1212) Philippe-Auguste fait clore Paris de murs du côté sud. Chron. 160; — (1214) Philippe-Auguste fait à Paris une entrée triomphale après Bouvines. Chron. 203; Phil. XII, 265; — Ferrand est enfermé dans la tour du Louvre. Chron. 199; Phil. XII, 163; — les autres prisonniers sont enfermés aux deux Châtelets. Chron. 200; — dans le partage projeté par les alliés

d'Othon, Paris devait échoir à Ferrand. Chron. 201; Phil. X, 586. — (1218) incendie à N.-D. allumé par un voleur anglais. Chron. 226; — (1219) inondations qui rendent le Petit-Pont impraticable. Chron. 232; — (1221) les aumôneries de Notre-Dame et de Saint-Etienne-du-Mont sont frappées de la foudre. Chron. Cont. Cott. 9; — (1223) il y est tenu un concile pour les affaires des Albigeois. Chron. Cont. Par. 7; Phil. XII, 543; — cité. Rig. 36, 37, 43, 44, 138; Chron. 3, 7, 33, 57, 101, 107, 198, 201, 204; Phil. II, 229; III, 283; X, 558, 586; XII, 554.
— Champeaux (les). *Campellus, Campelli*. Voy. Paris, histoire, années 1179, 1183, 1186, 1187, 1210; — Charauri (rue), *Chalauri vicus*. Phil. II, 230; — Châtelets (les). Voy. Paris, histoire, 1214; — Diocèse. Rig. 120; — Ecoliers : privilèges accordés par Philippe-Auguste. Chron. 152; — ils se font remarquer par leur enthousiasme lors du retour de Bouvines. Chron. 203; Phil. XII, 269; — église Notre-Dame et chapitre. Rig. 30, 77; Geoffroi, duc de Bretagne, y est enterré. Rig. 44; Chron. 35; quatre chapellenies y sont fondées pour le repos de son âme. Rig. 45; la reine Elisabeth de Hainaut y est enterrée; fondations pieuses faites à ce sujet par Philippe-Auguste. Rig. 68; Chron. 50; un incendie y est allumé (1218) par un voleur anglais. Chron. 226. Aumônerie de Notre-Dame. Voy. Paris, histoire, 1221; doyen du chapitre. Voy. Michel de Corbeil; archidiacre. Voy. Geoffroi; chancelier. Voy. Jean de Chandelle; chantre du chapitre. Voy. Guillaume; — Eglises (autres) de Paris. Voy. Saint-Antoine, Saint-Etienne - du - Mont, Sainte-Geneviève, Saint - Germain-des-Prés, Saints-Innocents, Saint-Lazare, Saint-Martin-des - Champs, Saint - Pierre, Saint-Victor, Saint-Vincent; — Evêques. Voy. Eudes de Sully, Gautier Cornu, Guillaume, Maurice de Sully, Pierre de Nemours, Palais des évêques. Rig. 2; — Halles (les). Voy. Paris, histoire, année 1183; — Louvre (tour du). Chron. 199; Phil. XII, 163; — Murs. Voy. Paris, histoire, années 1190 et 1212; — Palais des évêques. Voy. Evêques; — Palais du roi. Rig. 37; — Pavé. Voyez Paris, histoire, année 1185-6; — Pont (le Petit-). Phil. II, 229. Voy. Paris, histoire, années 1206 et 1219; prévôt de Paris. Rig. 37; — Temple (le). Rig. 70, p. 103; — Université : privilèges accordés par Philippe-Auguste. Chron. 152; opposition des maîtres à l'élection de Guillaume, évêque d'Auxerre, comme évêque de Paris. Chron. Cont. Cott. 6.

Parisia. Voy. Paris.
Parisiens (les). — Leur erreur au sujet du chef de saint Denis. Rig. 80. — Voy. Paris.
Parisii (les), peuple de la Gaule. Rig. 38; Chron. 3, 4, 7; Phil. I, 93, 97; V, 45.
Partenacum. Voy. Parthenay.
Parthenay (Deux-Sèvres). — (1207) pris par Philippe-Auguste. Rig. 149; Chron. 143; Phil. VIII, 374; — cité. Chron. 204, p. 298. — *Partenacum, Partheneium*.
Parthes (les). Phil. IV, 123, 388. — *Parthi*.

Pavé. — A Paris. Voy. ce mot.
— Dans les autres villes. Chron. 33.

Pavie (les habitants de). — (1212) partisans de Frédéric II. Chron. 158; — (1213) battent les Milanais. 167, 168. — *Papiani, Papienses.*

Paviot, arbalétrier. — (1203) au siège d'Andely. Phil. VII, 264. — *Pavius.*

Pavius. Voy. Paviot.

Payen de Rochefort. — Ses brigandages. Chron. 178, p. 261; — (1214) est blessé à mort au siège de la Roche-au-Moine. Chron. 178, p. 262; Phil. X, 280. — *Paganus de Ruperforti.*

Pélage, légat en Terre sainte. — Force les chrétiens à quitter Damiette et à assiéger Taphnis. Chron. Cont. Cott. 10. — *Pelagius.*

Pèlerins de Terre sainte et de Rome, arrêtés par l'empereur Othon. Phil. VIII, 919; — de Rome, cités (*Romipete*). Phil. IX, 1.

Pelleteries de Hongrie. Phil. IX, 384.

Pendragorides. Voy. Artur (le roi).

Pépin le Bref, roi de France. — Rig. 38, p. 60; Chron. 9. — *Pipinus brevis.*

Pépin d'Héristal, maire du palais. Rig. 38, p. 58 et 60; Chron. 9. — *Pippinus major domus.*

Pequichini. Voyez Piquechiens (les).

Perche (le). Phil. III, 256. — *Pertica, Perticum.* — Comtes du —. Voy. Etienne, Rotrou, Thomas.

Perigas, arbalétrier. — (1203) au siège d'Andely. Phil. VII, 264; — (1204) au siège du Château-Gaillard. 662.

Périgueux (Dordogne). Phil. X, 112. — *Petragore.*

Périmèle, nymphe. Phil. VI, 235. — *Perimela.*

Péronne (Somme). — (1184) Philippe, comte de Flandre, détient indûment cette ville. Phil. II, 18; — (1214) Philippe-Auguste y rassemble son armée. Chron. 181, p. 266; — dans le partage du royaume devait appartenir à Renaud de Dammartin. Chron. 201, p. 295; — Renaud de Dammartin y est emprisonné. Chron. 199, p. 292; 210; Phil. III, 90; XII, 138; — citée. Phil. X, 585. — *Perona.*

Pérouse (Italie). Chron. Cont. Par. 2; Phil. VII, 558. — *Perusium.*

Pertica, Perticum. Voy. Perche (le).

Perusium. Voy. Pérouse.

Pescaire (Lou), chef de routiers anglais. Phil. VII, 148, 830; VIII, 17. — *Lupicarus.*

Pessulanum. Voy. Montpellier.
Petrafontis. Voy. Pierrefonds.
Petragore. Voy. Périgueux.
Petreius. Phil. VII, 561.

Pettau (Frédéric de). Voy. Frédéric de Pettau.

Pharamond, roi des Francs. Rig. 37, 38, p. 59; Chron. 7; Phil. I, 160, 169, 212. — *Faramundus, Pharamundus.*

Pharios, Pharita freta. Voy. Messine (détroit de).

Phénicie (étoffes de). Phil. IX, 383.

Philippe, fils de Louis VI, tué par un pourceau. Rig. 39, p. 63; Chron. 11. — *Philippus a porco interfectus.*

Philippe-Auguste, roi de France, fils de Louis VII; surnommé *Auguste* par Rigord. Rig. p. 6; — dit aussi *Dieudonné.* Rig. 1; Chron. 11; *Magnanime.* Chron. 11 et *passim*; *Karolida.* Phil. *Nunc.* 28; *Karolides.* Phil. II, 485; III, 427; IV, 439 et 528; X, 99; —

était parent de Célestin III. Chron. 62; Phil. IV, 290; — faussement accusé d'avarice. Rig. 99; — indulgent pour ceux qui se repentent. Phil. VI, 63; — protège le clergé. Phil. X, 597; — amour réciproque du peuple et de son roi. Phil. XII, 280; — éloge de Philippe-Auguste. Chron. Cont. Par. 6;
— vision du père de Philippe-Auguste avant sa naissance. Rig. 1; — prières du chapitre général des cisterciens pour obtenir sa naissance. Chron. 12;
— (1165) sa naissance le 22 août. Rig. 1; Chron. 11.
— (1175) pèlerinage de Louis VII à Cantorbéry, pour mettre son fils sous la protection de saint Thomas Becket (ce pèlerinage n'eut lieu en réalité qu'en 1179). Phil. I, 275; — apparition de saint Thomas à un saint homme pour lui révéler qu'il a choisi Philippe-Auguste pour son vengeur. Phil. I, 320;
— (1179) devait être couronné le 15 août. Rig. 2; Phil. 219; — s'étant égaré dans la forêt de Compiègne, tombe malade et son couronnement est différé. Rig. 3; Phil. I, 224; — pèlerinage de Louis VII à Cantorbéry. Chron. 14 (faussement placé en 1175); Phil. I, 275; — couronné à Reims le 1er novembre. Rig. 4; Chron. 16; Phil. I, 336; — revient à Paris. Rig. 6;
— (1180) origine de sa haine contre les Juifs. Chron. 17; — dépouille les Juifs de leurs biens meubles le 16 mars. Rig. 6 et p. 16, note 1; — couronné pour la seconde fois à Saint-Denis, le 29 mai, en même temps que la reine Isabelle de Hainaut. Rig. 10; Chron. 20; — perd son père le 18 septembre. Rig. 11; Chron. 21; — n'avait alors que quatorze ans et deux mois. Phil. 363; — châtie Hèbes de Charenton, Guillaume, comte de Châlon, et Humbert de Beaujeu qui opprimaient les églises. Rig. 7, 8; Chron. 18; Phil. I, 463;
— (1180-81) Philippe-Auguste soumet les seigneurs ligués contre lui. Rig. 9; Chron. 19;
— (vers 1180-81) assistant à la messe à Saint-Léger-en-Yveline voit un enfant à la place de l'hostie. Phil. I, 482;
— (1181) s'empare de Châtillon-sur-Loire. Phil. 538; — pardonne à Etienne de Sancerre et aux autres rebelles. Phil. I, 548; — repasse la Loire et rentre en France. Phil. I, 561; — sur le conseil d'un sergent dévoué, rachète aux lépreux de Paris les foires de Saint-Lazare (rachat faussement placé en 1183). Rig. 20; Chron. 25; — punit les blasphémateurs. Rig. 5; Chron. 22; Phil. I, 395;
— (1182) sur le conseil de Bernard de Bré remet aux chrétiens les dettes qu'ils avaient envers les Juifs en gardant le cinquième pour lui. Rig. 12; Chron. 22; Phil. I, 371; — chasse les Juifs en juillet. Rig. 15, 16; Chron. 23; Phil. I, 385; — transforme les synagogues en églises. Rig. 17; Chron. 24; Phil. I, 389;
— (1183) purge le royaume des hérétiques en les condamnant au feu. Phil. I, 407; — fonde les Halles au lieu appelé *Les Champeaux*. Rig. 20; — rachète aux lépreux de Paris les foires de Saint-Lazare, sur le conseil d'un sergent dévoué (ce rachat avait eu lieu en 1181). Rig. 20; Chron.

25; — fait clore de murs le bois de Vincennes. Rig. 21; Chron. 26; — fait poursuivre les Cottereaux et en fait détruire sept mille en Berry. Rig. 24; Chron. 28; Phil. I, 725;
— (1183-84) Philippe-Auguste a plusieurs entrevues avec le comte Philippe de Flandre pour lui réclamer le Vermandois et les villes de la Somme dont il lui avait cependant, au début de son règne, confirmé la donation, jadis faite par Louis VII. Phil. II, 23, 58;
— (1185) reçoit à Paris les envoyés de Jérusalem. Rig. 30; — convoque une assemblée à Paris et envoie des troupes en Terre sainte. Rig. 31; — envoie des troupes au secours de Corbie, part de Senlis pour aller faire lever le siège de Béthisy. Chron. 29; Phil. II, 193, 242; — réunit une armée à Compiègne. Rig. 26, p. 41, note 3; Chron. 29; — marche sur Amiens. Rig. 26; Phil. II, 271; — assiège Boves. Chron. 29; Phil. II, 296; — par le conseil des siens, refuse le combat que lui offrait le comte de Flandre. Phil. II, 364; — accorde une trêve de huit jours au comte, qui se soumet et rend le Vermandois. Rig. 28; Chron. 29; Phil. II, 436; — son retour triomphal. Phil. II, 468; — miracle advenu sur l'emplacement de son camp devant Boves. Rig. 29; Chron. 30; Phil. II, 454;
— (1186) délivre le château de Vergy, assiégé par le duc Hugues de Bourgogne. Rig. 32; Chron. 31; — reçoit les plaintes des églises de Bourgogne contre le duc. Rig. 33; — donne au duc trois avertissements publics. Rig. 34;

— lui écrit plusieurs fois. Phil. I, 609; — marche sur la Bourgogne par Troyes, Bar-sur-Seine et Mussy. Phil. I, 621; — prend Châtillon-sur-Seine. Rig. 35; Chron. 31; Phil. I, 640; — contraint le duc à réparer les dommages qu'il a causés aux églises et lui pardonne. Rig. 36; Phil. I, 710; — revient à Paris. Rig. 36; — fait paver Paris. Rig. 36; Chron. 33; — étant à Saint-Denis, permet aux moines de procéder librement au choix de leur abbé. Rig. 41; — accorde la main de sa sœur Marguerite à Béla III, roi de Hongrie. Rig. 43; Chron. 32; — au mois d'août, il fait enterrer Geoffroi, duc de Bretagne, à Notre-Dame de Paris, où il fonde deux chapellenies en sa mémoire. Rig. 44, 45; Chron. 35;
— (vers 1186-87) Philippe-Auguste, à l'instigation d'une vieille femme qui prétendait en avoir reçu la mission miraculeuse (Chron. 34), fait clore de murs le cimetière des Champeaux. Rig. 47; Chron. 34; Phil. I, 445;
— (vers 1187) ordonne de donner aux pauvres ses vêtements de rebut. Rig. 48;
— (1187) irrité de ce que Richard Cœur-de-Lion refuse de lui faire hommage pour le comté de Poitiers (Rig. 50; Chron. 38; Phil. II, 509); et de ce que Henri II, bien que cité plusieurs fois à sa cour, refuse de lui rendre la dot de sa sœur Marguerite (Rig. 50; Chron. 38), entre en Berry, prend Issoudun (Rig. 51; Chron. 38; Phil. II, 529), Graçay et met le siège devant Châteauroux. Rig. 51; Chron. 38; Phil. II, 543; — Richard et Henri II lui demandent avant

la bataille (Phil. II, 589) une trêve qu'il accorde et moyennant laquelle ils déclarent se soumettre à la cour du roi; celui-ci garde Issoudun. Rig. 51; Chron. 38; Phil. II, 609; — apprend la nouvelle de la prise de Jérusalem par Saladin. Rig. 53; — a un fils, Louis VIII, le 5 septembre. Rig. 54; Chron. 37;
— (1188) le 13 janvier (la véritable date est le 21), Philippe-Auguste et Henri II prennent la croix entre Trie et Gisors, au lieu dit depuis *Saint-Champ*. Rig. 56; Chron. 41; Phil. III, 14; — ils y fondent une église (Rig. 56) et s'engagent mutuellement à laisser jusqu'à leur retour leurs terres dans l'état où elles étaient lorsqu'ils se sont croisés. Rig. 56, 60; — le 27 mars, Philippe-Auguste tient à Paris une assemblée où beaucoup de seigneurs se croisent. Rig. 57; Chron. 42; — rend une ordonnance touchant les dettes des croisés et une autre sur la dîme saladine. Rig. 57, 58, 59; — pour châtier Richard Cœur-de-Lion d'avoir rompu la trêve et de ne pas rendre Toulouse au comte Raimond de Saint-Gilles, Philippe-Auguste entre en Berry, prend Châteauroux, Buzençay, Argenton, Levroux. Rig. 60; Chron. 43; Phil. III, 38; — un torrent desséché se remplit miraculeusement pour abreuver son armée. Rig. 61; Chron. 43; Phil. III, 45; — prend Montrichard, Montluçon et toute l'Auvergne. Rig. 60; Chron. 44; Phil. III, 56; — Henri II revenant vers la Normandie, il le poursuit et prend Vendôme. Chron. 44; Phil. III, 67; — arrivé à Chaumont, tandis qu'Henri II est à Gisors, il a une entrevue avec lui, abat l'orme sous lequel avaient lieu les conférences et refoule les Anglais dans Gisors. Rig. 62; Chron. 45; Phil. III, 97; — rentre dans Chaumont. Phil. III, 186; — Henri II ravageant le pays et menaçant Mantes, Philippe-Auguste marche au secours de cette ville qu'il traverse, atteint Henri II à Soindres et le contraint de se retirer à Ivry. Chron. 45; Phil. III, 379; — rentre à Mantes. Phil. III, 619; — se réconcilie avec Richard Cœur-de-Lion qui lui fait hommage. Rig. 63; Chron. 46; Phil. III, 631;
— (1189) vers prophétiques sur Philippe-Auguste. Rig. 65; — rassemble ses troupes en mai à Nogent-le-Rotrou, prend la Ferté-Bernard, Montfort-le-Rotrou, le Mans, poursuit Henri II jusqu'à Chinon. Rig. 66; Chron. 48; Phil. III, 640; — donne le Mans à Richard Cœur-de-Lion. Phil. III, 674; — marche sur Tours, trouve un gué pour passer la Loire et prend Tours le 23 juin. Rig. 66; Chron. 48; Phil. III, 677; — fait à Colombier la paix avec Henri II qu'il réconcilie avec Richard. Rig. 67; Chron. 49; Phil. III, 735; — Henri II étant mort, Philippe-Auguste conclut avec Richard une autre paix par laquelle il lui rend Tours, le Mans et Châteauroux, tandis que Richard lui cède Graçay, Issoudun et tout ce qu'il avait en Auvergne. Rig. 67; Chron. 49;
— (1190) en paix avec Richard pendant la première année du règne de celui-ci. Phil. IV, 3; — perd sa femme Elisabeth de Hainaut le 15 mars,

et fonde en sa mémoire deux chapellenies à Notre-Dame de Paris. Rig. 68; Chron. 50; — se prépare à la croisade. Phil. IV, 7; — va prendre le bourdon à Saint-Denis le 24 juin. Rig. 69; — tient à Vézelay, le 4 juillet, une assemblée où il confie la régence à sa mère Adèle et à son oncle Guillaume, archevêque de Reims, et va s'embarquer à Gênes après avoir fait son testament politique. Rig. 69, 70; Chron. 51; Phil. IV, 17; — essuie une violente tempête. Phil. IV, 24; — arrive à Messine le 16 septembre (et non en août comme le dit Rigord). Rig. 72; Chron. 53; Phil. IV, 23; — indemnise les seigneurs qui ont souffert de la tempête. Rig. 72; Chron. 53; Phil. IV, 55; — est rejoint par le roi Richard. Phil. IV, 64; — loge dans le palais du roi Tancrède; refuse une des filles de ce roi qui lui était offerte soit pour lui, soit pour Louis VIII. Rig. 72; — ses bons rapports avec Richard au début de leur séjour en Sicile. Phil. IV, 110; — accommode la contestation pendante entre Richard et Tancrède au sujet de la dot de Jeanne, sœur du premier. Rig. 72; Chron. 53; — fait sonder Isaac l'Ange au sujet des secours à envoyer en Terre sainte. Rig. 72; — reste cinq mois en Sicile. Phil. IV, 154; — pendant son absence, il fait entourer de murs Paris et d'autres villes du royaume. Rig. 71; Chron. 52;

—(1191) Philippe-Auguste somme Richard d'épouser sa sœur et de partir avec lui en mars pour la Terre sainte; sur son refus, il requiert les vassaux de Richard de le suivre. Rig. 73; Chron. 54; Phil. IV, 154; — Richard lui déclarant qu'il lui rend sa sœur et qu'il épouse Bérengère de Navarre, Philippe lui réclame la dot de sa sœur et lui accorde une trêve à cause de la croisade. Chron. 54; Phil. IV, 115; — quitte Messine et arrive devant Acre le 13 avril (en réalité, le 20 avril). Rig. 74; Chron. 54; Phil. IV, 161; — met le siège devant Acre. Phil. IV, 179; — attend Richard pour donner l'assaut. Rig. 74; Phil. IV, 210; — avait déjà presque renversé les murs avant l'arrivée de Richard. Chron. 55; — tente un assaut que Richard fait manquer et promet, ainsi que le roi d'Angleterre, de s'en remettre à des arbitres pour le commandement de l'armée. Rig. 74; — prend Acre le 10 juillet. Rig. 81; Chron. 58; Phil. IV, 232; — il accorde la vie sauve aux habitants d'Acre et Saladin promet de lui céder la vraie croix et de lui rendre les prisonniers. Phil. III, 208; — mais, Saladin n'exécutant pas sa promesse, il consent à ce que Richard fasse massacrer les prisonniers musulmans. Phil. IV, 218; — est guéri de la dysenterie le 23 juillet au moment où son fils Louis VIII est guéri à Paris du même mal par l'application du saint Clou. Rig. 77; — prend avec Richard Gaza, Ascalon et Jaffa. Phil. IV, Cat. et 244; — soupçonne Richard d'intelligence avec Saladin. Chron. 62; — en danger d'être livré aux musulmans par Richard. Phil. IV, 388; — est malade à Acre, on croit qu'il est empoisonné; il remet le com-

TABLE DES NOMS

mandement au duc de Bourgogne. Rig. 81; Chron. 62; Phil. IV, 262; — s'embarque sur des galères de Ruffo de Volta. Rig. 81; — quitte la Palestine, débarque en Pouille et passe par Rome, où il voit son cousin Célestin III. Rig. 81; Chron. 62; Phil. IV, 285; — passe par Radicofano, Monte Bardone, Capriola, la Ligurie, le Mont-Cenis, la Maurienne, le Mont du Chat, traverse l'Isère et le Rhône. Phil. IV, 291; — rentre en France peu de jours avant Noël. Rig. 81; Chron. 62; Phil. IV, 302; — célèbre la fête de Noël à Fontainebleau, et vient quelques jours après à Saint-Denis. Rig. 83;
— (1192) le 18 mars, Philippe-Auguste se rend de Saint-Germain-en-Laye à Brie-Comte-Robert pour y faire brûler des juifs qui avaient crucifié un chrétien livré par la comtesse de Braisne. Rig. 84; Chron. 63; Phil. I, 761;
— (1193) apprend à Pontoise que Richard veut le faire tuer par les *Assassins*, quitte la ville, se crée une garde de sergents armés de masses de métal, et envoie des ambassadeurs au Vieux de la montagne. Rig. 87; Chron. 65; — apprend la fausseté de cette nouvelle. Rig. 87; — en février, il entre en Normandie, prend Evreux, le Neubourg, le Vaudreuil, etc. Rig. 94; Chron. 70; — prend Gisors le 12 avril, reconquiert tout le Vexin et rend Lyons-la-Forêt à l'abbaye de Saint-Denis. Rig. 89; Chron. 67; Phil. IV, 410; — assiège vainement Rouen. Rig. 94; Chron. 70; — épouse Ingeburge de Danemark et la répudie. Rig. 92; Chron. 69;

— (1194) en janvier (et non pas au commencement du carême) Philippe-Auguste conclut un traité d'alliance avec Jean Sans-Terre. Rig. 94; — au retour de Richard, donne asile à Jean Sans-Terre. Phil. IV, 428; — était dès ce moment maître de tout le pays entre le Vaudreuil, Brionne et Sérifontaine. Phil. IV, 430; — fortifie les places qu'il a enlevées aux Anglais. Phil. IV, 440; — donne Evreux à Jean Sans-Terre. Phil. IV, 445; — le 10 mai entre en Normandie et assiège Verneuil pendant trois semaines. Rig. 96; Chron. 72; Phil. IV, 481; — les habitants peignent sa caricature sur la porte du château. Phil. IV, 484; — prend la ville et la fait démanteler. Phil. IV, 490; — apprenant que Jean Sans-Terre a massacré la garnison d'Evreux et livré la place aux Anglais, il incendie Evreux. Rig. 96; Chron. 72; Phil. IV, 449; — ravage le pays de Caux et force Richard à lever le siège d'Arques. Phil. IV, 499; — s'empare de Robert (et non Guillaume), comte de Leicester. Rig. 97; Chron. 72; — en représailles de la conduite de Richard envers Saint-Martin de Tours, met la main sur les églises dépendant d'évêchés soumis aux Anglais. Rig. 99; — surpris par Richard à *Belfou*, près Fréteval, perd son trésor, ses archives et ses bagages. Rig. 100; Chron. 74; Phil. IV, 530; — quitte le Berry et gagne en trois jours le Vaudreuil dont il fait lever le siège. Chron. 74; Phil. V, 17;
— (1195) en juillet, rase le Vaudreuil, et le 20 août marie sa

sœur Alix au comte de Ponthieu. Rig. 102; Chron. 76; — contraint Richard à lever le siège d'Arques, détruit Dieppe; son arrière-garde est surprise pendant le retour. Rig. 104; Chron. 79; Phil. IV, 514; — perd Beaumont-le-Roger et suit Richard en Berry. Phil. IV, 526; V, 30; — abandonné par Renaud de Dammartin, Baudouin de Flandre et d'autres seigneurs. Phil. IV, 583; — fait de grandes aumônes pendant la famine. Rig. 105; Chron. 77 et 80; — prend Issoudun où Richard vient lui faire hommage. Rig. 107; Chron. 82; — en reconnaissance, il dépose une riche étoffe de soie sur l'autel de Saint-Denis. Rig. 107;
— (1196) Philippe-Auguste conclut, le 15 janvier, près de Bourges, la paix avec Richard Cœur-de-Lion. Rig. 108; Phil. V, 51; — en mars, suit les processions faites pour obtenir la fin des inondations. Rig. 109; Chron. 83; — épouse Agnès de Méranie (faussement appelée Marie). Rig. 112; Chron. 85; — la mauvaise foi de Richard qui fait bâtir un château à Portejoie oblige Philippe-Auguste à reprendre les hostilités. Phil. V, 66; — Richard ayant détruit Vierzon dont le seigneur demande secours à Philippe-Auguste, celui-ci en représailles prend Aumale, puis Nonancourt. Rig. 113; Phil. V, 88; — enferme à Mantes les prisonniers de Nonancourt qui massacrent le châtelain, mais sont pendus par les Mantais. Phil. V, 120;
— (1197) envoie des troupes en Berry et prend Dangu. Phil. V, 105; — perd Nonancourt livrée à Richard par Nicolas d'Orphin. Phil. V, 112; — les Bretons lui restent fidèles. Phil. V, 157; — bat Richard devant Aumale, et s'empare de la ville. Chron. 86; Phil. V, 172; — reprend Nonancourt. Chron. 86;
— (1198) Philippe-Auguste rappelle les Juifs et opprime les églises. Rig. 122; — perd sa sœur Marie, comtesse de Champagne. Rig. 119; — ses troupes font aux Andelys un grand carnage de Gallois. Phil. V, 303; — Richard ayant fait noyer trois prisonniers français et aveugler quinze autres, Philippe-Auguste inflige le même supplice à des prisonniers anglais. Phil. V, 318; — ses troupes s'emparent, près de Lens, de Philippe, comte de Namur. Phil. V, 344; — s'allie avec Philippe de Souabe. Rig. 124; — est surpris et mis en fuite par Richard à Courcelles-lez-Gisors. Rig. 122; Chron. 93; Phil. V, 351; — dévaste la Normandie jusqu'au Neubourg et jusqu'à Beaumont-le-Roger. Rig. 123; Chron. 94;
— (1199) conclut une trêve de cinq ans avec Richard. Rig. 125; — pardonne à Renaud de Dammartin et fiance Philippe Hurepel à sa fille. Phil. VI, 59; — prend Evreux, Avrilly et Acquigny; dévaste toute la Normandie aussitôt après la mort de Richard. Rig. 127; Chron. 99; — reçoit l'hommage d'Artur de Bretagne pour les comtés de Tours, d'Angers et du Mans, au Mans selon Rigord, à Paris selon G. le Breton, en réalité à Tours. Rig. 127; Chron. 101; — rend la liberté à Pierre de Douai. Rig. 128;

— reçoit à Tours l'hommage d'Aliénor de Guyenne pour le comté de Poitiers, ramène Artur à Paris le 28 juillet, dépose le 30 un parement de soie sur l'autel de Saint-Denis. Rig. 129 ; — conclut, en octobre, une trêve avec Jean Sans-Terre et une autre avec Baudouin, comte de Flandre. Rig. 129 ; Chron. 102 ; — envoie une ambassade à Innocent III qui a mis son royaume en interdit. Chron. 103 ;
— (1200) Philippe-Auguste, furieux de l'interdit qui pèse sur son royaume, opprime les évêques français qui y ont adhéré. Rig. 131 ; — enferme Ingeburge à Étampes (ceci n'eut lieu que l'année suivante). Ibid. — conclut avec Jean Sans-Terre le traité du Goulet. Rig. 132 ; Phil. VI, 16. — accorde des privilèges aux écoliers de Paris. Chron. 152 (Voy. *Cat. des actes de Philippe-Auguste*, 629) ;
— (1201) à l'instigation du légat Octavien, se sépare temporairement d'Agnès de Méranie. Rig. 133 ; Chron. 105 ; — las des discussions stériles du concile de Soissons, part un beau matin en emmenant Ingeburge avec lui. Rig. 133 ; — enferme Ingeburge dans la tour d'Étampes (fait rapporté à tort à l'année 1200 par Rigord). Rig. 134 ; — à la mort de Thibaut III, prend la garde de la Champagne et la tutelle de sa fille jusqu'à la naissance de son fils posthume, Thibaut IV ; — reçoit magnifiquement Jean Sans-Terre à Paris et à Saint-Denis. Rig. 135 ; Chron. 107 ; — après la mort d'Agnès de Méranie, obtient d'Innocent III la légitimation de ses enfants. Rig. 136 ; Chron. 108 ; — fonde en mémoire d'Agnès l'abbaye de Saint-Corentin près Mantes. Chron. 108 ;
— (vers 1201) le clergé de Reims ayant refusé de l'aider autrement que par ses prières, Philippe-Auguste n'intervient d'abord qu'en paroles auprès du comte de Rethel et de Roger de Rozoy qui opprimaient l'église de Reims. Chron. 109 ; Phil. I, 768 ; — réprime le comte de Rethel et Roger de Rozoy par la force. Chron. 109 ; Phil. I, 799 ;
— (1202) reçoit à Soissons la soumission du comte de Rethel et de Roger de Rozoy, puis revient à Vernon. Rig. 137 ; — reçoit les plaintes du comte de la Marche à qui Jean Sans-Terre a enlevé sa femme. Chron. 110 ; Phil. VI, 104 ; — reçoit les plaintes du comte d'Eu à qui Jean Sans-Terre a pris Neufchâtel-en-Bray. Phil. VI, 102 ; — somme par écrit Jean Sans-Terre de rendre Neufchâtel ; celui-ci demande à Philippe-Auguste de lui assigner un jour pour se disculper devant ses pairs. Phil. VI, 105 ; — assigne en vain Jean Sans-Terre à comparaître à Paris quinze jours après Pâques. Rig. 138 ; Phil. VI, 135 ; — somme une seconde fois Jean Sans-Terre qui s'excuse et demande que la chose soit jugée à Angers. Phil. VI, 147 ; — cite une troisième fois Jean Sans-Terre qui promet de comparaître, de faire hommage de la Guyenne, la Touraine et l'Anjou, et de donner en gage Tillières et Boutavant. Chron. 110 ; Phil. VI, 176. — Jean Sans-Terre ayant fait défaut, Philippe-Auguste prend Boutavant, Argueil,

Longchamps, Mortemer, la Ferté, Saint-Samson et Lyons-la-Forêt. Rig. 138; Chron. 112; Phil. VI, 194; — s'empare de Gournay en l'inondant. Rig. 138; Chron. 112; Phil. VI, 210; — fait réparer Gournay. Phil. VI, 257; — ayant besoin de ses troupes en Normandie, avait ordonné aux barons de Bourgogne et de Berry de venir se joindre à Artur. Phil. VI, 298; — arme Artur chevalier à Gournay, et le fiance à sa fille Marie. Rig. 138; Chron. 113; Phil. VI, 262; — écrit à Artur d'attendre des renforts avant d'entrer sur les domaines de Jean Sans-Terre. Phil. VI, 348; — assiège Arques, lève le siège à la nouvelle de Mirebeau et va prendre Tours. Rig. 138, p. 152; Chron. 114; — à l'hiver, rentre dans ses quartiers sans avoir conclu de trêve. Rig. 138;
— (1203) Philippe-Auguste, soutenu par les Poitevins et les Bretons, entre en Guyenne, reçoit l'hommage de Robert, comte d'Alençon, revient en Normandie et prend Conches et le Vaudreuil. Rig. 140; Chron. 116; — pressé de faire lever le siège d'Alençon, il va chercher à Moret les chevaliers qui étaient réunis pour un tournoi. Chron. 117; — fait la guerre à Jean Sans-Terre pour venger la mort d'Artur de Bretagne. Phil. VII, 13; — assiège l'île et la ville d'Andely, et s'en empare. Rig. 140; Chron. 122 à 124; Phil. VII, 86 à 380; — pendant le siège, fait ravager le Vexin par ses coureurs. Phil. VII, 132; — fait remettre en état le château et le bourg d'Andely et y loge ses troupes. Chron. 124; Phil. VII, 381; — donnait 1000 livres par jour à Cadoc pour la solde de sa troupe. Phil. VII, 396; — esquive les essais de réconciliation avec Jean Sans-Terre tentés par le pape à la fin d'août. Rig. 140; — met, le 31 août, le siège devant Radepont et le prend au bout de quinze jours suivant Rigord, de trois semaines suivant la Chronique, et d'un mois suivant la Philippide. Rig. 141; Chron. 121; Phil. VII, 400; — met le siège devant le Château-Gaillard. Rig. 141; Chron. 125; Phil. VII, 415; — entoure le Château-Gaillard d'une double ligne d'ouvrages à la fois offensifs et défensifs. Rig. 141; Chron. 125; Phil. VII, 421; — quitte pendant l'hiver les troupes qui assiégeaient le Château-Gaillard. Phil. VII, cat.;
— (1203-1204) Philippe-Auguste donne au vicomte de Thouars la sénéchaussée de Poitou (et non en 1205 comme le dit la Chronique). Chron. 135;
— (1204) revient au printemps au siège du Château-Gaillard. Phil. VII, cat.; — ordonne de repousser à coups de flèches les bouches inutiles expulsées de la place. Chron. 125; Phil. VII, 479; — touché de pitié, il se décide à les accueillir. Chron. 127; Phil. VII, 576; — en mars, il pousse activement les travaux du siège. Chron. 128; Phil. VII, 608; — se trouve toujours au premier rang des troupes. Phil. VII, 679; — s'empare du Château-Gaillard, le 6 mars, et y met garnison. Rig. 141; Chron. 129; Phil. VII, 740; — le 2 mai, entre en Normandie. Rig. 142; Phil. VIII, 1; — prend

Falaise, Domfront et Caen. Rig. 142; Chron. 130; Phil. VIII, 14; — est rejoint à Caen par Gui de Thouars, qui vient de s'emparer du Mont Saint-Michel et d'Avranches. Chron. 131; Phil. VIII, 40; — fait démanteler le Mont Saint-Michel, rebâtir l'abbaye et remplacer les livres brûlés par les Bretons. Phil. VIII, 139; — prend Evreux, Séez, Lisieux, Bayeux et Coutances. Rig. 142; Chron. 130; Phil. VIII, 35; — s'empare de Rouen, Verneuil et Arques. Rig. 142; Chron. 131; Phil. VIII, 156; — fait raser les fortifications de Verneuil. Phil. VIII, 170; — se rend maître de toute la Normandie. Rig. 142; Chron. 132; Phil. VIII, 176; — — laisse à la Normandie ses coutumes, mais modifie celles qui se rapportent aux combats singuliers. Phil. VIII, 219; — rend au clergé normand le droit d'élire ses évêques, et abolit le droit de régale en Normandie. Phil. VIII, 241; — prend possession de Poitiers le 10 août, et y reçoit l'hommage des barons du pays. Rig. 143; Chron. 133; Phil. VIII, 374; — ses troupes prennent Angers. Phil. VIII, 272; — nomme Guillaume des Roches sénéchal d'Anjou. Phil. VIII, 277; — prend Loudun. Phil. VIII, 376; — le donne à Aimeri de Thouars. Chron. 135; — s'empare de Niort, Montreuil-Bellay, Parthenay, et ramène ses troupes devant Chinon. Phil. VIII, 376; — aux approches de l'hiver, il abandonne la Rochelle et revient dans son domaine en laissant des troupes pour continuer le siège de Loches et de Chinon. Rig. 143; Chron. 133; Phil. VIII, 376;

— (1205) à Pâques, Philippe-Auguste entre en campagne, prend Loches, qu'il donne à Dreu de Mello, puis Chinon, dont il envoie le châtelain, Girard d'Athée, à Compiègne; rentre en France vers le 24 juin (en réalité il ne rentra qu'en juillet). Rig. 143; Chron. 134; Phil. VIII, 427; — donne à Saint-Denis, le 7 juin, les reliques qu'il a reçues de l'empereur de Constantinople. Rig. 145;

— (1206) perd sa mère Adèle. Rig. 146; Chron. 137; — apprenant en juin le débarquement de Jean Sans-Terre, il rentre en Poitou, arme Chinon, Poitiers, Loudun, Mirebeau, etc., et revient à Paris. Rig. 147; Chron. 138; Phil. VIII, 441; — Aimeri et Gui de Thouars, ayant passé à Jean Sans-Terre, Philippe-Auguste prend Nantes et soumet Gui. Rig. 147; Chron. 138; — conclut à Thouars même une trêve avec Jean Sans-Terre, qui gagne la Rochelle et part pour l'Angleterre. Rig. 147; Chron. 138; Phil. VIII, 441;

— (1207) ravage de nouveau les terres du vicomte de Thouars, prend Parthenay et quelques autres places, qu'il laisse entre les mains de son maréchal et de Guillaume des Roches. Rig. 149; Chron. 143;

— (1208) reçoit d'Innocent III des lettres l'exhortant à la croisade contre les Albigeois. Rig. 154; — demande au pape d'accorder des indulgences aux croisés. Phil. VIII, 502; — envoie des avertissements au comte de Toulouse. Phil. VIII, 509; — proclame

la croisade. Phil. VIII, 515; — envoie 15000 hommes y prendre part. Phil. VIII, 520; — reçoit en France les évêques anglais chassés par Jean Sans-Terre. Phil. VIII, 914;
— (1209) Philippe-Auguste arme son fils Louis VIII chevalier à Compiègne. Chron. 149;
— (1210) à la prière de Juhel de Mayenne, envoie des troupes assiéger le château de Guarplic. Chron. 150; — confisque les régales des évêques d'Orléans et d'Auxerre, qui avaient refusé d'envoyer leurs hommes à l'ost du roi, et ne les leur rend qu'au bout de deux ans. Chron. 151;
— (vers 1210) fait brûler aux Champeaux des disciples d'Amaury de Chartres. Chron. 154; — envoie contre Gui, comte d'Auvergne, des troupes qui s'emparent de Riom, de Tournoel et de tout le comté, que le roi donne à Gui de Dampierre et à son fils Archambaud. Chron. 156; Phil. VIII, 452;
— (1211) engage les seigneurs allemands à élire empereur Frédéric II et conseille à celui-ci de passer en Allemagne. Chron. 158, p. 239; — marie Ferrand de Portugal à l'héritière du comte de Flandre. Phil. IX, 259; — se méfiant de Renaud de Dammartin, il le somme de lui livrer certaines places, et sur le refus du comte, il s'empare des comtés de Mortain, de Dammartin et d'Aumale, de Lillebonne et de Domfront. Chron. 162; Phil. IX, 118; — ne consent pas à restituer ces terres à Renaud, qui refuse de se soumettre au jugement de la cour du roi. Chron. 164;

— (1211-1212) Philippe-Auguste trahi par Renaud, qui s'allie à Jean Sans-Terre et à Othon. Chron. 163; Phil. IX, 11;
— (1212) fait construire les murs de Paris du côté sud, indemnise les propriétaires expropriés et fortifie plusieurs autres villes. Chron. 160; — se prépare à marcher contre Jean Sans-Terre et ses alliés. Phil. IX, 4; — reçoit en France les évêques anglais chassés par Jean Sans-Terre. Chron. 163; — charge son fils Louis d'avoir, à Vaucouleurs, une entrevue avec Frédéric II, et fait alliance avec celui-ci. Chron. 159;
— (1213) réunit une assemblée de prélats et de barons à Soissons, expose le projet d'une expédition en Angleterre. Chron. 165; Phil. IX, 160; — marie sa fille au duc de Brabant, et offre en vain à Ferrand de le dédommager de la perte d'Aire et de Saint-Omer donnés à Louis VIII. Chron. 165; — donne rendez-vous à ses barons à Boulogne le 22 avril. Phil. IX, 230; — se réconcilie avec Ingeburge. Chron. 166; — motifs de l'expédition qu'il projetait en Angleterre. Chron. 171; — retrouve son armée à Boulogne, où Ferrand refuse de le rejoindre. Chron. 169; Phil. IX, 239; — pour le punir, Philippe-Auguste renonce à son expédition d'Angleterre et ordonne à Savari de Mauléon de conduire la flotte à Dam. Phil. IX, 290; — marche sur la Flandre, rejoint sa flotte à Gravelines et donne Gravelines à Louis VIII. Phil. IX, 351; — prend Ypres, Cassel et Bruges. Chron. 169; Phil. IX, 403;

— ordonne à Raoul de Soissons et à Albert de Hangest de rester à Dam pour garder la flotte. Phil. IX, 414; — va assiéger Gand. Chron. 169; Phil. IX, 426; — apprenant que les Anglais brûlent sa flotte à Dam, il court les chasser, détruit le reste de ses vaisseaux et revient devant Gand. Chron. 170; Phil. IX, 432; — s'empare de Gand. Chron. 170; Phil. IX, 571; — prend Audenarde. Phil. IX, 576; — prend Courtrai. Phil. IX, 580; — prend Lille et y fait construire la citadelle de *Darnel*. Phil. IX, 584; — prend Douai. Phil. IX, 595; — reçoit des otages de toutes ces villes. Chron. 170; — rentre à Paris. Chron. 170; Phil. IX, 604; — revient détruire Lille et Cassel, qui s'étaient révoltés. Chron. 170; Phil. IX, 618; — envoie reprendre Tournai, tombé aux mains de Renaud de Dammartin. Phil. IX, 701;

— (1214) à la nouvelle du débarquement de Jean Sans-Terre, Philippe-Auguste met des garnisons dans le Boulonnais et le Vermandois et vient en toute hâte à Chinon et à Loudun. Phil. X, 99; — poursuit Jean Sans-Terre en ravageant le Poitou, brûle Thouars, Cholet, Vihiers et Bressuire, et s'avance jusqu'à Châteauroux. Phil. X, 113; — laisse à Louis VIII le soin de défendre le Poitou et se dirige vers la Flandre. Phil. X, 124; — soutient Frédéric II contre Othon. Phil. X, 573; — Othon et ses alliés forment le projet de le tuer et de se partager son royaume. Phil. X, 563; — la vieille comtesse Mathilde, tante de Ferrand, prédit que Philippe-Auguste sera renversé de cheval et ne sera pas enseveli. Chron. 202; Phil. X, 555; — part de Péronne le 23 juillet, passe une première fois le pont de Bouvines et va s'établir à Tournai. Chron. 181; Phil. X, 643; — le 26 juillet, il se propose de marcher sur Mortagne, occupée par Othon; mais, sur le conseil de ses barons et sur l'avis d'un religieux envoyé par le duc de Brabant, il se décide à se retirer par Bouvines. Chron. 181; Phil. X, 671; — le 27 juillet, quitte Tournai pour aller à Lille. Chron. 182; Phil. X, 704; — apprend par frère Guérin qu'Othon le poursuit. Chron. 182; Phil. X, 754; — n'eût pas voulu combattre un dimanche. Phil. X, 793 et 828; — fait faire halte et consulte ses barons, qui lui conseillent de passer le pont de Bouvines et de continuer la retraite. Chron. 182; Phil. X, 791; — fait élargir le pont. Phil. X, 809; — pendant que son armée le traverse, se repose sous un frêne près d'une chapelle; à la nouvelle de l'attaque de l'arrière-garde, il entre dans la chapelle, y fait une courte prière et monte à cheval. Chron. 183; Phil. X, *cat.*, et 812; — étend ses troupes de façon à ne pas être tourné. Chron. 184, p. 271; Phil. XI, 17; — se tient au premier rang du centre, en face d'Othon. Chron. 184, p. 272; Phil. XI, 45 et 249; — fait déployer l'oriflamme et confie l'étendard royal à Galés de Montigny. Phil. XI, 32; — son discours avant la bataille. Chron. 184, p. 273;

— renversé de cheval par les fantassins allemands, il est sauvé par l'excellence de son armure; délivré par Guillaume des Barres, il remonte à cheval. Chron. 191, p. 282; Phil. XI, 256; — cherche vainement à rejoindre Othon dans la mêlée. Phil. XI, 376; — ses exploits contre les Allemands. Phil. XI, 403; — ses paroles en voyant fuir Othon. Chron. 192, p. 284; — fait rompre l'infanterie de Renaud de Dammartin par 3000 sergents à cheval. Phil. XI, 613; — Renaud de Dammartin cherche vainement à l'atteindre. Phil. XI, 634; — à la fin de la journée fait enfoncer l'infanterie brabançonne par Thomas de Saint-Valery, et défend de poursuivre les fuyards. Chron. 197; — fait camper ses troupes et rend grâces au ciel. Phil. XII, 51; — accorde la vie aux prisonniers et les envoie à Paris. Chron. 198; — envoie à Frédéric II l'aigle qui servait d'enseigne à Othon. Phil. XII, 41; — révélation miraculeuse de la victoire de Bouvines au sacristain de Saint-Germain d'Auxerre. Phil. XII, 764; — fait grâce de la vie à Renaud de Dammartin. Phil. XII, 67; — ayant appris à Bapaume que Renaud entretenait encore des intelligences avec Othon, va lui reprocher son ingratitude et le fait enfermer à Péronne sous la garde de Guillaume de Prunai. Chron. 199; Phil. XII, 90; — emmène Ferrand à Paris. Chron. 199; — apprend après Bouvines que les rebelles s'étaient à l'avance partagé le royaume. Chron. 201, p. 295; — revient triomphalement à Paris. Chron. 203; Phil. XII, 229; refuse d'accorder la paix aux Poitevins, se rend à Loudun, pardonne au vicomte de Thouars, conclut avec Jean Sans-Terre une trêve de cinq ans, revient à Paris, fait un traité avec les Flamands, et pardonne au comte de Nevers. Chron. 204; — à partir de cette époque, gouverne en paix son royaume. Phil. XII, 280;

— (1215) en souvenir de Bouvines, Philippe-Auguste fonde l'abbaye de la Victoire, près Senlis. Chron. Cont. Par. 1; Phil. XII, 155; — refuse de vendre à Jean Sans-Terre une partie des terres qu'il lui a enlevées. Chron. 212; — en appelle au pape pour faire cesser les prédications subversives du légat Robert de Corcon. Chron. 213; — est opposé à l'expédition de Louis VIII en Angleterre. Chron. 214, p. 305; Phil. XII, 303;

— (1216) investit Simon de Montfort du comté de Toulouse. Chron. Cont. Par. 4; — confisque les fiefs de Louis VIII et des barons passés en Angleterre, est néanmoins excommunié par le pape. Chron. 218; — est en butte aux censures pontificales les plus sévères. Chron. 219;

— (1216-1217) refuse tout secours à Louis VIII et ne consent pas à voir son fils lors du voyage de celui-ci en France. Chron. 222, p. 312;

— (1220) renouvelle avec Henri III la trêve conclue avec Jean Sans-Terre en 1214. Chron. Cont. Cott. 1;

— (1221) envoie des renforts à Amaury de Montfort. Chron.

Cont. Cott. 8; Phil. XII, 336; — (1222) Philippe-Auguste fait son testament. Chron. Cont. Par. 8; Phil. XII, 524; — (1223) une comète annonce sa maladie et sa mort. Chron. Cont. Par. 5; Phil. XII, 451; — pris de la fièvre quarte, continue à vaquer au gouvernement du royaume. Phil. XII, 492; — malgré sa maladie, quitte Pacy pour se rendre à Paris. Phil. XII, 550; — meurt à Mantes le 14 juillet. Chron. Cont. Par. 6; Phil. XII, 565; — son corps est transporté à bras jusqu'à Saint-Denis; on élève une croix, puis un prieuré, au lieu où les porteurs s'étaient relayés pour la première fois. Phil. XII, 604; — ses obsèques et sa sépulture à Saint-Denis. Chron. Cont. Par. 6 et 7; Phil. XII, 619; — passé au rang des saints, fait des miracles. Phil. XII, cat.; — miracle par lequel le pape apprend à Segni la mort de Philippe-Auguste. Phil. XII, 716.

Philippe, évêque de Beauvais. Voy. Philippe de Dreux.

Philippe de Courtenai, comte de Namur, fils de Pierre de —, comte d'Auxerre. — (1213) épouse Marie de France. Chron. 165; — (1214) allié de Ferrand. Chron. 194; et d'Othon. Phil. X, 414. — *Philippus filius comes Altissiodori, Nemurcius* ou *Nemurci comes.*

Philippe de Dreux, évêque de Beauvais. — Etait fils de Robert de Dreux et cousin de Philippe-Auguste. Phil. V, 337; — (1188) prend la croix. Rig. 56; — (1197) est fait prisonnier par Mercadier. Rig. 123; Chron. 94; Phil. V, 331; — enfermé à Chinon. Phil. VIII, 397; — ennemi personnel de Renaud de Dammartin. Phil. IX, 215; — (1211) en guerre avec lui. Chron. 162, p. 242; — (1213) assiste au concile de Soissons. Phil. IX, 213; — (1214) dans l'armée française. Phil. X, 479; — à Bouvines, renverse Guillaume Longue-Epée. Phil. XI, 538; — cité. Phil. IX, 96. — *Belvaci presul, Bellovagensis* ou *Belvacensis episcopus. Robertigena.*

Philippe d'Alsace, comte de Flandre. — Parrain de Philippe-Auguste. Chron. 29; Phil. II, 14; — avait épousé Mathilde de Portugal. Phil. IX, 250; — (1183) fait brûler des hérétiques. Rig. 22; — (1184) refuse de rendre au roi le Vermandois, qu'il détenait indûment. Rig. 26; Chron. 29; Phil. II, 17; — se prépare à la guerre. Phil. II, 83; — ravage le Beauvaisis, assiège Corbie, est forcé de se retirer. Chron. 29; Phil. II, 165, 211; — rase le château de Dammartin. Phil. II, 220; — ses menaces contre Paris. Phil. II, 228; — assiège Béthisy. Chron. 29; Phil. II, 237; — s'enfuit à travers la forêt de Compiègne, assiège Choisy-au-Bac, puis rentre en Flandre. Phil. II, 246; — avait fortifié Amiens. 277; — offre le combat à Philippe-Auguste. 366; — vient mettre son camp auprès de celui du roi, qui assiège Boves. Chron. 29; Phil. II, 375; — obtient une trêve de huit jours et se soumet. Chron. 39; Phil. II, 430; (Rig. 26, 27, 28 ne parle pas de guerre et dit seulement que le comte se soumit en voyant le roi rassembler son armée); — (1188) se croise. Rig. 56; — (1191) meurt à Acre. Rig. 79; Chron. 60; Phil. IV, 309; IX, 250. — *Flandricus comes, Philippus comes Flandrie, Atrebati comes.*

Philippe Ier, roi de France. Rig. 39, p. 62; Chron. 11.

Philippe Hurepel, fils de Philippe-Auguste et d'Agnès de Méranie. — Est légitimé par Innocent III. Rig. 136; Chron. 108; — est fiancé à la fille de Renaud de Dammartin et l'épouse. Chron. 163; Phil. VI, 74; XII, 112; — (1223) aux obsèques de son père. Chron. Cont. Par. 7; Phil. XII, 590.

Philippe, comte de Namur. — (1199) est fait prisonnier près de Lens et livré à Philippe-Auguste. Rig. 128; Chron. 100; Phil. V, 344. — *Nemurcius* ou *Nemurci comes, Philippus comes Namurii.*

Philippe de Nanteuil. — (1198) est fait prisonnier à Courcelles-lez-Gisors. Rig. 122; Phil. V, 424. — *Philippus de Nantolio* ou *Nantholides.*

Philippe, évêque d'Orléans. — (1223) assiste aux obsèques de Philippe-Auguste. Chron. Cont. Par. 7.

Philippe de Souabe, empereur d'Allemagne. — (1197) Innocent III est opposé à sa candidature. Rig. 117; Chron. 89; — Philippe-Auguste le soutient. Chron. 96; — est couronné empereur; ses guerres contre Othon de Saxe. Rig. 124; Chron. 96; — sa sœur épouse Alexis le Jeune, empereur de Constantinople. Rig. 139, p. 154; — (1208) meurt assassiné. Rig. 152; Chron. 146. — *Philippus dux Suevie, Philippus imperator.*

Philippide (la). — Ainsi nommée en l'honneur de Philippe-Auguste. Phil. *Nunc.* 38; — s'arrête à la première année du règne de Louis VIII. Phil. XII, 913; — contient 9150 vers, fut composée en trois ans et corrigée en deux ans. 917. — *Philippis.*

Pictavi. Voy. Poitevins (les).
Pictavia. Voy. Poitou (le).
Pictavis, Pictavorum civitas. Voy. Poitiers.
Pictavus comes ou *heros.* Voy. Richard Cœur-de-Lion.
Picti, Pictones. Voy. Poitevins (les).
Pictonia. Voy. Poitou (le).

Pierre, écuyer. — Tue le roi d'Aragon à Muret. Phil. VIII, 764.

Pierre, maréchal de France. Rig. 70, p. 103.

Pierre II, roi d'Aragon. — (1212) bat les Marocains. Chron. 161; — (1213) Raimond, comte de Toulouse, se réfugie auprès de lui; pénètre en France avec une armée. Phil. VIII, 572; — assiège Simon de Montfort dans Muret. Chron. 177, p. 259; Phil. VIII, 601; — est excommunié. Phil. VIII, 622; — son prétendu combat singulier contre Simon de Montfort. 735; — ses armes envoyées à Rome. 743; — vaincu et tué à Muret. Chron. 177, par l'écuyer Pierre. Phil. VIII, 764. — *Rex Aragonum.*

Pierre, comte d'Auxerre. Voy. Pierre de Courtenai.

Pierre Bogis. — (1204) pénètre dans le Château-Gaillard par les latrines et y introduit les Français. Chron. 129; Phil. VII, 733-787. — *Petrus Bogis, Bogisius, Bogius.*

Pierre de Capoue, légat du saint-siège, cardinal de Sainte-Marie *in Via lata.* — (1198) chargé par Innocent III de rétablir la paix entre les rois de France et d'Angleterre, leur fait conclure une trêve de cinq ans. Rig. 125; Chron. 95; — (1199) met la France en interdit au sujet de la captivité d'Hugues, évêque de Cambrai. Rig. 128; — (1200) réunit un concile à Dijon et lance l'interdit sur le royaume, à cause de la répudiation d'Ingeburge. Rig. 131; Chron. 103. — *Petrus Capuanus.*

Pierre Charlot, fils naturel de Philippe - Auguste, trésorier de l'église de Tours. — Ressemblait à son père. Phil. *Nunc.* 42; — Guillaume le Breton avait composé en son honneur le poème de la *Karlotide* (voy. ce mot). 52; — exhortation que lui adresse Guillaume le Breton. Phil. XII, 893. — *Karlotus.*

Pierre de Corbeil, archevêque de Sens. — Maître d'Innocent III, ancien évêque de Cambrai, est nommé archevêque de Sens (1199). Rig. 130; — (1200) est envoyé à Rome pour obtenir l'absolution du roi. Chron. 103; — se croise contre les Albigeois. Chron. 177, p. 258; — (1210) juge les disciples d'Amaury de Chartres. Chron. 154; — (1216) le pape lui écrit pour lui annoncer qu'il a excommunié Philippe - Auguste. Chron. 218. — *Petrus de Corbolio.*

Pierre de Courtenai, comte d'Auxerre, de Nevers et de Namur. — Fils de Louis VI et grand-père d'Isabelle d'Angoulême. Phil. VI, 95; — (1188) se croise. Rig. 56; — (1190) reçoit six cents marcs de Philippe-Auguste, à Messine. Rig. 72; — (1213) à l'assemblée de Soissons. Phil. IX, 203; — (1214) à Bouvines, allié de Philippe-Auguste. Chron. 194; Phil. X, 416; — élu empereur de Constantinople, est pris à Durazzo par Théodore Comnène. Phil. X, 418. — *Petrus Cortiniacensis, Altissiodori comes, Nemurcius* ou *Nemurci comes, Nivernensis* ou *Niverni comes.*

Pierre de Douai. — Jeté en prison par Philippe-Auguste et relâché au bout de trois mois. Rig. 128. — *Petrus de Doaio.* — (Peut-être y a-t-il confusion entre lui et son frère Hugues, évêque de Cambrai.)

Pierre de Dreux, dit Mauclerc, duc de Bretagne. — Avait épousé la fille de Gui de Thouars et obtenu ainsi le duché de Bretagne. Chron. 173; — (1213) à l'assemblée de Soissons. Phil. IX, 206; — est envoyé en avant au secours de Dam par le roi, chasse les ennemis. Chron. 170; Phil. IX, 484; — (1214) défend la Touraine avec Louis VIII contre Jean Sans-Terre. Chron. 173; — repousse Jean Sans-Terre qui assiège Nantes. Phil. X, 28; — (1215) s'entremet pour obtenir de Philippe-Auguste le pardon d'Aimeri de Thouars. Chron. 204, p. 298; — (1219) va avec Louis VIII à la croisade des Albigeois. Chron. 233; — (1222) les comtes Conan et Salomon se révoltent contre lui. Phil. XII, 370; — Amaury de Craon lui enlève la Guerche et Châteaubriand. 391; — rassemble des troupes contre Amaury. 400; — plusieurs villes de Bretagne se révoltent contre lui. 408; — vainqueur d'Amaury de Craon près de Châteaubriand. 427; — cité. Phil. IX, 96. — *Petrus, comes* ou *dux Britannie.*

ET DES MATIÈRES. 483

Pierre Mauvoisin.—(1214) dans l'armée française. Phil. X, 460; — à Bouvines, se tient auprès du roi. Chron. 184, p. 272; — accompagne Guillaume des Barres. Phil. XI, 387; — saisit le cheval d'Othon par la bride. Chron. 192, p. 283; Phil. XI, 448. — *Petrus Malevicinus.*

Pierre, évêque de Meaux. — (1223) assiste aux obsèques de Philippe-Auguste. Chron. Cont. Par. 7.

Pierre de Nemours, évêque de Paris. — Fils de Gautier le chambrier, frère d'Etienne, évêque de Noyon, et de Guillaume, évêque de Meaux. Chron. 176; — d'abord trésorier de Saint-Martin de Tours, est élu évêque de Paris (1208). Rig. 150; Chron. 144; — (1210) fait juger les disciples d'Amaury de Chartres. Chron. 154; — (1218) se croise. Chron. 225.

Pierre de Préaux. — (1188) au combat de Soindres. Phil. III, 570, 580. — *Petrus Pratellicus.*

Pierre, évêque du Puy-en-Velay. Rig. 25.

Pierre de Remi. — (1214) dans l'armée française. Phil. X, 465; — à Bouvines. Chron. 187, p. 278; Phil. XI, 111. — *Petrus de Remi, Reminides, Reminii rector pagi.*

Pierre Riga, poète. Phil. *Nunc.* 14. — *Petrus Riga.*

Pierre de Roissy, prêtre de Paris, prêche avec Foulques de Neuilly. Rig. 120. — *Petrus de Rossiaco.*

Pierre, archevêque de Sens. Voy. Pierre de Corbeil.

Pierre de la Tournelle. — A Bouvines, tue le cheval de Renaud de Dammartin. Chron. 196; Phil. XI, 647. — *Petrus de Turella.*

Pierre Tristan. — Philippe-Auguste à Bouvines. Chron. 191, p. 282. — *Petrus Tristanides.*

Pierre La Truie. — (1198) est pris à Courcelles-lez-Gisors. Phil. V, 425. — *Petrus Sus.*

Pierrefonds (Oisc, arr. de Compiègne). Chron. Cont. Cott. 9. — *Petrafontis.*

Pierrière, machine de guerre. Phil. II, 354. — *Petraria.*

Pilosus comes. Voy. Raugrave.

Pindare. Voy. IX, 732. — *Thebanus vates.*

Pipinita. Voy. Charlemagne.

Piquechiens (les). Phil. II, 597; VII, 161. — *Piquichini, Pequichinus.*

Pisans (les). — (1191) alliés de Richard Cœur-de-Lion au siège d'Acre. Rig. 74. — *Pisani.*

Pissiacum. Voy. Poissy.

Pissianita (Simon). Voy. Simon de Poissy.

Pissianites (Robertus). Voy. Robert de Poissy.

Pixiaco (Girardus, prepositus de). Voy. Girard, prévôt de Poissy.

Pluies excessives. — En 1191. Rig. 76, 77; Chron. 56; — en 1195. Rig. 105; Chron. 80; — en 1219, juin et juillet. Chron. 232; — de septembre 1219 à février 1220. Chron. 235.

Podium. Voy. Puy-en-Velay.

Poheri. Voy. Ponthieu (les gens du).

Poissons (conserves de) de Nantes. Phil. X, 86.

Poissy (Seine-et-Oise, arr. de Mantes). Phil. VI, 270. Voy. Girard, prévôt de —, Robert de —, Simon de —.

Poitevins (les). — Race infidèle et vénale, mais guerrière. Phil. VI, 348; — mobiles comme Protée. Phil. VIII, 450; — habiles pirates. Phil. IX, 294; — (1202) torts de

484   TABLE DES NOMS

Jean Sans-Terre envers eux. Rig. 138; — alliés d'Artur de Bretagne, le forcent à combattre à Mirebeau. Phil. VI, 358; — (1203) alliés de Philippe-Auguste. Rig. 140; — (1204) se révoltent contre Philippe-Auguste, qui envoie contre eux Henri Clément. Phil. VIII, 265, 290; — sont vaincus par Henri Clément. 301; — (1206) alliés de Jean Sans-Terre. Chron. 138; Phil. VIII, 435; — (1210) envoyés par Jean Sans-Terre au secours des Albigeois, sont défaits par Simon de Montfort. Phil. VIII, 864; — (1213) alliés de Renaud de Dammartin. Phil. IX, 61; — et de Jean Sans-Terre. Phil. X, cat.; — après Bouvines envoient demander grâce à Philippe-Auguste. Chron. 204, p. 297. — *Pictavi, Picti, Pictones.*

Poitiers (Vienne). — (1204) pris par Philippe-Auguste. Rig. 143; Chron. 133; Phil. VIII, 374; — (1206) mis par lui en état de défense. Rig. 147; Chron. 138. — *Pictavis, civitas Pictavorum.*

Poitiers (comté de). — Tenu en fief du roi de France par Henri II. Phil. III, 764; — (1187) Richard Cœur-de-Lion refuse d'en faire hommage à Philippe-Auguste. Rig. 50; Chron. 38; — (1195) Richard en fait hommage à Philippe-Auguste. Rig. 107; — (1199) Aliénor de Guyenne en fait hommage à Philippe-Auguste. Rig. 129; — (1202) Philippe-Auguste en donne l'investiture à Artur de Bretagne. Rig. 138. — *Comitatus Pictaviæ* ou *Pictavensis.* — Comte de —. Voy. Richard Cœur-de-Lion.

Poitou (le). Rig. 147; Chron. 138, 172, 204, p. 298; Phil. VI, 268, 289; VIII, 295; X, 24, 112. — *Pictavia, Pictonia.*

Pompée. Phil. VII, 463; XII, 183.

Pongibos, colline près de Mantes. Phil. III, 359, 403.

Pons, arbalétrier. Phil. X, 173, 190. — *Pontius.*

Pons, évêque d'Arras. — (1223) assiste aux obsèques de Philippe-Auguste. Chron. Cont. Par. 7. — *Pontius Atrebatensis.*

Pons Ursonis. Voy. Pontorson.

Pont (le Petit), à Paris. Voy. Paris, histoire, années 1206 et 1219.

Pontarlicium. Voy. Pontarlier.

Pontarlier (Doubs). — Sapins de —. Phil. X, 509. — *Pontarlicium.*

Pont de l'Arche (Eure, arr. de Louviers). — (1204) rasé par ordre de Jean Sans-Terre après la prise du Château-Gaillard. Phil. VII, 827. — *Pons Arche.*

Ponthieu (les gens du). Phil. X, 484; XI, 346. — *Poheri.* — Comte de —. Voy. Guillaume.

Pontigny (Yonne, arr. d'Auxerre, c. de Ligny-le-Châtel). — La reine Adèle y est enterrée. Rig. 146; Chron. 137. — *Pontiniacum.*

Pontiniacum. Voy. Pontigny.

Pontisara. Voy. Pontoise.

Pontivicii, Pontivius, Pontivi comes. Voy. Guillaume, comte de Ponthieu.

Pontoise (Seine-et-Oise). Rig. 86. — *Pontisara.*

Pontorson (Manche, arr. d'Avranches). Chron. 131, p. 221. — *Pons Ursonis.*

Popelicani. Voy. Hérétiques.

Portactea, chevalier poitevin. — (1208) est fait prisonnier. Rig. 151; Chron. 145; — cité. Phil. VIII, 394, 240.

ET DES MATIÈRES. 485

Porte (Galterus). Voy. Gautier de la Porte.
Portejoie (Eure, arr. de Louviers, c. de Pont-de-l'Arche). Chron. 111, p. 208; Phil. V, 70. — *Portus gaudii, Gaudia portans.*
Portugal (Mathilde de), comtesse de Flandre. Voy. Mathilde.
Portus Gaudii. Voy. Portejoie.
Pouille (la). — Conquise par les Normands. Rig. 38, p. 61; Chron. 10; — (1191) Philippe-Auguste y débarque en revenant de Terre sainte. Rig. 81; — (1194) conquise par l'empereur Henri VI. Rig. 101; Chron. 75; — (1211) conquise par Othon IV. Chron. 157, p. 237. — *Apulia.*
Pratellica tellus (quos — nutrivit fratres). Voy. Préaux (les frères de). — *Petrus Pratellicus.* Voy. Pierre de —.
Préaux (les frères de). Phil. III, 220. — *Quos Pratellica tellus nutrivit fratres.* Voy. Pierre de —.
Priam, roi de Troie. Rig. 37, 38, p. 55 et 59; Chron. 2.
Priam, roi d'Austrie. Rig. 37, 38, p. 56, 57, 58; Chron. 4; Phil. I, 116.
Provence (la). — Avait accueilli l'hérésie albigeoise. Phil. VIII, 507. — *Provincia.*
Pruniacensis (Guillelmus). Voy. Guillaume de Prunay.
Pulcher Mons Rogerii. Voyez Beaumont-le-Roger.
Pullus (Guillelmus). Voy. Guillaume Poulain.
Puy-en-Velay (Haute-Loire). Rig. 25. — *Civitas Aniciensis, Podium.* — Evêque de —. Voy. Pierre.
Pyrénées (les). Rig. 38, p. 56; Chron. 4; Phil. XII, 827. — *Pyrenei montes.*
Pythagore. — Sa doctrine de la métempsycose. Phil. IX, 733.

Q

Queno de Conduno. Voy. Quesnes de Coudun.
Quercy (le). — Refuge des hérétiques. Rig. 154. — *Cadurcium.*
Quesnes de Coudun. — (1214) à Bouvines, renverse et arrête Renaud de Dammartin. Chron. 196, p. 288; Phil. XI, 677. — *Queno de Conduno* ou *Condunita.*
Quisa ou *Quisia silvia.* Voyez Cuise (forêt de).

R

R. de Gisors, prieur d'Argenteuil. — Rig. 64. — *R. de Gisortio.*
Radepont (Eure, arr. des Andelys, c. de Fleury-sur-Andelle). — (1203) est pris par Philippe-Auguste. Rig. 141; Chron. 124; Phil. VII, 400. — *Radipons, Ratispons.*
Raderides, arbalétrier. — (1203) au siège d'Andely. Phil. VII, 264.
Radichofo. Voy. Radicofano.
Radicofano (Italie). — (1191) Philippe-Auguste y passe en revenant de Terre sainte. Phil. IV, 293; — (1211) est pris par l'empereur Othon IV. Chron. 157; Phil. X, 634. — *Radicopho, Radichofo, Radicofano.*
Radicopho. Voy. Radicofano.
Radipons. Voy. Radepont.
Radulii fines. Voy. Châteauroux (pays de).
Radulphus de Bobis. Voy. Robert (et non Raoul) de Boves.
Raham. Rig. 49, p. 75.
Raimond V, comte de Toulouse et de Saint-Gilles. — Avait épousé Constance de France.

Rig. 101; — (1184) en guerre avec Alfonse II, roi d'Aragon, conclut la paix. Rig. 25; — (1188) Richard Cœur-de-Lion envahit son comté de Toulouse; il demande secours à Philippe-Auguste. Rig. 60; Chron. 43; Phil. III, 34; — (1194) meurt. Rig. 101. — *Raimundus comes Tolose, comes Sancti Egidii.*
Raimond VI, comte de Toulouse et de Saint-Gilles. — (1194) succède à son père. Rig. 101; — tenait en fief du roi de France autant de villes qu'il y a de jours dans l'année. Phil. VIII, 491; — était parent de Philippe-Auguste. 494; — protecteur des Albigeois. 496; — refuse d'obéir aux avertissements du pape et du roi. 509; — (1208) la croisade contre lui est proclamée; il perd presque toutes ses places. Chron. 177; Phil. VIII, 515; — se réfugie auprès du roi d'Aragon; avec lequel il vient assiéger Simon de Montfort dans Muret. Chron. 177; Phil. VIII, 572; — (1215) Innocent III projette de lui rendre ses terres. Chron. 216. — Simon de Montfort est investi de son comté. Chron. Cont. Par. 4; — cité. Phil. VIII, 488. — *Raimundus* ou *Remundus comes Tolosanus* ou *Tolose, comes Sancti Egidii.*
Raimond-Roger, comte de Foix. — Allié de Raimond de Toulouse et du roi d'Aragon. Chron. 177, p. 259; Phil. VIII, 575; — à Muret, prend la fuite. Phil. VIII, 805. — *Fusinus* ou *Fuxi comes.*
Rama. Voy. Bosnie (la).
Ranchonio (G. de). Voy. Geoffroi de Rancon.
Rancon (Haute-Vienne, arr. de Bellac, c. de Châteauponsat). Voy. Geoffroi de —.

Randerath (Province Rhénane). Voy. Girard de —.
Randerodensis (Guerardus), Randerodis (Girardus de). Voyez Girard de Randerath.
Randulphus comes Cestrie. Voy. Renoul, comte de Chester.
Randulphus de Moritania. Voy. Raoul de Mortagne.
Raoul, homme d'armes. — (1188) au combat de Soindres. Phil. III, 580. — *Radulphus.*
Raoul Ier, comte de Clermont, connétable de France. — (1188) se croise. Rig. 56; — (1191) meurt au siège d'Acre. Rig. 79; Chron. 60; Phil. IV, 311; — cité. Rig. 70, p. 105; Phil. III, 255. — *Radulfus comes Clarimontis, Montis clari comes, Radulfus constabularius.*
Raoul d'Issoudun, comte d'Eu. — (1203) Jean Sans-Terre lui enlève son château de Neufchâtel-en-Bray; il demande justice à Philippe-Auguste. Chron. 110; Phil. VI, 97, 283, 374; — (1203) rejoint à Tours Artur de Bretagne. 279; — (1214) allié de Jean Sans-Terre. Chron. 172; Phil. IX, 22. — *Comes Augeus, Augei, Augi.*
Raoul, patriarche de Jérusalem. Chron. 231. — *Patriarcha Hierosolymitanus.*
Raoul de Mortagne. — (1213) livre Tournai à Renaud de Dammartin, son château est rasé. Phil. IX, 701. — *Randulphus de Moritania.*
Raoul de Namur. — Informe contre les disciples d'Amaury de Chartres. Chron. 154. — *Radulfus de Nemurcio.*
Raoul de Nesle, comte de Soissons. — (1188) se croise. Rig. 56; — (1213) le roi lui ordonne de rester à Dam pour garder la flotte. Phil. IX, 414; — écrit à Philippe-Auguste le

désastre de Dam. 469. — *Comes Suessionensis* ou *Suessionicus.*
Raoul, vicomte de Sainte-Suzanne. — (1214) reste fidèle à Philippe-Auguste. Chron. 201. — *Vicecomes Sancte-Suzanne.*
Ratisbonne. Rig. 39. — *Ratispona.* Voy. Saint-Emmeran (Abbaye de).
Ratispons. Voy. Radepont.
Raugrave, des environs d'Utrecht. — (1214) allié d'Othon. Phil. X, 409; — délivre Othon des mains de Guillaume des Barres. Phil. XI, 486; — est fait prisonnier. 516; — est interné dans une ville de France. Phil. XII, 154. — *Comes Pilosus.*
Redones. Voy. Rennes.
Régale (droits de). — Philippe-Auguste les abolit en Normandie. Phil. VIII, 255.
Regnier, doyen de Saint-Germain-l'Auxerrois à Paris. Chron. 174. — *Renerus decanus Sancti Germani Altissiodorensis Parisiensis.*
Reims (Marne). — (1179) Philippe-Auguste y est sacré. Phil. I, 350; — (1192) Albert, évêque de Liège, s'y réfugie et y est assassiné par les émissaires d'Henri VI. Rig. 78; Chron. 61; — réponse de Philippe-Auguste au clergé de ce diocèse opprimé par des seigneurs. Chron. 109; Phil. I, 768; — cité. Phil. IX, 85, 149; — *Remis, civitas Remensis.* — Archevêques de —. Voy. Guillaume aux Blanches-Mains, Guillaume de Joinville.
Remensis civitas, Remis. Voy. Reims.
Remi (saint). — Sacre Clovis. Chron. 7, 8; Phil. I, 180. — *Sanctus Remigius.*
Remi (Petrus de), Reminides Reminii rector pagi. Voy. Pierre de Remi.
Remundus. Voy. Raimond VI, comte de Toulouse.
Remosa, nom que prend le Rhin lorsqu'il reçoit la Meuse. Phil. X, 411.
Renaud de Bar, évêque de Chartres. — (1188) se croise. Rig. 56; — (1191) Philippe-Auguste lui donne à Messine trois cents onces d'or. Rig. 72; — se croise contre les Albigeois. Chron. 177, p. 258. — *Reginaldus episcopus Carnotensis.*
Renaud de Dammartin, comte de Boulogne. — (1191) Philippe-Auguste lui avait donné ce comté en le mariant à Ide, comtesse de Boulogne. Rig. 115; Chron. 88; Phil. IV, 583; XII, 108; — avait été armé chevalier par Philippe-Auguste. Chron. 199; Phil. XII, 101; — son frère Simon avait épousé Marie de Ponthieu. Phil. XII, 113; — avait reçu cinq comtés de Philippe-Auguste. Chron. 199; Phil. VI, 81; IX, 113; XII, 110; — s'était croisé, mais n'était pas parti. Phil. VI, 59; — (1196) s'allie à Richard Cœur-de-Lion. Rig. 115; Chron. 88, 95; Phil. IV, 583; — (1200) Philippe-Auguste lui pardonne. Chron. 104; Phil. VI, 59; — sa fille Mathilde fiancée à Philippe-Hurepel. Phil. VI, 74; XII, 112; — (1203) au siège d'Andely. Phil. VII, 219; — (1204) est envoyé en Bretagne par Philippe-Auguste. Chron. 131, p. 224; — (1211) en guerre avec Philippe de Dreux, évêque de Beauvais. Chron. 162, p. 242; — était l'ennemi personnel de la maison de Dreux. Phil. IX, 215; — menaces qu'il profère con-

tre Philippe-Auguste. 219 ; — (1212) devient suspect au roi pour avoir fait fortifier Mortain et envoyé des ambassadeurs à Othon. Chron. 162, p. 242 ; — sur son refus de rendre ses places au roi, celui-ci marche contre lui ; Renaud cède ses fiefs à Louis VIII et se retire près du comte de Bar. Chron. 162, p. 243 ; — le roi lui avait enlevé ses places parce qu'il refusait de se soumettre au jugement de la cour. Phil. IX, 118 ; — réclame ses places, récuse la cour du roi et s'allie avec Othon et Jean Sans-Terre. Chron. 163, 164 ; Phil. IX, 11 ; — passe en Flandre et de là en Angleterre, engage Jean Sans-Terre à prendre les armes contre le roi. Phil. IX, 30 ; — donne en otage à Jean Sans-Terre sa femme, son frère Simon et sa belle-sœur. Phil. IX, 73 ; — sert d'intermédiaire entre Jean Sans-Terre et Ferrand, comte de Flandre. Chron. 165 ; — devait attaquer le Vermandois avec Ferrand. Phil. IX, 84 ; — jure à Jean Sans-Terre de tuer Philippe-Auguste. Chron. 194 ; Phil. IX, 101 ; — (1213) est envoyé par Jean Sans-Terre au secours de Ferrand. Chron. 170, p. 251 ; — contribue à la destruction de la flotte de Philippe-Auguste à Dam. Phil. IX, 432 ; — est pris à Dam, ses parents le laissent s'évader. 512 ; — se réfugie en Hollande et s'allie avec le comte Guillaume. 606 ; — s'empare de Tournai avec Ferrand ; en est chassé par les Français. 701 ; — (1214) est envoyé par Jean Sans-Terre au secours d'Othon. Chron. 181, p. 266 ; — avait un commerce adultère avec la sœur d'Hugues de Boves, qui s'allie avec lui. Phil. X, 422 ; — assiste au discours d'Othon sur l'assassinat de Philippe-Auguste et le partage du royaume. 563 ; — jure de se conformer aux désirs de l'empereur. 661 ; — dans le partage du royaume devait avoir Péronne et le Vermandois. Chron. 201, p. 295 ; Phil. X, 584 ; — à Bouvines, est à l'aile droite des ennemis. Phil. XI, 50 ; — ayant déconseillé la bataille, il était regardé comme traître par ses alliés. Chron. 195 ; Phil. XI, 567 ; — avait disposé ses fantassins en trois cercles concentriques, qui lui formaient un lieu de retraite. Chron. 193 ; Phil. XI, 252, 335 ; — sa bravoure. Chron. 193 ; Phil. XI, 585 ; — s'efforce de parvenir jusqu'au roi, est arrêté par Robert de Dreux. Chron. 194 ; — attaque Thomas de Saint-Valery, Robert et Philippe de Dreux. Phil. XI, 335 ; — reste le dernier avec ses troupes sur le champ de bataille. Chron. 196 ; Phil. XI, 585 ; — comme cimier portait des fanons de baleine. Phil. IX, 520 ; XI, 321 ; — ses fantassins ne peuvent être rompus par les chevaliers ; Philippe-Auguste envoie contre eux trois mille sergents à cheval. Phil. XI, 605 ; — s'élance au milieu des Français pour atteindre le roi. 634 ; — son cheval est tué ; on veut l'emmener du combat ; mais il est renversé, manque d'être tué par Cornut et se rend à frère Guérin, qui l'envoie au roi. Chron. 196 ; Phil. 647 ; — le roi lui pardonne d'abord. Chron. 198 ; Phil. XII, 67 ; — dès le soir de Bouvines, entretient des intelligences avec Othon ; le roi lui reproche sa trahison et le fait enfermer à Péronne. Chron. 199; Phil. XII, 90; — est prisonnier à Péronne. Chron. 210; puis au Goulet. Phil. III, 90; — cité. Phil. X, 13, 128. — *Rainaldus filius comitis Domni Martini, Reginaldus de Dono Martini, de Domno Martino, Domni Martini, comes Bolonie, Bolonius, Bolonides.*

Renaud, archevêque de Lyon. — (1223) assiste aux obsèques de Philippe-Auguste. Phil. XII, 671.

Renaud, évêque de Nevers. — (1223) assiste aux obsèques de Philippe-Auguste. Chron. Cont. Par. 7.

Renaud Tatin, arbalétrier. — (1203) au siège d'Andely. Phil. VII, 264. — *Tatinus.*

Renerus. Voy. Regnier.

Rengar. Voy. Rengaré (?).

Rengaré (Côtes-du-Nord, arr. de Guingamp, c. de Plouagat, comm. de Goudelin). Chron. 15. — *Rengar (?).*

Rennes (Ille-et-Vilaine). — Phil. VI, 345. — *Redones.*

Renoul, comte de Chester. — (1214) conclut au nom de Jean Sans-Terre une trêve de cinq ans avec Philippe-Auguste. Chron. 204, p. 298; — cité. Phil. III, 218. — *Randulphus* ou *Renulfus, comes Cestrie.*

Restelle comes. Voy. Manassès, comte de Rethel.

Restillum, en Bretagne. Phil. VI, 345.

Rethest (comes de). Voy. Hugues, comte de Rethel.

Rethel (Ardennes). Voy. Hugues, comte de —. Manassès, comte de —.

Rex minor. Voy. Henri Court-Mantel.

Rhenum flumen. Voy. Rhin (le).

Rhin (le), fleuve. Rig. 38, p. 56; Chron. 4; Phil. IX, 697; — prend le nom de *Re-mosa* à son confluent avec la Meuse. Phil. X, 411. — *Rhenum flumen.*

Rhône (le), fleuve. Chron. 112; Phil. IV, 301; X, 508, 520. — *Rhodanus.*

Ribauds (les). Phil. III, 438; VII, 161. — *Ribaldi.*

Richard (saint). — Crucifié par les Juifs, est enterré aux Champeaux. Rig. 6; Chron. 17.

Richard Cœur-de-Lion, roi d'Angleterre. — (1187) comte de Poitiers refuse de faire hommage à Philippe-Auguste pour son comté. Rig. 50; Chron. 38; Phil. II, 509; — vient secourir Châteauroux assiégé par le roi; conclut ainsi que son père une trêve avec Philippe-Auguste. Rig. 51; Chron. 38; Phil. II, 589; — (1188) prend la croix. Rig. 56; Phil. III, 21; — lui et son père concluent une trêve avec Philippe-Auguste. Rig. 56, 60; — rompt la trêve et envahit le comté de Toulouse. Rig. 60; Chron. 43; Phil. III, 34; — est chassé de Troô par Philippe-Auguste. Rig. 62; — affaire de l'orme de Gisors; ses paroles à son père. Phil. III, 211; — à Mantes, commande l'arrière-garde anglaise. 416; — combat contre Guillaume des Barres. 485; — fait un jeu de mot sur le nom de Guillaume. 548; — est blessé d'un coup de lance par Hugues de Hamelincourt. 551; — s'allie avec Philippe-Auguste parce que son père refuse de lui rendre sa fiancée, Alix de France. Rig. 63; Chron. 46; Phil. III, 631; — (1189) Philippe-Auguste lui donne le Mans. Phil. III, 668; — et le réconcilie avec son père. 738; — succède à son père et conclut la paix avec

Philippe - Auguste, qui lui rend ses fiefs en échange d'Issoudun et de l'Auvergne. Rig. 67; Chron. 49; Phil. IV, 1;
— tombe dans le fossé de Gisors. Rig. 67;
— (1190) assiste à l'assemblée de Vézelay. Rig. 69; — s'embarque à Marseille pour la Terre sainte et arrive à Messine. Rig. 69; Chron. 51, 53; Phil. IV, 58; — sa sœur Jeanne avait épousé Guillaume le Bon, roi de Sicile. Phil. IV, 74; — conclut la paix avec Tancrède, roi de Sicile, par l'entremise de Philippe - Auguste. Rig. 72; Chron. 53; — est d'abord en bonne intelligence avec Philippe-Auguste. Phil. IV, 110;
— (1191) fait venir à Messine Bérengère de Navarre. Rig. 73; — requis par Philippe-Auguste d'épouser sa sœur, refuse et épouse Bérengère. Rig. 73; Chron. 54; Phil. IV, 115; — refuse de partir avec Philippe - Auguste pour la Terre sainte; aide Tancrède dans ses guerres privées. Rig. 73; Chron. 54; Phil. IV, 154; — quitte la Sicile, prend Chypre et arrive à Acre. Rig. 75; Chron. 55; Phil. IV, 195; — est d'avis de tenter l'assaut d'Acre, puis le fait manquer. Rig. 74; — allié des Pisans. Ibid.; — refuse de se soumettre à la décision des arbitres pour le commandement de l'armée. Ibid.; — négocie pour obtenir la vraie croix; fait massacrer les prisonniers sarrasins d'Acre. Rig. 82; Phil. IV, 220; — prend Jaffa et Gaza. Phil. IV, 242; — perd ces villes. 305; — soudoyé par les Sarrasins, détruit Ascalon. Rig. 82; — jette dans la boue l'étendard du duc d'Autriche. Rig. 82; Phil. IV, 337; — entretient des relations avec Saladin et en reçoit des présents. Chron. 62; Phil. IV, 306, 382; — vend Chypre aux Templiers, la leur reprend et la cède à Gui de Lusignan. Rig. 82; — accusé d'avoir cherché à faire poignarder Philippe-Auguste par les *Assassins* du Vieux de la Montagne. Rig. 87; Chron. 65;
— (1192-3) quitte la Palestine et remet le commandement au comte de Champagne, débarque déguisé en Illyrie, est reconnu par le duc d'Autriche qui le livre à l'empereur, est jeté en prison, n'en sort qu'un an après moyennant rançon et revient enfin en Angleterre. Rig. 88; Chron. 66; Phil. IV, 325-427;
— (1193) blâme Jean Sans-Terre du massacre de la garnison d'Evreux. Phil. IV, 471;
— (1194) prend Loches et dépouille les chanoines de Saint-Martin de Tours. Rig. 97; — prend Beaumont-le-Roger. Chron. 74; Phil. IV, 526; — s'empare du trésor de Philippe - Auguste à Fréteval. Rig. 100; à « Belfou ». Chron. 74; Phil. IV, 530;
— (1195) renvoie Alix de France à Philippe-Auguste et rouvre les hostilités. Rig. 102; Chron. 76; — est contraint de lever le siège d'Arques, bat l'arrière-garde française. Rig. 104; Chron. 79; Phil. IV, 500; — conclut une trêve. Rig. 104; — recommence la guerre, puis se décide à faire hommage à Philippe-Auguste. Rig. 107; Chron. 82;
— (1196) conclut la paix. Rig. 108; Chron. 82; Phil. V, 51; — introduit dans le traité une cause de guerre. Phil. V, 59; — fait, au mépris du traité,

fortifier Portejoie et Andely et élever le Château-Gaillard. Chron. 111; Phil. V, 70; VII, 39, 61; — fait construire des vaisseaux. Phil. VII, 172; — intente un procès au seigneur de Vierzon. Phil. V, 83; — prend Vierzon. Rig. 113; Chron. 86; Phil. V, 90; — ne peut faire lever à Philippe-Auguste le siège de Dangu. Phil. V, 109; — se fait livrer Nonancourt. Rig. 113; Chron. 86; Phil. V, 111; — envahit la Bretagne pour forcer les habitants à lui livrer son neveu Artur. Phil. V, 147; — cherche à faire lever à Philippe-Auguste le siège d'Aumale; est battu. Rig. 113; Chron. 86; Phil. V, 168; — son combat contre Alain de Dinan. Phil. V, 225; — assiège Gaillon, est blessé au genou. 258; — fait venir d'Angleterre des troupes galloises. 276; — qui sont détruites à Andely. 300; — pour les venger, fait massacrer des prisonniers français. 307;
— (1197) s'attache par des présents Baudouin, comte de Flandre, Renaud de Dammartin et d'autres seigneurs français. Rig. 115; Chron. 88; Phil. IV, 590;
— (1198) perd sa sœur utérine la comtesse de Champagne. Rig. 119; — dévaste le Vexin, s'empare de Courcelles-lez-Gisors. Rig. 122; Phil. V, 368; — tend une embuscade à Philippe-Auguste près de Gisors et le bat. Rig. 122; Chron. 93; à Courcelles-lez-Gisors. Phil. V, 371; — ravage le Beauvaisis avec Mercadier, fait prisonnier l'évêque de Beauvais et Guillaume de Mello. Rig. 123; Chron. 94; Phil. V, 328; — soutient Othon IV. Rig. 124; Chron. 96;
— (1199) conclut avec Philippe-Auguste une trêve de cinq ans qu'il évite de confirmer en donnant des otages. Rig. 125; — à la nouvelle de la découverte d'un trésor à Chalus, vient assiéger cette place. Phil. V, 502; — refuse d'accorder une trêve aux assiégés pour la fête de Pâques. 513; — est blessé d'un trait d'arbalète. Rig. 126; Chron. 98; par Bertrand de Gourdon. Phil. V, 585; — refuse de se laisser soigner; meurt. Rig. 126; Chron. 98; Phil. V, 599; — est enseveli à Fontevrault. Rig. 126; Phil. V, 618; — son cœur est envoyé à Rouen. Phil. V, 611; — cité. Chron. 199, p. 292; Phil. III, 444. — *Richardus comes Pictavus, Pictavus heros. Richardus rex Anglie.*

Richard Ier, duc de Normandie. Chron. 10.
Richemontis comes. Voy. Geoffroi, duc de Bretagne.
Rictiovarus. Phil. X, 389.
Ridula. Voy. Rille (la).
Riga (Petrus). Voy. Pierre Riga.
Rigord, médecin, moine de Saint-Denis, historien de Philippe-Auguste, dédie son livre à Louis VIII. Rig. p. 1; — difficultés qu'il rencontre pour écrire son livre. p. 4; — pense à le détruire, se décide à le publier sur les instances de Hugues Foucaut, abbé de Saint-Denis. p. 5; — avait offert son livre à Philippe-Auguste. Ibid.; — donne à ce prince le surnom d'Auguste. p. 6; — (10 février 1189) était à Argenteuil. Rig. 64; — (7 juin 1205) déjà vieux, assiste à la remise à l'abbé de Saint-Denis des reliques envoyées de Constantinople à Philippe-Auguste. Rig. 145; — reproche à Philippe-Auguste d'avoir dépouillé des églises qui

relevaient du roi d'Angleterre. Rig. 99; — son histoire conduite jusqu'à la vingt-huitième année du règne de Philippe-Auguste étant peu répandue, Guillaume entreprit de la résumer. Chron. 1. — *Riguotus.*
Riguotus. Voy. Rigord.
Rille (la), rivière. Phil. IV, 434. — *Ridula.*
Riom (Puy-de-Dôme). — (1210) est pris par les troupes de Philippe - Auguste. Chron. 156, p. 235. — *Riom.*
Robert, sicilien. Chron. 92.
Robert III, comte d'Alençon. — (1203) fait alliance avec Philippe-Auguste. Rig. 140; Chron. 116. — *Robertus comes Alençonis, comes de Alancione.*
Robert, évêque de Bayeux. — Se croise contre les Albigeois. Chron. 177, p. 258; — (1223) assiste aux obsèques de Philippe-Auguste. Chron. Cont. Par. 7. — *Robertus episcopus Bajocensis.*
Robert de Belloy. — (1199) s'empare du comte de Namur. Rig. 128. — *Robertus de Belesio.*
Robert de Boves, père d'Hugues de Boves. — Met son château en état de défense contre le roi. Phil. II, 284. — (Appelé *Radulphus* par erreur.)
Robert de Chartres. Rig. 70, p. 100, note 2.
Robert, évêque de Clermont. — (1210) est emprisonné par Gui, comte d'Auvergne. Chron. 156. — *Claromontanensis episcopus.*
Robert de Corcon, légat du pape. — (1214) conclut la paix entre Jean Sans-Terre et Philippe-Auguste. Chron. 204, p. 298; — (1215) prêche la croisade en France, attaque les vices du clergé et des grands; Philippe-Auguste adresse des réclamations au pape. Chron. 213. — *Robertus legatus, Robertus de Corcon.*
Robert, seigneur de Courcelles-lez-Gisors. — (1198) est fait prisonnier par Richard Cœur-de-Lion. Phil. V, 368.
Robert de Courtenai. — (1217) amène des renforts à Louis VIII en Angleterre, est vaincu dans un combat naval. Chron. 223, p. 314. — *Robertus de Corteneio.*
Robert II, comte de Dreux, fils de Louis VI. — (1188) se croise. Rig. 56; — (1196) reçoit la garde de Nonancourt. Rig. 113; — (1203) au siège d'Andely. Phil. VII, 157; — (1213) à l'assemblée de Soissons. Phil. IX, 210; — (1214) dans l'armée française. Phil. X, 476; — ennemi personnel de Renaud de Dammartin. Phil. IX, 215; — à Bouvines, à l'aile gauche. Phil. XI, 47; — combat contre Renaud de Dammartin. Chron. 194; Phil. XI, 335; — Philippe-Auguste lui donne le comte de Salisbury pour l'échanger contre son fils prisonnier en Angleterre. Chron. 200; — cité. Phil. V, 337; IX, 96. — *Robertus comes Drocarum, Robertus senior.*
Robert III, comte de Dreux, dit Gâteblé. — (1213) assiste à l'assemblée de Soissons. Phil. IX, 207; — (1214) repousse Jean Sans-Terre de Nantes, est pris et envoyé en Angleterre. Chron. 172; Phil. X, 28; — Jean Sans-Terre refuse de l'échanger contre le comte de Salisbury; puis y consent. Chron. 200; Phil. XII, 144; — cité. Phil. IX, 96. — *Robertus primogenitus Roberti comitis Drocarum, filius comitis Roberti, Robertigena, Robertus Vastatio frugis.*

ET DES MATIÈRES. 493

Robert Ier, roi de France. Rig. 38, p. 61; Chron. 11.

Robert Fitz-Walter. — (1217) est fait prisonnier à Lincoln. Chron. 223, p. 313. — *Robertus filius Walteri*.

Robert Guiscard. Rig. 38, p. 61; Chron. 10. — *Robertus Guiscardus*.

Robert, évêque de Laon. — (1214) dans l'armée française. Phil. X, 481.

Robert, comte de Leicester. — (1188) commande avec Richard Cœur-de-Lion l'arrière-garde anglaise. Phil. III, 416; — à Soindres, est renversé par Dreu de Mello. 565; — (1194) combat contre Matthieu de Marly. Phil. IV, 503; — fait prisonnier, est enfermé à Etampes. Rig. 97; Chron. 72; — cité. Phil. III, 219. — *Johannes* (erreur : Phil. III, 219) *comes Leicestrie, Guillelmus* (erreur : Rig. 97; Chron. 72), *comes Lecestrie* ou *Leicestre, Johannes* (erreur : Phil. IV, 503) *Liecestricus, comes Licestre*.

Robert, comte de Meulan. — (1188) est fait prisonnier à Vendôme. Phil. III, 78. — *Robertus comes Mollenti*.

Robert Ier, duc de Normandie. Voy. Rollon.

Robert II, duc de Normandie. Chron. 10.

Robert de Poissy. — (1213) défend la flotte à Dam; ses deux frères sont tués. Phil. IX, 464. — *Robertus Pissianites*.

Robert, archevêque de Rouen. — Se croise contre les Albigeois. Chron. 177, p. 258.

Robertigene. Voyez Jean de Braisne, Pierre, duc de Bretagne, Philippe de Dreux, évêque de Beauvais, Robert III, comte de Dreux, fils de Robert II.

Robertus comes ou *senior*. Voy. Robert II, comte de Dreux.

Robertus legatus. Voy. Robert de Corcon.

Robertus Vastatio frugis. Voy. Robert III, comte de Dreux.

Roboreto (Johannes de). Voyez Jean de Rouvroy.

Roboreus (Thomas ou *Johannes)*. Voy. Thomas de Rouvroy, Jean de Rouvroy.

Roche (Gui de la). Voy. Gui.

Roche-au-Moine (la) (Maine-et-Loire, arr. d'Angers, c. de Saint-Georges-sur-Loire, comm. de Savennières). — (1214) est assiégée par Jean Sans-Terre qui y est battu par Louis VIII. Chron. 178; Chron. Cont. Par. 1; Phil. X, 139; — cité. Phil. X, 255, 299. — *Monachi crota, Monachi rupes*.

Rochefort (Seine-et-Oise, arr. et c. de Rambouillet, comm. de Saint-Léger-en-Yveline). — Guillaume des Barres est qualifié comte de —. Rig. 56. — *Rupes fortis*.

Rochefort-sur-Loire (Maine-et-Loire, arr. d'Angers, c. de Chalonnes). — (1214) est pris par Louis VIII. Chron. 178, p. 261; Phil. X, 290. — *Rupes fortis*. — Payen de —. Voy. Payen.

Roche-Guillebaud (la), château (Allier, arr. de Montluçon, c. d'Huriel, comm. de la Chapelette). — (1188) est pris par Philippe-Auguste. Rig. 62. — *Rupes Guillebaldi*.

Rochelle (la) (Charente-Inférieure). — Son port. Phil. XII, 820; — son vin. Phil. IX, 386; XII, 820; — (1204) Philippe-Auguste l'abandonne. Rig. 143; — (1206) Jean Sans-Terre y débarque. Rig. 147; Chron. 138; Phil. VIII, 445; — puis s'y rembarque. Chron. 139; Phil. ibid.; —

(1214) Jean Sans-Terre y débarque. Chron. 172; Phil. X, 9. — *Rupella.*
Rochester, ville d'Angleterre. — (1215) assiégée et prise par Jean Sans-Terre. Chron. 215; — (1216) assiégée et prise par Louis VIII. Chron. 222, p. 311. — *Rovecestria, Rovestria.*
Rocii dominator Alanus. Voy. Alain de Roucy.
Rodolia vallis. Voy. Vaudreuil (le).
Roër (la), rivière. Phil. X, 405. — *Ruma* (pour *Rura*).
Roger, prince normand. Chron. 10. — *Rogerus.*
Roger de Lascy, commandant du Château-Gaillard. — (1204) fait sortir de la place une partie des bouches inutiles. Chron. 125; Phil. VII, 468; — en fait sortir le reste. Chron. 126; Phil. VII, 487; — chasse de la place tous les chiens. Phil. VII, 550; — fait incendier la première enceinte dès que les Français y pénètrent. 719; — n'avait plus qu'un petit nombre de soldats lors de la prise de la place. 775. — *Rogerus.*
Roger de Moulins, prieur de l'Hôpital. — (1185) vient en France. Rig. 30. — *Prior Hospitalis.*
Roger de Rozoy. — Opprime le clergé, est châtié par le roi. Rig. 137; Chron. 109; Phil. I, 781. — *Rogerus de Roseto* ou *de Roseio, Roseti dominus.*
Rogerus. Voy. Roger de Lascy.
Rohan (les seigneurs de). — (1222) se révoltent contre le duc de Bretagne. Phil. XII, 408. — *Rohanite.*
Roia (Bartholomeus de). Voyez Barthélemy de Roye.
Roland. Phil. III, 393; VIII, 634. — *Rollandus.*

Rollon, chef des Normands, duc de Normandie sous le nom de Robert. Rig. 38, p. 60; 142, p. 161; Chron. 10, 132; Phil. I, 578; VIII, 181, 201. — *Rollo, Rollo Danus, Rollo Norvegus.*
Romains (les). Chron. 3, 4. — *Romani.*
Romam (sic). Rig. 49, p. 76.
Romania. — Etats de l'Eglise. Voy. Othon IV, empereur (1210).
Rome. — (1191) Philippe-Auguste, revenant de Terre sainte, s'y arrête. Rig. 81; Chron. 62; Phil. IV, 285; — (1209) Othon IV y est couronné empereur. Chron. 157; — (1210) les habitants massacrent une partie des Allemands amenés par Othon. Ibid., p. 237; — est dévastée par Othon. Phil. VIII, 919; — (1211) Frédéric II y vient. Chron. 158; — (1212) on suspend à Saint-Pierre la lance et l'étendard du chef des Maures vaincus en Espagne. Chron. 161; — (1215) concile général du Latran. Chron. 216; — citée. Chron. 10; Phil. *Nunc.* 22; IV, 21; X, 637. — *Roma, Romulea urbs.* Voy. Sainte-Marie *in Porticu,* Sainte-Marie *in Via lata,* Saint-Sylvestre *in Capite.*
Romipete. Voyez Pèlerins de Rome.
Romulea urbs. Voy. Rome.
Romulus. Rig. 65.
Roncevaux. Phil. III, 396. — *Roncevalum.*
Roseio (Rogerus de). Voy. Roger de Rozoy.
Roseti dominus, Roseto (Rogerus de). Voy. Roger de Rozoy.
Rosetum ou *Roseum in Bria.* Voy. Rozoy-en-Brie.
Rossiaco (Petrus de). Voy. Pierre de Roissy.

Rothomagus, Rotomagus. Voyez Rouen.
Rotomagensis ou *Rotomagica civitas.* Voy. Rouen.
Rotrou III, comte du Perche. — (1188) se croise. Rig. 56; — (1191) meurt à Acre. Rig. 79; Chron. 60; Phil. IV, 311. — *Rotroldus comes Pertici, Pertice* ou *Perticensis.*
Roucy (Aisne, arr. de Laon, c. de Neufchâteau). Voy. Alain de Roucy. — *Rocium, Ruciacum.*
Rouen (Seine-Inférieure). — La marée s'y fait sentir. Phil. VI, 500; — (1183) Henri Court-Mantel y est enterré. Rig. 22; Chron. 27; — (1193) Philippe-Auguste l'assiège en vain. Rig. 94; Chron. 70; — (1194) les habitants contribuent au siège du Vaudreuil. Rig. 100; Phil. V, 5; — (1199) le cœur de Richard Cœur-de-Lion y est apporté. Phil. V, 611; — (1202) Artur de Bretagne y est enfermé. Phil. VI, 477; — il y est assassiné par Jean Sans-Terre. 493; — (1204) est assiégé et pris par Philippe-Auguste. Rig. 142; Chron. 131, p. 221; Phil. VIII, 156; — (1207) l'archevêque Gautier étant mort, le siège resta vacant près d'un an. Chron. 142; — cité. Rig. 38, p. 60; 98; Chron. 132; Phil. V, 49. — Archevêques de —. Voy. Gautier, Robert, Thibaut.
Routiers (les). Chron. 28; Phil. VII, 396. — *Ruptarii*, Voy. Cottereaux (les). — Chefs de —. Voyez Brandin, Cadoc, Martin d'Arques, Mercadier, Pescaire (Lou). — Voy. aussi *Waltersis legio.*
Rouvroy. Voy. Jean de —, Thomas de —.
Rovecestria, Rovestria. Voy. Rochester.

Roye (Somme, arr. de Montdidier). — (1184) Philippe d'Alsace détient indûment cette ville. Phil. II, 18. — *Roia.* — Barthélemy de —. Voy. Barthélemy.
Rozoy-en-Brie (Seine-et-Marne, arr. de Coulommiers). — Miracle qui s'y produit. Rig. 121; Chron. 92. — *Rosetum* ou *Roseum in Bria.* — Roger de —. Voy. Roger.
Ruciaco (Alanus de). Voy. Alain de Roucy.
Ruffo de Volta, Génois. Rig. 81. — *Rufus de Volta.*
Ruma. Voy. Roër (la).
Rupella. Voy. Rochelle (la).
Rupensis (Guido). Voy. Gui de la Roche.
Rupesfortis. Voy. Rochefort.
Rupes Guillebaldi. Voy. Roche-Guillebaud (la).
Rupes Monachi. Voy. Roche-au-Moine (la).
Rupibus (Guillelmus de). Voyez Guillaume des Roches.
Ruptarii. Voy. Routiers (les).
Rustique (saint). — Ses reliques. Rig. 80. — *Sanctus Rusticus.*

S

Sablé (Sarthe, arr. de la Flèche). Phil. X, 234. — *Sablolium.*
Sablolium. Voy. Sablé.
Sacracella. Voy. Cercanceau.
Sacrum Cesaris. Voy. Sancerre.
Sagium. Voy. Séez.
Sainghin-en-Mélantois (Nord, arr. de Lille, c. de Cysoing). Chron. 183; Phil. X, 806. — *Sanguineus.*
Saint-Antoine (abbaye de), à Paris. — Asile de filles repenties. Rig. 12. — *Sanctus Antonius.*
Saint-Champ. — Nom donné au champ où Philippe-Auguste et Henri II se croisè-

rent en 1188, entre Trie et Gisors. Rig. 56; Chron. 41. — *Sanctus Ager.*

Saint-Corentin, près Mantes. — Agnès de Méranie y est enterrée; le roi y fonde un couvent de femmes. Chron. 108. — *Ecclesia Beati Corentini.*

Saint-Denis (abbaye de). — Les rois venaient y prendre l'oriflamme. Rig. 69; Phil. XI, 32; — fondée par Dagobert. Rig. 38, p. 59; Chron. 9; qui y est enterré. Rig. 33; — reçoit de Charles le Chauve un clou de la Passion, la couronne d'épines et d'autres reliques. Rig. 38, p. 60; Chron. 9; — (1050) on y ouvre la châsse de saint Denis. Rig. 39; — (1180) Philippe-Auguste y est couronné de nouveau. Rig. 10; Chron. 20; — (1190) Philippe-Auguste vient y prendre le bourdon. Rig. 69; — (1191) procession faite par les moines pour porter les reliques de la Passion à Louis VIII malade. Rig. 77; — les évêques du Mans et de Senlis y consacrent des autels. Rig. 42; — on y expose les reliques de saint Denis. Rig. 80; — (1192) Philippe-Auguste y vient. Rig. 83; — (1193) Philippe-Auguste rend à l'abbaye le domaine de Lyons-la-Forêt. Rig. 89; Chron. 67; — (1193-4) miracles qui s'y accomplissent. Rig. 91, 93; — (1195) lors de la famine, l'abbaye distribue aux pauvres tout ce qu'elle a d'argent. Rig. 105; — Philippe-Auguste y vient et dépose sur l'autel une riche étoffe de soie. Rig. 107; — (1196) les moines font une procession pour obtenir la fin des inondations. Rig. 109; — (1199) Philippe-Auguste y vient et dépose sur l'autel une draperie de soie. Rig. 129; (1201) Jean Sans-Terre y est reçu par Philippe-Auguste. Rig. 135; — (1205) Philippe-Auguste donne à l'abbaye les reliques qu'il a reçues de Baudouin de Constantinople. Rig. 145; — (1206) les moines font une procession pour faire cesser les inondations. Rig. 148; — (1219) la foudre tombe sur le clocher et y met le feu. Chron. 234; — (1223) Philippe-Auguste y est enterré. Chron. Cont. Par. 6, p. 324; Phil. XII. 619; — citée. Chron. Cont. Par. 6, p. 323. — *Ecclesia Beati Dionysii.* — Abbés de —. Voy. Guillaume de Gap, Henri Troon, Hugues Foucaud, Hugues de Milan. — Prieurs : Hugues Foucaud, Jean. — Chevecier : J. de Chartres. — Moine : Herloin. — Reliques de —. Voy. Clou (le saint), Couronne d'épines (la sainte), Siméon (le bras de saint).

Saint-Emmeran (abbaye de), à Ratisbonne. — On y découvre en 1050 un prétendu corps de saint Denis. Rig. 39. — *Abbatia Sancti Hermentranni.*

Saint-Etienne de Mantes, église. Chron. 174. — *Ecclesia Sancti Stefani de Medunta.*

Saint-Germain-en-Laye (Seine-et-Oise, arr. de Versailles). Rig. 84. — *Sanctus Germanus in Laia.*

Saint-Germain-des-Prés (abbaye de), à Paris. — L'église s'appelait d'abord Saint-Vincent. Rig. 33. — *Ecclesia Sancti Germani de Pratis.*

Saint-Gilles (comtes de). Voy. Raimond V et VI, comtes de Toulouse.

Saints-Innocents de Champeaux (église des), à Paris. Rig. 6, 47; Chron. 17, 34. —

ET DES MATIÈRES. 497

Ecclesia Sancti Innocentii in Campellis.
Saint-Jacques de Mantes (église). Chron. 174. — *Ecclesia Sancti Jacobi.*
Saint-Lazare (église de), près Paris. Rig. 177. — *Ecclesia sancti Lazari.* — Foires de — rachetées par Philippe-Auguste. Rig. 20; Chron. 25.
Saint-Léger en Yveline (Seine-et-Oise, arr. et c. de Rambouillet). — Miracle qui s'y produit. Phil. I, 482. — *Sanctus Leodegarius in silva Aquilina.*
Saint-Maclou de Mantes (église). Chron. 174. — *Sanctus Machutus de Medunta.*
Saint - Martin - des - Champs (prieuré de), près Paris. Chron. 152, p. 231. — *Monasterium Sancti Martini de campis.*
Saint-Martin de Tours (église de). — (1194) Richard Cœur-de-Lion dépouille les chanoines de cette église. Rig. 97. — *Ecclesia Sancti Martini Turonensis.* — Trésoriers de —. Voyez Pierre Charlot, Pierre de Nemours.
Saint-Médard de Soissons (abbaye de). Rig. 33. — (1214) les vassaux de l'abbaye se trouvent à Bouvines à l'aile droite. Phil. XI, 53; — ils attaquent les Flamands. 75. — *Quos Medardicus abbas miserat, Suessona phalanx.*
Saint-Omer (Pas-de-Calais). — (1184) fournit des secours à Philippe d'Alsace contre le roi. Phil. II, 119; — (1198) est pris par le comte de Flandre. Rig. 123; — cité. Chron. 165. — *Sanctus Audomarus, Sanctus Homerus, Sanctus Hotmarus.*
Saint-Paul-aux-trois-Fontaines, près Rome (l'abbé de). Rig. 140. — *Trium fontium abbas.*
Saint-Pierre, ancien vocable de l'église Sainte-Geneviève de Paris. Rig. 33.
Saint-Pierre de Mantes (église de). Chron. 174. — *Sanctus Petrus de Medunta.*
Saint-Pierre de Rome. Voyez Rome, année 1212.
Saint-Pol (Somme). — Comte de —. Voy. Gaucher de Châtillon.
Saint-Pol-de-Léon. Voy. Léon.
Saint-Sylvestre *in capite*, basilique de Rome, appelée jadis *Schola Grecorum.* Rig. 39.
Saint-Valery-sur-Somme (Somme, arr. d'Abbeville). Voy. Bernard de —, Thomas de —.
Saint-Victor-de-Paris (abbaye de). — Maurice de Sully y est enterré. Chron. 87. — *Abbatia Sancti Victoris.* — Abbé de —. Voy. Guérin.
Saint-Vincent, vocable primitif de Saint - Germain - des -Prés à Paris. Rig. 33.
Sainte-Geneviève (église), à Paris, primitivement appelée Saint-Pierre. Rig. 33.
Sainte-Marie *in Porticu*, basilique de Rome, titre cardinalice. Voy. Gales, légat.
Sainte-Marie *in Via lata*, basilique de Rome, titre cardinalice. Voy. Pierre de Capoue.
Sainte-Suzanne (Mayenne, arr. de Laval). Voy. Raoul, vicomte de —.
Saintes (Charente-Inférieure). — Est tenue en fief du roi de France par Henri II. Phil. III, 764; — une partie des habitants (*Xanti*) est envoyée par Jean Sans-Terre au secours des Albigeois. Phil. VIII, 864; — citée. Phil. XII, 825. — *Xanto.*
Saladin. — (1187) s'empare de Jérusalem et de la vraie croix. Rig. 53; Chron. 36, 39; Phil. III, 8; — (1191) cherche à délivrer Acre. Phil. IV, 188; — avait promis à Philippe-

II 32

Auguste de lui rendre la vraie croix et les prisonniers chrétiens, manque à sa promesse. Rig. 81; Chron. 58; Phil. IV, 207; — a des relations d'amitié avec Richard Cœur-de-Lion et lui envoie des présents. Chron. 62; Phil. IV, 305, 382; — (1193) meurt. Rig. 90; Chron. 68; — cité. Phil. IV, 122. — *Saladinus, Salahadinus, Syrus.*
Salahadinus. Voy. Saladin.
Salebericus Hugo (erreur pour *Guillelmus*), *Salebericus heros, Salesberie comes.* Voy. Guillaume Longue-Epée, comte de Salisbury.
Salesburgensis episcopatus. Voy. Salzbourg (archevêché de).
Salinenses. Voyez Salins (habitants de).
Salins (Jura, arr. de Poligny). — Habitants et sel de —. Phil. X, 511. — *Salinenses.*
Salisbury (comte de). Voy. Guillaume Longue-Epée.
Salmur. Voy. Saumur.
Salomon, comte de Bretagne. — (1222) se révolte contre le duc Pierre, et est vaincu. Phil. XII, 370.
Salzbourg (archevêché de). Rig. 88. — *Salesburgensis archiepiscopatus.*
Samson. Phil. IV, 247.
Sancerre (Cher). Chron. 19. — *Avaricon, Sacrum Cesaris.* — Comte de —. Voy. Etienne.
Sancta Sowe (Fredericus de). Voy. Frédéric de Pettau.
Sancti Egidii comes. Voy. Raimond V et VI, comtes de Toulouse et de Saint-Gilles.
Sancti Pauli (comes). Voy. Gaucher de Châtillon, comte de Saint-Pol.
Sancto Galerico (Bernardus, Thomas de). Voy. Bernard et Thomas de Saint-Valery.
Sanctus Ager. Voyez Saint-Champ.

Sanctus Audomarus. Voy. Saint-Omer.
Sanctus Germanus in Laia. Voy. Saint-Germain-en-Laye.
Sanctus Homerus, Sanctus Hotmarus. Voy. Saint-Omer.
Sanctus Machutus de Medunta. Voy. Saint-Maclou de Mantes.
Sanctus Quiriacus ou *Quiricus.* Voy. San-Quirico.
Sanguineus. Voy. Sainghin.
San-Quirico (Italie). — (1210) est pris par l'empereur Othon. Chron. 157; Phil. X, 635. — *Sanctus Quiriacus, Sanctus Quiricus.*
Santerre (le). Phil. II, 452. — *Santeriensis humus.*
Saône (la), rivière. Chron. 112; Phil. X, 507. — *Araris.*
Saphadinus. Voyez Malek-el-Adel-Seifeddin-Aboubekr.
Sapins de Pontarlier. Phil. X, 509.
Sardenio (Abbas de). Voy. Gui, abbé des Vaux-de-Cernay.
Sarrasins (les). Rig. 49; Chron. 161, 230; Phil. IV, 202, 208. — *Sarraceni.*
Sarta. Voy. Sarthe (la).
Sarthe (la), rivière. Phil. X, 236. — *Sarta.*
Saumons de la Sée et de la Selune. Phil. VIII, 130; — de la Loire. Phil. X, 87.
Saumur (Maine-et-Loire). Phil. X, 238. — *Salmur.*
Savari de Mauléon. — (1202) vient renforcer à Tours l'armée d'Artur de Bretagne. Phil. VI, 277; — (1208) ravage les terres du roi, est battu par Henri Clément. Rig. 151; Chron. 145; Phil. VIII, 294, 347, 364; — envoyé par Jean Sans-Terre au secours des Albigeois, est battu. Phil. VIII, 864; — (1213) assiste à l'assemblée de Soissons. Phil. IX, 201; — reçoit l'ordre de conduire

la flotte française à Dam. 292; — pille Dam avec Cadoc. 380. — *Savaricus de Malo-leone, de Malleone, Savericus.*
Saxe (la). Phil. X, 700; XI, 397. — *Saxonia*. — Ducs de —. Voy. Albert, Othon IV empereur.
Saxonia. Voy. Saxe (la).
Saxons (les). Chron. 6, 10; Phil. I, 148; XI, 573. — *Saxones*.
Scaldus. Voy. Escaut (l').
Schola Grecorum. Voy. Saint-Sylvestre *in Capite*.
Scismatici. — Désigne Jean Sans-Terre et ses complices. Phil. IX. *Cat.* et 9.
Sclavonia. Voy. Esclavonie (l').
Scotelli. Voy. Cottereaux (les).
Scotie (rex). Voy. Alexandre II, roi d'Ecosse.
Scropha (Girardus). Voy. Girard la Truie.
Scythie (la). Rig. 38, p. 56; Chron. 2, 10. — *Scythia*.
Sée (la), rivière. Phil. VIII, 127. — *Sera*.
Séez (Orne, arr. d'Alençon). — (1204) se rend à Philippe-Auguste. Rig. 142; Phil. VIII, 39. — *Sagium*.
Segestam. Rig. 49, p. 76.
Segni, ville d'Italie. — (1223) saint Denis apparaît à un chevalier de cette ville. Phil. XII, 707. — *Signina urbs*.
Sègre (la), rivière. Phil. VII, 564. — *Sicoris*.
Segré (Maine-et-Loire). Phil. X, 235. — *Segreium*.
Segreium. Voy. Segré.
Seine (la), fleuve. Rig. 37, 141; Chron. 3, 111, 122, 123, 125, 229; Phil. IV, 438; V, 312, 500; VII, 30, 88; X, 256, 593. — *Sequana, Sequanius amnis*.
Sel de Salins. Phil. X, 511.
Selina. Voy. Selune (la).

Selune (la), rivière. Phil. VIII, 127. — *Selina*.
Semur (Côte-d'Or). Phil. I, 583. — *Semuris*.
Sénéchal de France. Voy. Thibaut V, comte de Blois.
Senlis (Oise). — (1184) assiégé par le comte de Flandre. Chron. 39; Phil. II, 215; — cité. Chron. Cont. Par. 1; Phil. II, 242; IX, 144; — Guillaume le Breton était chanoine de Senlis. Chron. 174. — *Silvanectum, Silvanectensis urbs.* — Evêques de —. Voy. Geoffroy, Guérin (frère). — Voy. Gui III de Senlis.
Sennaar. Rig. 49, p. 76.
Sénonais (les). Phil. IX, 91. — *Senonenses*.
Senones. Voy. Sens.
Sens (Yonne). — Phil. V, 46; X, 592. — *Senones*. — Archevêques de —. Voy. Gautier, Gui, Michel de Corbeil, Pierre de Corbeil.
Sequana, Sequanius amnis. Voy. Seine (la).
Sera. Voy. Sée (la).
Sergent (un) *fidelissimus in negotiis regiis pertractandis*, conseille au roi de fonder les halles de Paris. Rig. 20.
Sérifontaine (Oise, arr. de Beauvais, c. du Coudray-Saint-Germer). Phil. IV, 436. — *Fons Serenus*.
Serum labores. Voy. Chine (tissus de).
Séverin (saint). Phil. XII, 789. — *Sanctus Severinus*.
Sicambrie, ville fondée par Francion. Rig. 38, p. 56 et 58; Chron. 2, 3, 4; Phil. I, 75. — *Sicambria*.
Sicani. Voy. Siciliens (les).
Sicanius rex. Voy. Frédéric II, empereur.
Sicile (la). — Conquise par Bohémond et les Normands. Rig. 38, p. 61; Chron. 10; — (1190) Philippe-Auguste et

TABLE DES NOMS

Richard Cœur-de-Lion y abordent à Messine (voy. ce mot). Rig. 72; Chron. 53; Phil. IV, 23, 69; — les deux rois y restent cinq mois. Phil. IV, 154; — (1191) Philippe-Auguste la quitte. Rig. 74; Chron. 54; Phil. IV, 161; — Richard Cœur-de-Lion en part peu après. Rig. 74; Chron. 55; Phil. IV, 195; — (1194) l'empereur Henri VI la soumet. Rig. 101, 117; Chron. 75. — *Sicilia, Trinacria.* — Rois de —. Voy. Guillaume, Tancrède. — Reine. Voyez Jeanne.

Siciliens (les). Phil. IV, 69, 90. — *Siculi, Sicani.*

Sicoris. Voy. Sègre (la).

Siculi. Voy. Siciliens (les).

Siffrein, archevêque de Mayence. — (1211) se déclare pour Frédéric II. Chron. 157, p. 238. — *Sigefridus Moguntinus archiepiscopus.*

Sigalonica plana. Voy. Sologne (la).

Sigefridus, Moguntinus archiepiscopus. Voy. Siffrein, archevêque de Mayence.

Signina urbs. Voy. Segni.

Silon (?). Rig. 65.

Silvanectensis urbs. Silvanectum. Voy. Senlis.

Siméon (bras de saint). — Relique donnée par Charles le Chauve à l'abbaye de Saint-Denis. Rig. 38, p. 60; — (1191) est apporté à Louis VIII malade. Rig. 77; — (1196) est porté en procession pour obtenir la fin des inondations. Rig. 109; — cité. Rig. 69. — *Brachium sancti senis Simeonis.*

Simon, comte d'Aumale. Voy. Simon de Dammartin.

Simon, archevêque de Bourges. — (1221) va en Albigeois avec les troupes envoyées par Philippe-Auguste à Amaury de Montfort. Chron. Cont. Cott. 8; — (1223) assiste aux obsèques de Philippe-Auguste. Phil. XII, 668. — *Bituricensis archiepiscopus.*

Simon de Dammartin, comte d'Aumale. — Avait épousé Marie de Ponthieu. Phil. XII, 113; — (1214) son frère Renaud le donne comme otage à Jean Sans-Terre. Phil. IX, 73.

Simon, évêque de Meaux. — (1186) consacre des autels à l'abbaye de Saint-Denis. Rig. 42; — (1191) assiste à l'ouverture de la châsse de Saint-Denis. Rig. 80. — *Meldensis episcopus.*

Simon de Montfort. — (1196) au combat d'Aumale. Phil. V, 187, 218; — (1203) au siège d'Andely. Phil. VII, 158, 272; — (1208-1212) est élu chef des croisés, chasse les Albigeois de tout le Languedoc. Chron. 177; Phil. VIII, 558; — (1213) le roi d'Aragon l'assiège dans Muret. Phil. VIII, 585; — son discours à ses troupes avant la bataille. Phil. VIII, 632; — son prétendu combat à Muret avec le roi d'Aragon. Phil. VIII, 735; — bat les Toulousains. 825; — bat les troupes envoyées par Jean Sans-Terre au secours des Albigeois. 864; — (1215) Louis VIII lui amène des troupes françaises. Chron. 206; — (1218) reçoit le comté de Toulouse. Chron. Cont. Par. 4; — assiège Toulouse et y est tué. Chron. 227; Chron. Cont. Par. 4; Phil. XII, 320; — cité. Chron. 216; Phil. III, 253. — *Simon comes Montisfortis.*

Simon de Poissy. Chron. 223. — *Simon Pissiaucta.*

Soendrina plana, Soendrum. Voy. Soindres.
Soindres (Seine-et-Oise, arr. et c. de Mantes). — (1188) Henri II s'y retire sans oser assiéger Mantes. Phil. III, 348; — combat entre les troupes de Richard Cœur-de-Lion et celles de Guillame des Barres. Phil. III, 591. — *Soendrum, Soendrina plana.*
Soissons (Aisne). — Eloge de la ville. Phil. IX, 139; — (1201) il s'y tient un concile. Rig. 133; — (1213) Philippe-Auguste y réunit les prélats et les grands pour leur proposer une expédition en Angleterre. Chron. 165; Phil. IX, 160. — *Suessio, Suessionis, civitas Suessionensis.* — Comte de —. Voy. Raoul de Nesle. — Abbaye de Saint-Médard de —. Voy. Saint-Médard.
Soliacensis (Odo). — Voy. Eudes de Sully.
Sologne (la). Phil. V, 100. — *Sigalonica plana.*
Solyma. Voy. Jérusalem.
Somme (la), rivière. Phil. II, 175. — *Summa.*
Somno. Voy. Sumnon.
Sophocle. Phil. XII, 885. — *Sophocles.*
Sparno. Voy. Epernon.
Stampe. Voy. Etampes.
Suessionis. Voy. Soissons.
Suessionensis ou *Suessionicus comes.* Voy. Raoul de Nesle, comte de Soissons.
Suessona phalanx. Voy. Saint-Médard de Soissons.
Suevic (Philippus dux). Voyez Philippe de Souabe, empereur.
Sully (Loiret, arr. de Gien). Voy. Eudes de —, Henri de —, Maurice de —.
Sulmone satus. Voy. Ovide.
Summa. Voy. Somme (la).

Sumnon, troyen. Rig. 38, p. 56; Chron. 4. — *Somno, Sumno.*
Sulpice d'Amboise. Phil. VIII, 424. — *Supplicius Ambadiensis.*
Supplicius Ambadiensis. Voyez Sulpice d'Amboise.
Sus (Petrus). Voyez Pierre la Truie.
Sylvius, troyen. Rig. 38, p. 57; Chron. 5.
Synagogues. — (1183) Philippe-Auguste ordonne de les transformer en églises. Rig. 17; Phil. I, 391; — une synagogue est transformée en église, à Orléans. Rig. 18.
Syrie (la). Phil. III, 741; IV, 382; V, 117, 553; XII, 647. — *Syria.*
Syrus. Voy. Saladin.

T

Tanaïs (le), fleuve. Rig. 38, p. 58; Chron. 2.
Tanbrasten. Rig. 49, p. 76.
Tancrède, roi de Sicile. — En guerre avec sa tante Constance pour le trône de Sicile. Phil. IV, 80; — (1190) reçoit magnifiquement Philippe-Auguste et Richard Cœur-de-Lion. Rig. 72; Phil. IV, 71; — un dissentiment surgit entre lui et Richard, au sujet de la dot de la sœur de ce dernier; il est apaisé par Philippe-Auguste. Rig. 72; Chron. 53; — aurait souhaité marier une de ses filles à Philippe-Auguste ou à Louis VIII; en fiance une à Artur de Bretagne. Rig. 72; — (1191) Richard Cœur-de-Lion l'aide dans ses guerres. Phil. IV, 160; — cité. Phil. IV, 380. — *Tancredus.*
Tanet (insula). Voyez Thanet (île de).
Taphnis, ville d'Egypte. — (1222) est assiégée par les

502 TABLE DES NOMS

croisés, qui sont vaincus. Chron. Cont. Cott. 10.

Tatinus. Voy. Renaud Tatin.

Temple (ordre du). — (1191) achète Chypre à Richard Cœur-de-Lion, qui la lui reprend bientôt. Rig. 82; — (1223) Philippe-Auguste lui lègue une somme pour la défense de la Terre sainte. Chron. Cont. Par. 8; Phil. XII, 655; — cité. Rig. 30, 88, p. 122. — *Milites Templi, Templarii.* — Grand-maitre. Voy. Arnaud de Torroge.

Temple (le), à Paris. — Le trésor royal devra y être déposé pendant que Philippe-Auguste sera en Terre sainte. Rig. 70, p. 103.

Terre sainte (la). — (1185) les chrétiens de — envoient des ambassadeurs en Occident. Rig. 30; — Philippe-Auguste leur envoie des troupes. Rig. 31. — Philippe-Auguste lègue 300000 livres pour sa défense. Chron. Cont. Par. 8; — citée. Rig. 60, 87, 88; Chron. 230; Phil. IV, 120. — *Palestica regio, Terra promissionis, Terra sancta.*

Tertre-Saint-Denis (le) (Seine-et-Oise, arr. de Mantes, c. de Bonnières). — (1188) brûlé par Henri II. Phil. III, 301. — *Collis.*

Testaments de Philippe-Auguste. — en 1190. Rig. 70; Chron. 51; — en 1223. Chron. Cont. Par. 8; Phil. XII, 655.

Teutons (les). Phil. I, 147. — *Theutonici.*

Thanet (île de). — (1216) Louis VIII y débarque. Chron. 221, 222. — *Tanet* ou *Taneta insula.*

Thébaïde (la) de Stace. Phil. I, 12.

Théodore Comnène. — Fait prisonnier à Durazzo Pierre de Courtenai, empereur de Constantinople. Phil. X, 420. — *Princeps Cumaniorum.*

Theutonici. Voyez Allemands (les), Teutons (les).

Theutonicus flagellus. Voyez Fléau d'armes.

Thibaut Ier, comte de Bar. — (1211) Renaud de Dammartin se réfugie auprès de lui. Chron. 162, p. 243. — *Comes Barri.*

Thibaut V, comte de Blois, sénéchal de France. — (1185) est chargé du gouvernement avec l'archevêque de Reims. Rig. 27; — empêche Philippe-Auguste de livrer bataille au comte de Flandre auprès de Boves. Phil. II, 387; — réconcilie le roi et le comte de Flandre. Rig. 27; Phil. II, 436; — (1186) assiste aux obsèques de Geoffroi, duc de Bretagne. Rig. 44, 45; — (1188) prend la croix. Rig. 56; — (1191) meurt à Acre. Rig. 79; Chron. 60; Phil. IV, 309; — cité. Rig. 61, 70, p. 105; Phil. III. 252. — *Theobaldus Blesensis comes, Theobaldus dapifer.*

Thibaut II, comte de Champagne et de Blois. — Enterré à Pontigny. Rig. 146; Chron. 137.

Thibaut III, comte de Champagne. — (1197) succède à son frère Henri II. Rig. 118; — perd sa mère Marie de France. Rig. 119; — (1201) meurt. Rig. 134; Chron. 106. — *Theobaldus, comes Campanie.*

Thibaut IV, comte de Champagne. — (1201) nait après la mort de son père. Rig. 134.

Thibaut Ier, duc de Lorraine. — (1214) allié d'Othon. Phil. X, 381.

Thibaud le Riche. Rig. 70, p. 100, note 2.

Thibaut, archevêque de Rouen. — (1223) assiste aux obsèques

de Philippe-Auguste. Phil. XII, 669.
Thierry, roi de France. Rig. 38; Chron. 9. — *Theodericus*.
Thinqueneburco (Otho de). Voy. Othon de Teklenbourg.
Thoarcii (vicecomes), Thoarcites. Voy. Aimeri de Thouars.
Thoarcium, Thoarcum. Voyez Thouars.
Tholeta. Voy. Tolède.
Thomas, compagnon de Gaubert de Mantes, Louis des Galées et Jean le Latimier. Phil. VII, 329.
Thomas, cardinal de Sainte-Sabine, pénitencier d'Honorius III. Phil. XII, 721, 736. — Faussement appelé *Jacobus*.
Thomas Becket (saint), archevêque de Cantorbéry.—Exilé, se réfugie en France; son martyre. Chron. 14; — (1175) Louis VII va en pèlerinage à son tombeau. Chron. 14; Phil. I, 275; — protège spécialement Philippe-Auguste, apparaît à un saint homme et lui apprend qu'il choisit le roi pour venger sa mort. Phil. I, 320;—cité. Rig. 67; Phil. II, 503; III, 753; VIII, 253. — *Thomas martyr*.
Thomas, comte du Perche. — (1202) prend part à la quatrième croisade, à la prise de Zara et à celle de Constantinople. Chron. 115; — (1217) est tué à Lincoln. Chron. 223, p. 313; Phil. XII, 708. — *Thomas comes Pertici, Perticensis comes*.
Thomas de Rouvroy. — (1214) dans l'armée française. Phil. X, 495. — *Thomas Roboreus*.
Thomas de Saint-Valery, sire de Gamaches. — (1214) dans l'armée française. Phil. X, 490; — à Bouvines conduit les gens de Gamaches et du Vimeux. Phil. XI, 344; — combat contre Renaud de Dammartin. 335; — délivre Guillaume des Barres. Chron. 192, p. 285; Phil. XI, 508; rompt les Brabançons restés en bataille. Chron. 197. — *Thomas Sancti Galerici, de Sancto Valerico, Thomas Galericius, Galericius heros*.
Thouars (Deux-Sèvres, arr. de Bressuire). — (1206) laissé à Jean Sans-Terre, qui y conclut une trêve de deux ans avec le roi. Rig. 147;—(1213) incendié par Philippe-Auguste. Phil. X, 116; — (1214) ravagé par Louis VIII. 322; cité. Phil. X, 254, 258; XII, 847; — *Thoarcium, Thoarcum, Toarz*. — Vicomte de —. Voy. Aimeri, Gui, Hugues de —.
Thrace (la). Rig. 38, p. 55. — *Thracia*.
Thracum dux. Voy. Joannice, roi des Bulgares.
Thuringie landegravius. Voyez Hermann, landgrave de Thuringe.
Tilerie. Voy. Tillières-sur-Avre.
Tillières-sur-Avre (Eure, arr. d'Evreux, c. de Verneuil). — (1202) Jean Sans-Terre devait livrer cette place à Philippe-Auguste, qui s'en empare. Chron. 110. — *Tilerie*.
Tinqueneburc (Otho de), Tinqueneburgenus, Tinqueneburnites. Voy. Othon de Tecklenbourg.
Tissus de Chine, des Cyclades, de Phénicie. Phil. IX, 383.
Titus, vainqueur de Jérusalem. Phil. XII, 202.
Toarz (Guido de). Voy. Gui de Thouars.
Tolède, ville d'Espagne renommée par ses astrologues. Phil. X, 552. — *Tholeta*.
Tolosanus ou *Tolose comes*. Voy. Raimond V et VI, comtes de Toulouse.

Tongres (les), peuple. Phil. I, 148. — *Tungri*.
Tornacensis episcopus. Voyez Gautier, évêque de Tournai.
Torpanaio (monasterium de). Voy. Turpenay (abbaye de).
Toul (Meurthe-et-Moselle). Phil. X, 388. — *Leuci*.
Toulouse (Haute-Garonne). — (1188) Richard Cœur-de-Lion enlève cette ville au comte de Saint-Gilles. Rig. 60; Chron. 43; Phil. III, 34; — refuge des hérétiques. Rig. 154; — (1213) elle envoie des troupes au roi d'Aragon. Phil. VIII, 575; — ces troupes sont vaincues après la bataille de Muret par Simon de Montfort. 810; — (1215) est assiégée et prise par Louis VIII et Simon de Montfort. Chron. 206; — (1217) Simon de Montfort est investi du comté de —. Chron. Cont. Par. 4; — (1218) est assiégée par Simon de Montfort, qui y est tué. Chron. 227; Chron. Cont. Par. 4; Phil. XII, 320; — (1219) est assiégée par Louis VIII et Amaury de Montfort. Chron. 233; — citée. Phil. XII, 855. — *Tolosa, urbs Tolosana*. — Comtes de —. Voy. Raimond V et VI. — Comtesse de —. Voy. Constance. — Evêque de —. Voy. Foulques.
Tour Maudite (la), à Acre. Rig. 81. — *Turris maledicta*.
Touraine (la). Chron. 110. — *Turonia*.
Tourbe (la), employée comme combustible en Flandre. Phil. II, 146.
Tournai, ville de Belgique. — Sa situation, son éloge. Phil. IX, 695; — (1213) est prise par trahison par les Flamands, qui en sont chassés peu après. Chron. 181; Phil. IX, 701; — (1214) Philippe-Auguste y vient. Chron. 181; — la quitte pour aller à Lille. Chron. 182; Phil. X, 704; — citée. Chron. 183; Phil. X, 604; — citée. Chron. 183; Phil. X, 645. — *Tornacum*. — Evêque de —. Voy. Gautier.
Tournelle (Pierre de la). Voy. Pierre.
Tournoel (Puy-de-Dôme, arr. et c. de Riom, comm. de Volvic). — (1211) pris par le roi. Chron. 156, p. 235. — *Turnoillia*.
Tours (Indre-et-Loire). — Fondée par Turnus. Chron. 5; — situation, éloge. Phil. III, 677. — Tombeau de St Martin, 684. — (1189) Philippe-Auguste se dirige vers cette ville; les habitants rompent le pont. Phil. III, 677; — est prise d'assaut. Rig. 66; Chron. 48; Phil. III, 710; — Philippe-Auguste la rend à Richard Cœur-de-Lion. Rig. 67; Chron. 49; — (1199) Philippe-Auguste y reçoit l'hommage d'Aliénor de Guyenne pour le comté de Poitiers. Rig. 129; — Artur de Bretagne fait hommage du comté de — à Philippe-Auguste. Chron. 101; — (1202) Artur de Bretagne y rassemble son armée. Phil. VI, 272; — les gens de Tours qui avaient accompagné Jean Sans-Terre à Mirebeau le quittent à cause de sa mauvaise foi. 452; — (1202) Philippe-Auguste marche contre la ville. Phil. VIII, 265; — est brûlée par Philippe-Auguste, puis ravagée par Jean Sans-Terre. Rig. 138; Chron. 114; — pillée par Girard d'Athée. Phil. VIII, 421. — *Turones, Turonis, civitas Turonensis, urbs Turonica* ou *Turonorum*. — Archevêques de —. Voy. Barthélemy, Geofroi, archidiacre de Paris, Jean.

—Trésoriers de—.Voy. Pierre Charlot, Pierre de Nemours.
— Saint-Martin de —; Grégoire de —.
Trajectum. Voy. Utrecht.
Trece. Voy. Troyes.
Trecorite. Voy. Tréguier.
Tréguier (Côtes-du-Nord, arr. de Lannion). — (1222) les habitants (*Trecorite*) se révoltent contre Pierre, duc de Bretagne. Phil. XII, 408.
Tremblacum. Voyez Tremblay (le).
Tremblay (le) (Seine-et-Oise, arr. de Pontoise, c. de Gonesse). Rig. 121. — *Tremblacum.*
Tremblement de terre à Uzès le 20 mars 1186. Rig. 40.
Tremognia ou *Tremonia* (*Conradus de*). Voy. Conrad de Dortmund.
Trésor des chartes (le). — (1194) perdu dans la déroute de *Belfou.* Chron. 74; Phil. IV, 545; — recomposé par Gautier de Nemours. Phil. IV, 569. — *Libelli fisci, cyrographa fisci.*
Trésor royal. — (1180) est vide à la mort de Louis VII. Phil. I, 377; — (1194) perdu par Philippe-Auguste à *Belfou* près Fréteval. Rig. 100; Chron. 74; Phil. IV, 543; — cité. Rig. 40.
Trever. Voy. Trèves.
Trèves (la ville de). Phil. X, 389. — *Trever.* — Archevêque de. Voy. Jean.
Trie (Oise, arr. de Beauvais, c. de Chaumont). Rig. 56. — *Tria.*
Trifels (la ville de). — Est prise par Frédéric II. Chron. 208. — *Estrivella.*
Trinacria. Voy. Sicile (la).
Trinovantum, ancien nom de Londres. Rig. 38, p. 57. Voy. Londres.

Tripoli. Rig. 53; Chron. 36, 39. — *Tripolis.*
Tristanides (*Petrus*). Voy. Pierre Tristan.
Trium fontium abbas. Voyez Saint-Paul-aux-trois-Fontaines (l'abbé de).
Troie, en Asie mineure. Rig. 37, 38, p. 55; 39, p. 63; Chron. 2, 5; Phil. I, 8, 55; VII, 711; IX, 303. — *Troja.*
Troïlus, fils de Priam. Rig. 37, 38, p. 55; Chron. 2.
Troja. Voy. Troie.
Troô (Loir-et-Cher, arr. de Vendôme, c. de Montoire). — (1188) pris par Philippe-Auguste. Rig. 62. — (1208) pris par Henri Clément. Phil. VIII, 283. — *Trou, Troum.*
Trou, Troum. Voy. Troô.
Troyens (les). Rig. 37, 38; Chron. 2. — *Trojani.*
Troyes (Aube). Phil. I, 627; III, 250; IX, 150. — *Trece.*
Truie (Girard et Pierre la). Voy. Girard, Pierre.
Turchus ou *Turcus*, troyen, ancêtre des Turcs. Rig. 37, 38, p. 55 et 56; Chron. 2.
Turcs (les). — Descendent des Troyens. Rig. 38; Chron. 2.
Turella (*Petrus de*). Voy. Pierre de la Tournelle.
Turingie landegravius. Voyez Hermann, landgrave de Thuringe.
Turnoillia. Voy. Tournoel.
Turnus. Chron. 5.
Turones, Turonis, Turonensis civitas, Turonica urbs, Turonorum urbs. Voy. Tours.
Turonia. Voy. Touraine (la).
Turpenay, abbaye (Indre-et-Loire, arr. de Chinon, cant. d'Azay-le-Rideau, comm. de Saint-Benoît). — Henri Clément y est enseveli. Chron. 180. — *Monasterium de Torpanaio.*
Turris maledicta. Voyez Tour maudite (la), à Acre.

Tusca equora. Voy. Mer Tyrrhénienne (la).
Tyr (la ville de). Rig. 53, 75; Chron. 36. — *Tyrus.*
Tyrrhenia. Chron. 5.

U

Uceticum. Voy. Uzès.
Uldo. Voy. Hugues, duc de Bourgogne.
Uldo. Voy. Oudon.
Ulysse. Phil. I, 10. — *Ulixes.*
Université de Paris. Voy. Paris.
Urbain III, pape. — Meurt le 20 octobre 1187. Rig. 55; le 18 octobre. Chron. 40. — *Urbanus papa.*
Urfinum. — Orphin. Voy. Nicolas d'Orphin.
Ursellodunum. Voy. Issoudun.
Usure (l'). — Enrichit les habitants d'Arras. Phil. II, 94.
Utrecht (la ville d'). Phil. X, 410. — *Trajectum.*
Uxsellodunum. Voy. Issoudun.
Uzès (Gard). — (1186) tremblement de terre qui s'y fait sentir. Rig. 40. — *Uceticum.*

V

Vadum Jacob. Voy. Gué de Jacob (le).
Valencianenses. Voyez Valenciennes (habitants de).
Valenciennes (Nord). — (1214) Othon IV y rassemble son armée. Chron. 181, p. 266; — (1215) les habitants refusent de détruire leurs fortifications. Chron. 210. — *Valenciene.*
Valentinien, empereur romain. Rig. 38, p. 56 et 58; Chron. 4; Phil. I, 110, 120, 144. — *Valentinianus.*
Valli. Voy. Gallois (les).
Vallis Coloris. Voyez Vaucouleurs.
Vallis Redolii, Rodolii, Ruolii. — Voy. Vaudreuil (le).

Vandales (les). Rig. 38, p. 56; Chron. 2. — *Wandali.*
Vannes (Morbihan). Voy. Guéhénoc, évêque de —.
Vapincensis (Guillelmus). Voy. Guillaume de Gap.
Varenne (aujourd'hui Bellencombre, Seine-Inférieure, arr. de Dieppe). — L'un des cinq comtés donnés par Philippe-Auguste à Renaud de Dammartin. Chron. 199, p. 292; Phil. VI, 81; IX, 113; XII, 110. — *Comitatus Warenarum.*
Vascœuil (Eure, arr. des Andelys, c. de Lyons-la-Forêt). Voy. Gilbert de —.
Vasconia. Voy. Gascogne (la).
Vaucouleurs (Meuse, arr. de Commercy). — (1212) Louis VIII y conclut une alliance avec l'empereur Frédéric II. Chron. 159. — *Vallis Coloris.*
Vaudreuil (le) (Eure, arr. de Louviers, c. de Pont-de-l'Arche). — (1193) est pris par Philippe-Auguste. Rig. 94; Chron. 70; — (1194) est assiégé par Jean Sans-Terre et délivré par Philippe-Auguste. Rig. 100; Chron. 74; Phil. V, 1; — (1195) est rasé par Philippe-Auguste. Rig. 102; Chron. 76; — (1203) est repris par Philippe-Auguste. Rig. 140; Chron. 116; — cité. Rig. 107; Phil. IV, 430; V, 73. — *Vallis Redolii, Rodolia, Rodolii, Ruolii.*
Velgica rura, Velgis. Voy. Vexin (le).
Velicassinum. Voy. Vexin (le).
Velletrensis episcopus. Voy. Octavien, légat du pape, évêque de Velletri.
Vendôme (Loir-et-Cher). — (1188) pris par Philippe-Auguste. Rig. 62; Chron. 44; Phil. III, 70; — cité. Phil. III, 649. — *Vindocinum.* —

Comte de —. Voy. Jean II, Jean III.
Venetensis episcopus. Voy. Guéhénoc, évêque de Vannes.
Venetie. Voy. Venise.
Venise. Rig. 88; Chron. 115. — *Venetie*. — Doge de —. Voy. Henri Dandolo.
Vénitiens (les). — Leur rôle dans la quatrième croisade. Rig. 139; Chron. 115. — *Venetiani*.
Vergiacum. Voy. Vergy.
Vergy (Côte-d'Or, arr. de Dijon, c. de Gevrey, commune de Reulle-Vergy). — (1185) assiégé par le duc Hugues de Bourgogne, est délivré par Philippe-Auguste. Rig. 32; Chron. 31; — l'église de ce lieu possède deux os du cou de saint Denis. Rig. 39. — *Vergi, Vergiacum*. Voy. Gui de —, Hugues de —.
Vermandois (le). — (1185) Philippe, comte de Flandre, refuse de rendre à Philippe-Auguste ce pays qu'il détient indûment; il y est contraint par le roi. Rig. p. 6; 26, 27, 28; Chron. 29; Phil. II, 20, 451; — (1197) résurrection d'un mort en ce pays. Rig. 121; Chron. 92; — (1213) devait être envahi par les comtes de Flandre et de Boulogne. Phil. IX, 84; — (1214) dans le partage du royaume, devait appartenir à Renaud de Dammartin. Chron. 201, p. 295; Phil. X, 585. — *Vermendesium, Viromandia, Viromannia, Viromannica regio*.
Vermendesium. Voy. Vermandois (le).
Verneuil (Eure, arr. d'Evreux). — (1194) est assiégé et détruit par Philippe-Auguste. Rig. 96; Chron. 72; Phil. IV, 481; — les habitants avaient fait peindre sur la porte du château la caricature du roi.

Phil. Ibid.; — (1204) est une des dernières villes qui restent aux Anglais. Rig. 42; — démantelée par Philippe-Auguste. Phil. VIII, 170. — *Vernolium, Vernolicnse castrum*.
Vernoliense castrum, Vernolium. Voy. Verneuil.
Vernon (Eure, arr. d'Evreux). — (1188) Henri II s'y retire. Chron. 45; Phil. III, 188; — (1202) Philippe-Auguste y vient. Rig. 137; — cité. Rig. 132. — *Verno*.
Vesle (la), rivière. Phil. IX, 158. — *Vidola*.
Vespasien, empereur, Phil. VI, 582; XII, 202. — *Vespasianus*.
Vetralla, ville d'Italie. Phil. X, 634. — *Bitral*.
Vetulus rex Arsacidarum. Voy. Vieux de la Montagne (le).
Vexillum beati Dionysii. Voy. Oriflamme (l').
Vexin (le). — Ses blés. Phil. V, 10; — (1193) reconquis par Philippe-Auguste. Rig. 89; Chron. 67; — (1198) ravagé par Philippe-Auguste et ses cottereaux. Rig. 123; — (1203) ravagé par les Français. Phil. VII, 132; — (1213) dans le partage du royaume, devait être donné à Conrad de Dortmund. Phil. X, 589; — cité. Phil. III, 178; V, 70, 361; VI, 270. — *Velgica rura, Velgis, Velicassinum, Vulcassina vallis, Vulcassinum*.
Vézelay (Yonne, arr. d'Avallon). — (1190) Philippe-Auguste y tient une assemblée avant de partir pour la croisade. Rig. 69. — *Vizeliacum*.
Vicenarum nemus. Voy. Vincennes (bois de).
Vico, ville d'Italie. Phil. X, 635. — *Bicum*.
Victoire (abbaye de la); près Senlis. — Fondée par Philippe-Auguste en mémoire

de la victoire de Bouvines. Chron. Cont. Par. 1; Phil. XII, 55. — *Abbatia de Victoria.*
Vidola. Voy. Vesle (la).
Vienne (la), rivière. Phil. VIII, 390; X, 82, 239. — *Vigenna.*
Vienne (Isère). Phil. X, 508. — *Vienna.*
Vierge (la Sainte-). — Statue de — brisée par un cottereau à Châteauroux. Rig. 52; — sa chemise conservée à Chartres. Phil. II, 399.
Vierzon (Cher, arr. de Bourges). — (1196) Richard Cœur-de-Lion intente un procès à Guillaume de Vierzon et s'empare frauduleusement de son château. Rig. 113; Chron. 86; Phil. V, 83; — cité. Rig. 98. — *Virzo.* Voy. Guillaume de —.
Vieta. Voy. Vihiers.
Vieux de la Montagne (le). — En 1192, une ambassade française vient apprendre de lui la fausseté des projets d'assassinat de Philippe - Auguste attribués à Richard Cœur-de-Lion. Rig. 87; Chron. 65.
Vigenna. Voy. Vienne (la).
Vihiers (Maine-et-Loire, arr. de Saumur). — (1213) incendié par Philippe - Auguste. Phil. X, 117. — *Vieta.*
Villa Menardi. Voy. Ménerville.
Vimeux (les gens du). — (1214) à Bouvines. Phil. XI, 345. — *Wimi.*
Vin du roi offert par Philippe-Auguste à Jean Sans-Terre (1201). Rig. 135; — les gelées de mai nuisibles au raisin. Phil. III, 640; — vin d'Anjou. Phil. X, 72; — vin d'Aunis. Phil. XII, 820; — vin de Beaune. Phil. I, 581; — vin du Berry. Phil. I, 517; — vin de Bourgogne. Phil. X, 518; — vin de Chypre. Phil. XII, 820; — vin de Gascogne. Phil. IX, 386; — vin d'Issoudun. Phil. II, 538; — vin de Loches. Phil. VIII, 410; — vin de Meulan. Phil. III, 81; — vin de Niort. Phil. VIII, 376; — vin de la Rochelle. Phil. IX, 386; XII, 820.
Vincennes (le bois de). — (1186) entouré de murs par Philippe-Auguste. Rig. 21; Chron. 26. — *Nemus Vicenarum.*
Vindocinum. Voy. Vendôme.
Vinea, machine de guerre. Phil. II, 567.
Virgile. Phil. I, 8; IX, 731. — *Maro theologus.*
Viromandia, Viromannia. Voy. Vermandois (le).
Virso. Voy. Vierzon.
Viterbe, ville d'Italie. Phil. X, 635. — *Bisterbia.*
Vizeliacum. — Vézelay.
Vormizeele. Voy. Gautier de —.
Vosges (les). Phil. X, 389, 515. — *Vogese, Vogesi.*
Vulcassina vallis, Vulcassinum. Voy. Vexin (le).

W

Wahal (le), fleuve. Phil. X, 404. — *Waphala.*
Walli. Voy. Gallois (les).
Waltersis legio. Voy. Routiers.
Wandali. Voy. Vandales (les).
Waphala. Voy. Wahal (le).
Waphali. Voy. Westphaliens (les).
Waphalus. Voy. Conrad de Dortmund.
Warene. Voy. Varenne.
Werda, ville d'Allemagne. — (1215) prise par Frédéric II. Chron. 208. — *Werda.*
Westphaliens (les). — (1214) à Bouvines, s'enfuient. Phil. XI, 574. — *Waphali.*
Willelmus, canonicus Silvanectensis et Leoncnsis. Voy. Guillaume le Breton.

Wimi. Voy. Vimeux (les gens du).

X

Xanti, Xanto. Voy. Saintes.
Xerxès. Phil. V, 385; VII, 118.

Y

Yerres (Seine-et-Oise, arr. de Corbeil, c. de Boissy-Saint-Léger), abbaye bénédictine de femmes fondée par Maurice de Sully. Rig. 114. — *Hedera.*
Ymbertus de Bello Joco. Voy. Humbert III de Beaujeu.
Yonne (l'), rivière. Phil. X, 592. — *Ytumna.*
Ypogoths (les). Rig. 38, p. 56; Chron. 2. — *Ypogothi.*
Ypres, en Belgique. — Ses laines teintes. Phil. II, 92; — (1184) fournit des secours au comte de Flandre contre le roi. Phil. II, 91; — (1213) est prise par Philippe-Auguste. Chron. 169, p. 250; Phil. IX, 406; — lui donne des otages et paie une rançon. Chron. 170, p. 252; Phil. IX, 550; — (1214) envoie des renforts à Ferrand. Phil. X, 436; — citée. Phil. IX, 575. — *Ipra, Ypra.*
Ysangrini. Voy. Isangrins (les).
Ytumna. Voy. Yonne (l').

Z

Zafadinus. Voy. Malek-el-Adel-Seifeddin-Aboubekr.
Zara, en Dalmatie. — (1203) prise par les croisés. Chron. 115. — *Gadras.*

ADDITIONS ET CORRECTIONS

TOME Ier.

P. 55, note 3, *au lieu de* : 4862, *lisez* : 4891.
— 62, au haut de la page, *au lieu de* : 1150, *lisez* : 1050.
— 64, note 5, l. 2, *au lieu de* : à l'année 1213, *lisez* : p. 257, § 176.
— 80, note 1, *après* Gervais de Cantorbéry, I, 369, *ajoutez* : Étienne de Bourbon, § 130.
— 84, note 3, *au lieu de* : manque dans V, *lisez* : manque dans P.
— 96, note 2, l. 9, *au lieu de* : Philippide II, v. 787, *lisez* : Philippide III, v. 737.
— Ibidem, l. 13, *au lieu de* : Philippide (ib., v. 7), *lisez* : Philippide (ibid., v. 748).
— 141, au haut de la page, *au lieu de* : 1197, *lisez* : 1198.
— 143, note 1, l. 4, *au lieu de* : Gervais de Cantorbéry (I, 574), *lisez* : Gervais de Cantorbéry (I, 544).
— 153, *ajoutez à la note* 1 : Les mots *sine pace et treuga* sont inexacts, car on trouve, dans les *Rotuli litterarum patentium* (I, part. 1, col. 22), les lettres de créance données par Jean Sans-Terre aux agents qu'il envoya traiter de la trêve avec Philippe-Auguste et lui proposer une entrevue. Elles sont datées de Caen, 26 décembre 1202.
— 158, *ajoutez à la note* 2 : C'est sur l'ordre de Jean Sans-Terre que Robert Fitz-Walter et Sohier de Quincy rendaient le Vaudreuil à Philippe-Auguste. Voy. le sauf-conduit qui leur fut donné le 5 juillet 1203 dans les *Rotuli litterarum patentium* (I, part. 1, col. 31).
— 164, *à la suite du* § 147, *ajoutez en note* : L'obit de la reine Adèle est mentionné le jour des ides de juin dans l'obituaire de Saint-Denis publié par Félibien (*Preuves*, ccxiii, col. 1). Quant à Thibaut II, comte de Blois et de Champagne, il fut enterré non à

ADDITIONS ET CORRECTIONS.

Pontigny, mais à Lagny (d'Arbois de Jubainville, *Hist. des comtes de Champagne*, II, 398).

P. 166, *après les mots* : Haimericus de Lisinnano, *ajoutez en note* : Nous ignorons pourquoi Rigord donne à Aimeri de Thouars le nom de Lusignan. Guillaume le Breton a répété cette erreur (§ 145) ; il a, de plus, transformé *Hemericus* en *Henricus*.

— 218-219. Le § 129, étant tout entier de Guillaume le Breton, doit être entre crochets.

— 249, note 2, *au lieu de* : M. G. Scr. 133, *lisez* : M. G. Scr. XVIII, 133.

— 280, l. 8, *au lieu de* : fatigatur, *lisez* : fatigatus.

— 289, note 2, *au lieu de* : porte, *lisez* : parte.

— 321, l. 3, *au lieu de* : bellabat, Ludovicus, *lisez* : bellabat Ludovicus.

— 327, fin de la note 3 de la page précédente, *remplacez les trois dernières lignes de la note* 3 (Nous ignorons — la traduction) *par ces mots* : D. Brial a complété la phrase restée suspendue dans le ms. latin 5925 au moyen de l'obit de Philippe-Auguste, inséré dans le nécrologe de Chartres et publié par Mabillon (*Vetera analecta*, p. 384-385). En effet, pour tout ce qui précède, cet obit reproduit les §§ 6 à 8 de la continuation du ms. de Paris.

TOME II.

P. 22, v. 373, *au lieu de* : privavit amore, *lisez* : privavit amore;

— Ibid., v. 376, *au lieu de* : jure tuendo, *lisez* : jure tuendo;

— 59, v. 488, *au lieu de* : bella moveret, Germanisque suis, *lisez* : bella moveret Germanisque suis.

— 63, v. 590. Nous avons eu la maladresse de reproduire une inadvertance de D. Brial, en numérotant 590 le vers : *Nec procul a regis figunt tentoria castris*, qui est, en réalité, le 592ᵉ du livre II. Par suite, le numérotage des 49 derniers vers de ce livre devra être partout avancé de deux vers, et le chant tout entier comprend 639 vers au lieu de 637.

— 101, v. 135, *au lieu de* : soror uni. Rex, *lisez* : soror uni, Rex...

— Ibid., note 3, l. 2, *au lieu de* : Messino, *lisez* : Messine.

— 125, v. 17-18, *au lieu de* : rex festinavit ab urbe. In triduo (mirum !) complens iter octo dierum, Nec descendit equo, *lisez* :

rex festinavit ab urbe, In triduo (mirum!) complens iter octo dierum. Nec descendit equo.

P. 152, note 2, l. 14, *au lieu de* : avant le 6 août 1214, *lisez* : peu de temps après le 6 août 1214 (Voy. la *Notice*, p. LXX).

— 223, v. 343, *au lieu de* : signare, charactere, *lisez* : signare charactere.

— 247, note 1, *au lieu de* : (VIII, 648), *lisez* : (*Æneid.*, VIII, 648).

— 319, note 2, dans le dernier vers de l'édition de J. Meyer, *au lieu de* : suetus procedere, *lisez* : suetus precedere.

— 400, article Bière de Flandre, *au lieu de* : Phil. II, 158, *lisez* : Phil. II, 148.

Nogent-le-Rotrou, imprimerie DAUPELEY-GOUVERNEUR.

LISTE

DES OUVRAGES PUBLIÉS PAR LA SOCIÉTÉ

DEPUIS SA FONDATION EN 1834,

A PARIS, CHEZ RENOUARD, LIBRAIRE, RUE DE TOURNON, N° 6
H. LAURENS, SUCCESSEUR.

Font partie de la Société toutes les personnes qui sont agréées par le Conseil sur la présentation de deux membres. Les demandes d'admission peuvent être adressées au secrétaire de la Société, 60, rue des Francs-Bourgeois, aux Archives nationales. Le chiffre de la cotisation annuelle est fixé à 30 francs. Les sociétaires reçoivent chaque année quatre volumes de chroniques, de mémoires ou de correspondances et un volume d'Annuaire-Bulletin. Ils peuvent acquérir les publications antérieures à leur inscription, au prix de 7 francs le volume ; le prix est de 9 francs pour les personnes qui ne font pas partie de la Société.

Les volumes *réservés*, n'étant plus qu'en petit nombre, ne peuvent être vendus isolément sans l'autorisation du Comité des fonds.

Tous les ouvrages publiés par la Société sont pourvus de tables analytiques.

ANNUAIRES DE LA SOCIÉTÉ DE L'HISTOIRE DE FRANCE, de 1837 à 1863 ; in-18. Prix : 2 et 3 fr. *Les années* 1845-1848, 1853, 1859, 1861 *et* 1862 *sont épuisées.*

Entre autres notices et nomenclatures que contient cette collection, nous citerons les listes des évêchés et archevêchés (années 1838, 1844-1849), des monastères de France (1838), des grands feudataires (1855, 1856), des saints (1857, 1858, 1860), des ambassadeurs de France et en France (1848 et 1850), la topographie ecclésiastique de la France (1859, 1861-1863).

BULLETIN DE LA SOCIÉTÉ DE L'HISTOIRE DE FRANCE, années 1834 et 1835 ; 4 vol. in-8°; prix : 18 francs. *Les années* 1836-1856 *et* 1859-1862 *sont épuisées*. Années 1857 et 1858, 1 vol.; prix : 6 francs.

Recueil destiné à faire connaître les travaux de la Société, comprenant, en outre, un grand nombre d'articles bibliographiques, de notices historiques et de documents originaux.

TABLE GÉNÉRALE DU BULLETIN, 1834-1856 ; in-8°. Prix : 3 francs.

Au Bulletin de 1861-1862 est jointe une table des matières contenues dans les volumes des années 1857-1862.

★

LISTE DES OUVRAGES

Annuaire-Bulletin de la Société de l'Histoire de France, années 1863-1868, 1re et 2e parties; in-8°; prix : 9 francs. Années 1869, 1870-1871, 1872 à 1884; in-8°; prix : 5 francs.

Nombreux articles, documents et nomenclatures, tels que la liste des chevaliers de l'ordre du Saint-Esprit (1863), l'inventaire de la collection Godefroy (1865 et 1866), la notice sur le Cartulaire du comté de Rethel (1867), etc.

L'Ystoire de li Normant et la Chronique de Robert Viscart, par Aimé, moine du Mont-Cassin, publiées pour la première fois, d'après un manuscrit français inédit du xiiie siècle, appartenant à la Bibliothèque royale, par M. Champollion-Figeac, 1835, 1 vol. (*épuisé*).

L'*Histoire* conduit le récit des expéditions normandes jusqu'à la mort de Richard, prince de Capoue, en 1078. La *Chronique* descend jusqu'à Pierre d'Aragon, couronné roi de Sicile en 1282.

Histoire ecclésiastique des Francs, par Grégoire de Tours, publiée par MM. Guadet et Taranne, 1836-1837, 4 vol. (*texte latin épuisé*).

Le texte latin a été revu sur de nouveaux manuscrits appartenant à la bibliothèque de Cambrai et à la Bibliothèque nationale; il est suivi d'une traduction française.

Lettres du cardinal Mazarin a la Reine, a la princesse palatine, etc., écrites pendant sa retraite hors de France en 1651 et 1652, publiées par M. Ravenel, 1836, 1 vol. (*épuisé. Il reste quelques exemplaires sur grand papier; prix : 20 francs*).

Quatre-vingt-quinze lettres trouvées dans les papiers de Baluze, et propres à éclairer les rapports intimes de Mazarin avec Anne d'Autriche.

Mémoires de Pierre de Fenin, comprenant le récit des événements qui se sont passés en France et en Bourgogne sous les règnes de Charles VI et Charles VII (1407-1427), publiés par Mlle Dupont, 1837, 1 vol.

Chronique française, en partie inédite, publiée d'après un nouveau manuscrit appartenant à la Bibliothèque nationale, accompagnée de notes historiques et de trente et une pièces justificatives.

De la conqueste de Constantinoble, par Joffroi de Villehardouin, édition faite par M. Paulin Paris, 1838, 1 vol. (*épuisé*).

Texte revu sur de nouveaux manuscrits appartenant à la Bibliothèque nationale, accompagné de notes et de commentaires.

Orderici Vitalis, angligenæ, cœnobii Uticensis monachi, Historiæ ecclesiasticæ libri tredecim, publiés par M. Aug. le Prévost, 1838-1855, 5 vol.

Ouvrage plein de renseignements précieux, notamment sur l'histoire de Normandie et d'Angleterre jusqu'en 1141. Notice de M. L. Delisle sur l'abbaye de Saint-Évroul, sur Orderic et son œuvre.

Correspondance de l'empereur Maximilien Ier et de Marguerite, sa fille, gouvernante des Pays-Bas, de 1507 a 1519, publiée par M. le Glay, 1839, 2 vol.

Plus de six cents lettres inédites, tirées des archives de l'ancienne chambre des comptes de Lille, pleines de renseignements intéressants sur la fin du règne de Louis XII et le commencement du règne de François I**er**.

Histoire des ducs de Normandie et des rois d'Angleterre, publiée, d'après deux manuscrits de la Bibliothèque du Roi, par M. Francisque Michel, 1840, 1 vol. (*épuisé*).

Première édition complète d'une chronique française qui s'étend depuis l'invasion des Normands en France jusqu'à l'année 1220. A la suite, relation en vers du tournoi de Ham, par Sarrazin, trouvère du XIII**e** siècle.

Œuvres complètes d'Éginhard, publiées par M. A. Teulet, 1840-1843, 2 vol. (*tome I*er *épuisé*).

Vita Karoli imperatoris ; Annales Francorum ; Epistolæ ; Historia translationis beatorum Christi martyrum Marcellini et Petri. Nouvelle édition, accompagnée de variantes, d'une traduction française et de notes.

Mémoires de Philippe de Commynes, publiés par M**lle** Dupont, 1840-1847, 3 vol. (*tome I*er *épuisé, tome II réservé*).

Nouvelle édition, revue sur les manuscrits de la Bibliothèque nationale, accompagnée d'une notice biographique et de nombreuses pièces justificatives, pour la plupart inédites. Elle a obtenu une première médaille au concours des Antiquités de la France.

Lettres de Marguerite d'Angoulême, sœur de François I**er**, reine de Navarre, publiées, d'après les manuscrits de la Bibliothèque du Roi, par M. Génin, 1841, 1 vol.

Cent soixante et onze lettres inédites, accompagnées de notes, de pièces justificatives et d'une notice biographique.

Procès de condamnation et de réhabilitation de Jeanne d'Arc, publiés par M. Jules Quicherat, 1841-1849, 5 vol. (*tome I*er *réservé*).

M. Quicherat a groupé, à la suite du texte inédit des deux procès, tous les témoignages des chroniqueurs français, bourguignons, étrangers, et des poètes du XV**e** siècle. Il y a joint un recueil de documents sur la fausse Jeanne d'Arc. Les textes des deux procès sont l'objet d'une étude critique développée.

Mémoires et Lettres de Marguerite de Valois, publiés par M. Guessard, 1842, 1 vol.

Nouvelle édition des *Mémoires* (1559-1582). On y a joint une note justificative rédigée par la fille de Henri II, en 1574, pour son mari, Henri de Navarre, et de nombreuses lettres inédites (1579-1609), tirées des collections des frères Dupuy, de Béthune et de Brienne.

Les Coutumes de Beauvoisis, par Philippe de Beaumanoir, publiées par M. le comte Beugnot, 1842, 2 vol. (*tome I*er *épuisé*).

Nouvelle édition, revue d'après les manuscrits de la Bibliothèque nationale, précédée d'une notice sur Beaumanoir.

Nouvelles lettres de la reine de Navarre adressées au roi Fran-

IV LISTE DES OUVRAGES

çois. Ier, son frère, publiées, d'après un manuscrit de la Bibliothèque royale, par M. Génin, 1842, 1 vol.

Cent cinquante et une lettres inédites, avec un *Supplément à la notice sur Marguerite d'Angoulême.*

Richer, Histoire de son temps, publiée par M. J. Guadet, 1845, 2 vol.

Le texte latin de la chronique de Richer (888-995) a été reproduit d'après l'édition Pertz, traduit en français, annoté et accompagné d'une notice critique.

Mémoires du comte de Coligny-Saligny et Mémoires du marquis de Villette, publiés par M. Monmerqué, 1841-1844, 1 vol. (*épuisé*).

Petits et grands mémoires de Coligny-Saligny (1617-1686), ces derniers inédits. Correspondance également inédite de Coligny et de son fils avec Bussy-Rabutin. — Mémoires inédits contenant le récit des campagnes de mer du marquis de Villette (1672-1704). Mémoires sur la marine de France composés par M. de Valincour (1725) et par le comte de Toulouse (1724). Correspondances inédites du maréchal d'Estrées et d'Abraham Du Quesne avec le marquis de Seignelay.

Chronique latine de Guillaume de Nangis de 1113 a 1300, avec les continuations de cette Chronique de 1300 a 1368, publiée par M. H. Géraud, 1843, 2 vol. (*tome Ier réservé*).

Nouvelle édition, postérieure à l'édition partielle du *Recueil des historiens des Gaules,* revue d'après les manuscrits, annotée et précédée d'une introduction sur Guillaume de Nangis, Jean de Venette, etc.

Registres de l'Hôtel de ville de Paris pendant la Fronde, publiés par MM. Le Roux de Lincy et Douët d'Arcq, 1847-1848, 3 vol. (*tome Ier épuisé*).

Copie inédite des délibérations de la Ville dont Louis XIV avait ordonné la suppression (17 août 1648-13 octobre 1652). Suit une relation de ce qui s'est passé dans la ville et l'abbaye de Saint-Denis à la même époque.

Vie de saint Louis, par le Nain de Tillemont, publiée pour la première fois par M. J. de Gaulle, 1847-1851, 6 vol.

Restitution intégrale d'un des plus précieux ouvrages et l'un des plus complets qu'ait produits l'érudition française au xviie siècle. La destruction des copies de documents faites par Le Nain de Tillemont rend encore plus nécessaire de recourir à sa *Vie de saint Louis.*

Journal historique et anecdotique du règne de Louis XV, par Barbier, publié par M. A. de la Villegille, 1847-1856, 4 vol. (*tomes I, II et III épuisés*).

Première édition de ce célèbre journal, accompagnée de notes et précédée d'une notice sur l'auteur.

Bibliographie des Mazarinades, publiée par M. C. Moreau, 1850-1851, 3 vol.

Plus de quatre mille deux cents Mazarinades sont rangées par ordre alphabétique, plusieurs analysées ou publiées par fragments. Suivent des tables chronologique et analytique. Cet ouvrage a obtenu une mention très honorable au concours des Antiquités de la France.

COMPTES DE L'ARGENTERIE DES ROIS DE FRANCE AU XIVᵉ SIÈCLE, publiés par M. Douët d'Arcq, 1851, 1 vol. (*épuisé*).

Comptes de Geoffroy de Fleuri (1316) et d'Étienne de la Fontaine (1352). Journal de la dépense du roi Jean en Angleterre. Dépenses du mariage de Blanche de Bourbon, reine de Castille (1352). Inventaire du garde-meuble de l'Argenterie (1353). Vaisselle du roi Jean (1363). Ces pièces inédites sont accompagnées d'un glossaire des termes techniques et d'une dissertation sur les comptes de l'Argenterie.

MÉMOIRES DE DANIEL DE COSNAC, ARCHEVÊQUE D'AIX, publiés par le comte J. de Cosnac, 1852, 2 vol. (*épuisés*).

Mémoires et documents inédits d'un haut intérêt pour l'histoire de la cour et du clergé sous Louis XIV.

CHOIX DE MAZARINADES, publié par M. C. Moreau, 1853, 2 vol.

Recueil de pamphlets qui joignent à un certain mérite littéraire l'avantage de faire connaître les opinions et les intérêts des partis, les caractères et la situation des personnages de la Fronde.

JOURNAL D'UN BOURGEOIS DE PARIS SOUS LE RÈGNE DE FRANÇOIS Iᵉʳ, publié par M. L. Lalanne, 1854, 1 vol. (*épuisé*).

Chronique parisienne inédite embrassant les années 1515 à 1536.

MÉMOIRES DE MATHIEU MOLÉ, publiés par M. A. Champollion-Figeac, 1855-1857, 4 vol.

Notes, pièces et journal inédits (1614-1649), précédés d'une introduction par le comte Molé, accompagnés de notes et suivis de nombreux appendices.

HISTOIRE DE CHARLES VII ET DE LOUIS XI, PAR THOMAS BASIN, évêque de Lisieux, publiée par M. Jules Quicherat, 1855-1859, 4 vol. (*tomes I et II épuisés, tome III réservé*).

Chronique latine, presque entièrement inédite, restituée à son véritable auteur et publiée avec accompagnement de sommaires et de pièces justificatives. L'éditeur, qui a joint aux deux *Histoires* une *Apologie* de Thomas Basin, un *Breviloquium* ou abrégé de sa vie, ainsi que des extraits de ses autres ouvrages, a condensé dans une étude préliminaire les principaux traits de sa biographie.

CHRONIQUES DES COMTES D'ANJOU, publiées par MM. P. Marchegay et A. Salmon (t. 1ᵉʳ des CHRONIQUES D'ANJOU), 1856, 1 vol. (*épuisé*).

Nouvelle édition des *Gesta consulum Andegavorum*, de l'*Historia Gaufredi, comitis Andegavorum*, du *Liber de compositione castri Ambaziæ* et des *Gesta dominorum ipsius castri*, du *Fragmentum historiæ Andegavensis a Fulcone comite scriptum*, du *Commentarius Hugonis de Cleeriis de majoratu et senescalcia Franciæ Andegavorum olim comitibus collatis*. Textes particulièrement utiles pour l'histoire de l'Anjou jusqu'au XIIIᵉ siècle.

LA CHRONIQUE D'ENGUERRAN DE MONSTRELET, publiée par M. Douët

VI   LISTE DES OUVRAGES

d'Arcq, 1857-1862, 6 vol. (*tomes I et III épuisés, tomes II et V réservés*).

Le texte de Monstrelet (1400-1444) a été revu sur les manuscrits de la Bibliothèque nationale : il est suivi d'une chronique bourguignonne anonyme du règne de Charles VI (1400-1422).

LES LIVRES DES MIRACLES ET AUTRES OPUSCULES DE GRÉGOIRE DE TOURS, publiés par M. H. Bordier, 1857-1865, 4 vol. (*tome II épuisé*).

De Gloria martyrum, De miraculis S. Juliani, De virtutibus S. Martini, De gloria confessorum, Vitæ patrum, De cursu stellarum, etc. Textes latins revus sur de nouveaux manuscrits, accompagnés d'une traduction française et suivis d'une bibliographie des ouvrages de Grégoire de Tours.

LES MIRACLES DE SAINT BENOÎT, ÉCRITS PAR ADREWALD, AIMOIN, ANDRÉ, RAOUL TORTAIRE ET HUGUES DE SAINTE-MARIE, MOINES DE FLEURY, publiés par M. E. de Certain, 1858, 1 vol.

Textes latins, en partie inédits, fournissant des détails précieux sur l'abbaye de Fleury-sur-Loire, sur l'histoire ecclésiastique et sur l'histoire générale depuis l'invasion des Lombards en Italie jusqu'à l'année 1108.

ANCHIENNES CHRONICQUES D'ENGLETERRE PAR JEHAN DE WAVRIN, publiées par Mlle Dupont, 1858-1863, 3 vol. (*tome II épuisé*).

Ont été extraits de l'œuvre de Wavrin les chapitres inédits qui offraient le plus d'intérêt pour l'histoire de France de 1325 à 1471. Ils sont suivis d'une *Histoire inédite de Charles le Téméraire*, tirée d'un manuscrit du Musée britannique.

JOURNAL ET MÉMOIRES DU MARQUIS D'ARGENSON, publiés par M. Rathery, 1859-1867, 9 vol. (*tome Ier épuisé, tome II réservé*).

Mémoires publiés pour la première fois dans leur intégrité, d'après les manuscrits autographes, aujourd'hui détruits, de la Bibliothèque du Louvre (années 1697-1757).

MÉMOIRES DU MARQUIS DE BEAUVAIS-NANGIS ET JOURNAL DU PROCÈS DE LA BOULAYE, publiés par MM. Monmerqué et Taillandier, 1862, 1 vol.

Les mémoires inédits de Nicolas de Brichanteau, marquis de Beauvais-Nangis, embrassent les années 1562 à 1641. Le procès de la Boulaye fait connaître un incident de l'époque de la Fronde.

CHRONIQUE DES QUATRE PREMIERS VALOIS (1327-1393), publiée par M. S. Luce, 1862, 1 vol.

Chronique inédite, rédigée en français dans les dernières années du XIVe siècle, probablement par un clerc de Rouen, révélant plusieurs faits complètement ignorés et apportant presque sur chaque événement de quelque importance un grand nombre de détails précieux.

CHOIX DE PIÈCES INÉDITES RELATIVES AU RÈGNE DE CHARLES VI, publiées par M. Douët d'Arcq, 1863-1864, 2 vol.

Le premier volume contient des pièces d'un intérêt général : instructions diplomatiques, traités, règlements, acquisitions du domaine, etc.

Le second, plus important pour l'histoire de la vie privée, est rempli de fragments de comptes, d'inventaires, de lettres de grâce ou de rémission, etc., tirés des Archives nationales.

CHRONIQUE DE MATHIEU D'ESCOUCHY, publiée par M. du Fresne de Beaucourt, 1863-1864, 3 vol.

Chronique française (1444-1461), en partie inédite, précédée d'une biographie de Mathieu d'Escouchy et suivie d'un grand nombre de pièces justificatives. Cet ouvrage a obtenu une première mention au concours des Antiquités de la France.

COMMENTAIRES ET LETTRES DE BLAISE DE MONLUC, maréchal de France, publiés par M. A. de Ruble, 1864-1872, 5 vol. (*tome Ier réservé*).

Restitution du texte authentique des célèbres commentaires (1521-1576), qui avait été altéré et mutilé dans les précédentes éditions. Publication de deux cent soixante-dix lettres inédites.

ŒUVRES COMPLÈTES DE PIERRE DE BOURDEILLE, SEIGNEUR DE BRANTÔME, publiées par M. Lalanne, 1864-1882, 11 vol. parus (*tomes I et II épuisés*).

Édition revue sur les manuscrits, pourvue de variantes et de notes. Poésies inédites publiées par M. le Dr E. Galy. Lexique couronné en 1881, par l'Académie française, au concours Archon-Despérouses.

COMPTES DE L'HÔTEL DES ROIS DE FRANCE AUX XIVe ET XVe SIÈCLES, publiés par M. Douët d'Arcq, 1865, 1 vol.

Reproduction intégrale ou partielle de onze comptes de l'hôtel du roi Charles VI, d'un compte de l'hôtel de la reine Isabeau de Bavière (1401), de deux comptes de l'hôtel du roi Charles VII (1450), de deux comptes de l'hôtel de Jean, duc de Berry (1397 et 1398), et de trois comptes de la chambre du roi Louis XI. Ces pièces, toutes inédites, fournissent d'utiles renseignements sur le personnel de la maison des princes, sur leurs relations politiques, sur leurs itinéraires, sur les beaux-arts, etc.

ROULEAUX DES MORTS, DU IXe AU XVe SIÈCLE, publiés par M. L. Delisle, 1866, 1 vol.

Reproduction intégrale ou partielle de près de cent circulaires, pour la plupart inédites, destinées à notifier la mort de quelque membre ou bienfaiteur de couvent (souvent il s'agit d'un personnage célèbre dans l'histoire ou la littérature); elles contiennent, en prose ou en vers latins, la biographie du défunt, ainsi que le *titre*, plus ou moins long, qu'il était d'usage d'inscrire pour accuser réception du rouleau mortuaire.

ŒUVRES COMPLÈTES DE SUGER, publiées par M. A. Lecoy de la Marche, 1867, 1 vol.

Pour la première fois réunies en un corps et collationnées sur les manuscrits, les œuvres latines du célèbre abbé de Saint-Denis comprennent la *Vie de Louis le Gros*, le *Mémoire de Suger sur son administration abbatiale*, le récit *De la consécration de l'église de Saint-Denis*, en 1143, vingt-six lettres et treize chartes; on y a joint la *Vie de Suger*, écrite par un religieux du nom de Guillaume, et divers témoignages contemporains relatifs au même abbé.

HISTOIRE DE SAINT LOUIS, PAR JEAN, SIRE DE JOINVILLE, suivie du *Credo et de la lettre à Louis X*, publiée par M. N. de Wailly, 1868, 1 vol.

Texte ramené, pour la première fois, à l'orthographe des chartes du sire de Joinville. Édition enrichie d'un vocabulaire et de plusieurs éclaircissements.

MÉMOIRES DE MADAME DE MORNAY, publiés par Mme de Witt, 1868-1869, 2 vol.

Nouvelle édition, revue sur les manuscrits, des mémoires calvinistes de la femme de Philippe du Plessis-Mornay; renseignements nombreux sur les règnes de Charles IX, de Henri III et de Henri IV. Soixante-dix-neuf lettres inédites. Notice par M. Guizot.

CHRONIQUES DES ÉGLISES D'ANJOU, publiées par MM. P. Marchegay et Ém. Mabille (t. II des CHRONIQUES D'ANJOU), 1869, 1 vol.

Chroniques latines de Saint-Maurice (320-1106), de Saint-Aubin (768-1357), de Saint-Serge d'Angers (768-1215), de Saint-Sauveur-de-l'Évière (678-1251), de Saint-Florent de Saumur (700-1236), de Maillezais (768-1140), etc.

CHRONIQUES DE J. FROISSART, publiées par M. Siméon Luce, 1869-1878, 7 vol. parus (*tome Ier réservé*).

Les volumes déjà parus embrassent les années 1307 à 1370. Texte accompagné de variantes, de sommaires et de commentaires historiques. Introduction dans laquelle sont classés les différentes rédactions et les divers manuscrits du premier livre des *Chroniques*. Cet ouvrage a obtenu le grand prix Gobert à l'Académie des inscriptions et belles-lettres.

JOURNAL DE MA VIE, MÉMOIRES DU MARÉCHAL DE BASSOMPIERRE, publiés par M. le marquis de Chantérac, 1870-1877, 4 vol.

Première édition du *Journal* (1579-1640) conforme au manuscrit original (français n°s 17478-17479 de la Bibl. nat.). Notice historique et bibliographique. Notes et appendices.

LES ANNALES DE SAINT-BERTIN ET DE SAINT-VAAST, publiées par M. l'abbé C. Dehaisnes, 1871, 1 vol.

Annales latines présentant le récit contemporain le plus exact des événements accomplis entre les années 830 et 899. Nouvelle édition, enrichie de notes et de variantes, suivie d'une chronique inédite allant jusqu'à l'année 874.

CHRONIQUE D'ERNOUL ET DE BERNARD LE TRÉSORIER, publiée par M. L. de Mas Latrie, 1871, 1 vol.

Cette chronique française, qui embrasse l'histoire des croisades depuis 1099 jusqu'à 1231, est publiée pour la première fois d'après les manuscrits de Bruxelles, de Paris et de Berne. On l'a fait suivre d'un *Essai de classification des continuateurs de Guillaume de Tyr*.

INTRODUCTION AUX CHRONIQUES DES COMTES D'ANJOU, par M. Mabille, 1872, 1 vol.

Étude critique sur les textes qui composent le tome 1er des *Chro-*

niques d'Anjou, suivie de dissertations sur l'histoire des premiers comtes d'Anjou et de pièces justificatives.

HISTOIRE DE BÉARN ET DE NAVARRE, PAR NICOLAS DE BORDENAVE (1517 à 1572), HISTORIOGRAPHE DE LA MAISON DE NAVARRE, publiée par M. P. Raymond, 1873, 1 vol.

Ouvrage inédit, composé par le ministre protestant Bordenave, sur l'ordre de Jeanne d'Albret.

CHRONIQUES DE SAINT-MARTIAL DE LIMOGES, publiées par M. H. Duplès-Agier, 1874, 1 vol.

Huit chroniques latines, fournissant de nombreux renseignements sur l'histoire du monastère de Saint-Martial et sur celle de l'Aquitaine (804-1658). Œuvres diverses de Bernard Itier. Pièces relatives aux abbés, aux moines et à la bibliothèque de Saint-Martial.

NOUVEAU RECUEIL DE COMPTES DE L'ARGENTERIE DES ROIS DE FRANCE, publié par M. Douët d'Arcq, 1874, 1 vol.

Comptes de draps d'or et de soie rendus par l'argentier de Philippe le Long, en 1317, et par le mercier de Philippe de Valois, en 1342. Inventaire après décès des biens de la reine Clémence de Hongrie (1328). Compte d'un argentier de Charles VI, en 1387. Textes inédits, précédés d'une étude sur les argentiers et sur leurs comptes.

LA CHANSON DE LA CROISADE CONTRE LES ALBIGEOIS, publiée par M. P. Meyer, 1875-1879, 2 vol.

Poème historique, en langue méridionale, commencé par Guillaume de Tudèle, continué par un auteur anonyme. Cette édition, qui a obtenu le grand prix Gobert de l'Académie des inscriptions et belles-lettres, comprend une introduction critique et philologique, un vocabulaire (t. 1er), une traduction et un commentaire historique (t. II).

RÉCITS D'UN MÉNESTREL DE REIMS AU XIIIe SIÈCLE, publiés par M. N. de Wailly, 1876, 1 vol.

Précédemment édité sous le titre de *Chronique de Rains*, ce texte français, qui se réfère aux règnes de Louis VII, de Philippe-Auguste, de Louis VIII et de saint Louis, avait subi de nombreuses altérations. Il est accompagné d'un vocabulaire et d'un commentaire critique, d'autant plus utile que les récits dont il se compose semblent avoir un caractère moins historique que satirique et littéraire.

LA CHRONIQUE DU BON DUC LOYS DE BOURBON, publiée par M. A. Chazaud, 1876, 1 vol.

Vie de Louis II de Bourbon (1337-1410), composée en français, vers 1429, par Jean Cabaret d'Orville et par Jean de Châteaumorand, sur l'ordre du comte de Clermont. Édition revue sur les manuscrits de Saint-Pétersbourg, de Bruxelles et de Paris.

CHRONIQUE DE JEAN LE FÈVRE, SEIGNEUR DE SAINT-REMY, publiée par M. F. Morand, 1876-1881, 2 vol.

Composée par le roi d'armes de l'ordre de la Toison d'or, cette chronique française embrasse les années 1408 à 1435. Texte établi sur un manuscrit appartenant à la bibliothèque de Boulogne-sur-Mer. Notice biographique sur Jean le Fèvre.

ANECDOTES HISTORIQUES, LÉGENDES ET APOLOGUES TIRÉS DU RECUEIL INÉDIT D'ÉTIENNE DE BOURBON, DOMINICAIN DU XIIIe SIÈCLE, publiés par M. Lecoy de la Marche, 1877, 1 vol.

L'éditeur a extrait du *Tractatus de diversis materiis prædicabilibus* d'Étienne de Bourbon, recueil d'exemples à l'usage des prédicateurs, les passages les plus propres à éclairer l'histoire des lettres et des mœurs.

LETTRES D'ANTOINE DE BOURBON ET DE JEHANNE D'ALBRET, publiées par M. le marquis de Rochambeau, 1877, 1 vol.

Plus de deux cents lettres inédites, comprises entre les années 1538 et 1572, tirées des archives ou bibliothèques de France, d'Angleterre et de Russie, les unes intimes, nous initiant aux mœurs privées du XVIe siècle, les autres politiques, relatives aux guerres avec Charles-Quint ou aux guerres de religion.

MÉMOIRES INÉDITS DE MICHEL DE LA HUGUERYE, publiés par M. le baron de Ruble, 1877-1880, 3 vol.

L'auteur, successivement secrétaire ou agent secret de Coligny, de Ludovic de Nassau et du prince de Condé, donne sur l'histoire des guerres de religion, de 1570 à 1588, et sur la vie des chefs de la Réforme, des détails nouveaux et confidentiels.

HISTOIRE DU GENTIL SEIGNEUR DE BAYART, COMPOSÉE PAR LE LOYAL SERVITEUR, publiée par M. J. Roman, 1878, 1 vol.

Nouvelle édition, enrichie d'un glossaire, de pièces justificatives et de lettres de Bayart inédites.

EXTRAITS DES AUTEURS GRECS CONCERNANT LA GÉOGRAPHIE ET L'HISTOIRE DES GAULES, texte et traduction nouvelle, publiés par M. E. Cougny, 1878-1883, 4 vol. parus.

Ce recueil comprend : 1° les géographes ; 2° les historiens ; 3° les philosophes, les orateurs, les poètes et les écrivains de genres divers qui fournissent quelques renseignements sur l'histoire ou la géographie des Gaules.

MÉMOIRES DE NICOLAS GOULAS, GENTILHOMME ORDINAIRE DU DUC D'ORLÉANS, publiés par M. Ch. Constant, 1879-1882, 3 vol.

Mémoires inédits se rapportant aux années 1627-1651, particulièrement utiles pour l'histoire de Gaston d'Orléans et de son entourage.

GESTES DES ÉVÊQUES DE CAMBRAI DE 1092 A 1138, publiés par le P. Ch. de Smedt, 1880, 1 vol.

Textes latins inédits, les uns en prose, les plus nombreux en vers, venant compléter la série des chroniques de Cambrai.

LES ÉTABLISSEMENTS DE SAINT LOUIS, par M. P. Viollet, 1881-1883, 3 vol. parus.

Introduction comprenant une étude sur les sources, sur la jurisprudence, sur l'influence et sur les manuscrits de la compilation connue sous le titre d'*Établissements de saint Louis*. — Texte des *Établissements* publié avec les variantes. — Textes primitifs qui ont servi au compilateur (ordonnance sur la procédure au Châtelet, ordonnance de saint Louis contre les duels, *Usage d'Orlenois*, coutume de Touraine-Anjou). — Textes dérivés ou parallèles. — Notes des précédentes éditions et notes nouvelles. — Cet ouvrage a obtenu le grand prix Gobert de l'Académie des inscriptions et belles-lettres.

RELATION DE LA COUR DE FRANCE EN 1690, PAR ÉZÉCHIEL SPANHEIM, ENVOYÉ EXTRAORDINAIRE DE BRANDEBOURG, publiée par M. Ch. Schefer, 1882, 1 vol.

Ce texte, qui n'avait été publié qu'en Allemagne et dans les conditions les plus défavorables, contient de nouveaux portraits de Louis XIV et des principaux personnages de son entourage, décrit le mécanisme de l'administration civile, ecclésiastique et militaire. Il est suivi de deux opuscules attribués aussi à Spanheim, les *Remarques sur l'État de France* et les *Qualités bonnes et mauvaises des principaux personnages de la cour*.

CHRONIQUE NORMANDE DU XIVe SIÈCLE, publiée par MM. Aug. et Ém. Molinier, 1882, 1 vol.

Première édition d'une chronique française anonyme rédigée en Normandie, probablement par un noble, et embrassant les années 1294 à 1372. Sommaire et commentaire historique développé. Ouvrage qui a obtenu une médaille au concours des Antiquités de la France.

ŒUVRES DE RIGORD ET DE GUILLAUME LE BRETON, publiées par M. H.-Fr. Delaborde, 1882-1885, 2 vol.

Nouvelle édition, établie d'après les manuscrits de Paris, de Rome, de Bruxelles et de Londres. Le premier volume comprend les *Gesta Philippi Augusti* de Rigord (1165-1208) et les *Gesta Philippi Augusti* de Guillaume le Breton (1165-1220), avec une introduction développée sur la vie et les ouvrages des historiens de Philippe-Auguste. Le second volume contient la *Philippide*, poème latin de Guillaume le Breton, avec une table analytique très détaillée.

LETTRES DE LOUIS XI, ROI DE FRANCE, publiées par MM. J. Vaesen et Ét. Charavay, 1883, 2 vol. parus.

Le tome Ier contient cent vingt-six lettres de Louis Dauphin (1438-1461), publiées sur les originaux conservés en France et à l'étranger, cent pièces justificatives et douze notices biographiques. Le tome II contient environ deux cents pièces des cinq premières années du règne de Louis XI.

MÉMOIRES D'OLIVIER DE LA MARCHE, MAÎTRE D'HÔTEL ET CAPITAINE DES GARDES DE CHARLES LE TÉMÉRAIRE, publiés par MM. H. Beaune et J. d'Arbaumont, 1883-1884, 3 vol. parus.

Texte ramené à sa forme originale d'après le plus ancien manuscrit (Bibl. nat., fr. 2868 et 2869), éclairci ou rectifié à l'aide de documents d'archives. Le t. IV contiendra, sur l'état de la maison de Charles le Téméraire, un certain nombre de pièces inédites.

XII LISTE DES OUVRAGES PUBLIÉS PAR LA SOCIÉTÉ.

Mémoires du maréchal de Villars, publiés par M. le marquis de Vogüé, 1884, 1 vol. paru.

Première édition complète, faite d'après le manuscrit original. Le volume déjà paru embrasse les années 1670 à 1701 et comprend des correspondances inédites. A partir de la p. 301, l'on donne, pour la première fois, le texte authentique de Villars, qui avait été entièrement remanié par les précédents éditeurs. En appendice, correspondances et documents inédits.

Notices et documents publiés pour la Société de l'Histoire de France, à l'occasion du cinquantième anniversaire de sa fondation, 1884, 1 vol.

Avec un historique de la Société, dû à M. Ch. Jourdain, ce volume comprend trente articles ou publications rangés par ordre chronologique depuis le viie jusqu'au xviiie siècle; les auteurs sont : MM. le duc d'Aumale, Baguenault de Puchesse, E. de Barthélemy, A. Baschet, le marquis de Beaucourt, A. de Boislisle, A. de la Borderie, le duc de Broglie, le comte de Cosnac, Fr. Delaborde, L. Delisle, E. Dupont, J. Havet, L. Lalanne, A. Longnon, S. Luce, le comte de Luçay, le comte de Mas Latrie, A. Molinier, H. Omont, feu Léopold Pannier, G. Picot, le comte Riant, J. Roman, le baron de Ruble, Tamizey de Larroque, P. Viollet et le marquis de Vogüé.

Journal de Nicolas de Baye, greffier du Parlement de Paris (1400-1417), publié par M. A. Tuetey, 1885, 1 vol. paru.

Recueil de notes inscrites par le greffier sur les registres du Conseil, des Plaidoiries, des Grands Jours de Troyes, des Matinées, etc., et fournissant de nombreux renseignements sur les événements de l'époque ou sur le mécanisme de l'administration. Le premier volume comprend les années 1400 à 1410.

Nogent-le-Rotrou, imprimerie Daupeley-Gouverneur.

www.ingramcontent.com/pod-product-compliance
Lightning Source LLC
Chambersburg PA
CBHW071408230426
43669CB00010B/1489